제15판

법조윤리강의

-문제편-

정형근

정독
DEEP READING

머리말

2026년을 맞이하면서 법학전문대학원 법조윤리 교과서 역할을 하는 「법조윤리강의 제15판」을 출간하였다. 그 자매서에 해당하는 본서 역시 새로운 모습으로 개정15판을 내게 되어 감사하고 기쁜 마음이다. 법조인 중 변호사의 사회적 역할이 중요하다 보니, 여러 이유로 언론과 사회의 주목을 받게 된다. 변호사가 인공지능을 이용하여 법률사무를 처리하는 일이 일상화됨에 따라 새로운 직업윤리의 정립이 요청되고 있다. 정치, 사회 환경의 격변에 따라 변호사가 법정에서 변론활동을 어느 범위에서 할 수 있는지 문제되고 있는 현실에 직면하고 있다.

이번 개정작업에서는 변호사시험 합격자가 필수적으로 거쳐야 하는 실무수습제도 중 법무법인 등의 법률사무종사기관 지정요건, 변호사가 위임장, 선임서 등의 미제출 상태에서 수임료 명목의 돈을 받으면 징계책임은 물론 형사처벌까지 받게 되는 내용을 추가하였다. 변호사법상 법무법인이 인가공증인으로서 공증한 사건의 수임제한사유를 습득하도록 하고, 변호사 보수와 관련된 분쟁에서 과다보수 문제가 큰 쟁점이 되기 때문에 판례가 제시하는 감액 기준을 추가하였다. 변호사가 공무원에게 제공·교제 명목의 금품을 선임료·성공사례금에 포함시키는 행위에 관한 형사처벌 문제도 새롭게 만들었다. 법조윤리협의회 권한과 관련하여 구금시설 방문조사권도 익히도록 하였다. 법무법인등에 취업한 퇴직공직자가 매년 1월 말까지 업무활동내역 등이 포함된 전년도 업무내역서를 작성하여 법무법인등의 주사무소를 관할하는 지방변호사회에 제출하는 내용도 개정하였다. 외국법자문사법에서 정하는 외국법사무의 개념 및 변호사법이 신설하였던 영구제명 징계사례도 있기 때문에 영구제명사유를 학습하도록 하고, 징계처분의 공개 범위와 시행방법에 관한 문제도 만들었다.

이번 개정작업을 할 수 있도록 배려하여 주신 도서출판 정독 김중용 대표님, 심성보 이사님과 관계자 여러분의 수고에 감사드린다. 본서가 첫 출간된 이후 저자는 한국의 변호사법과 법조윤리 연구자로서의 책임감을 갖고 부단히 노력하며 오늘까지 지내왔다. 저자가 기쁨으로 연구와 변호사 실무를 감당할 수 있도록 사랑으로 함께 해준 가족들에게

늘 감사한다. 법조인이 되려고 학업에 정진하는 독자 여러분의 앞날에 큰 행운과 건강이 함께하기를 바란다.

2026. 1. 5.

정 형 근 씀

차 례

제1장

법조윤리의 의의

제 1 장 법조윤리의 의의

변호사법

제 1 조(변호사의 사명) ① 변호사는 기본적 인권을 옹호하고 사회정의를 실현함을 사명으로 한다.

② 변호사는 그 사명에 따라 성실히 직무를 수행하고 사회질서 유지와 법률제도 개선에 노력하여야 한다.

제 2 조(변호사의 지위) 변호사는 공공성을 지닌 법률 전문직으로서 독립하여 자유롭게 그 직무를 수행한다.

변호사윤리장전

제 1 조(사명) ① 변호사는 인간의 자유와 권리를 보호하고 향상시키며, 법을 통한 정의의 실현을 위하여 노력한다.

② 변호사는 공공의 이익을 위하여 봉사하며, 법령과 제도의 민주적 개선에 노력한다.

제 2 조(기본윤리) ① 변호사는 공정하고 성실하게 독립하여 직무를 수행한다.

② 변호사는 그 직무를 행함에 있어서 진실을 왜곡하거나 허위진술을 하지 아니한다.

③ 변호사는 서로 존중하고 예의를 갖춘다.

④ 변호사는 법률전문직으로서 필요한 지식을 탐구하고 윤리와 교양을 높이기 위하여 노력한다.

01 변호사의 직무수행과정에서 준수해야 할 의무가 아닌 것은?

① 업무상 비밀누설금지

② 등사한 형사기록의 부당목적교부금지

③ 선량한 관리자로서의 주의의무

④ 공직선거법상의 사전선거운동금지

해설 ④ 변호사의 공직선거법상 사전선거운동은 변호사 개인의 정치활동이고, 변호사로서의 직무가 아니다.

① 의사, 한의사, 치과의사, 약제사, 약종상, 조산사, 변호사, 변리사, 공인회계사, 공증인, 대서업자나 그 직무상 보조자 또는 차등의 직에 있던 자가 그 업무처리중 지득한 타인의 비밀을 누설한 때에는 3년 이하의 징역이나 금고, 10년 이하의 자격정지 또는 700만 원 이하의 벌금에 처한다(형법 317①).

② 피고인 또는 변호인(피고인 또는 변호인이었던 자를 포함한다)은 검사가 열람 또는 등사하도록 한 제266조의3 제 1 항에 따른 서면 및 서류등의 사본을 당해 사건 또는 관련 소송의 준비에 사용할 목적이 아닌 다른 목적으로 다른 사람에게 교부 또는 제시(전기통신설비를 이용하여 제공하는 것을 포함한다)하여서는 아니 된다. 피고인 또는 변호인이 제 1 항을 위반하는 때에는 1년 이하의 징역 또는 500만 원 이하의 벌금에 처한다(형사소송법 266조의16①).

③ 수임인은 위임의 본지에 따라 선량한 관리자의 주의로써 위임사무를 처리하여야 한다(민법 681).

02 변호사와 의뢰인 간의 관계에 대하여 틀린 것은?

① 변호사는 의뢰인과의 관계에서 우월적인 지위에 설 수 있다.

② 변호사는 의뢰인으로부터 보수를 받는다면 어떤 불법행위도 할 수 있는 위험이 있다.

③ 변호사는 의뢰인의 수임사건을 처리하면서 의뢰인의 의견에 반하여 자신의 가치관을 주장할 수 있다.

④ 변호사는 의뢰인의 고용된 총잡이 역할을 하는 것은 아니다.

해설 ③ 변호사는 공공성을 지닌 법률 전문직으로서 독립하여 자유롭게 그 직무를 수행한다(변호사법 2). 변호사 직무의 독립성은 의뢰인으로부터의 직무상 독립과 변호사 자신의 가치관·신념으로부터도 독립하여야 한다는 것이다.

④ 이른바 「고용된 총잡이」론은 의뢰인을 향한 적극적인 변론자세를 지칭하는 측면과 함께 오로지 의뢰인의 이익만을 위해서 행동하는 측면을 지적한 내용이다.

03 변호사의 윤리에 관한 설명 중 옳지 않은 것은?

① 국가는 변호사를 법률 전문직으로서의 독립적 지위를 보장하고 있다.

② 국가는 변호사가 공익을 추구하도록 감독하고 견제하는 기능을 하고 있다.

③ 변호사의 직무는 공공성을 가지므로 의뢰인의 이익보다 공익을 앞세워 변론해야 한다.

④ 변호사는 공익적 지위를 가지고 있으므로 공익활동의무도 있다.

해설 ③ 변호사는 공공성을 지닌 법률 전문직이기는 하지만, 항상 공익을 앞세워야 될 의무가 있는 것은 아니다.
① 변호사는 공공성을 지닌 법률 전문직으로서 독립하여 자유롭게 그 직무를 수행한다(변호사법 2).
② 국가는 변호사가 법률 전문직으로 기능할 수 있도록 후견자적인 입장에서 감독하며 견제하고 있다.
④ 변호사는 연간 일정 시간 이상 공익활동에 종사하여야 한다(변호사법 27①).

04 변호사윤리장전 중 윤리강령에서 명시하고 있는 변호사의 사명은?

① 성실·공정한 직무수행과 국민에 대한 봉사
② 기본적 인권의 옹호와 사회정의의 실현
③ 의뢰인의 권익보호와 법률문화의 창달
④ 공명정대한 직무수행과 법치주의의 확립

해설 변호사윤리강령은 아래와 같다.
1. 변호사는 **기본적 인권의 옹호와 사회정의의 실현을 사명**으로 한다.
2. 변호사는 성실·공정하게 직무를 수행하며 명예와 품위를 보전한다.
3. 변호사는 법의 생활화운동에 헌신함으로써 국가와 사회에 봉사한다.
4. 변호사는 용기와 예지와 창의를 바탕으로 법률문화향상에 공헌한다.
5. 변호사는 민주적 기본질서의 확립에 힘쓰며 부정과 불의를 배격한다.
6. 변호사는 우애와 신의를 존중하며, 상부상조·협동정신을 발휘한다.
7. 변호사는 국제 법조 간의 친선을 도모함으로써 세계 평화에 기여한다.

05 변호사의 직업윤리에 관한 설명 중 옳지 않은 것은?

① 변호사의 직업윤리의 준수 여부는 변호사법과 변호사윤리장전의 위반 여부만을 기준으로 하는 것은 아니다.
② 변호사법은 변호사와 의뢰인의 관계를 민법상 위임계약으로 보고 있다.
③ 변호사는 수임할 사건의 내용이 정의에 반하고 변론을 할 여지가 없을 경우에는 의뢰인에게 법률상의 조력을 거절해야 한다는 견해도 있다.
④ Lord Brougham의 고용된 총잡이론은 변호사는 의뢰인의 이익을 위하여 최선의 노력을 다해야 한다는 것으로 오늘날 보편적인 변호사의 직업윤리 기준으로 인정되고 있다.

해설 ④ 고용된 총잡이론은 변호사의 의뢰인을 향한 열정적인 변론에 대한 자세를 강조함과 아울러 의뢰인의 이익을 위해서라면 어떤 불법행위도 저지르는 것에 대한 우려가 담겨 있는 것으로서 변호사법과 변호사윤리장전의 정신에 비추어 볼 때 보편적인 직업윤리로 수용될 수는 없다.

01 ④ 02 ③ 03 ③ 04 ② 05 ④ 정 답

① 변호사는 직무의 내외를 막론하고 변호사로서의 품위를 손상하는 행위를 하여서는 아니 되므로(변호사법 91②(3)), 음주운전을 하여 도로교통법을 위반하거나 도박을 하여 형법을 위반하는 행위도 직업윤리위반으로 징계책임을 지게 되므로, 변호사는 모든 법령을 준수할 의무를 진다.
② 민법은 변호사와 의뢰인 간의 법률관계를 위임계약 관계라고 명시하고 있지는 않다. 그러나 수임사건(변호사법 28의2), 수임제한(변호사법 31), 수임사건과 관련된 손해배상책임(변호사법 58의11, 25)이라고 표현하고 있어 그 관계가 민법상 위임계약임을 전제로 하고 있음을 알 수 있다.
③ George Sharswood 판사는 변호사는 수임할 사건의 내용이 정의에 반하고, 변론할 여지가 없으며, 재판장과 배심원의 역할을 침해하게 될 가능성이 있는 때에는 의뢰인에게 법률적인 조력을 거절해야 한다고 하였다.

06 "고용된 총잡이론"에서 주장하는 내용이 아닌 것은?

① 의뢰인의 이익을 위해서라면 무엇이라도 할 수 있다는 이론이다.
② 변호사의 의뢰인 우선주의를 주장한다.
③ 변호사는 의뢰인을 조력함에 있어서 정의로운 직업적 양심을 앞세워서는 아니 된다.
④ 변호사는 의뢰인의 이익을 위하더라도 나라를 혼란에 빠뜨리는 일은 해서는 아니 된다.

해설 ④ 1820년 영국의 George 4세가 Caroline 왕비를 부정행위로 기소하였을 때, 브로엄 경(Lord Brougham)이 의회에서 왕비를 변론하면서 「고용된 총잡이」(Hired Gunman)론을 제기한 바 있다(정형근, 법조윤리강의 제13판, 6면). 「변호사는 자신의 책무를 이행할 때 세상에서 단 한 사람만 알면 된다. 그 사람은 바로 의뢰인이다. 모든 수단과 방법을 동원하여, 다른 사람에게 어떠한 위험과 손실을 끼치더라도, 심지어는 자신이 그런 위해를 입을지라도, 의뢰인을 지키는 것은 변호사의 가장 우선되고 유일한 책무이다. 그런 책무를 수행할 때 다른 사람에게 가져다 줄지도 모를 불안, 고통, 파괴를 고려해서는 안 된다. 비록 그것이 자기 나라를 혼란에 빠뜨리는 불행한 일이라 할지라도 애국심을 변호사의 책무와 분리하여 결과에 상관없이 계속해 나가야 한다.」

06 ④ 정 답

제2장

변호사의 지위와 직무

제 2 장 변호사의 지위와 직무

변호사법

제3조(변호사의 직무) 변호사는 당사자와 그 밖의 관계인의 위임이나 국가·지방자치단체와 그 밖의 공공기관(이하 "공공기관"이라 한다)의 위촉 등에 의하여 소송에 관한 행위 및 행정처분의 청구에 관한 대리행위와 일반 법률 사무를 하는 것을 그 직무로 한다.

민법

제681조(수임인의 선관의무) 수임인은 위임의 본지에 따라 선량한 관리자의 주의로써 위임사무를 처리하여야 한다.

01 A 변호사는 오로지 돈을 많이 벌고 싶은 동기에서 법률을 공부하고 변호사가 되었다. 그는 수많은 의뢰인과 법률자문회사를 확보하여 아침부터 밤늦게까지 업무에 전념하며 살아가고 있다. 그런데 그는 돈을 벌 수 없거나 보수가 아주 적은 사회봉사활동이나 국선변론활동 등은 일체 하지 않고 있다. A 변호사에 대하여 옳지 않은 내용은?

① 변호사는 기본적 인권의 옹호와 사회정의를 실현하는 것을 사명으로 하기 때문에, 오로지 소득의 활동의 일환으로 그 직무를 행하는 것은 변호사윤리에 충실한 것은 아니다.

② 변호사는 스스로의 노력으로 의뢰인을 확보하고 그 직무에 대한 대가로 생활을 하기 때문에, 원칙적으로 국선변론 등 공익적인 업무수행을 강요할 수는 없다.

③ 변호사가 건강상의 이유나 개인적인 특별한 사유에 의하여 공익적인 업무를 수행할 수 없는 경우도 있다.

01 ② 정답

④ 변호사가 부득이한 사정으로 공익활동 시간을 완수하지 못한 경우에는 시간당 금액을 계산하여 지방변호사회에 납부하는 것으로 공익활동의무를 면할 수 있다.

해설 ② 변호사는 연간 일정 시간 이상 공익활동에 종사하여야 한다(변호사법 27①). 변호사는 법령에 따라 공공기관, 대한변호사협회 또는 소속 지방변호사회가 지정한 업무를 처리하여야 한다(변호사법 27②). 변호사윤리장전 제 4 조는 「공익활동 등」에 관한 의무를 규정하고 있으며, 「공익활동등에 관한 규정」에는 변호사의 공익활동의 내용과 시간 등을 상세히 규정하고 있다. 따라서 변호사는 공익적인 업무수행을 해야 할 의무가 있다.

① 변호사의 사명은 기본적 인권의 옹호와 사회정의의 실현에 있으므로 그 직무는 영업이 아니며, 대가적 거래의 대상이 되어서는 아니 된다(구 변호사윤리장전 29①). 현재 변호사윤리장전은 이 규정을 삭제하였지만 그 취지는 여전히 유효하다.

④ 부득이한 사정으로 공익활동 시간을 완수하지 못한 개인회원은 1시간당 금 20,000원 내지 30,000원에 해당하는 금액을 소속 지방변호사회에 납부하여야 한다(공익활동등에 관한 규정 3②).

02 변호사의 직무상 선관주의 의무에 관한 설명 중 틀린 것은? (다툼이 있을 때는 판례에 의함)

① 변호사는 위임사무의 종료단계에서 패소판결이 있었던 경우에는 의뢰인으로부터 상소에 관하여 특별한 수권이 없는 때에도, 그 판결을 점검하여 의뢰인에게 불이익한 계산상의 잘못이 있다면, 의뢰인에게 그 판결의 내용과 상소하는 때의 승소가능성 등에 대하여 구체적으로 설명할 의무가 있다.

② 변호사는 인격을 도야하고 지식의 연마에 힘써야 하므로 의뢰인의 수임사건을 처리할 수 있는 충분한 법률지식을 갖춰야 할 의무가 있다.

③ 피사취수표와 관련된 본안소송을 위임받은 변호사가 사고신고담보금에 대한 권리 보전조치의 위임을 별도로 받은 바 없다면, 적극적으로 사고신고담보금에 대한 권리 보전조치로서 지급은행에 소송계속중임을 증명하는 서면을 제출하여야 할 의무가 있다고 볼 수는 없다.

④ 사해행위취소소송의 소송대리를 수임한 변호사는 그 수임사건과 내용을 달리하는 향후 의뢰인을 위하여 실질적인 채권확보가 가능하도록 하는 가압류등의 보전처분의 필요성과 절차를 설명할 의무는 없다.

해설 ④ 변호사가 대여금청구사건의 소송대리를 수임할 당시 의뢰인과 함께 찾아온 제 3 자로부터 사해행위취소소송의 소송대리도 함께 수임하였다면, 제반사정에 비추어 의뢰인을 위하여 실질적인 채권 확보가 가능하도록 보전처분의 필요성과 그 절차 등에 관하여 충분한 설명을 하여 보전조치가 이루어지도록 할 주의의무가 있다고 할 것인데, 이를 소홀히 함으로써 책임재산을 확보할 수 없게 되었다면 변호사로서는 선관주의의무 위반을 이유로 의뢰인에게 그로 인한 손해를 배상할 책임이 있다(서울고법 2005. 1. 4. 2004나63424 손해배상(기)).

① 일반적으로 수임인은 위임의 내용에 따라 선량한 관리자의 주의의무를 다하여야 하고, 특히 소송대리를 위임받은 변호사는 그 수임사무를 수행함에 있어 전문적인 법률지식과 경험에 기초하여 성실하게 의뢰인의 권리를 옹호할 의무가 있으며, 구체적인 위임사무의 범위는 변호사와 의뢰인 사이의 위임계약의 내용에 의하여 정하여지는 것이지만, 위임사무의 종료단계에서 패소판결이 있었던 경우에는 의뢰인으로부터 상소에 관하여 특별한 수권이 없는 때에도 그 판결을

점검하여 의뢰인에게 불이익한 계산상의 잘못이 있다면 의뢰인에게 그 판결의 내용과 상소하는 때의 승소가능성 등에 대하여 구체적으로 설명하고 조언하여야 할 의무가 있다(대법원 2004. 5. 14. 2004다7354 손해배상(기)).

② 변호사는 법률전문직으로서 필요한 지식을 탐구하고 윤리와 교양을 높이기 위하여 노력한다(변호사윤리장전 2④). 여기서 말하는 지식의 연마는 의뢰인의 수임업무를 처리할 수 있는 풍부한 법률지식을 말한다.

③ 피사취수표와 관련된 본안소송을 위임받은 변호사가 사고신고담보금에 대한 권리 보전조치의 위임을 별도로 받은 바 없다면, 적극적으로 사고신고담보금에 대한 권리 보전조치로서 지급은행에 소송계속중임을 증명하는 서면을 제출하여야 할 의무가 있다고 볼 수는 없다. 그러나 의뢰인과 변호사 사이의 신뢰관계 및 사고수표와 관련된 소송을 위임한 의뢰인의 기대와 인식 수준에 비추어 볼 때, 피사취수표와 관련된 본안소송을 위임받은 변호사는, 비록 사고신고담보금에 대한 권리 보전조치의 위임을 별도로 받은 바 없다고 하더라도, 위임받은 소송업무를 수행함에 있어서 사고신고담보금이 예치된 사실을 알게 되었다면, 이 경우에는 수표 소지인이 당해 수표에 관한 소송이 계속중임을 증명하는 서면을 지급은행에 제출하고 수익의 의사표시를 하면 나중에 확정판결 등을 통하여 정당한 소지인임을 증명함으로써 사고신고담보금에 대한 직접청구권이 생기므로, 법률전문가의 입장에서 승소 판결금을 회수하는 데 있어 매우 실효성이 있는 이와 같은 방안을 위임인에게 설명하고 필요한 정보를 제공하여 위임인이 그 회수를 위하여 필요한 수단을 구체적으로 강구할 것인지를 결정하도록 하기 위한 법률적인 조언을 하여야 할 보호의무가 있다(대법원 2002. 11. 22. 2002다9479 손해배상(기)).

03 변호사의 의뢰인에 대한 수임사건 처리시에 취해야 할 선량한 관리자로서의 의무에 관한 설명 중 틀린 것은? (다툼이 있을 때는 판례에 의함)

① 변호사가 의뢰인으로부터 사건을 수임한 후 법원에 제출하는 소송위임장은 민사소송법상 소송대리인의 권한을 증명하는 전형적인 서면이다.

② 의뢰인의 소송위임은 소송대리권의 발생이라는 소송법상의 효과를 목적으로 하는 단독 소송행위로서, 그 기초관계인 의뢰인과 변호사 사이의 사법상의 위임계약과 성격을 같이 한다.

③ 본안소송을 수임한 변호사가 그 소송을 수행함에 있어 강제집행이나 보전처분에 관한 소송행위를 할 수 있는 소송대리권을 가진다고 하여, 의뢰인에 대한 관계에서 당연히 그 권한에 상응한 위임계약상의 의무를 부담한다고 할 수는 없다.

④ 소유권이전등기 청구소송을 수임한 변호사가 소송 계속중인 그 수임시로부터 6개월이 지난 시점에 상대방이 그 토지를 제3자에게 처분할 염려가 있다고 판단하여 소송대리인의 권한으로써 그 토지에 대한 처분금지가처분신청을 하였으나 그 담보 제공에 따른 가처분기입등기가 마쳐지기 전에 상대방이 제3자에게 근저당권설정등기를 경료해 주었다면, 소송의 수임 당시 의뢰인에게 그 토지에 대한 소유권이전등기청구권을 보선할 필요성 및 처분금지가처분절차에 관하여 충분히 설명을 하였어야 할 구체적 사정이 존재하였다고 보기는 어렵다.

02 ④ 03 ② 정 답

해설 ② 의뢰인이 변호사에게 소송을 위임하는 행위(수권행위)는 소송대리권의 발생이라는 소송법상의 효과를 목적으로 하는 단독 소송행위이다. 그러므로 그 기초관계인 의뢰인과 변호사 사이의 사법상의 위임계약과는 성격을 달리하는 것이며, 의뢰인과 변호사 사이의 권리의무는 수권행위가 아닌 별도의 위임계약에 의하여 발생한다(대법원 1997. 12. 12. 95다20775 손해배상(기)). 따라서 소송위임장에 기재된 소송행위의 범위가 위임계약보다 넓은 경우에는 변호사와 의뢰인간의 위임계약의 내용에 따르게 된다.

③ 본안소송을 수임한 변호사가 그 소송을 수행함에 있어 강제집행이나 보전처분에 관한 소송행위를 할 수 있는 소송대리권을 가진다고 하여 의뢰인에 대한 관계에서 당연히 그 권한에 상응한 위임계약상의 의무를 부담한다고 할 수는 없고, 변호사가 처리의무를 부담하는 사무의 범위는 변호사와 의뢰인 사이의 위임계약의 내용에 의하여 정하여진다(대법원 1997. 12. 12. 95다20775 손해배상(기)).

④ 소유권이전등기 청구소송을 수임한 변호사가 소송 계속중인 그 수임시로부터 6개월이 지난 시점에 그 소송의 상대방 9인 중의 1인이 계쟁 토지에 관하여 협의분할에 의한 재산상속을 원인으로 단독 명의로 소유권이전등기를 마친 사실을 등기부등본을 열람한 결과 알게 되자 상대방이 그 토지를 제 3 자에게 처분할 염려가 있다고 판단하여 소송대리인의 권한으로써 그 토지에 대한 처분금지가처분신청을 하였으나 그 담보 제공에 따른 가처분기입등기가 마쳐지기 전에 상대방이 제 3 자에게 근저당권설정등기를 경료해 준 사안에서, 소송의 수임 당시 변호사가 의뢰인에게 그 토지에 대한 소유권이전등기청구권을 보전할 필요성 및 처분금지가처분절차에 관하여 충분히 설명을 하였어야 할 구체적 사정이 존재하였다고 보기는 어렵다는 이유로, 변호사의 의뢰인에 대한 선량한 관리자로서의 주의의무 위반으로 인한 손해배상책임을 인정한 원심판결을 파기한 사례(대법원 1997. 12. 12. 95다20775 손해배상(기)).

04 A는 고금리로 사채업을 하는 회사의 법률자문 변호사이다. 그 회사는 가혹하게 높은 대출이자를 채무자로부터 징수하는 과정에서 폭행·협박을 행사한 것이 문제되어 언론에 보도되어 악덕 고리대금업회사로 알려져 있다. A 변호사는 위 자문회사로부터 수임한 대여금청구소송을 진행함에 있어 「대부업의 등록 및 금융이용자보호에 관한 법률」이 정하는 범위 내에서 이자를 정확히 계산하여 청구를 하고, 소송중에도 채무자의 형편을 고려하지 않고 오로지 승소판결을 얻고자 노력하고 있다. A 변호사에 관한 설명 중 옳은 것은?

① 사회적 약자의 인권을 보호해야 할 변호사의 사명을 위반한 것이다.
② 사회적으로 비난받는 회사로부터 사건을 수임하여 소송대리를 하는 것을 비난할 수는 없다.
③ 채무자들을 폭행·협박하는 등의 불법행위를 저지르는 회사의 행위에 동조한 것이다.
④ 성공보수를 받을 생각으로 오로지 승소판결을 받고자 애쓰는 것은 변호사 직무의 공공성에 반하는 것이다.

해설 ② 변호사는 의뢰인이나 사건의 내용이 사회 일반으로부터 비난을 받는다는 이유만으로 수임을 거절하지 아니한다(변호사윤리장전 16①). 변호사는 노약자, 장애인, 빈곤한 자, 무의탁자, 외국인, 소수자, 기타 사회적 약자라는 이유만으로 수임을 거절하지 아니한다(변호사윤리장전 16②). 그러므로 고리대금 회사의 소송대리를 하는 것 자체는 윤리규범에 반하지 아니한다.

05 변호사의 의무와 책임에 관하여 옳지 않은 것은?

① 위임계약에서 정한 의무를 이행하지 않은 경우에는 채무불이행 책임을 진다.
② 법률사무소 사무직원의 과실은 변호사의 과실이 될 수 없다.
③ 변호사가 의뢰인이 불리한 시기에 소송대리를 사임한 때 손해배상책임이 생길 수 있다.
④ 변호사는 복대리인을 선임하려는 경우에 의뢰인의 승낙이나 부득이한 사유가 있어야 한다.

해설 ② 변호사의 사무직원 등의 이행보조자의 과실은 바로 변호사의 과실이다(민법 391). 변호사 사무직원의 과실로 상소기간의 오고지로 인하여 의뢰인이 불이익을 받거나, 불변기일을 도과시킨 경우에는 변호사가 책임을 지게 된다.
③ 당사자 일방이 부득이한 사유 없이 상대방의 불리한 시기에 계약을 해지한 때에는 그 손해를 배상하여야 한다(민법 689②).
④ 변호사는 위임인의 승낙이나 부득이한 사유없이 제3자로 하여금 자기에 갈음하여 위임사무를 처리하게 하지 못한다(민법 682①).

06 변호사의 직무에 관하여 잘못된 설명은? (다툼이 있을 때는 판례에 의함)

① 변호사의 직무에 부동산중개행위가 당연히 포함된다고 할 수는 없다.
② 변호사가 변리사 업무를 하려는 경우에는 변리사 등록을 하여야 한다.
③ 변호사는 세무사등록부에 등록하지 않으면 세무사 업무는 할 수 없다.
④ 변호사가 등기업무와 고소장 작성행위를 하는 것은 적법한 직무수행에 해당된다.

해설 ③ 변호사는 세무사등록부에 등록을 하지 않고서는 세무사라는 명칭을 사 용할 수 없다(헌재 2008. 5. 29, 2007헌마248, 세무사법 제20조 제2항 위헌확인). 등록을 하여야 세무사 명칭을 사용할 수 있고, 등록을 하지 않더라도 세무사 업무는 할 수 있지만 세무사 명칭을 사용할 수 없을 뿐이다. 세무사법 [시행 2018.1.1.] [법률 제15288호, 2017.12.26., 일부개정]의 개정으로 변호사에 대한 세무사 자격을 인정하는 규정이 삭제되었다. 다만, 이 법 시행 당시(2018. 1. 1.) 종전의 제3조 제3호에 따라 세무사의 자격이 있던 사람은 제3조 제3호의 개정 규정에도 불구하고 세무사 자격이 있는 것으로 본다(세무사법 부칙 제2조 변호사의 세무사 자격에 관한 경과조치).
① 변호사의 직무에 부동산중개행위가 당연히 포함된다고 해석할 수도 없고, 변호사법에서 변호사의 직무가 구 부동산중개업법 시행령(2002. 12. 26. 대통령령 제17816호로 개정되기 전의 것) 제5조 단서 소정의 '다른 법률의 규정'에 해당한다고 명시한 바도 없으므로, 변호사는 구 부동산중개업법(2005. 7. 29. 법률 제7638호 공인중개사의 업무 및 부동산 거래신고에 관한 법률로 전문 개정되기 전의 것) 제4조 제1항, 제4항, 같은 법 시행령 제5조에 규정된 중개사무소개설등록의 기준을 적용받지 않는다고 할 수는 없다(대법원 2006. 5. 11. 2003두14888 부동산중개사무소개설등록신청반려처분취소).
② 변리사법 제11조 중 변리사 부분이 변리사로 하여금 변리사회에 의무적으로 가입하도록 규정한 것은 변리사회의 법적 지위를 강화하여 공익사업을 수행하고 지식재산권에 관한 민간차원의 국제협력을 증진하고자 하는 입법목적의 정당성이 인정되고, 등록된 변리사로 하여금 변리사회에 의무적으로 가입하도록 하는 것은 그 입법목적의 달성에도 적합하며, 그 입법목적을 달성하기 위하여 적합한 유일한 수단이어서 피해의 최소성 원칙에도 위반되지 않을 뿐만

04 ② 05 ② 06 ③ 정답

아니라, 청구인의 불이익과 공익을 비교형량하면 청구인이 겪게 되는 직업수행의 자유에 대한 제한보다 그 입법목적을 달성함으로써 얻게 되는 공익의 비중과 정도가 더 크다 할 것이므로, 법 제11조 중 변리사 부분은 법익의 균형성 원칙에도 위배되지 않는다(헌재 2008. 7. 31. 2006헌마666, 변리사법 제2조 등 위헌확인).

④ 등기업무와 고소장 작성행위는 일반 법률 사무를 하는 것에 해당된다(변호사법 3).

07

A 변호사는 부동산매매를 전문으로 하는 주식회사의 의뢰를 받고, X와 Y 사이에 체결하는 토지매매계약에 입회인으로 참석하여, 의뢰인이 준비해 준 위 토지매매계약서에 입회인으로 서명날인을 하고, 그 보수를 의뢰인으로부터 받았다. A 변호사의 위 행위에 대한 다음 설명 중 옳은 것은?

① 위 계약에 관하여 분쟁이 발생하여 재판을 하게 될 때, 변호사는 계약 당사자로부터 소송을 수임할 수 없는 경우가 있을 수 있다.

② 위 계약과 관련하여 분쟁이 발생하면 그 계약체결 사정을 잘 알고 있는 위 변호사가 가장 유리한 수임조건을 제시하는 당사자를 대리하는 것은 무방하다.

③ 변호사는 동일 사건에서 이익이 서로 충돌하는 위 계약의 당사자를 동시에 대리하는 것이기 때문에 입회인으로 참석하여 서명날인하는 행위는 허용되지 않는다.

④ 계약 당사자 일방이 그 상대방을 대리하여 소송행위를 하는 데 양해를 한 경우에는 아무런 제한을 받지 않고 수임할 수 있다.

해설 ① 변호사는 ㉠ 과거 공무원·중재인·조정위원 등으로 직무를 수행하면서 취급 또는 취급하게 된 사건이거나, 공정증서 작성사무에 관여한 사건, ㉡ 동일한 사건에 관하여 상대방을 대리하고 있는 경우에 해당하는 **사건을 수임하지 아니한다**(변호사윤리장전 22①(1)(2)). **수임하고 있는 사건의 상대방이 위임하는 다른 사건의 경우 수임하고 있는 사건의 의뢰인이 양해**하거나(변호사윤리장전 22①(3)), **상대방 또는 상대방 대리인과 친족관계에 있는 경우 의뢰인이 양해**하거나(변호사윤리장전 22①(4)), **동일 사건에서 둘 이상의 의뢰인의 이익이 서로 충돌하는 경우 및 현재 수임하고 있는 사건과 이해가 충돌하는 사건**의 경우 **관계되는 의뢰인들이 모두 동의하고 의뢰인의 이익이 침해되지 않는다는 합리적인 사유가 있는 경우**에는 그러하지 아니하다(변호사윤리장전 22①(5)(6)).

변호사윤리장전은 변호사가 스스로 **증인이 되어야 할 사건**의 수임을 제한하기도 한다. 즉, 변호사는 스스로 증인이 되어야 할 사건을 수임하지 아니한다. 다만, 다음 각 호의 1에 해당하는 경우에는 그러하지 아니하다(변호사윤리장전 54①).

1. 명백한 사항들과 관련된 증언을 하는 경우
2. 사건과 관련하여 본인이 제공한 법률사무의 내용에 관한 증언을 하는 경우
3. 사건을 수임하지 아니함으로써 오히려 의뢰인에게 불리한 영향을 미치는 경우

따라서 A변호사는 계약당사자 X, Y 중 일방이나 쌍방으로부터 그 매매계약과 동일하거나 다른 사건을 수임하는 데 있어서 수임제한에 관한 변호사법 제31조, 개정 변호사윤리장전 제22조 및 제54조 등의 제약을 받을 수 있다.

08 A 변호사는 X로부터 인접한 이웃 주민 Y가 자신의 땅 3㎡를 침범하여 그 위에 가옥을 신축하였기 때문에, Y를 상대로 위 대지인도청구와 함께 그 동안의 불법점유로 인한 지료 상당의 부당이득금을 청구하려는 사건을 선임한 다음 Y에게 그 같은 사실을 알려 주었다. 그러자 Y는 A 변호사 사무실을 찾아와 위 사건으로 재판을 하면 돈도 많이 들고, 이웃간에 분쟁하는 것도 싫다면서 위 대지는 X로부터 매수하고, 그 동안의 대지사용료는 적당한 금액으로 조정해 줄 것을 A 변호사에게 부탁하였다. A 변호사에 대한 다음 설명 중 옳은 것은?

① 변호사가 의뢰인의 동의를 구하지 않고 그 상대방인 Y에게 수임사실을 알린 것은 의뢰인의 신뢰를 훼손한 것이다.
② 의뢰인과 체결한 수임계약의 내용은 대지인도청구 및 부당이득금반환청구이기 때문에 소송 외에서 양 당사자간의 분쟁조정에 개입하는 것은 위임계약을 위반한 것이다.
③ 변호사가 적극적으로 의뢰인의 상대방에게 선임사실을 알려서 Y의 부탁으로 양 당사자 사이에 조정에 나서는 것은 쌍방대리에 해당된다.
④ 의뢰인이 Y의 제안에 동의하여 소송 외에서 분쟁을 해결하게 되었다면, 변호사는 직무상의 윤리규정에 위반되지 않는다.

해설 ④ 변호사는 당사자와 그 밖의 관계인의 위임이나 국가·지방자치단체와 그 밖의 공공기관(이하 "공공기관"이라 한다)의 위촉 등에 의하여 소송에 관한 행위 및 행정처분의 청구에 관한 대리행위와 일반 법률 사무를 하는 것을 그 직무로 한다(변호사법 3). 변호사의 직무를 규정하는 변호사법 제3조에는 설문과 같은 행위를 직접적으로 규율하는 규정은 없지만, 양 당사자의 동의하에 분쟁내용에 대한 화해를 성립시키는 것은 변호사의 직무범위에 해당한다.
화해는 당사자가 상호양보하여 당사자간의 분쟁을 종지할 것을 약정함으로써 그 효력이 생긴다(민법 731). 화해계약은 당사자 일방이 양보한 권리가 소멸되고 상대방이 화해로 인하여 그 권리를 취득하는 효력이 있다(민법 732).

09 변호사 정보 제공 웹사이트 운영자가 변호사들의 개인신상정보를 기반으로 변호사들의 '인맥지수'를 산출하여 공개하는 서비스를 제공한 경우에 관한 설명 중 틀린 것은? (다툼이 있을 때는 판례에 의함)

① 정보주체의 동의 없이 개인정보를 공개함으로써 침해되는 인격적 법익과 정보주체의 동의 없이 자유롭게 개인정보를 공개하는 표현행위로서 보호받을 수 있는 법적 이익이 하나의 법률관계를 둘러싸고 충돌하는 경우, 그 행위의 위법성은 개인정보에 관한 인격권 보호에 의하여 얻을 수 있는 이익(비공개 이익)과 표현행위에 의하여 얻을 수 있는 이익(공개 이익)을 구체적으로 비교 형량하여, 어느 쪽 이익이 더욱 우월한 것으로 평가할 수 있는지에 따라 그 행위의 최종적인 위법성 여부를 판단하여야 한다.

07 ① 08 ④ 09 ④ 정 답

② 웹사이트 운영자가 변호사들의 개인신상정보를 기반으로 한 인맥지수를 공개하는 표현행위에 의하여 얻을 수 있는 법적 이익이 이를 공개하지 않음으로써 보호받을 수 있는 변호사들의 인격적 법익에 비하여 우월하다고 볼 수는 없다.

③ 인맥지수에 의하여 표현되는 법조인 간의 친밀도는 변호사인 원고들의 공적 업무에 대한 평가적 요소와는 무관한 사적인 영역에 속하는 정보로서 일반 법률수요자들이 변호사를 선택하기 위하여 최소한도로 제공받아야 할 공익적 가치가 있는 개인적 및 직업적 정보라고 할 수 없다.

④ 웹사이트 운영자가 변호사들의 개인신상정보를 기반으로 한 인맥지수 서비스를 일반인에게 제공하는 것은 국민의 알 권리를 충족하고 웹사이트 운영자의 표현의 자유로서 보장되어야 하는 영역에 속한다.

해설 ④ 인맥지수의 사적·인격적 성격, 그 산출과정에서의 왜곡가능성, 그 이용으로 인한 원고들의 이익 침해와 공적 폐해의 우려, 그에 반하여 그 이용으로 인하여 달성될 공적인 가치의 보호 필요성 정도 등을 종합적으로 고려하면, 피고(웹사이트 운영자)가 이 사건 개인신상정보를 기반으로 한 인맥지수를 공개하는 서비스를 제공하는 표현행위에 의하여 얻을 수 있는 법적 이익이 이를 공개하지 아니함으로써 보호받을 수 있는 원고들의 인격적 법익에 비하여 우월하다고 볼 수 없어, 결국 피고의 이 사건 인맥지수 서비스 제공행위는 원고들의 개인정보에 관한 인격권을 침해하는 위법한 것이다(대법원 2011. 9. 2. 2008다42430 정보게시금지등).

10 변호사의 선량한 관리자의 주의의무에 관한 설명으로 옳지 않은 것은?

① 대여금청구 사건을 수임한 경우 의뢰인과 보전소송 제기에 관한 별도의 위임계약이 없더라도 채권보전을 위한 가압류청구를 해주어야 한다.

② 제 1 심 손해배상 청구사건에서 패소한 경우 의뢰인으로부터 항소에 관한 특별수권이 없는 때에도 그 판결을 점검하여 의뢰인에게 불이익한 계산상의 잘못이 있다면 항소의 가능성에 대하여 구체적으로 설명하고 조언하여야 한다.

③ 피사취수표와 관련된 본안소송을 위임받은 변호사가 사고신고담보금에 대한 권리보전조치의 위임을 별도로 받은 바 없다면 적극적으로 사고신고담보금에 대한 권리보전조치로서 지급은행에 소송계속 중임을 증명하는 서면을 제출할 의무가 없다.

④ 의뢰인으로부터 사건을 수임하여 처리함에 있어 그 재량적 판단에 기초하여 성실하게 수임사무를 처리한 것으로 인정될 경우에는 의뢰인의 지시에 어긋나거나 재량권의 범위를 일탈한 것으로 인정되지 않는 한 수임계약상의 책임을 물을 수 없다.

해설 ① 본안소송을 수임한 변호사가 강제집행이나 보전처분에 관한 소송행위를 할 수 있는 소송대리권을 갖는다고 하여 의뢰인에 대해 당연히 그 권한에 상응한 위임계약상의 의무를 부담하지 않는다(대법원 1997. 12. 12. 95다20775 손해배상(기)).

11 법무법인 A는 국제사건 유치를 위하여 미국에서 변호사자격을 취득하였을 뿐 국내변호사 자격이 없는 甲을 채용하였다. 이에 대한 설명으로 옳은 것은?

① 법무법인 A는 외국에서 변호사 자격을 갖춘 甲을 사무직원으로 채용할 수 없다.

② 甲은 법률사건에 관하여 자신의 명의로 준비서면을 작성하여 법원에 제출할 수 있다.

③ 법무법인 A는 법원에 제출할 서면용지에 "미국변호사 甲(Attorney－at－law 甲)"이라고 병기하여 표시할 수 있다.

④ 법무법인 A가 甲을 형식은 사무직원으로 고용하는 것처럼 하고 실질적으로 국내변호사와 동등한 자격으로 사무실을 운영한다면 변호사법 위반이 된다.

해설 ④ 자유무역협정등에 따라 법무부장관이 고시하는 자유무역협정등의 당사국에 본점사무소가 설립·운영되고 있는 외국법자문법률사무소는 사전에 대한변호사협회에 제34조의3에 따른 공동 사건 처리 등을 위한 등록(이하 "공동사건처리등을 위한 등록"이라 한다)을 한 경우 제34조 제 2 항에도 불구하고 법률사무소, 법무법인, 법무법인(유한) 또는 법무조합과 국내법사무와 외국법사무가 혼재된 법률사건을 사안별 개별 계약에 따라 공동으로 처리하고 그로부터 얻게 되는 수익을 분배할 수 있다(외국법자문사법 34의2①). 외국법자문법률사무소의 구성원 또는 구성원이 아닌 소속 외국법자문사는 제 1 항에 따른 업무를 처리하는 경우 법률사무소, 법무법인, 법무법인(유한) 또는 법무조합 소속 변호사가 처리하는 법률사무에 대하여 제24조 각 호에 규정된 업무 범위를 넘어 부당하게 관여하여서는 아니 된다(외국법자문사법 34의2②). 공동사건처리등을 위한 등록은 공동 사건 처리 등의 업무를 수행하려는 외국법자문법률사무소의 대표자가 서면으로 신청하여야 한다(외국법자문사법 34의3①). 법무부장관은 공동사건처리등을 위한 등록을 마친 외국법자문법률사무소의 본점사무소가 법무부장관이 고시하는 자유무역협정등의 당사국에서 설립·운영되고 있지 아니한 경우에는 대한변호사협회에 그 등록의 취소를 명할 수 있다(외국법자문사법 34의4①). 대한변호사협회는 제 1항에 따른 등록취소명령이 있거나 등록취소명령 사유가 있는 경우에는 공동사건처리등을 위한 등록을 취소하여야 한다(외국법자문사법 34의4②). 공동사건처리등을 위한 등록을 마친 외국법자문법률사무소의 대표자는 매년 1월 31일까지 전년도에 그 외국법자문법률사무소가 제34조의2 제 1 항에 따라 체결한 계약과 관련하여 그 상대방인 법률사무소, 법무법인, 법무법인(유한) 또는 법무조합의 명칭 및 그 사무소의 소재지, 계약체결일, 그 밖에 대한변호사협회가 정하는 사항을 대한변호사협회에 신고하여야 한다(외국법자문사법 34의5①). 지난 2011. 4. 5. 외국법자문사법의 개정으로 신설된 내용으로 제한적인 범위에서 공동사건처리와 수익의 분배 등의 절차를 정하고 있다.

12 변호사의 자격을 취득한 후 행정안전부의 사무관으로 근무하던 甲은 직권을 남용하였다는 혐의를 받아 수사기관의 조사를 받게 되자 사표를 제출하고 퇴직하여 변호사 등록을 하려고 한다. 甲에 대한 다음 설명 중 옳지 않은 것은?

① 甲이 직권남용죄로 기소되어 징역형의 집행유예를 선고받을 경우, 甲은 그 유예기간이 지난 후에도 2년 동안 변호사의 자격이 상실된다.

② 甲이 직권남용죄로 기소되어 징역형을 선고받은 경우에도 그 형의 선고의 효력이 상실되는 특별사면 및 복권이 된 후 대한변호사협회에 등록신청을 한 경우라면, 대한변

10 ① 11 ④ 12 ② 정 답

호사협회는 등록을 거부할 수 없다.

③ 甲이 직권남용죄로 기소되어 징역형의 선고유예를 받을 경우, 甲은 그 유예기간 동안 변호사의 자격이 상실된다.

④ 甲이 직권남용죄로 기소되어 벌금형을 선고받는 경우라면, 변호사의 결격사유 문제는 발생하지 아니하나 대한변호사협회로부터 등록이 거부될 수 있다.

해설 ② 「공무원 재직 중의 직무에 관한 위법행위로 인하여 형사소추 또는 징계처분(파면 및 해임은 제외한다)을 받거나 퇴직한 자로서 **변호사의 직무를 수행하는 것이 현저히 부적당하다고 인정되는 자**」는 대한변호사협회 등록심사위원회의 의결을 거쳐 등록을 거부할 수 있다(변호사법 8①(4)). ④도 여기에 해당된다.

①, ③ 변호사법 제 5 조(변호사의 결격사유).

13 다음 설명 중 옳지 않은 것은?

① 변호사는 사건 내용이 사회 일반으로부터 비난받는다는 이유만으로 수임을 거절해서는 안 된다.

② 원고 소송복대리인으로서 변론기일에 출석하여 소송행위를 하였던 변호사가 피고 소송복대리인으로도 출석하여 변론한 경우라도, 당사자가 그에 대하여 아무런 이의를 제기하지 않았다면 그 소송행위는 소송법상 완전한 효력이 생긴다.

③ 본안소송을 맡은 변호사는 그에 부수되는 권리보전조치의 위임을 별도로 받은 바 없다면 의뢰인에게 가능한 권리보전조치가 어떤 것이 있는지에 대해서까지 설명할 의무는 없다.

④ 변호사가 법률상담 및 소송수행을 무료로 하기로 하였더라도, 그 상담 및 송무과정에서 과실로 의뢰인에게 손해를 발생시킨 경우, 의뢰인은 그 변호사를 상대로 손해배상을 청구할 수 있다.

해설 ③ 피사취수표와 관련된 본안소송을 위임받은 변호사에게 위임인으로 하여금 사고신고담보금에 대한 권리보전조치를 취하도록 설명·조언할 보호의무가 있다는 판례가 있다. 의뢰인과 변호사 사이의 신뢰관계 및 사고수표와 관련된 소송을 위임한 의뢰인의 기대와 인식 수준에 비추어 볼 때, 피사취수표와 관련된 본안소송을 위임받은 변호사는, 비록 사고신고담보금에 대한 권리보전조치의 위임을 별도로 받은 바 없다고 하더라도, 위임받은 소송업무를 수행함에 있어서 사고신고담보금이 예치된 사실을 알게 되었다면, 이 경우에는 수표 소지인이 당해 수표에 관한 소송이 계속 중임을 증명하는 서면을 지급은행에 제출하고 수익의 의사표시를 하면 나중에 확정판결 등을 통하여 정당한 소지인임을 증명함으로써 사고신고담보금에 대한 직접청구권이 생기므로, 법률전문가의 입장에서 승소 판결금을 회수하는 데 있어 매우 실효성이 있는 이와 같은 방안을 위임인에게 설명하고 필요한 정보를 제공하여 위임인이 그 회수를 위하여 필요한 수단을 구체적으로 강구할 것인지를 결정하도록 하기 위한 법률적인 조언을 하여야 할 보호의무가 있다(대법원 2002. 11. 22. 2002다9479 손해배상(기)). 같은 취지의 판결로, 위임사무의 종료단계에서 패소판결이 있었던 경우에는 의뢰인으로부터 상소에 관하여 특별한 수권이 없는 때에도 그 판결을 점검하여 의뢰인에게 불이익한 계산상의 잘못이 있다면 의뢰인에게 그 판결의 내용과 상소하는 때의 승소가능성 등에 대하여 구체적으로 설명하고 조언하여야 할 의무가 있다(대법원 2004. 5. 14. 2004다7354 손해배상(기)).

14 다음 설명 중 옳지 않은 것은? (다툼이 있는 경우에는 판례에 의함) 제 2 회 기출문제

① 소송대리를 위임받은 변호사는 위임사무의 종료단계에서 패소판결이 있었던 경우에는 의뢰인으로부터 상소에 관하여 특별한 수권이 없는 때에도 그 판결을 점검하여 의뢰인에게 불이익한 계산상의 잘못이 있다면 의뢰인에게 그 판결의 내용과 상소하는 때의 승소가능성 등에 대하여 구체적으로 설명하고 조언하여야 할 의무가 있다.

② 변호사는 의뢰인과 체결한 위임계약의 본지에 따라 선량한 관리자의 주의로써 수임사무를 직접 처리해야 하지만, 의뢰인의 승낙이나 부득이한 사유로 인하여 다른 변호사에게 수임사무의 처리를 맡겨 그 다른 변호사가 수임사무를 처리하는 동안에는 그 다른 변호사가 동일한 내용과 정도의 주의의무를 부담하므로 그 기간 동안 원래의 수임인인 변호사는 위 다른 변호사에게 비용지급의무를 부담하는 외에 의뢰인에게는 책임을 부담하지 않는다.

③ 민사사건의 소송 대리업무를 위임받은 변호사가 그 소송 제기 전에 상대방에게 채무이행을 최고하고 형사고소를 제기하는 등의 사무를 처리함으로써 사건 위임인과 상대방 사이에 재판 외 화해가 성립되어 결과적으로 소송제기를 할 필요가 없게 된 경우에, 사건 위임인과 변호사 사이에 소제기에 의하지 아니한 사무처리에 관하여 명시적인 보수의 약정을 한 바 없다고 하여도 특단의 사정이 없는 한 사건 위임인은 변호사에게 위 사무처리에 들인 노력에 상당한 보수를 지급할 의무가 있다.

④ 변호사는 소송수행 등 수임사무의 처리로 인하여 받은 금전 기타의 물건 및 그 수취한 과실을 의뢰인에게 인도하여야 하고, 변호사가 의뢰인을 위하여 변호사의 명의로 취득한 권리는 의뢰인에게 이전하여야 한다.

해설 ② 수임인은 위임인의 승낙이나 부득이한 사유없이 제삼자로 하여금 자기에 갈음하여 위임사무를 처리하게 하지 못한다(민법 682①). 수임인이 전항의 규정에 의하여 제삼자에게 위임사무를 처리하게 한 경우에는 제121조, 제123조의 규정을 준용한다(민법 682①).
대리권이 법률행위에 의하여 부여된 경우에는 대리인은 본인의 승낙이 있거나 부득이한 사유있는 때가 아니면 복대리인을 선임하지 못한다(민법 120). 전조의 규정에 의하여 대리인이 복대리인을 선임한 때에는 본인에게 대하여 그 선임감독에 관한 책임이 있다(민법 121①). 대리인이 본인의 지명에 의하여 복대리인을 선임한 경우에는 그 부적임 또는 불성실함을 알고 본인에게 대한 통지나 그 해임을 태만한 때가 아니면 책임이 없다(민법 121②). 그러므로 원래의 수임인인 변호사는 다른 변호사에게 비용지급의무를 부담하는 외에 의뢰인에게는 책임을 부담하지 않는다는 지문은 옳지 않다.
① 소송대리를 위임받은 변호사의 위임사무 종료단계에서의 선관주의의무의 내용에 관한 판례이다(대법원 2004. 5. 14. 2004다7354 손해배상(기)).
③ 민사소송 대리업무를 위임받은 변호사가 소제기 이외의 방법으로 재판외 화해를 성립시켜 소제기가 불필요하게 된 경우 변호사의 보수청구권 유무에 관한 판례이다(대법원 1982. 9. 14. 82다125, 82다카284 사례금).
④ 수임인의 취득물 등의 인도, 이전의무에 관한 민법 제684조의 내용이다. 수임인은 위임사무의 처리로 인하여 받은

13 ③ 14 ② 정 답

금전 기타의 물건 및 그 수취한 과실을 위임인에게 인도하여야 한다(민법 684①). 수임인이 위임인을 위하여 자기의 명의로 취득한 권리는 위임인에게 이전하여야 한다(민법 684②).

15 변호사법과 변호사윤리장전이 명시하고 있는 변호사의 사명에 해당되지 않은 것은?

① 기본적 인권의 옹호와 사회정의의 실현
② 많은 사건수임을 위한 지식의 습득
③ 법령과 제도의 민주적 개선
④ 성실한 직무수행과 사회질서의 유지

해설 ② 변호사는 법률전문직으로서 필요한 지식을 탐구하고 윤리와 교양을 높이기 위하여 노력한다(변호사윤리장전 2④).
① 변호사법 제 1 조 제 1 항.
③ 변호사는 인간의 자유와 권리를 보호하고 향상시키며, 법을 통한 정의의 실현을 위하여 노력한다. 변호사는 공공의 이익을 위하여 봉사하며, 법령과 제도의 민주적 개선에 노력한다(변호사윤리장전 1①②).
④ 변호사법 제 1 조 제 2 항.

16 변호사의 직무와 그 한계에 관련된 설명 중 옳지 않은 것은? (다툼이 있는 경우 판례에 의함)

① 변호사시험에 합격한 변호사는 세무사 시험에 합격하지 않더라도 세무사 등록부에 세무사로 등록할 수 있다.
② 현행법상 특허 등의 침해를 청구원인으로 하는 침해금지청구 또는 손해배상청구 등과 같은 민사사건에서 변리사의 소송대리는 허용되지 아니한다.
③ 변호사는 세무사등록부에 등록을 하지 않고서는 세무사라는 명칭을 사용할 수 없다.
④ 변호사가 변리사 업무를 하려는 경우에 변리사회에 의무적으로 가입하지 않고서는 변리사 업무를 할 수 없다는 변리사법 규정은 합헌이다.

해설 ① 세무사법 제 3 조, 제 6 조, 제20조 등 관계 규정의 내용, 개정 경과 및 입법 목적 등을 종합하면, 세무사 자격시험에 합격하지 않은 **변호사는 비록 세무사 자격이 있더라도 이 사건 부칙 규정의 적용 대상에 해당하지 않는 이상 세무사등록부에 세무사로 등록할 수 없다**고 봄이 타당하다.
같은 취지에서 원고가 세무사 자격이 있는 변호사일지라도 세무사 자격시험에 합격하거나 이 사건 부칙 규정으로 정한 변호사나 사법연수생에도 해당하지 않는 이상, 원고의 세무사 등록신청을 반려한 이 사건 처분이 적법하다고 본 원심의 판단은 정당하다(대법원 2012. 5. 24. 선고 2012두1105 판결 [세무사등록신청반려처분취소]).
② "변리사는 특허, 실용신안, 디자인 또는 상표에 관한 사항의 소송대리인이 될 수 있다"라고 정하는 변리사법 제 8 조에 의하여 변리사에게 허용되는 소송대리의 범위 역시 특허심판원의 심결에 대한 심결취소소송으로 한정되고, 현행법상 특허 등의 침해를 청구원인으로 하는 침해금지청구 또는 손해배상청구 등과 같은 민사사건에서 변리사의 소송대리는 허용되지 아니한다(대법원 2012. 10. 25. 2010다108104 상표권침해금지등).
③ 헌재 2008. 5. 29. 2007헌마248(세무사법 제20조 제 2 항 위헌확인).
④ 헌재 2008. 7. 31. 2006헌마666(변리사법 제 2 조 등 위헌확인).

17 변호사의 세무사 자격과 관련한 설명 중 옳지 않은 것은? (다툼이 있을 때는 판례에 의함)

① 1961. 9. 9. 세무사법 제정 당시부터 변호사는 세무사 자격을 부여받아 왔다.

② 변호사에게 세무사 자격을 자동부여하는 조항이 삭제되는 세무사법 개정으로 모든 변호사는 세무사 자격을 상실하게 되었다.

③ 변호사 자격 소지자에 대한 세무사 자격 자동부여 조항을 삭제한 세무사법의 입법취지는 특혜시비를 없애고 세무사시험에 응시하는 일반 국민과의 형평을 도모함과 동시에 세무분야의 전문성을 제고함으로써 소비자에게 고품질의 세무서비스를 제공하려는 입법목적 때문이다.

④ 변호사가 세무나 회계 등과 관련한 법률사무를 처리할 수 있다고 하여 변호사에게 반드시 세무사의 자격이 부여되어야 하는 것은 아니다.

해설 ② 세무사법 제3조, 세무사법 부칙(2017. 12. 26. 법률 제15288호) 제1조, 제2조가 2018. 1. 1. 후에 변호사 자격을 취득한 사람에게는 더 이상 세무사 자격을 자동으로 부여하지 않게 되었다.

① 1961. 9. 9. 법률 제712호로 제정된 세무사법은 ㉠ 변호사, ㉡ 계리사, ㉢ 세무사고시에 합격한 사람, ㉣ 상법·재정학·회계학 또는 경영경제학에 의하여 박사 또는 석사학위를 받은 사람, ㉤ 교수자격인정령에 의한 자격을 가진 전임강사 이상의 교원으로서 상법·회계학·재정학·조세론 또는 경영경제학을 1년 이상 교수한 사람, ㉥ 상법·회계학·재정학 중 1과목 이상을 선택하여 고등고시에 합격한 사람, ㉦ 고등학교 이상의 졸업자로서 국세 또는 지방세에 관한 행정사무에 통산 10년 이상 근무한 사람에게 세무사의 자격을 부여하였다.

③ 헌재 2021. 7. 15. 2018헌마279, 2020헌마961(병합) 세무사법 제3조 등 위헌확인

④ 헌재 2021. 7. 15. 2018헌마279, 2020헌마961(병합) 세무사법 제3조 등 위헌확인(우리나라는 변호사 이외에도 법률문제를 다루는 법무사, 노무사, 관세사, 감정평가사, 공인중개사 등 전문자격제도를 오랜 기간 시행하여 옴으로써 각 고유의 업무영역을 확보하여 왔다. 이와 같은 법률 관련 전문자격사의 업무는 변호사의 직무와 중첩되는 경우가 많지만, 위 전문자격제도에 관한 개별 법률에서 변호사에게 해당 자격을 자동으로 부여하고 있지는 않다).

18 변호사 직무의 공공성과 관련된 설명 중 옳은 것은?

① 전문자격사 중 변호사만이 직무의 공공성이 인정되고 있다.

② 변호사의 상인성과 관련된 논의는 변호사가 자기명의로 상행위를 하는 당연상인이냐 여부에 관한 것이다.

③ 미국 연방대법원은 베이츠(Bates) 사건에서 변호사의 상인성을 부정하였다.

④ 변호인과 상담하고 조언을 구할 권리는 변호인의 조력을 받을 권리 그 자체에서 막바로 도출되는 것이다.

해설 ④ 우리 헌법은 변호인의 조력을 받을 권리가 불구속 피의자·피고인 모두에게 포괄적으로 인정되는지 여부에 관하여 명시적으로 규율하고 있지는 않지만, 불구속 피의자의 경우에도 변호인의 조력을 받을 권리는 우리 헌법에 나타난

법치국가원리, 적법절차원칙에서 인정되는 당연한 내용이고, 헌법 제12조 제4항도 이를 전제로 특히 신체구속을 당한 사람에 대하여 변호인의 조력을 받을 권리의 중요성을 강조하기 위하여 별도로 명시하고 있다. 피의자·피고인의 구속 여부를 불문하고 조언과 상담을 통하여 이루어지는 변호인의 조력자로서의 역할은 변호인선임권과 마찬가지로 변호인의 조력을 받을 권리의 내용 중 가장 핵심적인 것이고, 변호인과 상담하고 조언을 구할 권리는 변호인의 조력을 받을 권리의 내용 중 구체적인 입법형성이 필요한 다른 절차적 권리의 필수적인 전제요건으로서 변호인의 조력을 받을 권리 그 자체에서 막바로 도출되는 것이다(헌재 2004. 9. 23. 2000헌마138).

① 세무사법, 관세법도 공공성을 인정하는 규정이 있다.

② 변호사의 상인성에 관한 논의는 의제상인인지 여부에 관한 것이다. 판례도 같다. 변호사는 상법상 당연상인으로 볼 수 없고, 변호사의 영리추구 활동을 엄격히 제한하고 그 직무에 관하여 고도의 공공성과 윤리성을 강조하는 변호사법의 여러 규정과 제반 사정을 참작하여 볼 때, 변호사를 상법 제5조 제1항이 규정하는 '상인적 방법에 의하여 영업을 하는 자'라고도 볼 수 없어 위 조항에서 정하는 의제상인에 해당하지 아니하며, 이는 법무법인도 마찬가지이다. 한편 상법 제5조 제2항은 회사는 상행위를 하지 아니하더라도 상인으로 본다고 규정하고, 상법 제169조는 회사는 상행위나 그 밖의 영리를 목적으로 하여 설립한 법인을 말한다고 하고 있다. 그런데 법무법인은 변호사가 그 직무를 조직적·전문적으로 수행하기 위하여 변호사법에 따라 설립하는 것으로서 변호사법과 다른 법률에 따른 변호사의 직무를 업무로서 수행할 수 있다(변호사법 제40조, 제49조). 변호사법은 법무법인에 관하여 변호사법에 정한 것 외에는 상법 중 합명회사에 관한 규정을 준용하도록 하고 있을 뿐(제58조) 이를 상법상 회사로 인정하고 있지 않으므로 법무법인이 상법 제5조 제2항에서 정하는 의제상인에 해당한다고 볼 수도 없다. 따라서 변호사가 소속 법무법인에 대하여 갖는 급여채권은 상사채권에 해당한다고 할 수 없다(대법원 2023. 7. 27. 2023다227418 [추심금]).

③ 미국 연방대법원은 베이츠(Bates) 사건에서 변호사의 상인성을 긍정하면서 변호사의 업무가 상거래보다 고차원적이라는 믿음은 시대착오적이며 위선적이라고 판시한 바 있다.

제3장

변호사와 의뢰인의 관계

제 3 장 변호사와 의뢰인의 관계

민법

제680조(위임의 의의) 위임은 당사자 일방이 상대방에 대하여 사무의 처리를 위탁하고 상대방이 이를 승낙함으로써 그 효력이 생긴다.

제681조(수임인의 선관의무) 수임인은 위임의 본지에 따라 선량한 관리자의 주의로써 위임사무를 처리하여야 한다.

제683조(수임인의 보고의무) 수임인은 위임인의 청구가 있는 때에는 위임사무의 처리상황을 보고하고 위임이 종료한 때에는 지체없이 그 전말을 보고하여야 한다.

제689조(위임의 상호해지의 자유) ① 위임계약은 각 당사자가 언제든지 해지할 수 있다.

② 당사자 일방이 부득이한 사유없이 상대방의 불리한 시기에 계약을 해지한 때에는 그 손해를 배상하여야 한다.

변호사윤리장전

제16조(수임 거절 등) ① 변호사는 의뢰인이나 사건의 내용이 사회 일반으로부터 비난을 받는다는 이유만으로 수임을 거절하지 아니한다.

② 변호사는 노약자, 장애인, 빈곤한 자, 무의탁자, 외국인, 소수자, 기타 사회적 약자라는 이유만으로 수임을 거절하지 아니한다.

③ 변호사는 법원을 비롯한 국가기관 또는 대한변호사협회나 소속 지방변호사회로부터 국선변호인, 국선대리인, 당직변호사 등의 지정을 받거나 기타 임무의 위촉을 받은 때에는, 신속하고 성실하게 이를 처리하고 다른 일반 사건과 차별하지 아니한다. 그 선임된 사건 또는 위촉받은 임무가 이미 수임하고 있는 사건과 이해관계가 상반되는 등 정당한 사유가 있는 경우에는, 그 취지를 알리고 이를 거절한다.

제21조(부당한 사건의 수임금지) 변호사는 위임의 목적 또는 사건처리의 방법이 현저하게 부당한 경우에는 당해 사건을 수임하지 아니한다.

01 변호사의 수임거절에 관하여 틀린 설명은?

① 의뢰인의 범죄행위를 목적으로 하는 사건의 수임은 거절하여야 한다.
② 청구권원이 애매하여 패소가능성이 큰 사건은 수임을 거절하여야 한다.
③ 수임사건의 처리 중에 위법행위에 해당된다고 판단되면 협조를 중단하여야 한다.
④ 변호사의 직무의 독립성은 불법행위의 도구가 되지 않는다는 의미를 갖고 있다.

해설 ② 의뢰인과 상담 단계에서 청구권원이 애매하다고 하여 패소가능성이 크다고 할 수 없다. 또한 패소가능성이 있다는 사유만으로 수임이 제한되지는 않는다.
① 변호사는 의뢰인의 범죄행위, 기타 위법행위에 협조하지 아니한다. 직무수행 중 의뢰인의 행위가 범죄행위, 기타 위법행위에 해당된다고 판단된 때에는 즉시 그에 대한 협조를 중단한다(변호사윤리장전 11①).

02 변호사윤리장전은 "① 변호사는 의뢰인이나 사건의 내용이 사회 일반으로부터 비난을 받는다는 이유만으로 수임을 거절하지 아니한다. ② 변호사는 노약자, 장애인, 빈곤한 자, 무의탁자, 외국인, 소수자, 기타 사회적 약자라는 이유만으로 수임을 거절하지 아니한다." 등과 같은 내용의 수임의무에 관한 규정을 두고 있다. 이에 관한 설명 중 옳지 않은 것은?

① 변호사는 계약체결의 자유가 있기 때문에 수임의무는 강제력을 갖는 것은 아니다.
② 어린 자녀를 상습적으로 성폭행하여 온 자의 선임요청에 응하여야 하는 것은 아니다.
③ 빈곤한 자에 대한 소송구조제도가 완비되어 있으므로 수임요청을 거절할 수 있다.
④ 보호자가 없다는 이유로 국선변호인의 선정을 거절할 수 없다.

해설 ③ 변호사는 노약자, 장애인, 빈곤한 자, 무의탁자, 외국인, 소수자, 기타 사회적 약자라는 이유만으로 수임을 거절하지 아니한다(변호사윤리장전 16②). 소송구조가 완비되어 있어 민사·형사 사건에서 사선 변호사를 선임하지 않더라도 도움을 받을 수 있는 여건이 되었을지라도 경제적으로 곤궁한 자를 도와야 하는 기본정신은 여전히 지켜져야 한다.

03 변호사와 의뢰인의 관계 종료사유에 관한 설명 중 틀린 것은?

① 변호사와 의뢰인은 상대방이 불리한 시기에 있을 때라도 자유롭게 계약을 해지할 수 있다.
② 변호사의 소송대리권 존속시한은 판결정본이 송달될 때까지이다.
③ 의뢰인은 변호사의 직무수행태도가 불성실한 경우에는 해임할 수 있다.
④ 변호사는 의뢰인이 소송진행에 협조하지 않을 때 사임할 수 있다.

해설 ① 당사자 일방이 부득이한 사유 없이 상대방의 불리한 시기에 계약을 해지한 때에는 그 손해를 배상하여야 한다(민법 689②). 변호사와 의뢰인은 서로 간에 위임계약을 해지할 수 있는 자유가 있다. 그렇지만 상대방의 불리한 시기에 계약을 해지한 때에는 부득이한 사유가 있어야 하고, 그렇지 않고 해지를 한 때에는 손해를 배상하여야 한다.

04 의뢰인 A는 변호사 甲에게 찾아와 자신이 최근 의료과오사고를 당했다고 하면서 민사소송을 제기할 실익이 있는지 상담하였다. 변호사 甲은 입증의 어려움이 있지만 입증만 된다면 승소가능성이 있다고 하여 의뢰인 A는 소송위임계약을 체결하였다. 소제기 후 1심 재판부는 원고 A의 대리인 변호사 甲에게 좀 더 입증할 자료가 없느냐고 묻자 변호사 甲은 좀 더 준비할 시간을 위해 기일연기를 신청하였다. 이를 본 의뢰인 A는 패소할까봐 다급해져 의사출신 변호사 乙을 수소문하였다. 자초지종을 들은 변호사 乙은 자신이 의료과오소송의 전문가이며 A의 사건을 수임하여 계속 진행하겠다고 한다. A는 甲을 해임하고 乙을 선임할 수 있는가?

① 할 수 있다. 의뢰인 A는 언제든지 변호사 甲과 위임관계를 종료시킬 수 있기 때문이다.
② 할 수 있다. 변호사 甲은 객관적으로 신뢰를 할 수 없는 행태를 보였기 때문이다.
③ 할 수 없다. 소송 계속 중에 변호사의 해임은 부득이한 사유에 한하는데 이 사안은 부득이한 사유에 해당하지 않는다.
④ 할 수 없다. 변호사 乙의 태도는 동료 변호사 甲의 사건을 부당하게 빼앗는 것이기 때문이다.

해설 ① 위임계약은 각 당사자가 언제든지 해지할 수 있다(민법 689①). 그러므로 의뢰인은 변호사와의 위임계약을 해지하고 乙을 새롭게 선임하여 재판할 수 있다. 그러나 당사자 일방이 부득이한 사유 없이 상대방의 불리한 시기에 계약을 해지한 때에는 그 손해를 배상하여야 한다(민법 689②). 설문에서는 변호사 甲에게 불리한 시기에 해당하는지 불분명하고, 의료과오소송이므로 의사출신 변호사 乙을 수임하여 입증을 충분히 하려는 의뢰인에게 부득이한 사유가 있다고 볼 수 있다.

05 변호사의 영업 및 영리추구 활동에 관한 설명 중 옳지 않은 것은?

① 변호사법은 변호사의 영리추구 활동을 엄격히 제한하고 그 직무에 관하여 고도의 공공성과 윤리성을 강조하고 있다.
② 변호사는 위임인과의 개별적 신뢰관계에 기초하여 개개 사건의 특성에 따라 전문적인 법률지식을 활용하여 소송에 관한 행위 및 행정처분의 청구에 관한 대리행위와 일반 법률사무를 수행하는 활동을 할 수 있다.
③ 변호사의 영업활동은 상인의 영업활동과는 본질적으로 차이가 없다 할 것이고, 변호사의 직무 관련 활동과 그로 인하여 형성된 법률관계에 대하여 상인의 영업활동 및 그로 인하여 형성된 법률관계와 동일하게 상법을 적용받고 있다.
④ 변호사의 업무를 비스니스측면에서 보면 의뢰인과 위임계약 등을 통하여 사실상 영리를 목적으로 그 직무를 행하는 것으로 보지 않을 수 없으며, 변호사의 직무수행으로

01 ② 02 ③ 03 ① 04 ① 05 ③ 정답

인하여 발생한 수익은 법률용역사업에서 발생하는 소득으로 보아 과세된다.

해설 ③ 변호사의 자격을 가진 자가 변호사로 등록하여 변호사로서의 직무를 수행하는 행위는 상행위가 될 수 없다. 그러므로 상법의 적용을 받지 않는다. 다만, 법무법인의 책임관계에서는 합명회사 사원의 책임규정이 준용되고 있다(변호사법 58).

06 변호사의 직무범위와 관련된 설명 중 옳지 않은 것은?

① 변호사는 일반 법률사무를 취급하는 자이므로 부동산 중개사무소 개설허가 없이 부동산 중개업무를 할 수 있다.

② 자동차손해보험사의 구상채권에 관하여 보험사로부터 위임받은 법무법인이 그 사무를 처리함에 있어 소제기 전후로 적극적으로 채무자에 대하여 유선 또는 서면으로 변제를 촉구하는 업무를 할 수 있다.

③ 변호사가 금융기관의 요구에 따라 신청사건 일체를 위임받아 대리인으로 접수하기도 하고 작성 및 제출만 위임받아 금융기관의 이름으로 접수만 대행할 수 있다.

④ 법무법인의 구성원변호사가 세무사로 등록하여 별도의 사무실을 설치하지 아니하고 법무법인 사무실에서 세무사로서의 업무인 세무대리업무를 수행할 수 있다.

해설 ① 변호사법 제3조에서 규정한 법률사무는 거래당사자의 행위를 사실상 보조하는 업무를 수행하는 데 그치는 구 부동산중개업법 제2조 제1호 소정의 중개행위와는 구별되는 것이고, **일반의 법률사무에 중개행위가 당연히 포함되는 것이라고 해석할 수 없다.** 이와 같은 법리는 구 부동산중개업법이 중개업자에게 부동산중개와 관련하여 매매계약서 등을 작성하거나 중개대상물에 대한 확인·설명의무를 부과하고 있기 때문에, 부동산중개업자가 중개업무와 직접적으로 연관관계에 있고 구 부동산중개업법에서 부과한 작위의무를 이행하는 과정에서 변호사의 직무와 일부 관련이 있는 위와 같은 업무를 행할 수 있다고 하여 달리 볼 것은 아니다.

또한, **변호사에게 부동산중개업이 허용된다고 한다면, 변호사 직무의 독립성을 해할 염려가 있을 뿐만 아니라** 비밀유지의무, 이익충돌회피의무 등 변호사의 신분상·직무상 의무를 규정한 변호사법의 입법 취지와 상충될 여지가 있는 점, 변호사와 공인중개사의 자격제도를 두게 된 취지, 각각의 자격요건, 시험방법 및 과목, 양성제도의 각 상이점 등을 종합하면, 변호사의 직무와 부동산중개업이 합치되지도 아니한다 할 것이다. 그렇다면 변호사의 직무에 부동산중개행위가 당연히 포함된다고 해석할 수도 없고…(대법원 2006. 5. 11. 2003두14888 [부동산중개사무소개설등록신청반려처분취소]).

④ 변호사는 세무사등록부에 등록을 하지 않고서는 세무사라는 명칭을 사용할 수 없다(헌재 2008. 5. 29, 2007헌마248). 그러나 변호사는 세무사라는 명칭을 사용하지 않더라도 얼마든지 자신이 세무대리업무를 하고 있음을 일반 소비자들에게 알릴 수 있다.

07 변호사와 의뢰인의 관계에 관한 설명 중 옳지 않은 것은?

① 변호사와 의뢰인의 관계는 원칙적으로 위임관계이므로 수임인인 변호사는 선량한 관리자의 주의로써 위임사무를 처리하여야 한다.

② 변호사는 의뢰인의 청구가 있는 때에는 반드시 위임사무의 처리상황을 보고하고, 위

임이 종료한 때에는 지체없이 그 전말을 보고하여야 한다.

③ 변호사는 무상으로 사건수임을 할 때는 의뢰인의 승낙이나 부득이한 사유없이도 제삼자로 하여금 자기에 갈음하여 위임사무를 처리하게 할 수 있다.

④ 변호사는 수임한 사건의 처리가 종료한 때에는 지체없이 그 전말을 의뢰인에게 보고하여야 한다.

해설 ③ 수임인은 위임인의 승낙이나 부득이한 사유없이 제삼자로 하여금 자기에 갈음하여 위임사무를 처리하게 하지 못한다(민법 682①). 수임약정 때 수임료를 받지 않는 무상이었다 하더라도 복임권의 제한을 받는다. 임의대리인은 본인의 승낙이 있거나 부득이한 사유가 있지 아니하면 복대리인을 선임하지 못한다(민법 120). 이를 임의대리인의 복임권이라고 한다. 임의대리인의 복대리인의 선임에 관하여 본인의 묵시적 승낙이 있다고 보아야 할 경우에 관하여 판례는 "대리의 목적인 법률행위의 성질상 대리인 자신에 의한 처리가 필요하지 아니한 경우에는 본인이 복대리 금지의 의사를 명시하지 아니하는 한 복대리인의 선임에 관하여 묵시적인 승낙이 있는 것으로 보는 것이 타당하다"(대법원 1996. 1. 26. 94다30690 분양대금반환)고 한다.

④ 수임인은 위임인의 청구가 있는 때에는 위임사무의 처리상황을 보고하고 위임이 종료한 때에는 지체없이 그 전말을 보고하여야 한다(민법 683). 변호사는 수임한 사건의 처리가 종료되면, 의뢰인에게 그 결과를 신속히 설명한다(변호사윤리장전 29).

08 변호사가 의뢰인과의 수임관계가 종료된 경우 의뢰인이 소송사건 기록의 반환을 요구하는 경우에 관한 설명 중 틀린 것은?

① 변호사는 수임사무 종료한 때부터 3년간 의뢰인의 사건기록을 보관할 의무가 있다.

② 변호사는 위임사무의 처리로 인하여 받은 금전 기타의 물건을 의뢰인에게 인도하여야 한다.

③ 변호사는 수임사무가 종료되어 의뢰인이 기록의 반환을 요구하는 경우에 당해 사건의 판결이 확정된 후에 반환의무가 발생한다.

④ 변호사가 의뢰인에게 기록을 반환할 때에는 원칙적으로 의뢰인으로부터 받은 문서의 경우 원본 자체를 반환하여야 한다. 그러나 소장이나 답변서, 준비서면 등은 복사본을 교부하여도 된다.

해설 ③ 변호사는 수임사무가 종료되어 의뢰인이 기록의 반환을 요구하는 경우에는 확정판결 이전이라도 반환의무가 발생한다. 변호사윤리장전 제25조는 다른 변호사의 참여에 관한 규정을 두고 있다. 즉, ① 변호사는 의뢰인이 다른 변호사에게 해당 사건을 의뢰하는 것을 방해하지 아니한다. ② 변호사는 의뢰인이 변호사를 바꾸고자 할 경우에는 업무의 인수인계가 원활하게 이루어질 수 있도록 합리적인 범위 내에서 협조한다.

① 변호사, 변리사, 공증인, 공인회계사 및 법무사에 대한 직무상 보관한 서류의 반환을 청구하는 채권은 3년간 행사하지 아니하면 소멸시효가 완성한다(민법 163).

② 수임인은 위임사무의 처리로 인하여 받은 금전 기타의 물건 및 그 수취한 과실을 위임인에게 인도하여야 한다(민법

684①). 수임인이 위임인을 위하여 자기의 명의로 취득한 권리는 위임인에게 이전하여야 한다(민법 684②).

④ 기록을 반환할 때에는 원칙적으로 의뢰인으로부터 받은 문서의 경우 원본 자체를 반환하여야 할 것이지만, 소장이나 답변서, 준비서면 등과 같이 기록의 성질상 원본의 존재 자체는 별다른 의미가 없고 그 내용만이 의미를 갖는 기록 등에 대해서는 구태여 원본의 반환을 필요로 하지 않는다고 할 것이다.

09 A 변호사는 타인의 건물을 불법으로 점유하여 주점을 운영하고 있다는 사유로 건물명도청구소송을 제기받은 X로부터 그 사건의 수임을 의뢰받았다. 다음 중 틀린 것은?

① A는 승소할 수 있을 것이라는 장담을 하면서 수임해서는 안 된다.

② A는 X가 타인의 건물을 불법점유하고 있다는 점을 알았다면 그 사건을 선임하여서는 아니 된다.

③ A는 X가 계속적으로 주점영업을 할 수 있도록 재판을 연기해 달라는 요청에 응할 필요가 없다.

④ A는 건물명도청구 사건의 원고를 개인적으로 만나 화해를 시도할 수 있다.

해설 ② 변호사는 위임의 목적 또는 사건처리의 방법이 현저하게 부당한 경우에는 당해 사건을 수임하지 아니한다(변호사윤리장전 21). 그러나 설문의 사안에서는 소장에 기재된 X에 대한 청구원인에 의해서는 점유의 권원이 적법한지 여부가 명확하지 않고, 설령 변호사가 내심으로 X가 불법점유를 하고 있는 것으로 보일지라도 소송 진행 중에 화해 등을 통하여 정당한 차임을 지급한다거나 원, 피고간의 약정으로 영업을 일정기간 계속할 수 있는 방안을 고려할 수 있으므로 선임하지 못하는 것은 아니다.

③ 변호사가 소송에서의 공격방어방법의 제출을 의도적으로 지연시키는 방법으로 재판을 지연하는 것은 적법한 대리권행사라고 볼 수 없으며, 상대방을 괴롭히는 방법에 해당하여 허용되지 아니한다.

④ 의뢰인의 이익을 위하여 상호간에 원만히 화해하도록 시도하는 것은 변호사의 정당한 활동이다.

10 다음 중 변호사의 직무상 의무 등에 관한 우리 판례의 태도와 다른 것은?

① 의뢰인으로부터 본안소송을 수임한 변호사는 의뢰인을 위하여 보전처분이나 강제집행에 관한 소송행위를 할 수 있는 소송대리권을 갖게 되므로, 의뢰인에 대한 관계에서 그 권한에 상응한 위임계약상의 의무를 부담한다.

② 변호사가 그 재량적 판단에 기초하여 성실하게 수임사무를 처리한 것으로 인정될 경우에는 의뢰자의 지시에 반하거나 재량권의 범위를 일탈한 것으로 인정되지 않는 한 수임계약상의 채무불이행책임을 물을 수 없다.

③ 변호사와 의뢰인 간의 구체적인 위임사무의 범위는 그 위임계약에 의하여 정하여지는 것이므로 변호사는 이와 같은 위임의 범위를 넘어서서 의뢰인의 재산 및 권리의 옹호에 필요한 조치를 취하여야 할 일반적인 의무를 언제나 부담하는 것은 아니다.

④ 의뢰인으로부터 사건을 수임한 변호사는 전문적인 법률지식과 경험에 기초하여 성실

하게 의뢰인의 권리를 옹호할 의무가 있음과 아울러 의뢰인과의 신뢰관계를 깨뜨리는 행위를 하여서는 안 될 의무도 있다.

해설 ① 본안소송을 수임한 변호사가 그 소송을 수행함에 있어 강제집행이나 보전처분에 관한 소송행위를 할 수 있는 소송대리권을 가진다고 하여 의뢰인에 대한 관계에서 당연히 **그 권한에 상응한 위임계약상의 의무를 부담한다고 할 수는 없고**, 변호사가 처리의무를 부담하는 사무의 범위는 변호사와 의뢰인 사이의 위임계약의 내용에 의하여 정하여진다(대법원 1997. 12. 12. 95다20775 손해배상(기)).

11 변호사 甲은 의뢰인 A로부터 곧 수임료를 지급하겠다는 약속을 받고 A의 형사사건의 변론을 맡아 기록을 등사하고 피고인 신문사항과 변론요지서를 미리 준비하였다. 그럼에도 불구하고 의뢰인 A가 수임료를 지급하지 아니하여 여러 차례 그 지급을 요청하였으나 의뢰인 A는 수임료 지급을 미루면서 오히려 변호사가 작성한 변론요지서 등이 부실하다고 비난하고 있다. 변호사 甲과 의뢰인 A의 관계에 대한 설명으로 옳지 않은 것은? 제 2 회 기출문제

① 의뢰인 A는 변호사 甲에게 해임의 사유를 설명함이 없이 언제든지 변호사를 해임할 수 있다.

② 의뢰인 A가 변호사 甲을 해임한 경우에 변호사 甲은 이미 처리한 수임사무의 비율에 따른 보수의 지급을 청구할 수 있다.

③ 변호사 甲은 의뢰인 A의 보수 미지급을 이유로 위임계약을 해지하고 사임할 수 없다.

④ 변호사 甲이 사임을 하기 위해서 의뢰인 A의 동의를 얻을 필요는 없다.

해설 ③ 변호사는 의뢰인이 약정대로 보수를 지급하지 않으면 위임계약을 해지하고 사임할 수 있다. 다만, 당사자 일방이 부득이한 사유없이 상대방의 불리한 시기에 계약을 해지한 때에는 그 손해를 배상하여야 한다(민법 689②).

12 변호사와 의뢰인의 관계에 관한 설명 중 옳지 않은 것은? (다툼이 있는 경우 판례에 따름)

① 변호사는 위임인의 승낙이나 부득이한 사유 없이는 제 3 자로 하여금 자기에 갈음하여 위임사무를 처리하게 할 수 없으므로, 변호사가 복대리인을 선임하려는 경우에도 위임인의 승낙이 있거나 부득이한 사유가 있어야 한다.

② 피고인이 법인인 형사사건에서 그 법인의 대표이사가 변호인을 선임하는 경우에 그 선임권을 제 3 자에게 위임하여 그 제 3 자로 하여금 변호인을 선임하게 할 수 있다.

③ 변호사에게 계쟁사건의 처리를 위임하면서 보수의 지급 여부나 그 수액에 관하여 명시적인 약정을 하지 않았을 경우에는 무보수로 한다는 특별한 약정이 없는 한 응분의

09 ② 10 ① 11 ③ 12 ② 정 답

보수를 지급한다는 묵시적 약정이 있는 것으로 해석된다.

④ 변호사는 언제든지 의뢰인과의 법률사무처리 위임계약을 해지할 수 있으나, 부득이한 사유 없이 의뢰인이 불리한 시기에 그 위임계약을 해지한 때에는 그 손해를 배상하여야 한다.

해설 ② 형사소송에 있어서 변호인을 선임할 수 있는 자는 피고인 및 피의자와 형사소송법 제30조 제 2 항에 규정된 자에 한정되는 것이고, 피고인이나 피의자로부터 그 선임권을 위임받은 자가 피고인이나 피의자를 대리하여 변호인을 선임할 수는 없는 것이므로, **피고인이 법인인 경우에는 형사소송법 제27조 제 1 항 소정의 대표자가 피고인인 당해 법인을 대표하여 피고인을 위한 변호인을 선임하여야 하며,** 대표자가 제 3 자에게 변호인 선임을 위임하여 제 3 자로 하여금 변호인을 선임하도록 할 수는 없는 것이다. 따라서 **피고인의 대표자가 아닌 관리인이 선임한 변호인에 의하여 제기된 이 사건 항고를 법률상 방식에 위반한 것이라고 본 원심의 판단은 정당**하다고 할 것이고… (대법원 1994. 10. 28.자 94모25 결정 [항고기각결정에대한재항고]).

① 민법 제120조

③ 대법원 1975. 5. 25. 75다1637 보수금

④ 민법은 '위임의 상호해지의 자유'를 인정하고 있다. 즉, 위임계약은 각 당사자가 언제든지 해지할 수 있다. 당사자 일방이 부득이한 사유없이 상대방의 불리한 시기에 계약을 해지한 때에는 그 손해를 배상하여야 한다(민법 689①,②).

13 변호사와 의뢰인의 관계 등에 관한 설명 중 옳지 않은 것은?

제 3 회 기출문제

① 변호사는 의뢰인이나 사건의 내용이 사회 일반으로부터 비난을 받는다는 이유만으로 수임을 거절하여서는 안 된다.

② 변호사가 국선변호인으로 선임된 때에는 피고인으로부터 따로 보수를 받아서는 안 된다.

③ 변호사가 소송대리를 위임받은 사건에서 패소판결을 받았으나 상소에 관한 위임을 받지 못한 경우에는, 그 패소판결의 내용과 상소하는 때의 승소가능성에 대하여 의뢰인에게 구체적으로 설명하고 조언하여야 할 의무가 없다.

④ 원고를 대리하여 손해배상청구소송을 진행하고 있는 변호사는 화해에 관하여 원고의 승낙을 얻어, 변호사 없이 본인 소송을 진행하고 있는 피고에게 직접 전화를 걸어 화해를 권유할 수 있다.

해설 ③ 위임사무의 종료단계에서 패소판결이 있었던 경우에는 의뢰인으로부터 상소에 관하여 특별한 수권이 없는 때에도 그 판결을 점검하여 의뢰인에게 불이익한 계산상의 잘못이 있다면 의뢰인에게 그 판결의 내용과 상소하는 때의 승소가능성 등에 대하여 구체적으로 설명하고 조언하여야 할 의무가 있다(대법원 2004. 5. 14. 2004다7354 손해배상(기)).

14 A는 B로부터 X토지를 매수하였는데 B는 등기를 미루고 있었다. 이에 A는 변호사인 甲을 찾아가 이러한 사정을 말한 후 소유권이전등기청구소송을 위임하였다. 甲이 위임의 취지에 따라 소송을 진행하던 중 B는 다시 C에게 이중으로 X토지를 매도한 다음 소유권이전등기를 마쳐주었고, 이로 인하여 A는 그 소송에서 패소하였다. 이에 A는 甲에게 소의 제기뿐만 아니라 가처분도 함께 위임하였는데 甲이 그 의무를 다하지 아니하여 손해가 발생하였다고 주장하고 있다. 위임계약시 A는 가처분을 요청하지 않았고 위임계약서에도 그에 관한 기재가 없으나, 소송위임장에는 위임의 범위로 '집행보전을 위한 가압류 및 가처분 신청 등에 필요한 모든 사항'이 포함되어 있다. 다음 설명 중 옳은 것을 모두 고른 것은? (다툼이 있는 경우에는 판례에 의함)

제 3 회 기출문제

가. 甲은 민사소송법 규정에 따라 A로부터 가처분신청을 위임받은 것이 되므로 가처분 신청을 하여야 할 의무를 부담한다.
나. 甲은 소송위임장의 내용에 따라 A에 대하여 가처분신청을 하여야 할 의무를 부담한다.
다. 甲은 A가 가처분을 요청하지 않았을 뿐만 아니라 위임계약서에도 가처분에 관한 기재가 없었으므로 A에 대하여 가처분신청을 하여야 할 의무를 부담하지 않는다.
※ 민사소송법 제90조 제 1 항: 소송대리인은 위임을 받은 사건에 대하여 반소·참가·강제집행·가압류·가처분에 관한 소송행위 등 일체의 소송행위와 변제의 영수를 할 수 있다.
※ 민사소송법 제91조: 소송대리권은 제한하지 못한다. 다만, 변호사가 아닌 소송대리인에 대하여는 그러하지 아니하다.

① 가 ② 나
③ 다 ④ 가, 나

해설 ③ 통상 소송위임장이라는 것은 민사소송법 제81조(현행 제90조) 제 1 항에 따른 소송대리인의 권한을 증명하는 전형적인 서면이라고 할 것인데, 여기에서의 소송위임(수권행위)은 소송대리권의 발생이라는 소송법상의 효과를 목적으로 하는 단독 소송행위로서 그 기초관계인 의뢰인과 변호사 사이의 사법상의 위임계약과는 성격을 달리하는 것이고, 의뢰인과 변호사 사이의 권리의무는 수권행위가 아닌 위임계약에 의하여 발생하는 것이다. 민사소송법 제82조(현행 제91조) 제 1 항이 "소송대리인은 위임받은 사건에 관하여 반소, 참가, 강제집행, 가압류, 가처분에 관한 소송행위와 변제의 영수를 할 수 있다."고 규정하고, 제 3 항이 "변호사의 소송대리권은 제한하지 못한다."고 규정하고 있으나, 위 각 규정은 소송절차의 원활·확실을 도모하기 위하여 소송법상 소송대리권을 정형적·포괄적으로 법정한 것에 불과하고 변호사와 의뢰인 사이의 사법상의 위임계약의 내용까지 법정한 것은 아니므로, 본인소송을 수임한 변호사가 그 소송을 수행함에 있어 강제집행이나 보전처분에 관한 소송행위를 할 수 있는 소송대리권을 가진다고 하여 의뢰인에 대한 관계에서 당연히 그 권한에 상응한 위임계약상의 의무를 부담한다고 할 수는 없고, 변호사가 처리의무를 부담하는 사무의 범위는 변호사와 의뢰인 사이의 위임계약의 내용에 의하여 정하여진다고 할 것이다(대법원 1997. 12. 12. 95다20775 손해배상(기)).

13 ③ 14 ③ 정 답

15 변호사의 의뢰인에 대한 의무와 책임에 관한 설명 중 옳지 않은 것은? (다툼이 있는 경우에는 판례에 의함)

제 3 회 기출문제

① 변호사가 위임의 본지에 따라 법률사무를 처리하였더라면 지출하지 아니하여도 될 비용을 위임의 본지에 따라 법률사무를 처리하지 않았기 때문에 의뢰인이 지출한 경우에는 변호사가 이를 배상하여야 한다.

② 변호사가 의뢰인에게 인도할 금전 또는 의뢰인의 이익을 위하여 사용할 금전을 자기를 위하여 소비한 때에는 소비한 날 이후의 이자를 지급하여야 하며 그 외의 손해가 있으면 배상하여야 한다.

③ 항소심에서 패소한 상고사건을 수임한 변호사가 과실로 기간 내에 상고이유서를 제출하지 아니하여 상고가 기각됨으로 인한 재산상 손해배상을 청구받는 경우, 그 책임을 면하기 위하여는 자신의 과실이 없었더라도 상고인이 승소할 수 없었을 것임을 주장·입증하여야 한다.

④ 의뢰인의 지시가 의뢰인에게 불리한 경우에 변호사는 그런 사실을 의뢰인에게 알려주어야 할 뿐 아니라, 나아가 의뢰인이 한 지시의 변경을 요구 또는 권고하여야 할 의무도 있다.

해설 ③ 전소송의 항소심에서 패소한 상고인으로부터 상고사건을 수임한 변호사가 수임사건을 태만히 하여 상고이유서 제출기간 내에 상고이유서를 제출하지 아니하여 상고가 기각됨으로 인한 재산상 손해배상을 청구하는 경우, 그 변호사가 전소송의 상고이유서 제출기간 내에 상고이유서를 제출하였더라면 그 원심판결이 취소되고 상고인이 승소하였을 것이라는 점에 관한 입증이 없다고 하여 손해배상청구를 기각한 원심판결이 정당하다고 본 사례(대법원 1995. 5. 12. 93다62508 손해배상(기)). **과실있는 변호사를 상대로 손해배상청구의 소를 제기한 원고가** 상고이유서 제출기간 내에 상고이유서를 제출하였더라면 그 원심판결이 취소되고 상고인이 승소하였을 것이라는 점에 관한 점을 주장하고 입증해야 한다.

16 변호사의 설명의무와 관련된 설명 중 옳지 않은 것은?

① 변호사는 수임한 사건의 처리가 종료되면, 의뢰인에게 그 결과를 설명할 필요는 없다.

② 변호사는 상대방 또는 상대방 대리인과 친족관계 등 특수한 관계가 있을 때에는, 이를 미리 의뢰인에게 알린다.

③ 변호사는 공동으로 직무를 수행하는 다른 변호사와 의견이 맞지 아니하여 의뢰인에게 불이익을 미칠 수 있는 경우에는, 지체 없이 의뢰인에게 이를 알린다.

④ 변호사는 의뢰인에게 수임사건의 진행경과와 예상되는 결과 및 판결의 내용과 상소하는 때의 승소가능성 등에 대하여 구체적으로 설명하여야 한다.

해설 ① 변호사는 위임인의 청구가 있을 때는 위임사무의 처리상황을 보고하고, 위임이 종료한 때에는 지체 없이 그 전말을 보고하여야 한다(민법 683).
② 변호사윤리장전 제20조 제 3 항

③ 변호사윤리장전 제26조 제2항
④ 변호사의 설명의무에 관한 내용이다.

> **변호사윤리장전**
> **제20조(수임 시의 설명 등)** ① 변호사는 의뢰인이 사건 위임 여부를 결정할 수 있도록 의뢰인으로부터 제공받은 정보를 기초로 사건의 전체적인 예상 진행과정, 수임료와 비용, 기타 필요한 사항을 설명한다.
> ② 변호사는 의뢰인이 기대하는 결과를 얻을 가능성이 없거나 희박한 사건을 그 가능성이 높은 것처럼 설명하거나 장담하지 아니한다.
> ③ 변호사는 상대방 또는 상대방 대리인과 친족관계 등 특수한 관계가 있을 때에는, 이를 미리 의뢰인에게 알린다.
> ④ 변호사는 사건의 수임을 위하여 재판이나 수사업무에 종사하는 공무원과의 연고 등 사적인 관계를 드러내며 영향력을 미칠 수 있는 것처럼 선전하지 아니한다.

17 변호사윤리장전상 변호사의 사건수임과 관련된 의무에 관한 설명 중 옳은 것은?

① 변호사는 의뢰인이 사건 위임 여부를 결정할 수 있도록 의뢰인으로부터 제공받은 정보를 기초로 수임료와 비용을 설명해 주어야 하지만, 사건의 전체적인 예상 진행과정에 대해서까지 설명할 의무는 없다.
② 변호사는 의뢰인이 기대하는 결과를 얻을 가능성이 없거나 희박한 사건을 수임하여서는 아니된다.
③ 변호사는 상대방 또는 상대방 대리인과 친족관계 등 특수한 관계가 있더라도 미리 의뢰인에게 알려야 하는 것은 아니다.
④ 변호사는 사건의 수임을 위하여 재판이나 수사업무에 종사하는 공무원과의 연고 등 사적인 관계를 드러내며 영향력을 미칠 수 있는 것처럼 선전하지 아니한다.

해설 **변호사윤리장전 제20조(수임 시의 설명 등)** ① 변호사는 의뢰인이 사건 위임 여부를 결정할 수 있도록 의뢰인으로부터 제공받은 정보를 기초로 사건의 전체적인 예상 진행과정, 수임료와 비용, 기타 필요한 사항을 설명한다. ② 변호사는 의뢰인이 기대하는 결과를 얻을 가능성이 없거나 희박한 사건을 그 가능성이 높은 것처럼 설명하거나 장담하지 아니한다. ③ 변호사는 상대방 또는 상대방 대리인과 친족관계 등 특수한 관계가 있을 때에는, 이를 미리 의뢰인에게 알린다. ④ 변호사는 사건의 수임을 위하여 재판이나 수사업무에 종사하는 공무원과의 연고 등 사적인 관계를 드러내며 영향력을 미칠 수 있는 것처럼 선전하지 아니한다.

15 ③ 16 ① 17 ④ 정답

제4장

변호사의 개업과 기본적인 의무

제 4 장 변호사의 개업과 기본적인 의무

변호사법

제 7 조(자격등록) ① 변호사로서 개업을 하려면 대한변호사협회에 등록을 하여야 한다.

② 제 1 항의 등록을 하려는 자는 가입하려는 지방변호사회를 거쳐 등록신청을 하여야 한다.

③ 지방변호사회는 제 2 항에 따른 등록신청을 받으면 해당 변호사의 자격 유무에 관한 의견서를 첨부할 수 있다.

④ 대한변호사협회는 제 2 항에 따른 등록신청을 받으면 지체 없이 변호사 명부에 등록하고 그 사실을 신청인에게 통지하여야 한다.

제 8 조(등록거부) ① 대한변호사협회는 제 7 조 제 2 항에 따라 등록을 신청한 자가 다음 각 호의 어느 하나에 해당하면 제 9 조에 따른 등록심사위원회의 의결을 거쳐 등록을 거부할 수 있다. 이 경우 제 4 호에 해당하여 등록을 거부할 때에는 제 9 조에 따른 등록심사위원회의 의결을 거쳐 1년 이상 2년 이하의 등록금지기간을 정하여야 한다.

1. 제 4 조에 따른 변호사의 자격이 없는 자
2. 제 5 조에 따른 결격사유에 해당하는 자
3. 심신장애로 인하여 변호사의 직무를 수행하는 것이 현저히 곤란한 자
4. 공무원 재직 중의 위법행위로 인하여 형사소추(과실범으로 공소제기되는 경우는 제외한다) 또는 징계처분[파면, 해임, 면직 및 정직(해당 징계처분에 의한 정직기간이 끝나기 전인 경우에 한정한다)은 제외한다]을 받거나 그 위법행위와 관련하여 퇴직한 자로서 변호사 직무를 수행하는 것이 현저히 부적당하다고 인정되는 자
5. 제 4 호에 해당하여 등록이 거부되거나 제 4 호에 해당하여 제18조 제 2 항에 따라 등록이 취소된 후 등록금지기간이 지나지 아니한 자
6. 삭제 <2014. 5. 20.>

② 대한변호사협회는 제 1 항에 따라 등록을 거부한 경우 지체 없이 그 사유를 명시하여 신청인에게 통지하여야 한다.

③ 대한변호사협회가 제 7 조 제 2 항에 따른 등록신청을 받은 날부터 3개월이 지날 때까지 등

록을 하지 아니하거나 등록을 거부하지 아니할 때에는 등록이 된 것으로 본다.
④ 제 1 항에 따라 등록이 거부된 자는 제 1 항에 따른 통지를 받은 날부터 3개월 이내에 등록 거부에 관하여 부당한 이유를 소명하여 법무부장관에게 이의신청을 할 수 있다.
⑤ 법무부장관은 제 4 항의 이의신청이 이유 있다고 인정할 때에는 대한변호사협회에 그 변호사의 등록을 명하여야 한다.

01 A 변호사는 사금융업을 하는 회사의 자문변호사로 위촉받고 법률사무소는 그 회사 내부의 한 공간에 개설하고, 사무실 임대료도 지급하지 않을 뿐만 아니라 전기·수도료등 일체의 공과금도 그 회사에서 부담하고 있다. 변호사의 수임사건은 그 회사의 대여금 회수사건에만 국한되어 있어 변호사의 수입은 오로지 그 회사에만 의존하고 있는 실정이다. A 변호사에 대한 설명 중 옳지 않은 것은?

① 법률 전문가로서 독립하여 자유롭게 행동해야 하는 변호사의 법적 지위와 관련하여 문제되는 사안이다.
② 변호사는 국가권력과 사회로부터 자유와 독립을 유지해야 하는데, 사안의 경우는 회사로부터 독립이 위협받을 수 있다.
③ 변호사는 회사가 제공하는 공간에서 법률사무소를 개설·운영할지라도 직무수행에 있어서는 독립이 유지되어야 한다.
④ 변호사가 수임사건의 전부를 위 회사에 의존하고 있더라도 수임료를 받고 직무를 행하는 것이므로 독립성은 문제되지 않는다.

해설 ④ 사안은 변호사가 의뢰인의 회사에 고용되지 않은 상태에서 임대료와 공과금을 지급하지 않고 사무소를 운영하고 있지만, 사실상 고용된 사내변호사와 유사한 성격을 띠고 있으므로, 의뢰인으로부터의 독립과 경제적·직무상의 독립이 위협받은 상태라고 하겠다.

02 A 변호사는 법학전문대학원 전임교수로 임용되면서 소속 지방변호사회에 휴업계를 제출하고, 소속 대학원 내에서 「Legal Clinic」이라는 사무소를 개설하여 교직원은 물론 일반인들에게 법률상담을 해 주고 있다. A 변호사에 대하여 옳지 않은 설명은?

① 휴업중인 변호사가 대학 내에서 일반인들을 대상으로 법률상담을 하는 것은 가능하다.
② 상담자의 요청이 있더라도 사건을 선임하여 소송대리를 하는 것은 허용되지 아니한다.
③ 직접 사건을 선임하여 소송수행을 할 수는 없지만 소송복대리인이 되는 것은 가능하다.
④ 예외적인 경우 형사사건의 국선변호인으로 선임되어 피고인을 위한 변론 활동은 가능하다.

해설 ③ 휴업 중인 변호사는 소송대리행위를 할 수 없다. 소송복대리인이 되는 것도 실제로 소송대리를 하는 것이기 때문에 휴업 중인 변호사가 사건을 선임하여 처리하는 것으로 볼 수 있으므로 금지된다.

① 법률사무소는 변호사법 제21조가 정하는 바에 따라 개설하여야 하지만, 대학 내의 장소에서 단순한 법률상담을 해주는 수준의 행위는 가능하다.

② 휴업 중인 변호사는 법률사무소를 개설하여 사건을 수임하여 처리할 수 없다.

④ 휴업 중인 변호사는 원칙적으로 국선변호인도 될 수 없다. 그러나 예외적으로 변호사, 공익법무관 또는 사법연수생이 없거나 기타 부득이한 때에는 법원의 관할구역 안에서 거주하는 변호사 아닌 자 중에서 이를 선정할 수 있다(형사소송규칙 14③)는 형사소송규칙에 의하여 국선변호인이 될 여지는 있다.

03

A 변호사는 서울지방변호사회에 소속되어 법률사무소는 서울특별시 서초구 서초동에 두고 있다. 그는 서울에서 비교적 가까운 부천시가 고향이며, 중·고등학교를 졸업하였던 지역인 관계로 부천시에 자택을 마련하고, 자택에 「A 변호사 법률사무소 부천시 출장소」라고 기재한 간판을 게시하고, 1주일 중 2일 동안은 자택 응접실에서 의뢰인들과 만나 상담을 하여 오고 있다. A 변호사에 관하여 틀린 것은?

① 변호사는 지연과 학연의 이점이 있더라도 자택에 마련한 사무소를 폐쇄하여야 한다.

② 두 개 이상의 법률사무소를 두는 것을 금지하는 것은 변호사간의 과당경쟁을 방지하는 목적을 가진다.

③ 소속 지방변호사회의 지휘·감독권의 행사를 벗어날 가능성도 크다.

④ 법무법인은 분사무소의 설치가 허용되지만, 개인 변호사는 어떤 명목으로든 복수 사무실을 둘 수 없다.

해설 ④ 변호사는 어떠한 명목으로도 둘 이상의 법률사무소를 둘 수 없다. 다만, 사무공간의 부족 등 부득이한 사유가 있어 대한변호사협회가 정하는 바에 따라 인접한 장소에 별도의 사무실을 두고 변호사가 주재하는 경우에는 본래의 법률사무소와 함께 하나의 사무소로 본다(변호사법 21③). 그러므로 위 조항 단서규정에 해당하는 경우에는 복수의 사무소를 둘 수 있다. 변호사가 자택에서 직무를 수행하는 것이 절대적으로 금지되는 것은 아니지만, 출장소라는 명칭의 사무소를 개설하여 의뢰인을 만나는 등의 행위는 복수 사무실 개설금지 의무를 위반한 것이다.

04

변호사의 사무직원 채용과 관련한 설명 중 틀린 것은?

① 징역 이상의 형을 선고받고 그 집행이 끝난 후 3년이 지나지 아니한 자는 채용에 제한을 받을 수 있다.

② 공무원으로서 징계처분에 의하여 파면된 자는 사무직원으로 채용할 수 없다.

③ 공무원으로 재직 중 징계처분에 의하여 해임된 후 3년이 지나지 아니한 자는 채용할

01 ④ 02 ③ 03 ④ 04 ② 정답

수 없다.

④ 변호사는 사건의 유치를 주된 임무로 하는 사무직원을 채용하여서는 아니 된다.

해설 ② 공무원으로서 징계처분에 의하여 파면되어 3년이 지나지 아니한 자는 채용할 수 없다(변호사법 22②(2)). 파면되어 3년이 경과하면 채용할 수 있다.

③ 공무원으로서 해임된 후 3년이 지나지 아니한 자는 채용할 수 없다(변호사법 22②(2)).

④ 변호사는 사건의 유치를 주된 임무로 하는 사무직원을 채용하지 아니한다(변호사윤리장전 8①).

05 변호사의 사무직원의 채용과 관련된 설명 중 옳지 않은 것은?

① 변호사 사무직원이 다른 영리를 목적으로 하는 회사의 대표이사를 겸하고 있더라도 채용할 수 있다.

② 행정사 자격을 가진 변호사 사무원이 행정사무소를 개설하여 겸직할 수 없다.

③ 외국에서 변호사 자격을 갖춘 외국변호사와 공동으로 합동법률사무소를 개설한 후 외국변호사 명의로 법원에 소장을 제출할 수 있다.

④ 손해사정인을 정식 직원으로 변호사협회에 등록하고, 일정급여를 지급하면서 법원과 검찰청에 서류제출만의 사무를 전담시킬 수 있다.

해설 ③ 외국에서 변호사 자격을 갖춘 외국변호사를 변호사 사무실의 직원으로 고용하여 업무를 보조하게 할 수는 있으나, 이는 어디까지나 사무직원으로 고용하는 것이므로 각종 법률자문에 대한 대외적인 서면은 외국변호사의 명의가 아닌 그를 고용한 변호사의 이름으로 제출하여야 한다(대한변협 2005. 8. 2. 법제 제1995호 질의회신).

① 변호사 사무직원이 다른 영리를 목적으로 하는 회사의 대표이사를 겸하고 있더라도, 이를 변호사 사무직원으로 채용할 수 없는 결격사유에 해당된다고 볼 만한 근거규정이 없으므로, 노무용역회사의 대표이사가 변호사 사무실의 사무장으로 근무하는 것은 가능하다(대한변협 2008. 9. 2. 법제 제2211호 질의회신).

② 행정사 자격을 가진 변호사 사무원이 행정사무소를 별도로 개설한다는 것은 변호사가 별도의 사무소를 개설하는 것이므로, 둘 이상의 법률사무소의 개설을 금지한 현행 변호사법 제21조 제3항과 변호사윤리장전 제7조 이중사무소 금지에 해당된다(대한변협 2005. 3. 8. 법제 제856호).

④ 변호사가 손해사정인을 사무직원으로 등록하고 일정급여를 지급하면서 외근업무를 보게 하는 것은 변호사법에 위배되지 아니한다(대한변협 2004. 6. 17. 법제 제1560호). 다만 변호사나 사무직원은 사건유치를 목적으로 법원, 수사기관, 교정기관 및 병원에 출입하거나 다른 사람을 파견하거나 출입 또는 주재하게 하여서는 아니 된다(변호사법 35)는 제한을 받는다.

06 변호사가 광고할 수 없는 내용이 아닌 것은?

① 저리의 이율로 착수금을 대출해 주고 수임하겠다는 사실

② 국제변호사라는 사실

③ 100% 승소하여 왔다는 사실

④ 언론에 보도된 승소판결에 관한 사실

해설 ④ 의뢰인이 동의하거나, 당해 사건이 널리 일반에 알려져 있거나 의뢰인이 특정되지 않는 경우 등 의뢰인의 이익을 해칠 우려가 없는 경우에는 그러하지 아니하다(변호사 광고에 관한 규정 4(8)단서). 언론에 보도된 승소판결에 관한 사실은 일반에 널리 알려진 것으로 의뢰인의 이익을 해칠 우려가 없는 사항으로 광고금지사항이 아니다.
① 변호사의 품위를 훼손할 우려가 있거나 공정한 수임질서를 해치는 내용이다.
② 국제변호사를 표방하는 내용이다.
③ 객관적 사실을 과장한 내용이거나 업무수행 결과에 대하여 부당한 기대를 가지도록 하는 내용의 광고이다.

변호사법

제23조(광고) ① 변호사·법무법인·법무법인(유한) 또는 법무조합(이하 이 조에서 "변호사등"이라 한다)은 자기 또는 그 구성원의 학력, 경력, 주요 취급 업무, 업무 실적, 그 밖에 그 업무의 홍보에 필요한 사항을 신문·잡지·방송·컴퓨터통신 등의 매체를 이용하여 광고할 수 있다.
② 변호사등은 다음 각 호의 어느 하나에 해당하는 광고를 하여서는 아니 된다.
1. 변호사의 업무에 관하여 거짓된 내용을 표시하는 광고
2. 국제변호사를 표방하거나 그 밖에 법적 근거가 없는 자격이나 명칭을 표방하는 내용의 광고
3. 객관적 사실을 과장하거나 사실의 일부를 누락하는 등 소비자를 오도(誤導)하거나 소비자에게 오해를 불러일으킬 우려가 있는 내용의 광고
4. 소비자에게 업무수행 결과에 대하여 부당한 기대를 가지도록 하는 내용의 광고
5. 다른 변호사등을 비방하거나 자신의 입장에서 비교하는 내용의 광고
6. 부정한 방법을 제시하는 등 변호사의 품위를 훼손할 우려가 있는 광고
7. 그 밖에 광고의 방법 또는 내용이 변호사의 공공성이나 공정한 수임(受任) 질서를 해치거나 소비자에게 피해를 줄 우려가 있는 것으로서 대한변호사협회가 정하는 광고

③ 변호사등의 광고에 관한 심사를 위하여 대한변호사협회와 각 지방변호사회에 광고심사위원회를 둔다.
④ 광고심사위원회의 운영과 그 밖에 광고에 관하여 필요한 사항은 대한변호사협회가 정한다.

변호사 광고에 관한 규정

제4조[광고내용 등의 제한] 변호사등은 스스로 또는 타인을 통하여 다음과 같은 광고를 할 수 없다.
1. 변호사등의 업무 및 경력에 관한 객관적 사실에 부합하지 아니하거나 허위의 내용을 표시한 광고
2. 객관적 사실을 과장하거나 사실의 일부를 누락하는 등으로 고객을 호도하거나 고객으로

하여금 객관적 사실에 관하여 오해를 불러일으킬 우려가 있는 내용의 광고
3. 승소율 석방율, 기타 고객으로 하여금 업무수행결과에 대하여 부당한 기대를 가지도록 하는 내용의 광고
4. 다른 변호사를 비방하거나 다른 변호사나 그 업무의 내용을 자신의 입장에서 비교하는 내용의 광고
5. 변호사의 품위 또는 신용을 훼손할 우려가 있는 내용의 광고
6. 특정사건과 관련하여 당사자나 이해관계인(당사자나 이해관계인으로 예상되는 자 포함)에 대하여 그 요청이나 동의 없이 방문, 전화, 팩스, 우편, 전자우편, 문자 메시지 송부, 기타 이에 준하는 방식으로 접촉하여 당해 사건의 의뢰를 권유하는 내용의 광고. 다만, 소속 지방변호사회(이하 "지방회")의 허가를 받은 경우에는 그러하지 아니하다.
7. 국제변호사 기타 법적 근거가 없는 자격이나 명칭을 표방하는 내용의 광고
8. 과거에 취급하였거나 관여한 사건이나 현재 수임중인 사건 또는 의뢰인(고문 포함)을 표시하는 내용의 광고. 다만, 의뢰인이 동의하거나, 당해 사건이 널리 일반에 알려져 있거나 의뢰인이 특정되지 않는 경우 등 의뢰인의 이익을 해칠 우려가 없는 경우에는 그러하지 아니하다.
9. 법률사건이나 법률사무의 수임을 위하여 재판이나 수사 등 업무(변호사법 제109조 제 1 호 각 목에 정한 사건 관련 업무)에 종사하는 공무원과의 연고 등 사적인 관계를 드러내며 영향력을 미칠 수 있는 것으로 선전하거나 암시하는 내용의 광고
10. 변호사법 제31조 제 3 항에서 정한 수임제한의 해제 광고
11. 변호사 보수액에 관하여 견적, 입찰, 비교 등을 표방하는 등 공정한 수임질서를 저해할 수 있는 내용의 광고
12. 사건 또는 법률사무의 수임료에 관하여 공정한 수임질서를 저해할 우려가 있는 무료 또는 부당한 염가를 표방하는 광고
13. 수사기관과 행정기관의 처분·법원 판결 등의 결과 예측을 표방하는 광고
14. 기타 법령, 변호사윤리장전, 대한변호사협회(이하 "협회")및 지방회의 회칙이나 규정(이하 "회규")에 위반되는 내용의 광고(개정 2022. 10. 11.)

07 변호사의 광고 방법에 관하여 옳지 않은 것은?

① "교차로"라는 무가지신문에 개인회생, 소비자파산 등의 업무를 처리한다는 광고를 할 수 있다.

② 성악가의 독창회 개최를 후원하면서 독창회 팸플릿 뒷면에 후원자들의 명단을 등재하는 란에 법무법인의 명칭 등을 등재할 수 있다.

③ "국제변호사"라는 명칭을 변호사업무가 아닌 국회의원 선거홍보물에는 사용할 수 있다.

④ 무료법률 상담을 한다는 취지의 내용을 케이블 TV로 광고할 수 있다.

해설 ③ "국제변호사를 표방하거나 그 밖에 법적 근거가 없는 자격이나 명칭을 표방하는 내용의 광고"를 하여서는 아니 된다(변호사법 23②(2)).

① "교차로"라는 무가지도 신문에 해당하므로 광고매체로 이용이 가능하고, 광고내용도 광고규정에 저촉되지 않는다(대한변협 2006. 1. 24. 법제 제156호).

② 개인음악회 등을 후원하고 그 팸플릿 등에 후원자로서 등재하면서 전화번호 등을 기재하는 것은 광고가 주된 목적이라기보다는 음악회의 후원에 주목적이 있는 것으로 판단되므로 광고규정에 위반되지 않는다(대한변협 2005. 12. 8. 법제 제2772호).

④ 광고의 목적이 공익적 서비스 차원에서 무료법률상담을 하기 위한 것이라면 케이블 TV를 통하여 광고하는 것은 문제가 없다(대한변협 2007. 6. 4. 법제 제1704호).

08 변호사의 광고 중 금지된 사항이 아닌 것은?

① 변호사의 업무에 관하여 거짓된 내용을 표시하는 광고

② 소비자에게 업무수행 결과에 대하여 부당한 기대를 가지도록 하는 내용의 광고

③ 다른 변호사등을 비방하거나 자신의 입장에서 비교하는 내용의 광고

④ 대한변호사협회가 금지하는 내용의 광고

해설 ④ 대한변호사협회는 변호사법이 구체적으로 위임하는 아래 사항에 한하여 회칙에 규정할 수 있을 뿐이다. 즉, "그 밖에 광고의 방법 또는 내용이 변호사의 공공성이나 공정한 수임(受任) 질서를 해치거나 소비자에게 피해를 줄 우려가 있는 것으로서 대한변호사협회가 정하는 광고"(변호사법 23②(7)), 광고심사위원회의 운영과 그 밖에 광고에 관하여 필요한 사항은 대한변호사협회가 정한다(변호사법 23④).

① 변호사법 제23조 제 2 항 제 1 호.

② 변호사법 제23조 제 2 항 제 4 호.

③ 변호사법 제23조 제 2 항 제 5 호.

09 A 변호사는 많은 의뢰인을 확보하여 사건을 수임할 목적으로 여성잡지, 시내버스와 택시 내부, 스포츠 신문, 핸드폰의 문자 메시지, 자신의 인터넷 홈페이지에 자신의 학력과 경력, 출신지역(고향) 등을 기재한 광고문에 "서초동에서 가장 저렴한 비용으로 해드리겠습니다. 저의 재판승소율은 누구보다도 탁월합니다"라는 내용의 문구도 기재하였다. A 변호사의 광고와 관련하여 틀린 것은?

07 ③ 08 ④ 09 ② 정 답

① 시내버스와 택시 내부에 광고하는 것은 적법하다.
② 출신지역(고향)에 대한 광고는 허용되지 않는다.
③ 광고물을 공공장소에서 불특정한 다수인에게 나누어주거나 살포할 수 없다.
④ 승소율이 실제로 높을지라도 광고방법을 위반한 것이다.

해설 ② 변호사·법무법인·법무법인(유한) 또는 법무조합은 자기 또는 그 구성원의 학력, 경력, 주요 취급 업무, 업무 실적, 그 밖에 그 업무의 홍보에 필요한 사항을 신문·잡지·방송·컴퓨터통신 등의 매체를 이용하여 광고할 수 있다(변호사법 23①).

변호사법 제23조 제1항은 「자기 또는 그 구성원의 학력, 경력」을 광고할 수 있도록 하고 있고, 출신지에 대한 언급은 없다. 따라서 출신지에 관하여는 광고할 수 있다고 보아야 한다.

① 변호사등은 스스로 또는 타인을 이용하여 다음 각 호의 방법으로 광고할 수 없다(변호사 광고에 관한 규정 5①).
3. 운송수단(자동차, 전동차, 기차, 선박, 비행기 등)의 외부에 광고물을 비치, 부착, 게시하는 행위

③ 변호사등은 스스로 또는 타인을 이용하여 다음 각 호의 방법으로 광고할 수 없다(변호사 광고에 관한 규정 5①).
2. 광고 전단, 명함 기타 광고물을 공공장소에서 불특정한 다수인에게 나누어주거나 살포하는 행위

④ 변호사등은 스스로 또는 타인을 통하여 다음과 같은 광고를 할 수 없다(변호사 광고에 관한 규정 4).
3. 승소율, 석방율 기타 고객으로 하여금 업무수행결과에 대하여 부당한 기대를 가지도록 하는 내용의 광고

재판승소율이 누구보다도 탁월하다는 내용은 객관적 사실의 과장이거나 업무수행결과에 대하여 부당한 기대를 가지도록 하는 내용으로 허용되지 아니한다.

10 변호사의 공익활동 의무규정이 정하는 공익상의 직무가 될 수 없는 것은?

① 형사사건의 국선변호인
② 민사사건의 국선대리인
③ 서울지방변호사회 회관에서의 법률상담
④ 서울특별시 종로구청의 법률자문변호사

해설 ④ 법률자문변호사는 당해 변호사와 종로구청 간의 법률자문계약에 의하여 성립된 유상의 계약관계라고 할 수 있다. 그러나 법률자문서비스를 무상으로 제공하는 것이라면 공익활동에 해당될 수 있지만, 대개는 특정기업이나 관공서의 「법률자문변호사」는 사적인 계약관계에서 행하는 변호사 본래의 직무범위에 해당된다.

① 국선변호인 또는 국선대리인으로서의 활동은 공익활동에 해당된다(공익활동등에 관한 규정 2(5)).

② 변호사는 법원을 비롯한 국가기관 또는 대한변호사협회나 소속 지방변호사회로부터국선변호인, 국선대리인, 당직변호사 등의 지정을 받거나 기타 임무의 위촉을 받은 때에는, 신속하고 성실하게 이를 처리하고 다른 일반 사건과 차별하지 아니한다. 그 선임된 사건 또는 위촉받은 임무가 이미 수임하고 있는 사건과 이해관계가 상반되는 등 정당한 사유가 있는 경우에는, 그 취지를 알리고 이를 거절한다(변호사윤리장전 16③).

③ 변호사는 법령에 따라 공공기관, 대한변호사협회 또는 소속 지방변호사회가 지정한 업무를 처리하여야 한다(변호사법 27②). 변호사의 공익활동의 내용으로서는 「이 회 또는 지방변호사회가 지정하는 법률상담변호사로서의 활동」(공익활동등에 관한 규정 2(3))으로 법률상담 활동도 해당된다.

11 변호사의 위임장 또는 선임서 제출과 관련하여 옳지 않은 것은?

① 변호사가 법원에서 소송대리 행위를 할 때 선임서가 필요하다.

② 변호사가 의뢰인의 대리인으로 매매계약을 체결할 때 제출하여야 한다.

③ 변호사가 선임서를 법원에 제출하지 않을 수 있는 예외 사유는 없다.

④ 검찰에서 내사 중인 사건의 경과를 확인할 때에도 필요하다.

해설 ② 변호사는 법원이나 수사기관에 변호인선임서나 위임장 등을 제출하지 아니하고는 ㉠ 재판에 계속 중인 사건, ㉡ 수사 중인 형사사건[내사 중인 사건을 포함한다]에 대하여 변호하거나 대리할 수 없다(변호사법 29조의2). 따라서 변호사가 의뢰인의 대리인으로 매매계약을 체결할 때는 매매계약의 상대방에게 의뢰인의 위임장을 제시하면 된다. 변호인의 선임서는 재판이나 수사기관에 제출하는 것이다.

① 개인회원이나 법인회원은 재판계속 중인 사건 및 수사 중인 형사사건(내사 중인 사건을 포함한다)에 관하여 변호 또는 대리하고자 하는 경우 법원 또는 수사기관에 변호인선임서 또는 위임장 등을 제출하여야 한다(대한변호사협회 회칙 9⑤). 그러므로 변호사가 재판에 계속 중인 사건을 변호할 때(형사사건)는 변호인선임서를, 소송대리하는(민사·행정등 사건) 경우에는 (소송)위임장을 당해 사건이 계류중인 법원이나 헌법재판소에 제출하여야 한다.

③ 변호사가 선임서를 법원에 제출하지 않을 수 있는 예외 사유는 없으나, 다만, 제출 전 소속 지방변호사회 경유절차에 대해서는 변호사법이 그 예외를 규정하고 있다. 즉, 변호사는 법률사건이나 법률사무에 관한 변호인선임서 또는 위임장 등을 공공기관에 제출할 때에는 사전에 소속 지방변호사회를 경유하여야 한다. 다만, 사전에 경유할 수 없는 급박한 사정이 있는 경우에는 변호인선임서나 위임장 등을 제출한 후 지체 없이 공공기관에 소속 지방변호사회의 경유확인서를 제출하여야 한다(변호사법 29). 선임서 또는 위임장을 공공기관에 제출할 때 급박한 사유로 사전에 소속 지방변호사회를 경유할 수 없는 때가 있다. 그 경우에는 경유확인서를 제출하여야 한다.

④ 수사기관에서 내사 중인 사건의 변론 때에도 검찰청에 선임서를 제출하여야 한다(변호사법 29의2(2)).

12 다른 변호사가 이미 수임하여 재판이 진행 중인 형사사건의 피고인의 요청으로 교도소 변호인 접견실에서 접견을 한 A 변호사는 그 사건의 담당 판사와 같은 대학을 졸업한 동창관계이며, 현재 피고인의 변호인은 형사사건의 경험이 미숙하여 재판을 제대로 수행하지 못한다고 하면서, 자신을 변호인으로 선인하면 "보석으로 100% 석방시켜 주겠다"는 취지의 말을 하였다. A 변호사에 관한 다음의 설명 중 틀린 것은?

① 수임하지 않은 사건에 대하여는 개입할 수 없다.

② 다른 변호사가 수행 중인 사건의 내용을 비난할 수 없다.

③ 담당 판사와 동창 관계 등 사적인 관계를 말할 수 없다.

④ 피고인이 변호인으로 선임해도 그 사건의 변론을 할 수 없다.

해설 ④ 피고인이 A번호사를 변호인으로 선임하였다면, 그 변호사는 형사변론을 할 수 있다. 다만, 수인과정에서의 품위훼손 등의 법령위반 사실로 징계를 받을 가능성이 있다.

①, ② 변호사는 상대방 또는 상대방 변호사를 유혹하거나 비방하지 아니한다(변호사윤리장전 10①). 변호사는 수임하지

10 ④ 11 ② 12 ④ 정 답

않은 사건에 개입하지 아니하고, 그에 대한 경솔한 비판을 삼간다(변호사윤리장전 10②).

③ 변호사나 그 사무직원은 법률사건이나 법률사무의 수임을 위하여 재판이나 수사업무에 종사하는 공무원과의 연고(緣故) 등 사적인 관계를 드러내며 영향력을 미칠 수 있는 것으로 선전하여서는 아니 된다(변호사법 30, 연고 관계 등의 선전금지). 변호사는 사건의 수임을 위하여 재판이나 수사업무에 종사하는 공무원과의 연고 등 사적인 관계를 드러내며 영향력을 미칠 수 있는 것처럼 선전하지 아니한다(변호사윤리장전 20④).

13 변호사의 계쟁권리의 양수금지에 대하여 옳지 않은 것은?

① 변호사가 횡령, 사기 등의 죄로 수사를 받고 있는 피의자의 변호인이 되어 활동한 결과 무혐의처분이 되었는데, 약정한 성공보수금을 피의자 소유의 B 법인의 주식 중 일부를 양수받은 것은 계쟁권리의 양수금지에 해당되지 아니한다.

② 변호사가 1심 소송대리 후 일부승소판결을 받고 변호사 수임료 명목으로 의뢰인의 1심 소송 상대방에 대한 승소판결채권의 일부를 사무장 명의로 양수받은 것은 계쟁권리를 양수받은 것에 해당된다.

③ 변호사가 A 회사 주식반환청구권을 피보전권리로 한 주식처분금지가처분 사건에서 채무자 B를 대리하여 가처분이의를 제기하여 소송계류 중에, B로부터 B의 처 C명의로 된 A 회사 주식을 변호사의 처 명의로 양도받은 것은 허용된다.

④ 변호사법이 양수를 금하는 계쟁권리는 강학상 소송물과 다른 개념으로 보는 것이 일반적이다.

해설 ④ 계쟁권리라 함은 바로 계쟁 중에 있는 그 권리이며(대법원 1985. 4. 9. 83다카1775 소유권이전등기말소), 강학상 '소송물'과 동일한 개념이라고 할 것이다(법무부 2007. 8. 27. 결정).

① 수임하여 처리한 형사사건이 직접 주식에 관련된 사건이 아니었고, 그 의뢰인과는 아무런 의견대립이 없으며, 설령 의뢰인의 상대방인 B 법인이 의뢰인과의 내부적인 관계를 이유로 그 주식에 대한 명의개서를 금지하였더라도 변호사는 계쟁권리 양수금지의무를 위반한 것은 아니다(대한변협 2006. 3. 3. 법제 제915호).

② 변호사가 양수한 목적이 변호사의 용역의 대가인 수임료로서 변호사의 계산으로 양수한 것에 해당된다(법무부 2003. 7. 3. 결정).

③ 계쟁권리라 함은 바로 계쟁 중에 있는 그 권리이고, 계쟁 목적물은 포함되지 않는다는 것이 판례(대법원 1985. 4. 9. 83다카1775 소유권이전등기말소)이므로 '주식인도청구권'이 아닌 '주식'을 양수한 행위는 계쟁권리의 양수로 볼 수 없다(법무부 2007. 8. 27. 결정).

14 변호사의 사건 수임과 관련된 내용으로 금지된 사항이 아닌 것은?

① 피의자의 처를 변호사 법률사무소에 데려와서 선임케 한 친구에게 술과 음식을 대접하였다.

② 사건 수임시에 사건 소개인에게 금품을 제공하기로 약속한 후 금품을 제공하지 않았다.

③ 검사는 근무 중인 검찰청에서 내사 단계에 있는 친족의 사건을 특정 변호사에게 소개하였다.

④ 사건 수임과 관련하여 어떤 경우에도, 누구라도 금품을 요구하거나 받을 수 없다.

해설 ③ 재판기관이나 수사기관의 소속 공무원은 대통령령으로 정하는 자기가 근무하는 기관에서 취급 중인 법률사건이나 법률사무의 수임에 관하여 당사자 또는 그 밖의 관계인을 특정한 변호사나 그 사무직원에게 소개·알선 또는 유인하여서는 아니 된다. 다만, **사건 당사자나 사무 당사자가 「민법」 제767조에 따른 친족인 경우에는 그러하지 아니하다**(변호사법 36).

② 금품의 제공을 약속한 것만으로도 변호사법 제34조 제 1 항 제 1 호를 위반한 것이다.

④ 누구든지 법률사건이나 법률사무의 수임에 관하여 ㉠ 사전에 금품·향응 또는 그 밖의 이익을 받거나 받기로 약속하고 당사자 또는 그 밖의 관계인을 특정한 변호사나 그 사무직원에게 소개·알선 또는 유인하는 행위, ㉡ 당사자 또는 그 밖의 관계인을 특정한 변호사나 그 사무직원에게 소개·알선 또는 유인한 후 그 대가로 금품·향응 또는 그 밖의 이익을 받거나 요구하는 행위를 하여서는 아니 된다(변호사법 34①). 따라서 사건 수임과 관련하여 변호사는 금품의 제공 또는 약속을 하여서도 아니 되고, 제 3자 역시 변호사에게 금품을 수령하거나 요구할 수 없다.

15 변호사가 인터넷 포털사이트 홈페이지를 통하여 이메일 상담을 의뢰한 고객에 대하여 일정한 비용을 받고, 이에 대한 답변 등의 유료법률 서비스를 제공하고자 하는 행위와 관련하여 틀린 것은?

① 변호사가 위와 같은 활동으로 생긴 수입을 포털사이트 운영자와 나눠 갖는다면, 변호사 아닌 자와의 동업에 해당될 수 있다.

② 알선은 법률사건을 위임계약 등의 체결을 중개하는 행위이므로 포털사이트에 변호사 홈페이지를 링크해 놓는 것만으로는 알선이라고 볼 수 없다.

③ 포털사이트에 이메일 법률상담 페이지를 만들어 변호사의 웹사이트와 링크하여 놓는다면 그 행위는 소개에 해당될 수 있다.

④ 변호사가 포털사이트 운영 회사에게 법률상담의 대가인 상담료의 일부를 지급하면 알선에 대한 대가의 성격이 있다.

해설 ② 알선이라 함은 법률사건의 당사자와 그 사건에 관하여 대리 등의 법률사무를 취급하는 상대방 사이에서 양자간에 법률사건이나 법률사무에 관한 위임계약 등의 체결을 중개하거나 그 편의를 도모하는 행위를 말한다(대법원 2000. 6. 15. 98도3697 전원합의체판결 뇌물공여·변호사법위반). 포털사이트에 이메일 법률상담 페이지를 만들어 변호사의 웹 사이트와 링크하여 놓는다면 그 행위는 알선이나 소개에 해당한다고 할 것이다(대한변협 2004. 5. 7. 법제 제1335호).

① 변호사가 아닌 자는 변호사를 고용하여 법률사무소를 개설·운영하여서는 아니 된다(변호사법 34④). 변호사가 아닌 자는 변호사가 아니면 할 수 없는 업무를 통하여 보수나 그 밖의 이익을 분배받아서는 아니 된다(변호사법 34⑤).

③ 변호사의 웹사이트와 링크해 두었다면 알선 또는 소개에 해당될 수 있다.

④ 변호사가 업무제휴에서 포털사이트 운영 회사에게 법률상담의 대가인 상담료의 일부를 운영비용의 명목 등으로 약정하여 지급한다면, 이는 알선이나 소개에 대한 대가의 성격이 있고, 보수를 분배하는 것에 해당된다.

13 ⑤ 14 ③ 15 ② 정 답

16 변호사의 변호사 아닌 자와의 동업금지에 관한 설명 중 틀린 것은?

① 변호사 아닌 자가 변호사를 고용하여 법률사무소를 개설하면 처벌된다.
② 변호사 아닌 자는 변호사와의 동업으로 보수나 이익을 분배받을 수 없다.
③ 변호사와 변호사 아닌 자 사이의 동업으로 인한 이익분배약정 자체는 유효하다.
④ 비변호사에게 고용된 변호사는 공범으로 처벌할 수 없다.

해설 ③ 변호사법 제34조 제 5 항은 강력한 처벌규정을 동반하는 강행법규로 되어 있는 점, 위의 규정을 위반하여 변호사가 아닌 자가 변호사가 아니면 할 수 없는 업무에 대하여 보수를 받기로 약정한 경우 그 사법상 효력이 유효하다고 한다면, 강행규정인 변호사법 제109조 제 1 호(현행 제 2 호) 내지 제111조의 입법취지를 잠탈하는 결과를 초래하게 되는 점, 변호사법 제34조 위반행위는 변호사 자격을 가진 자만이 법률사무를 취급할 수 있다는 사회질서에 반하고 변호사법의 입법목적을 중대하게 침해하는 결과를 초래하게 되는 점 등을 고려할 때, 변호사법 제34조 제 5 항에 위반된 약정은 그 사법상 효력 역시 무효라고 보아야 한다(춘천지방법원 2007. 6. 22. 2006가합319 소유권이전등기).

① 변호사법 제109조 제 2 호는 「제33조 또는 제34조(제57조, 제58조의16 또는 제58조의30에 따라 준용되는 경우를 포함한다)를 위반한 자」를 처벌하고 있다. 따라서 변호사가 아닌 자는 변호사를 고용하여 법률사무소를 개설·운영할 수 없다.

② 변호사가 아닌 자는 변호사가 아니면 할 수 없는 업무를 통하여 보수나 그 밖의 이익을 분배받아서는 아니 된다(변호사법 34⑤).

④ 변호사 아닌 자가 변호사를 고용하여 법률사무소를 개설·운영하는 행위에 있어서는 변호사 아닌 자는 변호사를 고용하고 변호사는 변호사 아닌 자에게 고용된다는 서로 대향적인 행위의 존재가 반드시 필요하고, 나아가 변호사 아닌 자에게 고용된 변호사가 고용의 취지에 따라 법률사무소의 개설·운영에 어느 정도 관여할 것도 당연히 예상되는바, 이와 같이 변호사가 변호사 아닌 자에게 고용되어 법률사무소의 개설·운영에 관여하는 행위는 위 범죄가 성립하는 데 당연히 예상될 뿐만 아니라 범죄의 성립에 없어서는 아니 되는 것인데도 **이를 처벌하는 규정이 없는 이상**, 그 입법 취지에 비추어 볼 때 변호사 아닌 자에게 고용되어 법률사무소의 개설·운영에 관여한 변호사의 행위가 일반적인 **형법 총칙상의 공모, 교사 또는 방조에 해당된다고 하더라도 변호사를 변호사 아닌 자의 공범으로서 처벌할 수는 없다**(대법원 2004. 10. 28. 2004도3994 변호사법위반).

17 개인 변호사가 변리사로 구성된 특허법인의 구성원 겸직이 가능한지 여부에 관한 설명 중 틀린 것은?

① 변호사가 법률사무소를 개설하고 동시에 변리사가 설립한 특허법인의 분사무소의 구성원이 되는 것은 가능하다.
② 변호사가 주소를 달리하는 수인의 변호사가 운영하는 법률사무소에 참여하는 것은 허용되지 않는다.
③ 법무법인의 분사무소 소속 변호사가 변리사 업무를 하는 경우에 그 법무법인의 명의로 변리사 업무를 행하여야 한다.
④ 변호사가 법률사무소를 두는 외에 공인중개사 자격을 취득한 후 별도로 공인중개사사무실을 둘 수 있다.

해설 ① 변호사가 법률사무소를 개설한 상태에서 이중사무소 설치 또는 변리사와 고용 또는 동업관계가 아니라면, 변리사법에 의해 변리사 등록을 하고 변리사로서 업무를 수행할 수 있다. 그런데 변호사가 법률사무소를 개설하고 동시에 변리사가 설립한 특허법인의 분사무소의 구성원 또는 소속 변리사 지위를 겸할 경우에 변호사가 특허법인에서 행하는 변리사로서의 직무 또한 법률사무로써 변호사의 직무에 속하므로 변호사로서의 직무와 변리사로서의 직무는 사실상 구별하기 어렵게 된다. 따라서 법률사무소를 개설한 변호사가 변리사의 지위에서 특허법인에서 업무를 수행하는 것은 실질적으로 특허법인의 변리사들과의 관계에서 그 형태에 따라 고용 또는 동업하는 것과 다를 바 없어 변호사법상의 고용 또는 동업금지조항에 위반될 소지가 있고, 법률사무소와 특허법인의 분사무소가 장소를 달리하는 경우에는 이중사무소 금지규정에도 위반된다 할 것이다(대한변협 2004. 6. 30. 법제 제1639호).

② 변호사가 주소를 달리하는 수인의 변호사가 운영하는 법률사무소에 참여하는 것은 실질적으로 수개의 법률사무소를 개설한 것과 같으므로 허용되지 않는다.

③ 법무법인의 구성원 또는 소속 변호사가 변리사로 등록을 하고 변리사 업무를 행하는 것은 허용된다 할 것이나, 변리사 개인 자격으로 행할 수 없고, 법무법인의 업무로 수행해야 할 것이고, 법무법인의 분사무소 소속 변호사들은 독립된 지위에서 변리사 업무를 행할 수는 없으며, 그 법무법인의 직무로서 변리사 업무를 수행해야 할 것이다.

④ 변호사법은 변호사의 자격에 기한 법률사무소에 관하여 이중사무소를 개설하는 것을 금하고 있을 뿐 변호사의 자격과 무관한 별개의 다른 자격에 기하여 별개의 사무소를 개설하는 것은 변호사법상 이중사무소 개설금지규정에 저촉되지 않는다. 다만, 변호사가 변호사 업무 이외에 영리업무(공인중개사 업무도 영리업무에 해당)를 수행하고자 하는 경우에는 소속 지방변호사회의 겸업허가를 받아야 한다(대한변협 2007. 4. 6. 법제 제1217호).

이와 달리 공인중개사 자격이 있는 자가 변호사 자격을 취득하여 등록·개업한 경우에 는 변호사법 제38조의 제한과 관계없이 양 업무를 겸업하는 것이 가능하다(법무부 2001. 11. 17.자).

18 A 변호사는 평소 잘 알고 지내던 친목회원으로부터 그가 현재 B 변호사를 선임하여 서울특별시를 상대로 소송을 진행 중인데 재판이 잘 풀리지 않고 있으니, 변호사를 교체하면 좋겠다는 말을 듣게 되었다. A 변호사는 그 후 그 사건의 내용과 진행과정을 파악한 다음 친목회원에게 “사건 기록을 살펴보았는데, 현재 소송대리인이 제대로 필요한 주장도 못하고, 입증도 미숙하다. 그런 사건재판을 해본 경험이 없는 것 같다. 지금처럼 가면 패소할 것이 분명하다. 빠른 시간 내에 지금 변호사를 사임시키는 것이 좋겠다”고 하면서, B 변호사를 사임시키도록 B 변호사에 대한 ‘해임신청서’를 직접 작성하여 그 사건 재판부에 제출하도록 하였다. 그리하여 그 사건의 소송대리인으로 된 A 변호사는 승소판결을 받게 되었다. A 변호사의 행위에 대하여 옳지 않은 것은?

① 소송수행 중인 B 변호사의 소송수행능력을 비난한 것은 사건수임과 관련된 법령을 위반한 것이다.
② A 변호사가 친목회원이 의뢰하는 사건의 수임이 절대적으로 금지되는 것은 아니다.
③ 의뢰인의 진지한 요청으로 수임하여 승소판결을 받았으므로 적절한 조력을 한 것이다.
④ A 변호사가 친목회원이 묻는 소송진행에 관련된 내용을 설명해 주는 것은 가능하다.

16 ③ 17 ① 18 ③ 정 답

해설 ③ 변호사는 수임하지 않은 사건에 개입하지 아니하고, 그에 대한 경솔한 비판을 삼간다(변호사윤리장전 10②). 설문에서 A 변호사는 B 변호사의 소송능력을 경솔히 비판하여 그 변호사의 해임을 유도하고, 실제로 의뢰인이 해임할 수 있도록 해임신청서를 직접 작성해 주고 법원에 제출케 한 다음 그 사건을 수임한 것은 재판결과와 상관없이 윤리규약을 위반하여 징계책임을 질 수 있다.

② A 변호사는 의뢰인이 수임을 요청하면 현재 소송대리를 하고 있는 B 변호사에게 알리고 수임하는 것이 좋다. 사건 당사자는 복수의 변호사를 선임하여 대리하도록 할 권리가 있기 때문이다. 변호사는 의뢰인이 다른 변호사에게 해당 사건을 의뢰하는 것을 방해하지 아니한다(변호사윤리장전 25①).

④ 현재 소송진행 중인 사건 당사자는 자신이 선임한 변호사 이외의 다른 변호사에게 조력을 구하는 것은 금지된 바 없다. 따라서 A 변호사가 필요한 법적 조언을 해 주는 것은 가능하다. 다만 설문과 같이 상대방 변호사를 비방하여 의뢰인으로 하여금 자신을 수임하도록 유도한 점은 다른 사건에 부당하게 개입한 것으로 변호사윤리장전 제10조 제2항 '상대방비방금지 등' 규정을 위반한 것이다.

19 변호사의 법률사무소 개설과 등록에 관련된 설명 중 틀린 것은?

① 서울에서 개업한 변호사가 사무실 공간이 부족한 경우에는 인천지방법원 앞에 사무소를 추가로 둘 수 없다.

② 변호사가 개업하기 위해서는 반드시 등록하여야 한다.

③ 검사가 재직 중에 해임 징계처분을 받아 3년이 지난 후에는 등록을 신청할 수 있다. 이 때 변호사의 직무를 수행하는 것이 현저히 부적당하다는 이유로 등록을 거부할 수는 없다.

④ 변호사가 징역 2년, 집행유예 3년의 형을 선고받고 그 유예기간이 경과한 직후에 등록신청을 한 경우에는 그 등록을 거부할 수 없다.

해설 ④ 금고 이상의 형의 집행유예를 선고받고 그 유예기간이 지난 후 2년이 지나지 아니한 자는 변호사가 될 수 없다(변호사법 5(2)). 변호사가 집행유예를 선고받고 그 유예기간이 지난 후 2년이 지나지 아니하였으므로, 대한변호사협회는 등록심사위원회의 의결을 거쳐 등록을 거부할 수 있다(변호사법 8①(2)).

① 변호사의 법률사무소는 소속 지방변호사회의 지역에 두어야 한다(변호사법 2②). 변호사는 어떠한 명목으로도 둘 이상의 법률사무소를 둘 수 없다. 다만, 사무공간의 부족 등 부득이한 사유가 있어 대한변호사협회가 정하는 바에 따라 인접한 장소에 별도의 사무실을 두고 변호사가 주재(駐在)하는 경우에는 본래의 법률사무소와 함께 하나의 사무소로 본다(변호사법 2③). 따라서 서울지방변호사회 소속 변호사가 사무실 공간이 부족하다는 이유로 인천지방변호사회 소속 지역에 사무소를 둘 수 없다.

② 변호사로서 개업을 하려면 대한변호사협회에 등록을 하여야 한다(변호사법 7②).

③ 변호사 자격있는 자가 징계처분에 의하여 해임된 후 3년이 지나지 아니한 자는 변호사가 될 수 없다(변호사법 5(4)). 공무원 재직 중의 위법행위로 인하여 형사소추(과실범으로 공소제기되는 경우는 제외한다) 또는 징계처분[파면, 해임, 면직 및 정직(해당 징계처분에 의한 정직기간이 끝나기 전인 경우에 한정한다)은 제외한다]을 받거나 그 위법행위와 관련하여 퇴직한 자로서 변호사 직무를 수행하는 것이 현저히 부적당하다고 인정되는 자는 등록심사위원회의 의결을 거쳐 등록을 거부할 수 있다(변호사법 8①⑷). 이 경우 제4호에 해당하여 등록을 거부할 때에는 제9조에 따른 등록심사위원회의 의결을 거쳐 1년 이상 2년 이하의 등록금지기간을 정하여야 한다(변호사법 8①). 지난 2017. 12. 19. 개정된 변호사법[법률 제15251호]은 법관 및 검사의 비위를 예방하고 변호사에 대한 신뢰를 제고하기 위하여

공무원 재직 중 징계처분에 의하여 정직되고 정직기간 중에 퇴직하더라도 해당 정직기간 중에는 변호사 개업을 하지 못하도록 변호사 결격사유로 규정하였다. 따라서 징계처분에 의하여 파면을 당한 자는 5년이 지난 후에, 해임을 당한 자는 3년이 지난 후에 등록을 신청할 수 있다(변호사법 5⑷).

20 변호사시험에 합격한 변호사의 실무수습제도에 관한 설명 중 틀린 것은?

① 법률사무종사기관으로 지정받기 위해서는 반드시 통산하여 5년 이상의 법조경력자가 있어야 한다.

② 법무법인에서 법률사무에 종사하는 변호사는 법무법인이 수임한 사건의 담당변호사로 지정받을 수 없다.

③ 법무부장관은 지정된 법률사무종사기관이 거짓이나 그 밖의 부정한 방법으로 지정받은 경우에 해당하면 그 지정을 취소하여야 한다.

④ 의무연수를 받는 변호사가 연수기간 중에 사건을 수임한 자는 징역 또는 벌금형을 받게 된다.

해설 ① **제 3 호**(법무법인, 법무법인(유한), 법무조합, 법률사무소) 및 **제 4 호**(국가기관, 지방자치단체와 그 밖의 법인, 기관 또는 단체)**는 통산하여 5년 이상** 「법원조직법」 제42조 제 1 항 각 호의 어느 하나에 해당하는 직에 있었던 자 1명 이상이 재직하는 기관 중 법무부 장관이 법률사무에 종사가 가능하다고 지정한 곳에 한정한다(변호사법 21의2①단서). 그러므로 국회, 법원, 헌법재판소, 검찰청 등과 같은 법률사무종사기관은 이러한 요건을 요하지 아니한다.

② 변호사시험에 합격한 변호사는 법률사무종사기관에서 통산하여 6개월 이상 법률사무에 종사하거나 연수를 마치지 아니하면 사건을 단독 또는 공동으로 수임[제50조 제 1 항, 제58조의16 또는 제58조의30에 따라 법무법인·법무법인(유한) 또는 법무조합의 담당변호사로 지정하는 경우를 포함한다]할 수 없다(변호사법 31의2①).

③ 법무부 장관은 지정된 법률사무종사기관이 다음 각 호의 어느 하나에 해당하면 그 지정을 취소할 수 있다. 다만, 제 1 호에 해당하는 경우에는 취소하여야 한다(변호사법 21의2⑦).

1. 거짓이나 그 밖의 부정한 방법으로 지정받은 경우

④ 변호사법 제31조의2(변호사시험 합격자의 수임제한) 제 1 항을 위반하여 사건을 단독 또는 공동으로 수임한 자에 해당하는 자는 1년 이하의 징역 또는 1천만 원 이하의 벌금에 처한다(변호사법 113(5)).

21 甲은 민사소송사건을 대리할 변호사로 A를 선임하였다. 승소 여부가 불안하여 추가로 B 변호사를 선임하는 문제에 대하여 옳지 않은 설명은?

① A가 B의 추가 선임에 반대하더라도 甲은 B를 선임할 수 있다.

② A는 B와 협조하여 갑의 승소를 위해 노력해야 한다.

③ B는 사건을 수임함에 있어서 A의 양해를 구해야 한다.

④ A, B는 수임사건의 처리 중에 서로 의견이 일치되지 않으면 의뢰인에게 이를 보고해

19 ④ 20 ① 21 ③ 정 답

야 하는 경우도 있다.

해설 ③ 구 변호사윤리장전에서는 "변호사는 의뢰인이 이미 다른 변호사를 선임한 사건을 수임할 때에는 그 다른 변호사의 양해를 구하여야 한다(구 변호사윤리장전 21③)"라고 규정하였지만, 현행 변호사윤리장전에서는 이 규정을 삭제한 바 있다. 따라서 변호사 B는 A의 양해를 얻어야 하는 것은 아니다.

① 의뢰인은 변호사 A 외에도 다른 수인의 변호사를 대리인으로 선임할 수 있다. 변호사는 의뢰인이 다른 변호사에게 해당 사건을 의뢰하는 것을 방해하지 아니한다(변호사윤리장전 25①).

② 변호사는 동일한 의뢰인을 위하여 공동으로 직무를 수행하는 경우에는, 의뢰인의 이익을 위해 서로 협력한다(변호사윤리장전 26①).

④ 변호사는 공동으로 직무를 수행하는 다른 변호사와 의견이 맞지 아니하여 의뢰인에게 불이익을 미칠 수 있는 경우에는 지체 없이 의뢰인에게 이를 알린다(변호사윤리장전 26②).

22 변호사의 겸업 및 이중사무소설치 금지에 관한 설명으로 옳지 않은 것은?

① 별도의 개인법률사무소를 운영하는 변호사가 법무법인의 구성원에 해당한다면 이중사무소를 가지고 있다고 볼 수 있다.

② 등록된 현업 변호사는 소속 지방변호사회의 허가 없이 타인이 설립한 세무법인 등에 직원으로 근무할 수 없다.

③ 변호사는 소속 지방변호사회의 허가를 받지 않고도 영리를 목적으로 한 모텔숙박업을 개업할 수 있다.

④ 법무법인 구성원 변호사가 특허법인에서 일정한 대가를 자기 계산으로 받고서 일하는 것은 허용되지 않는다.

해설 ③ 변호사가 ㉠ 상업이나 그 밖에 영리를 목적으로 하는 업무를 경영하거나 이를 경영하는 자의 사용인이 되는 것, ㉡ 영리를 목적으로 하는 법인의 업무집행사원·이사 또는 사용인이 되기 위해서는 「소속 지방변호사회」의 허가를 받아야 한다(변호사법 38②).

④ 법무법인의 구성원 및 구성원 아닌 소속 변호사는 자기나 제3자의 계산으로 변호사의 업무를 수행할 수 없다(변호사법 52①).

23 변호사가 사건을 수임하는 경우 변호사법 위반으로 형사처벌을 받을 수 있는 것은?

제 1 회 기출문제

① 당사자 한쪽으로부터 상의를 받아 그 수임을 승낙한 사건의 상대방이 위임하는 사건

② 조정위원 또는 중재인으로 직무상 취급하거나 취급하게 된 사건

③ 수임하고 있는 사건의 상대방이 위임하는 다른 사건

④ 친족관계가 있는 다른 변호사가 수임하고 있는 사건에서 대립되는 당사자로부터 수임한 사건

해설 ② 변호사법상의 수임제한 사유 중 「공무원·조정위원 또는 중재인으로서 직무상 취급하거나 취급하게 된 사건」(변호사법 31①(3))을 수임한 변호사는 1년 이하의 징역 또는 1천만 원 이하의 벌금에 처한다(변호사법 113(4)). 이뿐만 아니라 변호사 등이 ㉠ 변호사시험에 합격한 자가 법률사무에 종사하거나 연수를 받지 않고 법률사무소를 개설하거나 법무법인등의 구성원이 되는 경우(변호사법 113(1)), ㉡ 연수확인서를 거짓으로 작성하거나 거짓으로 작성된 확인서를 제출하는 경우(변호사법 113(2)), ㉢변호사의 업무에 관하여 거짓된 내용을 표시하는 광고, 국제변호사를 표방하거나 그 밖에 법적 근거가 없는 자격이나 명칭을 표방하는 내용의 광고를 하는 경우(변호사법 113(3)), ㉣ 변호사시험에 합격한 자가 법률사무종사기관에서 통산하여 6개월 이상 법률사무에 종사하거나 연수를 마치지 아니하고 사건을 단독 또는 공동으로 수임한 경우(변호사법 113(5)), ㉤ 재판이나 수사 업무에 종사하는 공무원은 직무상 관련이 있는 법률사건 또는 법률사무의 수임에 관하여 당사자 또는 그 밖의 관계인을 특정한 변호사나 그 사무직원에게 소개·알선 또는 유인하여서는 아니 된다(변호사법 37①)는 규정을 위반한 자(변호사법 113(6)) 역시 1년 이하의 징역 또는 1천만 원 이하의 벌금에 처한다. 수임제한 규정에 위반한 행위를 처벌하는 사례로 "법무법인은 그 법인이 인가공증인으로서 공증한 사건에 관하여는 변호사 업무를 수행할 수 없다"는 규정에 위반한 때에는 500만 원 이하의 벌금에 처한다(변호사법 115①). 그 행위자를 벌할 뿐만 아니라 그 법무법인 또는 법무법인(유한)에도 동일한 벌금형을 과한다(변호사법 115②).

24 다음 설명 중 옳은 것은?

제 1 회 기출문제

① 변호사 甲은 A의 구속적부심사청구에 관한 사건을 착수금 300만 원, 석방 결정 시 성공보수금 500만 원을 각각 지급받는 조건으로 수임하여, 보증금 500만 원의 공탁을 조건으로 A의 석방이 결정되자 A의 가족으로부터 위 보증금을 받아 납입하였다. A에 대한 판결이 확정됨에 따라 보증금 500만 원을 회수하게 되었는데, 이 경우 어차피 성공보수금으로 지급받을 금원이므로 甲이 이를 반환하지 않고 성공보수금으로 전환하는 것은 징계사유에 해당하지 않는다.

② 변호사 甲이 의뢰인 B로부터 개인회생신청사건을 의뢰받으면서 착수금 100만 원을 수령하고 B에게 알리지 않고 임의로 법무사에게 사건을 다시 맡기면서 50만 원을 지급하여 처리한 경우 징계사유에 해당하지 않는다.

③ 변호사 甲은 의뢰인 C의 형사사건을 수임하면서 C의 어려운 경제 사정을 고려하여 착수금을 받지 않고 무료로 변론하기로 하였는바, 변호사는 법률서비스를 제공하는 사업자이므로 이처럼 무료로 변론을 하는 경우에는 선관주의의무가 발생하지 않는다.

④ 변호사 甲이 D주식회사의 고문변호사로서 그 회사를 대리하여 소송을 하던 중 동일한 사건은 아니지만 D주식회사의 직원이었던 자들을 대리하여 D주식회사를 상대로 근로관계소송을 제기하는 경우, D주식회사는 채무불이행을 이유로 위임계약을 해지할 수 있다.

해설 ④ 변호사와 의뢰인은 원칙적으로 상호 위임계약의 해지의 자유가 있다(민법 689①). D회사의 고문변호사 甲이 그

22 ③ 23 ② 24 ④ 정 답

회사직원들로부터 자신이 고문을 맡고 있는 회사를 상대로 하는 소송을 제기하는 경우에는 그 회사의 동의를 얻어야 할 것이고, 그러한 동의없이 근로관계사건을 수임하는 것은 상호 신뢰관계를 바탕으로 하는 고문계약의 위반에 해당될 수 있으므로, D회사는 고문계약을 해지할 수 있다. 지문에서는 '채무불이행'의 내용에 대하여 명확히 밝히고 있지 않다.

① 변호사는 서면에 의한 명백한 약정이 있는 경우가 아니면 공탁금, 보증금 기타의 보관금 등을 보수로 전환하여서는 아니 된다(구 변호사윤리장전 34). 사안은 성공보수금으로 전환하는 명백한 약정이 없어 허용되지 않는다. 개정 변호사윤리장전에서도 "변호사는 명백한 서면 약정 없이 공탁금, 보증금, 기타 보관금 등을 보수로 전환하지 아니한다. 다만, 의뢰인에게 반환할 공탁금 등을 미수령 채권과 상계할 수 있다(변호사윤리장전 33②)"라고 규정하고 있다.

② 변호사 甲이 수임한 사건을 의뢰인의 승낙없이 법무사에게 다시 사건을 맡겨 처리하고 수임료 중 일부만을 지급한 행위는 허용되지 않는 것으로 품위손상행위에 해당되어 징계사유에 해당된다.

③ 민법상 위임계약에 있어서 **무상위임의 경우에도 수임인이 수임사무의 처리에 관하여 선량한 관리자의 주의를 기울일 의무가 면제되지 않는 점**과 부동산중개업법이 위 조항의 적용 범위를 특별히 제한하지 않고 있는 점 등에 비추어 볼 때, 중개의뢰인이 중개업자에게 소정의 수수료를 지급하지 아니하였다고 해서 당연히 소멸되는 것이 아니다(대법원 2002. 2. 5. 2001다71484 손해배상(기)). 일반적으로 수임인은 위임의 내용에 따라 선량한 관리자의 주의의무를 다하여야 하고, 특히 소송대리를 위임받은 변호사는 그 수임사무를 수행함에 있어 전문적인 법률지식과 경험에 기초하여 성실하게 의뢰인의 권리를 옹호할 의무가 있으며, 구체적인 위임사무의 범위는 변호사와 의뢰인 사이의 위임계약의 내용에 의하여 정하여지는 것이지만, 위임사무의 종료단계에서 패소판결이 있었던 경우에는 의뢰인으로부터 상소에 관하여 특별한 수권이 없는 때에도 그 판결을 점검하여 의뢰인에게 불이익한 계산상의 잘못이 있다면 의뢰인에게 그 판결의 내용과 상소하는 때의 승소가능성 등에 대하여 구체적으로 설명하고 조언하여야 할 의무가 있다(대법원 2004. 5. 14. 2004다7354 손해배상(기)).

25 변호사 甲은 다른 변호사를 선임하여 재판을 받고 있던 피고인 A에게 담당 재판장과 고교 선·후배 사이임을 강조하며 재판장과 개인적으로 만나 A의 억울한 부분을 풀어주고 형량을 낮추어 주겠다면서 교제 비용으로 2,000만 원을 요구하였고, 그 후 A의 처 B로부터 2,000만 원을 받았다. 甲은 위 돈을 받고도 A 또는 B와 변호인선임약정서를 작성하지 않았고, 법원에 변호인선임신고서를 제출하지도 않았으며, A에 대한 형사재판과 관련하여 수사기록을 열람·검토하지 않았고, 담당 재판장을 직접 찾아간 사실도 없었다. 변호사 甲의 행위에 관한 설명 중 옳은 것은? 제 1 회 기출문제

① 甲이 A로부터 받은 2,000만 원은 정당한 변호 활동의 대가나 보수가 아니라 당시 A의 형사재판을 담당하는 판사에 대한 교제비 명목으로 받은 것이고, 이러한 금전수수행위는 변호사법에 따라 형사처벌 대상이다.

② 甲이 받은 2,000만 원은 A에 대한 정당한 변호 활동의 대가에 해당한다. 변호인선임약정서를 작성하지 않았어도 구두로 변호인 선임약정이 체결된 것으로 볼 수 있고, 변호활동에 대한 대가라고 보아야 한다.

③ 甲이 2,000만 원을 받고 A를 위하여 재판장을 개인적으로 만나 형량을 낮추도록 하는 활동을 하지 않았으므로, 甲은 A 및 B에 대하여 위임계약을 위반한 것일 뿐 다른 위

법행위를 한 것은 아니다.

④ 甲이 A의 형사재판을 담당하는 판사에 대한 교제비 명목으로 2,000만 원을 받은 것은 변호사윤리에 어긋난다. 그러나 甲이 실제 2,000만 원을 판사에 대한 교제를 위하여 사용하지 않았으므로, 甲은 윤리적으로 비난받을 수 있을지언정 형사처벌을 받을 위법행위를 한 것은 아니다.

해설 ① 변호사나 그 사무직원이 다음 각 호의 어느 하나에 해당하는 행위를 한 경우에는 5년 이하의 징역 또는 3천만 원 이하의 벌금에 처한다. 이 경우 벌금과 징역은 병과할 수 있다(변호사법 110).

㉠ 판사·검사, 그 밖에 재판·수사기관의 공무원에게 제공하거나 그 공무원과 교제한다는 명목으로 금품이나 그 밖의 이익을 받거나 받기로 한 행위

㉡ 제 1 호에 규정된 공무원에게 제공하거나 그 공무원과 교제한다는 명목의 비용을 변호사 선임료·성공사례금에 명시적으로 포함시키는 행위

26

대한변호사협회의 「공익활동 등에 관한 규정」상 변호사의 공익활동에 관한 설명 중 옳은 것은? **제 1 회 기출문제**

① 국선변호인으로서의 활동은 그에 대한 보수를 받으므로 공익활동으로 인정받지 못한다.

② 법조경력이 2년 미만이거나 60세 이상인 회원은 공익활동 의무가 면제된다.

③ 대한변호사협회가 설립한 공익재단에 대한 기부행위는 공익활동으로 인정받지 못한다.

④ 개인회원은 매년 그 해에 30시간의 공익활동을 하는 것과 공익활동을 대체하는 금액을 소속 지방변호사회에 납부하는 것 중 어느 것을 택할지를 사전에 소속 지방변호사회에 신고하여야 한다.

해설 ② 법조경력이 2년 미만이거나 60세 이상인 회원, 질병 등으로 정상적인 변호사 업무를 수행할 수 없는 회원과 기타 공익활동을 수행할 수 없는 정당한 사유가 있는 회원은 제 1 항의 의무를 면제한다(공익활동등에 관한 규정 3③).

①, ③ 공익활동이라 함은 다음 각 호에서 정하는 것을 말한다(위 규정 2).

5. 국선변호인 또는 국선대리인으로서의 활동

8. 이 회 또는 지방변호사회가 설립한 공익재단에 대한 기부행위

④ 개인회원은 제 2 조의 공익활동 중 적어도 하나 이상을 선택하여 연간 합계 30시간 이상 행하여야 한다. 다만, 특별한 사정이 있는 지방변호사회는 위 30시간을 20시간까지 하향 조정할 수 있다(위 규정 3①). 부득이한 사정으로 제 1 항의 공익활동 시간을 완수하지 못한 개인회원은 1시간당 금 20,000원 내지 30,000원에 해당하는 금액을 소속 지방변호사회에 납부하여야 한다(위 규정 3②).

25 ① 26 ② 정 답

27 변호사의 사무직원 감독에 관한 설명 중 옳지 않은 것은? 제 1 회 기출문제

① 변호사법 위반으로 징역형의 선고유예를 받고 그 유예기간이 지난 후 2년이 지나지 아니한 자를 사무직원으로 채용할 수 없다.

② 변호사가 사무직원을 채용한 때에는 지체 없이 소속 지방변호사회에 신고하여야 한다.

③ 사무직원의 보수를 사건 유치에 대한 성과급으로 정하여서는 아니 된다.

④ 구청 공무원으로 재직하던 중 징계처분에 의하여 파면된 후 3년이 지나지 아니한 자를 사무직원으로 채용할 수 없다.

해설 ① 변호사는 법률사무소에 사무직원을 둘 수 있다(변호사법 22①). 변호사는 **징역형의 선고유예를 받고 그 유예기간 중에 있는 자**에 해당하는 자를 제 1 항에 따른 사무직원으로 채용할 수 없다(변호사법 22②).

② 변호사 또는 법무법인·법무법인(유한)·법무조합은 사무직원을 신규로 채용한 때, 사무직원을 해고한 때 등에 해당하는 때에는 지체 없이 소속 지방변호사회에 신고하여야 한다(변호사사무원규칙 8).

③ 구 변호사윤리장전은 지문과 같은 내용이었지만, 현행 변호사윤리장전에서는 "변호사는 사무직원에게 사건유치에 대한 대가를 지급하지 아니한다(변호사윤리장전 8②)"로 변경하고 있다.

28 변호사의 등록에 관한 설명 중 틀린 것은?

① 변호사로 개업하려면 곧바로 대한변호사협회에 등록할 수 없다.

② 법무법인의 구성원 변호사는 법무법인 외에 오로지 봉사활동을 위한 법률상담소를 둘 수 없다.

③ 변호사가 대한변호사협회에 등록함으로 변호사 자격이 발생하는 것은 아니다.

④ 변호사 자격이 있는 자가 공무원으로 재직 중에 뇌물죄로 파면처분을 받은 경우 3년이 경과하면 변호사등록을 할 수 있다.

해설 ④ 변호사 자격이 있는 공무원이 재직 중의 직무에 관한 위법행위인 뇌물죄로 징계처분(파면)을 받은 경우에는 변호사법 제5조 제4호에 해당되고, **징계처분으로 파면된 지 5년이 지나지 아니한 자는 변호사의 결격사유**에 해당되어 변호사법 제8조 제2호에 의하여 등록을 거부할 수 있다. 그러나 5년이 경과하면 변호사 결격사유가 해소되기 때문에 등록을 할 수 있다.

① 변호사로 개업하려면 대한변호사협회에 등록하여야 한다. 등록을 하려는 자는 가입하려는 지방변호사회를 거쳐 등록신청을 하여야 한다(변호사법 7①②).

② 법무법인의 구성원과 구성원 아닌 소속 변호사는 법무법인 외에 따로 법률사무소를 둘 수 없다(변호사법 48③). 변호사는 어떤 명목으로도 둘 이상의 법률사무소를 둘 수 없다(변호사법 21②전단). 따라서 봉사활동을 목적으로 하는 법률상담소를 별도로 설치할 수 없다.

③ 등록에 의하여 비로소 변호사 자격이 부여되는 것은 아니다. 변호사법 제4조는 다음 각 호의 어느 하나에 해당하는 자는 변호사의 자격이 있다고 한다.

1. 사법시험에 합격하여 사법연수원의 과정을 마친 자
2. 판사나 검사의 자격이 있는 자
3. 변호사시험에 합격한 자

법무부장관은 합격자가 결정되면 즉시 명단을 공고하고, 합격자에게 합격증서를 발급하여야 한다(변호사시험법 11).

29 변호사에게 전년도에 처리한 수임사건의 건수 및 수임액을 보고하도록 하는 것과 관련한 설명 중 옳지 않은 것은? (다툼이 있을 때는 판례에 의함)

① 변호사가 부가가치세를 신고할 때 과세관청에 제출하는 수입금액명세서의 내용과 중복된다.

② 변호사는 수임관련 자료를 1년에 한번 제출하면 된다.

③ 변호사들의 직무수행과 관련한 사생활의 비밀과 자유를 침해하는 것이라 할 수 없다.

④ 수임사건의 건수 및 수임액을 보고하지 않으면 형사처벌을 받게 된다.

해설 ④ 1천만 원 이하의 과태료를 부과한다(변호사법 117②(8)).
② 변호사는 매년 1월 말까지 전년도에 처리한 수임사건의 건수와 수임액을 소속 지방변호사회에 보고하여야 한다(변호사법 28의2).
①, ③ 헌재 2009. 10. 29, 2007헌마667, 변호사법 제28조의2 위헌확인 사건의 판시 내용이다.

30 다음 중 변호사의 수임과 관련하여 형사처벌이 되지 않는 행위는?

① 변호사 아닌 자가 변호사를 고용한 행위

② 변호사 아닌 자가 변호사가 아니면 할 수 없는 업무를 통하여 보수를 받는 행위

③ 변호사가 사건유치를 목적으로 사무직원을 경찰서에 출입하도록 한 행위

④ 변호사가 수임하고 있는 사건의 상대방으로부터 돈을 받기로 약속한 행위

해설 ③ 변호사법 제35조(사건 유치 목적의 출입금지 등) 위반행위는 제117 제 2 항 제 1 의2호 위반으로 과태료 부과대상이다.
① 변호사법 제34조 제 4 항, 제109조 제 2 호 위반으로 7년 이하의 징역 또는 5천만 원 이하의 벌금에 처한다.
② 변호사법 제34조 제 5 항, 제109조 제 2 호 위반.
④ 변호사법 제33조, 제109조 제 2 호 위반.

31 변호사의 결격사유에 관한 설명 중 틀린 것은?

① 징역형의 선고유예를 받고 그 유예기간 중에 있는 자는 변호사가 될 수 없다.

② 징역형의 집행유예를 선고받고 2년이 지나지 아니한 자는 변호사가 될 수 없다.

③ 제명징계처분을 받고 5년이 지나지 아니한 자는 변호사가 될 수 없다.

④ 징역형을 선고받고 집행을 종료한지 5년이 경과하지 아니한 자는 변호사가 될 수 없다.

해설 ② 금고 이상의 형의 집행유예를 선고받고 **그 유예기간이 지난 후 2년**이 지나지 아니한 자는 변호사가 될 수 없다(변호사법 5(2)).

27 ① 28 ④ 29 ④ 30 ③ 31 ② 정 답

변호사법

제 5 조(변호사의 결격사유) 다음 각 호의 어느 하나에 해당하는 자는 변호사가 될 수 없다.

1. 금고 이상의 형(刑)을 선고받고 그 집행이 끝나거나 그 집행을 받지 아니하기로 확정된 후 5년이 지나지 아니한 자
2. 금고 이상의 형의 집행유예를 선고받고 그 유예기간이 지난 후 2년이 지나지 아니한 자
3. 금고 이상의 형의 선고유예를 받고 그 유예기간 중에 있는 자
4. 탄핵이나 징계처분에 의하여 파면되거나 이 법에 따라 제명된 후 5년이 지나지 아니한 자
5. 징계처분에 의하여 해임된 후 3년이 지나지 아니한 자
6. 징계처분에 의하여 면직된 후 2년이 지나지 아니한 자
7. 공무원 재직 중 징계처분에 의하여 정직되고 그 정직기간 중에 있는 자(이 경우 정직기간 중에 퇴직하더라도 해당 징계처분에 의한 정직기간이 끝날 때까지 정직기간 중에 있는 것으로 본다)
8. 피성년후견인 또는 피한정후견인
9. 파산선고를 받고 복권되지 아니한 자
10. 이 법에 따라 영구제명된 자

32 변호사가 소속 지방변호사회와 대한변호사협회에 반드시 신고하여야 하는 사항이 아닌 것은?

① 법률사무소를 이전하는 경우
② 수임사건의 건수와 수임액을 신고하는 경우
③ 일시적으로만 휴업하려는 경우
④ 지방변호사회의 소속을 변경하려는 경우

해설 ② 변호사는 매년 1월 말까지 전년도에 처리한 수임사건의 건수와 수임액을 소속 지방변호사회에 보고하여야 한다(변호사법 28조의2).

① 변호사가 개업하거나 법률사무소를 이전한 경우에는 지체 없이 소속 지방변호사회와 대한변호사협회에 신고하여야 한다(변호사법 15).

③ 변호사는 일시 휴업하려면 소속 지방변호사회와 대한변호사협회에 신고하여야 한다(변호사법 16).

④ 변호사법 제14조 제1항·제2항.

33 다음 사실관계에 대한 설명 중 옳은 것을 모두 고른 것은? 제 2 회 기출문제

<사실관계>
변호사 甲은 의뢰인 A에게 내려진 부당한 가처분에 대하여 가처분이의소송을 수임하여 승소하였으나, 수임료를 받지 못하였다. 그 후 A는 위 가처분이 부당가처분이라는 이유로 손해배상청구소송을 제기하기로 하고 이를 변호사 甲에게 위임하였다. 변호사 甲은 A의 소송대리인으로서 부당가처분으로 인한 손해배상청구소송을 제기하여 소송계속중 위 가처분이의사건의 수임료 명목으로 위 손해배상청구사건의 손해배상청구권을 양수하였다.

가. 변호사 甲이 양수한 위 손해배상청구권은 위 가처분이의소송의 계쟁권리이다.
나. 변호사 甲이 위 손해배상청구권을 양수한 것은 변호사법 및 변호사윤리장전에 위반된다.
다. 변호사는 원칙적으로 소송의 목적을 양수하여서는 아니 되나 수임료에 충당하기 위해서는 예외적으로 허용된다.
라. 변호사 甲의 행위는 변호사의 품위유지의무에 반하는 행위이다.

① 가, 나 ② 나, 다
③ 가, 라 ④ 나, 라

해설 ④ ㉯ 변호사는 계쟁권리를 양수하여서는 아니 된다(변호사법 32). 변호사는 소송의 목적을 양수하거나, 정당한 보수 이외의 이익분배를 약정하거나, 공동의 사업으로 사건을 수임하여서는 아니 된다(구 변호사윤리장전 11). 현행 변호사윤리장전 역시 "변호사는 소송의 목적을 양수하거나, 정당한 보수 이외의 이익분배를 약정하지 아니한다(변호사윤리장전 34②)"라고 규정하고 있다. ㉱ 변호사는 그 품위를 손상하는 행위를 하여서는 아니 된다(변호사법 24①).

34 다음 중 변호사 광고에 관한 설명 중 옳지 않은 것은?

① 특정사건과 관련하여 당사자의 요청이 없음에도 그 주소지로 사건수임을 안내하는 편지를 보낼 수 있다.
② "변호사등 광고"라 함은 변호사등에 관한 소개·홍보, 변호사등이 수행하는 일체의 직무에 관한 소개·홍보 그, 밖의 소비자와 변호사등을 연결하는 일체의 수단과 방법을 말한다.
③ 변호사등은 자신의 이름으로 광고를 하여야 한다.
④ 변호사는 자신이나 자신의 업무에 대하여 "최고", "유일" 기타 이와 유사한 용어를 사용하여 광고할 수 없다.

32 ② 33 ④ 34 ① 정 답

해설 ① 특정사건과 관련하여 당사자나 이해관계인(당사자나 이해관계인으로 예상되는 자 포함)에 대하여 그 요청이나 동의 없이 방문, 전화, 팩스, 우편, 전자우편, 문자, 메시지 송부 기타 이에 준하는 방식으로 접촉하여 당해 사건의 의뢰를 권유하는 내용의 광고를 할 수 없다. 다만, 소속 지방변호사회(이하 "지방회")의 허가를 받은 경우에는 그러하지 아니하다(변호사 광고에 관한 규정 4⑹).

② 변호사 광고에 관한 규정 제 2 조 제 1 항. 여기서 "변호사등"이란 변호사·법률사무소·법무법인·법무법인(유한)·법무조합·합동법률사무소·공동법률사무소를 말한다(변호사 광고에 관한 규정 1).

③ 변호사 광고에 관한 규정 제 3 조 제 1 항.

④ 변호사 광고에 관한 규정 제 7 조 제 2 항. 변호사는 주로 취급하는 업무("주요취급업무", "주로 취급하는 분야", "주요취급분야", "전문", "전담" 등의 용어도 사용 가능하다)를 광고할 수 있다. 단, 협회의 명칭을 병기하는 "전문" 표시의 경우, 협회 '변호사전문분야 등록에 관한 규정'에 따라 전문분야 등록을 한 변호사만이 사용할 수 있다(변호사 광고에 관한 규정 7①).

35 다음 중 변호사법상 형사처벌의 대상이 되지 않는 것은? (다툼이 있는 경우에는 판례에 의함)

제 2 회 기출문제

① 변호사가 아닌 사람이 수사담당 공무원들에게 청탁한다는 명목으로 금원을 교부받았으나 그 금원의 일부를 변호사 선임비용 또는 채무변제금으로 사용한 경우

② 경찰관이 변호사에게 소송사건의 대리를 알선하고 그 대가로 금품을 받기로 하는 약속이 명시적이지 아니하고 묵시적인 데에 그친 경우

③ 변호사가 아닌 사람이 변호사로부터 대가를 받기로 하고 제 3 자의 법률사건의 대리를 변호사에게 알선하였으나 제 3 자와 변호사 간에 위임계약이 성립하지 않은 경우

④ 변호사가 법률사건을 유상으로 유치할 목적으로 사무직원을 수사기관에 출입 또는 주재하게 하는 경우

해설 ④ 변호사나 사무직원은 법률사건이나 법률사무를 유상으로 유치할 목적으로 수사기관 등에 출입하거나 다른 사람을 파견하거나 출입 또는 주재하게 하여서는 아니 된다(변호사법 35). 이를 위반한 경우에는 1천만 원 이하의 과태료를 부과한다(변호사법 117②, 1의2). 나머지 지문은 형사처벌의 대상이 되는 행위에 해당된다.

36 변호사의 직역과 관련된 다음 설명 중 옳지 않은 것은?

제 2 회 기출문제

① 개업 변호사 甲은 소속 지방변호사회의 겸직허가 없이도 중앙행정심판위원회의 비상임위원이 될 수 있다.

② 개업 변호사 乙은 소속 지방변호사회의 허가를 받아야만 의류판매업을 경영할 수 있다.

③ 개업 변호사 丙은 소속 지방변호사회의 허가 없이는 지방의회 의원으로 활동할 수 없다.

④ 개업 변호사 丁은 세무사 등록을 하지 않으면 명함에 세무사 명칭을 사용할 수 없다.

해설 ③ 변호사는 보수를 받는 공무원을 겸할 수 없다. 다만, 국회의원이나 지방의회 의원 또는 상시 근무가 필요 없는 공무원이 되거나 공공기관에서 위촉한 업무를 수행하는 경우에는 그러하지 아니하다(변호사법 38①). 따라서 국회의원이나 지방의회 의원 등은 겸직제한을 받지 아니하므로, 소속 지방변호사회의 허가를 받을 필요가 없다.

2013. 8. 3. 개정된 국회법 제29조 제 1 항은 국회의원은 국무총리 또는 국무위원의 직 이외의 다른 직을 겸할 수 없다. 다만, ㉠ 공익 목적의 명예직, ㉡ 다른 법률에서 의원이 임명·위촉되도록 정한 직, ㉢ 「정당법」에 따른 정당의 직의 어느 하나에 해당하는 경우에는 그러하지 아니하다고 규정하고 있다. 따라서 변호사법에서 겸직제한의 예외로 규정하고 있는 국회의원은 변호사의 겸직이 제한받게 되었다.

37 다음 중 옳은 것을 모두 고른 것은?

제 2 회 기출문제

> 가. 변호사시험에 합격한 변호사는 법률사무종사기관에서 통산하여 6개월 이상 법률사무에 종사하거나 연수를 마치지 아니하면 다른 변호사와 공동으로라도 사건을 수임할 수 없다.
> 나. 법무법인은 3명 이상의 변호사로 구성되며, 그 중 1명 이상이 통산하여 7년 이상의 법조경력을 가진 자여야 한다.
> 다. 변호사시험에 합격한 변호사가 개인 법률사무소에서 연수를 받기 위해서는 그 개인 변호사가 5년 이상의 법조경력이 있어야 한다.
> 라. 법무법인은 취업한 퇴직공직자의 명단을 대한변호사협회에 제출하여야 한다.
> 마. 법무법인이 취업한 공직퇴임변호사의 업무활동내역을 제출하지 않더라도 처벌규정은 없다.

① 가, 라 ② 나, 다, 라
③ 가, 다, 마 ④ 가, 나, 라, 마

해설 ③ ㉮·㉰·㉲ 변호사시험에 합격한 변호사는 통산하여 6개월 이상 다음 각 호의 어느 하나에 해당하는 기관 등(이하 "법률사무종사기관"이라 한다)에서 법률사무에 종사하거나 연수(제 6 호에 한정한다)를 마치지 아니하면 단독으로 법률사무소를 개설하거나 법무법인, 법무법인(유한) 및 법무조합의 구성원이 될 수 없다. 다만, 제 3 호 및 제 4 호는 통산하여 5년 이상 「법원조직법」 제42조 제 1 항 각 호의 어느 하나에 해당하는 직에 있었던 자 1명 이상이 재직하는 기관 중 법무부장관이 법률사무에 종사가 가능하다고 지정한 곳에 한정한다(변호사법 21의2①). 공직퇴임변호사의 업무활동내역을 제출하지 않더라도 형사처벌 규정이 없다.

㉯ 법무법인은 3명 이상의 변호사로 구성하며, 그중 1명 이상이 통산하여 5년 이상 「법원조직법」 제42조 제 1 항 각 호의 어느 하나에 해당하는 직에 있었던 자이어야 한다(변호사법 45①).

㉱ 법관, 검사, 장기복무 군법무관, 그 밖의 공무원 직에 있다가 퇴직(사법연수생과 병역의무를 이행하기 위하여 군인·공익법무관 등으로 근무한 자는 제외한다)하여 변호사 개업을 한 자(이하 "공직퇴임변호사"라 한다)는 퇴직일부터 2년 동안 수임한 사건에 관한 수임 자료와 처리 결과를 대통령령으로 정하는 기간마다 소속 지방변호사회에 제출하여야 한다(변호사법 89의4①).

38 다음 중 변호사의 법률사무소 사무직원으로 채용될 자격이 있는 사람은? 제 2 회 기출문제

① 형법상 사문서위조죄로 징역 1년에 집행유예 3년을 선고받고 집행유예 기간 중에 있는 사람

② 형법상 뇌물수수죄로 징역 2년을 선고받고 그 형의 집행을 종료한 후 2년이 지난 사람

③ 형법상 공갈죄로 징역 1년에 집행유예 2년을 선고받고 집행유예기간이 지난 후 다시 1년이 지난 사람

④ 공무원으로서 징계 해임된 후 2년이 지난 사람

해설 ① 형법상 사문서위조죄로 처벌받은 경우는 채용제한사유가 아니다. 변호사는 다음 각 호의 어느 하나에 해당하는 자를 제 1 항에 따른 사무직원으로 채용할 수 없다(변호사법 22②).

1. **이 법 또는 「형법」 제129조부터 제132조까지, 「특정범죄가중처벌 등에 관한 법률」 제 2 조 또는 제 3 조, 그 밖에 대통령령으로 정하는 법률에 따라** 유죄 판결을 받은 자로서 다음 각 목의 어느 하나에 해당하는 자

"그 밖에 대통령령으로 정하는 법률"이란 … 「폭력행위 등 처벌에 관한 법률」 제 4 조, 제 5 조 및 제 6 조(**같은 법 제 2 조, 제 3 조의 경우는 제외**한다), 「마약류관리에 관한 법률」 제58조부터 제64조까지의 규정을 말한다(변호사법 시행령 6).

39 변호사 甲은 L법률사무소에서 변호사업무를 3년 정도 수행하다가 공정거래위원회 사무관으로 공채되어 2008. 6. 20.부터 2010. 6. 19.까지 약관심사과에서 근무하였다. 그 후 2010. 7. 1. 다시 예금보험공사에 경력직으로 입사하여 감사실에서 일하다가 2011. 6. 25. 퇴직하였다. 그 후 변호사 甲은 L법률사무소의 변호사로 복귀하여 일하고 있다. L법률사무소는 변호사 甲 외에도 乙 등 20여명의 변호사들의 각자 계산으로 운영되고 있으나, 변호사 업무 수행시 통일된 형태를 갖추고 비용을 분담하여 직원과 사무공간을 공유하고 있다. 한편 X전자회사는 2010. 12.말경 Y납품업체와의 2010. 10. 25.자 납품계약 관련 불공정거래행위 여부가 문제되어 최근까지 공정거래위원회 하도급심사과로부터 심사를 받고 있는데, 이 건과 관련하여 법적인 대응방안에 대한 법률검토 의견서를 받고자 공정거래법 분야에 전문성이 있는 변호사를 찾던 중, 변호사 甲을 소개받았다. 2011. 8. 20. 현재 변호사 甲 또는 乙이 X전자회사로부터 위 사건을 수임하여 처리할 수 있는지에 대한 설명 중 옳은 것은? 제 2 회 기출문제

① 변호사 甲은 예금보험공사에서 일하다 퇴직하였으므로 이 사건을 수임할 수 없다.

② 변호사 甲은 이 사건을 수임하여 처리할 수 있다.

③ 변호사 甲이 평소 친분이 있는 다른 법무법인 소속의 변호사 丙에게 사건을 수임하게 한 후 실질적으로 업무처리에 도움을 주는 것은 위법이다.

④ 변호사 甲이 L법률사무소의 다른 변호사 乙로 하여금 사건을 수임하게 한 후 실질적으로 업무처리에 도움을 주는 것은 위법이다.

해설 ② 변호사 甲은 2008. 6. 20.부터 2010. 6. 19.까지 공정거래위원회 약관심사과에서 근무한 바 있고, 공정거래위원회 퇴직 후 1년이 지난 상태이므로 X전자회사가 의뢰하는 공정거래위원회 관련 사건을 수임할 수 있다. 예금보험공사는 공직퇴임변호사의 수임제한에서 규제하는 국가기관에 해당되지 않는다.

법관, 검사, 장기복무 군법무관, 그 밖의 공무원 직에 있다가 퇴직(재판연구원, 사법연수생과 병역의무를 이행하기 위하여 군인·공익법무관 등으로 근무한 자는 제외한다)하여 변호사 개업을 한 자(이하 "공직퇴임변호사"라 한다)는 퇴직 전 1년부터 퇴직한 때까지 근무한 법원, 검찰청, 군사법원, 금융위원회, 공정거래위원회, 경찰관서 등 국가기관(대법원, 고등법원, 지방법원 및 지방법원 지원과 그에 대응하여 설치된 「검찰청법」 제3조 제1항 및 제2항의 대검찰청, 고등검찰청, 지방검찰청, 지방검찰청 지청은 각각 동일한 국가기관으로 본다)이 처리하는 사건을 퇴직한 날부터 1년 동안 수임할 수 없다. 다만, 국선변호 등 공익목적의 수임과 사건당사자가 「민법」 제767조에 따른 친족인 경우의 수임은 그러하지 아니하다(변호사법 31③).

40 변호사의 공익활동과 관련된 설명 중 옳지 않은 것은?

제 2 회 기출문제

① 공익단체의 상근자로서 현저히 저렴한 실비를 받고 그 단체가 공익목적으로 행하는 사업을 지원하는 활동은 공익활동에 포함될 수 있다.

② 법령의 개정을 위하여 보수를 받지 않고 법률적 봉사를 제공하는 활동은 공익활동에 포함될 수 있다.

③ 법무법인이 그 구성원인 개인회원을 대신하여 공익활동을 행할 변호사를 지정할 수 있고, 그 경우 그 지정변호사가 행한 공익활동의 시간은 그 법무법인의 구성원인 개인회원 전원이 공동으로 행한 것으로 보고 그 전원의 수로 균등 배분하여 각 개인회원의 공익활동시간으로 인정할 수 있다.

④ 법조경력이 2년 미만인 변호사는 공익활동 의무가 면제되므로 법무법인의 공익활동 수행변호사로 지정될 수 없다.

해설 ④ 법무법인·법무법인(유한)·법무조합·공증인가합동법률사무소 또는 조합형 합동법률사무소는 법조경력이 2년 미만이거나 60세 이상인 개인회원을 공익활동 수행 변호사로 지정할 수 있다(공익활동등에 관한 규정 4⑤).

41 다음 설명 중 옳지 않은 것은?

제 2 회 기출문제

① 개업신고를 한 사내변호사는 회사로부터 수임한 소송 사건에 관한 회사의 소송대리인으로서의 지위와 그 회사의 법률 사무에 관한 회사내부 업무처리자로서의 지위를 갖는다.

② 개업 변호사가 휴업한 경우에는 소속 지방변호사회로부터 겸직허가를 받지 아니하고

38 ① 39 ② 40 ④ 41 ③ 정 답

주식회사의 법무실장이 될 수 있다.

③ 법무법인에 소속된 변호사가 1주일에 3일은 법무법인에서 일하고 2일은 주식회사에서 별도의 급여를 받으며 사내변호사로 일할 수 있으려면 소속 지방변호사회로부터 겸직허가를 받아야 한다.

④ 개업신고를 한 사내변호사의 경우에도 변호사로서의 독립성이 유지되어야 하고 비밀유지의무도 준수하여야 한다.

해설 ③ 법무법인의 구성원 변호사 및 구성원 아닌 소속 변호사는 자기나 제3자의 계산으로 변호사의 업무를 수행할 수 없다(변호사법 52①). 법무법인 소속 변호사가 1주일에 2일은 주식회사에서 근무하면서 별도의 급여를 받는 것은 자기의 계산으로 변호사의 업무를 수행하는 것으로 볼 수 있기 때문에 겸직허가를 받더라도 허용될 수 없다. 다만, 법무법인이 소속 변호사를 고문계약 관계에 있는 주식회사에 파견하여 근무토록 하면서 그 급여는 법무법인으로 귀속시키고 당해 변호사는 오로지 소속 법무법인으로부터 급여를 받는 형식이라면, 소속 지방변호사회의 겸직허가를 받으면 가능하다고 볼 수 있다.

42 금전적 대가를 받았거나 받기로 약속한 다음 행위 중 변호사법 위반이 아닌 것은? (다툼이 있는 경우에는 판례에 의함)

제 2 회 기출문제

① 건설업자 A는 상가의 분양 및 임대를 둘러싼 분쟁에 있어서 일부 이해관계인들을 대리 내지 대행하여 다른 이해관계인들과의 사이에 화해, 합의서 및 분양계약서를 작성하고 등기사무 등을 처리하였다.

② 부동산컨설팅업자 B는 부동산 등기부등본을 열람하여 근저당권, 임차권, 가압류 등이 등재되어 있는지를 확인한 후 그 내용을 기재한 보고서를 의뢰인에게 제공하고 수수료를 받았다.

③ 손해사정인 C는 교통사고 피해자들로부터 손해사정업무를 위임받고 피해자들을 대신하여 보험회사와 접촉하여 손해액 결정요인들에 대하여 절충한 후 피해자들로 하여금 보험회사와 합의하도록 유도하였다.

④ 공인중개사 D는 임대차 관련 소송의 당사자로부터 소송을 조속히 끝내면 그 대가로서 금원을 받기로 하고 소송 관련 서류를 건네받은 후 소송의 해결에 필요한 실체적, 절차적 사항에 관하여 정보를 제공하였다.

해설 ② 부동산권리관계 내지 부동산등기부등본에 등재되어 있는 권리관계의 법적 효과에 해당하는 권리의 득실·변경이나 충돌 여부, 우열관계 등을 분석하는 이른바 권리분석 업무는 변호사법 제109조 제1호 소정의 법률사무에 해당함이 분명하다고 할 것이지만, 단지 부동산등기부등본을 열람하여 등기부상에 근저당권, 전세권, 임차권, 가압류, 가처분 등이 설정되어 있는지 여부를 확인·조사하거나 그 내용을 그대로 보고서 등의 문서에 기재하는 행위는 근저당권, 전세권 등의 법적 효과나 권리 상호간의 우열관계 등에 대한 판단이 포함되어 있지 않고, **누구든지 열람이 가능한 등기부의 기재 내용을 기계적으로 옮겨 적는, 일종의 사실행위에 불과하여** 이를 변호사법 제109조 제1호 소정의 법률사무 취급행위라고 볼 수는 없다(서울중앙지방법원 2006. 4. 21. 2006고합88 변호사법위반·법무사법위반).

즉, 공소외 1 주식회사 작성의 보고서는 모두 공소외 1 주식회사가 부동산등기부등본을 열람한 뒤 독자적인 판단이나 의견을 제시하지 아니한 채 등기부의 내용을 변경 없이 그대로 옮겨 적은 것에 불과하고, 이 중 ○○○ 아메리칸에 제출된 보고서의 '조건부 가능'이라는 문구는 위 인정 사실에 의하면 특별한 의미 없이 모든 보고서에 기재된 문구로서 여기에 어떠한 법률적 의의를 부여하기 어려우며, ○○○ 주식회사에 제출된 보고서 중 조사결과안정성란의 '상', '중', '하'라는 문구 또한, 사전에 ○○○주식회사와 협의한 내용에 따라 등기부상의 부담만을 기준으로 하여 기계적으로 등급을 부여한 것일 뿐, 권리관계의 법률적 해석이나 권리간 상호 충돌 여부, 우열관계의 판단에까지 나아간 것으로는 보이지 아니하므로, 결국 이들 보고서의 작성과 이에 관련된 권리조사행위는 변호사법 제109조 제1호 소정의 '법률사무'에 해당하지 않는다고 해석된다.

③ 손해사정인이 그 업무를 수행함에 있어 보험회사에 손해사정보고서를 제출하고 보험회사의 요청에 따라 그 기재 내용에 관하여 근거를 밝히고 타당성 여부에 관한 의견을 개진하는 것이 필요할 경우가 있다고 하더라도 이는 어디까지나 보험사고와 관련한 손해의 조사와 손해액의 사정이라는 손해사정인 본래의 업무와 관련한 것에 한하는 것이고, 여기에서 나아가 금품을 받거나 보수를 받기로 하고 교통사고의 피해자측을 대리 또는 대행하여 보험회사에 보험금을 청구하거나 피해자측과 가해자가 가입한 자동차보험회사 등과 사이에서 이루어질 손해배상액의 결정에 관하여 중재나 화해를 하도록 주선하거나 편의를 도모하는 등으로 관여하는 것은 위와 같은 손해사정인의 업무범위에 속하는 손해사정에 관하여 필요한 사항이라고 할 수 없다(대법원 2001. 11. 27. 2000도513 변호사법위반).

43 변호사 광고에 관한 규정상 변호사가 과거에 취급하였거나 현재 수임중인 사건을 광고하는 것이 예외적으로 허용되는 경우가 아닌 것은?

① 의뢰인이 광고에 동의하는 경우
② 객관적 사실에 한정하는 경우
③ 의뢰인이 특정되지 않는 경우
④ 당해 사건이 널리 일반에 알려져 있는 경우

해설 ② 과거에 취급하였거나 관여한 사건이나 현재 수임중인 사건 또는 의뢰인(고문 포함)을 표시하는 내용의 광고는 광고할 수 없다(변호사업무광고규정 4(8)). 다만, ㉮ 의뢰인이 동의하거나, ㉯ 당해 사건이 널리 일반에 알려져 있거나, ㉰ 의뢰인이 특정되지 않는 경우 등 의뢰인의 이익을 해칠 우려가 없는 경우에는 그러하지 아니하다(변호사 광고에 관한 규정 4(8)단서).

44 검사 A는 재직 중에 뇌물을 받은 혐의로 기소되어 징역 1년이 선고되었으며, 그 무렵 같은 사유로 진행된 징계절차에서 해임처분도 받게 되었다. 이 사안에 관련한 다음 설명 중 옳지 않은 것은?

① A는 징역형의 집행이 끝나거나 그 집행을 받지 아니하기로 확정된 후 5년이 지나지 아니하면 변호사가 될 수 없다.

42 ② 43 ② 44 ③ 정 답

② 법무부장관은 변호사자격 결격사유가 존재하는 자가 등록되어 있는 경우에는 대한변호사협회에 그 변호사의 등록취소를 명하여야 한다.

③ A는 징계처분에 의하여 해임되었기에 그로부터 3년이 경과하면 변호사로 등록하여 개업할 수 있다.

④ 대한변호사협회는 '공무원 재직 중의 직무에 관한 위법행위로 인하여 징계처분을 받거나 퇴직한 자'에 대하여 등록을 거부하기 위해서는 '변호사의 직무를 수행하는 것이 현저히 부적당하다고 인정'되어야 하는데, 해임처분을 받은 A에 대하여는 그 요건의 구비 여부와는 무관하게 일정기간 등록을 거부할 수 있다.

해설 ③ 징계처분에 의하여 해임된 후 3년이 지나지 아니한 자는 변호사가 될 수 없다(변호사법 5(5)). A는 징역 1년을 선고받고 동시에 해임처분도 받았으므로, 해임처분으로 인한 3년이 경과하면 등록할 수 있는 것이 아니라 징역형의 집행이 끝나거나 그 집행을 받지 아니하기로 확정된 후 5년이 경과하여야 등록을 하고 개업할 수 있다. ① 금고 이상의 형(刑)을 선고받고 그 집행이 끝나거나 그 집행을 받지 아니하기로 확정된 후 5년이 지나지 아니한 자는 변호사가 될 수 없다(변호사법 5(1)).

② 법무부장관은 변호사 명부에 등록된 자가 제 4 조에 따른 변호사의 자격이 없거나 제 5 조에 따른 결격사유에 해당한다고 인정하는 경우 대한변호사협회에 그 변호사의 등록취소를 명하여야 한다(변호사법 19).

④ 대한변호사협회는 공무원 재직 중의 직무에 관한 위법행위로 인하여 형사소추 또는 징계처분(파면 및 해임은 제외한다)을 받거나 퇴직한 자로서 변호사의 직무를 수행하는 것이 현저히 부적당하다고 인정되는 자는 등록심사위원회의 의결을 거쳐 등록을 거부할 수 있다(변호사법 8①(4)). 따라서 해임처분을 받은 A는 위 요건에 해당되지 않는다.

45 변호사가 징역형을 선고받아 확정되면 발생하게 되는 효과에 관한 설명 중 옳지 않은 것은?

① 대한변호사협회는 반드시 등록심사위원회의 의결을 거쳐 변호사의 등록을 거부할 수 있다.

② 변호사명부의 등록이 취소되지 않는 동안에는 변호사의 직무를 할 수 있다.

③ 법무부장관은 대한변호사협회에 그 변호사의 등록취소를 명하여야 한다.

④ 지방변호사회는 소속 변호사에게 위 사유가 있다고 인정되면 지체 없이 대한변호사협회에 이를 보고하여야 한다.

해설 ② 구 변호사법(1949.11.7 법률63호) 제 5 조 제 2 호에 "금고 이상의 형을 받은 자는 변호사의 자격이 없다"라는 것은 금고이상의 형을 받고 그 재판의 확정에 의하여 변호사의 자격이 없을 뿐만 아니라 당초에는 그 자격이 있어서 변호사명부에 등록된 자라 하더라도 그 후에 금고 이상의 형을 받으면 그와 동시에 그 자격이 상실되고 변호사법상의 변호사의 직무의 공공성과 사회성에 비추어 위 자격상실과 동시에 변호사직도 실직한다고 봄이 상당하다 할 것이고, 다만 동 변호사법 제 7 조에 의하면 변호사로서 업무를 개시하자면 변호사명부에 등록되어야 한다고 규정되어 있어 등록함으로써 변호사개업을 할 수 있음은 물론이나 그 등록된 변호사가 동법 제 5 조 제 2 호의 결격사유에 해당될 경우에는 앞에서의 설시에 비추어 위 등록의 취소에 의하여 그 직이 상실하는 것도 아니며, 또한 위 경우 동 변호사법 제10조 제 2 호에 의하여 변호사명부의 등록의 취소는 그에 의하여 변호사로서의 신분 또는 자격 그 자체를 상실시키는 행위가 아니고, 변호사로서의 신분 또는 자격을 상실하고 있다는 사실을 공적으로 증명하는 행위라고 해석하여야 할 것이므로 따라서 비록 변호사가 동 변호사법 제 5 조 제 2 호 소정의 결격사유에 해당되면 바로 변호사로서의 신분 또는 자격을 상실하는 것으로서 가사 위와 같은 경우에 변호사명부의 등록이 취소되지 아니하고 남아있다 하더라도 이는 변호사라 할 수 없고, 변호사의 직무를 행할 수 없다 할 것이다(대법원 1974. 5. 14. 74누2 변호사명부등록취소처분무효확인).

① 대한변호사협회는 변호사가 다음 각 호의 어느 하나에 해당하면 변호사의 등록을 취소하여야 한다. 이 경우 지체 없이 등록취소 사유를 명시하여 등록이 취소되는 자(제 1 호의 경우는 제외한다)에게 통지하여야 하며, 제 2 호에 해당하여 변호사의 등록을 취소하려면 미리 등록심사위원회의 의결을 거쳐야 한다(변호사법 18①).

1. 사망한 경우
2. 제 4 조에 따른 변호사의 자격이 없거나 제 5 조에 따른 결격사유에 해당하는 경우
3. 제17조에 따른 등록취소의 신청이 있는 경우
4. 제19조에 따른 등록취소의 명령이 있는 경우

③ 법무부장관은 변호사 명부에 등록된 자가 제 4 조에 따른 변호사의 자격이 없거나 제 5 조에 따른 결격사유에 해당한다고 인정하는 경우 대한변호사협회에 그 변호사의 등록취소를 명하여야 한다(변호사법 19).

④ 변호사법 제18조 제 5 항.

46 변호사가 의사능력이 없는 의뢰인과 위임계약 후 제소한 경우에 관한 설명 중 옳지 않은 것은?

① 소송대리인으로서 소송행위를 한 사람이 그 대리권을 증명하지 못하여 소가 각하된 경우에 그 소송비용은 그 소송행위를 위임한 의뢰인이 부담한다.

② 법정대리인·소송대리인·법원사무관등이나 집행관이 고의 또는 중대한 과실로 쓸데 없는 비용을 지급하게 한 경우에는 수소법원은 직권으로 또는 당사자의 신청에 따라 그에게 비용을 갚도록 명할 수 있다.

③ 법원은 소송대리권이 없는 사람에 의하여 제기된 경우에는 부적법하다는 이유로 각하할 수 있다.

④ 변호사는 의뢰인과 위임계약을 체결할 때는 의뢰인이 소송위임을 할 의사능력이 있는 자임을 확인해야 한다.

해설 ① 민사소송법 제108조, 제107조 제 2 항은 소송대리인으로서 소송행위를 한 사람이 그 대리권을 증명하지 못하여 소가 각하된 경우 소송비용은 그 소송행위를 한 대리인이 부담하도록 정하고 있다. 따라서 변호사가 의사능력이 없는 자로부터 수임하여 제소한 후 그 소가 각하된 때는 소송비용을 부담한다.

② 민사소송법 제107조 제 1 항.

③ 대법원 1997. 9. 22.자 97마1574 결정.

④ 수임약정은 민법상 위임계약에 해당되므로 그 계약 상대방에게 의사능력이 있어야 한다.

45 ② 46 ① 정 답

47 변호사 甲이 법률사무소를 아래와 같은 방법으로 운영할 때 형사처벌의 대상이 되는 것은?

① 변호사법위반죄로 징역 1년을 선고받고 그 집행이 끝난 지 1년이 지나지 않은 사람이 사무직원으로 지원하자 사건 유치에 능하다는 점만을 생각하고 직원으로 채용하였다.

② 사건을 소개해 준 사람들 중 변호사가 아닌 사람에 한해서 보수 중 일정 비율을 소개료로 지급하고 있다.

③ 주사무실은 법원 근처에 있으나 30㎞ 정도 떨어진 시장의 상인들을 고객으로 유치하기 위하여 시장 내에 연락사무소를 두고 있다.

④ 사건을 유치하기 위하여 직원들에게 경찰서 유치장과 교통사고 환자 전문 병원에 출입하도록 독려하고 있다.

해설 ② 변호사나 그 사무직원은 법률사건이나 법률사무의 수임에 관하여 소개·알선 또는 유인의 대가로 금품·향응 또는 그 밖의 이익을 제공하거나 제공하기로 약속하여서는 아니 된다(변호사법 34②). 이를 위반한 경우 7년 이하의 징역 또는 5천만 원 이하의 벌금에 처한다. 이 경우 벌금과 징역은 병과(倂科)할 수 있다(변호사법 109(2)).

①, ③, ④는 과태료 부과대상이다.

48 대한변호사협회와 관련된 설명 중 옳지 않은 것은?

① 대한변호사협회는 변호사법에 의하여 설립된 법인이다.

② 대한변호사협회는 변호사의 품위보전과 자질향상 등을 설립목적으로 한다.

③ 휴업신고를 한 변호사는 대한변호사협회의 지도·감독에 관한 규정을 적용받지 아니한다.

④ 대한변호사협회에 등록한 후 휴업한 변호사는 징계대상이 될 수 없다.

해설 ④ 대한변호사협회 회칙 제48조의2 "이 회에 등록한 변호사, 법인회원에 대한 징계사건을 심의하기 위하여 대한변호사협회 변호사징계위원회를 둔다."라고 규정하고 있어 변호사 자격 등록 후에 휴업하였더라도 징계대상이 되는 것으로 해석된다. 실제로 휴업변호사를 징계대상으로 하기 위하여 위 회칙을 "이 회에 등록한 변호사"라고 개정하였다. 그런데 위 회칙 제10조 제2항은 휴업회원인 준회원은 변호사의 지도·감독에 관한 규정을 적용하지 아니한다는 규정과 모순된다. 또한 변호사는 휴업한 경우에는 겸직 제한도 받지 않기 때문(변호사법 38③)에 휴업 변호사를 징계대상자로 규정한 위 회칙은 위헌·위법한 것으로 볼 수 있다.

① 변호사의 품위를 보전하고, 법률사무의 개선과 발전, 그 밖의 법률문화의 창달을 도모하며, 변호사 및 지방변호사회의 지도 및 감독에 관한 사무를 하도록 하기 위하여 대한변호사협회를 둔다(변호사법 78①). 대한변호사협회는 법인으로 한다(변호사법 78②).

③ 개업신고를 하지 않았거나 휴업신고를 한 변호사는 이 회의 준회원이 된다(대한변호사협회 회칙 10①). 준회원에 대하여는 회원의 권리·의무와 변호사의 지도·감독에 관한 규정을 적용하지 아니한다(대한변호사협회 회칙 10②).

49 변호사의 광고와 관련된 설명 중 옳지 않은 것은?

① 변호사는 자신의 이름으로 업무광고를 하여야 한다.

② 단독 개업 변호사가 광고를 하는 경우에는 광고책임변호사를 표시하여야 한다.

③ 변호사법 제31조 제3항에서 정한 수임제한의 해제 광고는 할 수 없다.

④ 변호사는 자동차, 전동차, 기차, 선박, 비행기 기타 운송수단의 외부에 광고물을 비치, 부착, 게시하는 행위를 할 수 없다.

해설 ② 구 변호사업무광고규정 제3조 제2항은 "법무법인등이 광고를 하는 경우에는 광고책임변호사를 표시하여야 한다. 다만, 사무소 소재지에 위치하면서 사무소 명칭, 연락처만을 표시하는 경우는 제외한다."라고 규정하였다. 그러나 2021. 5. 3. 개정한 변호사 광고에 관한 규정 제3조 제3항은 "**변호사등 광고에는 광고 주체인 변호사 또는 광고책임변호사의 성명을 반드시 표시하여야 한다.** 다만, 사무소 소재지에 위치하면서 사무소 명칭, 연락처만을 표시하는 경우는 제외한다."라고 규정하였다. 여기서 "변호사등"에 단독 개업 변호사도 포함되는 것으로 오해할 우려도 있다. 그렇지만 변호사 광고에 관한 규정 제2조 제3항 "**"광고책임변호사"라 함은 법무법인·법무법인(유한)·법무조합·합동법률사무소·공동법률사무소(이하 "법무법인등")가 법무법인등에 관한 광고를 할 경우** 구성원 중 광고 담당자로 지정된 변호사를 말한다."라고 규정하여 광고책임자 표시는 법무법인등에 관한 광고를 할 때만 표시하여야 한다.

① 변호사 광고에 관한 규정 제3조 제1항.

③ 변호사 광고에 관한 규정 제4조 제10호.

④ 변호사 광고에 관한 규정 제5조 제1항 제3호.

50 변호사의 업무제한 및 겸직제한에 관한 설명 중 옳지 않은 것은?

① 변호사가 휴업한 경우에는 소속 지방변호사회의 겸직허가를 받지 않더라도 주식회사의 이사가 될 수 있다.

② 법무법인의 구성원 변호사는 소속 지방변호사회의 겸직허가를 받지 않더라도 지방의회 의원이 될 수 있다.

③ 법무법인의 구성원이 아닌 소속 변호사는 법무법인에서 사직한 후라면, 그 법무법인 소속기간 중 그 법인이 수임을 승낙한 사건에 대하여 변호사업무를 수행할 수 있다.

④ 사내변호사를 고용한 회사가 그 회사의 송무사건뿐만 아니라 일반인으로부터 사건을 수임하여 사내변호사에게 소송대리 업무를 수행토록 하는 것은 허용되지 아니한다.

해설 ③ 법무법인의 구성원이었거나 구성원 아닌 소속 변호사이었던 자는 법무법인의 소속 기간 중 그 법인이 상의를 받아 수임을 승낙한 사건에 관하여는 변호사의 업무를 수행할 수 없다(변호사법 52②).

① 변호사가 휴업한 경우에는 겸직제한 규정을 적용하지 아니한다(변호사법 38③).

② 변호사는 보수를 받는 공무원을 겸할 수 없다. 다만, 지방의회 의원 또는 상시 근무가 필요 없는 공무원이 되거나 공공기관에서 위촉한 업무를 수행하는 경우에는 그러하지 아니하다(변호사법 38①).

④ 변호사가 아닌 자는 변호사를 고용하여 법률사무소를 개설·운영하여서는 아니 된다(변호사법 34④). 사내변호사를

47 ② 48 ④ 49 ② 50 ③ 정답

고용하여 일반인으로부터 사건을 수임하는 행위는 법률사무소를 개설·운영하는 행위에 해당되므로 금지된다.

변호사법

제38조(겸직 제한) ① 변호사는 보수를 받는 공무원을 겸할 수 없다. 다만, 국회의원이나 지방의회 의원 또는 상시 근무가 필요 없는 공무원이 되거나 공공기관에서 위촉한 업무를 수행하는 경우에는 그러하지 아니하다.

② 변호사는 소속 지방변호사회의 허가 없이 다음 각 호의 행위를 할 수 없다. 다만, 법무법인·법무법인(유한) 또는 법무조합의 구성원이 되거나 소속 변호사가 되는 경우에는 그러하지 아니하다.

1. 상업이나 그 밖에 영리를 목적으로 하는 업무를 경영하거나 이를 경영하는 자의 사용인이 되는 것
2. 영리를 목적으로 하는 법인의 업무집행사원·이사 또는 사용인이 되는 것

③ 변호사가 휴업한 경우에는 제 1 항과 제 2 항을 적용하지 아니한다.

51 변호사연수에 참여할 의무에 관한 설명 중 옳지 않은 것은?

① 변호사는 변호사의 전문성과 윤리의식을 높이기 위하여 대한변호사협회가 실시하는 연수교육을 대통령령으로 정하는 시간 이상 받아야 한다.

② 변호사연수는 일반연수와 특별연수로 한다.

③ 공직퇴임변호사가 회원으로 등록하는 경우 개업 후 2년이 경과되는 날이 속한 연수주기까지 의무윤리연수의 대상으로 한다. 다만, 공직퇴임변호사가 공직 임명 전 55세까지 변호사로 등록하였던 자의 경우 그러하지 아니하다.

④ 대한변호사협회가 실시하는 연수교육을 받지 아니한 변호사는 형사처벌을 받는다.

해설 ④ 대한변호사협회가 실시하는 연수교육을 받지 아니한 변호사에게는 500만 원 이하의 과태료가 부과된다(변호사법 117③(1)).

① 변호사법 제85조 제1항.

② 변호사연수규칙 제3조 제1항.

③ 변호사연수규칙 제6조 제2항.

52 변호사의 겸직 제한과 관련된 설명 중 옳지 않은 것은? (다툼이 있을 때는 판례에 의함)

① 법무법인은 소속 지방변호사회의 허가를 받아 영리행위를 할 수 있다.
② 변호사는 상시 근무를 하며 보수를 받는 공무원을 겸할 수 없다.
③ 법무법인·법무법인(유한) 또는 법무조합의 구성원이 되거나 소속 변호사가 되는 경우에는 겸직허가를 받지 않아도 된다.
④ 휴업한 변호사는 지방변호사회의 허가없이 영리행위에 종사할 수 있다.

해설 ① **법무법인에 대하여 변호사의 겸직 허가에 관한 변호사법 제38조 제2항을 준용하지 않고 있는 변호사법 제57조(심판대상조항)가 법무법인의 영업의 자유를 침해하지 않는다(헌재 2020. 7. 16. 2018헌바195 변호사법 제38조 제2항 등 위헌소원).**
심판대상조항은 자연인인 변호사의 영리행위 겸직을 원칙적으로 금지하고 지방변호사회의 허가를 받아 예외적으로 겸직할 수 있도록 한 변호사법 제38조 제2항을 법무법인에 대하여 준용하지 않고 있는데, 이것은 법무법인이 변호사 직무에 속하는 업무를 집중적으로 수행할 수 있도록 하는 한편, 법무법인이 변호사 직무와 구분되는 영리행위는 할 수 없도록 함으로써 법무법인이 단순한 영리추구 기업으로 변질되는 것을 방지하고, 또한 법무법인이 변호사 직무와 영리행위를 함께 수행할 때 발생할 수 있는 양자의 혼입(混入)을 방지하기 위한 것이다(헌재 2020. 7. 16. 2018헌바195 변호사법 제38조 제2항 등 위헌소원).
② 변호사법 제38조 제1항 전단.
③ 변호사는 소속 지방변호사회의 허가 없이 다음 각 호의 행위를 할 수 없다. 다만, 법무법인·법무법인(유한) 또는 법무조합의 구성원이 되거나 소속 변호사가 되는 경우에는 그러하지 아니하다(변호사법 38②).
④ 변호사가 휴업한 경우에는 제1항과 제2항을 적용하지 아니한다(변호사법 38③).

53 변호사의 광고와 관련된 설명 중 옳지 않은 것은?

① 변호사는 건전한 수임질서를 교란하는 과당 염가 경쟁을 지양한다.
② 변호사는 애플리케이션등 전자적 매체 기반의 광고업체에서 광고를 할 수 없다.
③ 변호사 광고업체가 변호사의 소개를 목적으로 금품등을 받고서 광고행위를 할 경우에는 그 광고업체의 영업에 참여하여서는 아니된다.
④ 변호사 광고업체가 단순한 광고료를 받고서 광고를 할 때 변호사는 그 광고업체의 회원으로 가입하여 광고를 할 수 있다.

해설 ② 변호사는 변호사 또는 법률사무 소개를 내용으로 하는 애플리케이션등 전자적 매체 기반의 영업에 대하여 이에 참여하거나 회원으로 가입하는 등의 방법으로 협조하지 않는다(변호사윤리장전 31④). (2021. 5. 31. 신설) 여기서 "변호사 또는 법률사무의 소개를 내용"으로 한다는 것은 금품등을 받고나 받기로 약속하고 변호사나 법률사무의 소개를 내용을 하는 것을 말한다. 단순히 전자적 매체 기반의 광고업체는 변호사법 제23조 제1항 "컴퓨터통신 등의 매체"에 해당되기 때문에 광고행위가 허용된다.

51 ④ 52 ① 53 ② 정답

> **변호사윤리장전**
> **제31조(원칙)** ① 변호사는 직무의 공공성과 전문성에 비추어 부당하게 과다한 보수를 약정하지 아니한다.
> ② 변호사의 보수는 사건의 난이도와 소요되는 노력의 정도와 시간, 변호사의 경험과 능력, 의뢰인이 얻게 되는 이익의 정도 등 제반 사정을 고려하여 합리적으로 결정한다.
> ③ 변호사는 건전한 수임질서를 교란하는 과당 염가 경쟁을 지양함으로써 법률사무의 신뢰와 법률 시장의 건강을 유지한다. (2021. 5. 31. 신설)
> ④ 변호사는 변호사 또는 법률사무 소개를 내용으로 하는 애플리케이션등 전자적 매체 기반의 영업 에 대하여 이에 참여하거나 회원으로 가입하는 등의 방법으로 협조하지 않는다. (2021. 5. 31. 신설)

54 「변호사 광고에 관한 규정」과 관련된 설명 중 옳지 않은 것은? (다툼이 있을 때는 판례에 의함)

① 「변호사 광고에 관한 규정」은 비록 그 제정형식이 법규명령이 아니더라도 그것이 상위법령의 위임한계를 벗어나지 아니하는 한 상위법령과 결합하여 대외적인 구속력을 갖는 규범이라서 광고업체도 구속하는 규범력을 갖는다.

② 변호사등이 방송 출연 행위와 관련하여 금전·기타 경제적 이익을 제공할 경우, 이는 그 명칭과 형식을 불문하고 광고로 보며 본 광고 규정의 적용을 받는다.

③ 변호사는 대한변호사협회의 유권해석에 반하는 내용의 광고도 할 수 있다.

④ 변호사등이 다양한 매체의 광고업자에게 광고비를 지급하고 광고하는 것은 허용된다.

해설 ① 헌법재판소는 「변호사 광고에 관한 규정」은 변호사법 제23조 제2항 제7호 및 같은 조 제4항의 명시적인 위임에 따라 변호사 광고에 관한 규제를 시행하는 데에 필요한 구체적 사항을 정한 것인바, 비록 그 제정형식이 법규명령이 아니더라도 그것이 상위법령의 위임한계를 벗어나지 아니하는 한 상위법령과 결합하여 대외적인 구속력을 갖는 규범으로서 기능하게 된다(헌재 2015. 3. 26. 2014헌마372; 헌재 2022. 5. 26. 2021헌마619 변호사 광고에 관한 규정 제3조 제2항 등 위헌확인). 그러나 대한변호사협회는 오로지 변호사에 대한 지도와 감독을 목적으로 설립된 공법인이라서 일반 국민이나 광고업체를 구속할 회칙을 제정할 수는 없다. 헌법재판소가 "상위법령과 결합하여 대외적인 구속력을 갖는 규범"을 갖는다고 표현한 것은 위 광고규정이 변호사들에게 구속력을 갖는다는 의미에 불과하다.

② 변호사등이 다음 각 호의 행위와 관련하여 금전·기타 경제적 이익을 제공할 경우, 이는 그 명칭과 형식을 불문하고 광고로 보며 본 광고 규정의 적용을 받는다(위 광고규정 2②).

1. 기사 작성
2. 인터뷰 게재
3. 인터넷 멀티미디어 방송 출연
4. 방송 출연
5. 상훈

③ [이 사건 규정 제4조 제14호 중 '협회의 유권해석에 반하는 내용의 광고' 부분, 제8조 제2항 제4호 중 '협회의 유권해석에 위반되는 행위를 목적 또는 수단으로 하여 행하는 경우' 부분(이하 '유권해석위반 광고금지규정'이라 한다)이

법률유보원칙에 위반되어 청구인들의 표현의 자유, 직업의 자유를 침해하는지 여부(적극)] 유권해석위반 광고금지규정은 변호사가 변협의 유권해석에 위반되는 광고를 할 수 없도록 금지하고 있다. 위 규정은 '협회의 유권해석에 위반되는'이라는 표지만을 두고 그에 따라 금지되는 광고의 내용 또는 방법 등을 한정하지 않고 있고, 이에 해당하는 내용이 무엇인지 변호사법이나 관련 회규를 살펴보더라도 알기 어렵다. 유권해석위반 광고금지규정 위반이 징계사유가 될 수 있음을 고려하면 적어도 수범자인 변호사는 유권해석을 통해 금지될 수 있는 내용들의 대강을 알 수 있어야 함에도, 규율의 예측가능성이 현저히 떨어지고 법집행기관의 자의적인 해석을 배제할 수 없는 문제가 있다. 따라서 위 규정은 수권법률로부터 위임된 범위 내에서 명확하게 규율 범위를 정하고 있다고 보기 어려우므로, **법률유보원칙에 위반되어** 청구인들의 표현의 자유, 직업의 자유를 침해한다(헌재 2022. 5. 26. 2021헌마619 변호사 광고에 관한 규정 제3조 제2항 등위헌확인).

④ **[이 사건 규정 제5조 제2항 제1호 중 '변호사등을 광고·홍보·소개하는 행위' 부분(이하 '대가수수 광고금지규정'이라 한다)이 과잉금지원칙에 위반되어 청구인들의 표현의 자유, 직업의 자유를 침해하는지 여부(적극)]**
대가수수 광고금지규정의 규율 대상은 이 사건 규정의 수범자인 변호사이고, 규제 대상이 되는 상대방의 행위는 '변호사 또는 소비자로부터 대가를 받고 법률상담 또는 사건 등을 소개·알선·유인하기 위하여 변호사등을 광고·홍보·소개하는 행위'이다. 위 규정이 규제하는 광고·홍보·소개행위의 목적으로 소개·알선·유인을 정하면서도 그 대상을 특정 변호사로 제한하고 있지 아니한 점과 광고·홍보·소개행위의 목적이 소비자를 설득하여 구매를 유도하는 데 있는 점을 고려하면, 대가수수 광고금지규정이 단순히 변호사법이 금지하는 소개·알선·유인행위를 다시 한 번 규제하는 것에 불과하다고 보기 어렵다. 즉, 법률상담 또는 사건 등을 소개하거나 유인할 목적으로 불특정 다수의 변호사를 동시에 광고·홍보·소개하는 행위도 위 규정에 따라 금지되는 범위에 포함된다고 해석된다.
변호사광고에 대한 합리적 규제는 필요하지만, 광고표현이 지닌 기본권적 성질을 고려할 때 광고의 내용이나 방법적 측면에서 꼭 필요한 한계 외에는 폭넓게 광고를 허용하는 것이 바람직하다. 각종 매체를 통한 변호사 광고를 원칙적으로 허용하는 변호사법 제23조 제1항의 취지에 비추어 볼 때, 변호사등이 다양한 매체의 광고업자에게 광고비를 지급하고 광고하는 것은 허용된다고 할 것인데, 이러한 행위를 일률적으로 금지하는 위 규정은 수단의 적합성을 인정하기 어렵다. 대가수수 광고금지규정이 아니더라도 변호사법이나 다른 규정들에 의하여 입법목적을 달성할 수 있고, 공정한 수임질서를 해치거나 소비자에게 피해를 줄 수 있는 내용의 광고를 특정하여 제한하는 등 완화된 수단에 의해서도 입법목적을 같은 정도로 달성할 수 있다. 나아가, 위 규정으로 입법목적이 달성될 수 있을지 불분명한 반면, 변호사들이 광고업자에게 유상으로 광고를 의뢰하는 것이 사실상 금지되어 청구인들의 표현의 자유, 직업의 자유에 중대한 제한을 받게 되므로, 위 규정은 침해의 최소성 및 법익의 균형성도 갖추지 못하였다.
따라서 대가수수 광고금지규정은 과잉금지원칙에 위반되어 청구인들의 표현의 자유와 직업의 자유를 침해한다((헌재 2022. 5. 26. 2021헌마619 변호사 광고에 관한 규정 제3조 제2항 등 위헌확인).

55 변호사의 회칙준수의무에 관한 설명 중 옳지 않은 것은?

① 모든 회원은 이 회의 회칙·규칙·규정 및 결의를 준수하여야 한다.
② 대한변호사협회는 법령에 의하여 위임 또는 위탁된 사무를 처리하고, 회칙에서 위임한 사항과 회칙을 시행하기 위한 사항을 정하기 위하여 '규칙'을 제정할 수 있다.
③ 대한변호사협회는 회무를 처리하고 규칙에서 위임한 사항과 규칙을 시행하기 위한 사항을 정하기 위하여 '규정'을 제정할 수 있다.

54 ③ 55 ④ 정 답

④ 규칙과 규정은 총회의 의결을 거쳐 정한다.

해설 ④ 규칙은 총회의, 규정은 이사회의 의결을 거쳐 정한다.
① 대한변호사협회 회칙 제9조[회원의 의무] 제1항.
② 대한변호사협회 회칙 제57조[규칙 및 규정] 제1항.
③ 대한변호사협회 회칙 제57조[규칙 및 규정] 제2항.

대한변호사협회 회칙
제57조[규칙 및 규정] ① 대한변호사협회는 법령에 의하여 위임 또는 위탁된 사무를 처리하고, 회칙에서 위임한 사항과 회칙을 시행하기 위한 사항을 정하기 위하여 '규칙'을 제정할 수 있다.
② 대한변호사협회는 회무를 처리하고 규칙에서 위임한 사항과 규칙을 시행하기 위한 사항을 정하기 위하여 '규정'을 제정할 수 있다.
③ 규칙은 총회의, 규정은 이사회의 의결을 거쳐 정한다.

56 대한변호사협회의 회규의 제정과 개정에 관한 설명 중 옳지 않은 것은?

① 대한변호사협회 회칙을 개정하고자 할 때에는 총회의 의결을 거쳐 법무부장관의 인가를 받아야 한다.
② 회칙 및 규칙의 제정 또는 개정에 관한 사항은 대한변호사협회 총회의 의결을 거쳐야 한다.
③ 규정의 제정 및 개정에 관한 사항은 대한변호사협회 이사회의 의결을 거쳐야 한다.
④ 대한변호사협회는 회칙이 정하는 바에 따르지 않고서 총회와 이사회 의결사항을 임의로 정할 수 있다.

해설 ④ 변호사는 소속 지방변호사회와 대한변호사협회의 회칙을 지켜야 한다(변호사법 25). 모든 회원은 이 회의 회칙·규칙·규정 및 결의를 준수하여야 한다(대한변호사협회 회칙 9①). 변호사는 법령과 대한변호사협회 및 소속 지방변호사회의 회칙·규칙·규정 등을준수하고, 그 구성과 활동에 적극 참여한다(변호사윤리장전 3). 따라서 대한변호사협회가 총회와 이사회 의결사항을 의결절차를 임의로 달리하는 것은 변호사법상 회칙준수의무위반에 해당되며, 대한변호사협회 회칙과 회규관리규칙 위반에 해당된다. 대한변호사협회는 2021년에 규칙에 해당하는 「변호사윤리장전」은 총회의 의결로 개정하면서도 「변호사 광고에 관한 규정」은 이사회 의결로 개정한 바 있는데, 이는 위 각 회칙을 위반하여 위법한 것이다. 대한변협 회칙은 「변호사윤리장전」을 총회 의결사항으로 명시하고 있지 않지만, '규칙'이라서 총회의 의결을 거쳤다. 「변호사 광고에 관한 규정」은 명칭은 '규정'으로 되어 있지만 그 실체는 '규칙'에 해당되므로 총회의 의결을 거쳐서 개정해야 한다(정형근, 변호사법주석 제2판, 216면 이하).
① 변호사법 제79조[설립절차], 대한변호사협회 회칙 제56조[회칙개정].
② 대한변호사협회 회칙 제13조[(총회) 의결사항] 제1호.
③ 대한변호사협회 회칙 제20조[(이사회) 의결사항] 제1호.

대한변호사협회「회규관리규칙」

제 4 조[효력] ① 모든 회규는 법, 회칙 또는 이 규칙에 정한 기준 및 절차에 따라 제정 또는 개정하여 공포한 것이 아니면 효력이 없다.

② 회칙에 위반되는 규칙과 규칙에 위반되는 규정은 그 위반되는 부분에 한하여 효력이 없다.

③ 회규는 법령 또는 회규에서 달리 정한 경우를 제외하고는 이 회의 모든 회원, 임원 및 직원을 구속한다.

④ 회규는 그 시행일로부터 효력을 발생하고 폐지일에 소멸한다.

57 변호사의 자격등록 거부와 관련된 설명 중 옳지 않은 것은?

① 징계처분에 의하여 해임된 후 3년이 지나지 아니한 변호사는 등록을 거부할 수 있다.

② 대한변호사협회는 등록을 거부한 경우 지체 없이 그 사유를 명시하여 신청인에게 통지하여야 한다.

③ 대한변호사협회가 등록신청을 받은 날부터 3개월이 지날 때까지 등록을 하지 아니하거나 등록을 거부하지 아니할 때에는 등록이 된 것으로 본다.

④ 등록이 거부된 자는 그 통지를 받은 날부터 3개월 이내에 등록거부에 관하여 행정소송을 제기하여 불복할 수 있다.

해설 ④ 제 1 항에 따라 등록이 거부된 자는 제 1 항에 따른 통지를 받은 날부터 3개월 이내에 등록거부에 관하여 부당한 이유를 소명하여 법무부장관에게 이의신청을 할 수 있다(변호사법 8④). 먼저 이의신청을 한 후에 그 결정에 대하여 불복할 경우에 행정소송을 제기할 수 있다.

① 변호사법 제 5 조 제 5 호, 변호사법 제 8 조 제 1 항 제 2 호.

② 변호사법 제 8 조 제 2 항.

③ 변호사법 제 8 조 제 3 항.

58 지방변호사회와 대한변호사협회에 대한 국가의 감독과 관련된 설명 중 옳은 것은?

① 지방변호사회와 대한변호사협회는 법무부장관의 감독을 받는다.

② 지방변호사회는 이사회의 결의 내용을 지체 없이 대한변호사협회와 법무부장관에게 보고하여야 한다.

③ 법무부장관은 지방변호사회의 총회 결의가 법령이나 회칙에 위반된다고 인정하면 대한변호사협회의 장의 의견을 들을 필요없이 취소할 수 있다.

정 답 56 ④ 57 ④ 58 ①

④ 법무부장관은 대한변호사협회에 한정하여 총회의 결의가 법령이나 회칙에 위반된다고 인정하면 이를 취소할 수 있다.

해설 ① 지방변호사회는 대한변호사협회와 법무부장관의 감독을 받는다(변호사법 77①). 대한변호사협회는 법무부장관의 감독을 받는다(변호사법 86①).

② 지방변호사회는 총회의 결의 내용을 지체 없이 대한변호사협회와 법무부장관에게 보고하여야 한다(변호사법 77②).

③ 법무부장관은 총회의 결의가 법령이나 회칙에 위반된다고 인정하면 대한변호사협회의 장의 의견을 들어 취소할 수 있다(변호사법 77③).

④ 법무부장관은 총회의 결의가 법령이나 회칙에 위반된다고 인정하면 이를 취소할 수 있다(변호사법 86③)

59 법무법인의 분사무소에 관한 설명 중 옳지 않은 것은?

① 법무법인이 분사무소를 둔 경우 법무법인의 주사무소에는 통산하여 5년 이상 「법원조직법」 제42조 제1항 각 호의 어느 하나에 해당하는 직에 있던 사람 1명을 포함하여 구성원의 3분의 1 이상이 주재(駐在)하여야 하고, 분사무소에는 1명 이상의 구성원이 주재하여야 한다.

② 분사무소의 설치를 신고할 때에는 그 분사무소에서 직무를 수행할 구성원을 명시하여야 한다.

③ 분사무소는 시·군·구(자치구를 말한다) 관할구역마다 1개를 둘 수 있다.

④ 분사무소에는 특정한 법무법인의 분사무소임을 표시해야 하는 것은 아니다.

해설 ④ 분사무소에는 법무법인의 분사무소임을 표시하여야 한다(변호사법 시행령 12④).

① 변호사법 시행령 제12조 제1항.

② 법 제48조 제2항에 따라 분사무소의 설치를 신고할 때에는 그 분사무소에서 직무를 수행할 구성원을 명시하여야 한다(변호사법 시행령 12②).

③ 변호사법 시행령 제12조 제3항.

60 소송사건을 수임한 변호사의 의뢰인에 대한 책임과 관련된 설명 중 옳은 것은? (다툼이 있을 때는 판례에 의함)

① 소송사건을 위임받은 수임 변호사는 그 소송이 종료된 후에도 소송의뢰인에게 상급심의 판단을 받을 기회를 상실하는 일이 없도록 관련 사항을 설명할 주의의무가 없다.

② 변호사가 사무직원을 통하여 소송의뢰인에게 판결문을 교부하면서 사무직원이 그 의뢰인에게 상고제기기간을 잘못 고지하는 바람에 의뢰인이 상고제기기간을 도과하여 상고의 기회를 잃게 한 경우에 그 의뢰인의 잘못도 있기 때문에 변호사는 손해배상책임이 없다.

③ 새마을금고와 배당이의소송에 관한 수임계약을 체결한 변호사가 1회 변론기일에 출석하지 않아 소취하 간주로 종결된 경우에 변호사는 새마을금고가 입은 비재산상 손해를 배상할 의무가 있다.

④ 민사소송법 제82조 제 1 항이 "소송대리인은 위임받은 사건에 관하여 반소, 참가, 강제집행, 가압류, 가처분에 관한 소송행위와 변제의 영수를 할 수 있다."고 규정하고, 제 3 항이 "변호사의 소송대리권은 제한하지 못한다."고 규정하고 있는데, 위 각 규정은 소송절차의 원활·확실을 도모하기 위하여 소송법상 소송대리권을 정형적·포괄적으로 법정한 것이 아니고, 변호사와 의뢰인 사이의 사법상의 위임계약의 내용까지 법정한 것에 해당된다.

해설 ③ 甲새마을금고가 변호사 乙과 배당이의소송에 관한 위임계약을 체결하였는데, 乙이 1회 변론기일에 출석하지 않음으로써 소송이 취하간주로 종결되자 甲금고가 乙을 상대로 손해배상을 구한 사안에서, 乙은 甲금고가 입은 비재산상 손해를 배상할 의무가 있다고 한 사례(대구지법 2012. 9. 5. 2011가합9260 손해배상(기)). 이 사례에서 "피고는 원고에게 10,000,000원 및 이에 대하여 2011. 8. 26.부터 2012. 9. 5.까지는 연 5%, 다음날부터 다 갚는 날까지는 연 20%의 각 비율에 의한 금원을 지급하라."고 판결하였다.

민사집행법 제158조(배당이의의 소의 취하간주)는 "이의한 사람이 배당이의의 소의 첫 변론기일에 출석하지 아니한 때에는 소를 취하한 것으로 본다."고 규정하고 있다. 이는 제1 심의 최초 기일을 말하는 것이고, 항소심의 기일이나 제 1 심의 제 2 회 이후의 변론기일에는 본조가 적용되지 않는다.

① 소송사건을 위임받은 수임 변호사는 성실하게 소송사무를 처리하여야 하고 소송위임이 대법원까지로 되어 있다면, 소송이 종료된 후에도 소송의뢰인이 자신의 의사에 의하지 아니하고 상급심의 판단을 받을 기회를 상실하는 일이 없도록 세심한 주의를 하여야 할 업무상 주의의무가 있다(대법원 1997. 5. 28. 97다1822 손해배상(기)).

② 변호사가 송무에 익숙치 아니한 변호사 사무실 직원을 통하여 소송의뢰인에게 판결문을 교부하고 상고 여부를 확인하도록 함으로써 변호사 사무실 직원이 소송의뢰인에게 상고제기기간을 잘못 고지하는 바람에 소송의뢰인이 상고제기기간을 도과하여 상고의 기회를 잃게 한 경우, 수임변호사는 이로 인하여 소송의뢰인이 입은 손해를 배상할 책임이 있다고 한 원심판결을 수긍한 사례(대법원 1997. 5. 28. 97다1822 손해배상(기)).

④ 민사소송법 제82조 제 1 항이 "소송대리인은 위임받은 사건에 관하여 반소, 참가, 강제집행, 가압류, 가처분에 관한 소송행위와 변제의 영수를 할 수 있다."고 규정하고, 제 3 항이 "변호사의 소송대리권은 제한하지 못한다."고 규정하고 있으나, **위 각 규정은 소송절차의 원활·확실을 도모하기 위하여 소송법상 소송대리권을 정형적·포괄적으로 법정한 것에 불과하고 변호사와 의뢰인 사이의 사법상의 위임계약의 내용까지 법정한 것은 아니므로,** 본안소송을 수임한 변호사가 그 소송을 수행함에 있어 강제집행이나 보전처분에 관한 소송행위를 할 수 있는 소송대리권을 가진다고 하여 의뢰인에 대한 관계에서 당연히 그 권한에 상응한 위임계약상의 의무를 부담한다고 할 수는 없고, 변호사가 처리의무를 부담하는 사무의 범위는 변호사와 의뢰인 사이의 위임계약의 내용에 의하여 정하여진다고 할 것이다(대법원 1997. 12. 12. 95다20775 손해배상(기)).

59 ④ 60 ③ 정 답

61 다음 중 변호인선임서·위임장을 제출하지 아니하고 변호하거나 대리하는 경우에 형사처벌 대상이 아닌 것은?

① 중앙행정심판위원회에 행정심판의 청구
② 수원지방법원에서 계류 중인 민사사건
③ 춘천지방검찰청에서 수사 중인 뇌물사건
④ 서울경찰청에서 내사 중인 횡령사건

해설 ① **변호사법 제29조의2(변호인선임서 등의 미제출 변호 금지)** 변호사는 법원이나 수사기관에 변호인선임서나 위임장 등을 제출하지 아니하고는 다음 각 호의 사건에 대하여 변호하거나 대리할 수 없다.

1. 재판에 계속(係屬) 중인 사건
2. 수사 중인 형사사건[내사(內査) 중인 사건을 포함한다]

변호사법 제113조(벌칙) 다음 각 호의 어느 하나에 해당하는 자는 1년 이하의 징역 또는 1천만 원 이하의 벌금에 처한다.

4. 조세를 포탈하거나 수임제한 등 관계 법령에 따른 제한을 회피하기 위하여 제29조의2(제57조, 제58조의16 또는 제58조의30에 따라 준용되는 경우를 포함한다)를 위반하여 변호하거나 대리한 자

② 재판에 계속(係屬) 중인 사건이다.
③ 수사 중인 형사사건이다.
④ 내사(內査) 중인 사건이다.

62 변호사시험에 합격한 변호사의 법률사무소 개설 요건에 관한 설명 중 옳지 않은 것은?

① 법무법인, 법무법인(유한), 법무조합, 법률사무소, 「외국법자문사법」 제 2 조 제 9 호에 따른 합작법무법인은 법률사무종사기관으로 지정받을 수 있다.
② 대한변호사협회에서 6개월 이상 연수를 받으면서 법률사무에 종사해야 한다.
③ 국가기관, 지방자치단체와 그 밖의 법인, 기관 또는 단체가 법률사무종사기관으로 지정받기 위해서는 통산하여 5년 이상 「법원조직법」 제42조 제 1 항 각 호의 어느 하나에 해당하는 직에 있었던 변호사 1명 이상이 재직하고 있어야 한다.
④ 대한변호사협회에서 연수를 마친 변호사는 단독으로 법률사무소를 개설하려는 경우에 법률사무에 종사하였다는 확인서를 제출할 의무는 없다.

해설 ② 법률사무종사기관에서 법률사무에 종사하여야 하고, 대한변호사협회에서 연수를 받은 경우에는 법률사무에 종사하는 것은 아니다. 즉, (변호사법) 제 4 조 제 3 호에 따른 변호사는 통산(通算)하여 6개월 이상 다음 각 호의 어느 하나에 해당하는 기관 등(이하 **"법률사무종사기관"이라 한다)에서 법률사무에 종사**하거나 **연수(제 6 호에 한정한다)**를 마치지 아니하면 단독으로 법률사무소를 개설하거나 법무법인, 법무법인(유한) 및 법무조합의 구성원이 될 수 없다. 다만, 제 3 호 및 제 4 호는 통산하여 5년 이상 「법원조직법」 제42조 제 1 항 각 호의 어느 하나에 해당하는 직에 있었던 자 1명 이상이 재직하는 기관 중 법무부장관이 법률사무에 종사가 가능하다고 지정한 곳에 한정한다(변호사법 21의2①).

1. 국회, 법원, 헌법재판소, 검찰청
2. 「법률구조법」에 따른 대한법률구조공단, 「정부법무공단법」에 따른 정부법무공단

3. 법무법인, 법무법인(유한), 법무조합, 법률사무소, 「외국법자문사법」 제 2 조 제 9 호에 따른 합작법무법인
4. 국가기관, 지방자치단체와 그 밖의 법인, 기관 또는 단체
5. 국제기구, 국제법인, 국제기관 또는 국제단체 중에서 법무부장관이 법률사무에 종사가 가능하다고 지정한 곳
6. 대한변호사협회

※ **법률사무종사기관에서는 '법률사무'에 종사하고, 대한변호사협회에서는 '연수'를 마쳐야 한다.**

③ 다만, 제 3 호 및 제 4 호는 통산하여 5년 이상 「법원조직법」 제42조 제 1 항 각 호의 어느 하나에 해당하는 직에 있었던 자 1명 이상이 재직하는 기관 중 법무부장관이 법률사무에 종사가 가능하다고 지정한 곳에 한정한다(변호사법 21의2①).

④ 제 4 조 제 3 호에 따른 변호사가 제 1 항에 따라 단독으로 법률사무소를 최초로 개설하거나 법무법인, 법무법인(유한) 또는 법무조합의 구성원이 되려면 법률사무종사기관에서 제 1 항의 요건에 해당한다는 사실을 증명하는 확인서(**제 1 항 제 6 호의 연수는 제외한다**)를 받아 지방변호사회를 거쳐 대한변호사협회에 제출하여야 한다(변호사법 21의2③).

63 변호사시험 합격자를 위한 법무법인 등의 법률사무종사기관 지정요건에 관한 설명 중 옳지 않은 것은?

① 법률사무종사 변호사를 제외한 변호사의 수가 법률사무종사 변호사의 수 이상일 것
② 소송에 관한 행위, 행정처분의 청구에 관한 대리행위 또는 일반 법률 사무를 주로 취급하는 부서 또는 담당자가 있을 것
③ 법률사무종사 변호사에 대한 관리를 담당할 변호사가 1명 이상 지정되어 있을 것
④ 통산하여 10년 이상 법조경력을 가진 변호사 2명 이상이 재직할 것

해설 ④ **변호사법 시행령 제 2 조(법무법인 등의 법률사무종사기관 지정)** ② 법무부장관은 지정신청기관이 다음 각 호의 요건을 모두 갖춘 경우에는 해당 지정신청기관을 법 제21조의2 제 1 항 단서에 따른 법률사무종사기관으로 지정하여야 한다.

1. **통산하여 5년 이상 「법원조직법」 제42조 제 1 항 각 호의 어느 하나에 해당하는 직에 있었던 사람 1명 이상이 재직할 것.** 이 경우 「법원조직법」 제42조 제 1 항 각 호에 규정된 직 중에서 둘 이상의 직에 재직한 사람의 재직기간은 합산한다.
2. 법률사무종사 변호사를 제외한 변호사의 수가 법률사무종사 변호사의 수 이상일 것
3. 소송에 관한 행위, 행정처분의 청구에 관한 대리행위 또는 일반 법률 사무를 주로 취급하는 부서 또는 담당자가 있을 것
4. 법률사무종사 변호사에 대한 관리를 담당할 변호사가 1명 이상 지정되어 있을 것
5. 사무실 공간 등 시설 여건이 법률사무 종사에 적합할 것

64 변호인 선임서 등의 미제출과 관련된 설명 중 옳지 않은 것은?

① 몰래변론 등의 폐해를 방지하기 위하여 선임서의 제출을 강세한다.
② 선임서를 제출하지 아니하고는 전화, 문서, 방문, 기타 어떠한 방법으로도 변론활동을

하지 아니한다.

③ 변호인 선임서를 사전에 제출하지 않고는 피의자를 접견할 수 없다.

④ 변호사가 수임계약을 체결하지 않고서 "담당 판사에게 부탁하여 피고인이 석방되도록 해주겠다"는 명목으로 피고인 가족으로부터 돈을 받으면 형사처벌을 받는다.

해설 ③ **형사소송법 제34조(피고인·피의자와의 접견, 교통, 진료)** 변호인이나 **변호인이 되려는 자**는 신체가 구속된 피고인 또는 피의자와 접견하고 서류나 물건을 수수(授受)할 수 있으며 의사로 하여금 피고인이나 피의자를 진료하게 할 수 있다. 따라서 변호사는 변호인 선임서를 제출하지 않고서도 피고인 또는 피의자의 변호인이 되려는 목적으로 접견할 수 있다.

① 변호인 선임서나 위임장의 제출을 의무로 한 것은 이른바 몰래변론 등과 같은 행위를 규제할 목적도 있다.

② **변호사윤리장전 제23조(위임장 등의 제출 및 경유)** ① 변호사는 사건을 수임하였을 때에는 소송위임장이나 변호인선임신고서 등을 해당 기관에 제출한다. 이를 제출하지 아니하고는 전화, 문서, 방문, 기타 어떠한 방법으로도 변론활동을 하지 아니한다.

④ **변호사법 제111조(벌칙)** ① **공무원이 취급하는 사건 또는 사무에 관하여 청탁 또는 알선을 한다는 명목으로 금품**·향응, 그 밖의 이익을 받거나 받을 것을 약속한 자 또는 제3자에게 이를 공여하게 하거나 공여하게 할 것을 약속한 자는 5년 이하의 징역 또는 1천만원 이하의 벌금에 처한다. 이 경우 벌금과 징역은 병과할 수 있다.

제5장

법무법인 · 법무법인(유한) · 법무조합의 책임

제 5 장 법무법인·법무법인(유한)·법무조합의 책임

변호사법

제58조(다른 법률의 준용) ① 법무법인에 관하여 이 법에 정한 것 외에는 「상법」 중 합명회사에 관한 규정을 준용한다.

상법

제210조(손해배상책임) 회사를 대표하는 사원이 그 업무집행으로 인하여 타인에게 손해를 가한 때에는 회사는 그 사원과 연대하여 배상할 책임이 있다.

제212조(사원의 책임) ①회사의 재산으로 회사의 채무를 완제할 수 없는 때에는 각 사원은 연대하여 변제할 책임이 있다.

②회사재산에 대한 강제집행이 주효하지 못한 때에도 전항과 같다.

③전항의 규정은 사원이 회사에 변제의 자력이 있으며 집행이 용이한 것을 증명한 때에는 적용하지 아니한다.

제213조(신입사원의 책임) 회사성립후에 가입한 사원은 그 가입전에 생긴 회사채무에 대하여 다른 사원과 동일한 책임을 진다.

01 법무법인의 책임에 관한 설명 중 틀린 것은?

① 법무법인은 합명회사 사원의 책임규정을 준용하고 있다.

② 법무법인을 운영하는 과정에서 발생하는 책임과 수임사건 처리와 관련된 책임이 있다.

③ 대표 변호사는 수임사건과 관련한 책임은 부담하지 않는다.

01 ③ 정 답

④ 구성원 변호사가 담당변호사로 수임사건과 관련하여 손해를 야기한 경우에는 그 손해를 배상할 책임이 있다.

해설 ③ 대표 변호사 역시 담당변호사가 되어 수임사건을 처리하는 과정에서 야기한 손해배상책임을 진다.

① 변호사법은 법무법인의 제3자에 대한 책임관계에 관한 명시적인 규정을 두고 있지 않고, 「상법」 중 합명회사에 관한 규정을 준용하고 있다(변호사법 58①).

② 법무법인의 제3자에 대한 책임은 법무법인 자체를 운영하는 과정에서 발생하는 책임과 수임사건과 관련된 손해배상책임으로 나누어 볼 수 있다.

④ 법무법인의 구성원 변호사는 수임사건과 관련하여 담당변호사로 지정됨으로 업무를 수행하는 과정에서 의뢰인에게 손해를 가할 수 있다. 이때 구성원 변호사는 합명회사에서의 사원과 같이, 법무법인의 채권자에게 그 채무에 관하여 「인적 · 연대 · 무한 · 직접책임」을 부담한다.

02 법무법인의 구성원 변호사의 책임관계에 대하여 틀린 설명은?

① 법무법인의 재산으로 손해를 완제할 수 없는 경우에는 구성원 변호사는 법무법인과 연대하여 책임을 진다.

② 구성원 변호사는 법무법인의 채무전액에 관하여 무한책임을 진다.

③ 법무법인의 채권자는 구성원 변호사에게 직접 변제를 청구할 수 있다.

④ 법무법인의 조직변경으로 인한 종전의 채무는 종전의 구성원 변호사가 책임을 진다.

해설 ① 법무법인의 구성원 변호사는 법인의 채권자에 대하여 연대책임을 부담하는데, 여기에서 '연대'는 구성원 변호사와 법무법인 간의 연대가 아니라 「구성원 변호사 상호간의 연대」를 의미한다. 법무법인의 재산으로 채무를 완제할 수 없는 때에는 각 구성원 변호사는 연대하여 변제할 책임이 있다(상법 212①, 변호사법 58①).

③ 법무법인의 채권자는 법무법인을 거치지 아니하고 구성원 변호사에게 직접 변제를 청구할 수 있다. 이를 구성원 변호사의 직접책임이라고 한다.

④ 법무법인의 조직변경으로 설립된 법무법인(유한)의 구성원 중 종전의 법무법인의 구성원이었던 자는 등기를 하기 전에 발생한 법무법인의 채무에 대하여 법무법인(유한)의 경우에는 등기 후 2년이 될 때까지, 법무조합의 경우에는 등기 후 5년이 될 때까지 법무법인의 구성원으로서 책임을 진다(변호사법 55의2④).

03 법무법인(유한)의 설립과 구조에 대한 설명 중 틀린 것은?

① 대표 변호사와 구성원 변호사를 반드시 두어야 한다.

② 구성원 변호사와 소속 변호사는 7인 이상 두어야 한다.

③ 구성원 변호사는 반드시 일정액 이상의 출자를 하여야 한다.

④ 소속 변호사는 출자의무가 없다.

해설 ② 구성원 변호사는 7명 이상 두어야 하고(변호사법 58의6①), 구성원 변호사가 아닌 소속 변호사를 둘 수 있되, 그 숫자의 제한은 없다(변호사법 58의6②).

③ 법무법인(유한)은 7명 이상의 구성원 변호사의 출자에 의한 자본을 가지고, 이 자본은 균일한 비례적 단위인 출자에

의하여 분할된다. 법무법인(유한)의 자본총액은 5억 원 이상이어야 한다(변호사법 58의7①). 출좌 1좌의 금액은 1만 원으로 하며(변호사법 58의7②), 각 구성원의 출자좌수는 3천좌 이상이어야 한다(변호사법 58의7③).

04 법무법인(유한)의 책임에 관한 설명 중 틀린 것은?

① 법무법인(유한)의 운영과 관련된 책임과 수임사건과 관련된 책임이 있다.

② 구성원 변호사의 법무법인(유한)의 운영과 관련된 책임은 출자금액을 한도로 한다.

③ 수임사건과 관련하여 의뢰인에게 손해를 가한 경우에 법무법인(유한)의 구성원 변호사 전원이 책임을 진다.

④ 구성원 변호사가 수임사건과 관련하여 지는 손해배상책임은 출자금액에 제한되지 않는다.

해설 ③ 법무법인(유한)의 수임사건과 관련된 손해배상책임의 주체는 당해 사건을 처리한 담당변호사와 그 변호사를 직접 지휘·감독한 지위에 있는 변호사 및 법무법인(유한)이 된다.

① 법무법인(유한) 구성원의 책임은 법무법인(유한)의 운영과 관련된 책임과 수임사건과 관련된 손해배상책임으로 분류할 수 있다.

② 법무법인(유한) 구성원 변호사의 책임은 이 법에 규정된 것 외에는 그 출자금액을 한도로 한다(변호사법 58의10). 여기에서 '이 법에 규정된 것'은 변호사법에 규정된 책임으로 「수임사건과 관련된 손해배상책임」을 말한다(변호사법 58의11). 그 외의 책임은 법무법인(유한)의 운영과 관련된 책임으로 출자금액이 그 한도가 된다.

④ 손해배상책임의 범위는 법률과오로 발생된 의뢰인이 입은 손해배상액이다.

변호사법

제58조의10(구성원의 책임) 법무법인(유한)의 구성원의 책임은 이 법에 규정된 것 외에는 그 출자금액을 한도로 한다.

제58조의11(수임사건과 관련된 손해배상책임) ① 담당변호사[담당변호사가 지정되지 아니한 경우에는 그 법무법인(유한)의 구성원 모두를 말한다]는 수임사건에 관하여 고의나 과실로 그 수임사건의 위임인에게 손해를 발생시킨 경우에는 법무법인(유한)과 연대하여 그 손해를 배상할 책임이 있다.

② 담당변호사가 제1항에 따른 손해배상책임을 지는 경우 그 담당변호사를 직접 지휘·감독한 구성원도 그 손해를 배상할 책임이 있다. 다만, 지휘·감독을 할 때에 주의를 게을리하지 아니하였음을 증명한 경우에는 그러하지 아니하다.

③ 법무법인(유한)은 제1항과 제2항에 따른 손해배상책임에 관한 사항을 대통령령으로 정하는 바에 따라 사건수임계약서와 광고물에 명시하여야 한다.

02 ① 03 ② 04 ③ 정답

05 법무법인(유한)의 수임사건처리와 그와 관련된 손해배상책임에 관한 설명 중 옳지 않은 것은?

① 소속 변호사가 수임사건을 처리할 경우에는 수인의 소속 변호사로 하여금 처리하도록 하여야 한다.

② 소속 변호사가 수임사건을 처리하는 과정에서 손해를 야기한 경우에도 배상책임이 있다.

③ 담당변호사의 과실로 손해배상책임을 지게 되는 수임사건은 법무법인(유한) 명의로 선임한 사건이어야 한다.

④ 구성원 변호사라도 법무법인(유한)으로부터 담당변호사로 지정되지 않았다면 원칙적으로 책임이 없다.

해설 ① 법무법인(유한)은 법인 명의로 업무를 수행하며, 그 업무를 담당할 변호사를 지정하여야 한다. 소속 변호사에게 그 업무를 담당시킬 경우에는 구성원 변호사와 공동으로 담당변호사로 지정하여야 한다(변호사법 58의16, 50①). 소속 변호사 단독으로 수임사건을 처리할 수 없다.

② 소속 변호사 역시 담당변호사가 되어 수임사건을 처리하므로 그 책임을 진다. 다만, 소속 변호사가 담당변호사가 된 경우에는 그와 함께 담당변호사가 된 구성원 변호사와 그를 지휘·감독하는 변호사가 있을 것이므로 양자의 책임이 함께 발생하게 될 것이다.

③ 법무법인(유한)의 구성원 및 구성원이 아닌 소속 변호사는 자기나 제 3 자의 계산으로 변호사의 업무를 수행할 수 없다(변호사법 58의16, 52①). 그러므로 담당변호사의 과실로 손해배상책임을 지게 되는 수임사건은 법무법인(유한) 명의로 선임한 사건이어야 한다.

④ 구성원 변호사가 손해배상책임을 부담하기 위해서는 법무법인(유한)으로부터 담당 변호사로 지정되거나, 지휘·감독자의 지위에 있어야 한다.

06 법무법인(유한)의 구성원 변호사의 수임사건과 관련된 책임관계의 설명 중 옳은 것은?

① 기본적으로 당해 사건을 처리한 담당변호사와 법무법인(유한)이 연대하여 손해배상책임을 진다.

② 담당변호사의 상급 변호사도 지휘·감독의 해태로 인한 책임이 있다.

③ 담당변호사를 지휘·감독한 변호사는 반드시 법무법인(유한)의 대표 변호사이어야 한다.

④ 담당변호사를 지휘·감독한 변호사의 과실은 의뢰인이 주장·입증하여야 한다.

해설 ① 법무법인(유한)의 수임사건과 관련된 손해배상책임은 당해 사건을 처리한 「담당변호사와 법인이 연대」하여 손해배상책임을 진다. 그러므로 당해 사건에 관여하지 아니한 구성원 변호사는 책임이 없다.

② 담당변호사를 직접 지휘·감독한 구성원 변호사가 손해를 배상할 책임이 있고(변호사법 58의11②), 단순한 상급 변호사라는 지위만으로는 책임을 물을 수 없다. 담당변호사를 지휘·감독한 변호사의 책임이 성립하려면 담당변호사를 실질적으로 지휘·감독하는 관계에 있어야 한다.

③ 담당변호사를 지휘·감독한 변호사는 반드시 법무법인(유한)의 구성원 변호사이어야 한다(변호사법 58의11②전단).

물론 대표 변호사 역시 지휘·감독한 변호사가 될 수는 있지만, 반드시 대표 변호사로 제한하는 것은 아니다.
④ 담당변호사를 지휘·감독한 변호사가 지휘·감독을 할 때에 주의를 게을리 하지 아니하였음을 증명한 경우에는 그러하지 아니하다(변호사법 58조의11②단서). 이러한 사정은 당해 사건을 지휘·감독하는 지위에 있는 구성원 변호사가 주장·입증을 하여야 한다.

07 법무조합의 설립과 구조에 관한 설명 중 틀린 것은?

① 법무조합을 설립하려는 경우에는 규약을 작성하여야 한다.
② 법무조합은 구성원 변호사와 소속 변호사를 두어야 한다.
③ 구성원 변호사의 출자로 법무조합의 재산을 소유하게 된다.
④ 법무조합의 자본총액에 관한 제한은 없다.

해설 ② 법무조합은 대표 변호사와 구성원 변호사를 두어야 하며, 구성원이 아닌 소속 변호사를 둘 수 있다(변호사법 58의22②).
① 법무조합을 설립하려는 경우에는 규약을 작성하고 소정의 사항을 기재하게 된다(변호사법 58의19, 58의20).
③ 법무조합은 7명 이상의 구성원 변호사의 출자에 의하여 법무조합의 재산을 소유하게 된다.
④ 법무법인(유한)의 자본총액은 5억 원 이상으로 하는 제약이 있는데(변호사법 58의7①), 법무조합에는 이 같은 제한이 없다.

08 법무조합 구성원 변호사의 책임에 관한 설명 중 옳은 것은?

① 구성원 변호사는 수임사건과 관련한 손해배상책임은 그 채무 발생 당시의 손실분담비율에 따라 책임을 진다.
② 담당변호사가 지정되지 않은 경우에는 법무조합의 구성원 변호사와 소속 변호사가 책임을 지게 된다.
③ 담당변호사는 그의 고의나 과실로 야기한 손해를 배상할 책임이 있다.
④ 담당변호사를 직접 지휘·감독한 구성원 변호사는 법무조합의 재산범위 내에서 책임이 있다.

해설 ③ 담당변호사는 그의 고의나 과실로 야기한 손해를 배상할 책임이 있다(변호사법 58의25①). 담당변호사는 법무조합의 출자금액이나 손익분배에 관한 사항과 무관하게 의뢰인이 입은 손해에 대하여 자기재산으로 배상을 해야 하는 무한책임을 지게 된다.
① 법무조합 구성원 변호사는 법무조합의 채무(58의25에 따른 손해배상책임과 관련한 채무는 제외한다)에 대하여 그 채무 발생 당시의 손실분담비율에 따라 책임을 진다(변호사법 58의24). 여기에서 「법무조합의 채무」는 수임사건과 관련된 손해배상책임으로 인한 채무는 제외하므로, 법무조합 자체의 「운영과 관련하여 발생한 채무」를 말한다.
② 법무조합이 수임사건과 관련하여 의뢰인에게 손해를 발생시킨 경우에는 원칙적으로 당해 사건을 처리하였던 담당변호사

05 ① 06 ① 07 ② 08 ③ 정 답

가 책임을 진다. 만약 담당변호사가 지정되지 않은 경우에는 법무조합의 **구성원 변호사 모두**가 책임을 지게 된다(변호사법 58의25①).

④ 담당변호사를 직접 지휘·감독한 구성원도 그 손해를 배상할 책임이 있다(변호사법 58의25②). 담당변호사의 손해배상책임이 인정되는 경우에 법무조합은 「재산의 범위 내에서 책임」을 지게 되지만(변호사법 58의25③), 담당변호사를 직접 지휘·감독한 구성원 변호사의 책임 범위가 조합재산의 범위로 한정되는 것은 아니다.

변호사법

제58조의24(구성원의 책임) 구성원은 법무조합의 채무(제58조의25에 따른 손해배상책임과 관련한 채무는 제외한다)에 대하여 그 채무 발생 당시의 손실분담 비율에 따라 책임을 진다.
제58조의25(수임사건과 관련된 손해배상책임) ① 담당변호사(담당변호사가 지정되지 아니한 경우에는 그 법무조합의 구성원 모두를 말한다)가 수임사건에 관하여 고의나 과실로 그 수임사건의 위임인에게 손해를 발생시킨 경우 담당변호사는 그 손해를 배상할 책임이 있다.
② 담당변호사가 제 1 항에 따른 손해배상책임을 지는 경우 그 담당변호사를 직접 지휘·감독한 구성원도 그 손해를 배상할 책임이 있다. 다만, 지휘·감독을 할 때에 주의를 게을리하지 아니하였음을 증명한 경우에는 그러하지 아니하다.
③ 제 1 항 및 제 2 항에 따른 책임을 지지 아니하는 구성원은 제 1 항에 따른 손해배상책임에 대하여는 조합재산의 범위 내에서 그 책임을 진다.
④ 법무조합은 제 1 항과 제 2 항에 따른 손해배상책임에 관한 사항을 대통령령으로 정하는 바에 따라 사건수임계약서와 광고물에 명시하여야 한다.

09 **법무법인에 재직 중인 변호사 A는 그 법무법인과 고문계약 관계에 있는 P 주식회사의 사내변호사가 되어 상업사용인을 겸직한 다음, 일주일 중 3일은 법무법인의 소속 변호사로 급여를 받고 근무를 하고, 나머지 2일은 겸직허가를 받아 주식회사의 사내변호사로 급여를 받고 근무하려고 한다. 이에 관한 설명 중 틀린 것은?**

① 주식회사의 사내변호사로 근무한다는 것은 변호사 아닌 자로부터 급여를 받으면서 업무를 수행하는 것에 해당된다.
② 법무법인의 구성원 및 구성원 아닌 소속 변호사는 자기 또는 제 3 자의 계산으로 변호사업무를 수행할 수 없다.
③ 법무법인의 구성원이나 구성원 아닌 소속변호사가 법무법인이 아닌 제 3 자에 해당하는 P 주식회사에 고용되어 사내변호사의 급여를 받는 것은 자기의 계산으로 변호사업무를 수행하는 것에 해당될 수 있다.
④ 법무법인의 구성원 변호사는 소속 지방변호사회의 겸직허가를 받더라도 P 주식회사의 상업사용인이 될 수 없다.

해설 ④ 법무법인의 구성원 변호사라도 소속 지방변호사회의 겸직허가를 받으면 P 주식회사의 임원(상업사용인)으로 근무하는 것은 가능하다.

①, ②, ③ 법무법인에 재직 중인 변호사 A가 사내변호사로 근무한다는 것은 변호사 아닌 자로부터 급여를 받으면서 변호사의 업무수행을 하는 것이다. 변호사법 제52조 제1항은 법무법인의 구성원 및 구성원 아닌 소속 변호사는 자기 또는 제3자의 계산으로 변호사업무를 수행할 수 없도록 하고 있다. 따라서 법무법인의 구성원이나 구성원 아닌 소속 변호사가 법무법인이 아닌 제3자에게 고용되는 사내변호사의 형태로 변호사 업무를 수행하는 것은 금지된다고 하겠다(대한변협 2010. 5. 7. 질의회신). 그러나 변호사 A가 사내변호사로 받은 급여를 소속 법무법인에 귀속시키고 법무법인으로부터 급여를 받는 것이라면, 자기계산으로 변호사업무를 수행하는 것으로 볼 수 없다 할 것이다.

10 A 변호사는 법무법인 소속 변호사로 있을 때 甲 사건을 담당하였다. 그 후 A 변호사는 그 법무법인을 탈퇴한 후 甲 사건의 의뢰인이 종전 법무법인과 위임계약을 해지하고 A 변호사 또는 A 변호사가 새롭게 소속한 법무법인에게 甲 사건을 의뢰하려고 한다. 이 때 A 변호사나 A가 소속한 법무법인이 甲 사건을 수임할 수 있는지 여부에 관한 설명 중 틀린 것은?

① 甲 사건을 담당한 A 변호사는 甲 사건의 의뢰인과 형성된 신뢰관계를 이용하여 법무법인을 탈퇴한 후 그 사건을 새롭게 옮긴 법무법인으로 유치할 목적으로 종전 법무법인과의 위임관계의 해지를 권유해서는 아니 된다.

② A 변호사는 甲 사건의 의뢰인이 종전 법무법인과의 위임관계를 해지하고 새로운 법무법인 또는 A 변호사 자신에게 위임하려고 하여도 당해 심급에서는 이를 승낙하여서는 아니 된다.

③ A 변호사는 탈퇴 전 법무법인에 소속하였던 중에 그 법무법인이 甲 사건의 의뢰인과 상의하여 수임을 승낙한 사건을 탈퇴 후에 수임하는 것은 허용되지 않는다.

④ A 변호사가 종전 법무법인에서 담당하였던 甲 사건에 대한 수임제한 시기는 당해 사건의 판결이 확정된 때까지 해당된다.

해설 ④ A 변호사는 탈퇴 전 법무법인에 속한 중에 그 법무법인이 甲 사건의 의뢰인과 상의하여 수임을 승낙한 사건을 탈퇴 후에 수임하는 것은 허용되지 않는다. 그러나 위와 같은 수임제한은 계약체결의 자유 및 직업수행의 자유를 제한하는 의무부과규정이라는 점에서 그 제한은 목적 달성에 필요한 최소한도의 범위 이내에 그쳐야 할 필요성이 있다. 이러한 관점에서 위 「수임을 승낙한 사건」의 수임제한 시기는 「수임 승낙 당시의 심급에 계속 중일 때」까지로 제한되고, **당해 심급에서 사건이 종결된 이후에는 수임에 제한을 받지 않는다고 해석하여야 한다.** 이는 소송대리인 선임행위의 효력은 당해 심급까지만 미친다는 소송법의 입장과 같은 맥락이다. 따라서 A 변호사가 탈퇴 전에 속한 법무법인이 수임을 승낙한 사건의 당해 심급이 종결된 후에 **그 사건의 상소심을 수임하는 것은 변호사법 제52조 제2항의 수임제한범위에 포함되지 않는다 할 것이다**(대한변협 2010. 4. 9. 질의회신).

변호사윤리장전은 법무법인 · 법무법인(유한) · 법무조합 · 공증인가합동법률사무소 및 공동법률사무소에 특정 변호사에게만 수임제한 사유에 해당되는 제22조 제1항 제4호(**상대방 또는 상대방 대리인과 친족관계에 있는 경우**) 또는

09 ④ 10 ④ 정답

제42조(**변호사는 공정을 해할 우려가 있을 때에는, 겸직하고 있는 당해 정부기관의 사건을 수임하지 아니한다**)에 해당하는 사유가 있는 경우, 당해 변호사가 사건의 수임 및 업무수행에 관여하지 않고 그러한 사유가 법무법인 등의 사건처리에 영향을 주지 아니할 것이라고 볼 수 있는 합리적 사유가 있는 때에는 사건의 수임이 제한되지 아니한다(변호사 윤리장전 48②)는 규정을 신설하였다. 설문은 이 규정에 해당되지 않는 사안이다.

11 법무조합 변호사의 책임에 관하여 틀린 것은?

① 구성원 변호사는 법무조합의 일반적인 채무는 채무 발생 당시의 손실분담비율에 따라 책임을 진다.

② 법무조합 구성원 변호사가 위임인에게 발생한 손해를 배상하는 경우도 있다.

③ 담당변호사가 위임인에게 손해를 발생시킨 경우에는 법무조합과 연대하여 배상책임을 진다.

④ 위임인에게 손해를 발생시킨 담당변호사를 직접 지휘·감독한 구성원도 그 손해를 배상할 책임이 있다.

해설 ③ 담당변호사(담당변호사가 지정되지 아니한 경우에는 그 법무조합의 구성원 모두를 말한다)가 수임사건에 관하여 고의나 과실로 그 수임사건의 위임인에게 손해를 발생시킨 경우 담당변호사는 그 손해를 배상할 책임이 있다(변호사법 58의25 ①). 법무조합과 연대하여 책임을 지는 것이 아니다. 법무조합은 「조합재산의 범위」 내에서만 책임을 진다.

① 구성원은 법무조합의 채무[제58조의25(수임사건과 관련된 손해배상책임)에 따른 손해배상책임과 관련한 채무는 제외한다]에 대하여 그 채무 발생 당시의 손실분담비율에 따라 책임을 진다(변호사법 58의24).

② 담당변호사가 채무를 완제하지 못한 경우에 조합의 구성원 변호사는 「조합재산의 범위 내에서」 책임을 진다(변호사법 58의25③).

④ 담당변호사가 제 1 항에 따른 손해배상책임을 지는 경우 그 담당변호사를 직접 지휘·감독한 구성원도 그 손해를 배상할 책임이 있다. 다만, 지휘·감독을 할 때에 주의를 게을리 하지 아니하였음을 증명한 경우에는 그러하지 아니하다(변호사법 58의25②).

12 법무조합 구성원 변호사의 탈퇴에 관한 설명 중 틀린 것은?

① 구성원 변호사는 임의로 탈퇴할 수 있다.

② 재직 중 징역형의 선고유예를 받아 그 유예기간 중에 있어 변호사 등록이 취소되면 당연히 탈퇴한다.

③ 변호사법에 따른 정직 이상의 징계처분을 받은 경우에는 탈퇴된다.

④ 법무부장관으로부터 법무조합이 업무정지명령을 받으면 탈퇴된다.

해설 ④ 해당 변호사가 법무부장관으로부터 업무정지명령을 받으면 당연히 탈퇴한다(변호사법 102②, 58의30, 46②). 법무조합이 업무정지명령을 받았다고 하여 구성원 변호사가 그 의사와 무관하게 탈퇴되는 것은 아니다.

① 구성원은 임의로 탈퇴할 수 있다(변호사법 58의30, 46①).

② 등록이 취소된 경우에는 당연히 탈퇴한다(변호사법 58의30, 46②(2)).

③ 변호사법이나 공증인법에 따라 "정직" 이상의 징계처분을 받은 경우에는 당연히 탈퇴한다(변호사법 58의30, 46②(4)).

13 법무법인의 구성원 변호사의 책임관계에 관한 설명 중 틀린 것은?

① 법무법인의 재산으로 손해를 완제할 수 없는 경우에는 구성원 변호사는 법무법인과 연대하여 책임을 진다.

② 구성원 변호사는 법무법인의 채무전액에 관하여 무한책임을 진다.

③ 법무법인의 채권자는 구성원 변호사에게 직접 변제를 청구할 수 있다.

④ 법무법인의 조직변경으로 인한 종전의 채무는 종전의 구성원 변호사가 책임을 진다.

해설 ① 법무법인의 구성원 변호사는 법인의 채권자에 대하여 연대책임을 부담하는데, 여기에서 '연대'는 구성원 변호사와 법무법인 간의 연대가 아니라 「구성원 변호사 상호 간의 연대」를 의미한다. 법무법인의 재산으로 채무를 완제할 수 없는 때에는 각 구성원 변호사는 연대하여 변제할 책임이 있다(상법 212①, 변호사법 58①).

③ 법무법인의 채권자는 법무법인을 거치지 아니하고 구성원 변호사에게 직접 변제를 청구할 수 있다. 이를 구성원 변호사의 직접책임이라고 한다.

④ 법무법인의 조직변경으로 설립된 법무법인(유한)의 구성원 중 종전의 법무법인의 구성원이었던 자는 등기를 하기 전에 발생한 법무법인의 채무에 대하여 법무법인(유한)의 경우에는 등기 후 2년이 될 때까지, 법무조합의 경우에는 등기 후 5년이 될 때까지 법무법인의 구성원으로서 책임을 진다(변호사법 55의2④).

14 법무조합 L은 의뢰인 A로부터 손해배상청구 사건을 수임하였다. 위 법무조합의 변호사 甲, 乙이 위 사건의 담당변호사로 지정되었으며, 변호사 丙은 위 사건의 지휘·감독자로 지정되었다. 그런데 담당변호사들이 위 소송수행 과정에서 중요한 증거를 제출하지 않는 등 손해액에 대한 입증을 게을리한 잘못으로 손해배상청구는 기각되었고, 그 결과 의뢰인 A는 큰 손해를 입게 되었다. 다음 설명 중 옳지 않은 것은? **제 2 회 기출문제**

① 의뢰인 A의 손해배상청구 사건에 관여하지 아니한 법무조합 L의 구성원 변호사는 조합재산의 범위 내에서 책임을 진다.

② 담당변호사 甲, 乙은 과실로 인하여 의뢰인 A에게 가한 손해에 대하여 배상할 책임이 있다.

③ 담당변호사 甲, 乙이 손해배상책임을 지는 경우 그 담당변호사를 직접 지휘·감독한 변호사 丙은 지휘·감독에 대한 과실이 없었음을 증명한 경우에는 책임이 없다.

④ 의뢰인 A의 손해배상청구 사건에 관여한 변호사 甲, 乙, 丙에게 변제자력이 없는 경우에는 다른 구성원 변호사들이 균분하여 변제할 책임이 있다.

해설 ④ 법무조합에 관하여 변호사법이 정한 것 외에는 민법 중 조합에 관한 규정을 준용한다(변호사법 58의31). 그러나 민법 제713조(무자력조합원의 채무와 타조합원의 변제책임: 조합원 중에 변제할 자력없는 자가 있는 때에는 그 변제할 수 없는 부분은 다른 조합원이 균분하여 변제할 책임이 있다)에 관한 규정은 제외한다.

11 ③ 12 ④ 13 ① 14 ④ 정 답

15 법무법인 L과 그 구성원 변호사들이 행한 다음 업무 중에서 변호사법상 허용되는 것은?

제 2 회 기출문제

① 자동차손해보험사의 구상금 소송 사건을 보험사로부터 위임받은 법무법인 L은 그 사무를 처리함에 있어, 소 제기 전후로 구성원 변호사 甲으로 하여금 적극적으로 채무자에게 유선 또는 서면으로 변제의사 유무를 확인하거나 변제를 촉구하는 등의 업무를 행하도록 하였다.

② 변리사로 등록을 한 법무법인 L의 구성원 변호사 乙이 법무법인과는 별도로 변리사 개인 자격으로 변리사 업무를 행하였다.

③ 법무법인 L의 구성원 변호사 丙은 소속 지방변호사회의 겸직허가를 받지 않고 X회사의 이사로 취임하였다.

④ 법무법인 L은 구성원 변호사 丁을 담당변호사로 지정하여 부동산의 매도인, 매수인 등 당사자 양측의 사이에서 계약을 성사시키기 위한 중개업무를 행하도록 하였다.

해설 ① 법무법인의 구성원 변호사로 구상금 소송사건의 담당변호사로 위임사무의 처리를 위하여 제소 전에 채무자에게 변제의사 유무를 확인하거나 변제를 촉구하는 행위를 할 수 있다.

② 법무법인의 구성원 변호사가 법무법인과 별도로 변리사 개인자격으로 변리사 업무를 행하는 것은, 법무법인의 구성원 변호사가 자기의 계산으로 변호사의 업무를 수행할 수 없다는 변호사법 제52조 제 1 항 위반이다.

④ 변호사는 당사자 한쪽으로부터 상의(相議)를 받아 그 수임을 승낙한 사건의 상대방이 위임하는 사건은 수임할 수 없다(변호사법 31①(1)). 부동산의 매도인과 매수인 등 양당사자를 대리하는 쌍방대리는 허용되지 아니한다(민법 124). 변호사가 변호사법 제31조 제 1 항 제 1 호에 따른 수임제한 규정을 위반한 경우에는 민법 제124조가 적용됨에 따라 원칙적으로 허용되지 않는 무권대리행위에 해당하고, 예외적으로 **본인의 허락이 있는 경우에 한하여 효력이 인정**될 수 있다(대법원 2024. 1. 4. 2023다225580 주식양도). 따라서 담당변호사가 의뢰인의 허락이 있다면, 매도인, 매수인 등 양측의 계약체결에 관한 대리행위를 할 수 있다.

16 피고 법무법인 A는 주식회사 甲 제약(나중에 원고에 흡수합병)과 사이에 대법원 2009다○○○ 사건에 관하여 소송위임계약을 체결하고 그 대표변호사인 피고 2를 담당변호사 중 1인으로 지정하였는데, 상고이유서 제출기간이 도과하도록 상고이유서를 제출하지 아니하여 위 사건의 상고가 기각되자 원고는 피고 법무법인 A와 담당변호사를 상대로 손해배상청구를 하였다. 이 사안에 관한 설명 중 옳지 않은 것은?

① 원고가 피고를 상대로 수임계약상의 채무불이행으로 인한 손해배상책임을 청구하는 경우에 피고 법무법인 A와 대표변호사이자 담당변호사인 피고 2에 대하여 연대책임을 물을 수 있다.

② 피고 법무법인 A에 채용되어 매월 급여를 받고 공증업무만 담당하였을 뿐 피고 법인의 운영에는 전혀 관여하지 않은 경우라도 법인등기부상 구성원 변호사로 기재되어

있는 변호사는 위 손해배상채무에 대하여 책임이 있다.

③ 변호사법 제58조 제1항에 의하여 준용되는 상법 제210조는 법인의 불법행위능력에 관한 민법 제35조 제1항의 특칙에 해당된다.

④ 피고 법무법인 A에 소속된 구성원 변호사 X는 위 법무법인이 채무를 부담하면 법률의 규정에 의하여 당연히 그 책임이 발생하며, 위 법무법인을 퇴사하였더라도 퇴사등기를 하기 전에 생긴 법무법인의 채무에 대하여는 등기 후 2년 내에는 다른 구성원 변호사와 동일한 책임이 있다.

해설 ① 피고 법무법인 ○○이 원고에 대하여 불법행위로 인한 손해배상책임이 아니라 **소송위임계약상의 채무불이행으로 인한 손해배상책임을 부담할 뿐이라면**, 그 대표변호사이자 담당변호사인 피고 2에 대하여 변호사법 제58조 제1항, 상법 제210조에 기한 연대책임을 물을 수는 없다(대법원 2013. 2. 14. 2012다77969).

② 피고 D는 실제로는 피고 법인으로부터 채용되어 매월 급여를 받고 공증업무만 담당하였을 뿐 피고 법인의 운영에는 전혀 관여하지 않았으므로 법인등기부상 기재에도 불구하고 피고 법인의 구성원 변호사라고 볼 수 없어 피고 법인과 연대책임을 지우는 것은 부당하다는 주장에 대하여, 변호사법 제58조 제1항에 의하여 준용되는 상법 제212조는 회사 채권자를 보호하기 위한 강행규정으로서 정관의 규정 또는 총사원의 동의로도 이를 배제할 수 없고, 피고 D가 실질적으로 피고 법인의 운영에 관여하지 아니하였다는 것은 피고 법인의 내부적인 사정에 불과하여 위 사정만으로 채권자인 원고에게 대항할 수 없다는 등의 이유로 이를 배척하였다. 관련 법리와 기록에 비추어 살펴보면, 원심의 위와 같은 판단은 정당하고, 거기에 변호사법 제58조 제1항, 상법 제212조 의 해석에 관한 법리를 오해하는 등의 위법이 없다(대법원 2013. 11. 28. 2013다55812 손해배상).

③ 변호사법 제58조 제1항에 의하여 준용되는 상법 제210조는 "회사를 대표하는 사원이 그 업무집행으로 인하여 타인에게 손해를 가한 때에는 회사는 그 사원과 연대하여 배상할 책임이 있다"고 규정하고 있는바, 상법 제210조는 법인의 불법행위능력에 관한 민법 제35조 제1항의 특칙이므로, 법무법인의 대표변호사나 담당변호사가 법무법인과 연대하여 제3자에 대해 손해배상책임을 부담하는 것은 대표변호사 등이 그 업무집행 중 불법행위를 한 경우에 한정된다(대법원 2013. 2. 14. 2012다77969).

④ 법무법인의 채무가 성립함과 동시에 구성원 변호사의 책임이 성립한다는 점에서 법정담보책임에 해당된다. 합명회사는 실질적으로 조합적 공동기업체여서 회사의 채무는 실질적으로 각 사원의 공동채무이므로 합명회사의 사원의 책임은 회사가 채무를 부담하면 법률의 규정에 의하여 당연히 발생한다(대법원 2009. 5. 28. 2006다65903).

상법 제225조(퇴사원의 책임) ① 퇴사한 사원은 본점소재지에서 퇴사등기를 하기 전에 생긴 회사채무에 대하여는 등기 후 2년 내에는 다른 사원과 동일한 책임이 있다.

17 법무법인(유한)과 법무조합에 관련된 설명 중 옳은 것은?

① 법무법인(유한)에는 변호사인 감사를 한 명 이상 두어야 한다.

② 법무법인(유한)의 담당변호사는 지정된 업무를 수행할 때에 공동으로 그 법무법인(유한)을 대표한다.

③ 법무부장관은 법무조합이 업무 집행에 관하여 법령을 위반한 경우에는 설립인가를 취

15 ① 16 ① 17 ③ 정답

소할 수 있다.

④ 법무조합은 그 주사무소의 소재지에서 설립등기를 함으로써 성립한다.

해설 ③ 법무부장관은 법무조합이 ㉠ 3개월 이내에 구성원을 보충하지 아니한 경우, ㉡ 손해배상 준비금을 적립하지 아니하거나 보험 또는 공제기금에 가입하지 아니한 경우, ㉢ **업무 집행에 관하여 법령을 위반한 경우** 중 어느 하나에 해당하면 그 설립인가를 취소할 수 있다(변호사법 58의27).

① 법무법인(유한)에는 한 명 이상의 감사를 둘 수 있다. 이 경우 감사는 변호사이어야 한다(변호사법 58의6⑤).

② 담당변호사는 지정된 업무를 수행할 때에 각자가 그 법무법인(유한)을 대표한다(변호사법 58의16, 50⑥).

④ 법무조합을 설립하려면 구성원이 될 변호사가 규약을 작성하여 주사무소 소재지의 지방변호사회와 대한변호사협회를 거쳐 법무부장관의 인가를 받아야 한다. 규약을 변경하려는 경우에도 또한 같다(변호사법 58의19①). 법무부장관은 제 1 항에 따라 법무조합의 설립을 인가한 경우에는 관보에 고시하여야 한다(변호사법 58의19②). **법무조합은 제 2 항에 따른 고시가 있을 때에 성립한다**(변호사법 58의19③). 반면, **법무법인(유한)은 그 주사무소의 소재지에서 설립등기를** 함으로써 성립한다(변호사법 58의5③).

18 법무법인과 관련된 설명 중 옳지 않은 것은? (다툼이 있는 경우 판례에 따름)

① 구성원 변호사로 등기된 자라도 이익배당을 받은 바 없고 법무법인에 대하여 임금을 목적으로 종속적인 관계에서 근로를 제공하였다면, 법무법인에 대한 관계에서 근로자의 지위에 있다고 볼 수 있다.

② 법무법인의 구성원이 변호사법에 따라 업무정지명령을 받은 경우 구성원에서 당연히 탈퇴한다.

③ 법무법인의 담당변호사로 지정된 자의 과실로 의뢰인에게 손해가 발생한 경우, 구성원 변호사 전원과 법무법인은 연대하여 변제할 책임이 있다.

④ 법무법인이 다른 법무법인과 합병하거나 법무법인(유한) 또는 법무조합으로 조직변경을 하기 위해서는 구성원 전원의 동의가 필요하다.

해설 ③ 구성원 변호사 상호간의 연대를 의미한다(변호사법 51, 상법 212①).

① 대법원 2012. 12. 13. 2012다77006 퇴직금청구.

② (법무법인의) 구성원은 ㉠ 사망한 경우, ㉡ 제18조에 따라 등록이 취소된 경우, ㉢ 제102조 제 2 항에 따라 업무정지명령을 받은 경우, ㉣ 이 법이나 「공증인법」에 따라 정직(停職) 이상의 징계처분을 받은 경우, ㉤ 정관에 정한 사유가 발생한 경우에 해당하는 사유가 있으면 당연히 탈퇴한다(변호사법 46②).

④ 변호사법 제55조의2 제 1 항.

19 법무법인의 업무와 그 집행방법에 관련된 설명 중 옳지 않은 것은?

① 법무법인은 변호사의 직무에 속하는 업무를 수행한다.

② 법무법인이 대외적으로 업무를 집행하는 경우에는 법인 명의로 업무를 수행하며 그

업무를 담당할 변호사를 지정하여야 한다.

③ 법무법인의 구성원 아닌 소속 변호사는 구성원과 공동으로만 담당변호사가 될 수 있다.

④ 법무법인은 담당변호사를 지정한 경우에는 지체 없이 이를 수임사건의 위임인에게 서면으로 통지하여야 하고, 담당변호사를 변경한 경우에는 통지할 필요가 없다.

해설 ④ 법무법인은 담당변호사를 지정한 경우에는 지체 없이 이를 수임사건의 위임인에게 서면으로 통지하여야 한다. 담당변호사를 변경한 경우에도 또한 같다(변호사법 50⑤).

① 법무법인은 이 법과 다른 법률에 따른 변호사의 직무에 속하는 업무를 수행한다(변호사법 49①).

② 변호사법 제50조 제1항.

③ 변호사법 제50조 제1항 단서.

변호사법

제50조(업무 집행 방법) ① 법무법인은 법인 명의로 업무를 수행하며 그 업무를 담당할 변호사를 지정하여야 한다. 다만, 구성원 아닌 소속 변호사에 대하여는 구성원과 공동으로 지정하여야 한다.

② 법무법인이 제49조 제2항에 따른 업무를 할 때에는 그 직무를 수행할 수 있는 변호사 중에서 업무를 담당할 자를 지정하여야 한다.

③ 법무법인이 제1항에 따라 업무를 담당할 변호사(이하 "담당변호사"라 한다)를 지정하지 아니한 경우에는 구성원 모두를 담당변호사로 지정한 것으로 본다.

④ 법무법인은 담당변호사가 업무를 담당하지 못하게 된 경우에는 지체 없이 제1항에 따라 다시 담당변호사를 지정하여야 한다. 다시 담당변호사를 지정하지 아니한 경우에는 구성원 모두를 담당변호사로 지정한 것으로 본다.

⑤ 법무법인은 제1항부터 제4항까지의 규정에 따라 담당변호사를 지정한 경우에는 지체 없이 이를 수임사건의 위임인에게 서면으로 통지하여야 한다. 담당변호사를 변경한 경우에도 또한 같다.

⑥ 담당변호사는 지정된 업무를 수행할 때에 각자가 그 법무법인을 대표한다.

⑦ 법무법인이 그 업무에 관하여 작성하는 문서에는 법인명의를 표시하고 담당변호사가 기명날인하거나 서명하여야 한다.

18 ③ 19 ④ 정답

20 법무법인(유한)의 업무집행 방법에 관련된 설명 중 옳은 것은?

① 법무법인(유한)의 소속 변호사들끼리 공동으로 담당변호사를 지정할 수 있다.

② 구성원과 소속 변호사가 담당변호사가 되어 지정된 업무를 수행할 때에 구성원 변호사가 그 법무법인(유한)을 대표한다.

③ 법무법인(유한)이 업무를 담당할 변호사를 지정하지 아니한 경우에는 구성원과 소속 변호사 모두를 담당변호사로 지정한 것으로 본다.

④ 법무법인(유한)이 그 업무에 관하여 작성하는 문서에는 법인명의를 표시하고 담당변호사가 기명날인하거나 서명하여야 한다.

해설 ④ 법무법인이 그 업무에 관하여 작성하는 문서에는 법인명의를 표시하고 담당변호사가 기명날인하거나 서명하여야 한다(변호사법 58의16, 50⑦).

① 법무법인(유한)이 대외적으로 업무를 집행하는 경우에는 법인 명의로 업무를 수행하며 그 업무를 담당할 변호사를 지정하여야 한다. 다만, 구성원 아닌 소속 변호사에 대하여는 구성원과 공동으로 지정하여야 한다(변호사법 58의16, 50①).

② 담당변호사는 지정된 업무를 수행할 때에 각자가 그 법무법인을 대표한다(변호사법 58의16, 50⑥).

③ 법무법인이 업무를 담당할 변호사를 지정하지 아니한 경우에는 구성원 모두를 담당변호사로 지정한 것으로 본다(변호사법 58의16, 50③).

21 법무법인의 소속 변호사에 관한 설명 중 옳지 않은 것은? (다툼이 있을 때는 판례에 의함)

① 소속 변호사를 채용하는 법무법인은 정관에 소속 변호사를 기재하여야 한다.

② 소속 변호사는 법무법인 내부에서는 소속 변호사의 지위에서 근로자로서 퇴직금을 청구하는 등의 권리를 행사할 수 있다.

③ 소속 변호사는 구성원 변호사와 공동으로 법무법인의 업무를 수행할 수 있다.

④ 법무법인의 소속 변호사는 자기나 제 3 자의 계산으로 변호사의 업무를 수행할 수 없다.

해설 ① 법무법인의 정관에는 구성원 변호사만 기재한다(변호사법 42).

② 대법원은 사법연수원 수료 직후 법무법인에 취업하여 변호사 업무를 시작한 변호사들이 취업 다음 해부터 구성원 변호사로 등기되어 근무하다 퇴직한 후 자신들이 근로자에 해당한다고 주장하며 퇴직금 지급을 구한 사안에서, 대법원은 그 변호사는 근로자 지위에 있었다고 판시하였다(대법원 2012. 12. 13. 2012다77006 퇴직금).

③ 법무법인은 법인 명의로 업무를 수행하며 그 업무를 담당할 변호사를 지정하여야 한다. 다만, 구성원 아닌 소속 변호사에 대하여는 구성원과 공동으로 지정하여야 한다(변호사법 50①).

④ 법무법인의 구성원 및 구성원 아닌 소속 변호사는 자기나 제 3 자의 계산으로 변호사의 업무를 수행할 수 없다(변호사법 52①).

22 법무법인을 대표하는 변호사에 관한 설명 중 옳지 않은 것은? (다툼이 있을 때는 판례에 의함)

① 여러 담당변호사가 지정된 업무를 수행할 때에 각자가 그 법무법인을 대표한다.

② 법무법인을 대표하는 변호사는 정관과 등기사항인 '법무법인 대표에 관한 사항'에서 말하는 대표변호사와 변호사 직무를 수행하는 담당변호사로 나눌 수 있다.

③ 법무법인이 당사자인 경우에는 상법 중 합명회사에 관한 규정에 따라 등기된 법무법인의 대표자는 물론 그 법무법인의 담당변호사도 법무법인을 대표하여 해당 업무를 수행할 수 있다.

④ 법무법인의 불법행위책임이 성립하려면 대표변호사가 그 직무에 관하여 불법행위를 하여야 한다.

해설 ③ 원심판결 이유와 기록에 의하면, 피고는 법무법인(유한)으로서 이 사건 소송계속중이던 2016. 4. 28. 변호사법 제50조 제 1 항에 따라 구성원 변호사 소외인을 담당변호사로 지정하고 제 1 심법원에 그 취지의 담당변호사 지정서를 제출한 사실, 변호사 소외인이 피고의 담당변호사로서 답변서를 작성하여 2016. 6. 10. 제 1 심법원에 제출한 것을 비롯하여 이후 모든 소송서류를 그 명의로 제출한 다음, 변론기일에 출석하여 변론한 사실을 알 수 있다.

위와 같은 사실관계를 앞서 본 법리에 비추어 살펴본다. **법무법인(유한)인 피고는 이 사건 소송의 당사자이므로 변호사법 제50조 제 1 항이 적용되지 않아 구성원 변호사 소외인을 피고를 대표할 담당변호사로 지정할 수 없다.** 따라서 피고가 제 1 심에서부터 변호사 소외인을 담당변호사로 지정하여 소송을 수행하였더라도 이는 대표권이 없는 사람에 의한 소송행위에 해당하고, 원심에서 피고의 적법한 대표자가 그 소송행위를 추인하였다는 등의 특별한 사정이 없는 한 변호사 소외인의 소송행위는 무효이다. 원심으로서는 피고의 적법한 대표자가 변호사 소외인의 소송행위를 추인하였는지 여부를 심리하여 그에 따라 변호사 소외인에 의한 소송행위의 효력 유무를 판단하였어야 한다. 그런데도 원심은 이러한 사정을 살피지 아니한 채 피고가 변호사법 제50조 제 1 항에 따라 구성원 변호사인 소외인을 담당변호사로 지정하여 소송을 수행한 이상 이는 적법한 대표권을 가진 사람에 의한 소송행위로서 유효하다는 취지로 판단하였다. 이러한 원심판단에는 변호사법 제50조 제 1 항의 적용 범위 및 대표권에 관한 법리를 오해하여 필요한 심리를 다하지 않아 판결에 영향을 미친 잘못이 있다. 이를 지적하는 상고이유주장은 이유 있다(대법원 2022. 5. 26. 2017다23841 손해배상 및 부당이득금 반환).

① 담당변호사는 지정된 업무를 수행할 때에 각자가 그 법무법인을 대표한다(변호사법 50⑥).

② 등기된 대표변호사는 법무법인이 수행하는 변호사 직무는 물론 그 외의 법무법인 업무에 관한 대표권을 갖는다. 담당변호사는 변호사 직무를 수행하면서 법무법인을 대표한다.

④ 변호사법 제50조 제 6 항은 "법무법인의 담당변호사는 지정된 업무를 수행할 때에 각자가 그 법무법인을 대표한다"고 규정하고 있고, 변호사법 제58조 제 1 항에 의하여 준용되는 상법 제210조는 "회사를 대표하는 사원이 그 업무집행으로 인하여 타인에게 손해를 가한 때에는 회사는 그 사원과 연대하여 배상할 책임이 있다"고 규정하고 있는바, 상법 제210조는 법인의 불법행위능력에 관한 민법 제35조 제 1 항의 특칙이므로, **법무법인의 대표변호사나 담당변호사가 법무법인과 연대하여 제 3 자에 대해 손해배상책임을 부담하는 것은 대표변호사 등이 그 업무집행 중 불법행위를 한 경우에 한정된다.** 따라서 원심의 판단과 같이 피고 법무법인 ○○이 원고에 대하여 불법행위로 인한 손해배상책임이 아니라 소송위임계약상의 채무불이행으로 인한 손해배상책임을 부담할 뿐이라면, 그 대표변호사이자 담당변호사인 피고 2에 대하여 변호사법 제58조 제 1 항, 상법 제210조에 기한 연대책임을 물을 수는 없다(대법원 2013. 2. 14. 2012다77969 손해배상).

20 ④ 21 ① 22 ③ 정 답

23 법무법인(유한)의 손해배상 준비금의 적립 등에 관련된 설명 중 옳지 않은 것은?

① 법무법인(유한)은 사업연도마다 해당 사업연도 총매출액의 100분의 2에 해당하는 금액을 손해배상 준비금으로 적립하거나, 설립등기를 한 날부터 1개월 이내에 보험 또는 대한변호사협회가 운영하는 공제기금에 가입하여야 한다.

② 법무법인(유한)은 손해배상 준비금을 직전 2개 사업연도 및 해당 사업연도의 총매출액 평균의 100분의 10에 해당하는 금액에 이를 때까지 적립하여야 한다.

③ 법무법인(유한)은 손해배상 준비금 등을 위하여 보험 또는 대한변호사협회가 운영하는 공제기금에 가입한 보험 또는 공제기금이 기간만료 등의 사유로 종료될 때에는 다시 보험 또는 공제기금에 가입하지 않아도 된다.

④ 법무법인(유한)의 손해배상 준비금의 적립 등의 규정에 따라 보험 또는 공제기금에 가입하는 경우 보상 청구 건당 1천만 원 이하의 범위에서 자기부담금을 설정할 수 있다.

해설 ③ 법무법인(유한)은 제 1 항에 따라 가입한 보험 또는 공제기금이 기간만료 등의 사유로 종료될 때에는 종료일 전까지 다시 보험 또는 공제기금에 가입하여야 한다(변호사법 시행령 13의4⑥).

① 변호사법 시행령 제13조의4 제 1 항.

② 변호사법 시행령 제13조의4 제 2 항.

④ 변호사법 시행령 제13조의4 제 7 항.

24 법무법인의 책임에 관한 설명 중 옳은 것은? (다툼이 있을 때는 판례에 의함)

① 법무법인 성립후에 가입한 소속 변호사는 그 가입전에 생긴 법무법인 채무에 대하여 다른 구성원 변호사와 동일한 책임을 진다.

② 법무법인을 대표하는 담당 변호사가 그 업무집행으로 인하여 타인에게 손해를 가한 수임약정 위반의 채무불이행이 있는 때에는 법무법인은 그 담당 변호사와 연대하여 배상할 책임이 있다.

③ 법무법인의 재산으로 법인의 채무를 완제할 수 없는 때에는 구성원 변호사와 법무법인은 연대하여 변제할 책임이 있다.

④ 법무법인의 재산에 대한 강제집행이 주효하지 못한 때에는 모든 구성원 변호사는 연대하여 변제할 책임이 있다.

해설 ④ 상법 제212조(사원의 책임) ①회사의 재산으로 회사의 채무를 완제할 수 없는 때에는 각 사원은 연대하여 변제할 책임이 있다. **②회사재산에 대한 강제집행이 주효하지 못한 때에도 전항과 같다.** 여기서 '사원'은 구성원 변호사라고 할 수 있다.

① 상법 제213조(신입사원의 책임) 회사 성립후에 가입한 사원은 그 가입전에 생긴 회사채무에 대하여 다른 사원과 동일한 책임을 진다. 여기서 '회사'는 법무법인을 말하고, '사원'은 구성원 변호사를 말하기 때문에 소속 변호사는

이에 해당되지 않는다.

② 변호사법 제50조 제6항은 "법무법인의 담당변호사는 지정된 업무를 수행할 때에 각자가 그 법무법인을 대표한다."고 규정하고 있고, 변호사법 제58조 제1항에 의하여 준용되는 상법 제210조는 "회사를 대표하는 사원이 그 업무집행으로 인하여 타인에게 손해를 가한 때에는 회사는 그 사원과 연대하여 배상할 책임이 있다."고 규정하고 있는바, **상법 제210조는 법인의 불법행위능력에 관한 민법 제35조 제1항의 특칙**이므로, 법무법인의 대표변호사나 담당변호사가 법무법인과 연대하여 제3자에 대해 손해배상책임을 부담하는 것은 대표변호사 등이 그 업무집행 중 불법행위를 한 경우에 한정된다(대법원 2013. 2. 14. 2012다77969 손해배상).

③ 상법 제212조(사원의 책임) ①회사의 재산으로 회사의 채무를 완제할 수 없는 때에는 각 사원은 연대하여 변제할 책임이 있다.

23 ③ 24 ④ 정 답

제6장

변호사의 품위유지의무

제 6 장 변호사의 품위유지의무

변호사법

제24조(품위유지의무 등) ① 변호사는 그 품위를 손상하는 행위를 하여서는 아니 된다.

변호사윤리장전

제 5 조(품위유지의무) 변호사는 품위를 유지하고, 명예를 손상하는 행위를 하지 아니한다.

제10조(상대방 비방 금지 등) ① 변호사는 상대방 또는 상대방 변호사를 유혹하거나 비방하지 아니한다.

② 변호사는 수임하지 않은 사건에 개입하지 아니하고, 그에 대한 경솔한 비판을 삼간다.

제13조(성실의무) ① 변호사는 의뢰인에게 항상 친절하고 성실하여야 한다.

② 변호사는 업무처리에 있어서 직업윤리의 범위 안에서 가능한 한 신속하게 의뢰인의 위임목적을 최대한 달성할 수 있도록 노력한다.

01 품위유지의무에 대하여 옳지 않은 내용을 고르시오.

(ㄱ) 변호사가 피고인으로 하여금 허위진술을 하도록 유도하는 것은 품위손상행위에 해당될 수 있다.
(ㄴ) 변호인이 신체를 구속당한 자에게 법률적 조언을 하는 것은 의무이자 권리이다.
(ㄷ) 의뢰인의 민사사건을 담당하면서 근저당권 채권을 직접 양수하여 배당요구를 하는 것은 변호사법에 위반되지 아니한다(판례).
(ㄹ) 의뢰인의 분쟁에 지나치게 개입한 경우에는 품위손상행위에 해당될 수 있다.

01 ④ 정 답

(ㅁ) 변호사가 의뢰인으로부터 허위의 채권양도를 받는 것의 적법 여부에 대한 질문을 받고 이를 제지하지 않아서 채권양도가 이루어지게 하였다면 품위손상행위에 해당된다.
(ㅂ) 변호사가 성공보수를 받기 위하여 친척 명의로 의뢰인의 부동산에 근저당권설정등기를 경료한 것은 품위손상행위에 해당되지 아니한다.

① (ㄱ)－(ㄴ) ② (ㄴ)－(ㄷ)
③ (ㄹ)－(ㅁ) ④ (ㄷ)－(ㅂ)

해설 ④ (ㄷ) 의뢰인의 민사사건을 담당하면서 근저당권 채권을 직접 양수하여 배당요구를 하는 것은 변호사법에 위반된다(대법원 2008. 2. 28. 2007두25886 징계처분취소).
(ㅂ) 변호사가 성공보수를 받기 위하여 친척 명의로 의뢰인의 부동산에 근저당권설정등기를 경료하여 부동산실권리자명의 등기에 관한 법률을 위반하여 품위손상행위를 한 것이다(대한변협 1999. 1. 25. 결정, 징계 제98-151호).

02 변호사의 품위유지의무에 대하여 옳지 않은 것은?

(ㄱ) 변호사가 사건을 수임한 후 소송제기를 지연시켜 손해배상소멸청구권의 시효가 완성되어 패소판결로 의뢰인이 손해를 보게 되어 그 손해보전을 위하여 일정금액을 분할지급하기로 약정한 후 이행하지 않은 것은 품위손상행위에 해당되지 아니한다.
(ㄴ) 변호사의 품위유지의무는 가장 도덕적인 윤리규범에 해당된다.
(ㄷ) 변호사가 사건을 수임한 후 제대로 소득신고를 하였다면 수임에 관한 장부비치 의무는 면제된다.
(ㄹ) 불가피하게 세금을 장기간 체납하여 형사고발을 당하였으나 사후에 세금을 납부하여 고발이 취소되었다면 품위손상행위에 해당되지 아니한다.
(ㅁ) 변호사가 사건 수임을 하면서 승소조건부 성공보수를 약정하는 것은 무방하다.
(ㅂ) 변호사가 법률자문에 잘못된 의견을 낸 결과 의뢰인에게 손해를 끼쳤더라도 품위유지의무 위반은 아니다.

① (ㄱ)－(ㄷ)－(ㅁ) ② (ㄴ)－(ㄹ)－(ㅂ)
③ (ㄱ)－(ㄷ)－(ㄹ) ④ (ㄷ)－(ㄹ)－(ㅁ)

해설 ③ (ㄱ) 불성실한 직무수행으로 인한 손실보전 합의를 미이행한 경우는 품위손상행위에 해당된다(법무부 2007. 11. 21. 결정). (ㄷ) 변호사법 제28조(장부의 작성·보관)
① 변호사는 수임에 관한 장부를 작성하고 보관하여야 한다.
② 제 1 항의 장부에는 수임받은 순서에 따라 수임일, 수임액, 위임인 등의 인적사항, 수임한 법률사건이나 법률사무의 내용, 그 밖에 대통령령으로 정하는 사항을 기재하여야 한다. (ㄹ) 고의적으로 세금을 체납한 것은 아닐지라도 고액의 세금을 장기간에 걸쳐 체납하고 형사고발까지 되었다면 비록 사후에 세금을 납부하여 세무서상의 고발은 취소되었을지라도 품위유지의무위반으로 견책에 처한 징계처분은 정당하다는 사례(법무부 변호사징계위원회 2004. 9. 6. 결정).
(ㅂ) 변호사가 잘못된 법률자문으로 손해를 야기한 경우는 직무상의 법률과오책임 여부가 문제될 뿐이다.

03 A 변호사는 외모는 변호사의 직무와는 무관한 것이라고 생각하고 머리는 금발로 염색을 하고 길게 땋아 내리고, 양복 대신에 반팔 티셔츠에 청바지를 입고, 신발은 스포츠화를 신고 법정에 출입한다. 점심식사 때는 몇 잔의 술을 마시고 얼굴이 붉게 상기된 상태로 법정에서 증인신문을 하기도 한다. 그리고 부동산 투기와 주식으로 재산을 불리는 법에 관한 서적을 출판하며 강의를 하러 다니기도 한다. 이에 관한 설명 중 틀린 것은?

① 변호사의 지위와 사명에 일치되지 않는 처신이다.
② 법정의 존엄을 해치는 행위로 퇴정당할 수 있다.
③ 호화롭고 사치스러운 생활은 변호사의 명예를 해치게 된다.
④ 변호사의 품위유지는 개인의 개성신장을 억압하는 기능을 한다.

해설 ④ 변호사가 품위를 손상하는 행위를 하여서는 아니 된다. 개인의 개성신장의 자유를 누리기 이전에 변호사로서의 지위와 사명에 부합하는 자세가 먼저 요청된다.
② 재판장은 법정의 존엄과 질서를 해할 우려가 있는 자의 입정금지 또는 퇴정을 명하거나 기타 법정의 질서유지에 필요한 명령을 발할 수 있다(법원조직법 58②).

04 다음 중 변호사의 성실의무 등에 관한 우리 판례의 태도와 다른 것은? (하급심판례도 포함)

① 의뢰인으로부터 본안소송을 수임한 변호사는 의뢰인을 위하여 보전처분이나 강제집행에 관한 소송행위를 할 수 있는 소송대리권을 갖게 되므로, 의뢰인에 대한 관계에서 그 권한에 상응한 위임계약상의 의무를 부담한다.
② 변호사가 그 재량적 판단에 기초하여 성실하게 수임사무를 처리한 것으로 인정될 경우에는 의뢰자의 지시에 반하거나 재량권의 범위를 일탈한 것으로 인정되지 않는 한 수임계약상의 채무불이행책임을 물을 수 없다.
③ 변호사와 의뢰인 간의 구체적인 위임사무의 범위는 그 위임계약에 의하여 정하여지는 것이므로 변호사는 이와 같은 위임의 범위를 넘어서서 의뢰인의 재산 및 권리의 옹호에 필요한 조치를 취하여야 할 일반적인 의무를 언제나 부담하는 것은 아니다.
④ 의뢰인으로부터 사건을 수임한 변호사는 전문적인 법률지식과 경험에 기초하여 성실하게 의뢰인의 권리를 옹호할 의무가 있음과 아울러 의뢰인과의 신뢰관계를 깨뜨리는 행위를 하여서는 안 될 의무도 있다.

해설 ① 본안소송을 수임한 변호사가 그 소송을 수행함에 있어 강제집행이나 보전처분에 관한 소송행위를 할 수 있는 소송대리권을 가진다고 하여 의뢰인에 대한 관계에서 당연히 그 권한에 상응한 위임계약상의 의무를 부담한다고 할 수는 없고, 변호사가 처리의무를 부담하는 사무의 범위는 변호사와 의뢰인 사이의 위임계약의 내용에 의하여 정하여진다(대법원 1997. 12. 12. 95다20775 손해배상(기)).

02 ③ 03 ④ 04 ① 정 답

05 변호사의 품위유지의무에 관한 설명 중 옳은 것은?

① 의뢰인의 민사사건을 담당하면서 근저당채권을 직접 양수하여 배당요구를 한 경우는 품위유지의무 위반이 아니다.

② 변호사가 교도소 접견실에서 형사피고인을 접견 중에 공범인 불구속 피고인과 핸드폰 통화를 하도록 한 것은 품위손상행위에 해당되지 아니한다.

③ 변호사가 외국환관리법을 위반하고 간첩수사사건과 소송기록을 주한외국공관원에게 건네 준 것은 변호인의 권한에 속하는 것으로 품위손상행위에 해당되지 아니한다.

④ 변호사의 의뢰인에 대한 손해배상 약정의 불이행은 비록 민사관계일지라도 품위손상행위에 해당된다.

해설 ④ 변호사가 의뢰인과의 약정금 반환지체와 관련한 여러 사례에서 직무상 품위손상행위로 인정되어 징계처분을 받은 경우가 많다.

06 형사 변호인의 성실의무에 대한 설명으로 옳지 않은 것은?

① 변호인은 피고인 등을 위하여 헌신적으로 최선을 다하여야 하므로 피의자, 피고인이 갖고 있는 묵비권, 진술거부권 등의 행사를 권고하여야 한다.

② 피의자 등에 대하여 부당한 국가권력이 행사되는지, 적정절차가 이행되고 있는지 감시하여야 한다.

③ 범인이 아닌 피고인 등이 죄를 다투지 않는 경우에 그것에 따르지 않고 무죄를 향한 변호활동을 하는 것은 금지된다.

④ 피고인이 유죄를 인정 또는 양형에 불복해서 항소, 상고할 때는 상소의 이유 구성에 충실해야 한다.

해설 ③ 변호인은 피고인의 공소사실에 대한 증거가 없거나 부족한 경우에는 무죄변론을 할 수 있다. 그리고 피고인이 타인의 범죄행위를 자신이 행하였다고 거짓 자백을 유지하고 있는 대신자처범인임을 변호 과정에서 알게 되었다면 사임하는 것이 타당하다.

05 ④ 06 ③ 정 답

제7장

변호사의 진실의무

제 7 장 변호사의 진실의무

변호사법

제24조(품위유지의무 등) ② 변호사는 그 직무를 수행할 때에 진실을 은폐하거나 거짓 진술을 하여서는 아니 된다.

변호사윤리장전

제 2 조(기본윤리) ① 변호사는 공정하고 성실하게 독립하여 직무를 수행한다.

② 변호사는 그 직무를 행함에 있어서 진실을 왜곡하거나 허위진술을 하지 아니한다.

제11조(위법행위 협조 금지 등) ① 변호사는 의뢰인의 범죄행위, 기타 위법행위에 협조하지 아니한다. 직무수행 중 의뢰인의 행위가 범죄행위, 기타 위법행위에 해당된다고 판단된 때에는 즉시 그에 대한 협조를 중단한다.

01 변호사의 진실의무에 반하는 행위가 아닌 것은?

① 진실의 은폐 ② 위법행위에 협조

③ 위증의 교사 ④ 진술거부의 권고

해설 ④ 대법원(2007. 1. 31. 2006모656 접견신청불허처분취소결정에대한재항고)은 "변호사인 변호인에게는 변호사법이 정하는 바에 따라서 이른바 진실의무가 인정되는 것이지만, 변호인이 신체구속을 당한 사람에게 법률적 조언을 하는 것은 그 권리이자 의무이므로 변호인이 적극적으로 피고인 또는 피의자로 하여금 허위진술을 하도록 하는 것이 아니라 단순히 헌법상 권리인 진술거부권이 있음을 알려 주고 그 행사를 권고하는 것을 가리켜 변호사로서의 진실의무에 위배되는 것이라고는 할 수 없다"고 판시한 바 있다.

정 답 01 ④

02 A 변호사는 X로부터 X의 전 남편 Y를 피고로 제기된 주택명도청구소송의 소장을 건네받고 상담을 하게 되었는데, 사실은 X는 Y와 2년 전에 이혼을 하였고, Y 명의로 임차한 집에 X 혼자 거주하여 오던 중에 최근 몇 달 동안 월세를 지급하지 못하여 소송을 제기당하게 되었다. X는 임의로 Y 명의로 서명날인을 한 소송위임장을 변호사에게 교부하고 수임료도 지급하였다. 이에 대하여 옳은 것은?

① 주택명도청구소송의 실질적인 피고는 X이므로 X로부터 수임해도 된다.
② 소송수임료를 받을 수만 있으면 소송위임장의 작성자는 문제되지 아니한다.
③ X는 Y를 대리할 수 있는 지위에 있으므로 수임하는 것은 가능하다.
④ X가 Y로부터 정당한 대리권을 수여받았는지 여부를 확인해야 한다.

해설 ④ 변호사는 X로부터 피고 Y와 이혼하였으며, 소송의 목적물인 주택에 X 혼자 거주하고 있다는 점도 알았으므로 Y 명의의 소송위임장이 X가 임의로 작성한 것인지, Y의 정당한 수권에 의하여 작성된 것인지 여부를 확인할 의무가 있다.
③ X가 임의로 서명날인을 한 것이므로 대리권이 발생하였다는 자료가 없다.

03 변호사 甲은 폭행관련 손해배상사건에서 피고인 A를 대리(변론)하고 있다. A는 문제가 된 사건에서 이용된 각목을 사전에 준비한 것이 아니라고 주장하고 있으며, 甲은 A가 증인으로 세우기를 원하는 B와 면담하는 과정에서 A가 B를 매수하여 B로 하여금 위증하게 한 사실을 확인하였다. 그 후 甲이 아무런 조치를 취하지 아니하여 B가 위증을 하였다. 이 경우 甲은 징계를 받을 수 있는가?

① 있다. 변호사는 자신의 의뢰인이 법정에서 증언할 증인을 매수한다는 점을 알고서 증인신청을 하고 실제로 위증을 하였기 때문이다.
② 있다. 변호사가 B의 위증사실을 인지하고도 고발하지 않았기 때문이다.
③ 없다. 변호사가 직접 매수를 지시한 것이 아니기 때문이다.
④ 없다. 위증사실에 대해서 침묵하는 것만으로는 위증에 가담했다고 보기 어렵기 때문이다.

해설 ① 변호사는 그 직무를 수행할 때에 진실을 은폐하거나 거짓 진술을 하여서는 아니 된다(변호사법 24②). 변호사는 그 직무를 행함에 있어서 진실을 왜곡하거나 허위진술을 하지 아니한다(변호사윤리장전 2②). 변호사는 의뢰인의 범죄행위, 기타 위법행위에 협조하지 아니한다. 직무수행 중 의뢰인의 행위가 범죄행위, 기타 위법행위에 해당된다고 판단된 때에는 즉시 그에 대한 협조를 중단한다. 변호사는 위증을 교사하거나 허위의 증거를 제출하게 하거나 이러한 의심을 받을 행위를 하지 아니한다(변호사윤리장전 11①③). 변호사는 증인에게 허위의 진술을 교사하거나 유도하지 아니한다(변호사윤리장전 36②). 설문에서 변호사 甲은 증인 B가 위증을 할 것이라는 점을 알면서 적극적으로 증인신청을 하고, 실제로 법정에서 위증을 하도록 하였기 때문에 변호사법과 변호사윤리장전을 위반하고 있다. 피고인 A는 자기의 형사사건에 관하여 타인을 교사하여 위증하게 한 경우에 해당되어 위증죄의 교사범이 될 수 있는지 여부에 관하여 학설의 대립이 있지만, 판례는 위증죄의 교사범의 죄책을 부담케 함이 상당하다고 한다(대법원 2004. 1. 27. 2003도5114).

04 A 변호사는 K로부터 약속어음 배서인 Y를 피고로 하는 약속어음금청구사건을 수임한 후 K로부터 발행일이 백지로 되어 있는 약속어음을 건네받아 Y에 대한 배서책임을 묻기 위하여 발행일을 스스로 기재하였다. Y는 답변서에서 적법한 지급제시가 없어 배서인에 대한 책임이 없다고 하였으나 A 변호사는 이를 부인하였다. 이에 관하여 틀린 것은?

① 변호사는 진실을 은폐하고 있다고 볼 수 있다.
② 변호사는 허위진술의 금지의무를 위반하고 있다.
③ 변호사는 Y의 주장을 부인하여서는 아니 된다.
④ 변호사가 어음보충사실을 알려야 한다.

해설 ④ 진실의무는 진실을 적극적으로 진술해야 하는 의미의 적극적 의무가 아니고, 허위의 사실이라는 점을 알면서도 주장을 하거나 부인을 하여서는 아니 된다는 의미의 소극적 의무를 말한다. 그러므로 진실의무가 있다고 하더라도 상대방 당사자를 위하여 소송자료를 제공하거나 적극적으로 어음보충사실을 고지할 의무는 없다.
① 변호사는 그 직무를 수행할 때에 진실을 은폐하거나 거짓 진술을 하여서는 아니 된다(변호사법 24②).
② 변호사는 재판절차에서 의도적으로 허위사실에 관한 주장을 하거나 허위증거를 제출하지 아니한다(변호사윤리장전 36①).
③ Y의 주장을 부인하는 것은 진실을 은폐하거나 거짓 진술을 하는 경우에 해당된다.

05 변호사의 진실의무에 관한 설명 중 옳지 않은 것은?

① 민사소송법과 형사소송법에는 변호사의 진실의무에 관한 명시적인 규정은 없다.
② 변호사는 피고인에 대하여 성실의무와 비밀유지의무를 부담하고 있기 때문에, 이 의무에 반하여 적극적으로 진실발견에 협력하는 것은 허용될 수 없다.
③ 변호사는 피고인이 구속상태에서 무죄판결을 받으려는 경우 구금의 고통과 유죄로 인정될 경우 양형의 불이익을 고려하여 공소사실을 자백하도록 조언할 수 있느냐 여부에 관하여 다툼이 있지만, 허위로 자백하도록 권고해서는 아니 될 것이라는 의견이 유력하다.
④ 변호사가 피고인이 대신자처범인임을 알지 못한 상태에서 유죄변론을 한 결과 피고인이 원하는 대로 유죄판결이 선고되었다면, 그 변호사는 범인도피방조죄에 해당한다는 것이 대법원의 입장이다.

해설 ④ 판례는 형사변호인이 대신자처범인의 요청에 따라 수사기관이나 법원에 대하여 적극적으로 허위진술을 하거나 피고인 또는 피의자로 하여금 허위진술을 하도록 하는 것은 허용되지 않는다는 입장이다. 이는 변호인이 **피고인이 진범이 아니라 대신자처범인임을 알면서** 유죄판결을 받도록 변론한 행위는 범인도피방죄죄에 해당된다고 판시하였다(대법원 2012. 8. 30. 2012도6027). 그러므로 변호인이 의뢰인의 요청에 따른 변론행위라는 명목으로 수사기관이나 법원에

02 ④ 03 ① 04 ④ 05 ④ 정 답

대하여 적극적으로 허위의 진술을 하거나 피고인 또는 피의자로 하여금 허위진술을 하도록 하는 것은 허용되지 않는다.

① 변호사의 진실의무를 정의하고 있는 법령은 없다. 다만, 변호사법 제24조는 '품위유지의무 등'이라는 제목으로 제2항에서 "변호사는 그 직무를 수행할 때 진실을 은폐하거나 거짓 진술을 하여서는 아니 된다"라고 규정하고 있다. 민사소송법에도 진실의무 자체에 관한 명문 규정은 없다. 그러나 당사자와 소송관계인은 신의에 따라 성실하게 소송을 수행하여야 한다(민사소송법 1②)는 신의성실의 원칙에서 진실의무를 법률상 의무로 도출할 수 있다. 그리고 민사소송법 제363조(문서성립부인에 대한 제재), 제370조(거짓진술에 대한 제재) 등의 규정 역시 진실의무를 전제로 한 것으로 이해된다. 형사소송에서 변호사는 형사소송의 일익을 담당하는 법조기관의 지위에 있고, 공정한 재판의 이념을 실현해야 한다는 측면에서 진실의무가 인정되고 있다.

② 따라서 변호사는 피고인이 무고한 경우에 그 무죄임을 밝히는 데 전력을 다해야 할 소극적 진실의무를 부담한다고 할 것이다.

③ 피고인이 이를 원하는 경우에 변호인은 자백을 기초로 유죄변론을 할 수도 있다. 구금으로 인한 고통은 불구속재판 등과 같은 사법절차의 개선을 통하여 개선해야 하고, 자백하였더라도 피고인에게 유리한 재판이 있다는 확실한 보장도 없는 점 등을 고려하면, 허위로 자백하도록 권고해서는 아니 될 것이다. 다만, 피고인이 변호인의 만류에도 이를 적극 희망하고, 자백이 수사와 구속의 장기화를 끝내는 현실적으로 유효적절한 수단이라고 판단되는 경우라면 변호인이 이에 따르는 것이 진실의무의 위반이라고 할 수 없다는 견해도 있다.

제8장

변호사의 비밀유지의무

제 8 장 변호사의 비밀유지의무

변호사법

제26조(비밀유지의무 등) 변호사 또는 변호사이었던 자는 그 직무상 알게 된 비밀을 누설하여서는 아니 된다. 다만, 법률에 특별한 규정이 있는 경우에는 그러하지 아니하다.

변호사윤리장전

제18조(비밀유지 및 의뢰인의 권익보호) ① 변호사는 직무상 알게 된 의뢰인의 비밀을 누설하거나 부당하게 이용하지 아니한다.

② 변호사는 직무와 관련하여 의뢰인과 의사교환을 한 내용이나 의뢰인으로부터 제출받은 문서 또는 물건을 외부에 공개하지 아니한다.

③ 변호사는 직무를 수행하면서 작성한 서류, 메모, 기타 유사한 자료를 외부에 공개하지 아니한다.

④ 제 1 항 내지 제 3 항의 경우에 중대한 공익상의 이유가 있거나, 의뢰인의 동의가 있는 경우 또는 변호사 자신의 권리를 방어하기 위하여 필요한 경우에는, 최소한의 범위에서 이를 공개 또는 이용할 수 있다.

제47조(비밀유지의무) 법무법인 등의 구성원 변호사 및 소속 변호사는 정당한 이유가 없는 한 다른 변호사가 의뢰인과 관련하여 직무상 비밀유지의무를 부담하는 사항을 알게 된 경우에는, 이를 누설하거나 이용하지 아니한다. 이는 변호사가 해당 법무법인 등으로부터 퇴직한 경우에도 같다.

01 변호사의 비밀유지의무의 내용이 아닌 것은?

(ㄱ) 법정에서 무죄를 주장하는 피고인이 변호인에게 범죄사실을 고백하면 그 비밀을 지킬 의무는 없다.
(ㄴ) 피고인의 비밀을 침묵하였다는 이유로 변호인은 원칙적으로 처벌받지 않는다.
(ㄷ) 변호사가 지켜야 할 비밀은 의뢰인의 개인적인 비밀이어야 한다.
(ㄹ) 의뢰인을 상대방으로 제소한 제 3 자를 유리하게 하는 행위를 하여서는 아니 된다.
(ㅁ) 의뢰인의 비밀은 알려지기를 원치 않는 객관적인 사항이어야 한다.
(ㅂ) 수임사건과 관련이 없는 사실도 포함한다.

① (ㄱ)(ㄷ)(ㅁ) ② (ㄴ)(ㄹ)(ㅂ)
③ (ㄷ)(ㅁ)(ㅂ) ④ (ㄱ)(ㅁ)(ㅂ)

해설 ④ (ㄱ) 법정에서 무죄를 주장하고 있는 피고인이 변호사에게 유죄를 고백한 경우에 변호인은 그 비밀을 지켜야 할 의무가 있다. (ㅁ) 의뢰인의 반윤리적인 행위, 질병, 신분, 친족관계, 재산관계, 유언장의 존부, 주소 기타 의뢰인에게 불이익이 되는 주관적 사항 등을 포함한다. (ㅂ) 수임사건과 내적인 관련이 없는 경우에는 비밀유지의무가 없다. 그러나 의뢰인이 아닌 자의 비밀을 우연히 알게 된 경우에, 나중에 그 사람이 의뢰인이 된 경우에는 그 때부터 비밀유지의무가 발생한다.

02 변호사의 비밀유지의무의 내용에 관하여 옳지 않은 것은?

(ㄱ) 변호사는 의뢰인과 상담이 개시되는 순간부터 비밀유지의무를 진다.
(ㄴ) 변호사가 의뢰인과 상담을 하였으나 사건을 수임하지 않은 경우에는 비밀유지의무가 없다.
(ㄷ) 변호사가 의뢰인으로부터 사건을 선임하여 직무 수행중 해임당한 경우에도 비밀유지의무를 진다.
(ㄹ) 변호사가 자신의 신념에 반하는 사건의 선임을 거부한 경우에는 비밀유지의무가 발생하지 않는다.
(ㅁ) 변호사의 비밀유지의무는 선임한 사건의 직무를 종료할 때까지이다.
(ㅂ) 변호사는 의뢰인이 사망하더라도 비밀을 유지할 의무가 있다.

① (ㄱ)(ㄹ)(ㅂ) ② (ㄴ)(ㄹ)(ㅁ)
③ (ㄷ)(ㅁ)(ㅂ) ④ (ㄱ)(ㄷ)(ㅁ)

해설 ② (ㄴ) 변호사는 의뢰인과 상담을 개시하여 알게 된 비밀은 수임하지 않게 되었더라도 비밀을 공개하지 않을 의무를 가진다.
(ㄹ) 변호사가 사건의 선임을 거부하였더라도 비밀유지의무를 진다.
(ㅁ) 변호사의 비밀유지의무의 시적한계는 선임한 사건의 종료시에 국한되지 않는다. 변호사 또는 **변호사이었던 자**는 그 직무상 알게 된 비밀을 누설하여서는 아니 된다. 다만, 법률에 특별한 규정이 있는 경우에는 그러하지 아니하다(변호사법 26).

03 변호사의 비밀유지의무와 증언거부권과의 관계에 대하여 옳지 않은 것은?

① 변호사는 민사사건에서 직무상 비밀에 속하는 사항에 대하여 증언을 거부할 수 있다.
② 변호사는 직업의 비밀에 속하는 사항에 대하여 신문을 받을 때 증언을 거부할 수 있다.
③ 변호사는 비밀을 지킬 의무가 법률상 면제된 경우에도 의뢰인의 이익을 위하여 증언을 거부할 수 있다.
④ 변호사는 형사사건에서 본인의 승낙이 있을 때는 증인으로 진술할 수 있다.

해설 ③ 증인은 다음 각호 가운데 어느 하나에 해당하면 증언을 거부할 수 있다(민사소송법 315①).
1. 변호사·변리사·공증인·공인회계사·세무사·의료인·약사, 그 밖에 법령에 따라 비밀을 지킬 의무가 있는 직책 또는 종교의 직책에 있거나 이러한 직책에 있었던 사람이 직무상 비밀에 속하는 사항에 대하여 신문을 받을 때
2. 기술 또는 직업의 비밀에 속하는 사항에 대하여 신문을 받을 때

증인이 비밀을 지킬 의무가 면제된 경우에는 제1항의 규정을 적용하지 아니한다(민사소송법 315②).

04 A 변호사는 사회적으로 유명한 재벌가의 며느리가 제기한 이혼소송을 수임하였다. 그 사실이 알려지자 여러 언론사 기자들로부터 그 사건의 이혼원인이 무엇인지, 위자료는 얼마를 청구하는지를 묻는 질문을 수없이 받게 되었다. 변호사는 기자들에게 고객의 비밀유지의무가 있기 때문에 알려 줄 수 없다고 하면서도, 고등학교 후배인 모 일간지 기자에게 그 사건의 이혼원인과 위자료 액수등을 비보도를 전제로 알려 주었다. 다음 설명 중 옳은 것은?

① 기자가 그 사실을 보도하지 않았다면 비밀유지의무를 위반한 것은 아니다.
② 의뢰인이 공인에 해당되므로 공공의 이익을 위하여 알려주는 것은 허용된다.
③ 의뢰인의 남편의 승낙이 있으면 공개하는 것은 가능하다.
④ 수많은 방청객이 있는 법정에서 의뢰인의 이혼원인을 말하는 것은 가능하다.

해설 ④ 법정에서 청구원인에 해당되는 이혼사유를 말하는 것은 변호사의 정당한 변론행위에 해당된다.
① 누설한 의뢰인의 비밀이 보도되었느냐 여부는 비밀유지의무위반에 영향을 미치지 아니한다.
② 기자가 공공의 이익을 위하여 보도하는 것과 변호사가 의뢰인의 비밀을 알리는 것은 차원을 달리한다.
③ 의뢰인의 남편이 비밀을 공개하도록 승낙할 지위에 있지 아니하다.

05 2008. 1. 말경 변호사 甲은 A를 만나 민사사건에 관하여 면담 후 여건이 되지 않는다는 이유로 사건수임을 거절하였다. A는 사건기록을 놓고 간 후, 3개월 후 사건기록을 찾아갔고, 이후 변호사 甲은 2009. 8. 24. B로부터 형사사건을 수임하였는데, A는 같은 달 31. 변호사 甲에게 자신은 위 민사사건과 관련된 위 형사사건의 피해자라고 하면서 사임을 요구하여 위 형사사

01 ④ 02 ② 03 ③ 04 ④ 05 ④ 정답

건이 민사사건과 관련이 있다는 사실을 알게 되었다. 변호사 甲이 B의 형사사건을 수임하는 것이 허용되는가? 2010년 법무부 모의고사

① 사건수임의 자유에 따라 변호사 甲의 사건수임은 허용된다.
② 변호사 甲이 A로부터 민사사건을 수임한 사실이 없고 위임계약이 성립하였을 정도의 신뢰관계가 형성되어 있지 않았으므로 B로부터 형사사건을 수임한 것은 허용된다.
③ A의 민사사건과 B의 형사사건은 별개의 사건이므로 변호사 甲의 형사사건 수임은 허용된다.
④ 변호사 甲은 A의 사건에 대해 내용 설명 및 3개월간의 기록보관 과정에서 업무상 알게 된 비밀에 대하여 공개가 불가피하므로 형사사건의 수임은 허용되지 않는다.

해설 ④ 2010년에 시행된 모의고사에서는 ④번을 정답으로 발표하였다. 그러나 현행 변호사윤리장전 제22조 제3항은 "변호사는 의뢰인과 대립되는 상대방으로부터 사건의 수임을 위해 상담하였으나 수임에 이르지 아니하였거나 기타 그에 준하는 경우로서, 상대방의 이익이 침해되지 않는다고 합리적으로 여겨지는 경우에는, 상담 등의 이유로 수임이 제한되지 아니한다"라는 규정을 신설하였다. 이 규정에 의할 때 설문의 경우는 상담인 A가 놓고 간 사건기록이 그 법률사무소에 보관 중이었다는 이유로 나중에 수임한 사건의 상대방이 된 A의 이익이 침해되었다고 볼 수 없기 때문에 수임이 허용된다고 볼 수 있는 사안이다.

06 변호사의 비밀유지의무에 대한 설명으로 옳은 것은?

① 증권회사의 사내변호사가 우연히 회사의 대표이사 지시로 회사의 매출이익을 과대포장하는 분식회계를 하고 있음을 알았더라도 다른 이사들이나 외부에 알려서는 안 된다.
② 변호사가 제3자에게서 얻은 의뢰인에 관한 정보는 비밀에 포함되지 않는다.
③ 변호사는 의뢰인과의 상담과정에서 알게 된 비밀인 경우 나중에 증인으로 출석하여 법정에서 판사의 질문에 답할 때라도 비밀을 공개하면 안 된다.
④ 변호사는 의뢰인과의 수임관계에서 발생한 분쟁에 있어서 의뢰인의 청구에 대응하여 자신을 방어하기 위해서 의뢰인의 비밀을 공개할 수 있다.

해설 ④ 변호사는 직무상 알게 된 의뢰인의 비밀을 누설하거나 부당하게 이용하지 아니한다. 변호사는 직무와 관련하여 의뢰인과 의사교환을 한 내용이나 의뢰인으로부터 제출받은 문서 또는 물건을 외부에 공개하지 아니한다. 변호사는 직무를 수행하면서 작성한 서류, 메모, 기타 유사한 자료를 외부에 공개하지 아니한다. 제1항 내지 제3항의 경우에 중대한 공익상의 이유가 있거나, 의뢰인의 동의가 있는 경우 또는 변호사 자신의 권리를 방어하기 위하여 필요한 경우에는, 최소한의 범위에서 이를 공개 또는 이용할 수 있다(변호사윤리장전 18).

③ 형사사건에서 의뢰인 본인의 승낙이 있거나 중대한 공익상 필요가 있는 때에는 증인으로 진술할 수 있다(형사소송법 149단서).

07 변호사 甲은 운전 중 교통사고로 사람을 사망하게 한 혐의로 형사재판을 받고 있는 A의 사건을 처리하여 줄 것을 A의 지인인 B로부터 의뢰받았다. 甲은 구속된 A와의 접견 중 A는 사고차량의 동승자에 불과하며 사고 당시 실제 운전은 B가 하였는데 B가 징역형의 집행유예기간 중이어서 B로부터 상당한 금전적 대가를 받기로 하고 A가 수사기관에서 자신이 운전자라고 허위 자백한 사실을 알게 되었다. A는 최대한 관대하게 유죄판결을 받기를 원한다. 변호사 甲이 취할 수 있는 행동에 관한 설명 중 옳은 것은? 제 1 회 기출문제

① 甲의 의뢰인은 B이므로 의뢰인에 대하여 성실의무가 있는 甲은 A가 사건 당시 실제 운전자라는 것이 재판상 인정되도록 적극적으로 노력한다.

② 甲에게는 사회정의를 실현하여야 할 의무가 있으므로 사건 당시 실제 운전자가 A가 아니라 B라는 것을 법정에서 밝힌다.

③ 甲은 진실을 밝히자고 A를 설득해 보고 A가 이를 듣지 않는 경우 사임한다.

④ 甲은 법정에서는 A가 운전자라고 주장하고 따로 법관을 만나 사실은 B가 운전자라고 밝혀서 A에게 관대한 판결이 선고되도록 노력한다.

해설 ③ 변호사는 그 직무를 수행할 때에 진실을 은폐하거나 거짓 진술을 하여서는 아니 된다(변호사법 24②). 변호사는 의뢰인의 범죄행위, 기타 위법행위에 협조하지 아니한다. 직무수행 중 의뢰인의 행위가 범죄행위, 기타 위법행위에 해당된다고 판단된 때에는 즉시 그에 대한 협조를 중단한다(변호사윤리장전 11①). 범인 아닌 자가 수사기관에서 범인임을 자처하고 허위사실을 진술하여 진범의 체포와 발견에 지장을 초래하게 한 행위는 범인은닉죄에 해당한다(대법원 1996. 6. 14. 96도1016 범인은닉·도주). 설문은 타인의 처벌을 면하게 할 목적으로 자기 스스로 범인임을 자처하고 있는 대신자처범인 또는 대신범에 관한 사례이다. 무죄변론을 해야 한다는 견해, 유죄변론을 해야 한다는 견해도 있지만, 변호인은 피고인이 진범이 아니라는 사실을 알게 된 이상 계속 유죄판결을 받기를 원하는 피고인의 요청에 부응하는 변론은 피고인의 위법행위에 협조하는 것에 해당된다. 따라서 변호인은 피고인에게 실체적 진실에 부합되는 진술을 요청하고, 이를 거부할 경우에는 사임하는 것이 옳을 것이다.

08 변호사 甲은 X회사와 1년간 법률고문계약을 체결한 후 회사의 시배구소 및 기밀에 대하여 자주 접할 기회가 있었다. 전임 대표이사 A와 X회사 사이에 경영권 분쟁이 발생하자 변호사 甲은 X회사와의 고문계약 해지를 통보하고 A로부터 X회사를 상대로 하는 주주총회결의무효확인소송을 수임하여 소송을 제기하려고 한다. 위 사안에 관한 설명 중 옳은 것을 모두 고른 것은? 제 2 회 기출문제

가. 변호사 甲은 X회사와의 법률고문계약이 해지되었더라도 X회사의 비밀을 유지할 의무가 있다.

나. 변호사 甲이 X회사에 대한 위 소송에서 승소하기 위해 위 회사 자문과정에서 알게 된 비밀을 이용하더라도 이는 비밀을 공개하는 것은 아니므로 비밀유지의무 위반은 아니다.
다. 변호사 甲이 X회사의 비밀을 알게 된 시기가 A가 X회사의 대표이사로 재직하던 중이었다면 그 사항을 A의 소송을 위해 사용하는 한 비밀유지의무 위반은 아니다.
라. 변호사 甲은 X회사로부터 A의 소송을 수임하는데 동의를 받았다 하더라도 비밀유지의무가 있다.

① 가, 나, 다, 라 ② 가, 나, 다
③ 가, 나 ④ 가, 라

해설 ④ 비밀유지의무는 수임계약(고문계약)이 종결된 후에도 계속되는 영속성을 갖는다. 그리고 변호사는 종전 의뢰인이었던 X회사의 비밀을 지켜야 할 뿐만 아니라 그 비밀을 이용하여서도 아니 될 의무가 있다.

09 다음 중 변호사의 비밀유지의무에 위반된 행위에 해당되는 것은?

① 변호사 甲이 변호사를 그만둔 후 법정에서 공익상 필요가 있다는 이유로 의뢰인의 비밀에 관한 내용을 증언하였다.
② 변호사 乙이 의뢰인의 동의를 얻어 의뢰인의 비밀을 공개하였다.
③ 변호사 丙이 자신의 권리 옹호를 위해 필요하여 최소한의 범위에서 의뢰인의 비밀을 공개하였다.
④ 변호사 丁은 직무상 알게 된 비밀이 아닌 내용을 공개하였다.

해설 ① 변호사 또는 변호사이었던 자는 그 직무상 알게 된 비밀을 누설하여서는 아니 된다(변호사법 26). 변호사는 **본인의 승낙이 있거나 중대한 공익상 필요있는 때**에는 증언할 수 있다(형사소송법 149 단서).
② 변호사는 비밀의 주체인 의뢰인의 동의를 얻어 비밀을 공개할 수 있다.
③ 변호사윤리장전 제18조 제 4 항은 "제 1 항 내지 제 3 항의 경우에 중대한 공익상의 이유가 있거나, 의뢰인의 동의가 있는 경우 또는 변호사 자신의 권리를 방어하기 위하여 필요한 경우에는, 최소한의 범위에서 이를 공개 또는 이용할 수 있다"고 한다.
④ 비밀이 아닌 내용이므로 비밀유지의무 위반이 아니다.

10 변호사의 비밀유지의무 등에 관한 설명 중 옳지 않은 것은? 제 3 회 기출문제

① 변호사가 의뢰인 범행의 수사에 대한 방어방법을 논의한 의견서를 작성하여 보관하다가 수사기관으로부터 압수당하게 된 경우, 변호사로서 의뢰인의 범죄행위에 협조해서는 안 된다는 의무가 비밀유지의무보다 우선하므로, 비밀유지의무를 들어 위 의견서에 대한 압수가 위법하다고 다툴 수는 없다.

② 변호사가 법률자문을 위하여 의뢰인으로부터 받아서 보관하고 있는 문서에 비밀이 포함되어 있더라도, 그 문서에 대한 압수를 거부할 수 없는 경우가 있다.

③ 변호사는 원칙적으로 의뢰인과 사이에 이루어진 비밀인 자문내용을 수사기관에서 진술하여서는 안 된다.

④ 변호사는 의뢰인의 형사공판절차에 증인으로 소환되더라도 비밀인 의뢰인과의 자문내용과 관련하여서는 원칙적으로 증언을 거부할 수 있다.

해설 ① 대법원 2012. 5. 17. 2009도6788 뇌물수수; 변호사가 법률자문 과정에 작성하여 회사 측에 전송한 전자문서를 출력한 '법률의견서'에 대하여 피고인들이 증거로 함에 동의하지 아니하고, 변호사가 원심 공판기일에 증인으로 출석하였으나 증언할 내용이 갑 회사로부터 업무상 위탁을 받은 관계로 알게 된 타인의 비밀에 관한 것임을 소명한 후 증언을 거부하고, 의견서에 대한 압수가 위법하다고 다툴 수 있다.

11 변호사의 비밀유지의무와 관련된 설명 중 옳지 않은 것은?

① 변호사는 직무상 알게 된 의뢰인의 비밀을 부당하게 이용하지 아니한다.

② 법무법인 등의 구성원 변호사 및 소속 변호사는 정당한 이유가 없는 한 다른 변호사가 의뢰인과 관련하여 직무상 비밀유지의무를 부담하는 사항을 알게 된 경우에도, 이를 누설하거나 이용하지 아니한다.

③ 변호사는 직무와 관련하여 의뢰인과 의사교환을 한 내용이나 의뢰인으로부터 제출받은 문서 또는 물건을 외부에 공개하지 아니한다.

④ 변호사는 직무상 알게 된 소송 상대방의 비밀을 중대한 공익상의 이유가 있거나, 의뢰인의 동의가 있는 경우 또는 변호사 자신의 권리를 방어하기 위하여 필요한 경우에는, 최소한의 범위에서 이를 공개 또는 이용할 수 있다.

해설 ④ 변호사는 직무상 알게 된 **의뢰인의 비밀**을 누설하거나 부당하게 이용하지 아니한다(변호사윤리장전 18①). 제1항 내지 제3항의 경우에 중대한 공익상의 이유가 있거나, 의뢰인의 동의가 있는 경우 또는 변호사 자신의 권리를 방어하기 위하여 필요한 경우에는, 최소한의 범위에서 이를 공개 또는 이용할 수 있다(변호사윤리장전 18④).

① 변호사는 직무상 알게 된 의뢰인의 비밀을 누설하거나 부당하게 이용하지 아니한다(변호사윤리장전 18①).

② 법무법인 등의 구성원 변호사 및 소속 변호사는 정당한 이유가 없는 한 다른 변호사가 의뢰인과 관련하여 직무상 비밀유지의무를 부담하는 사항을 알게 된 경우에는, 이를 누설하거나 이용하지 아니한다. 이는 변호사가 해당 법무법인 등으로부터 퇴직한 경우에도 같다(변호사윤리장전 47).

③ 변호사윤리장전 제18조 제2항.

09 ① 10 ① 11 ④ 정 답

12 변호사의 비밀유지의무에 관한 내용 중 옳지 않은 것은?

① 변호사는 직무상 알게 된 의뢰인의 비밀을 누설하거나 부당하게 이용하지 아니한다.

② 변호사는 직무와 관련하여 의뢰인과 의사교환을 한 내용이나 의뢰인으로부터 제출받은 문서 또는 물건을 외부에 공개하지 아니한다.

③ 법무법인 등의 구성원 변호사는 정당한 이유가 없는 한 다른 변호사가 의뢰인과 관련하여 직무상 비밀유지의무를 부담하는 사항을 알게 된 경우에는 이를 누설하지 아니한다.

④ 법무법인 등의 소속 변호사는 해당 법무법인 등으로부터 퇴직한 경우에는 비밀유지의무가 없다.

해설 ④ 변호사 또는 변호사이었던 자는 그 직무상 알게 된 비밀을 누설하여서는 아니 된다. 다만, 법률에 특별한 규정이 있는 경우에는 그러하지 아니하다(변호사법 26). 법무법인 등의 구성원 변호사 및 소속 변호사는 정당한 이유가 없는 한 다른 변호사가 의뢰인과 관련하여 직무상 비밀유지의무를 부담하는 사항을 알게 된 경우에는, 이를 누설하거나 이용하지 아니한다. 이는 **변호사가 해당 법무법인 등으로부터 퇴직한 경우에도 같다**(변호사윤리장전 47).

① 변호사윤리장전 제18조 제1항.

② 변호사윤리장전 제18조 제2항.

③ 변호사윤리장전 제47조.

13 변호사의 비밀유지의무에 관한 내용 중 옳지 않은 것은? (다툼이 있을 때는 판례에 의함)

① 민사소송에서 변호사가 증인이 된 경우에 비밀을 지킬 의무가 면제된 경우에는 직무상 비밀에 관한 사항을 증언할 수 있다.

② 수사나 공판 등 형사절차가 개시되지 아니하여 피의자 또는 피고인에 해당한다고 볼 수 없는 사람이 일상적 생활관계에서 변호사와 상담한 법률자문에 대하여도 변호인의 조력을 받을 권리의 내용으로서 그 비밀의 공개를 거부할 수 있는 의뢰인의 특권을 도출할 수 있다.

③ 변호사는 그 업무상 위탁을 받아 소지 또는 보관하는 물건으로 타인의 비밀에 관한 것은 원칙적으로 압수를 거부할 수 있다.

④ 변호사가 민사소송의 증인이 된 경우에 직무상 비밀에 관하여 중대한 공익상 필요가 있더라도 증언을 거부할 수는 없다.

해설 ② 변호인의 조력을 받을 권리, 변호사와 의뢰인 사이의 비밀보호 범위 등에 관한 헌법과 형사소송법 규정의 내용과 취지 등에 비추어 볼 때, 아직 수사나 공판 등 형사절차가 개시되지 아니하여 피의자 또는 피고인에 해당한다고 볼 수 없는 사람이 일상적 생활관계에서 변호사와 상담한 법률자문에 대하여도 변호인의 조력을 받을 권리의 내용으로서 그 비밀의 공개를 거부할 수 있는 **의뢰인의 특권을 도출할 수 있다거나, 위 특권에 의하여 의뢰인의 동의가 없는 관련 압수물은 압수절차의 위법 여부와 관계없이 형사재판의 증거로 사용할 수 없다는 견해는 받아들일 수 없다고**

하겠다. 원심이 이 사건 법률의견서의 증거능력을 부정하는 이유를 설시함에 있어 위와 같은 이른바 변호인-의뢰인 특권을 근거로 내세운 것은 적절하다고 할 수 없다(대법원 2012. 5. 17. 2009도6788 뇌물수수).

① 증인은 다음 각호 가운데 어느 하나에 해당하면 증언을 거부할 수 있다(민사소송법 315①).

1. 변호사·변리사·공증인·공인회계사·세무사·의료인·약사, 그 밖에 법령에 따라 비밀을 지킬 의무가 있는 직책 또는 종교의 직책에 있거나 이러한 직책에 있었던 사람이 직무상 비밀에 속하는 사항에 대하여 신문을 받을 때
2. 기술 또는 직업의 비밀에 속하는 사항에 대하여 신문을 받을 때

증인이 비밀을 지킬 의무가 면제된 경우에는 제 1 항의 규정을 적용하지 아니한다(민사소송법 315②).

③ 변호사, 변리사, 공증인, 공인회계사, 세무사, 대서업자, 의사, 한의사, 치과의사, 약사, 약종상, 조산사, 간호사, 종교의 직에 있는 자 또는 이러한 직에 있던 자가 그 업무상 위탁을 받아 소지 또는 보관하는 물건으로 타인의 비밀에 관한 것은 압수를 거부할 수 있다. 단, 그 타인의 승낙이 있거나 중대한 공익상 필요가 있는 때에는 예외로 한다(형사소송법 112).

④ 변호사, 변리사, 공증인, 공인회계사, 세무사, 대서업자, 의사, 한의사, 치과의사, 약사, 약종상, 조산사, 간호사, 종교의 직에 있는 자 또는 이러한 직에 있던 자가 그 업무상 위탁을 받은 관계로 알게 된 사실로서 타인의 비밀에 관한 것은 증언을 거부할 수 있다. 단, 본인의 승낙이 있거나 중대한 공익상 필요있는 때에는 예외로 한다(형사소송법 149). 민사소송법은 증인이 비밀을 지킬 의무가 면제된 경우에는 증언을 거부하지 아니하고 증언할 수 있지만(민사소송법 315②), 형사소송법처럼 "중대한 공익상 필요"을 증언거부사유로 규정하지 않고 있다.

12 ④ 13 ② 정 답

제9장

변호사의 이익충돌회피의무

제 9 장 변호사의 이익충돌회피의무

변호사법

제31조(수임제한) ① 변호사는 다음 각 호의 어느 하나에 해당하는 사건에 관하여는 그 직무를 수행할 수 없다. 다만, 제2호 사건의 경우 수임하고 있는 사건의 위임인이 동의한 경우에는 그러하지 아니하다.

1. 당사자 한쪽으로부터 상의(相議)를 받아 그 수임을 승낙한 사건의 상대방이 위임하는 사건
2. 수임하고 있는 사건의 상대방이 위임하는 다른 사건
3. 공무원·조정위원 또는 중재인으로서 직무상 취급하거나 취급하게 된 사건

② 제1항 제1호 및 제2호를 적용할 때 법무법인·법무법인(유한)·법무조합이 아니면서도 변호사 2명 이상이 사건의 수임·처리나 그 밖의 변호사 업무 수행 시 통일된 형태를 갖추고 수익을 분배하거나 비용을 분담하는 형태로 운영되는 법률사무소는 하나의 변호사로 본다.

③ 법관, 검사, 장기복무 군법무관, 그 밖의 공무원 직에 있다가 퇴직(재판연구원, 사법연수생과 병역의무를 이행하기 위하여 군인·공익법무관 등으로 근무한 자는 제외한다)하여 변호사 개업을 한 자(이하 "공직퇴임변호사"라 한다)는 퇴직 전 1년부터 퇴직한 때까지 근무한 법원, 검찰청, 군사법원, 금융위원회, 공정거래위원회, 경찰관서 등 국가기관(대법원, 고등법원, 지방법원 및 지방법원 지원과 그에 대응하여 설치된「검찰청법」제3조 제1항 및 제2항의 대검찰청, 고등검찰청, 지방검찰청, 지방검찰청 지청은 각각 동일한 국가기관으로 본다)이 처리하는 사건을 퇴직한 날부터 1년 동안 수임할 수 없다. 다만, 국선변호 등 공익목적의 수임과 사건당사자가「민법」제767조에 따른 친족인 경우의 수임은 그러하지 아니하다.

④ 제3항의 수임할 수 없는 경우는 다음 각 호를 포함한다.

1. 공직퇴임변호사가 법무법인, 법무법인(유한), 법무조합 또는「외국법자문사법」제2조 제9호에 따른 합작법무법인(이하 이 조에서 "법무법인등"이라 한다)의 담당변호사로 지정되는 경우
2. 공직퇴임변호사가 다른 변호사, 법무법인등으로부터 명의를 빌려 사건을 실질적으로 처리하는 등 사실상 수임하는 경우

3. 법무법인등의 경우 사건수임계약서, 소송서류 및 변호사의견서 등에는 공직퇴임변호사가 담당변호사로 표시되지 않았으나 실질적으로는 사건의 수임이나 수행에 관여하여 수임료를 받는 경우

⑤ 제 3 항의 법원 또는 검찰청 등 국가기관의 범위, 공익목적 수임의 범위 등 필요한 사항은 대통령령으로 정한다.

변호사윤리장전

제22조(수임 제한) ① 변호사는 다음 각 호의 어느 하나에 해당하는 사건을 수임하지 아니한다. 다만, 제 3 호의 경우 수임하고 있는 사건의 의뢰인이 양해하거나, 제 4 호의 경우 의뢰인이 양해하거나, 제 5 호 및 제 6 호의 경우 관계되는 의뢰인들이 모두 동의하고 의뢰인의 이익이 침해되지 않는다는 합리적인 사유가 있는 경우에는 그러하지 아니하다.

1. 과거 공무원·중재인·조정위원 등으로 직무를 수행하면서 취급 또는 취급하게 된 사건이거나, 공정증서 작성사무에 관여한 사건
2. 동일한 사건에 관하여 상대방을 대리하고 있는 경우
3. 수임하고 있는 사건의 상대방이 위임하는 다른 사건
4. 상대방 또는 상대방 대리인과 친족관계에 있는 경우
5. 동일 사건에서 둘 이상의 의뢰인의 이익이 서로 충돌하는 경우
6. 현재 수임하고 있는 사건과 이해가 충돌하는 사건

② 변호사는 위임사무가 종료된 경우에도 종전 사건과 실질적으로 동일하거나 본질적으로 관련된 사건에서 대립되는 당사자로부터 사건을 수임하지 아니한다.

③ 변호사는 의뢰인과 대립되는 상대방으로부터 사건의 수임을 위해 상담하였으나 수임에 이르지 아니하였거나 기타 그에 준하는 경우로서, 상대방의 이익이 침해되지 않는다고 합리적으로 여겨지는 경우에는, 상담 등의 이유로 수임이 제한되지 아니한다.

판 례 **변호사가 변호사법 제31조 제1 항 제1 호에 따른 수임제한 규정을 위반한 경우, 그 쌍방대리행위는 민법 제124조에 따라 본인의 허락이 있는 경우에 한하여 효력이 인정되는지 여부(적극)**

변호사가 변호사법 제31조 제 1 항 제 1 호에 따른 수임제한 규정을 위반한 경우에는 민법 제124조가 적용됨에 따라 원칙적으로 허용되지 않는 무권대리행위에 해당하고, 예외적으로 본인의 허락이 있는 경우에 한하여 효력이 인정될 수 있다. '본인의 허락'이 있는지 여부는 이익충돌의 위험을 회피하기 위한 입법 취지에 비추어 쌍방대리행위에 관하여 유효성을 주장하는 자가 주장·증명책임을 부담하고, 이때의 '허락'은 명시된 사전 허락 이외에도 '묵시적 허락' 또는 '사후 추인'의 방식으로도 가능하다.

다. 대법원 판단

1) 원심판결 이유를 관련 법리 및 기록에 비추어 살펴보면, 피고 측 김·장 법률사무소 변호사가 피고들의 사자에 불과하다거나, 이 사건 주식매매계약의 체결·이행에 관한 자문은 변호사법이 당사자 쌍방으로부터 수임을 금지한 법률사건에 해당한다고 볼 수 없다고 한 원심의 판단은 이를 수긍하기 어렵다.

2) 그러나 이 사건 주식매매계약의 목적물이 구체적으로 확정되어 있었던 상황에서 피고 1이 가장 중요한 계약 내용이자 주된 급부에 해당하는 주당 매매대금에 대한 협상·결정을 직접 하면서 소외 3을 통해 **김·장 법률사무소 변호사의 쌍방자문에 대하여 사전 또는 사후에 동의하였다는 등의 이유로 민법 제124조 및 변호사법 제31조 제1항에 위반되지 않는다고 한 원심의 판단은 결론에 있어 수긍할 수 있고**, 이러한 원심의 판단에 논리와 경험의 법칙에 위배되어 자유심증주의의 한계를 벗어나거나 관련 법리를 오해하여 필요한 심리를 다하지 아니함으로써 판결에 영향을 미친 잘못이 없다(대법원 2024. 1. 4. 선고 2023다225580 판결 [주식양도]).

[해 설]

수임제한에 관한 변호사법 제31조 제1항 제1호 '동일사건'에 대하여는 쌍방당사자의 동의(양해)가 있으면 사건수임과 그 대리행위가 유효하다는 명시적인 규정이 없다. 반면, 제2호 '다른 사건'은 수임하고 있는 사건의 위임인이 동의한 경우에는 그 다른 사건을 수임하여 처리할 수 있다고 명시하고 있다. 그런데 위 판결(대법원 2024. 1. 4. 선고 2023다225580 판결 [주식양도])은 동일사건에서도 양 당사자의 동의가 있으면 같은 법률사무소(김·장 법률사무소)가 쌍방대리를 할 수 있다고 판시하고 있다.

그러나 아래 문제들에서는 민법의 쌍방대리 허용여부에 관한 판결을 기준으로 하지 않고(**모든 쌍방대리 사건을 양 당사자의 동의를 얻으면 수임할 수 있다고 볼 수도 없으므로**), 변호사법 제31조(수임제한) 규정에 따라서 수임제한에 관한 해답을 제시한다.

01 다음 중 변호사의 수임제한에 관련된 설명 중 옳지 않은 것은?

가. 변호사법상 동일한 사건에 관하여는 의뢰인의 동의가 있더라도 그 상대방이 의뢰하는 사건을 수임할 수 없다.
나. 법무법인에 소속한 변호사가 상대방 또는 상대방 대리인과 친족관계에 있는 경우에는 의뢰인의 양해를 얻어야 수임할 수 있다.
다. 동일 사건에서 둘 이상의 의뢰인의 이익이 서로 충돌하는 경우에는 관계되는 의뢰인들이 모두 동의하고 의뢰인의 이익이 침해되지 않는다는 합리적인 사유가 있는 경우에는 수임할 수 있다.
라. 변호사는 의뢰인과 대립되는 상대방으로부터 사건의 수임을 위해 상담하였으면 상대방의 이익침해와 상관없이 상담사건의 수임이 제한된다.

01 ② 정 답

마. 법무법인 등에 소속된 변호사는 공정을 해할 우려가 있을 때에는, 겸직하고 있는 당해 정부기관의 사건을 수임하지 아니한다.
바. 변호사가 수임하여 대리하는 둘 이상의 의뢰인 사이에 이해관계의 대립이 발생한 경우에 변호사는 나중에 수임한 사건은 사임하여야 한다.

① 가, 나, 마　　② 나, 라, 바
③ 가, 나, 라　　④ 라, 마, 바

해설 ② 나. 법무법인 등의 특정 변호사에게만 제22조 제1항 제4호 또는 제42조에 해당하는 사유가 있는 경우, 당해 변호사가 사건의 수임 및 업무수행에 관여하지 않고 그러한 사유가 법무법인 등의 사건처리에 영향을 주지 아니할 것이라고 볼 수 있는 합리적 사유가 있는 때에는 사건의 수임이 제한되지 아니한다(변호사윤리장전 48②). 따라서 의뢰인의 양해를 얻어야 하는 것은 아니다.

라. 변호사는 의뢰인과 대립되는 상대방으로부터 사건의 수임을 위해 상담하였으나 수임에 이르지 아니하였거나 기타 그에 준하는 경우로서, 상대방의 이익이 침해되지 않는다고 합리적으로 여겨지는 경우에는, 상담 등의 이유로 수임이 제한되지 아니한다(변호사윤리장전 22③).

바. 수임 이후에 변호사가 대리하는 둘 이상의 의뢰인 사이에 이해의 대립이 발생한 경우에는, 변호사는 의뢰인들에게 이를 알리고 적절한 방법을 강구한다(변호사윤리장전 27).

가. 변호사는 다음 각 호의 어느 하나에 해당하는 사건에 관하여는 그 직무를 수행할 수 없다. 다만, 제2호 사건의 경우 수임하고 있는 사건의 위임인이 동의한 경우에는 그러하지 아니하다(변호사법 31①).

1. 당사자 한쪽으로부터 상의(相議)를 받아 그 수임을 승낙한 사건의 상대방이 위임하는 사건
2. 수임하고 있는 사건의 상대방이 위임하는 다른 사건
3. 공무원·조정위원 또는 중재인으로서 직무상 취급하거나 취급하게 된 사건

변호사는 다음 각 호의 어느 하나에 해당하는 사건을 수임하지 아니한다(변호사윤리장전 22①).

1. 과거 공무원·중재인·조정위원 등으로 직무를 수행하면서 취급 또는 취급하게 된 사건이거나, 공정증서 작성사무에 관여한 사건
2. 동일한 사건에 관하여 상대방을 대리하고 있는 경우

다. 변호사는 다음 각 호의 어느 하나에 해당하는 사건을 수임하지 아니한다(변호사윤리장전 22①). 다만, 제5호 및 제6호의 경우 관계되는 의뢰인들이 모두 동의하고 의뢰인의 이익이 침해되지 않는다는 합리적인 사유가 있는 경우에는 그러하지 아니하다.

5. 동일 사건에서 둘 이상의 의뢰인의 이익이 서로 충돌하는 경우
6. 현재 수임하고 있는 사건과 이해가 충돌하는 사건

마. 변호사는 공정을 해할 우려가 있을 때에는, 겸직하고 있는 당해 정부기관의 사건을 수임하지 아니한다(변호사윤리장전 42). 여기서 변호사는 단독 개업 중인 변호사는 물론 법무법인 등에 소속되어 정부기관에 겸직중인 변호사(특정 변호사)를 포함한다. 그러므로 개정 변호사윤리장전 제48조 제2항에 의하여 법무법인 등에게 수임제한이 허용되는 경우와는 구별된다.

02 다음 사실관계를 기초로 한 설명 중 옳은 것은?

> (1) 원고 화재해상보험주식회사는 2001. 9. 14. 이 사건 채무부존재확인의 소를 제기하면서 그 소송대리인으로 소외 1 법무법인(업무담당변호사 소외 2, 소외 3)을 선임하여, 소외 2 변호사로 하여금 소송행위를 대리하게 하였다.
> (2) 위 법무법인이 해산된 이후 원고는 위 소외 2 변호사 개인을 소송대리인으로 선임하여 위 변호사로 하여금 원고를 위한 소송행위를 하였다.
> (3) 한편 피고 1은 원고의 이 사건 면책주장과 동일한 쟁점인, '이 사건 화재에 터잡아 관련 증빙을 조작하여 원고에 대하여 과다한 보험금을 청구하려고 한 행위'에 관하여 보험사기미수죄로 수사기관에서 구속될 무렵 형사변호인으로 이 사건의 제1심 원고 소송대리인과 같은 소외 1 법무법인(업무담당변호사 소외 2, 소외 3)을 선임한 바 있었고, 그 이후 같은 죄명으로 기소되어 진행된 제1심 형사사건의 공판과정에서 업무담당변호사 소외 3으로 하여금 그 제1심 판결이 선고될 때인 2000. 11. 29.까지 위 피고를 위한 변론을 하는 등 직무를 수행하도록 하였다.

① 법무법인의 구성원 변호사들이 피고 1에 대하여 보험사기미수 형사사건의 변호인으로 선임된 위 법무법인의 업무담당변호사로 지정되어 그 중 변호사 소외 3이 직무를 수행하면서 다시 위 법무법인이 위 형사사건의 피해자측에 해당하는 원고 보험회사를 위한 소송대리인으로 선임되어 제1심에 관여하여 직무를 수행한 것은 변호사법 제31조 제1항 제1호의 수임제한 규정을 위반한 것은 아니다.

② 위 법무법인이 해산된 이후 변호사 소외 2가 원고로부터 같은 민사사건을 수임하여 그 변론과정에 관여한 것은, 위 법무법인 해산 후에 변호사 개인의 지위에서 수임한 것이므로 변호사법 제31조 제1항 제1호의 수임제한규정을 위반한 것은 아니다.

③ 이 사건에서 직접적으로 소송업무를 담당한 변호사 소외 2가 위 형사사건에서 피고인을 위한 직접적인 변론에 관여하지 않았으므로 수임제한 사유에 해당되지 아니한다.

④ 원고가 변호사 소외 2의 소송행위가 변호사의 수임제한규정에 위반되는 사실을 알 수 있는 상태였다면, 소송진행 중 대법원에서 이의를 제기할지라도 그 소송행위는 유효하다.

해설 ④ "변호사법 제31조 제1항 제1호의 수임제한규정을 위반한 변호사의 소송행위에 대하여는 상대방 당사자가 법원에 대하여 이의를 제기하는 경우 그 소송행위는 무효이고 그러한 이의를 받은 법원으로서는 그러한 변호사의 소송관여를 더 이상 허용하여서는 아니 될 것이지만, 다만 상대방 당사자가 그와 같은 사실을 알았거나 알 수 있었음에도 불구하고 **사실심 변론종결시까지 아무런 이의를 제기하지 아니하였다면 그 소송행위는 소송법상 완전한 효력이 생긴다**고 보아야 할 것이다"(대법원 2003. 5. 30. 2003다15556 채무부존재확인). 그러므로 사실심 변론종결시가 아닌 대법원에서 이의를 제기하였다면 그 소송행위는 유효로 볼 수 있다.

[사실관계]
① 소외 1 법무법인 구성원 변호사들은 2000. 11. 29.까지 원고를 상대로 하는 보험금사기 미수죄로 기소된 피고1의 형사변호인으로 변론하였다. ② 그 후 위 법무법인은 2001. 9. 14.(위 사기미수 형사사건의 판결 선고된 후에) 원고가 피고 1을 상대로 제소한 채무부존재확인의 소를 수임하여 대리행위를 하였다. ③ 위 사건의 업무담당변호사는 위 법인의 해산 후에 원고로부터 위 민사사건을 수임하여 소송행위를 하였다.
[판결요지]
"변호사법 제31조 제1항 제1호에서는 변호사는 당사자 일방으로부터 상의를 받아 그 수임을 승낙한 사건의 상대방이 위임하는 사건에 관하여는 그 직무를 행할 수 없다고 규정하고 있고, 위 규정의 입법 취지 등에 비추어 볼 때 동일한 변호사가 형사사건에서 피고인을 위한 변호인으로 선임되어 변호활동을 하는 등 직무를 수행하였다가 나중에 실질적으로 동일한 쟁점을 포함하고 있는 민사사건에서 위 형사사건의 피해자에 해당하는 상대방 당사자를 위한 소송대리인으로서 소송행위를 하는 등 직무를 수행하는 것 역시 마찬가지로 금지되는 것으로 볼 것이며, 이러한 규정은 같은 법 제57조의 규정에 의하여 법무법인에 관하여도 준용된다고 할 것이므로, 법무법인의 구성원 변호사가 형사사건의 변호인으로 선임된 그 법무법인의 업무담당변호사로 지정되어 그 직무를 수행한 바 있었음에도, 그 이후 제기된 같은 쟁점의 민사사건에서 이번에는 위 형사사건의 피해자측에 해당하는 상대방 당사자를 위한 소송대리인으로서 직무를 수행하는 것도 금지되는 것임은 물론이고, 위 법무법인이 해산된 이후라도 변호사 개인의 지위에서 그와 같은 민사사건을 수임하는 것 역시 마찬가지로 금지되는 것이라고 풀이할 것이며, 비록 민사사건에서 직접적으로 업무를 담당한 변호사가 먼저 진행된 형사사건에서 피고인을 위한 직접적인 변론에 관여를 한 바 없었다고 하더라도 달리 볼 것은 아니라고 할 것이니, 이러한 행위들은 모두 변호사법 제31조 제1항 제1호의 수임제한규정을 위반한 것이라고 할 것이다. 그리고 이 규정에 위반한 변호사의 소송행위에 대하여는 상대방 당사자가 법원에 대하여 이의를 제기하는 경우 그 소송행위는 무효이고 그러한 이의를 받은 법원으로서는 그러한 변호사의 소송관여를 더 이상 허용하여서는 아니 될 것이지만, 다만 상대방 당사자가 그와 같은 사실을 알았거나 알 수 있었음에도 불구하고 사실심 변론종결시까지 아무런 이의를 제기하지 아니하였다면 그 소송행위는 소송법상 완전한 효력이 생긴다고 보아야 할 것이다"(대법원 2003. 5. 30. 2003다15556 채무부존재확인).

03 A 변호사의 사무실에 K가 찾아와서 가옥인도청구 소송을 의뢰하였다. 변호사는 상담을 하면서 K가 지참하여 온 서류를 검토하던 중에 그 사건의 채무자 C가 3년 전에 자신이 교통사고처리특례법위반 형사사건에서 변론하였던 피고인이었던 사실을 알게 되었다. 다음 설명 중 가장 옳지 않은 것은?

① K가 수임을 의뢰하는 사건과 종전의 형사사건과의 관계는 본질적으로 동일하거나 관련된 사건으로 보이지 않는다.
② K로부터 수임하는 것은 C의 변호사에 대한 신뢰를 훼손시킬 수 있다.
③ 변호사는 C의 이익에 반하는 이 사건을 수임할 수 없다.
④ 변호사가 K가 의뢰하는 사건을 수임하면 C의 비밀정보를 이용할 가능성이 있다.

해설 ③ 변호사는 위임사무가 종료된 경우에도 종전 사건과 기초가 된 분쟁의 실체가 동일한 사건에서 대립되는 당사자로부터 사건을 수임하지 아니한다(변호사윤리장전 22②). 따라서 이미 종결된 교통사고처리특례법위반 형사사건과 가옥인도청구 사건은 실질적으로 동일하지 않기 때문에 종전 의뢰인 C의 양해 없이 수임할 수 있다.

04 변호사 甲, 乙, 丙은 사무실 유지비용을 절약하기 위해서 20평(66평방미터)의 비교적 작은 동일한 사무실 공간을 공동으로 사용하고 있으며 복사기와 팩스도 공동으로 사용하고 있다. 이들은 법률사무원을 공동으로 고용하고 있으나 회계는 별도로 하고 있다. 甲은 이혼소송 전문변호사로서 활동하고 있으며, 乙과 丙은 주로 상해소송을 대리하고 있다. 甲은 A와 B 사이의 이혼 및 재산분할소송에서 원고 A를 대리하고 있다. 한편 A는 이혼으로 인한 스트레스로 정신이 편안하지 못한 상황에서 C에게 중상을 입히는 음주교통사고를 내었다. C는 이 사건을 乙에게 의뢰하고자 하는데 乙은 이 사건을 수임할 수 있는가? **2010년 법무부 모의고사**

① A와 C의 동의를 얻는다는 조건하에서 이 사건을 수임할 수 있다.

② 이혼 및 재산분할사건과 교통사고 상해사건은 완전히 별개의 사건이므로 사건을 수임하는 데 아무런 문제가 없다.

③ 甲과 乙은 완전히 별개의 변호사이기 때문에 乙이 이 사건을 수임하는 데 전혀 문제가 없다.

④ 甲과 乙 사이에는 비밀이 유지된다고 볼 수 있기 때문에 乙은 이 사건을 수임할 수 있다.

해설 ① 설문은 변호사 갑, 을, 병의 법률사무소를 공동법률사무소로 전제하고 있다. 법무법인·법무법인(유한)·법무조합이 아니면서도 변호사 2명 이상이 사건의 수임·처리나 그 밖의 변호사 업무 수행시 통일된 형태를 갖추고 수익을 분배하거나 비용을 분담하는 형태로 운영되는 법률사무소는 하나의 변호사로 본다(변호사법 31②). 이처럼 2명 이상의 변호사가 공동법률사무소를 운영하면서 수익을 분배하거나 비용을 분담하는 형태로 운영되는 경우에도 하나의 변호사로 간주하여 수임제한을 받게 된다. **2010년 이 문제를 출제할 당시의 구 변호사윤리장전 제18조 제3항은 공동법률사무소가 쌍방 당사자의 사건을 수임하려는 경우 양 당사자의 동의를 얻도록 하고, 수임제한에 위반한 경우 나중에 수임한 사건을 사임하도록 하는 규정을 둔 바 있다.** 즉, 수인의 변호사가 공동으로 사무소를 개설하고 있는 경우에 그 사무소 구성원들은 당사자 쌍방의 양해 없이는 쌍방 당사자의 사건을 수임할 수 없다. 사건을 수임한 후에 이에 위반된 것이 발견된 때에는 뒤에 수임한 사건을 사임하고 그 취지를 의뢰인에게 알려야 한다. 그러므로 당사자 쌍방인 A와 C의 양해(동의)를 얻으면 쌍방 당사자 사건을 수임할 수 있었다.

그러나 현행 변호사윤리장전 역시 제48조에서 공동법률사무소는 수임제한에 관한 제22조 및 제42조의 규정이 준용된다고 하면서도 구 변호사윤리장전 제18조 제3항은 삭제하고 있다. 그러므로 현행 변호사윤리장전에서는 A와 C의 사건을 '현재 수임하고 있는 사건과 이해가 충돌하는 사건'(22①(6))으로 보아 '**관계되는 의뢰인들이 모두 동의하고 의뢰인의 이익이 침해되지 않는다는 합리적인 사유가 있는 경우**에는 그러하지 아니하다'(22①단서)는 규정을 적용할 수 있을 것으로 보인다.

05 변호사 甲은 A 대학의 고문변호사로서 해직교원관련 소송에서 A 대학을 대리하고 있다. 그러던 중 하루는 A 대학의 교무처장인 B가 가족 성묘를 가던 중 C를 사망케 하는 교통사고를 일으켰다. C의 상속인인 D가 B를 상대로 소송을 하려고 하는데, 甲은 D로부터 사건을 수임할 수 있는가?

03 ③ 04 ① 05 ① 정 답

① 있다. A대학과 B는 별도의 법률상 주체이므로 甲은 D사건을 수임할 수 있다.
② 있다. 甲이 대리하는 업무와 교통사고는 동일한 사건이 아니므로 수임할 수 있다.
③ 없다. 甲이 주로 대리하는 A와 B는 밀접한 관계에 있으므로 수임할 수 없다.
④ 없다. B는 A를 대표한다고 볼 수 있으므로 수임할 수 없다.

해설 ① 변호사 甲이 A 대학의 고문변호사라고 할지라도 A 대학 교무처장 B의 불법행위로 인하여 손해를 입은 D의 손해배상청구 사건을 수임할 수 있다. 교통사고의 피해자(유족)가 가해자인 B를 상대로 불법행위로 인한 손해배상청구의 소를 제기하려는 것이므로 A대학과는 상관이 없다.

06

법무법인의 소속 변호사 A는 재직기간 중에 담당하였던 사건에 관하여 법무법인을 탈퇴하고 난 후에 의뢰인이 기존 법무법인과의 위임계약을 해지하고 탈퇴한 변호사 A 또는 A가 새로 소속한 법무법인에 사건을 의뢰하는 경우에 이를 수임할 수 있는가?

① 없다. 법무법인이 의뢰인의 상의를 받아 수임을 승낙하였기 때문이다.
② 없다. 기존의 법무법인의 이익을 해치기 때문이다.
③ 있다. 의뢰인의 변호사 선임의 자유가 있기 때문이다.
④ 있다. 의뢰인의 종전의 업무담당변호사와의 신뢰관계를 보호해줄 필요가 있기 때문이다.

해설 ① 법무법인의 구성원이었거나 구성원 아닌 소속 변호사이었던 자는 법무법인의 소속 기간 중 그 법인이 상의를 받아 수임을 승낙한 사건에 관하여는 변호사의 업무를 수행할 수 없다(변호사법 52②). 이 규정이 종전의 법무법인이 "수임했던" 사건을 수임제한 대상으로 삼지 않고 "수임을 승낙한" 사건을 수임제한 대상으로 삼고 있다는 점은 변호사에게 보다 높은 수준의 직업윤리를 요구하는 취지로 이해된다. 종전의 법무법인이 수임을 승낙한 사건의 수임제한 시기는 수임 승낙 당시의 심급에 계속 중일 때까지로 제한되고, 당해 심급에서 사건이 종결된 이후에는 수임에 제한을 받지 않는다고 해석하여야 한다. 이는 소송대리인 선임행위의 효력은 당해 심급까지만 미친다는 소송법의 입장과 같은 맥락이다.

07

변호사 甲은 A 건설회사가 건축주 B 및 건축주의 연대보증인 C를 공동피고로 하여 제기한 공사대금청구 사건에서 피고들의 대리인이 되어 소송을 수행하여 그 처리를 종결하였다. 그 며칠 후 甲의 고등학교 동창생으로서 甲을 잘 알고 지내는 D는 위 공사와는 무관하게 B에게 1억 원을 대여한 사실이 있어 B를 상대로 소를 제기하고 싶다며 甲에게 사건을 맡아 달라고 부탁하였다. 甲은 직전에 위 공사대금청구 사건에서 B를 대리한 적이 있다고 하면서 거절하였으나, D는 거듭 부탁하고 있다. 변호사 甲은 D로부터 대여금청구 소송사건을 수임할 수 있는가?

제 1 회 기출문제

① 甲은 B의 동의를 받더라도 사건을 수임할 수 없다.
② 甲은 B와 C의 동의를 받는 경우에만 사건을 수임할 수 있다.
③ 甲은 B와 D의 동의를 받는 경우에만 사건을 수임할 수 있다.
④ 甲은 B의 동의를 받지 않더라도 사건을 수임할 수 있다.

해설 ④ 설문은 수임제한 사유에 해당되지 아니한다. 변호사 甲은 B의 소송대리인으로 공사대금청구사건을 수임하여 그 사건이 종결된 바 있지만, 현재 수임을 의뢰하는 D는 앞서 종결하였던 사건의 대립 당사자도 아니기 때문에 B의 동의 없이도 사건을 수임할 수 있다. 종전 당사자의 동의를 받아야 하는 경우는 「수임하고 있는 사건의 상대방이 위임하는 다른 사건」(변호사법 31①(2))이다. 여기서 "수임하고 있는 사건"는 **현재 수임하여 직무를 수행 중에 있는 사건**을 말하고, 이미 종결된 사건은 포함되지 않는다.

08

A, B 변호사는 각 개인변호사로 업무를 수행하면서 동일한 민사사건의 원고(A 변호사)와 피고(B 변호사)를 대리하여 제 1 심이 종결되고 그 후 새로 설립된 甲 법무법인에 소속하게 되었다. 甲 법무법인은 C 변호사를 원고의 항소심 소송대리 담당변호사로 지정하는 위임장을 제출하였다가 사임한 후, 다시 甲 법무법인이 A 변호사를 피고의 항소심 소송대리 담당변호사로 지정하는 위임장을 제출한 경우에 관한 설명 중 틀린 것은?

① 변호사법 제31조 제 1 항 제 1 호의 시적 적용범위는 수임사무의 종결 전후를 불문한다.
② 수임 이후에 변호사가 대리하는 의뢰인들 사이에 이해의 대립이 발생한 경우에는, 변호사는 나중에 수임한 사건을 사임하여야 되는 것은 아니다.
③ 원고의 항소심 사건을 수임하였다가 사임한 후 동일한 항소심 사건의 피고를 수임하는 것은 당사자의 동의가 있으면 가능하다.
④ 법무법인은 구성원 각자가 독립적으로 소송대리인이 되는 것이 아니라 법무법인이라는 단체가 하나의 소송대리인이 되므로, 담당변호사가 C에서 A로 변경된 것은 수임여부에 영향을 미치지 않는다.

해설 ③ 甲 법무법인이 원고의 항소심 사건을 수임하였다가 사임한 후 동일한 항소심 사건의 피고를 수임하는 것은 변호사법 제31조 제 1 항 제 1 호에 위반되어 당사자의 동의 여부와 관계없이 수임할 수 없다.

① 변호사법 제31조 제 1 항 제 1 호의 시적 적용범위는 수임사무의 종결 전·후를 불문한다. 따라서 甲 법무법인이 민사사건의 항소심 원고소송대리인으로 되어 위인장을 제출한 후에 사임한 다음에, 다시 피고소송대리인으로 된 것은 제 1 호의 위반이 된다.

이와 유사한 사례로, 甲 변호사는 乙 법무법인에 속하기 전에 피고의 소송대리인으로 1심에서 사건을 대리한 후, 甲 변호사가 乙 법무법인에 가입하여 소속 변호사가 되어 乙 법무법인이 위 사건의 항소심에서 원고의 소송대리인이 되어 甲 변호사를 담당변호사로 지정하였다가 피고측에서 이의를 하자 담당변호사를 甲 변호사가 아닌 乙 법무법인 소속의 다른 변호사로 변경한 경우에 수임제한 사유에 해당하는지 문제된다. 변호사법 제31조 제 1 항 제 1 호는 수임사건

06 ① 07 ④ 08 ③ 정 답

의 종결 여부와 무관하게 적용되므로 甲 변호사가 1심에서 피고를 수임하였던 사건의 항소심에서 원고를 수임하는 것은 변호사법 제31조 제 1 항 제 1 호에 위반된다. 위 법조는 법무법인에도 준용되므로 甲 변호사가 개인변호사로 사건을 수임하였다가 후에 乙 법무법인에 속하게 되고, 그 법무법인이 항소심에서 상대방을 수임하게 되는 경우에도 마찬가지로 적용된다. 또 법무법인은 법무법인의 명의로 변호사 업무를 수행하는 것이지 법무법인에 속한 변호사가 독자적 명의로 변호사 업무를 수행하는 것이 아니므로, 乙 법무법인이 담당변호사를 甲 변호사에서 다른 변호사로 교체하더라도 위 법조에 위반되는 결과는 마찬가지라 할 수 있다.

② 수임 이후에 변호사가 대리하는 둘 이상의 의뢰인 사이에 이해의 대립이 발생한 경우에는, 변호사는 의뢰인들에게 이를 알리고 적절한 방법을 강구한다(변호사윤리장전 27).

09 A 변호사는 B, C로부터 민사사건을 수임하여 B, C가 원고가 되어 D를 피고로 하는 소송을 진행하던 중에 B는 진행 중인 민사소송을 취하하였다. A 변호사는 C의 민사소송을 계속 진행하고 있던 중에 C가 그 민사사건과 관련하여 B를 사기죄로 고소하는 사건을 선임하여 종전 의뢰인 관계에 있었던 B를 사기죄로 고소한 바 있다. 이에 관한 설명 중 틀린 것은?

① 변호사법 제31조 제 1 항 제 1 호의 수임제한 사유는 수임한 사건의 상대방이 위임하는 사건을 수임하는 경우를 금하는 것이므로, A 변호사는 종전 의뢰인 B의 상대방 지위에 있는 C로부터 고소사건을 선임할 수는 없다.

② 변호사는 위임사무가 종료된 후에도 종전 사건과 본질적으로 관련된 사건에서 대립되는 당사자로부터 사건을 수임하는 경우도 금하고 있는데, 여기서 대립되는 당사자는 이해관계가 대립되는 경우를 포함하는 것으로 볼 수 있다.

③ A 변호사는 의뢰인 B, C로부터 수임하려는 민사소송이 장차 B, C 사이의 이해관계 대립으로 이익이 서로 충돌될 것으로 예상되는 경우라도 B, C가 수임에 동의하고 그들의 이익이 침해되지 않는다는 이유가 있을 때에는 수임할 수 있다.

④ A 변호사는 의뢰인 C로부터 수임한 B에 대한 형사고소 사건에서 종전 민사소송을 진행 중에 알게 된 B의 비밀을 유지하여야 할 의무가 있다.

해설 ① 변호사법 제31조 제 1 항 제 1 호의 수임제한 사유는 수임한 사건의 「상대방」이 위임하는 사건을 수임하는 경우를 금하는 것이지, 수임한 사건의 의뢰인 중 일부가 다른 의뢰인을 상대로 제기하는 사건을 수임하는 경우까지 금하는 것은 아니므로, 설문은 변호사법상 수임제한 사유에 해당하지는 않는다.

③ 변호사는 '동일 사건에서 둘 이상의 의뢰인의 이익이 서로 충돌하는 경우' 관계되는 의뢰인들이 모두 동의하고 의뢰인의 이익이 침해되지 않는다는 합리적인 사유가 있는 경우에는 그러하지 아니하다(변호사윤리장전 22①(5)).

만약 **수임 이후에** 변호사가 대리하는 둘 이상의 의뢰인 사이에 이해의 대립이 발생한 경우에는, 변호사는 의뢰인들에게 이를 알리고 적절한 방법을 강구한다(변호사윤리장전 27).

10 변호사 甲은 토지매매에 관하여 A로부터 사기피해를 입었다고 주장하는 B를 대리하여 A를 상대로 하는 손해배상청구소송을 수행하고 있다. 그러던 중 A가 변호사 甲을 찾아와 위 사기 관련 형사사건 및 위 사기와는 전혀 관련이 없는 C에 대한 대여금청구소송을 의뢰하고자 한다. 변호사 甲은 A가 자신에게 의뢰하고자 한 사건들을 수임할 수 있는가? 제 2 회 기출문제

① A가 변호사 甲에게 의뢰하고자 한 사건은 모두 수임하고 있는 사건의 상대방이 위임하는 다른 사건이므로 변호사 甲은 B의 동의가 있으면 두 사건 모두 수임할 수 있다.
② 변호사 甲은 B의 동의가 있더라도 A의 위 형사사건을 수임할 수 없다.
③ 변호사 甲은 A의 위 형사사건에 관하여는 B의 동의가 있어야 수임할 수 있으나 A의 C에 대한 대여금청구소송은 B와 무관하여 B의 동의가 없어도 사건을 수임할 수 있다.
④ 변호사 甲은 B의 동의가 있더라도 A의 위 대여금청구소송을 수임할 수 없다.

해설 ② 변호사는 당사자 한쪽으로부터 상의(相議)를 받아 그 수임을 승낙한 사건의 상대방이 위임하는 사건에 관하여는 그 직무를 수행할 수 없다(변호사법 31①(1)). 변호사가 B를 대리하여 A를 상대로 사기로 인한 손해배상청구의 소를 제기하였는데, A가 위 사기 형사사건의 선임을 의뢰하였을지라도 변호사는 의뢰인 B의 동의가 있더라도 선임할 수 없다. 그리고 사기사건과 관련이 없는 대여금청구소송은 B의 동의가 있으면 수임할 수 있다.

11 변호사의 수임제한 사유에 관한 설명 중 옳지 않은 것은?

① 변호사는 친척이 담당 공무원으로서 처리하는 사건을 수임할 수도 있다.
② 단순히 보복이나 상대방을 괴롭히는 방법으로 하는 사건이라도 수임이 금지되는 것은 아니다.
③ 변호사는 법원, 수사기관 등의 공무원으로부터 해당기관의 사건을 소개받을 수 없다.
④ 변호사는 당사자 쌍방의 동의를 얻으면 과거 중재인으로 취급하였던 사건을 수임하여 처리할 수 있다.

해설 ④ 변호사는 공무원·조정위원 또는 중재인으로서 직무상 취급하거나 취급하게 된 사건에 관하여는 그 직무를 수행할 수 없다(변호사법 31①(3)). 변호사는 과거 공무원·중재인·조정위원 등으로 직무를 수행하면서 취급 또는 취급하게 된 사건이거나, 공정증서 작성사무에 관여한 사건을 수임하지 아니한다(변호사윤리장전 22①(1)). 2014년 개정된 변호사윤리장전은 "공무원·중재인·조정위원 등"이라고 하여 "등"이라는 문구를 추가했다. 그러나 이 문구는 변호사법 제31조 제1항 제3호 수임제한 규정에도 위반된 것으로 변호사의 수임의 자유를 과도하게 제한하여 헌법과 변호사법을 위반한 내용이라고 할 수 있다. 따라서 위 변호사윤리장전의 "공무원·중재인·조정위원 등"은 공무원 또는 공무원 의제규정이 있는 법령이 정하는 위원과 같이 공무원의 지위에서 직무상 취급 또는 취급하게 된 사건의 수임을 제한하는 것으로 해석하여야 한다. 그렇지 않고 직무상 취급 또는 취급하게 된 모든 사건의 수임을 제한하는 것으로 해석한다면, 공무원이 아닌 사적 단체에서 임원으로 직무상 취급한 사건까지도 수임제한을 받는다고 해석해야 하기 때문이다. 향후 변호사윤리장전 개정시에 위 "등"은 삭제해야 한다. 2014년 개정되기 전의 변호사윤리장전에는 위 "등"이라는

09 ① 10 ② 11 ④ 정 답

문구는 없었다.

① 구 변호사윤리장전 제17조 제 1 항에서 이를 수임금지 사유로 하였지만, 현행 변호사윤리장전에서는 이 부분이 삭제되었다. 변호사는 상대방 또는 상대방 대리인과 친족관계에 있는 경우에는 의뢰인의 양해가 있으면 수임할 수 있다(변호사윤리장전 22①(4)). 변호사는 상대방 또는 상대방 대리인과 친족관계 등 특수한 관계가 있을 때에는, 이를 미리 의뢰인에게 알린다(변호사윤리장전 20③).

② 구 변호사윤리장전 제17조 제 1 항에서 이를 수임금지 사유로 하였지만, 현행 변호사윤리장전에서는 이 부분이 삭제되었다.

③ 변호사는 법원, 수사기관 등의 공무원으로부터 해당기관의 사건을 소개받지 아니한다(변호사윤리장전 40).

12 변호사 甲은 A와 B 사이의 교통사고로 인한 손해배상소송에서 A의 대리를 맡고 있다. B는 변호사 甲이 성실하고 전문성이 있다고 판단하여 자신이 피고인으로 되어 있는 횡령죄의 형사사건에서 甲을 자신의 변호인으로 선임하고자 한다. 변호사 甲의 수임이 허용되는가?

제 2 회 기출문제

① 허용된다. 손해배상소송과 형사사건은 별개의 사건이기 때문이다.

② 허용되지 않는다. 현재 수임하고 있는 사건의 상대방 B가 위임하는 사건이기 때문이다.

③ 원칙적으로 허용되지만, A가 반대할 경우에는 허용되지 않는다.

④ 원칙적으로 허용되지 않지만, A가 동의한 경우에는 허용된다.

해설 ④ 변호사는 '수임하고 있는 사건의 상대방이 위임하는 다른 사건'에 관하여는 그 직무를 수행할 수 없다. 다만, 수임하고 있는 사건의 위임인이 동의한 경우에는 그러하지 아니하다(변호사법 31①단서).

13 변호사법상 공직퇴임변호사의 수임제한에 관한 설명으로 옳지 않은 것은? 제 2 회 기출문제

① 병역의무 이행만을 목적으로 군복무를 한 군법무관은 변호사법상 수임제한을 받는 공직퇴임변호사에 해당하지 않는다.

② 공직퇴임변호사는 퇴직 전 1년부터 퇴직한 때까지 근무한 법원, 검찰청, 군사법원, 금융위원회, 공정거래위원회, 경찰관서 등 국가기관이 처리하는 사건을 퇴직한 날부터 1년 동안 수임할 수 없다.

③ 공직퇴임변호사가 변호사법상 수임제한을 받는 사건을 다른 변호사, 법무법인 등의 명의를 빌려 실질적으로 처리하는 등 사실상 수임을 하더라도 변호사법이 이를 명시적으로 금지하고 있지 않으므로 현재로서는 규제할 방법이 없다.

④ 공직퇴임변호사의 수임제한은 국선변호 등 공익목적의 수임과 사건당사자가 민법 제767조에 따른 친족인 경우에는 해당되지 않는다.

해설 ③ 법관, 검사, 군법무관(병역의무 이행만을 목적으로 한 군복무는 제외한다), 그 밖의 공무원직에 재직한 변호사(이하 이 조에서 "공직퇴임변호사"라 한다)는 퇴직 전 1년부터 퇴직한 때까지 근무한 법원, 검찰청, 군사법원, 금융위원회, 공정거래위원회, 경찰관서 등 국가기관(대법원, 고등법원, 지방법원 및 지방법원 지원과 그에 대응하여 설치된 「검찰청법」 제3조 제1항 및 제2항의 대검찰청, 고등검찰청, 지방검찰청, 지방검찰청 지청은 각각 동일한 국가기관으로 본다)이 처리하는 사건을 퇴직한 날부터 1년 동안 수임할 수 없다. 다만, 국선변호 등 공익목적의 수임과 사건당사자가 「민법」 제767조에 따른 친족인 경우의 수임은 그러하지 아니하다(변호사법 31③). 제3항의 수임할 수 없는 경우는 다음 각 호를 포함한다(변호사법 31④).

2. 공직퇴임변호사가 다른 변호사, 법무법인등으로부터 명의를 빌려 사건을 실질적으로 처리하는 등 사실상 수임하는 경우

공직퇴임변호사의 퇴직 전의 국가기관에서 처리한 사건을 수임한 경우에는 '변호사법위반'으로 징계사유가 된다(변호사법 91②(1)). 그 외에 형사처벌이나 과태료 부과에 관한 규정은 없다.

변호사법 제31조 제3항은 [법률 제11825호, 2013. 5. 28, 일부개정]으로 **장기복무** 군법무관, **그 밖의 공무원직에 있다가 퇴직(재판연구원, 사법연수생**과 병역의무를 이행하기 위하여 **군인·공익법무관** 등으로 근무한 자는 제외한다)하여 변호사 개업을 한 자로 개정되었다.

14 다음 중 의뢰인의 양해나 동의를 받지 않고 수임할 수 있는 것은?

① 수임하고 있는 사건의 상대방이 위임하는 다른 사건

② 법관인 동생이 재판하고 있는 사건

③ 특수절도 사건에서 피고인들 상호간의 이익이 충돌하는 경우

④ 위임사무가 종료된 경우에 종전 사건과 실질적으로 동일한 사건을 대립되는 당사자로부터 사건을 수임하는 경우

해설 ② 구 변호사윤리장전 제17조 제1항 "친척이 담당 공무원으로 처리하는 사건"은 '수임금지'사유로 규정하였지만, 현행 변호사윤리장전에서는 이를 삭제하였다.

① 변호사윤리장전 제22조 제1항 제3호.

③ 변호사는 "동일 사건에서 둘 이상의 의뢰인의 이익이 서로 충돌하는 경우" 관계되는 의뢰인들이 모두 동의하고 의뢰인의 이익이 침해되지 않는다는 합리적인 사유가 있는 경우에는 그러하지 아니하다(변호사윤리장전 22①⑤).

④ 변호사는 위임사무가 종료된 경우에도 종전 사건과 기초가 된 분쟁의 실체가 동일한 사건에서 대립되는 당사자로부터 사건을 수임하지 아니한다(변호사윤리장전 22②). 동일사건은 위임사건의 종료 후에도 수임할 수 없다. 다만, 변호사윤리장전 제22조 제2항은 "종전 사건과 실질적으로 동일하지 않고 종전 의뢰인이 양해한 경우에는 그러하지 아니하다."라는 단서를 규정한 바 있었지만, 다른 사건의 수임은 현재 진행 중인 사건에 국한되는데, 위 단서는 종료된 다른 사건도 종전 의뢰인의 동의를 얻어야 한다고 규정한 것은 잘못이라는 지적에 따라 삭제되었다.

12 ④ 13 ③ 14 ② 정답

15 A는 그의 배우자 B, B의 아들 C를 상대로 혼인취소 및 친생자부인의 소를 제기하였다. 변호사 甲은 A를 대리하고 있는데, 이 사건은 거의 변론종결 단계로 접어들고 있었다. B는 甲 에게 C의 친부를 상대로 인지청구 및 양육비청구소송의 제소를 의뢰하려고 한다. 이 사안에 관련된 설명 중 옳은 것은?

① 수임하고자 하는 인지청구 및 양육비청구소송은 이미 진행 중인 혼인취소 및 친생자부인의 소와 실질적으로 동일하거나 본질적으로 관련된 사건에 해당된다.

② 동일한 사건에 관하여 상대방을 대리하고 있는 경우에 해당되므로 인지청구 및 양육비청구소송은 수임할 수 없다.

③ 혼인취소 및 친생자부인의 소가 변론종결 단계에 있기 때문에 제한 없이 인지청구 및 양육비청구소송을 수임할 수 있다.

④ 혼인취소 및 친생자부인사건이 종료된 이후라면 인지청구 및 양육비청구소송을 수임할 수 있다.

해설 ④ 변호사는 "수임하고 있는 사건의 상대방이 위임하는 다른 사건"의 경우 수임하고 있는 사건의 위임인이 동의한 경우에는 수임할 수 있다(변호사법 31① 단서 (2)). 여기서 '수임하고 있는 사건'은 현재 수임하고 있는 사건을 말하고, 종료한 사건은 수임제한 사유에 해당되지 않는다.

① 변호사는 위임사무가 종료된 경우에도 종전 사건과 기초가 된 분쟁의 실체가 동일한 사건에서 대립되는 당사자로부터 사건을 수임하지 아니한다(변호사윤리장전 22②). 인지청구 및 양육비청구소송은 이미 진행 중인 혼인취소 및 친생자부인사건과 동일하거나 종전 사건과 기초가 된 분쟁의 실체가 동일한 사건이라고 할 수 없고, 두 사건 사이에 이해관계가 저촉된다고 보기도 어렵다.

② 인지청구 및 양육비청구소송은 혼인취소 및 친생자부인사건과 동일한 사건에 해당되지 않는다. 만약 동일한 사건이라면 변호사법 제31조 제1항 제1호 "당사자 한쪽으로부터 상의(相議)를 받아 그 수임을 승낙한 사건의 상대방이 위임하는 사건"에 해당되어 수임할 수 없다.

③ 수임하고 있는 사건(혼인취소 및 친생자부인의 소)의 상대방이 위임하는 다른 사건(인지청구 및 양육비청구소송)의 경우 수임하고 있는 사건의 위임인이 동의한 경우에는 수임할 수 있다(변호사법 31① 단서 (2)). 따라서 종전 사건의 수임사무가 종료되기 전에는 A의 동의를 얻어 수임할 수 있다.

16 A의 소송대리인을 맡은 변호사 甲은 B를 상대로 부담부증여에 기한 부담이행청구의 소송(종전 사건)을 제기하였다. 법무법인 乙은 위 소송의 1, 2심에서 B를 대리하였다. 변호사 甲은 위 사건의 항소심 판결 선고 이후 법무법인 乙의 구성원이 되었으며, 위 사건의 상고심을 진행하였다. 위 사건의 판결이 확정된 후 A는 B를 상대로 위 사건의 부담을 이행하지 않음을 원인으로 증여계약을 해제하고 가등기이전등기말소청구소송(이번 사건)을 제기하였다. 법무법인 乙은 A의 사건을 수임하여 대리할 수 있는지 여부에 관한 다음 설명 중 옳지 않은 것은?

① 종전 사건인 부담부증여에 기한 부담이행을 청구하는 소송과 증여계약을 해제하고 가등기이전등기말소청구사건과는 소송물과 청구원인 자체가 동일한 사건이라 할 수 없다.

② 이번 사건의 쟁점은 부담의 이행 여부이고, 종전 사건은 부담의 존재 여부나 범위가 쟁점이 되었으므로, 종전 사건과 기초가 된 분쟁의 실체가 동일한 사건이라고 볼 수 있다.

③ 법무법인 乙은 종전 의뢰인인 B의 양해를 얻으면 A가 위임하는 사건을 수임하여 대리할 수 있다.

④ 법무법인 乙의 구성원 변호사 甲은 법무법인의 수임제한이 해제되는 특정 변호사에 해당되지 않는다.

해설 ③ 변호사는 위임사무가 종료된 경우에도 종전 사건과 기초가 된 분쟁의 실체가 동일한 사건에서 대립되는 당사자로부터 사건을 수임하지 아니한다(변호사윤리장전 22②). 따라서 종전 사건의 의뢰인으로부터 양해를 얻어 수임할 수 없다.

① 종전 사건은 A가 B를 상대로 부담부증여에 기한 부담이행을 청구하는 소송이고, 이번 사건은 종전 사건 판결 확정 이후 A가 B를 상대로 위 부담부증여의 부담을 이행하지 않음을 원인으로 증여계약을 해제하고 가등기이전등기말소청구를 하는 것이므로, 양자는 소송물과 청구원인이 달라서 동일한 사건으로 보기는 어렵다.

② 두 사건이 동일한 사건은 아니지만, 이번 사건의 쟁점은 결국 부담의 이행 여부이고, 종전 사건에서는 부담의 존재여부나 범위가 쟁점이 되었으므로, 종전 사건과 이번 사건은 본질적 관련성이 있다고 봄이 상당하다.

④ 법무법인 등의 특정 변호사에게만 제22조 제 1 항 제 4 호 또는 제42조에 해당하는 사유가 있는 경우, 당해 변호사가 사건의 수임 및 업무수행에 관여하지 않고 그러한 사유가 법무법인 등의 사건처리에 영향을 주지 아니할 것이라고 볼 수 있는 합리적 사유가 있는 때에는 사건의 수임이 제한되지 아니한다(변호사윤리장전 48②).

17 변호사는 상대방 또는 상대방 대리인과 친족관계에 있는 경우에 해당하는 사건을 수임하지 아니한다. 이에 관련된 설명 중 옳지 않은 것은?

① 법조윤리협의회에 수임자료 제출의무를 지는 '특정변호사'가 상대방 또는 상대방 대리인과 친족관계가 있을 때에는 사건의 수임 및 업무수행에 관여하지 않고 그러한 사유가 법무법인 등의 사건처리에 영향을 주지 아니할 것이라고 볼 수 있는 합리적 사유가 있는 때에는 사건의 수임이 제한되지 아니한다.

② 변호사는 상대방 또는 상대방 대리인과 친족관계 등 특수한 관계가 있을 때에는 반드시 미리 의뢰인에게 알려야 한다.

③ 법무법인은 당해 사건을 처리하는 변호사와 수임이 제한되는 '특정 변호사' 사이에 당해 사건의 변론과 관련하여 의논하거나 조언을 구할 수 없도록 해야 한다.

④ 의뢰인이 양해한 경우에는 수임할 수 있다.

해설 ① 법무법인 등의 '특정 변호사'에게만 제22조 제 1 항 제 4 호(상대방 또는 상대방 대리인과 친족관계에 있는 경우) 또는 제42조(겸직하고 있는 당해 정부기관의 사건을 수임)에 해당하는 사유가 있는 경우, 당해 변호사가 사건의 수임 및 업무수행에 관여하지 않고 그러한 사유가 법무법인 등의 사건처리에 영향을 주지 아니할 것이라고 볼 수

15 ④ 16 ③ 17 ① 정 답

있는 합리적 사유가 있는 때에는 사건의 수임이 제한되지 아니한다(변호사윤리장전 48②). 따라서 법조윤리협의회에 수임자료 등의 제출의무를 지는 변호사법 제89조의5 소정의 '특정변호사'와 구별된다.

② 변호사는 상대방 또는 상대방 대리인과 친족관계 등 특수한 관계가 있을 때에는, 이를 미리 의뢰인에게 알린다(변호사윤리장전 20③).

③ 법무법인 등은 제 2 항의 경우에 당해 사건을 처리하는 변호사와 수임이 제한되는 변호사들 사이에 당해 사건과 관련하여 비밀을 공유하는 일이 없도록 합리적인 조치를 취한다(변호사윤리장전 48③).

④ 변호사는 '상대방 또는 상대방 대리인과 친족관계에 있는 경우'에 해당하는 사건을 수임하지 아니한다. 다만, 의뢰인이 양해한 경우에는 그러하지 아니하다(변호사윤리장전 22①⑷).

18 법무법인·법무법인(유한)·법무조합이 아니면서 변호사 2명 이상이 사건을 수임·처리하는 공동법률사무소에 관련된 설명 중 옳은 것은?

① 수익의 분배와 비용의 분담이 함께 이뤄지는 형태로 운영되어야 하나의 변호사로 본다.

② 수인의 변호사가 공동으로 사무소를 개설하고 있는 경우에 그 사무소 구성원들은 당사자 쌍방의 양해 없이는 쌍방 당사자의 사건을 수임할 수 없다. 사건을 수임한 후에 이에 위반된 것이 발견된 때에는 뒤에 수임한 사건을 사임하고 그 취지를 의뢰인에게 알려야 한다.

③ 법관으로 근무하다 퇴직한 변호사 A와 공동법률사무소를 운영하는 변호사 B는 변호사 A가 법관으로 재직 중에 직무상 취급하였던 사건을 수임할 수 있다.

④ 공동법률사무소에 소속되어 있는 어느 변호사가 겸직하고 있는 당해 정부기관의 사건을 수임하는 것이 공정을 해할 우려가 있을 때에는 수임할 수 없다.

해설 ③ 공동법률사무소는 변호사법 제 1 항 제 1 호 및 제 2 호를 적용할 때만 수임제한을 받게 되고, 같은 조 제 3 항 '공무원·조정위원 또는 중재인으로서 직무상 취급하거나 취급하게 된 사건'에 대하여는 수임제한을 받지 않는다(변호사법 31①⑶). 그래서 공동법률사무소에 대한 특혜가 아니냐 하는 지적도 있다.

① 법무법인·법무법인(유한)·법무조합이 아니면서도 변호사 2명 이상이 사건의 수임·처리나 그 밖의 변호사 업무 수행 시 통일된 형태를 갖추고 수익을 분배하거나, 비용을 분담하는 형태로 운영되는 법률사무소는 하나의 변호사로 본다(변호사법 31②). 수익분배 또는 비용분담의 형태로 운영되는 법률사무소는 하나의 변호사로 본다.

② 수임 이후에 둘 이상의 의뢰인 사이에 이해의 대립이 발생한 경우에는 변호사는 적절한 방법을 강구한다(변호사윤리장전 27). 지문은 구 변호사윤리장전 제18조 제 3 항의 내용으로 현재는 옳지 않다.

④ '법무법인 등'(법무법인, 법무법인(유한), 법무조합 및 대한변호사협회 회칙에서 정한 공증인가합동법률사무소 및 공동법률사무소)의 특정 변호사에게만 제22조 제 1 항 제 4 호(상대방 또는 상대방 대리인과 친족관계에 있는 경우) 또는 제42조(겸직하고 있는 당해 정부기관의 사건을 수임)에 해당하는 사유가 있는 경우, 당해 변호사가 사건의 수임 및 업무수행에 관여하지 않고 그러한 사유가 법무법인 등의 사건처리에 영향을 주지 아니할 것이라고 볼 수 있는 합리적 사유가 있는 때에는 사건의 수임이 제한되지 아니한다(변호사윤리장전 48②).

19 변호사는 스스로 증인이 되어야 할 사건을 수임하지 아니한다. 그러나 변호사윤리장전상 예외적으로 수임할 수 있는 사유에 해당되지 않은 것은?

① 중재자, 조정자로서 행하는 사무에 관련된 증언을 하는 경우
② 사건을 수임하지 아니함으로써 오히려 의뢰인에게 불리한 영향을 미치는 경우
③ 사건과 관련하여 본인이 제공한 법률사무의 내용에 관한 증언을 하는 경우
④ 명백한 사항들과 관련된 증언을 하는 경우

해설 ① **변호사윤리장전 제53조[중립자로서의 변호사]** ① 변호사는 자신의 의뢰인이 아닌 당사자들 사이의 분쟁 등의 해결에 관여하는 경우에 중립자로서의 역할을 수행한다. 중립자로서 변호사가 행하는 사무에는 중재자, 조정자로서 행하는 사무 등을 포함한다. ② 중립자로서 역할을 수행하는 변호사는 당사자들에게 자신이 그들을 대리하는 것이 아님을 적절히 설명한다.

②, ③, ④ 변호사윤리장전 제54조[증인으로서의 변호사] ① 변호사는 스스로 증인이 되어야 할 사건을 수임하지 아니한다. 다만, 다음 각 호의 1에 해당하는 경우에는 그러하지 아니하다.
1. 명백한 사항들과 관련된 증언을 하는 경우
2. 사건과 관련하여 본인이 제공한 법률사무의 내용에 관한 증언을 하는 경우
3. 사건을 수임하지 아니함으로써 오히려 의뢰인에게 불리한 영향을 미치는 경우

② 변호사는 그가 속한 법무법인 등의 다른 변호사가 증언함으로써 의뢰인의 이익이 침해되거나 침해될 우려가 있을 경우에는 당해 사건에서 변호사로서의 직무를 수행하지 아니한다.

20 검사로 퇴직하여 개업한 변호사 甲은 최근에 설립한 "승소 법무법인"의 구성원 변호사가 되었다. 이에 관한 다음 설명 중 옳지 않은 것은?

① 변호사 甲은 승소 법무법인과 별도로 법률사무소를 둘 수 없다.
② 승소 법무법인이 수임한 형사사건을 변호사 甲을 담당변호사로 지정할 때는 지체 없이 서면으로 위임인에게 통지해야 한다.
③ 변호사 甲은 법무법인의 구성인 등기를 말소하지 않은 상태로 다른 법률사무소에 취업하여 직무를 수행하면서 급여를 받을 수 없다.
④ 변호사 甲이 검사로 재직 중 직무상 취급하거나 취급하게 된 사건은 변호사 甲은 수임할 수 없지만, 승소 법무법인은 수임할 수 있다.

해설 ④ 법무법인에 관하여는 제22조, 제27조, 제28조, 제28조의2, 제29조, 제29조의2, 제30조, 제31조 제1항, 제32조부터 제37조까지, 제39조 및 제10장을 준용한다(변호사법 제57조). 따라서 변호사의 수임제한에 관한 변호사법 제31조 제1항은 법무법인에게도 준용하므로, 제1항 제3호 "공무원·조정위원 또는 중재인으로서 직무상 취급하거나 취급하게 된 사건"에 대해서는 변호사 甲은 물론 그가 속한 승소 법무법인도 수임할 수 없나. 이와 달리 변호사법 제31조 제2항 공동법률사무소는 이 경우도 수임할 수 있다는 점에서 법무법인·법무법인(유한)·법무조합과 구별된다.

18 ③ 19 ① 20 ④ 정 답

① 법무법인은 분사무소를 둘 수 있다. 분사무소의 설치기준에 대하여는 대통령령으로 정한다. 법무법인이 사무소를 개업 또는 이전하거나 분사무소를 둔 경우에는 지체 없이 주사무소 소재지의 지방변호사회와 대한변호사협회를 거쳐 법무부장관에게 신고하여야 한다. 법무법인의 구성원과 구성원 아닌 소속 변호사는 법무법인 외에 따로 법률사무소를 둘 수 없다(제48조).

② 법무법인은 제 1 항부터 제 4 항까지의 규정에 따라 담당변호사를 지정한 경우에는 지체 없이 이를 수임사건의 위임인에게 서면으로 통지하여야 한다. 담당변호사를 변경한 경우에도 또한 같다(변호사법 50⑤).

③ 법무법인의 구성원 및 구성원 아닌 소속 변호사는 자기나 제 3 자의 계산으로 변호사의 업무를 수행할 수 없다(변호사법 52①). 법무법인의 구성원인 상태(구성원 등기가 존속)에서 다른 법률사무소에 취업하여 변호사 활동을 하고 급여를 받는 행위는 자기의 계산으로 직무를 수행한 것에 해당되어 금지된다.

21 A 변호사가 甲과 乙이 공동으로 투자하여 매입하면서 甲 명의로 소유권이전등기를 경료한 부동산에 관하여 매도인이 제기한 매매잔대금청구소송에서 피고 甲을 수임하여 소송을 수행한 결과 甲의 승소로 종결되었다. 그 후에 甲과 乙 사이에 투자이익의 분배에 관하여 분쟁이 발생하여 乙이 甲을 상대로 제기하는 투자금 반환청구소송에서 A 변호사는 乙의 사건을 수임할 수 있는지에 관하여 옳지 않은 것은?

① 종전에 수임하여 수행한 사건과 현재 수임하고자 하는 사건은 당사자와 청구원인이 모두 다르므로 동일성이 인정되는 사건이라고 할 수 없다.

② 현재 수임하고자 하는 사건인 투자이익의 분배기준을 둘러싼 분쟁은 종전에 수임한 사건과 기초가 된 분쟁의 실체가 동일한 사건이라고 할 수 없다.

③ A 변호사는 종전 소송사건을 수행과정에서 지득하게 된 甲의 비밀을 현재 수임하고자 하는 소송사건에서 이용할 수 없다.

④ 현재 수임하고자 하는 사건의 의뢰인은 종전 사건의 상대방이므로 甲의 양해 없이는 乙의 사건을 수임할 수 없다.

해설 ④ 설문에서 현재 수임하고자 하는 사건의 의뢰인 乙은 종전 사건의 상대방이 아니므로 수임제한 사유에 해당되지 않는다.

① 종전 사건인 매매잔대금청구소송과 투자금반환청구소송은 동일한 소송이 아니라서 수임제한사유에 해당하지 않는다.

② 변호사는 위임사무가 종료된 경우에도 종전 사건과 기초가 된 분쟁의 실체가 동일한 사건에서 대립되는 당사자로부터 사건을 수임하지 아니한다(변호사윤리장전 22②). 사안이 변호사윤리장전 제22조 제 2 항의 수임제한요건에 해당하는지 여부가 문제되는 데, 공동으로 투자하여 매입한 부동산에 대한 매매잔대금 지급책임의 존재 여부는 투자이익의 범위를 결정하는 데 있어서 중요한 요소가 되는 것은 사실이지만 매매잔대금 지급책임의 존부가 투자이익의 분배기준을 좌우하는 요소가 되는 것은 아니라고 할 것이므로 현재 수임하고자 하는 사건, 즉 투자이익의 분배기준을 둘러싼 분쟁은 종전에 수임한 사건과 기초가 된 분쟁의 실체가 동일한 사건이라고 할 수 없다. 그리고 본질적 관련성이 인정되지 않는 경우라면 더 나아가 乙이 甲과 이해관계가 대립하는 당사자인가 여부를 살펴볼 필요는 없다.

③ 변호사는 직무상 알게 된 의뢰인의 비밀을 누설하거나 부당하게 이용하지 아니한다(개정 변호사윤리장전 18①). 따라서 변호사는 종전 소송사건을 수행과정에서 지득하게 된 甲의 비밀을 현재 수임하고자 하는 소송사건에서 이용하는 행위는 비밀준수의무를 위반하는 것에 해당된다.

22 변호사 甲은 공사대금청구 사건의 원고 소송대리인의 복대리인이 되었다. 그 후 변호사 甲은 위 사건의 항소심에서 피고의 소송대리인으로 선임되어 소송수행을 하던 중 항소심 변론종결 후에 사임하였다. 피고 패소판결 후, 피고는 새로운 변호사를 선임하여 상고하였다. 피고는 상고이유서에서 비로소 변호사 甲이 항소심에서 변호사법상 수임제한 규정을 위반하였으므로 그 소송행위가 무효라고 주장하였다. 이와 관련된 설명 중 옳은 것은? (다툼이 있는 경우 판례에 따름)

① 변호사 甲은 제1심에서 원고로부터 사건을 수임한 바 없이 단지 소송복대리인으로만 관여하였기에 수임제한 규정을 위반한 것은 아니다.
② 변호사 甲이 항소심에서 피고 소송대리인으로 소송수행을 한 행위는 설령 원고가 항소심 도중 이의를 제기하였더라도 유효하다.
③ 변호사 甲이 항소심의 변론종결 후에 사임하였기에 수임제한 규정을 위반한 것은 아니다.
④ 피고가 상고이유서에서 변호사 甲의 항소심에서의 소송행위가 무효라는 주장을 하였을지라도 변호사 甲의 항소심에서의 소송행위는 유효하다.

해설 ④ 원심에서의 피고들의 소송대리인 변호사 이○○가 (변론종결후 사임) 제1심에서 원고들 소송대리인 변호사 정○○의 소송복대리인으로서 관여하였던 사실이 분명하여, 위 변호사 이○○ 의 소위는 변호사법 제16조 제1호(현행 변호사법 31①(1))에 위반되는 소송행위를 하였다고 하여도 원심에서 원고가 아무런 이의도 하지 아니한 이상, 그 소송경위는 소송법상 완전한 효력이 생긴다고 할 것이다(대법원 1969. 12. 30. 69다1899).

23 형사사건 전문변호사로 명성이 높은 변호사 甲은 A를 만나 그의 횡령 피의사건에 관해서 상담을 하였다. 변호사 甲은 A로부터 위 사건을 수임하되, 수임료는 일주일 뒤에 받기로 하였다. 그런데 며칠 뒤 B와 우연한 기회에 법률상담을 하던 도중 B가 A를 고소한 당사자라는 것을 알게 되었다. 이 경우 변호사 甲의 행동에 대한 설명으로 옳은 것은?

① 변호사 甲은 이미 A와 수임계약을 체결하였으므로 B와의 상담을 중지해야 한다.
② 변호사 甲은 B와 법률상담을 시작한 이상, B와 상담을 계속하여야 한다.
③ 변호사 甲은 A로부터 수임료를 받지 않은 이상, 다시 B와 상담하는 데 아무런 문제가 없다.
④ 변호사 甲은 B에게 A와의 상담 사실을 알려주고 그래도 상담을 계속 원하는지 확인해야 하고, 만약 B가 동의한다면 그때 비로소 상담을 계속할 수 있다.

해설 ① 사안은 변호사가 당사자 한쪽으로부터 상의(相議)를 받아 그 수임을 승낙한 사건(A의 사실혼 파혼사건)의 상대방(B)이 위임하는 사건에 해당되므로 B의 사건을 수임할 수 없을 뿐만 아니라 상담 역시 중지하여야 한다. 수임약정이 체결된 후 수임료를 실제로 받았느냐 여부는 문제되지 아니한다.

24 변호사 甲은 교통사고를 일으킨 A에 대한 교통사고처리특례법위반 사건을 상담하고 수임하기로 하여 A와 위임계약을 체결하였다. 그런데 A가 약정된 착수금을 지급하지 않자, 甲은 A에 대한 변론 준비를 하기도 전에 위 위임계약을 해지하였다. 그후 위 교통사고의 피해자인 B는, 교통사고로 인한 손해배상책임을 인수하는 내용의 보험계약을 A와 체결한 C보험회사를 상대로 위 교통사고로 인한 손해배상을 직접 청구하는 내용의 소를 제기하였다. B가 甲에게 위 손해배상청구 사건을 위임하려고 할 경우, 甲이 위 사건을 수임할 수 있는지 여부에 관한 설명으로 옳은 것은? (다툼이 있는 경우에는 판례에 의함) 제 3 회 기출문제

① B는 교통사고처리특례법위반 사건의 피해자로서 A와 이해관계가 상반된 자이고, A의 보험자인 C를 상대로 제기한 손해배상청구 사건은 그 분쟁의 기초적 사실관계가 교통사고처리특례법위반 사건과 같아 실질적으로 동일한 사건이라고 할 것이므로, 甲은 A의 동의 유무와 관계없이 위 손해배상사건을 수임할 수 없다.

② C는 교통사고처리특례법위반 사건에서 A와 이해가 상반되는 상대방이 아니므로 甲은 누구의 동의 없이도 위 손해배상청구 사건을 수임할 수 있다.

③ 위 교통사고처리특례법위반 사건과 손해배상청구 사건은 재판 절차가 달라 본질적으로 관련된 사건이라고 할 수 없으므로 甲은 누구의 동의 없이도 위 손해배상청구 사건을 수임할 수 있다.

④ 위 교통사고처리특례법위반 사건과 손해배상청구 사건은 실질적으로 동일한 사건이라고 할 것이나, 이 사안에서는 甲이 A에 대한 변론 준비를 하기도 전에 A와의 위임계약을 해지하였으므로, 甲은 A의 동의 없이도 위 손해배상청구 사건을 수임할 수 있다.

해설 ① 변호사법 제31조 제 1 호에서 당사자의 일방으로부터 상의를 받아 그 수임을 승낙한 사건의 상대방이 위임하는 사건의 경우에 변호사의 직무행위를 금지하는 이유는, 변호사가 그와 같은 사건에 관하여 직무를 행하는 것은 먼저 그 변호사를 신뢰하여 상의를 하고 사건을 위임한 당사자 일방의 신뢰를 배반하게 되고, 변호사의 품위를 실추시키게 되는 것이므로 그와 같은 사건에 있어서는 변호사가 직무를 집행할 수 없도록 금지한 것이므로, 변호사법 제31조 제 1 호가 적용되기 위해서는 그 변호사가 관여한 사건이 일방 당사자와 그 상대방 사이에 있어서 동일하여야 하는데, 여기서 사건이 동일한지의 여부는 그 기초가 된 분쟁의 실체가 동일한지의 여부에 의하여 결정되어야 하는 것이므로 상반되는 이익의 범위에 따라서 개별적으로 판단되어야 하는 것이고, 소송물이 동일한지 여부나 민사사건과 형사사건 사이와 같이 그 절차가 같은 성질의 것인지 여부는 관계가 없다고 할 것이다(대법원 2003. 11. 28. 2003다41791 부당이득금반환).

25 다음 중 수임제한 사유에 해당하지 않는 것은?

제 3 회 기출문제

① 법원의 조정위원으로 취급한 손해배상청구사건의 원고를 대리하는 행위
② A가 B를 상대로 제기한 소송에서 A의 소송대리인으로부터 복대리인으로 선임되었는데, 복대리인을 사임한 후 동일 소송에서 B를 대리하는 행위
③ 폭행사건으로 기소된 공동피고인 C, D가 서로 상대방이 주범이고 자신은 종범일 뿐이라고 다투고 있는 경우에 C, D 모두를 위한 변호인으로 선임되는 행위
④ 매도인과 매수인 사이에 토지 매매계약이 체결됨에 따라 매매계약 쌍방으로부터 소유권이전등기신청의 대리행위를 의뢰받아 하는 등기신청행위

해설 ④ 변호사법 제31조 제 1 항 제 1 호의 "사건"은 원칙적으로 소송사건에 적용되는 것이나, 자문사건 중에서도 대립하는 당사자가 구체적으로 특정되고 구체적인 법률관계에 대하여 일방 당사자에 대해 조력하겠다고 하는 의사가 표시된 경우는 이를 포함한다.
변호사는 동일 사건에 관하여 당사자 쌍방을 대리할 수 없다. 다만, 법률상 금지되지 아니한 경우에는 그러하지 아니하다(구 변호사윤리장전 17②, 현행 변호사윤리장전 22①(1)). 등기는 법률에 다른 규정이 없는 경우에는 등기권리자와 등기의무자가 공동으로 신청한다(부동산등기법 23①). 민법 124조의 해석상 본인의 허락이 있는 경우에는 특정한 법률행위에 관한 대리인은 그 법률행위를 위하여 당사자 쌍방을 유효하게 대리할 수 있다(대법원 1973. 10. 23. 73다437 소유권이전등기). 토지 매매계약의 체결로 매도인과 매수인이 공동으로 소유권이전등기를 신청함에 있어 그 대리행위를 의뢰받아 등기신청행위를 하는 것은 본인의 허락이 있고, 이해관계가 대립하거나 이익이 충돌되는 경우가 아니므로 수임제한 사유에 해당되지 않는다.

26 변호사 L은 의뢰인 A로부터 대여금청구의 소를 수임하여 B를 피고로 하는 재판 중이다. 다음 중 옳은 내용을 고르시오.

① 변호사법의 수임제한 규정에 의하면, 피고 B가 위임을 의뢰하는 대여금청구 사건은 A가 동의하면 수임할 수 있다.
② 피고 B가 그의 처와 이혼을 하려는 내용의 이혼청구의 소는 의뢰인 A의 동의를 받지 않고도 수임할 수 있다.
③ 피고 B가 의뢰하는 아파트인도청구 사건의 수임을 의뢰인 A의 동의를 받아 수임한 후에 의뢰인 A를 피고로 하는 아파트인도청구의 소를 제기할 수 있다.
④ 변호사 L은 의뢰인 X가 위임하는 의뢰인 A를 상대방으로 하는 손해배상청구의 소를 수임할 수 없다.

해설 ③ 수임하고 있는 사건의 상대방이 위임하는 다른 사건의 경우에 위임인이 동의하면 수임할 수 있는데, 그 상대방(피고)이 의뢰인 A라고 하더라도 적법하다. 변호사법은 다른 사건의 수임시에 의뢰인의 동의를 구하면 된다고 하고, 다른 사건의 피고가 누구인지에 대한 제한은 없다.

24 ① 25 ④ 26 ③ 정 답

① 당사자 한쪽으로부터 상의(相議)를 받아 그 수임을 승낙한 (동일한) 사건의 상대방이 위임하는 사건은 변호사 직무를 수행할 수 없다(변호사법 31①(1)).
② 수임하고 있는 사건의 상대방이 위임하는 다른 사건의 경우 수임하고 있는 사건의 위임인이 동의한 경우에는 변호사 직무를 수행할 수 있다(변호사법 31①(2)).
④ 변호사 L은 의뢰인 X가 위임하는 의뢰인 A를 상대방으로 하는 손해배상청구의 소는 현재 수임하고 있는 B를 피고로 하는 대여금청구의 소와 동일사건도 아니라서 수임할 수 있다. 또한 대여금청구의 소 피고 B가 위임하는 사건도 아니라서 변호사는 수임할 수 있다.

27 공직퇴임변호사가 공익목적으로 수임할 수 있는 것이 아닌 것은?

① 국선변호 또는 국선대리
② 대한변호사협회 또는 지방변호사회가 지정하는 무상 공익활동
③ 공익법인 또는 비영리법인에 대하여 무료로 제공하는 법률서비스
④ 변호사의 조력이 필요한 형사사건의 무죄를 다투는 피고인 사건

해설 ④ 변호사법 제31조 제3항 단서 "다만, 국선변호 등 공익목적의 수임과 사건당사자가 「민법」 제767조에 따른 친족인 경우의 수임은 그러하지 아니하다"규정에 따라 변호사법 시행령 제7조의3은 공익목적 수임의 범위를 규정하고 있다. 그러나 ④와 같은 피고인 사건은 공익목적으로 수임할 수 있는 것이 아니다.
①,②,③은 변호사법 시행령 제7조의3 제1호에서 제3호까지 규정된 내용이다.
변호사법 시행령 제7조의3(공익목적 수임의 범위) 법 제31조 제3항 단서 및 같은 조 제5항에서 "공익목적 수임"이란 다음 각 호의 어느 하나에 해당하는 행위나 활동에 관련된 수임을 말한다.
1. 국선변호 또는 국선대리
2. 대한변호사협회 또는 지방변호사회가 지정하는 무상 공익활동
3. 공익법인 또는 비영리법인에 대하여 무료로 제공하는 법률서비스
4. 제1호부터 제3호에 준하는 것으로 법무부장관이 지정하는 활동

28 공직퇴임변호사의 수임제한 대상 국가기관의 범위와 관련된 설명 중 옳지 않은 것은?

① 공직퇴임변호사의 수임이 제한되는 국가기관은 해당 변호사가 퇴직 전 1년부터 퇴직할 때까지 「국가공무원법」에 따른 국가공무원으로 근무한 모든 국가기관으로 한다.
② 퇴직 전 1년부터 퇴직한 때까지 일시적 직무대리, 겸임발령 등으로 인하여 소속된 국가기관에서의 근무기간이 1개월 이하인 국가기관은 수임제한 대상 국가기관으로 보지 아니한다.
③ 파견, 직무대리, 교육훈련, 휴직, 출산휴가 또는 징계 등으로 인하여 실제로 근무하지 아니한 국가기관이라도 수임제한 대상 국가기관으로 본다.
④ 겸임발령 등으로 인하여 둘 이상의 기관에 소속된 경우에 실제로 근무하지 아니한 국가기관은 수임제한 대상 국가기관으로 보지 아니한다.

해설 ③ 파견, 직무대리, 교육훈련, 휴직, 출산휴가 또는 징계 등으로 인하여 실제로 근무하지 아니한 국가기관은 법 제31조 제3 항을 적용할 때 수임제한 대상 국가기관으로 보지 아니한다(변호사법 시행령 7의2③).

① 변호사법 시행령 제7 조의2 제1 항.

② 변호사법 시행령 제7 조의2 제5 항.

④ 변호사법 시행령 제7 조의2 제4 항.

29 변호사의 수임제한과 관련한 설명 중 옳지 않은 것은?

① 법무법인·법무법인(유한)·법무조합이 아니면서도 변호사 2명 이상이 사건의 수임·처리나 그 밖의 변호사 업무 수행 시 통일된 형태를 갖추고 수익을 분배하거나 비용을 분담하는 형태로 운영되는 법률사무소는 공무원·조정위원 또는 중재인으로서 직무상 취급하거나 취급하게 된 사건을 수임할 수 없다.

② 변호사는 위임사무가 종료된 경우에 종전 사건과 실질적으로 동일하지 않은 사건은 종전 의뢰인의 양해가 없어도 수임할 수 있다.

③ 변호사는 당사자 한쪽으로부터 상의를 받아 그 수임을 승낙한 사건의 상대방이 위임하는 사건에 관하여는 그 직무를 수행할 수 없다.

④ 법무법인 등의 특정 변호사에게만 상대방 또는 상대방 대리인과 친족관계에 있는 경우, 당해 변호사가 사건의 수임 및 업무수행에 관여하지 않고 그러한 사유가 법무법인 등의 사건처리에 영향을 주지 아니할 것이라고 볼 수 있는 합리적 사유가 있는 때에는 사건의 수임이 제한되지 않는다.

해설 ① (변호사법) **제1 항 제1 호 및 제2 호를 적용할 때** 법무법인·법무법인(유한)·법무조합이 아니면서도 변호사 2명 이상이 사건의 수임·처리나 그 밖의 변호사 업무 수행 시 통일된 형태를 갖추고 수익을 분배하거나 비용을 분담하는 형태로 운영되는 법률사무소는 하나의 변호사로 본다(변호사법 31②). 제3 호(공무원·조정위원 또는 중재인으로서 직무상 취급하거나 취급하게 된 사건)는 준용하지 않고 있기 때문에 수임할 수 있다.

② 변호사는 위임사무가 종료된 경우에도 종전 사건과 실질적으로 동일하거나 본질적으로 관련된 사건에서 대립되는 당사자로부터 사건을 수임하지 아니한다(변호사윤리장전 22②). 반면, 종전 사건과 실질적으로 동일하지 않은 사건은 의뢰인의 동의(양해) 없이도 자유롭게 수임할 수 있다.

③ 변호사는 다음 각 호의 어느 하나에 해당하는 사건에 관하여는 그 직무를 수행할 수 없다. 다만, 제2 호 사건의 경우 수임하고 있는 사건의 위임인이 동의한 경우에는 그러하지 아니하다(변호사법 31①).

1. 당사자 한쪽으로부터 상의(相議)를 받아 그 수임을 승낙한 사건의 상대방이 위임하는 사건
2. 수임하고 있는 사건의 상대방이 위임하는 다른 사건
3. 공무원·조정위원 또는 중재인으로서 직무상 취급하거나 취급하게 된 사건

④ 법무법인 등의 특정 변호사에게만 제22조 제1 항 제4 호(상대방 또는 상대방 대리인과 친족관계에 있는 경우) 또는 제42조(변호사는 공정을 해할 우려가 있을 때에는, 겸직하고 있는 당해 정부기관의 사건을 수임하지 아니한다)에

해당하는 사유가 있는 경우, 당해 변호사가 사건의 수임 및 업무수행에 관여하지 않고 그러한 사유가 법무법인 등의 사건처리에 영향을 주지 아니할 것이라고 볼 수 있는 합리적 사유가 있는 때에는 사건의 수임이 제한되지 아니한다(변호사 윤리장전 48②).

30 변호사법상 법무법인이 인가공증인으로서 공증한 사건의 수임제한에 해당되지 않는 것은?

① 법무법인이 인가공증인으로서 공증한 사건

② 법률행위나 그 밖의 사법(私法)상 권리에 관한 사실에 대한 공정증서를 작성한 사건

③ 법인의 등기 절차에 첨부되는 의사록을 인증한 사건

④ 대여금청구 소송의 의뢰인 친구가 요청하는 유언공증사건

해설 ④ 대여금청구 소송의 의뢰인 친구가 요청한 유언공증사건은 법무법인이 인가공증인으로 수임하여 대리하였던 소송사건에 해당되지 않으므로 수임제한을 받지 않는다.

① **변호사법 제51조(업무 제한)** 법무법인은 그 법인이 인가공증인으로서 공증한 사건에 관하여는 변호사 업무를 수행할 수 없다. 다만, 대통령령으로 정하는 경우에는 그러하지 아니하다.

②,③ **변호사법 시행령 제13조(법무법인의 업무범위)** 법 제51조 단서에 따라 법무법인이 수행할 수 있는 변호사의 업무는 다음 각 호의 어느 하나에 해당하는 사건에 대한 소송에 관한 행위를 제외한 것으로 한다.

1. 법률행위나 그 밖의 사법(私法)상 권리에 관한 사실에 대한 공정증서를 작성한 사건
2. 어음, 수표 또는 이에 부착된 보충지(補充紙)에 강제집행할 것을 적은 증서를 작성한 사건
3. 법인의 등기 절차에 첨부되는 의사록을 인증한 사건
4. 「상법」 제292조 및 그 준용규정에 따라 정관을 인증한 사건

30 ④ 정 답

제10장

변호사의 보수

제10장 변호사의 보수

변호사윤리장전

제31조(원칙) ① 변호사는 직무의 공공성과 전문성에 비추어 부당하게 과다한 보수를 약정하지 아니한다.

② 변호사의 보수는 사건의 난이도와 소요되는 노력의 정도와 시간, 변호사의 경험과 능력, 의뢰인이 얻게 되는 이익의 정도 등 제반 사정을 고려하여 합리적으로 결정한다.

제32조(서면계약) 변호사는 사건을 수임할 경우에는 수임할 사건의 범위, 보수, 보수 지급방법, 보수에 포함되지 않는 비용 등을 명확히 정하여 약정하고, 가급적 서면으로 수임계약을 체결한다. 다만, 단순한 법률자문이나 서류의 준비, 기타 합리적인 이유가 있는 경우에는 그러하지 아니하다.

제33조(추가 보수 등) ① 변호사는 정당한 사유 없이 추가보수를 요구하지 아니한다.

② 변호사는 명백한 서면 약정 없이 공탁금, 보증금, 기타 보관금 등을 보수로 전환하지 아니한다. 다만, 의뢰인에게 반환할 공탁금 등을 미수령 채권과 상계할 수 있다.

③ 변호사는 담당 공무원에 대한 접대 등의 명목으로 보수를 정해서는 아니 되며, 그와 연관된 명목의 금품을 요구하지 아니한다.

제34조(보수 분배 금지 등) ① 변호사는 변호사 아닌 자와 공동의 사업으로 사건을 수임하거나 보수를 분배하지 아니한다. 다만, 외국법자문사법에서 달리 정하는 경우에는 그러하지 아니하다.

② 변호사는 소송의 목적을 양수하거나, 정당한 보수 이외의 이익분배를 약정하지 아니한다.

01 변호사의 보수에 관한 설명 중 틀린 것은?

① 변호사의 보수는 의뢰인과의 위임계약으로 정한다.
② 수임인은 위임인에 대하여 특별한 약정이 없으면 보수를 청구할 수 없다.
③ 변호사의 보수에 관하여 명시적인 약정이 없었다면 무상이라고 보아야 한다.
④ 변호사의 보수청구권은 수임계약시에 반드시 명시해야 하는 것은 아니다.

해설 ③ 변호사는 의뢰인과 명시적으로 보수약정을 하지 않았더라도 보수지불에 관한 묵시의 합의가 있는 것으로 본다.
① 변호사·법무법인·법무법인(유한)·법무조합의 보수는 위임인과의 계약으로 정한다(대한변호사협회 회칙 44③).
② 수임인은 특별한 약정이 없으면 위임인에 대하여 보수를 청구하지 못한다(민법 686①).
④ 변호사에게 계쟁 사건의 처리를 위임함에 있어서 그 보수 지급 및 수액에 관하여 명시적인 약정을 아니하였다 하여도, 무보수로 한다는 등 특별한 사정이 없는 한 응분의 보수를 지급할 묵시의 약정이 있는 것으로 봄이 상당하다(대법원 1995. 12. 5. 94다50229 보수금). 따라서 변호사의 보수청구권의 유무는 수임계약시에 명시하지 않았더라도 유상으로 보는 것이 판례의 입장이다.

02 변호사의 보수약정과 관련하여 틀린 것은?

① 변호사는 위임사무의 대한 보수청구권을 당연히 갖는다.
② 위임사무를 완료한 후에만 보수를 청구할 수 있다.
③ 약정된 보수액이 과다하여 신의성실의 원칙에 반하는 경우에 감액할 수 있다.
④ 소송이 특별히 복잡하여 장기간 소요된 경우에는 추가로 보수를 청구할 수 있다.

해설 ② 수임인이 보수를 받을 경우에는 위임사무를 완료한 후가 아니면 이를 청구하지 못한다(민법 686②). 변호사의 소송위임사무처리에 대한 보수의 액에 관하여 의뢰인과 사이에 약정이 있는 경우에 위임사무를 완료한 변호사는 특별한 사정이 없는 한 약정된 보수액을 전부 청구할 수 있는 것이 원칙이다(대법원 1992. 3. 31. 91다29804 보수금). 그러나 변호사는 의뢰인과의 특약으로 위임사무의 착수시점에 일정액의 보수의 지급을 약정할 수 있으므로, 반드시 위임사무의 종료 후에 보수를 청구할 수 있는 것은 아니다.
① 변호사는 사회통념에 비추어 현저히 부당한 보수를 받을 수 없을 뿐이므로, 변호사에게 계쟁사건의 처리를 위임함에 있어서 그 보수지급 및 수액에 관하여 명시적인 약정을 아니하였다 하여도, 무보수로 한다는 등 특별한 사정이 없는 한 응분의 보수를 지급할 묵시의 약정이 있는 것으로 봄이 상당하다(대법원 1993. 11. 12. 93다36882 약정금).
③ 약정된 보수액이 부당하게 과다하여 신의성실의 원칙이나 형평의 원칙에 반한다고 볼 만한 특별한 사정이 있는 경우에는, 예외적으로 위와 같은 제반 사정을 고려하여 상당하다고 인정되는 범위 내의 보수액만을 청구할 수 있다고 보아야 할 것이다(대법원 1992. 3. 31. 91다29804 보수금).
④ 변호사는 정당한 사유 없이 추가보수를 요구하지 아니한다. 변호사는 명백한 서면 약정 없이 공탁금, 보증금, 기타 보관금 등을 보수로 전환하지 아니한다. 다만, 의뢰인에게 반환할 공탁금 등을 미수령 채권과 상계할 수 있다. 변호사는 담당 공무원에 대한 접대 등의 명목으로 보수를 정해서는 아니 되며, 그와 연관된 명목의 금품을 요구하지 아니한다(개정 변호사윤리장전 33). 그러므로 소송이 특별히 복잡·중대하여 장기간 소요되었다거나 변호사가 유난히 많은 정성을 들였다고 볼 만한 사정이 있는 경우에는 「추가보수를 요구할 수 있는 정당한 사유」에 해당될 수 있다.

03 변호사의 성공보수에 관한 설명 중 틀린 것은? (다툼이 있는 경우에는 판례에 의함)

① 민사사건의 성공보수에 관한 약정은 인정된다.
② 성공보수액도 일반적인 보수산정의 기준이 적용된다.
③ 성공보수액이 지나치게 과다한 약정은 무효가 된다.
④ 승소사례금은 무보수로 한다는 등의 특별한 사정이 없는 한 응분의 보수를 지급할 묵시의 약정이 있는 것으로 볼 수 있다.

해설 ③ 변호사의 약정 성공보수금 총액이 부당히 과다한 경우에는 제반사정을 참작하여 그 금액을 감액하게 되므로, 성공보수금 약정 자체가 무효로 되는 것은 아니다. 그러므로 적정한 성공보수금을 초과하는 부분은 신의성실의 원칙에 반하여 무효라고 할 수 있다(대법원 1992. 3. 31. 91다29804 보수금).
② 성공보수 역시 변호사의 보수의 일종이므로 보수 산정의 기준인 「사안의 난이, 소요되는 노력의 정도와 시간, 당사자의 이해관계 등 제반사정」이 고려된다(변호사윤리장전 31②).
④ 변호사에게 계쟁사건의 처리를 위임함에 있어서 그 보수 및 액에 관하여 명시의 약정을 아니하였다 하여도 무보수로 한다는 등의 특별한 사정이 없는 한 응분의 보수를 지급할 묵시의 약정이 있는 것으로 봄이 상당하며, 변호사는 그 수임사건이 승소로 확정된 때와 이와 동일시할 사건귀결이 된 경우에는 무보수로 한다는 특약이 없는 한 민법 제686조에 의하여 승소사례금을 청구할 수 있다(대법원 1975. 5. 25. 75다1637 보수금).

04 변호사의 보수에 관련된 설명 중 옳지 않은 것은?

① 변호사는 직무의 공공성과 전문성 때문에 부당하게 과다한 보수를 받아서는 아니 된다.
② 변호사는 외국법자문사법에서 달리 정하는 경우에는 외국법자문사와 공동의 사업으로 사건을 수임하거나 보수를 분배할 수 있다.
③ 변호사는 명백한 서면 약정 없이 의뢰인에게 반환할 공탁금 등을 미수령 채권과 상계하여서는 아니 된다.
④ 변호사는 단순한 법률자문이나 서류의 순비, 기타 합리석인 이유가 있는 경우에도 보수약정은 서면으로 하여야 한다.

해설 ④ 변호사는 사건을 수임할 경우에는 수임할 사건의 범위, 보수, 보수 지급방법, 보수에 포함되지 않는 비용 등을 명확히 정하여 약정하고, 가급적 서면으로 수임계약을 체결한다. 다만, 단순한 법률자문이나 서류의 준비, 기타 합리적인 이유가 있는 경우에는 그러하지 아니하다(변호사윤리장전 32).
① 변호사는 직무의 공공성과 전문성에 비추어 부당하게 과다한 보수를 약정하지 아니한다(변호사윤리장전 31①).
② 변호사는 변호사 아닌 자와 공동의 사업으로 사건을 수임하거나 보수를 분배하지 아니한다. 다만, 외국법자문사법에서 달리 정하는 경우에는 그러하지 아니하다(변호사윤리장전 34①).
③ 변호사는 명백한 서면 약정 없이 공탁금, 보증금, 기타 보관금 등을 보수로 전환하지 아니한다. 다만, 의뢰인에게 반환할 공탁금 등을 미수령 채권과 상계할 수 있다(변호사윤리장전 33②).

01 ③ 02 ② 03 ③ 04 ④ 정답

05 변호사가 보수규정에 위반한 행위를 한 경우 그 책임에 관하여 틀린 것은?

① 변호사법에는 변호사의 보수에 관한 명문의 규정을 두고 있지 않다.

② 변호사는 변호사윤리장전 등의 회칙에서 정한 보수규정에 위반하였을지라도 변호사법상의 책임은 없다.

③ 변호사는 법관과의 교제비 명목으로 의뢰인으로부터 돈을 받아서는 아니 된다.

④ 변호사는 세금신고를 줄이기 위하여 허위의 영수증을 발행한 경우 징계책임을 진다.

해설 ② 변호사법 제91조 제2항 제3호는 「직무의 내외를 막론하고 변호사로서의 품위를 손상하는 행위를 한 경우」를 징계사유로 규정하고 있는데, 변호사의 보수규정위반으로 인한 경우에는 위 규정에 의하여 징계책임을 물을 수 있다. 또한, 변호사나 그 사무직원이 다음 각 호의 어느 하나에 해당하는 행위를 한 경우에는 5년 이하의 징역 또는 3천만 원 이하의 벌금에 처한다. 이 경우 벌금과 징역은 병과할 수 있다.

1. 판사·검사, 그 밖에 재판·수사기관의 공무원에게 제공하거나 그 공무원과 교제한다는 명목으로 금품이나 그 밖의 이익을 받거나 받기로 한 행위
2. 제1호에 규정된 공무원에게 제공하거나 그 공무원과 교제한다는 명목의 비용을 변호사 선임료·성공사례금에 명시적으로 포함시키는 행위

③ 변호사는 담당 공무원에 대한 접대등의 명목으로 보수를 정해서는 아니 되며, 그와 연관된 명목의 금품을 요구하지 아니한다(변호사윤리장전 33③).

④ 변호사는 조세포탈 기타 어떠한 명목으로도 의뢰인 또는 관계인과 수수한 보수의 액을 숨기기로 밀약하거나 영수증 등 증거를 조작하여서는 아니 된다(구 변호사윤리장전 36). 현행 변호사윤리장전에서는 '너무나 당연한 내용으로서 더 이상 명시할 필요가 없다'는 이유로 삭제하였지만, 여전히 유효한 것으로 보아야 한다.

06 A 변호사는 의뢰인 X가 그의 사업동업자와의 동업관계 정산금 문제로 분쟁중인 정산금청구소송을 수임하기로 하고 소송위임계약서를 작성하려고 하였다. 그 때 X는 변호사에게 "변호사님! 저를 못 믿겠습니까? 저에게 말씀만 하시면 제 때 제 때 돈도 보내고, 시키는 서류도 가져다 드리겠습니다"라고 하여 위임계약서를 작성하지 않았다. 이에 관하여 다음 설명 중 틀린 것은?

① 변호사는 사건을 수임할 때 변호사 보수와 대리행위의 범위에 관하여 서면으로 계약서를 작성할 필요가 있다.

② 위임계약서를 작성할 수 없는 긴급한 필요가 있을 때는 그 사유가 소멸된 후에 즉시 작성하는 것이 좋다.

③ 변호사는 X가 위임계약서의 작성을 거부한 경우에는 수임을 사실상 거부한 것으로 보고 법률상담료를 받을 수 있다.

④ 의뢰인과의 위임계약시를 작성해야 할 필요성은 변호사의 직무의 공공성 때문이다.

해설 ④ 위임계약서에는 변호사의 법률행위의 종류와 범위를 특정하고, 변호사의 보수를 특정해 두어야 사후 분쟁방지와 법률관계의 명확화를 기할 수 있다.

① 변호사는 사건을 수임할 경우에는 수임할 사건의 범위, 보수, 보수 지급방법, 보수에 포함되지 않는 비용 등을 명확히

정하여 약정하고, 가급적 서면으로 수임계약을 체결한다. 다만 단순한 법률상담을 하거나, 간단한 서류를 작성해 주는 경우에는 위임계약서의 작성이 필요하지 않다(변호사윤리장전 32).

② 법률사무소 외에서 수임하는 경우에 위임계약서를 지참하지 않는 등의 사정으로 긴급한 사정이 있을 때에는 수임 후에 위임계약서를 작성하여야 한다.

③ 의뢰인이 위임계약서의 작성을 거부하는 경우에는 사실상 수임을 거절한 것으로 볼 수도 있다.

07 변호사의 보수와 관련된 설명 중 옳지 않은 것은?

① 변호사는 당해 사건의 승소판결이 나면 성공보수금 중의 일부를 그 사건을 소개해 준 친구에게 감사의 표시로 일부 지급하기로 하는 약속은 할 수 있다.

② 변호사는 사건 또는 사무를 수임할 때에 반드시 보수에 관한 약정을 하여야 하는 것은 아니고, 구두로 약정하는 것이 금지되는 것은 아니다.

③ 변호사는 의뢰인이 위임하는 민사사건에서 피고가 공탁해 두었던 공탁금을 나중에 성공보수로 전환하기로 서면으로 약정하였다.

④ 독일에서는 성공보수를 일체 금지하는 규정이 위헌결정이 있어 현재는 제한된 범위에서 성공보수의 약정이 허용된다.

해설 ① 변호사나 그 사무직원은 법률사건이나 법률사무의 수임에 관하여 소개·알선 또는 유인의 대가로 금품·향응 또는 그 밖의 이익을 제공하거나 제공하기로 약속하여서는 아니 된다(변호사법 34②). 변호사는 변호사 아닌 자와 공동의 사업으로 사건을 수임하거나 보수를 분배하지 아니한다. 다만, 외국법자문사법에서 달리 정하는 경우에는 그러하지 아니하다. 변호사는 소송의 목적을 양수하거나, 정당한 보수 이외의 이익분배를 약정하지 아니한다(변호사윤리장전 34①②).

② 변호사는 사건을 수임할 경우에는 수임할 사건의 범위, 보수, 보수 지급방법, 보수에 포함되지 않는 비용 등을 명확히 정하여 약정하고, 가급적 서면으로 수임계약을 체결한다. 다만, 단순한 법률자문이나 서류의 준비, 기타 합리적인 이유가 있는 경우에는 그러하지 아니하다(변호사윤리장전 32).

③ 변호사는 명백한 서면 약정 없이 공탁금, 보증금, 기타 보관금 등을 보수로 전환하지 아니한다. 다만, 의뢰인에게 반환할 공탁금 등을 미수령 채권과 상계할 수 있다(변호사윤리장전 33②).

④ 독일 연방헌법재판소는 2006. 12. 12. 변호사의 성공보수약정을 금지시키고 있는 연방변호사법 규정은 직업의 자유를 침해하는 것이므로, 입법자는 성공보수약정의 일반적인 금지에 대한 예외를 명시하거나 또는 금지 자체를 완전히 폐지하는 새로운 규정을 만들어야 한다고 판시하였다. 연방헌법재판소는 연방변호사법이 성공보수약정을 전면적으로 금지하고 있으면서도 법 자체에 아무런 예외를 인정하지 않고 있는 것이 직업활동의 자유를 침해하는 것이라고 판단하였다. 그로 인하여 연방변호사법은 원칙적으로 성공보수약정의 금지는 그대로 유지하되, 예외적으로 변호사보수법에서 성공보수약정을 인정하고 있다.

05 ② 06 ④ 07 ① 정 답

08 국선변호인에 관한 설명 중 옳지 않은 것은? 제 1 회 기출문제

① 국선변호인이 사임하기 위해서는 반드시 법원 또는 지방법원 판사의 허가를 받아야 한다.

② 변호사는 국선변호인으로 지정을 받더라도 이미 수임하고 있는 사건과 이해관계가 상반되는 경우에는 그 취지를 알리고 이를 거절하여야 한다.

③ 국선변호인이 변호 활동을 위해 지출한 비용은 실비의 범위 내에서만 피고인 또는 피의자로부터 지급받을 수 있다.

④ 국선변호인은 사선변호인으로 전환하기 위하여 부당하게 피고인 또는 피의자와 교섭하여서는 아니 된다.

해설 ③ 변호사는 국선변호인 또는 국선대리인으로 선임된 때에는 그 사건을 사선으로 전환하기 위하여 교섭하여서는 아니 되며, 따로 보수를 받아서는 아니 된다(구 변호사윤리장전 19④). 국선변호인은 피고인이나 피의자로부터 보수를 따로 받을 수 없으므로 실비를 요구할 수 없다.

④ 국선변호인 등 관련 법령에 따라 국가기관에 의하여 선임된 변호사는 그 사건을 사선으로 전환하기 위하여 부당하게 교섭하지 아니한다(변호사윤리장전 17①).

09 의뢰인 A는 변호사 甲에게 민사소송을 위임하면서 위임계약서를 작성하였는데, 그 위임계약서에는 의뢰인이 임의로 화해하거나 소를 취하하는 경우 전부 승소한 것으로 보고 성공보수금을 지급하기로 하는 승소간주조항이 부동문자로 인쇄되어 있었다. 또한 변호사 甲과 의뢰인 A는 위 위임계약서의 특약조항란에 의뢰인이 위임계약을 위반하거나 중도 해지, 해제 등을 한 경우 전체에 대하여 승소한 것으로 간주하고 소송비용, 성공보수금을 지급하기로 하는 내용을 추가로 기재하였다. 그 후 의뢰인 A는 변호사 甲과 상의 없이 상대방과 소송 외에서 화해하고 소를 임의로 취하하였고, 변호사 甲과의 위임계약을 임의로 해지하였다. 이에 변호사 甲은 위 위임계약서에 근거하여 의뢰인 A에게 소송비용 및 성공보수금의 지급을 청구하였다. 위 사안에 관한 설명 중 옳지 않은 것은? (다툼이 있는 경우에는 판례에 의함) 제 2 회 기출문제

① 이 사건 승소간주조항은 위임계약의 일방당사자인 변호사가 다수의 상대방과 계약을 체결하기 위하여 일정한 형식에 의하여 미리 마련한 계약의 내용으로서 약관의 규제에 관한 법률 소정의 약관에 해당한다.

② 이 사건 특약조항은 의뢰인에게 부당하게 과중한 손해배상액의 예정으로서 약관의 규제에 관한 법률 소정의 약관에 해당한다.

③ 이 사건 승소간주조항은 의뢰인에게 부당하게 불리한 조항으로서 신의성실의 원칙에 반하여 공정을 잃은 것이어서 무효이다.

④ 의뢰인은 위 특약조항에 따라 소송비용, 성공보수금을 지급할 책임이 있다.

해설 ② 이 문제가 출제된 이후 ④번도 정답에 해당된다는 수험생들의 이의신청이 많았으므로 ④번이 정답이 될 수 있는지를 살펴보기로 한다.

1. 해석의 전제로서의 "다툼이 있는 경우에는 판례에 의함"의 의미

위 문제에서 판단기준으로 삼아야 하는 판례는 서울고등법원 2004나69934 판결과 대법원 2007. 9. 21. 2005다43067 판결을 기초로 하고 있지만, 설문의 사안을 해석하는 법리를 제시하는 모든 판례가 해당된다고 보아야 한다.

2. 승소간주조항과 특약조항의 법적 효력(대법원 2007. 9. 21. 2005다43067 참조)

가. 승소간주조항—무효

승소간주조항은 고객에 대하여 부당하게 불리한 조항으로서 신의성실의 원칙에 반하여 공정을 잃은 약관에 해당한다고 보아 이를 무효로 판단하였다. 따라서 변호사 甲은 승소간주조항을 근거로 성공보수금을 청구할 수 없다.

나. 특약조항—일부무효

(1) 특약사항은 위임인인 피고(설문의 의뢰인 A) 등이 위 계약을 위반할 경우에 부담할 손해배상액을 예정한 것이므로, 위 계약을 위반한 피고 등은 위 특약사항에 따른 위약금을 지급할 의무가 있다고 한 다음, 위 특약사항에 의하여 산정되는 위약금 291,398,700원을 그 판시와 같은 제반 사정을 고려하여 145,000,000원으로 감액하였다.

(2) 판례는 특약조항의 성공보수금의 약정에 관한 법적 성질을 민법 제398조 "손해배상액의 예정"으로 보면서, 그 예정액이 부당히 과다하다고 하여 감액하였다.

(3) 손해배상액의 예정으로서의 법적 성질을 갖는 성공보수금 역시 부당하게 과다한 경우에는 상당하다고 인정되는 범위에서 감액하는 것이 판례이다(대법원 1992. 3. 31. 91다29804 보수금).

다. 소 결

따라서 변호사 甲은 위 특약조항에 기재한 내용처럼 성공보수금과 소송비용을 청구할 수 있다. 그러므로 의뢰인 A는 법원에서 특약조항으로 약정한 성공보수금을 민법상의 '손해배상액의 예정'으로 판단하였을지라도, 법원에서 감액한 범위에서 상호간에 약정한 손해배상액의 예정으로서의 위약금의 성질을 갖는 성공보수금을 변호사 甲에게 지급할 의무가 있다.

3. 설문의 특약조항에 기재된 "성공보수금"과 지문 ④번의 "성공보수금"의 검토

가. 설문에 기재된 성공보수금은 전부 승소를 전제로 하거나, 당초 약정한 전체 성공보수금으로 이해하고, ④번의 성공보수금은 그 금액이 과대하므로 법원에서 유효한 것으로 인정한 감액된 범위의 금액인 성공보수금으로 이해하여 양자를 다른 개념으로 이해할 수도 있다.

나. 설문의 특약조항은 일정한 사유가 발생한 경우에는 성공보수금을 청구할 수 있다는 일반적·추상적인 기재만 있을 뿐이다. ④번 역시 의뢰인은 성공보수금을 지급할 책임이 있다고만 기재되어 있어 그 액수에 관하여는 어디에서도 구체적으로 특정하고 있지 않기 때문에 ④번에서의 성공보수금과 설문상의 특약조항상의 성공보수금을 달리 해석할 여지는 없다. 변호사와 의뢰인간의 특약으로 성공보수금을 약정하였을지라도 그 청구권의 발생과 구체적인 액수는 최종적으로 법원에서 결정하기 때문에 설문의 특약조항에서 기재하고 있는 성공보수금과 ④번의 성공보수금을 달리 볼 수도 없다.

다. 만약 변호사 甲이 특약조항에 성공보수금 약정내용을 기재하지 않았다면, 승소간주조항에서 정하는 성공보수금은 무효인 약관에 해당되기 때문에 성공보수금청구권은 발생하지 않는다. 따라서 변호사 甲은 위 특약조항에 의하여 비록 일부 감액된 금액이기는 하지만 성공보수금을 청구할 수 있는 것이고, 의뢰인 A는 성공보수금을 지급할 책임이 있다.

08 ③ 09 ② 정 답

10 다음 사례 중 변호사 윤리상 허용되는 것은?

제 2 회 기출문제

① 부동산 관련 소송을 수행하던 중, 그 부동산 이외에는 아무런 재산이 없는 의뢰인의 제안으로 성공보수금 확보를 위하여 위 부동산에 변호사 명의의 근저당권을 설정하는 경우

② 교통사고 손해배상 사건을 수임함에 있어 1심, 2심, 3심을 전부 수임하고 보수는 승소액의 일정 비율로 약정하는 경우

③ 사무직원이 사건을 소개하는 경우 수임료의 일정 비율을 상여금 명목으로 지급하기로 약정하는 경우

④ 유료 전화 법률 상담을 하면서 상담을 연결해주는 통신업체에 상담 수수료의 25%를 통신망 사용료 명목으로 지급하는 경우

해설 ② 소송대리권의 범위는 특별한 사정이 없는 한 당해 심급에 한정되어, 소송대리인의 소송대리권의 범위는 수임한 소송사무가 종료하는 시기인 당해 심급의 판결을 송달받은 때까지라고 할 것이다(대법원 2000. 1. 31. 99마6205 소송비용액확정). 그러나 변호사는 의뢰인과의 수임계약으로 1심, 2심, 3심을 전부 수임하기로 하고 보수는 승소액의 일정 비율로 약정할 수 있다.

① 성공보수의 확보를 위하여 소송 수행 중에 의뢰인의 부동산에 근저당권을 설정하는 행위는 사실상의 성공보수금의 선수령에 준하는 행위로 허용될 수 없다. 법조윤리시험 제 2 회 시행 당시에는 성공보수의 선수령이 금지되었지만, 현재는 이런 제한이 없다. 따라서 지금은 ①도 해답이 될 수 있다.

④ 변호사가 아닌 자는 변호사가 아니면 할 수 없는 업무를 통하여 보수나 그 밖의 이익을 분배받아서는 아니 된다(변호사법 34⑤). 변호사는 변호사 아닌 자와 공동의 사업으로 사건을 수임하거나 보수를 분배하지 아니한다. 다만, 외국법자문사법에서 달리 정하는 경우에는 그러하지 아니하다. 변호사는 소송의 목적을 양수하거나, 정당한 보수 이외의 이익분배를 약정하지 아니한다(변호사윤리장전 34①②).

11 변호사의 보수에 관한 설명 중 옳지 않은 것은?

① 변호사는 직무의 공공성과 전문성 때문에 부당하게 과다한 보수를 받아서는 아니 된다.

② 변호사는 외국법자문사법에서 달리 정하는 경우에는 변호사 아닌 자와 공동의 사업으로 사건을 수임하거나 보수를 분배할 수 있다.

③ 변호사는 명백한 서면 약정 없이 의뢰인에게 반환할 공탁금 등을 미수령 채권과 상계할 수 없다.

④ 변호사는 단순한 법률자문이나 서류의 준비, 기타 합리적인 이유가 있는 경우에는 보수약정을 구두로 약정할 수도 있다.

해설 ③ 변호사는 명백한 서면 약정 없이 공탁금, 보증금, 기타 보관금 등을 보수로 전환하지 아니한다. 다만, 의뢰인에게 반환할 공탁금 등을 미수령 채권과 상계할 수 있다(개정 변호사윤리장전 31②).

① 변호사는 직무의 공공성과 전문성에 비추어 부당하게 과다한 보수를 약정하지 아니한다(변호사윤리장전 31①).

② 변호사는 변호사 아닌 자와 공동의 사업으로 사건을 수임하거나 보수를 분배하지 아니한다. 다만, 외국법자문사법에서 달리 정하는 경우에는 그러하지 아니하다(변호사윤리장전 34①).

④ 변호사는 사건을 수임할 경우에는 수임할 사건의 범위, 보수, 보수 지급방법, 보수에 포함되지 않는 비용 등을 명확히 정하여 약정하고, 가급적 서면으로 수임계약을 체결한다. 다만, 단순한 법률자문이나 서류의 준비, 기타 합리적인 이유가 있는 경우에는 그러하지 아니하다(변호사윤리장전 32).

12 변호사의 보수에 관한 설명 중 옳지 않은 것은? (다툼이 있는 경우 판례에 의함)

① 약정된 보수액이 부당하게 과다하여 신의성실의 원칙이나 형평의 원칙에 반한다고 볼 만한 특별한 사정이 있는 경우라도 보수계약의 전체가 무효로 되는 것은 아니다.

② 변호사가 의뢰인과 성공보수 약정을 하면서 전 심급을 통하여 최종적으로 승소한 금액의 일정 비율을 성공보수금으로 지급하기로 한 경우, 각 심급별 소송비용에 산입될 성공보수는 패소한 심급의 소송비용에도 산입할 수 있다.

③ 변호사가 의뢰인의 부탁으로 매매계약 체결을 위한 계약금과 중도금을 자신의 계좌로 입금하여 보관 중 보수지급 약정시기 보다 일찍 성공보수금 명목으로 돈을 인출한 행위는 횡령죄를 구성한다.

④ 변호사의 소송위임 사무처리에 대한 보수에 관하여 의뢰인과의 사이에 약정이 있는 경우에 위임사무를 완료한 변호사는 특별한 사정이 없는 한 약정된 보수액을 전부 청구할 수 있는 것이 원칙이다.

해설 ② 당사자들 사이에 이른바 성공보수의 약정을 하면서 전 심급을 통하여 최종적으로 승소한 금액의 일정 비율을 성공보수금으로 지급하기로 한 경우, 각 심급별 소송비용에 산입될 성공보수는 최종 소송 결과에 따라 확정된 성공보수금을 승소한 심급들 사이에서 각 심급별 승소금액에 따라 안분하는 방법으로 산정함이 타당하고, 패소한 심급의 소송비용에 산입할 수는 없다(대법원 2012. 1. 27. 2011마1941 소송비용액확정).

① 약정된 보수액이 부당하게 과다하여 신의성실의 원칙이나 형평의 원칙에 반한다고 볼 만한 특별한 사정이 있는 경우에는 예외적으로 상당하다고 인정되는 범위 내의 보수액만을 청구할 수 있고, 위와 같은 특별한 사정의 존재에 대한 증명책임은 약정된 보수액이 부당하게 과다하다고 주장하는 측에 있다(대법원 2012. 8. 17. 2010다60172 약정금).

③ 대법원 2012. 3. 29. 2012도1550 횡령.

④ 대법원 2012. 8. 17. 2010다60172 약정금.

13 변호사보수청구권에 관한 다음 설명 중 옳지 않은 것은? (다툼이 있는 경우 판례에 따름)

① 변호사의 보수는 수임계약시에 약정한 금액을 초과한 금액을 나중에 더 청구할 수도 있다.

10 ② 11 ③ 12 ② 13 ② 정 답

② 변호사에게 공동당사자로서 소송대리를 위임한 소송사건의 결과에 따라 경제적 이익을 불가분적으로 향유하게 되거나 패소할 경우 소송 상대방에 대하여 부진정연대관계의 채무를 부담하게 되는 때에는 공동당사자들의 변호사에 대한 소송대리위임에 따른 보수금 지급채무는 당연히 연대채무 또는 불가분채무에 해당한다.

③ 성공보수 약정이 제1심에 대한 것으로 인정되는 이상, 보수금의 지급시기에 관하여 당사자 사이에 특약이 없는 한, 심급대리의 원칙에 따라 수임한 소송사무가 종료하는 시기인 제1심 판결을 송달받은 때부터 그 소멸시효 기간이 진행된다.

④ 변호사가 소송사건을 수임하면서 지급받는 착수금은 일반적으로 위임사무의 처리비용 외에 보수금 중 일부를 선급금으로 지급받는 성질의 금원이다.

해설 ② 변호사에게 공동당사자로서 소송대리를 위임한 소송사건의 결과에 따라 경제적 이익을 불가분적으로 향유하게 되거나 패소할 경우 소송 상대방에 대하여 부진정연대관계의 채무를 부담하게 된다 하더라도, 이러한 사정만으로 곧바로 공동당사자들의 변호사에 대한 소송대리위임에 따른 보수금지급채무가 연대 또는 불가분채무에 해당하는 것으로 단정할 수 없다(대법원 1993. 2. 12. 92다42941).

① 변호사는 정당한 사유 없이 추가보수를 요구하지 아니한다(변호사윤리장전 33①).

③ 대법원 1995. 12. 26. 95다24609.

④ 대법원 1982. 9. 14. 82다125 사례금.

14 다음 중 형사사건의 성공보수와 관련된 설명 중 옳지 않은 것은? (다툼이 있는 경우 판례에 따름)

① 형사사건에 관한 성공보수약정이 선량한 풍속 기타 사회질서에 위배되는 것으로 평가할 수는 없다.

② 종래 이루어진 보수약정의 경우에는 보수약정이 성공보수라는 명목으로 되어 있다는 이유만으로 민법 제103조에 의하여 무효라고 단정하기는 어렵다.

③ 형사사건에서 성공보수를 약정하지 않고 수임료를 착수금과 잔금으로 구분하여 수임한 형사사건이 원하는 바대로 잘 되면 잔금을 지급하는 형식의 약정은 허용되지 않는다.

④ 형사사건의 성공보수 약정이 유효한 경우라도 그 액수가 부당하게 과다하여 신의성실의 원칙이나 형평의 원칙에 반한다고 볼 만한 특별한 사정이 있는 경우에는 예외적으로 상당하다고 인정되는 범위 내의 보수액만을 청구할 수 있다고 보아야 한다.

해설 ① 형사사건에 관하여 체결된 성공보수약정이 가져오는 여러 가지 사회적 폐단과 부작용 등을 고려하면, 구속영장청구 기각, 보석 석방, 집행유예나 무죄 판결 등과 같이 의뢰인에게 유리한 결과를 얻어내기 위한 변호사의 변론활동이나 직무수행 그 자체는 정당하다 하더라도, 형사사건에서의 성공보수약정은 수사·재판의 결과를 금전적인 대가와 결부시킴으로써, 기본적 인권의 옹호와 사회정의의 실현을 사명으로 하는 변호사 직무의 공공성을 저해하고, 의뢰인과 일반 국민의 사법제도에 대한 신뢰를 현저히 떨어뜨릴 위험이 있으므로, 선량한 풍속 기타 사회질서에 위배되는 것으로 평가할 수 있다(대법원 2015. 7. 23. 2015다200111 전원합의체 판결 [부당이득금]).

② 그동안 대법원은 수임한 사건의 종류나 특성에 관한 구별 없이 성공보수약정이 원칙적으로 유효하다는 입장을 취해

왔고, 대한변호사협회도 1983년에 제정한 '변호사보수기준에 관한 규칙'에서 형사사건의 수임료를 착수금과 성공보수금으로 나누어 규정하였으며, 위 규칙이 폐지된 후에 권고양식으로 만들어 제공한 형사사건의 수임약정서에도 성과보수에 관한 규정을 마련하여 놓고 있었다. 이에 따라 변호사나 의뢰인은 형사사건에서의 성공보수약정이 안고 있는 문제점 내지 그 문제점이 약정의 효력에 미칠 수 있는 영향을 제대로 인식하지 못한 것이 현실이고, 그 결과 당사자 사이에 당연히 지급되어야 할 정상적인 보수까지도 성공보수의 방식으로 약정하는 경우가 많았던 것으로 보인다.

이러한 사정들을 종합하여 보면, 종래 이루어진 보수약정의 경우에는 보수약정이 성공보수라는 명목으로 되어 있다는 이유만으로 민법 제103조에 의하여 무효라고 단정하기는 어렵다. 그러나 대법원이 이 판결을 통하여 형사사건에 관한 성공보수약정이 선량한 풍속 기타 사회질서에 위배되는 것으로 평가할 수 있음을 명확히 밝혔음에도 불구하고 향후에도 성공보수약정이 체결된다면 이는 민법 제103조에 의하여 무효로 보아야 한다(대법원 2015. 7. 23. 2015다200111 전원합의체 판결 [부당이득금]).

③ 형사사건의 수임료를 약정함에 있어 착수금과 잔금을 지급하는 형식으로 하면서 잔금은 수임한 사건이 잘 해결되면 지급하는 조건이라면, 이는 성공보수의 약정이라 할 것이라서 허용되지 않는다.

④ 대법원 1995. 4. 25. 선고 94다57626 판결 등. 형사사건의 성공보수를 금지하는 판결이 나오기 전의 성공보수 약정은 유효하다.

15 형사사건의 성공보수약정과 관련된 설명 중 옳지 않은 것은?

① 변호사가 의뢰인과 형사사건의 성공보수약정을 하더라도 대법원이 무효라고 판결하였기 때문에 약정한 보수를 지급받고자 재판으로 청구하는 경우에는 법의 조력을 받을 수 없다.

② 형사사건의 성공보수약정에 대한 무효판결로 인하여 변호사는 의뢰인에게 유리한 수사·재판결과가 나온 경우까지의 노력에 대한 대가는 보수약정에 반영할 수 없다.

③ 변호사가 의뢰인과 형사사건 성공보수약정을 하고 그 약정에 따라 성공조건의 성취 후에 보수를 지급받은 후에는 의뢰인은 원칙적으로 반환을 청구할 수 없다.

④ 헌법재판소는 형사사건 성공보수약정 무효판결에 대한 헌법소원심판청구 사건에서 성공보수약정 무효판결은 헌법소원의 대상이 될 수 있는 예외적인 법원의 재판에 해당한다고 볼 수 없다고 판시하였다.

해설 ② 변호사는 사건의 성질과 난이도나 변론활동에 들인 시간·노력·비용에 상응하여 합당한 보수를 지급받는 것은 너무나도 당연하다. 변호사가 형사절차에서 의뢰인을 위하여 적절한 변명과 반박, 유리한 사실적·법률적 주장과 증거의 제출 등 성실한 변론활동을 함으로써 실체적 진실발견에도 도움을 주어 의뢰인에게 유리한 수사·재판결과가 나온 경우까지의 노력에 대한 대가는 당연히 보수약정에 반영할 수 있다.

① 변호사는 의뢰인과 의사 일치만 되면 형사사건의 성공보수약정을 자유롭게 체결할 수 있다. 다만, 약정한 보수금을 재판으로 청구할 때는 법원이 이에 조력하지 않는 문제가 발생한다.

③ 변호사가 형사사건 성공보수약정을 한 후 그 약정에서 정한 성공이라는 조건이 성취(구속영장기각, 무죄 또는 집행유예 판결 등)된 후 약정한 보수를 지급받은 경우에는 의뢰인은 원칙적으로 반환을 청구할 수 없다. 불법의 원인으로 인하여 재산을 급여하거나 노무를 제공한 때에는 그 이익의 반환을 청구하지 못한다. 그러나 그 불법원인이 수익자에게만

있는 때에는 그러하지 아니하다(민법 제746조). 여기서 '불법의 원인'이란 그 원인되는 행위가 선량한 풍속 기타 사회질서에 위반하는 경우를 말한다. 대법원은 형사사건의 성공보수약정이 민법 제103조 위반이라고 판시하고 있기 때문에 불법원인급여에서의 '불법의 원인'이라고 할 수 있다. 따라서 의뢰인은 이미 지급한 성공보수의 반환을 청구할 수 없다.

④ 헌법소원심판 청구인은 형사사건에 관하여 체결된 성공보수약정은 민법 제103조에 위반하여 무효로 보아야 한다고 판시한 대법원 2015. 7. 23. 선고 2015다200111 판결은 국민주권주의에 위반되고, 청구인의 직업수행의 자유, 계약의 자유 등을 침해한다고 주장하며 2018. 8. 1. 이 사건 헌법소원심판을 청구하였다. 이에 대하여 헌법재판소는 "헌법재판소법 제68조 제1항 본문에 의하면 원칙적으로 법원의 재판을 대상으로 하는 헌법소원심판청구는 허용되지 아니하고 다만 헌법재판소가 위헌으로 결정한 법령을 적용함으로써 국민의 기본권을 침해한 재판에 대하여만 헌법소원심판을 청구할 수 있는바, 위 판결은 헌법소원의 대상이 될 수 있는 예외적인 법원의 재판에 해당한다고 볼 수 없으므로, 그 취소를 구하는 이 사건 심판청구는 허용될 수 없다."고 판시하여 심판청구를 각하하였다(헌재 2018. 8. 21. 2018헌마794 재판취소).

16 변호사 보수액의 감액 기준과 관련된 설명 중 옳지 않은 것은? (다툼이 있는 경우 판례에 따름)

① 변호사 보수액이 부당하게 과다하여 신의성실의 원칙이나 형평의 원칙에 반한다고 볼 만한 특별한 사정이 있는 경우에는 상당하다고 인정되는 범위 내의 보수액만을 청구할 수 있고, 이와 같이 예외적으로 취급하기 위해서 합리적인 근거가 있어야 하는 것은 아니다.

② 소송의뢰인은 위임계약에 따라 변호사에게 지급한 성공보수금이 부당하게 과다하다고 하면서 부당이득반환을 청구할 수 있다.

③ 변호사의 성공보수금이 착수금의 28배가 넘는다는 등의 사정이 있더라도 성공보수금이 부당하게 과다하여 신의성실 원칙이나 형평 원칙에 반한다고 할 수 없는 사례도 있다.

④ 소송위임사무를 완료한 변호사는 특별한 사정이 없는 한 약정된 보수액을 전부 청구할 수 있는 것이 원칙이다.

해설 ① 변호사 보수액이 부당하게 과다하여 신의성실의 원칙이나 형평의 원칙에 반한다고 볼 만한 특별한 사정이 있는 경우에는 상당하다고 인정되는 범위 내의 보수액만을 청구할 수 있지만, **이는 어디까지나 계약자유의 원칙을 배제하는 예외적인 경우이므로 그와 같이 예외적으로 취급하기 위해서는 그에 관한 합리적인 근거를 명확히 밝혀야 한다**(대법원 2009. 9. 10. 선고 2009다40677 판결 참조).

②, ③ 대법원은 소송의뢰인 갑이 위임계약에 따라 변호사 을에게 지급한 성공보수금이 부당하게 과다하다고 하면서 부당이득반환을 구한 사안에서, **성공보수금이 착수금의 28배가 넘는다는 등의 사정만으로 성공보수금이 부당하게 과다하여 신의성실 원칙이나 형평 원칙에 반한다고 할 수 없는데도**, 이와 달리 본 원심판결에 법리오해의 잘못이 있다고 판시한 바 있다(대법원 2014. 7. 10. 선고 2014다18322 판결 [성공보수금반환]).

④ 대법원 2009. 9. 10. 선고 2009다40677 판결.

17 변호사가 공무원에게 제공·교제 명목의 금품을 선임료·성공사례금에 포함시키는 행위에 관한 설명 중 옳지 않은 것은?

① 재판·수사기관의 공무원에게 제공하거나 그 공무원과 교제한다는 명목의 비용을 변호사 선임료·성공사례금에 명시적으로 포함시키는 행위는 허용되지 않는다.

② 변호사나 그 사무직원이 판사·검사, 그 밖에 재판·수사기관의 공무원에게 제공하거나 그 공무원과 교제한다는 명목으로 금품이나 그 밖의 이익을 받거나 받기로 한 경우에 징계처분의 대상은 되지만, 형사처벌은 되지 않는다.

③ 변호사가 공무원이 취급하는 사건 또는 사무에 관하여 청탁 또는 알선을 한다는 명목으로 금품을 받는 행위는 금지된다.

④ 변호사가 수사검사를 직접 만나 선처를 부탁하면서 수임료 중 절반을 검사에게 제공하기로 약속한 후 의뢰인에게 그 금품을 요구한 경우에는 징계처분을 받게 된다.

해설 ② **변호사법 제110조(벌칙)** 변호사나 그 사무직원이 다음 각 호의 어느 하나에 해당하는 행위를 한 경우에는 5년 이하의 징역 또는 3천만원 이하의 벌금에 처한다. 이 경우 벌금과 징역은 병과할 수 있다.

1. **판사·검사, 그 밖에 재판·수사기관의 공무원에게 제공하거나 그 공무원과 교제한다는 명목으로 금품이나 그 밖의 이익을 받거나 받기로 한 행위**

① **변호사법 제110조(벌칙)** 변호사나 그 사무직원이 다음 각 호의 어느 하나에 해당하는 행위를 한 경우에는 5년 이하의 징역 또는 3천만원 이하의 벌금에 처한다. 이 경우 벌금과 징역은 병과할 수 있다.

1. 판사·검사, 그 밖에 재판·수사기관의 공무원에게 제공하거나 그 공무원과 교제한다는 명목으로 금품이나 그 밖의 이익을 받거나 받기로 한 행위
2. **제1호에 규정된 공무원에게 제공하거나 그 공무원과 교제한다는 명목의 비용을 변호사 선임료·성공사례금에 명시적으로 포함시키는 행위**

③ **변호사법 제111조(벌칙)** ①공무원이 취급하는 사건 또는 사무에 관하여 청탁 또는 알선을 한다는 명목으로 금품·향응, 그 밖의 이익을 받거나 받을 것을 약속한 자 또는 제3자에게 이를 공여하게 하거나 공여하게 할 것을 약속한 자는 5년 이하의 징역 또는 1천만원 이하의 벌금에 처한다. 이 경우 벌금과 징역은 병과할 수 있다.

④ 변호사가 수사검사를 직접 만나 선처를 부탁하면서 수임료 중 절반을 검사에게 제공하기로 약속한 후 의뢰인에게 그 금품을 요구한 혐의로 과태료 1,000만원의 징계처분을 받은 사례가 있다(법무부징계위원회 2005. 5. 16. 결정).

16 ① 17 ② 정답

제11장

법조윤리협의회

제 11 장 법조윤리협의회

변호사법

제89조(윤리협의회의 기능 및 권한) ① 윤리협의회는 다음 각 호의 업무를 수행한다.

1. 법조윤리의 확립을 위한 법령·제도 및 정책에 관한 협의
2. 법조윤리 실태의 분석과 법조윤리 위반행위에 대한 대책
3. 법조윤리와 관련된 법령을 위반한 자에 대한 징계개시(懲戒開始)의 신청 또는 수사 의뢰
4. 그 밖에 법조윤리의 확립을 위하여 필요한 사항에 대한 협의

② 윤리협의회는 제1항 제3호에 따른 징계개시의 신청 또는 수사 의뢰 등 업무수행을 위하여 필요하다고 인정하면 관계인 및 관계 기관·단체 등에 대하여 관련 사실을 조회하거나 자료 제출 또는 윤리협의회에 출석하여 진술하거나 설명할 것을 요구할 수 있으며, 관계인 및 관계 기관·단체 등이 정당한 이유 없이 이를 거부할 때에는 소속 직원으로 하여금 법무법인, 법무법인(유한), 법무조합, 법률사무소, 「외국법자문사법」 제2조 제9호에 따른 합작법무법인에 출입하여 현장조사를 실시하게 할 수 있다. 이 경우 요구를 받은 자 및 기관·단체 등은 이에 따라야 한다.

③ 제2항에 따라 출입·현장조사를 하는 사람은 그 권한을 표시하는 증표를 지니고 이를 관계인에게 내보여야 한다.

④ 제2항에 따른 사실조회·자료제출·출석요구 및 현장조사에 필요한 사항은 대통령령으로 정한다.

01 법조윤리협의회에 관한 설명 중 옳은 것은?

① 공직퇴임변호사는 퇴직일로부터 2년 동안 수임한 사건자료를 법조윤리협의회에 제출하여야 한다.

② 법조윤리협의회 위원장은 특정 변호사에게 징계사유가 있을 때에는 소속 지방변호사회에 징계개시를 신청할 수 있다.

③ 변호사윤리강령의 대폭적인 개정을 위한 연구용역을 유상으로 교수에게 맡길 수 있다.

④ 법조윤리협의회 위원장은 9명의 전체 위원 중에서 재적위원 과반수의 동의로 선출한다.

해설 ③ 변호사법 제89조 제1항 제2호 "법조윤리 실태의 분석과 법조윤리 위반행위에 대한 대책" 수립을 위하여 변호사윤리강령의 개정을 위한 연구용역을 전문가에게 의뢰할 수 있다.

① 수임자료를 소속 지방변호사회에 제출하여야 한다.

② 특정 변호사에게 징계사유가 있을 때에는 대한변호사협회의 장에게 징계개시를 신청할 수 있다(변호사법 89의5③).

④ 법조윤리협의회 위원장은 대한변호사협회의 장이 지명하거나 위촉하는 위원 중에서 재적위원 과반수의 동의로 선출한다(변호사법 89의2②).

02 변호사법상 일정 수 이상의 사건을 수임한 '특정 변호사'의 수임자료 제출과 관련된 설명 중 옳지 않은 것은?

① 지방변호사회는 특정 변호사의 성명과 사건목록을 법조윤리협의회에 제출하여야 한다.

② 법조윤리협의회는 특정 변호사에게 수임자료 및 처리결과의 제출을 요구할 수 있다.

③ 특정 변호사는 법조윤리협의회로부터 수임자료 및 처리결과의 제출을 요구받은 때에는 반드시 이를 제출하여야 한다.

④ 법조윤리협의회 위원장은 특정 변호사에게 위법사유가 있음을 발견하였을 때에는 소속 지방변호사회의 장에게 수사의뢰를 신청할 수 있다.

해설 ④ 지방변호사회는 대통령령으로 정하는 수 이상의 사건을 수임한 변호사[제50조, 제58조의16 및 제58조의30에 따른 법무법인·법무법인(유한)·법무조합의 담당변호사를 포함하며, 이하 "특정 변호사"라 한다]의 성명과 사건 목록을 윤리협의회에 제출하여야 한다(변호사법 89의5①). 윤리협의회는 제30조, 제31조, 제34조 제2항·제3항 및 제35조 등 사건수임에 관한 규정의 위반 여부를 판단하기 위하여 수임 경위 등을 확인할 필요가 있다고 인정되면 특정 변호사에게 제1항의 사건 목록에 기재된 사건에 관한 수임 자료와 처리 결과를 제출하도록 요구할 수 있다. 이 경우 특정 변호사는 제출을 요구받은 날부터 30일 이내에 제출하여야 한다(변호사법 89의5②). 특정변호사에 대하여는 제89조의4 제4항 및 제5항을 준용한다(변호사법 89의5③).

윤리협의회의 위원장은 공직퇴임변호사에게 제91조에 따른 징계사유나 위법의 혐의가 있는 것을 발견하였을 때에는 대한변호사협회의 장이나 **관할 수사기관의 장에게** 그 변호사에 대한 징계개시를 신청하거나 수사를 의뢰할 수 있다(변호사법 89의4④).

03 법조윤리협의회의 업무와 공직퇴임변호사와 관련된 설명 중 옳은 것은?

① 법조윤리협의회는 업무수행을 위하여 필요하다고 인정하면 관계인 및 관계 기관·단체 등에 대하여 관련 사실을 조회하거나 자료 제출을 요구할 수 있지만, 사실 조회 또는 자료제출을 요청받은 기관·단체 등은 이에 따라야 할 의무는 없다.

② 퇴직한 날로부터 1년이 지나지 않은 공직퇴임변호사는 사건당사자가 인척인 경우라도 수임제한을 받게 된다.

③ 재판연구원, 사법연수생과 병역의무를 이행하기 위하여 군인·공익법무관 등으로 근무한 후 개업한 변호사는 공직퇴임변호사에 해당된다.

④ 법조윤리협의회는 비밀누설금지의무가 있음에도 불구하고 공직퇴임변호사의 수임자료를 국회에 제출하여야 할 의무가 있다.

해설 ④ 법조윤리협의회는 변호사법 제89조의8(비밀누설의 금지)에도 불구하고 「인사청문회법」에 따른 인사청문회 또는 「국정감사 및 조사에 관한 법률」에 따른 국정조사를 위하여 국회의 요구가 있을 경우에는 제89조의4 제3항(공직퇴임변호사의 수임자료) 및 제89조의5 제2항(특정 변호사의 수임자료)에 따라 제출받은 자료 중 다음 각 호의 구분에 따른 자료를 국회에 제출하여야 한다(변호사법 89의9②).

① 법조윤리협의회는 징계개시의 신청 또는 수사 의뢰 등 업무수행을 위하여 필요하다고 인정하면 관계인 및 관계 기관·단체 등에 대하여 관련 사실을 조회하거나 자료 제출 또는 윤리협의회에 출석하여 진술하거나 설명할 것을 '요구'할 수 있다. 이 경우 요구를 받은 자 및 기관·단체 등은 이에 따라야 한다(변호사법 89②). 지난 2013. 5. 28. 변호사법 개정으로 법조윤리협의회의 자료요구에 대해 응할 의무를 관계 기관에 부과하였다.

② 공직퇴임변호사는 퇴직 전 1년부터 퇴직한 때까지 근무한 법원, 검찰청, 군사법원, 금융위원회, 공정거래위원회, 경찰관서 등 국가기관(대법원, 고등법원, 지방법원 및 지방법원 지원과 그에 대응하여 설치된 「검찰청법」 제3조 제1항 및 제2항의 대검찰청, 고등검찰청, 지방검찰청, 지방검찰청 지청은 각각 동일한 국가기관으로 본다)이 처리하는 사건을 퇴직한 날부터 1년 동안 수임할 수 없다. 다만, 국선변호 등 공익목적의 수임과 **사건당사자가 「민법」 제767조에 따른 친족인 경우의 수임은 그러하지 아니하다**(변호사법 31③).

③ 법관, 검사, 장기복무 군법무관, 그 밖의 공무원 직에 있다가 퇴직(**재판연구원, 사법연수생과 병역의무를 이행하기 위하여 군인·공익법무관 등으로 근무한 자는 제외한다**)하여 변호사 개업을 한 자를 '공직퇴임변호사'라 한다(변호사법 31③).

변호사법

제89조의4(공직퇴임변호사의 수임 자료 등 제출) ① 공직퇴임변호사는 퇴직일부터 2년 동안 수임한 사건에 관한 수임 자료와 처리 결과를 대통령령으로 정하는 기간마다 소속 지방변호사회에 제출하여야 한다.

② 공직퇴임변호사가 제50조·제58조의16 또는 제58조의30에 따라 법무법인·법무법인(유한) 또는 법무조합의 담당변호사로 지정된 경우나 「외국법자문사법」 제35조의20에 따라 합작법무법인의 담당변호사로 지정된 경우에도 제1항과 같다.

01 ③ 02 ④ 03 ④ 정답

③ 지방변호사회는 제 1 항에 따라 제출받은 자료를 윤리협의회에 제출하여야 한다.
④ 윤리협의회의 위원장은 공직퇴임변호사에게 제91조에 따른 징계사유나 위법의 혐의가 있는 것을 발견하였을 때에는 대한변호사협회의 장이나 관할 수사기관의 장에게 그 변호사에 대한 징계개시를 신청하거나 수사를 의뢰할 수 있다.
⑤ 공직퇴임변호사가 제출하여야 하는 수임 자료와 처리 결과의 기재사항, 제출 절차 등에 관하여 필요한 사항은 대통령령으로 정한다.

04 법조윤리협의회와 관련된 설명 중 틀린 것은?

① 법조윤리협의회는 「인사청문회법」에 따른 인사청문회 또는 「국정감사 및 조사에 관한 법률」에 따른 국정조사를 위하여 국회의 요구가 있을 경우에는 공직퇴임변호사 및 특정변호사로부터 제출받은 변호사법 소정의 자료를 국회에 제출하여야 한다.
② 법조윤리협의회의 위원장은 위원 중에서 대한변호사협회의 장이 지명한다.
③ 법조윤리협의회의 위원장은 특정변호사에 대하여 징계사유나 위법의 혐의가 있는 것을 발견하였을 때에는 그 변호사에 대한 징계개시를 신청하거나 수사를 의뢰할 수 있다.
④ 공직퇴임변호사는 퇴직일부터 2년 동안 수임한 사건에 관한 수임 자료와 처리 결과를 소속 지방변호사회에 제출하여야 한다.

해설 ② 위원장은 대한변호사협회의 장이 지명하거나 위촉하는 위원 중에서 재적위원 과반수의 동의로 선출한다(변호사법 89의2②).
① 법조윤리협의회는 제89조의8에도 불구하고 「인사청문회법」에 따른 인사청문회 또는 「국정감사 및 조사에 관한 법률」에 따른 국정조사를 위하여 국회의 요구가 있을 경우에는 제89조의4 제 3 항 및 제89조의5 제 2 항에 따라 제출받은 자료 중 다음 각 호의 구분에 따른 자료를 국회에 제출하여야 한다(변호사법 89의9②).
③ 윤리협의회의 위원장은 공직퇴임변호사에게 제91조에 따른 징계사유나 위법의 혐의가 있는 것을 발견하였을 때에는 대한변호사협회의 장이나 지방검찰청 검사장에게 그 변호사에 대한 징계개시를 신청하거나 수사를 의뢰할 수 있다(변호사법 89의4④). **특정변호사에 대하여는 제89조의4 제 4 항 및 제 5 항을 준용한다**(변호사법 89의5③). ④ 공직퇴임변호사는 퇴직일부터 2년 동안 수임한 사건에 관한 수임 자료와 처리 결과를 대통령령으로 정하는 기간마다 **소속 지방변호사회에 제출하여야 한다**(변호사법 89의4①).

05 변호사법상 법조윤리협의회의 기능과 권한에 해당되지 않는 것은?

① 법조윤리의 확립을 위한 법령·제도 및 정책에 관한 협의
② 법조윤리 실태의 분석과 법조윤리 위반행위에 대한 대책
③ 법조윤리와 관련된 법령을 위반한 법관, 검사에 대한 징계개시의 신청 또는 수사 의뢰

④ 법조윤리의 확립을 위하여 필요한 사항에 대한 협의

해설 ③ 변호사법은 법조윤리협의회의 권한 중에 법관, 검사에 대한 징계개시의 신청 또는 수사 의뢰권을 규정하지 않고 있다.

변호사법 제89조(윤리협의회의 기능 및 권한) ① 법조윤리윤리협의회는 다음 각 호의 업무를 수행한다.

1. 법조윤리의 확립을 위한 법령·제도 및 정책에 관한 협의
2. 법조윤리 실태의 분석과 법조윤리 위반행위에 대한 대책
3. **법조윤리와 관련된 법령을 위반한 자에 대한 징계개시(懲戒開始)의 신청 또는 수사 의뢰**
4. 그 밖에 법조윤리의 확립을 위하여 필요한 사항에 대한 협의

06 공직퇴임변호사의 수임자료 및 처리결과 제출 등과 관련된 내용으로 옳은 것은?

① 공무원직에 있었던 재판연구원은 공직퇴임변호사에 해당된다.
② 공직퇴임변호사는 변호사 개업일부터 2년 동안 수임한 사건에 관한 수임 자료와 처리 결과를 대통령령으로 정하는 기간마다 소속 지방변호사회에 제출하여야 한다.
③ 공직퇴임변호사가 법무법인·법무법인(유한) 또는 법무조합의 담당변호사로 지정된 경우에는 수임 자료를 제출할 필요가 없다.
④ 변호사 자격 있는 지방자치단체의 장이 퇴직한 후에 그 지방자치단체에서 처리하는 사건의 수임은 제한되지 않는다.

해설 ④ 공직퇴임변호사의 수임이 제한되는 국가기관은 해당 변호사가 퇴직 전 1년부터 퇴직할 때까지 「국가공무원법」에 따른 국가공무원으로 근무한 모든 국가기관으로 한다(변호사법 시행령 7의2①). 법원, 검찰청, 군사법원, 경찰 및 「정부조직법」 및 그 밖의 다른 법률에 따른 각 중앙행정기관이 이에 해당된다. 그러나 지방자치단체인 특별시·광역시·도·시·군·자치구 및 특별시·광역시·도의 교육청은 포함되지 않는다. 따라서 변호사 자격 있는 단체장이 퇴직한 후에 그 지방자치단체에서 처리하는 사건의 수임은 제한되지 않는다. 수임제한 대상 기관을 국가기관에 한정하지 않고 지방자치단체까지 확대하는 것이 필요하다고 할 것이다.

① 공직퇴임변호사는 법관, 검사, 장기복무 군법무관, 그 밖의 공무원 직에 있다가 퇴직(**재판연구원, 사법연수생과 병역의무를 이행하기 위하여 군인·공익법무관 등으로 근무한 자는 제외한다**)하여 변호사 개업을 한 자(변호사법 31③)를 말한다.
② 공직퇴임변호사는 **퇴직일부터 2년 동안** 수임한 사건에 관한 수임 자료와 처리 결과를 대통령령으로 정하는 기간마다 소속 지방변호사회에 제출하여야 한다(변호사법 89의4①).
③ 공직퇴임변호사가 변호사법 제50조·제58조의16 또는 제58조의30에 따라 법무법인·법무법인(유한) 또는 법무조합의 담당변호사로 지정된 경우나 「외국법자문사법」 제35조의20에 따라 합작법무법인의 담당변호사로 지정된 경우에도 제1항과 같다(변호사법 89의4②).

04 ② 05 ③ 06 ④ 정 답

07 공직퇴임변호사의 수임자료 및 처리결과 제출 등과 관련된 내용으로 옳지 않은 것은?

① 공직퇴임변호사가 제출하는 수임자료 및 처리결과의 기재사항에는 자문사건도 포함되어 있다.

② 공직퇴임변호사의 수임제한 기간은 퇴직한 날부터 1년 동안이다.

③ 법조윤리협의회는 국회의 인사청문회 또는 국정조사를 위해서 국회의 요구가 있을 때는 공직퇴임변호사(특정변호사도 포함)가 제출한 수임자료와 처리결과를 국회에 제출해야 한다.

④ 윤리협의회의 위원장은 공직퇴임변호사에게 제91조에 따른 징계사유나 위법의 혐의가 있는 것을 발견하였을 때에는 대한변호사협회의 장이나 관할 수사기관의 장에게 그 변호사에 대한 징계개시를 신청하거나 수사를 의뢰할 수 있다.

해설 ① 공직퇴임변호사가 제출하는 수임자료 및 처리결과의 기재사항에 대해서는 변호사법 시행령 제20조의11 제1항에 기재되어 있는데, 자문사건도 포함된다는 명시적 내용은 없다.

② 공직퇴임변호사는 퇴직 전 1년부터 퇴직한 때까지 근무한 법원, 검찰청, 군사법원, 금융위원회, 공정거래위원회, 경찰관서 등 국가기관(대법원, 고등법원, 지방법원 및 지방법원 지원과 그에 대응하여 설치된 「검찰청법」 제3조 제1항 및 제2항의 대검찰청, 고등검찰청, 지방검찰청, 지방검찰청 지청은 각각 동일한 국가기관으로 본다)이 처리하는 사건을 퇴직한 날부터 1년 동안 수임할 수 없다(변호사법 31③).

③ 법조윤리협의회는 국회의 인사청문회 또는 국정조사를 위해서 국회의 요구가 있을 때는 공직퇴임변호사와 특정변호사가 제출한 수임자료와 처리결과를 국회에 제출해야 한다(변호사법 89의9②).

④ 변호사법 제89조의4 제4항

08 특정변호사의 수임자료 및 처리결과 제출과 관련한 설명 중 옳지 않은 것은?

① 법조윤리협의회는 구치소나 교도소에 구금되어 있는 특정변호사의 위임인을 조사하기 위하여 구치소 등의 구금시설을 방문하여 조사할 수 없다.

② 법무법인·법무법인(유한)·법무조합 또는 「외국법자문사법」 제2조 제9호에 따른 합작법무법인이 수임한 사건에 관하여는 1을 담당변호사의 수로 나눈 값을 각 담당변호사의 수임사건 수로 계산한다.

③ 특정변호사는 대통령령으로 정하는 수 이상의 사건을 수임한 경우에 사건 목록을 법조윤리협의회에 직접 제출하여야 한다.

④ 법조윤리협의회는 사건수임에 관한 규정의 위반 여부를 판단하기 위하여 수임 경위 등을 확인할 필요가 있다고 인정되면 특정변호사에게 사건 목록에 기재된 사건에 관한 수임 자료와 처리 결과를 제출하도록 요구할 수 있다.

해설 ③ **지방변호사회는** 대통령령으로 정하는 수 이상의 사건을 수임한 변호사[제50조, 제58조의16 및 제58조의30에 따른 법무법인·법무법인(유한) 또는 법무조합의 담당변호사나 「외국법자문사법」 제35조의20에 따른 합작법무법인의 담당변호사를 포함하며, 이하 "특정변호사"라 한다]의 성명과 사건 목록을 윤리협의회에 제출하여야 한다(변호사법 89의5①).

① 법조윤리협의회는 비리변호사에 대한 징계개시 신청 또는 수사 의뢰 등을 위한 사실조회와 출석요구, 현장조사권 등이 인정된다(변호사법 89②). 특정변호사의 위임인 중에는 구치소나 교도소에 구금되어 있는 경우가 있을 수 있다. 변호사법이 인정하는 현장조사 규정으로는 이런 구금시설을 방문하여 조사할 수 없다. 「국가인권위원회법」은 구금시설이나 보호시설을 방문하여 조사할 수 있도록 한다(제24조).

② 법무법인·법무법인(유한)·법무조합 또는 「외국법자문사법」 제2조 제9호에 따른 합작법무법인이 수임한 사건에 관하여는 1을 담당변호사의 수로 나눈 값을 각 담당변호사의 수임사건 수로 계산한다. 다만, 담당변호사가 4명 이상인 경우에는 각 담당변호사의 수임사건 수는 4분의 1건으로 본다(변호사법 시행령 20의12④).

④ 법조윤리협의회는 제30조, 제31조, 제34조 제2항·제3항 및 제35조 등 사건수임에 관한 규정의 위반 여부를 판단하기 위하여 수임 경위 등을 확인할 필요가 있다고 인정되면 특정변호사에게 제1항의 사건 목록에 기재된 사건에 관한 수임 자료와 처리 결과를 제출하도록 요구할 수 있다. 이 경우 특정변호사는 제출을 요구받은 날부터 30일 이내에 제출하여야 한다(변호사법 89의5②).

변호사법

제89조의5(특정변호사의 수임 자료 등 제출) ① 지방변호사회는 대통령령으로 정하는 수 이상의 사건을 수임한 변호사[제50조, 제58조의16 및 제58조의30에 따른 법무법인·법무법인(유한) 또는 법무조합의 담당변호사나 「외국법자문사법」 제35조의20에 따른 합작법무법인의 담당변호사를 포함하며, 이하 "특정변호사"라 한다]의 성명과 사건 목록을 윤리협의회에 제출하여야 한다.

② 윤리협의회는 제30조, 제31조, 제34조 제2항·제3항 및 제35조 등 사건수임에 관한 규정의 위반 여부를 판단하기 위하여 수임 경위 등을 확인할 필요가 있다고 인정되면 특정변호사에게 제1항의 사건 목록에 기재된 사건에 관한 수임 자료와 처리 결과를 제출하도록 요구할 수 있다. 이 경우 특정변호사는 제출을 요구받은 날부터 30일 이내에 제출하여야 한다.

③ 특정변호사에 대하여는 제89조의4 제4항 및 제5항을 준용한다.

09 법무법인 등에서의 퇴직공직자의 활동내역 등 제출과 관련한 설명 중 옳은 것은?

① 법무법인 등에서 취업한 퇴직공직자는 「공직자윤리법」 제3조에 따른 재산등록의무자만을 말한다.

② 퇴직공직자의 자문·고문 내역은 퇴직공직자가 퇴직 전 5년 이내에 소속하였던 부처의 업무와 관련된 사항에 한정한다.

③ 퇴직공직자의 활동내역의 제출기한은 취업 후 5년 동안 매년 1월 말로 해마다 제출해야 한다.

07 ① 08 ③ 09 ② 정답

④ 퇴직공직자가 법무법인·법무법인(유한)·법무조합 또는「외국법자문사법」제2조 제9호에 따른 합작법무법인에 취업한 때에는 2주 이내에 법무법인등은 취업한 퇴직공직자의 명단을 법무법인등의 주사무소를 관할하는 지방변호사회에 제출하여야 한다.

해설 ② 변호사법 시행령 제20조의15 제1항 제1호는 "퇴직공직자가 법무법인 등의 의뢰인 및 변호사 등 소속원에게 제공한 자문·고문 내역(서면의 형태로 제공되었을 경우에는 그 개요를 말한다)"라고 하며, 제2항은 "**제1항에 따른 자문·고문 내역은 퇴직공직자가 퇴직 전 5년 이내에 소속하였던 부처의 업무와 관련된 사항에 한정한다**. 이 경우 「정부조직법」 등의 개정에 따른 조직의 통합·분리, 명칭변경 등으로 인하여 부처명이 바뀐 경우 변경 전후 부처는 동일한 부처로 본다."라고 규정하고 있다.

① **「공직자윤리법」 제3조에 따른 재산등록의무자 및 대통령령으로 정하는 일정 직급 이상의 직위에 재직했던 변호사 아닌 퇴직공직자**(이하 이 조에서 "퇴직공직자"라 한다)가 법무법인·법무법인(유한)·법무조합 또는「외국법자문사법」 제2조 제9호에 따른 합작법무법인(이하 이 조에서 "법무법인등"이라 한다)에 취업한 때에는, 법무법인등은 지체 없이 취업한 퇴직공직자의 명단을 법무법인등의 주사무소를 관할하는 지방변호사회에 제출하여야 하고, 매년 1월 말까지 업무활동내역 등이 포함된 전년도 업무내역서를 작성하여 법무법인등의 주사무소를 관할하는 지방변호사회에 제출하여야 한다(변호사법 89의6①).

② 변호사법 시행령 제20조의15에서는 업무활동내역서에 기재할 사항을 규정하고 있다. 여기서 제1호에 규정된 "퇴직공직자가 법무법인 등의 의뢰인 및 변호사 등 소속원에게 제공한 자문·고문 내역(서면의 형태로 제공되었을 경우에는 그 개요를 말한다)"을 볼 때도 자문이나 고문 내역이라고만 규정하고 있는 것은 이를 말해준다. 그리고 위 시행령 제20조의15 제2항은 "제1항에 따른 자문·고문 내역은 퇴직공직자가 퇴직 전 5년 이내에 소속하였던 부처의 업무와 관련된 사항에 한정한다. 이 경우 「정부조직법」 등의 개정에 따른 조직의 통합·분리, 명칭변경 등으로 인하여 부처명이 바뀐 경우 변경 전후 부처는 동일한 부처로 본다."라고 규정하고 있다.

③ 퇴직공직자의 활동내역의 제출기한은 매년 1월 말로 해마다 계속적으로 제출해야 한다. 퇴직공직자가 취업한 후 활동내역의 제출기한을 한정하지 않고 있지만, 입법론으로는 취업 후 5년간으로 한정하는 것이 타당할 것이다.

④ 퇴직공직자가 법무법인·법무법인(유한)·법무조합 또는「외국법자문사법」 제2조 제9호에 따른 합작법무법인(이하 이 조에서 "법무법인등"이라 한다)에 **취업한 때에는 법무법인등은 지체 없이** 취업한 퇴직공직자의 명단을 법무법인등의 주사무소를 관할하는 지방변호사회에 제출하여야 한다(변호사법 89의6①).

변호사법

제89조의6(법무법인 등에서의 퇴직공직자 활동내역 등 제출) ①「공직자윤리법」 제3조에 따른 재산등록의무자 및 대통령령으로 정하는 일정 직급 이상의 직위에 재직했던 변호사 아닌 퇴직공직자(이하 이 조에서 "퇴직공직자"라 한다)가 법무법인·법무법인(유한)·법무조합 또는「외국법자문사법」 제2조 제9호에 따른 합작법무법인(이하 이 조에서 "법무법인등"이라 한다)에 취업한 때에는, 법무법인등은 지체 없이 취업한 퇴직공직자의 명단을 법무법인등의 주사무소를 관할하는 지방변호사회에 제출하여야 하고, 매년 1월 말까지 업무활동내역 등이 포함된 전년도 업무내역서를 작성하여 법무법인등의 주사무소를 관할하는 지방변호사회에 제출하여야 한다.

② 제1항에 따른 취업이란 퇴직공직자가 근로 또는 서비스를 제공하고, 그 대가로 임금·봉급, 그 밖에 어떠한 명칭으로든지 금품 또는 경제적 이익을 받는 일체의 행위를 말한다.

③ 제1항은 법무법인등이 아니면서도 변호사 2명 이상이 사건의 수임·처리나 그 밖의 변호

사 업무 수행 시 통일된 형태를 갖추고 수익을 분배하거나 비용을 분담하는 형태로 운영되는 법률사무소에도 적용한다.

④ 지방변호사회는 제 1 항에 따라 제출받은 자료를 윤리협의회에 제출하여야 한다.

⑤ 윤리협의회의 위원장은 제 4 항에 따라 제출받은 자료를 검토하여 관련자들에 대한 징계 사유나 위법의 혐의가 있는 것을 발견하였을 때에는 대한변호사협회의 장에게 징계개시를 신청하거나 관할 수사기관의 장에게 수사를 의뢰할 수 있다.

⑥ 제 1 항에 따른 업무내역서에는 퇴직공직자가 관여한 사건·사무 등 업무활동내역 및 그 밖에 대통령령으로 정하는 사항을 기재하여야 한다.

10 법조윤리협의회의 업무수행 상황 국회에 대한 보고와 관련된 설명 중 옳은 것은?

① 법조윤리협의회는 매년 특정한 공직퇴임변호사나 특정변호사가 제출한 수임자료 등을 국회에 보고하여야 한다.

② 국회는 국정감사 및 조사를 위하여 자료제출을 법조윤리협의회에 요구할 수 없다.

③ 법조윤리협의회는 비밀누설금지 의무 때문에 「인사청문회법」에 따른 인사청문회를 위하여 국회의 요구가 있는 경우라도 공직퇴임변호사나 특정변호사가 제출한 수임자료 등을 국회에 제출할 수 없다.

④ 법조윤리협의회가 특정변호사로부터 제출받은 자료를 국회에 제출할 때는 변호사의 성명, 사건목록(수임일자 및 사건명에 한한다)을 제출해야 한다.

해설 ④ 법조윤리협의회는 제89조의8에도 불구하고 「인사청문회법」에 따른 인사청문회 또는 「국정감사 및 조사에 관한 법률」에 따른 국정조사를 위하여 국회의 요구가 있을 경우에는 제89조의4 제 3 항 및 제89조의5 제 2 항에 따라 제출받은 자료 중 다음 각 호의 구분에 따른 자료를 국회에 제출하여야 한다(변호사법 89의9②).

1. 제89조의4 제 3 항에 따라 제출받은 자료: 공직퇴임변호사의 성명, 공직퇴임일, 퇴직 당시의 소속 기관 및 직위, 수임일자, 사건명, 수임사건의 관할 기관, 처리 결과
2. **제89조의5 제 2 항에 따라 제출받은 자료: 변호사의 성명, 사건목록(수임일자 및 사건명에 한한다)**

① 법조윤리협의회는 매년 변호사법 제89조 제 1 항(법조윤리협의회의 기능 및 권한)의 업무수행과 관련된 운영상황을 국회에 보고하여야 한다(변호사법 89의9①).

② 법조윤리협의회는 제89조의8에도 불구하고 「인사청문회법」에 따른 인사청문회 또는 「국정감사 및 조사에 관한 법률」에 따른 국정조사를 위하여 국회의 요구가 있을 경우에는 제89조의4 제 3 항 및 제89조의5 제 2 항에 따라 제출받은 자료 중 다음 각 호의 구분에 따른 자료를 국회에 제출하여야 한다(변호사법 89의9②).

③ 법조윤리협의회는 제89조의8(비밀 누설의 금지)에도 불구하고 「인사청문회법」에 따른 인사청문회 또는 「국정감사 및 조사에 관한 법률」에 따른 국정조사를 위하여 국회의 요구가 있을 경우에는 제89조의4 제 3 항 및 제89조의5 제 2 항에 따라 제출받은 자료 중 다음 각 호의 구분에 따른 자료를 국회에 제출하여야 한다(변호사법 89의9②).

10 ④ 정 답

11 법조윤리협의회 권한에 관련된 설명 중 옳지 않은 것은?

① 법조윤리협의회는 필요하다고 인정하면 그 의결로써 구금·보호시설을 방문하여 조사할 수 있다.

② 법조윤리협의회는 징계개시의 신청 또는 수사 의뢰 등 업무수행을 위하여 필요하다고 인정하면 관계인 및 관계 기관·단체 등에 대하여 관련 사실을 조회할 수 있다.

③ 법조윤리협의회는 징계개시의 신청 또는 수사 의뢰 등 업무수행을 위하여 필요하다고 인정하면 관계인 및 관계 기관·단체 등에 대하여 자료 제출 또는 윤리협의회에 출석하여 진술하거나 설명할 것을 요구할 수 있다.

④ 법조윤리협의회는 관계인 및 관계 기관·단체 등이 정당한 이유 없이 이를 거부할 때에는 소속 직원으로 하여금 법무법인, 법무법인(유한), 법무조합, 법률사무소, 「외국법자문사법」에 따른 합작법무법인에 출입하여 현장조사를 실시하게 할 수 있다.

해설 ① **국가인권위원회법 제24조(시설의 방문조사)** ① 위원회(상임위원회와 소위원회를 포함한다. 이하 이 조에서 같다)는 필요하다고 인정하면 그 의결로써 구금·보호시설을 방문하여 조사할 수 있다. 그러나 법조윤리협의회는 구금시설을 방문하여 피의자 또는 피고인의 수임경위 등에 관한 위법행위가 있었는지 여부를 조사할 수 있다는 규정이 없다. 그 때문에 법조윤리협의회가 업무수행을 하는데 한계로 지적되고 있다.

②,③,④ **변호사법 제89조(윤리협의회의 기능 및 권한)** ② 윤리협의회는 제1항 제3호에 따른 징계개시의 신청 또는 수사 의뢰 등 업무수행을 위하여 필요하다고 인정하면 관계인 및 관계 기관·단체 등에 대하여 관련 사실을 조회하거나 자료 제출 또는 윤리협의회에 출석하여 진술하거나 설명할 것을 요구할 수 있으며, 관계인 및 관계 기관·단체 등이 정당한 이유 없이 이를 거부할 때에는 소속 직원으로 하여금 법무법인, 법무법인(유한), 법무조합, 법률사무소, 「외국법자문사법」 제2조 제9호에 따른 합작법무법인에 출입하여 현장조사를 실시하게 할 수 있다. 이 경우 요구를 받은 자 및 기관·단체 등은 이에 따라야 한다.

12 법무법인등에 취업한 퇴직공직자는 매년 1월 말까지 업무활동내역 등이 포함된 전년도 업무내역서를 작성하여 법무법인등의 주사무소를 관할하는 지방변호사회에 제출하여야 한다. 여기서 퇴직공직자의 업무내역서 기재사항이 아닌 것은?

① 퇴직공직자가 법무법인 등의 의뢰인 및 변호사 등 소속원에게 제공한 자문·고문 내역(서면의 형태로 제공되었을 경우에는 그 개요를 말한다)

② 퇴직공직자의 보수

③ 업무내역서의 작성 책임변호사

④ 퇴직공직자가 퇴직 전에 소속하였던 부처의 업무와 관련된 사항은 물론 법무법인등에 취업한 후 처리한 모든 업무에 관한 내역

해설 ④ **변호사법 시행령 제20조의15(퇴직공직자 업무내역서의 기재사항)** ① 법 제89조의6 제6항에서 "그 밖에 대통령령으로 정하는 사항"이란 다음 각 호의 사항을 말한다.

1. 퇴직공직자가 법무법인 등의 의뢰인 및 변호사 등 소속원에게 제공한 자문·고문 내역(서면의 형태로 제공되었을 경우에는 그 개요를 말한다)
2. 퇴직공직자의 보수
3. 업무내역서의 작성 책임변호사

② **제1항에 따른 자문·고문 내역은 퇴직공직자가 퇴직 전 5년 이내에 소속하였던 부처의 업무와 관련된 사항에 한정한다.** 이 경우 「정부조직법」 등의 개정에 따른 조직의 통합·분리, 명칭변경 등으로 인하여 부처명이 바뀐 경우 변경 전후 부처는 동일한 부처로 본다.

11 ① 12 ④ 정 답

제12장

사내변호사

제12장 사내변호사

변호사윤리장전

제51조(사내변호사의 독립성) 정부, 공공기관, 비영리단체, 기업, 기타 각종의 조직 또는 단체 등(단, 법무법인 등은 제외한다. 이하 '단체 등'이라 한다)에서 임원 또는 직원으로서 법률사무 등에 종사하는 변호사(이하 '사내변호사'라 한다)는 그 직무를 수행함에 있어 독립성의 유지가 변호사로서 준수해야 하는 기본 윤리임을 명심하고, 자신의 직업적 양심과 전문적 판단에 따라 업무를 성실히 수행한다.

제52조(사내변호사의 충실의무) 사내변호사는 변호사윤리의 범위 안에서 그가 속한 단체 등의 이익을 위하여 성실히 업무를 수행한다.

01 사내변호사가 회사의 대표이사가 회사조직을 이용하여 회사에 손해를 끼치고 자신에게 유리하게 하는 행위를 한 사실을 알게 된 경우에 대하여 옳지 않은 설명은?

① 사내변호사는 회사에게 최선의 이익이 되는 방향으로 필요한 조치를 취해야 한다.

② 사내변호사가 취해야 할 조치의 내용은 위반의 정도와 그 결과, 관련자들의 회사에 대한 책임과 동기를 고려하여야 한다.

③ 사내변호사는 회사정보의 외부누출을 최소화하도록 노력하여야 한다.

④ 사내변호사는 자신의 상관인 대표이사가 행하는 행위에 대하여 관여할 수 없는 조직의 구성원으로서의 한계를 갖는다.

해설 ④ 변호사는 조직의 구성원일지라도 불법행위에 동조하거나 소극적인 태도로 행동해서는 안 된다.

①, ②, ③, 미국 변호사협회의 「변호사 직무에 관한 모범규칙」 Rule 1.13. 「의뢰인이 조직인 경우」에 변호사의 직무규칙을 정하고 있다.

「회사의 임원이나 피용자 등이 회사에 대하여 법적인 의무위반 등 회사에 책임이 돌아가고, 그로 인하여 회사에

01 ④ 정 답

실질적인 손해가 초래될 행위를 한 경우, 사내변호사는 회사에게 최선의 이익이 되는 방향으로 필요한 조치를 취하여야 한다. 어떠한 조치를 취할지 결정함에 있어서 사내변호사는 위반의 정도와 그 결과, 관련자의 회사에 대한 책임과 동기를 고려하여야 하고, 사안의 성격에 따른 회사의 혼란과 정보의 외부누출을 최소화하도록 노력하여야 한다. 이때 사내변호사가 취할 수 있는 조치로서는, ㉠ 임원이나 피용자 등에 대하여 해당 행위의 재고를 요청하는 것, ㉡ 상급관계자에게 사내변호사가 아닌 독립적인 사외변호사의 법률의견서가 필요하다고 조언하는 것, ㉢ 회사의 최고경영자에게 해당 사실을 통지하는 것 등이 포함된다.」

02 A 변호사는 S 생명보험주식회사에 취업하여 법무실에서 송무 및 법률자문업무를 담당하고 있다. 그는 회사의 세무관련 법률문제를 검토하던 중에 엄청난 액수의 탈세를 해 오고 있는 사실을 알게 되었다. 회사에서는 국세청의 세무조사가 예상되었으므로 그 변호사로 하여금 탈세관련 서류를 신속히 소각하라는 명령을 내렸다. 그 변호사는 조세관련 법령에 따라 수정신고를 하여 가산세 등을 납부하는 적법한 절차에 따라 해결하는 것이 좋을 것이라는 의견을 제시하였으나 거절당하였다. 다음 설명 중 옳은 것은?

① 변호사의 사명과 변호사의 자유로운 직무수행과 독립의 유지라는 요청은 단독 개업중인 변호사에게만 적용된다.

② 회사에 고용된 변호사는 회사의 이익을 위하여 탈세서류를 소각해야 한다.

③ 변호사는 수정신고를 하자는 법률의견을 제시하여 그 역할을 다하였으므로, 상사의 명령에 따라 탈세관련 자료를 소각하는 것은 허용된다.

④ 변호사는 회사의 탈세관련 사실을 국세청에 신고할 의무가 있는 것은 아니다.

해설 ④ 변호사의 비밀유지의무는 「법률에 특별한 규정이 있는 경우」(변호사법 26단서)와 「중대한 공익상의 이유가 있거나, 의뢰인의 동의가 있는 경우 또는 변호사 자신의 권리를 방어하기 위하여 필요한 경우에는, 최소한의 범위에서 이를 공개 또는 이용할 수 있다」(변호사윤리장전 18④)고 한다.

① 변호사의 사명과 자유와 독립적인 직무수행은 모든 변호사에게 요청된다.

② 변호사는 그 직무를 행함에 있어서 진실을 왜곡하거나 허위진술을 하지 아니한다(변호사윤리장전 2②). 사내변호사는 그 직무를 수행함에 있어 독립성의 유지가 변호사로서 준수해야 하는 기본 윤리임을 명심하고, 자신의 직업적 양심과 전문적 판단에 따라 업무를 성실히 수행한다(변호사윤리장전 51).

③ 수정신고를 하는 것이 좋겠다는 법률의견을 제시한 것은 변호사로서의 정당한 행위이지만, 탈세자료를 소각하는 것은 위법행위에 가담하는 것으로 허용되지 아니한다.

03 A 변호사는 P 자동차회사의 법무팀에 근무하면서 P 회사가 생산한 자동차의 급발진 사고로 인한 제조물책임을 묻는 손해배상청구 소송의 (담당)변호사로 지정되었다. 재판을 진행하면서 A는 원고가 제출된 증거자료를 검토한 결과 P 회사가 패소할 가능성이 큰 것을 알고 회사의 대표이사에게 "아무래도 진행중인 사건의 재판에서 패소할 가능성이 크므로, 가능하면 원고와

적절한 금액으로 화해를 하고 끝내는 것이 좋겠습니다"라는 의견을 제시하였다. 그러나 그 대표이사는 "문제된 제품의 하자여부가 명확히 밝혀진 것도 아니고, 그 사고는 운전자가 액셀러레이터 페달을 잘못 밟아 발생한 것이다. 만약 우리 회사가 하자를 인정하면 회사의 신용도 추락하게 되고 유사 소송에 휘말리게 되어 낭패를 보게 된다. 회사의 사활이 걸린 재판이니 수단과 방법을 가리지 말고 승소하도록 하라"는 말을 듣게 되었다. 다음 설명 중 옳은 것은?

① 사내변호사가 된 이상 변호사로서의 지위와 회사 직원으로서의 지위는 병존할 수 없으므로 대표이사의 말을 따르는 것이 옳다.
② 변호사로서의 직무의 독립성은 회사에서 인정하는 범위에서 유지된다.
③ 변호사는 그 회사를 사직할 각오로 송무업무의 수행을 거부해야 한다.
④ 변호사는 예상되는 재판결과에 상관없이 송무업무에 전념하여야 한다.

해설 ④ 변호사의 의견이 회사의 의견과 다를지라도 회사의 이익을 위하여 제품의 하자로 인한 손해배상사건의 대리인으로 활동하는 것은 변호사의 정당한 직무에 속한다.
① 사내변호사일지라도 변호사의 사명과 법적 지위에 맞게 직무를 수행하여야 한다.
② 변호사로서의 직무의 독립성은 사내변호사에게도 여전히 인정되는데, 이 점이 사내변호사와 회사 직원으로서의 지위의 충돌문제이다.
③ 패소할 사건일지라도 담당변호사로 송무업무에 전념해야 한다.

04 증권회사인 주식회사 X가 고객과 포괄적 일임매매 약정을 하였음을 기화로, 주식회사 X의 ○○지점 직원 A가 충실의무를 위반하여 고객의 이익을 무시하고 주식회사 X의 영업 실적만을 증대시키기 위하여 무리하게 빈번한 회전매매를 함으로써 고객에게 손해를 입혔고, 주식회사 X의 ○○지점 지점장과 본사 임직원들은 직원 A의 회전매매 사실을 몰랐다. 손해를 입은 고객은 주식회사 X 및 그 직원 A를 공동피고로 하여 불법행위로 인한 손해배상청구소송을 제기하였다. 한편, 주식회사 X는 위 소송에서 손해배상책임이 인정되어 고객에게 배상을 하게 될 경우에는 직원 A에 대하여 구상권을 행사할 계획을 갖고, 개업신고를 한 사내변호사 甲에게 직원 A에 대한 구상권 행사 여부의 검토를 지시하였다. 주식회사 X의 사내변호사 甲이 취할 수 있는 행동에 관한 설명 중 옳은 것은?

① 변호사 甲은 주식회사 X의 사내변호사에 불과하므로, 주식회사 X와 직원 A 어느 누구로부터도 위 손해배상청구소송 사건을 수임하여 소송대리 업무를 수행할 수 없다.
② 변호사 甲은 주식회사 X의 사내변호사이므로, 주식회사 X 및 직원 A로부터 사건을 수임하여 소송대리 업무를 수행하려고 하는 경우 소속 지방변호사회에 위임장을 경유하지 않아도 된다.

02 ④ 03 ④ 04 ③ 정 답

③ 주식회사 X와 직원 A 사이에서 이해관계의 충돌이 발생될 우려가 농후하고, 동일한 사건에 해당하므로 변호사 甲이 주식회사 X와 직원 A를 동시에 대리하는 것은 수임 제한 규정에 위배된다.

④ 변호사 甲이 직원 A에 대한 구상권 행사 여부에 대해 검토한 후 위 손해배상소송에서 직원 A보다 주식회사 X의 책임이 더 크다고 판단하여 직원 A에 대해서만 소송대리를 하더라도 주식회사 X의 사내변호사로서 이익충돌회피의무 또는 비밀유지의무에 위반되지 아니한다.

해설 ③ 고객이 주식회사 X와 직원 A를 공동피고로 하여 불법행위로 인한 손해배상청구소송을 제기하였다. 주식회사 X는 위 소송에서 패소하여 손해배상책임이 인정되는 경우에는 불법행위를 한 직원 A에 대하여 구상권을 행사하려고 사내변호사 甲에게 직원 A에 대한 구상권 행사 여부의 검토를 지시하였다. 사내변호사 甲은 당사자 한쪽(주식회사 X)으로부터 구체적인 사건에 관한 상의를 받은 상태이고, 그 상대방에 해당하는 직원 A가 위임하는 사건을 수임할 수 없다.

05 사내변호사에 관련된 설명 중 옳지 않은 것은?

① 개업변호사가 사내변호사가 되어 회사의 사용인이 되려는 경우 반드시 겸직허가를 받아야 한다.

② 변호사법은 사내변호사에게도 변호사의 권리와 의무를 동일하게 인정하고 있다.

③ 사내변호사는 회사의 주주나 대표이사 등 회사의 구성원에게 충실의무를 진다고 할 수는 없다.

④ 사내변호사는 회사의 대표이사가 법률에 위반하여 비자금을 조성한 행위에 대하여 곧바로 언론기관에 공개하는 것은 허용되지 않는다.

해설 ② 변호사법에는 사내변호사의 개념과 그 권리의무의 내용에 관한 명시적인 언급이 전혀 없다. 다만, 변호사윤리장전은 제51조 '사내변호사의 독립성' 제52조 '사내변호사의 충실의무'를 신설하고 있다. 정부, 공공기관, 비영리단체, 기업, 기타 각종의 조직 또는 단체 등(단, 법무법인 등은 제외한다. 이하 '단체 등'이라 한다)에서 임원 또는 직원으로서 법률사무 등에 종사하는 변호사(이하 '사내변호사'라 한다)는 그 직무를 수행함에 있어 독립성의 유지가 변호사로서 준수해야 하는 기본 윤리임을 명심하고, 자신의 직업적 양심과 전문적 판단에 따라 업무를 성실히 수행한다(변호사윤리장전 51). 사내변호사는 변호사윤리의 범위 안에서 그가 속한 단체 등의 이익을 위하여 성실히 업무를 수행한다(변호사윤리장전 52).

① 변호사는 소속 지방변호사회의 허가 없이 다음 각 호의 행위를 할 수 없다. 다만, 법무법인·법무법인(유한) 또는 법무조합의 구성원이 되거나 소속 변호사가 되는 경우에는 그러하지 아니하다(변호사법 38②).

1. 상업이나 그 밖에 영리를 목적으로 하는 업무를 경영하거나 이를 경영하는 자의 사용인이 되는 것
2. 영리를 목적으로 하는 법인의 업무집행사원·이사 또는 사용인이 되는 것

③ 사내변호사는 변호사윤리의 범위 안에서 그가 속한 단체 등의 이익을 위하여 성실히 업무를 수행한다(변호사윤리장전 52). 그러므로 회사의 주주나 이사, 임직원 등의 회사 구성원들에게 충실의무를 지는 것은 아니다.

④ 사내변호사는 회사에서 행하여진 위법행위를 알게 된 경우 적법행위를 하도록 권고하거나 조언하는 등의 적절한 조치를 취하여야 하고, 곧바로 언론기관에 제보하는 등으로 공개하는 행위는 허용되지 않는다.

06 사내변호사에 관한 설명 중 옳지 않은 것은? 제 3 회 기출문제

① 사내변호사가 자신을 고용한 회사의 사업에 대하여 법률 자문 업무를 수행하던 중 그 사업이 범죄행위에 해당한다고 판단된 때에는 즉시 그 협조를 중단하여야 한다.

② 사내변호사가 자신을 고용한 회사의 범죄행위를 대외적으로 공개하는 것을 허용할지 여부에 관하여 변호사의 비밀유지의무를 근거로 불허해야 한다는 견해도 있다.

③ 주식회사에 고용된 사내변호사의 의뢰인은 주식회사 그 자체가 아니라 주식회사의 대주주이다.

④ 법무법인에 재직 중인 변호사는 주식회사의 사내변호사로서 변호사 업무를 수행할 수 없다.

해설 ③ 사내변호사는 회사라는 조직체에 대하여 충실의무를 진다. 충실의무는 주식회사의 대주주 등 회사 구성원인 사람들에 대하여 충실의무를 지는 것은 아니다.

④ 법무법인의 구성원 및 구성원 아닌 소속 변호사는 자기나 제3자의 계산으로 변호사의 업무를 수행할 수 없다(변호사법 52①).

05 ② 06 ③ 정 답

제13장

외국법자문사 제도

제13장 외국법자문사 제도

외국법자문사법

제 2 조(정의) 이 법에서 사용하는 용어의 뜻은 다음과 같다.

1. "변호사"란 「변호사법」에 따른 변호사를 말한다.
2. "외국변호사"란 외국에서 변호사에 해당하는 법률 전문직의 자격을 취득하여 보유한 사람을 말한다.
3. "외국법자문사"란 외국변호사의 자격을 취득한 후 제 6 조에 따라 법무부장관으로부터 자격승인을 받고 제10조 제 1 항에 따라 대한변호사협회에 등록한 사람을 말한다.
4. "외국법자문법률사무소"란 외국법사무를 수행하기 위하여 이 법에 따라 개설하는 사무소를 말한다.
5. "원자격국(原資格國)"이란 외국변호사가 그 자격을 취득한 후 법률사무 수행에 필요한 절차를 마친 국가로서 대한민국에서 그 국가의 법령 등에 관한 자문 업무 등을 수행할 수 있도록 법무부장관이 지정한 국가를 말한다. 다만, 어느 국가 내에 지역적으로 한정된 자격이 부여되는 여러 개의 도(道)·주(州)·성(省)·자치구 등이 있는 경우에는 그 국가의 법령 등에 따라 그 자격이 통용되는 지역의 전부를 원자격국으로 본다.
6. "외국법사무"란 원자격국의 법령(원자격국에서 효력을 가지거나 가졌던 것을 말한다. 이하 같다)에 관한 자문 등 제24조에 따라 외국법자문사가 수행하도록 허용된 업무를 말한다.
7. "국제중재사건"이란 대한민국을 중재지로 하고, 대한민국 외 국가의 법령, 대한민국과 외국 간 체결된 조약, 대한민국 외 국가 간 조약 또는 일반적으로 승인된 국제관습법이 적용되거나 또는 적용될 수 있는 민사·상사의 중재사건을 말한다.
8. "자유무역협정등"이란 명칭 여하를 불문하고 대한민국이 외국(국가연합, 경제공동체 등 국가의 연합체를 포함한다) 또는 국제기구와 외국법사무 분야를 포함한 포괄적인 교역의 자유화를 내용으로 하여 체결하고 그 효력이 발생한 모든 합의를 말한다.
9. "합작법무법인"이란 외국법사무와 이 법에서 규정하는 국내법사무 등을 수행하기 위하여 이 법에 따라 설립된 법인을 말한다.

10. “국내 합작참여자”란 합작법무법인 설립에 참여하는 「변호사법」에 따른 법무법인, 법무법인(유한) 또는 법무조합을 말한다.
11. “외국 합작참여자”란 합작법무법인 설립에 참여하는 자로서 제35조의2 제 1 항에 따라 법무부장관이 고시하는 자유무역협정등 당사국에서 그 법적 형태를 불문하고 법률사무의 수행을 주된 목적으로 설립된 자를 말한다.
12. “합작참여자”란 국내 합작참여자 및 외국 합작참여자를 말한다.

01 외국법자문사에 관한 설명 중 틀린 것은?

① 외국법자문사가 되려는 외국변호사는 법무부장관에게 외국법자문사의 자격승인을 신청하여야 한다.
② 변호사가 외국변호사 자격이 있는 경우에는 외국자문사법률사무소를 함께 운영할 수 있다.
③ 외국법자문사의 자격승인을 받기 위하여는 외국변호사의 자격을 취득한 후 원자격국에서 3년 이상 법률 사무를 수행한 경력이 있어야 한다.
④ 외국법자문사로서 업무 수행을 개시하려는 사람은 자격승인을 받은 후 대한변호사협회에 외국법자문사로 등록하여야 한다.

해설 ② 외국변호사의 자격을 갖춘 변호사가 법무부장관에게 외국자문사 자격승인을 신청하는 경우에는 변호사업을 휴업하거나 폐업하여야 한다. 그러므로 (국내)변호사가 외국자문사 자격승인을 받아 외국자문사법률사무소를 운영하려는 경우에는 휴업하거나 폐업하여야 한다.
①은 외국법자문사법 제3조 제1항, ③은 외국법자문사법 제4조 제1항, ④는 외국법자문사법 제10조 제1항의 내용이다.

02 외국법자문사에 관한 설명 중 옳은 것은?

2010년 법무부 모의고사

① 원자격국이 우리나라와 자유무역협정 등을 체결하였느냐와 관계없이 외국변호사는 우리나라의 외국법자문사로 등록할 수 있다.
② 외국법자문사는 일정기간 반드시 우리나라에 거주해야 하는 것은 아니고, 자유롭게 외국에서 활동하여도 무방하다.
③ 변호사는 외국법자문사법에 따라 등록한 외국법자문사와 동업할 수 없으나, 특정 사건에 관하여 업무제휴를 하고 이익을 분배할 수 있다.
④ 외국법자문사는 대한변호사협회가 정하는 윤리장전을 준수하여야 한다.

해설 ④ 외국법자문사는 대한변호사협회가 정하는 윤리장전을 준수하여야 한다(외국법자문사법 28③). 이 규정에 의하여 현재 「외국법자문사윤리장전」이 제정·시행되고 있다.

① 법무부장관은 신청인이 다음 각 호의 요건을 모두 갖춘 경우에 외국법자문사의 자격승인을 할 수 있다(외국법자문사법 6①).
㉠ 원자격국이 자유무역협정등의 당사국일 것, ㉡ 원자격국 내에서 외국변호사의 자격이 유효할 것, ㉢ 제4조에 따른 직무 경력이 있을 것, ㉣ 제5조에 따른 결격사유가 없을 것, ㉤ 대한민국 내에 서류 등을 송달받을 장소를 가지고 있을 것, ㉥ 제3조 제2항의 경우 변호사업을 휴업하거나 폐업하였을 것
따라서 외국법자문사의 자격승인을 위해서는 원자격국이 자유무역협정 등의 당사국이어야 한다.
② 외국법자문사는 최초의 업무개시일부터 1년에 180일 이상 대한민국에 체류하여야 한다(외국법자문사법 29①). 외국법자문사가 본인의 부상이나 질병, 친족의 부상이나 질병으로 인한 간호·문병, 그 밖의 부득이한 사정으로 외국에 체류한 경우 그 기간은 대한민국에 체류한 것으로 본다(외국법자문사법 29②).
③ 외국법자문사법은 외국법자문사나 외국법자문법률사무소는 변호사·법무사·변리사·공인회계사·세무사 및 관세사와 동업, 업무제휴, 포괄적 협력관계의 설정, 사건의 공동 수임, 그 밖의 어떠한 방식으로든 사건을 공동으로 처리하고 그로 인한 보수나 수익을 분배할 수 없다(외국법자문사법 34②)고 한다.
그러나 지난 2011. 4. 5. 외국법자문사법의 개정으로 제한된 범위에서 외국법자문법률사무소의 공동 사건 처리와 그 수익의 분배를 허용하는 규정을 신설한 바 있다. 자유무역협정등에 따라 법무부장관이 고시하는 자유무역협정등의 당사국에 본점사무소가 설립·운영되고 있는 외국법자문법률사무소는 사전에 대한변호사협회에 제34조의3에 따른 공동 사건 처리 등을 위한 등록(이하 "공동사건처리등을 위한 등록"이라 한다)을 한 경우 제34조 제2항에도 불구하고 법률사무소, 법무법인, 법무법인(유한) 또는 법무조합과 국내법사무와 외국법사무가 혼재된 법률사건을 사안별 개별 계약에 따라 공동으로 처리하고 그로부터 얻게 되는 수익을 분배할 수 있다(외국법자문사법 34의2①).

03 외국법자문사에 대한 설명 중 옳지 않은 것은? 제1회 기출문제

① 외국법자문사는 원자격국의 법령에 관한 자문, 원자격국이 당사국인 조약에 관한 자문 등의 업무를 할 수 있다.
② 외국법자문사는 변호사와 업무제휴를 통하여 원자격국 관련 국내 소송사건을 공동으로 수임할 수 있다.
③ 외국법자문사는 대한변호사협회가 정하는 윤리장전을 준수하여야 한다.
④ 외국법자문사는 최초의 업무개시일부터 1년에 180일 이상 대한민국에 체류하여야 한다.

해설 ② 외국법자문사는 다음 각 호의 사무를 처리할 수 있다(외국법자문사법 24). 〈개정 2016. 3. 2.〉
1. 원자격국의 법령에 관한 자문
2. 원자격국이 당사국인 조약 및 일반적으로 승인된 국제관습법에 관한 자문
3. 국제중재사건의 대리. 다만, 대한민국 법령에 관한 사무는 제외한다.
따라서 외국법자문사는 국내 소송사건을 수임하거나 소송행위가 허용되지 않는다.
외국법자문사나 외국법자문법률사무소는 변호사·법무사·변리사·공인회계사·세무사 및 관세사를 고용할 수 없으며(외국법자문사법 34①), 변호사·법무사·변리사·공인회계사·세무사 및 관세사와 동업, 업무제휴, 포괄적 협력관계의 설정, 사건의 공동 수임, 그 밖의 어떠한 방식으로든 사건을 공동으로 처리하고 그로 인한 보수나 수익을 분배할 수 없다(외국법자문사법 34②). 또한 변호사·법무법인·법무법인(유한)·법무조합·법무사·법무사합동법인·변리

사·특허법인·공인회계사·회계법인·세무사·세무법인·관세사 및 관세사법인과 조합계약, 법인설립, 지분참여, 경영권 위임을 할 수 없으며, 그 밖의 어떠한 방식으로든 법률사무소·법무법인·법무법인(유한)·법무조합·법무사사무소·법무사합동법인·변리사사무소·특허법인·공인회계사사무소·회계법인·세무사사무소·세무법인·관세사사무소 및 관세사법인을 공동으로 설립·운영하거나 동업할 수 없다(외국법자문사법 34③).
대한변호사협회에 제34조의3에 따른 공동사건처리등을 위한 등록을 한 경우에는 법 제34조 제2항에도 불구하고 법률사무소, 법무법인, 법무법인(유한) 또는 법무조합과 **국내법사무와 외국법사무가 혼재된 법률사건을 사안별 개별 계약에 따라 공동으로 처리하고 그로부터 얻게 되는 수익을 분배할 수 있다**(외국법자문사법 34의2①).
③ 외국법자문사는 대한변호사협회가 정하는 윤리장전을 준수하여야 한다(외국법자문사법 28③).
④ 외국법자문사는 1년에 180일 이상 국내에 체류하여야 한다(외국법자문사법 29①).

04 외국법자문사에 관련된 설명 중 옳지 않은 것은?

① 외국법자문사는 원자격국의 법령에 관한 자문 등 외국법자문사법이 정하는 업무만을 할 수 있고, 국내의 일반 민사소송 대리는 할 수 없다.
② 외국법자문사에 대한 징계는 법무부와 대한변호사협회의 외국법자문사징계위원회에서 행한다.
③ 한국인이 미국에서 변호사 자격을 취득한 후 국내 법무법인에 취업하기 위해서는 외국법자문사 등록을 하여야 한다.
④ 외국법자문사나 외국법자문법률사무소는 변호사·법무사·변리사·공인회계사·세무사 및 관세사와 동업, 업무제휴, 포괄적 협력관계의 설정, 사건의 공동 수임, 그 밖의 어떠한 방식으로든 사건을 공동으로 처리하고 그로 인한 보수나 수익을 분배할 수 없다.

해설 ③ '외국변호사'란 외국에서 변호사에 해당하는 법률 전문직의 자격을 취득하여 보유한 사람을 말한다(외국법자문사법 2(2)). 그러므로 미국에서 변호사 자격을 취득한 자는 외국변호사에 해당된다. '외국법자문사'란 외국변호사의 자격을 취득한 후 제6조에 따라 법무부장관으로부터 자격승인을 받고 제10조 제1항에 따라 대한변호사협회에 등록한 사람을 말한다(외국법자문사법 2(3)). 외국법자문사가 되려는 외국변호사는 법무부장관에게 외국법자문사의 자격승인을 신청하여야 한다(외국법자문사법 3①). 그러므로 외국변호사라도 국내로펌에 취업하기 위하여 반드시 외국법자문사 등록을 하여야 하는 것은 아니다.
① 외국법자문사는 다음 각 호의 사무를 처리할 수 있다(외국법자문사법 24).
1. 원자격국의 법령에 관한 자문
2. 원자격국이 당사국인 조약 및 일반적으로 승인된 국제관습법에 관한 자문
3. 국제중재사건의 대리. 다만, 중재에서 제1호 및 제2호에 따른 법령이나 조약 등이 적용되지 아니하기로 확정된 경우에는 그때부터 그 사건을 대리할 수 없다.
② 외국법자문사의 징계는 외국법자문사징계위원회가 행한다. 법무부와 대한변호사협회에 각각 외국법자문사징계위원회를 둔다(외국법자문사법 38①②).
④ 외국법자문사법 제34조 제2항. 다만, 자유무역협정등에 따라 법무부장관이 고시하는 자유무역협정등의 당사국에 본점사무소가 설립·운영되고 있는 외국법자문법률사무소는 사전에 대한변호사협회에 제34조의3에 따른 **공동사건처리등을 위한 등록(이하 '공동사건처리등을 위한 등록'이라 한다)을 한 경우 제34조 제2항에도 불구하고** 법률사무소·법무법인·법무법인(유한) 또는 법무조합과 국내법사무와 외국법사무가 혼재된 법률사건을 사안별 개별 계약에 따라 공동으로 처리하고 그로부터 얻게 되는 수익을 분배할 수 있다(외국법자문사법 34의2①).

05 외국법자문사와 외국법자문법률사무소에 관한 설명 중 옳지 않은 것은? **제 2 회 기출문제**

① 외국변호사가 외국법자문사의 자격승인을 받기 위해서는 외국변호사의 자격을 취득한 후 원자격국에서 3년 이상 법률사무를 수행한 경력이 있어야 한다.

② 외국변호사의 자격을 갖춘 변호사가 외국법자문사가 되려면 변호사업을 휴업하거나 폐업하여야 한다.

③ 외국변호사가 외국법자문사로서 업무수행을 개시하려면 자격승인을 받은 후 법무부에 외국법자문사 등록신청을 하여야 한다.

④ 외국법자문법률사무소는 사전에 공동사건처리 등을 위한 등록을 하지 아니하고는 변호사 등과 동업, 사건의 공동수임 그 밖의 어떠한 방식으로든 사건을 공동으로 처리하고 그로 인한 보수나 수익을 분배할 수 없다.

해설 ③ 외국법자문사로서 업무 수행을 개시하려는 사람은 제6조의 자격승인을 받은 후 대한변호사협회에 외국법자문사로 등록하여야 한다(외국법자문사법 10①). 제1항의 등록을 하려는 사람은 서면으로 대한변호사협회에 등록신청을 하여야 한다. 이 경우 신청인은 제6조 제2항에 따라 지정된 원자격국을 대한변호사협회에 신고하여야 한다(외국법자문사법 10②).

④ 자유무역협정등에 따라 법무부장관이 고시하는 자유무역협정등의 당사국에 본점사무소가 설립·운영되고 있는 외국법자문법률사무소는 사전에 대한변호사협회에 제34조의3에 따른 공동 사건 처리 등을 위한 등록(이하 "공동사건처리등을 위한 등록"이라 한다)을 한 경우 제34조 제2항에도 불구하고 법률사무소, 법무법인, 법무법인(유한) 또는 법무조합과 국내법사무와 외국법사무가 혼재된 법률사건을 사안별 개별 계약에 따라 공동으로 처리하고 그로부터 얻게 되는 수익을 분배할 수 있다(외국법자문사법 34의2①). 외국법자문법률사무소의 구성원 또는 구성원이 아닌 소속 외국법자문사는 제1항에 따른 업무를 처리하는 경우 법률사무소, 법무법인, 법무법인(유한) 또는 법무조합 소속 변호사가 처리하는 법률사무에 대하여 제24조 각 호에 규정된 업무 범위를 넘어 부당하게 관여하여서는 아니 된다(외국법자문사법 34의2②). 공동사건처리등을 위한 등록은 공동사건처리등의 업무를 수행하려는 외국법자문법률사무소의 대표자가 서면으로 신청하여야 한다(외국법자문사법 34의3①). 법무부장관은 공동사건처리등을 위한 등록을 마친 외국법자문법률사무소의 본점사무소가 법무부장관이 고시하는 자유무역협정등의 당사국에서 설립·운영되고 있지 아니한 경우에는 대한변호사협회에 그 등록의 취소를 명할 수 있다(외국법자문사법 34의4①). 대한변호사협회는 제1항에 따른 등록취소명령이 있거나 등록취소명령 사유가 있는 경우에는 공동사건처리등을 위한 등록을 취소하여야 한다(외국법자문사법 34의4②). 공동사건처리등을 위한 등록을 마친 외국법자문법률사무소의 대표자는 매년 1월 31일까지 전년도에 그 외국법자문법률사무소가 제34조의2 제1항에 따라 체결한 계약과 관련하여 그 상대방인 법률사무소, 법무법인, 법무법인(유한) 또는 법무조합의 명칭 및 그 사무소의 소재지, 계약체결일, 그 밖에 대한변호사협회가 정하는 사항을 대한변호사협회에 신고하여야 한다(외국법자문사법 34의5①).

06 외국법자문사법상의 합작법무법인에 관한 설명 중 옳은 것은?

① 모든 외국의 로펌과 합작하여 설립할 수 있다.

② 합작법무법인은 법무부장관의 인가를 받으면 기간의 제한 없이 활동할 수 있다.

③ 합작참여자는 2개 이상의 합작법무법인을 설립할 수 없다.

04 ③ 05 ③ 06 ③ 정 답

④ 합작법무법인을 대표하는 자가 그 업무집행으로 인하여 타인에게 손해를 가한 때에는 합작법무법인의 선임변호사들이 연대하여 배상할 책임이 있다.

해설 ③ 합작법무법인은 1개 이상의 국내 합작참여자와 1개 이상의 외국 합작참여자로 구성한다(외국법자문사법 35의7①). 합작참여자는 2개 이상의 합작법무법인을 설립할 수 없다(외국법자문사법 35의7②).

① 법무법인, 법무법인(유한) 또는 법무조합은 법무부장관이 고시하는 자유무역협정등 당사국에서 그 법적 형태를 불문하고 법률사무의 수행을 주된 목적으로 설립된 자와 합작하여 법무법인을 설립할 수 있다(외국법자문사법 35의2①).

② 합작법무법인을 설립하려면 합작참여자가 정관을 작성하여 주사무소 소재지의 지방변호사회와 대한변호사협회를 거쳐 법무부장관의 인가를 받아야 한다. 정관을 변경할 때에도 또한 같다(외국법자문사법 35의3①). 제 1 항에 따른 인가의 유효기간은 법무부장관의 설립인가일부터 5년으로 한다(외국법자문사법 35의3③).

④ 합작법무법인을 대표하는 자(담당변호사 및 담당외국법자문사를 포함한다)가 그 업무집행으로 인하여 타인에게 손해를 가한 때에는 합작법무법인은 그 대표와 연대하여 배상할 책임이 있다(외국법자문사법 35의28①).

외국법자문사법

제5장의2 합작법무법인

제35조의2(설립) ① 법무법인, 법무법인(유한) 또는 법무조합은 법무부장관이 고시하는 자유무역협정등 당사국에서 그 법적 형태를 불문하고 법률사무의 수행을 주된 목적으로 설립된 자와 합작하여 법무법인을 설립할 수 있다.

② 외국 합작참여자가 여러 나라에 걸쳐 사무소, 현지 사무소, 현지 법인, 지사, 분사무소 등 법률사무의 수행을 주된 목적으로 하는 사무소를 두고 있는 경우에는 최고 의사결정이 이루어지는 사무소 소재지 국가를 기준으로 제 1 항의 자유무역협정등 당사국을 정한다.

07 합작법무법인에 관련된 설명 중 틀린 것은?

① 합작법무법인은 법무사·변리사·공인회계사·세무사 및 관세사를 고용할 수 없다.

② 국내 합작참여자는 합작법무법인과 별도로 「변호사법」 제 3 조의 직무를 수행할 수 있다.

③ 합작법무법인 내 외국법자문사는 제24조(업무범위) 각 호에 규정된 업무 외의 법률사무를 취급할 때 합작법무법인 내 변호사에게 업무상 명령을 내리거나 부당한 관여를 하여서는 아니 된다.

④ 합작법무법인은 국가·지방자치단체와 그 밖의 공공기관에서의 사법절차 또는 법적 절차를 위한 모든 대리행위 및 그러한 절차를 위한 법률 문서의 작성업무를 할 수 있다.

해설 ④ 합작법무법인은 **이 법 및 다른 법률에 저촉되지 아니하는 범위에서** 다음 각 호의 사항을 제외한 사무를 수행할 수 있다(외국법자문사법 35의19).

1. 국가·지방자치단체와 그 밖의 공공기관에서의 사법절차 또는 법적 절차를 위한 대리 및 그러한 절차를 위한 법률 문서의 작성
2. 「공증인법」 제2조 각 호에 따른 증서 작성의 촉탁 대리
3. 노동 분야 자문
4. 대한민국에 있는 부동산에 관한 권리, 지식재산권, 광업권, 그 밖에 행정기관에 등기 또는 등록함을 성립요건이나 대항요건으로 하는 권리의 득실변경(得失變更)을 주된 목적으로 하는 사무의 대리 및 이를 목적으로 한 문서의 작성
5. 대한민국 국민이 당사자이거나, 관련된 재산이 대한민국에 소재하고 있는 경우의 친족·상속 관계 사무의 대리 및 이를 목적으로 한 문서의 작성

① 합작법무법인은 법무사·변리사·공인회계사·세무사 및 관세사를 고용할 수 없다(외국법자문사법 35의26①). 합작법무법인은 법무사·변리사·공인회계사·세무사 및 관세사와 동업, 업무제휴, 포괄적 협력관계의 설정, 사건의 공동 수임, 그 밖의 어떠한 방식으로든 사건을 공동으로 처리하고 그로 인한 보수나 수익을 분배할 수 없다(외국법자문사법 35의26②).

② 국내 합작참여자는 합작법무법인과 별도로 「변호사법」 제3조의 직무를 수행할 수 있다(외국법자문사법 35의23).

③ 합작법무법인 내 외국법자문사는 제24조 각 호에 규정된 업무 외의 법률사무를 취급할 때 합작법무법인 내 변호사에게 업무상 명령을 내리거나 부당한 관여를 하여서는 아니 된다(외국법자문사법 35의21).

08 외국법자문사에 관한 설명 중 옳은 것은? 제3회 기출문제

① 외국법자문사는 원자격국의 법령에 관한 자문 및 원자격국과 같은 언어를 사용하는 국가의 법령에 관한 자문을 할 수 있다.

② 외국법자문사 신청인이 둘 이상의 국가에서 외국법자문사 자격승인 요건을 모두 갖춘 경우라도 법무부장관은 그중 하나의 국가만 원자격국으로 지정하여야 한다.

③ 외국법자문사가 변호사·법무사·변리사·공인회계사·세무사 및 관세사를 고용한 경우 외국법자문사뿐만 아니라 고용된 변호사·법무사·변리사도 형사처벌을 받게 되나, 공인회계사·세무사 및 관세사는 형사처벌을 받지 않는다.

④ 외국법자문사가 업무능력이나 재산상황이 현저히 악화되어 의뢰인이나 제3자에게 손해를 입힐 우려가 있고 그 손해를 방지하기 위하여 부득이하다고 판단되는 경우 법무부장관은 외국법자문사의 자격승인을 취소할 수 있으며, 이 경우 청문을 하여야 한다.

해설 ④ 법무부장관은 외국법자문사가 다음 각 호의 어느 하나에 해당하는 경우에는 자격승인을 취소할 수 있다(외국법자문사법 7②).

1. 자격승인신청서 또는 그 증빙서류의 중요 부분이 누락되었거나 그 내용이 거짓으로 보이는 상당한 사정이 있는 경우
2. 업무능력이나 재산상황이 현저히 악화되어 의뢰인이나 제3자에게 손해를 입힐 우려가 있고, 그 손해를 방지하기 위하여 부득이하다고 판단되는 경우
3. 제9조 제1항에 따른 보고 또는 자료 제출을 하지 아니하거나 거짓의 보고 또는 자료 제출을 한 경우

정답 07 ④ 08 ④

4. 자격승인을 받고 정당한 사유 없이 1년 이내에 대한변호사협회에 제10조에 따른 등록신청을 하지 아니한 경우
5. 제11조 제2항에 따른 등록의 유효기간이 지난 후 3년 이내에 제10조에 따른 등록을 하지 아니한 경우
법무부장관은 제2항 제1호부터 제3호까지의 규정에 따라 외국법자문사의 자격승인을 취소하려는 경우에는 청문을 하여야 한다(외국법자문사법 7③).

① 외국법자문사는 다음 각 호의 사무를 처리할 수 있다(외국법자문사법 24). 〈개정 2016. 3. 2.〉
1. 원자격국의 법령에 관한 자문
2. 원자격국이 당사국인 조약 및 일반적으로 승인된 국제관습법에 관한 자문
3. 국제중재사건의 대리. 다만, 대한민국 법령에 관한 사무는 제외한다.

② 법무부장관은 자격승인을 하면서 신청인이 외국법사무를 수행할 수 있는 원자격국을 지정하여야 한다. 이 경우 둘 이상의 국가에서 제1항의 요건을 모두 갖춘 경우 그 전부를 원자격국으로 지정할 수 있다(외국법자문사법 6②).

③ 외국법자문사법 제34조 제1항을 위반하여 법무사·변리사·공인회계사·세무사 및 관세사를 고용한 사람 및 이에 고용된 법무사·변리사·공인회계사·세무사 및 관세사에 해당하는 사람은 3년 이하의 징역 또는 2천만 원 이하의 벌금에 처한다. 이 경우 벌금과 징역은 병과할 수 있다(외국법자문사법 48).

09 합작법무법인의 소속변호사 및 소속외국법자문사에 관련된 설명 중 옳지 않은 것은?

① 합작법무법인은 선임변호사 아닌 소속변호사 및 선임외국법자문사 아닌 소속외국법자문사를 둘 수 있다.

② 소속외국법자문사는 원자격국이 법무부장관이 고시하는 자유무역협정등 당사국이어야 한다.

③ 합작법무법인 내에 둘 수 있는 소속외국법자문사 수는 제한이 없다.

④ 합작법무법인이 소속외국법자문사 수가 소속변호사 수를 넘으면 3개월 이내에 이를 보완하여야 한다.

해설 ③ 합작법무법인 내 소속외국법자문사 수는 소속변호사 수를 넘을 수 없다(외국법자문사법 35의12③)

① 「변호사법」 제34조 제4항에도 불구하고 합작법무법인은 선임변호사 아닌 소속변호사 및 선임외국법자문사 아닌 소속외국법자문사를 둘 수 있다(외국법자문사법 35의12①).

② 제1항의 외국법자문사의 경우 원자격국이 제35조의2 제1항에 따라 법무부장관이 고시하는 자유무역협정등 당사국이어야 한다(외국법자문사법 35의12②).

④ 합작법무법인이 제3항에 따른 요건을 충족하지 못하게 된 경우에는 3개월 이내에 이를 보완하여야 한다(외국법자문사법 35조12④).

10 외국법자문사법과 관련된 설명 중 옳지 않은 것은?

① "외국변호사"란 외국에서 변호사에 해당하는 법률 전문직의 자격을 취득하여 보유한 사람을 말한다.

② "외국법자문사"란 외국변호사의 자격을 취득한 후 법무부장관으로부터 자격승인을 받

고 대한변호사협회에 등록한 사람을 말한다.

③ "외국법자문법률사무소"란 외국법사무를 수행하기 위하여 외국법자문사법에 따라 개설하는 사무소를 말한다.

④ "외국법사무"란 원자격국과 대한민국의 법령에 관한 자문 등 외국법자문사가 수행하도록 허용된 업무를 말한다.

해설 ④ **외국법자문사법 제2조(정의) 6. "외국법사무"**란 **원자격국의 법령**(원자격국에서 효력을 가지거나 가졌던 것을 말한다. 이하 같다)에 관한 자문 등 제24조에 따라 외국법자문사가 수행하도록 허용된 업무를 말한다.

① 외국법자문사법 제2조(정의) 제2호.

② 외국법자문사법 제2조(정의) 제3호.

③ 외국법자문사법 제2조(정의) 제4호.

제14장

변호사의 징계제도

제14장 변호사의 징계제도

변호사법

제90조(징계의 종류) 변호사에 대한 징계는 다음 다섯 종류로 한다.

1. 영구제명
2. 제명
3. 3년 이하의 정직
4. 3천만 원 이하의 과태료
5. 견책

제91조(징계 사유) ① 제90조 제1호에 해당하는 징계 사유는 다음 각 호와 같다.

1. 변호사의 직무와 관련하여 2회 이상 금고 이상의 형을 선고받아(집행유예를 선고받은 경우를 포함한다) 그 형이 확정된 경우(과실범의 경우는 제외한다)
2. 이 법에 따라 2회 이상 정직 이상의 징계처분을 받은 후 다시 제2항에 따른 징계 사유가 있는 자로서 변호사의 직무를 수행하는 것이 현저히 부적당하다고 인정되는 경우

② 제90조 제2호부터 제5호까지의 규정에 해당하는 징계사유는 다음 각 호와 같다.

1. 이 법을 위반한 경우
2. 소속 지방변호사회나 대한변호사협회의 회칙을 위반한 경우
3. 직무의 내외를 막론하고 변호사로서의 품위를 손상하는 행위를 한 경우

01 변호사에 대한 징계신청(청원)권자에 관하여 옳지 않은 것은?

① 서울지방검찰청검사장은 변호사가 변호사법을 위반한 범죄사실을 발견하였을 때에는 서울지방변호사회장에게 징계를 신청할 수 있다.

② 법무법인을 대리인으로 위임한 의뢰인의 배우자는 징계신청을 청원할 수 있다.

01 ① 정 답

③ 수원지방변호사회장은 소속 회원에 대한 징계를 신청할 수 있다.
④ 지방변호사협회장에게 징계청원을 한 의뢰인의 친구는 대한변호사협회장에게 재청원을 할 수 없다.

해설 ① 지방검찰청검사장 또는 고위공직자범죄수사처장은 범죄수사 등 업무의 수행 중 변호사에게 제91조에 따른 징계사유가 있는 것을 발견하였을 때에는 대한변호사협회의 장에게 그 변호사에 대한 징계개시를 신청하여야 한다(변호사법 97의2①).
④ 의뢰인이나 의뢰인의 법정대리인·배우자·직계친족 또는 형제자매는 수임변호사나 법무법인[제58조의2에 따른 법무법인(유한)과 제58조의18에 따른 법무조합을 포함한다]의 담당변호사에게 제91조에 따른 징계사유가 있으면 소속 지방변호사회의 장에게 그 변호사에 대한 징계개시의 신청을 청원할 수 있다(변호사법 97의3①). 의뢰인의 친구는 징계청원권자에 해당되지 않아 징계신청을 청원할 수 없다.

02 변호사 징계조사위원회에 대하여 옳지 않은 것은?

① 변호사의 징계혐의사실에 대한 조사를 위하여 대한변호사협회에 조사위원회를 둔다.
② 징계조사위원회는 당사자나 관계인을 면담하여 사실에 관한 의견을 들을 수 있다.
③ 범죄혐의가 있는 피조사자가 조사에 불응하는 경우에는 수사기관에 고발할 수 있다.
④ 위원장은 징계혐의가 있다고 인정될 때는 조사위원회를 소집하여 징계혐의사실에 대한 조사를 하여야 한다.

해설 ③ 변호사법위반 등 범죄혐의가 있는 피조사자가 조사에 불응하거나 허위의 자료를 제출하는 때에는 위원장은 위원회의 의결을 거쳐 수사기관에 고발하거나 수사의뢰할 것을 **협회장에게 요청할 수 있다**(변호사징계규칙 41①).

03 변호사에 대한 징계청구절차에 관하여 옳지 않은 것은?

① 협회장은 징계청구를 할 때에는 소속 지방변호사회장에게도 그 사실을 통지할 수 있다.
② 징계의 청구는 징계사유가 있는 날부터 3년이 지나면 하지 못한다.
③ 협회장은 징계청구를 한 때에는 이를 법무부장관에게 보고하여야 한다.
④ 지방변호사회장은 소속 변호사에게 징계사유가 있을 때에는 징계절차를 개시할 수 있다.

해설 ④ 지방변호사회의 장이 소속 변호사에게 변호사법 제91조 징계사유가 있는 것을 발견한 경우에는 대한변호사협회의 장에게 그 변호사에 대한 징계개시를 신청하여야 한다(변호사법 97의2②).
① 협회장은 징계개시 신청인의 신청이 있거나 징계개시의 재청원이 있는 경우에는 지체 없이 징계청구 여부를 결정하여야 한다(변호사법 97의4①, 변호사징계규칙 14①). 협회장이 이 결정을 한 때에는 지체 없이 그 결과와 이유를 징계개시 신청인(징계개시를 신청한 법조윤리협의회 위원장 또는 지방검찰청검사장을 말한다) 또는 재청원인에게 통지하여야 한다(변호사법 97의4③, 변호사징계규칙 14③). 협회장이 지방변호사회의 장의 징계개시 신청에 대한 결정을 내렸을 경우에 그 사실을 통지하도록 하는 규정은 없지만, 그러한 사실을 통지할 수 있는 것은 당연하다. 그리고 협회장은 징계처분의 결과를 법무부장관에게 보고하고, 소속 지방변호사회에 통지하여야 한다(변호사징계규칙 44①). 소속 지방변호사회의 장이 아니라 「소속 지방변호사회」에 통지하는 것을 유의하여야 한다.

04 변호사 징계절차에 관한 설명 중 옳지 않은 것은?

① 변협징계위원회는 징계개시의 청구를 받은 날로부터 6개월 이내에 징계결정을 하여야 한다.

② 징계개시신청을 하였던 지방검찰청검사장은 변협징계위원회의 결정에 불복할 때는 법무부징계위원회에 이의신청을 할 수 있다.

③ 변협징계위원회의 결정에 불복이 있는 징계혐의자는 그 통지를 받은 날부터 30일 이내에 법무부징계위원회에 이의신청을 할 수 있다.

④ 징계혐의자는 법무부징계위원회의 징계결정에 불복할 때는 90일 이내에 민사법원에 소를 제기할 수 있다.

해설 ④ 법무부징계위원회의 결정에 불복하는 징계혐의자는 행정소송법이 정하는 바에 따라 그 통지를 받은 날부터 90일 이내에 행정법원에 소를 제기할 수 있다(변호사법 100④). 제4항의 경우 징계결정이 있었던 날부터 1년이 지나면 소를 제기할 수 없다. 다만, 정당한 사유가 있는 경우에는 그러하지 아니하다(변호사법 100⑤).

① 변협징계위원회는 징계개시의 청구를 받거나 제97조의5 제2항에 따라 징계절차를 개시한 날부터 6개월 이내에 징계에 관한 결정을 하여야 한다. 다만, 부득이한 사유가 있을 때에는 그 의결로 6개월의 범위에서 기간을 연장할 수 있다(변호사법 98①).

② 변협징계위원회의 결정에 불복하는 징계혐의자 및 징계개시신청인은 그 통지를 받은 날부터 30일 이내에 법무부징계위원회에 이의신청을 할 수 있다(변호사법 100①).

③ 징계위원회의 결정에 불복이 있는 징계혐의자나 징계개시신청을 한 지방검찰청검사장은 징계결정서의 송달을 받은 날부터 30일 이내에 이 회를 경유하여 법무부 변호사징계위원회에 이의신청을 할 수 있다(변호사징계규칙 34①). 이의신청인은 징계심의기록과 증거물을 열람·등사할 수 있다(변호사징계규칙 34②).

05 변호사에 대한 업무정지명령에 대하여 옳지 않은 것은?

(ㄱ) 대한변호사협회장은 변호사가 공소제기된 경우에 업무정지에 관한 결정을 청구할 수 있다

(ㄴ) 변호사가 과실범으로 기소된 경우에는 업무정지명령을 청구할 수 없다.

(ㄷ) 업무정지명령은 징계결정이 나거나 형사재판에서 유죄판결이 선고되면 그 효력을 상실한다.

(ㄹ) 업무정지기간은 6개월로 한다.

(ㅁ) 변호사에 대한 징계절차가 개시되어 그 징계결정의 결과 영구제명 기타 제명 또는 정직에 이르게 될 가능성이 매우 커야 한다.

(ㅂ) 업무정지명령은 임시적·일시적이므로 가처분적 성격을 가진다.

(ㅅ) 법무부장관은 법무부징계위원회에서 업무정지의 해제를 결정하면 시체 없이 해제하여야 한다.

02 ③ 03 ④ 04 ④ 05 ① 정답

① (ㄱ)(ㄷ)(ㅁ) ② (ㄷ)(ㅁ)(ㅂ)
③ (ㄴ)(ㄷ)(ㅁ) ④ (ㄹ)(ㅂ)(ㅅ)

해설 ① (ㄱ) 법무부장관이 업무정지에 관한 결정을 청구할 수 있다.
(ㄴ) 약식명령이 청구된 경우와 과실범으로 공소제기된 경우에는 업무정지명령을 청구할 수 없다(변호사법 102①).
(ㄷ) 업무정지명령은 그 업무정지명령을 받은 변호사에 대한 해당 형사 판결이나 징계결정이 확정되면 그 효력을 잃는다(변호사법 106).
(ㅁ) 징계결정의 결과 등록취소, 영구제명 또는 제명에 이르게 될 가능성이 매우 커야 된다.

06 변호사의 징계의결에 대하여 옳지 않은 것은?

① 변협징계위원회는 징계절차를 개시한 날로부터 6개월 이내에 징계결정을 하여야 한다.
② 법무부징계위원회는 변협징계위원회의 결정에 대한 이의신청을 받은 날부터 3개월 이내에 징계에 관한 결정을 하는 것이 원칙이다.
③ 지방변호사회의 장은 징계혐의사건에 대한 의견을 진술할 수 있다.
④ 징계혐의자가 징계위원회에 출석하거나 또는 그 대리인이 출석한 상태에서 심의하여야 하고 서면으로 심의할 수는 없다.

해설 ④ 변협징계위원회는 징계혐의자가 위원장의 출석명령을 받고 징계심의기일에 출석하지 아니하면 서면으로 심의할 수 있다. 그러므로 징계혐의자가 반드시 출석하여야 하는 것은 아니다.
① 변협징계위원회는 징계개시의 청구를 받거나 제97조의5 제2항에 따라 징계절차를 개시한 날부터 6개월 이내에 징계에 관한 결정을 하여야 한다. 다만, 부득이한 사유가 있을 때에는 그 의결로 6개월의 범위에서 기간을 연장할 수 있다(변호사법 98①).
② 법무부징계위원회는 변협징계위원회의 결정에 대한 이의신청을 받은 날부터 3개월 이내에 징계에 관한 결정을 하여야 한다. 다만, 부득이한 사유가 있는 때에는 그 의결로 3개월의 범위에서 기간을 연장할 수 있다(변호사법 98②).
③ 징계개시신청인은 징계사건에 관하여 의견을 제시할 수 있다(변호사법 98의2⑦).

변호사법

제98조의2(징계혐의자의 출석·진술권 등) ① 변협징계위원회의 위원장은 징계심의의 기일을 정하고 징계혐의자에게 출석을 명할 수 있다.
② 징계혐의자는 징계심의기일에 출석하여 구술 또는 서면으로 자기에게 유리한 사실을 진술하거나 필요한 증거를 제출할 수 있다.
③ 변협징계위원회는 징계심의기일에 심의를 개시하고 징계혐의자에 대하여 징계 청구에 대한 사실과 그 밖의 필요한 사항을 심문할 수 있다.
④ 징계혐의자는 변호사 또는 학식과 경험이 있는 자를 특별변호인으로 선임하여 사건에 대

한 보충 진술과 증거 제출을 하게 할 수 있다.
⑤ 변협징계위원회는 징계혐의자가 위원장의 출석명령을 받고 징계심의기일에 출석하지 아니하면 서면으로 심의할 수 있다.
⑥ 변협징계위원회의 위원장은 출석한 징계혐의자나 선임된 특별변호인에게 최종 의견을 진술할 기회를 주어야 한다.
⑦ 징계개시 신청인은 징계사건에 관하여 의견을 제시할 수 있다.

07 지방검찰청검사장 또는 고위공직자범죄수사처장과 지방변호사회장이 대한변호사협회장에게 징계개시를 신청한 경우에 관하여 틀린 것은?

① 징계의 단서를 제공하여 징계개시를 촉구하는 신청으로서의 의미를 갖는다.
② 대한변협회장이 징계개시신청을 기각한 경우에는 변협징계위원회에 이의신청을 할 수 있다.
③ 변협징계위원회는 징계개시신청인의 이의신청이 이유 있으면 대한변호사협회장에게 징계개시청구를 하도록 한다.
④ 대한변호사협회장은 징계개시신청인의 신청을 받은 날로부터 3개월 이내에 징계개시 여부를 결정하여야 한다.

해설 ③ **변협징계위원회는 이의신청이 이유 있다고 인정하면 징계절차를 개시하여야 하며,** 이유 없다고 인정하면 이의신청을 기각하도록 하였다(변호사법 97의5②).
② 징계개시 신청인이 대한변호사협회의 장이 징계개시의 신청을 기각하거나 징계개시의 신청이 접수된 날부터 3개월이 지나도 징계개시의 청구 여부를 결정하지 아니하면 변협징계위원회에 이의신청을 할 수 있다(변호사법 97의5①).

변호사법
제97조의2(징계개시의 신청) ① 지방검찰청검사장 또는 고위공직자범죄수사처장은 범죄수사 등 업무의 수행 중 변호사에게 제91조에 따른 징계 사유가 있는 것을 발견하였을 때에는 대한변호사협회의 장에게 그 변호사에 대한 징계개시를 신청하여야 한다.
② 지방변호사회의 장이 소속 변호사에게 제91조에 따른 징계 사유가 있는 것을 발견한 경우에도 제 1 항과 같다.

06 ④ 07 ③ 정 답

08 징계혐의 변호사에 대한 업무정지에 관한 결정에 대하여 틀린 설명은?

① 당해 변호사가 범죄행위로 공소제기되었어야 한다.
② 당해 변호사에 대한 징계절차가 개시되었어야 한다.
③ 당해 변호사에 대한 등록취소, 영구제명, 정직에 이르게 될 가능성이 있어야 한다.
④ 법무부 변호사징계위원회에서 업무정지 결정을 내리게 된다.

해설 ③ 재판이나 징계 결정의 결과 「등록취소, 영구제명 또는 제명」에 이르게 될 가능성이 매우 클 것을 요건으로 한다.
④ 업무정지결정을 「법무부 변호사징계위원회」에서 하도록 하였다(변호사법 103①). 징계가 개시되어 변협징계위원회에 그 징계사건이 계류 중인 때에도 「법무부 변호사징계위원회」에서 업무정지결정을 내리는 것이 특징이다.

09 수원지방변호사회장은 2021. 3. 2. 수원지방변호사회 소속 변호사 A가 브로커를 고용하여 사건수임을 하면서 수임료의 일부를 알선료라는 명목으로 브로커에게 지급하여 온 것을 알게 되었다. 수원지방변호사회장의 역할에 관한 다음 설명 중 틀린 것은?

① 대한변호사협회의 장에게 징계개시신청을 하여야 한다.
② 대한변호사협회의 장이 2021. 3. 2. 징계개시신청을 접수한 후 같은 해 6. 4.까지 징계개시 여부를 결정하지 아니한 때에는 변협징계위원회에 이의신청을 할 수 있다.
③ A 변호사에 대한 징계처분이 가볍다고 판단된 때에는 징계결정이 있은 날로부터 90일 이내에 행정소송을 제기할 수 있다.
④ A 변호사에 대한 법무부징계위원회의 징계결정에 불복하더라도 행정소송을 제기할 수는 없다.

해설 ③ 변협징계위원회의 결정에 불복하는 징계혐의자 및 **징계개시신청인**은 그 통지를 받은 날부터 30일 이내에 법무부징계위원회에 이의신청을 할 수 있다(변호사법 100).
① 지방변호사회의 장이 소속 변호사에게 징계사유가 있는 것을 발견한 경우에도 대한변호사협회의 장에게 그 변호사에 대한 징계개시를 신청하여야 한다(변호사법 97의2②).
② 징계개시 신청인은 대한변호사협회의 장이 징계개시의 신청을 기각하거나 징계개시의 신청이 접수된 날부터 3개월이 지나도 징계개시의 청구 여부를 결정하지 아니하면 변협징계위원회에 이의신청을 할 수 있다. 이 경우 이의신청은 제97조의4 제3항에 따른 통지를 받은 날 또는 징계개시의 신청이 접수되어 3개월이 지난 날부터 14일 이내에 하여야 한다(변호사법 97의5①).
④ 법무부징계위원회의 징계결정에 대하여 행정소송을 제기할 수 있는 자는 징계혐의변호사에 한정된다.

10 변호사 甲은 고소인 A가 피고소인 B를 사기, 배임 등으로 검찰청에 고소한 사건과 관련하여 '사건 진행비와 교제비를 내면 그 돈을 사용하여 ○○지방검찰청의 주임 검사 P를 자주 만나 술을 사주고 위 사건에 대하여 부탁하여 위 피고소인 B를 구속되도록 하여 주겠다'고 고소인 A에게 말하여 진행비 및 교제비 명목으로 1,000만 원을 교부받았다. 변호사 甲의 징계와 관련된 설명 중 틀린 것은?

① 변호사 甲에 대하여 공소가 제기될 경우 이를 결재한 지방검찰청의 검사장은 대한변호사협회장에 대하여 위 변호사 甲에 대한 징계개시를 신청하여야 한다.
② 변호사 甲이 소속한 지방변호사회의 장은 고소인 A의 진정이 없는 한 변호사 甲에 대한 징계개시를 신청할 권한이 없다.
③ 변호사 甲은 담당 공무원과의 교제비 등 명목의 금품을 받아서는 안 되는 의무를 위반하였다.
④ 변호사 甲이 실제로 교제를 하지는 않았고 충실한 변론을 통하여 피고소인 B가 구속되어 고소인 A가 변호사 甲의 징계를 원하지 않더라도 변호사 甲을 징계 할 수 있다.

해설 ② 지방검찰청검사장 또는 고위공직자범죄수사처장은 범죄수사 등 업무의 수행 중 변호사에게 제91조에 따른 징계 사유가 있는 것을 발견하였을 때에는 대한변호사협회의 장에게 그 변호사에 대한 징계개시를 신청하여야 한다.
지방변호사회의 장이 소속 변호사에게 제91조에 따른 징계사유가 있는 것을 발견한 경우에도 제 1 항과 같다(변호사법 97의2①②). 그러므로 지방검찰청검사장과 고위공직자범죄수사처장 및 지방변호사회장은 징계사유가 있는 변호사에 대하여 징계개시를 신청하여야 한다.

11 법무부장관이 공소가 제기된 변호사에 대한 업무정지명령을 한 경우에 그 불복절차에 관한 설명 중 옳지 않은 것은?

① 업무정지명령을 받은 변호사만이 불복을 할 수 있다.
② 행정소송법이 정하는 바에 따라 업무정지명령 통지를 받은 날부터 90일 이내에 행정법원에 소를 제기하여야 한다.
③ 업무정지명령이 있었던 날부터 1년이 지나면 원칙적으로 행정소송을 제기할 수 없다.
④ 업무정지기간의 갱신결정에 대하여는 불복할 수 없다.

해설 ④ 업무정지명령과 업무정지기간 갱신에 관하여는 변호사법 제100조 제 4 항에서 제 6 항까지 준용하므로, 업무정지기간의 갱신결정에 대하여도 행정법원에 소를 제기할 수 있다. 그리고 ①, ②, ③은 변호사법 제108조에 의하여 준용되는 변호사법 제100조 제 4 항에서 제 6 항까지의 내용으로 옳은 설명이다.

08 ③ 09 ③ 10 ② 11 ④ 정 답

12 변호사의 징계처분에 관한 정보제공과 관련된 설명 중 옳은 것은? 제 1 회 기출문제

① 정보제공을 신청하는 자는 신청의 취지를 기재한 서면을 대한변호사협회에 제출하여야 한다.

② 동일인이 징계정보 제공을 1회에 신청할 수 있는 범위는 3인 이하의 변호사에 대한 정보로 한정된다.

③ 징계처분의 내용이 정직인 경우, 정직기간이 만료한 날부터 3년이 경과한 이후에는 정보제공 대상에서 제외된다.

④ 정보를 제공받은 자가 그 내용을 제 3 자와 공유하려면 별도의 신청을 통해 대한변호사협회의 허가를 얻어야 한다.

해설 ① 대한변호사협회의 장은 징계처분을 하면 이를 지체 없이 대한변호사협회가 운영하는 인터넷 홈페이지에 3개월 이상 게재하는 등 공개하여야 한다(변호사법 98의5③). **대한변호사협회의 장은 변호사를 선임하려는 자가 해당 변호사의 징계처분 사실을 알기 위하여 징계정보의 열람·등사를 신청하는 경우 이를 제공하여야 한다**(변호사법 98의5④). 신청권자는 신청서 및 그 첨부서류를 대한변호사협회의 장에게 직접 제출하거나 우편, 모사전송 또는 이메일 등 정보통신망을 이용하여 징계정보의 열람·등사를 신청할 수 있다(변호사법시행령 23의4①). **대한변호사협회의 장은 제 1 항의 신청을 받으면 신청일부터 1주일 이내에 직접 수령, 우편, 모사전송 또는 이메일 등 정보통신망을 이용한 방법 중 신청인이 선택한 방법으로 해당 변호사에 관한 징계정보 확인서를 제공하여야 한다**(변호사법시행령 23의4②). 대한변호사협회의 장은 제 2 항에 따라 정보통신망을 이용하여 정보를 제공하는 경우에는 위조방지를 위한 조치를 하여야 한다(변호사법시행령 23의4③). 제 1 항 및 제 2 항에 따른 정보의 열람·등사 및 우송 등에 드는 비용은 대한변호사협회의 장이 정하는 바에 따라 실비의 범위에서 신청인이 부담하여야 한다(변호사법시행령 23의4④). 제 2 항에 따라 징계정보를 제공받은 자는 해당 정보를 변호사 선임 목적 외의 용도로 사용하여서는 아니 된다(변호사법 시행령 23의4⑤). 변호사징계규칙 제 6 장은 징계정보의 제공에 관하여 규정하고 있다.

변호사법

제98조의5(징계의 집행) ① 징계는 대한변호사협회의 장이 집행한다.

② 제90조 제 4 호의 과태료 결정은 「민사집행법」에 따른 집행력 있는 집행권원과 같은 효력이 있으며, 검사의 지휘로 집행한다.

③ 대한변호사협회의 장은 징계처분을 하면 이를 지체 없이 대한변호사협회가 운영하는 인터넷 홈페이지에 3개월 이상 게재하는 등 공개하여야 한다.

④ 대한변호사협회의 장은 변호사를 선임하려는 자가 해당 변호사의 징계처분 사실을 알기 위하여 징계정보의 열람·등사를 신청하는 경우 이를 제공하여야 한다.

⑤ 징계처분의 공개 범위와 시행 방법, 제 4 항에 따른 변호사를 선임하려는 자의 해당 여부, 열람·등사의 방법 및 절차, 이에 소요되는 비용에 관하여 필요한 사항은 대통령령으로 정한다.

13 변호사윤리에 관한 설명 중 옳은 것은? 제 1 회 기출문제

① 변호사윤리장전상의 제반 준수의무는 변호사의 직무수행에 관한 의무이므로 변호사의 사적 생활에까지 적용되지는 않는다.

② 변호사의 직무와 관련하여 고의범으로 2회 이상 금고 이상의 형을 선고받아 그 형이 확정된 경우 영구제명 사유에 해당한다.

③ 변호사에 대한 징계처분 중 영구제명은 어떠한 경우에도 다시 변호사등록을 할 수 없지만 제명은 3년이 경과하면 다시 변호사등록을 할 수 있다.

④ 변호사에 대한 징계 사건의 조사는 대한변호사협회가 담당하지만 징계처분의 집행권한은 법무부장관에게 속한다.

해설 ② 영구제명에 해당하는 징계사유는 다음 각 호와 같다(변호사법 91①).

1. 변호사의 직무와 관련하여 2회 이상 금고 이상의 형을 선고받아(집행유예를 선고받은 경우를 포함한다) 그 형이 확정된 경우(과실범의 경우는 제외한다)
2. 이 법에 따라 2회 이상 정직 이상의 징계처분을 받은 후 다시 제 2 항에 따른 징계사유가 있는 자로서 변호사의 직무를 수행하는 것이 현저히 부적당하다고 인정되는 경우

① 직무의 내외를 막론하고 변호사로서의 품위를 손상하는 행위를 한 경우에도 징계사유가 된다(변호사법 91②(3)). 직무외의 행위도 품위손상행위로 징계사유가 된다.

③ 변호사의 결격사유로서 다음 각 호의 어느 하나에 해당하는 자는 변호사가 될 수 없다(변호사법 5).

1. 금고 이상의 형을 선고받고 그 집행이 끝나거나 그 집행을 받지 아니하기로 확정된 후 5년이 지나지 아니한 자
2. 금고 이상의 형의 집행유예를 선고받고 그 유예기간이 지난 후 2년이 지나지 아니한 자
3. 금고 이상의 형의 선고유예를 받고 그 유예기간 중에 있는 자
4. 탄핵이나 징계처분에 의하여 파면되거나 이 법에 따라 제명된 후 5년이 지나지 아니하거나 징계처분에 의하여 해임된 후 3년이 지나지 아니한 자
5. 금치산자 또는 한정치산자
6. 파산선고를 받고 복권되지 아니한 자
7. 이 법에 따라 영구제명된 자

④ 변호사에 대한 징계는 대한변호사협회의 장이 집행한다(변호사법 98의5①).

14 변호사 甲은 L 법무법인의 대표변호사로서 법무법인의 업무를 총괄하고 있다. 甲은 의뢰인으로부터 채무불이행을 원인으로 하는 손해배상청구소송을 의뢰받았다. 甲은 손해배상채권의 소멸시효가 2010. 9. 30. 완성되는 것으로 판단하고 소장을 준비하던 중, 다른 시급한 사건 처리 관계로 2010. 9. 28. 변호사 乙에게 소장을 작성하여 2010. 9. 30.까지 접수하라고 지시하였다. 乙은 2010. 9. 29. 소장을 담당 직원 A에게 넘기면서 "오늘 안으로 소장을 접수하라"라고 지시하였다. 그러나 담당 직원 A는 그 다음날인 2010. 9. 30. 소장을 관할법원에 접수

12 ① 13 ② 14 ④ 정 답

하였다. 그런데 재판과정에서 손해배상채권은 이미 2010. 9. 29. 소멸시효가 완성된 것으로 밝혀져서 결국 청구가 기각되었다. 이와 관련한 설명 중 옳지 않은 것은? 제 1 회 기출문제

① 甲은 소멸시효완성일을 잘못 판단하여 직무 지시를 내림으로써 패소판결을 받았으므로 성실의무 위반에 따른 징계를 받을 수 있다.
② 乙이 대표변호사인 甲의 직무 지시에 따라 행동하였다는 것은 변호사의 성실의무 위반에 대한 면책의 근거가 되지 않는다.
③ 담당 직원 A는 乙의 지시를 어겼지만 변호사윤리장전 위반에 따른 징계를 받지는 않는다.
④ 甲 또는 乙이 징계를 받는 경우에 의뢰인의 피해가 중대하다면 L 법무법인도 징계로서 법무부장관으로부터 업무정지명령을 받을 수 있다.

해설 ④ 변호사에 대한 업무정지명령의 요건으로 ㉠ 법무부장관은, ㉡ 변호사가 공소제기되거나, ㉢ 제97조에 따라 징계절차가 개시되어, ㉣ 그 재판이나 징계결정의 결과 등록취소, 영구제명 또는 제명에 이르게 될 가능성이 매우 크고, ㉤ 그대로 두면 장차 의뢰인이나 공공의 이익을 해칠 구체적인 위험성이 있는 경우에는, ㉥ 법무부징계위원회에 그 변호사의 업무정지에 관한 결정을 청구할 수 있다. ㉦ 다만, 약식명령이 청구된 경우와 과실범으로 공소제기된 경우에는 그러하지 아니하다(변호사법 102①). 법무부장관은 법무부징계위원회의 결정에 따라 **해당 변호사에 대하여** 업무정지를 명할 수 있다(변호사법 102②).

15 변호사법상 변호사에 대한 징계와 관련된 다음 설명 중 옳은 것은? 제 2 회 기출문제

① 대한변호사협회 변호사징계위원회의 결정에 따라 대한변호사협회의 장은 해당 변호사에 대하여 업무정지를 명할 수 있다.
② 수임변호사나 법무법인의 담당변호사에 대한 징계개시의 신청을 청원할 수 있는 자는 의뢰인이나 의뢰인의 법정대리인, 배우자, 직계친족 또는 동거인이다.
③ 대한변호사협회 변호사징계위원회의 결정에 불복하는 징계혐의자 및 징계개시 신청인이 그 통지를 받은 날부터 30일 이내에 법무부 변호사징계위원회에 이의신청을 하지 아니하면 위 통지를 받은 날부터 대한변호사협회 변호사징계위원회의 징계의 효력이 발생한 것으로 본다.
④ 대한변호사협회의 장, 검찰총장 또는 업무정지명령을 받은 변호사는 법무부장관에게 업무정지명령의 해제를 신청할 수 있고, 법무부장관은 위 신청을 받으면 직권으로 업무정지명령을 해제하거나 법무부 변호사징계위원회에 이를 심의하도록 요청하여야 하며, 법무부 변호사징계위원회에서 해제를 결정하면 지체 없이 해제하여야 한다.

해설 ④ 법무부장관은 업무정지 기간 중인 변호사에 대한 공판 절차나 징계 절차의 진행 상황에 비추어 등록취소·영구제명 또는 제명에 이르게 될 가능성이 크지 아니하고, 의뢰인이나 공공의 이익을 침해할 구체적인 위험이 없어졌다고 인정할 만한 상당한 이유가 있으면 직권으로 그 명령을 해제할 수 있다(변호사법 105①). 대한변호사협회의 장, 검찰총장

또는 업무정지명령을 받은 변호사는 법무부장관에게 업무정지명령의 해제를 신청할 수 있다(변호사법 105②). 법무부장관은 제2항에 따른 신청을 받으면 직권으로 업무정지명령을 해제하거나 법무부징계위원회에 이를 심의하도록 요청하여야 하며, 법무부징계위원회에서 해제를 결정하면 지체 없이 해제하여야 한다(변호사법 105③).

② 의뢰인이나 의뢰인의 법정대리인·배우자·직계친족 또는 형제자매는 수임변호사나 법무법인[제58조의2에 따른 법무법인(유한)과 제58조의18에 따른 법무조합을 포함한다]의 담당변호사에게 제91조에 따른 징계 사유가 있으면 소속 지방변호사회의 장에게 그 변호사에 대한 징계개시의 신청을 청원할 수 있다(변호사법 97의3①).

16 변호사의 징계에 관련된 설명 중 옳지 않은 것은?

① 영구제명을 당한 후 변호사 업무를 하면 형사처벌을 받게 된다.

② 징계혐의자는 변협징계위원회의 징계 결정에 대하여 90일 이내에 법원에 불복하지 않으면 징계 효력이 발생한다.

③ 과태료 결정은 민사집행법에 따른 집행력 있는 집행권원과 같은 효력이 있다.

④ 징계의 청구는 징계 사유가 발생한 날부터 3년이 지나면 하지 못한다.

해설 ② 징계혐의자가 징계 결정의 통지를 받은 후 제100조 제1항에 따른 이의신청을 하지 아니하면 이의신청 기간이 끝난 날부터 변협징계위원회의 징계의 효력이 발생한다(변호사법 98의4③). 변협징계위원회의 결정에 불복하는 징계혐의자 및 징계개시 신청인은 그 통지를 받은 날부터 30일 이내에 법무부징계위원회에 이의신청을 할 수 있다(변호사법 100①).

① 다음 각 호의 어느 하나에 해당하는 자는 7년 이하의 징역 또는 5천만 원 이하의 벌금에 처한다. 이 경우 벌금과 징역은 병과(併科)할 수 있(변호사법 109⑴).

1. 변호사가 아니면서 금품·향응 또는 그 밖의 이익을 받거나 받을 것을 약속하고 또는 제3자에게 이를 공여하게 하거나 공여하게 할 것을 약속하고 다음 각 목의 사건에 관하여 감정·대리·중재·화해·청탁·법률상담 또는 법률 관계 문서 작성, 그 밖의 법률사무를 취급하거나 이러한 행위를 알선한 자

가. 소송 사건, 비송 사건, 가사 조정 또는 심판 사건

나. 행정심판 또는 심사의 청구나 이의신청, 그 밖에 행정기관에 대한 불복신청 사건

다. 수사기관에서 취급 중인 수사 사건

라. 법령에 따라 설치된 조사기관에서 취급 중인 조사 사건

마. 그 밖에 일반의 법률사건

③ 과태료 결정은 「민사집행법」에 따른 집행력 있는 집행권원과 같은 효력이 있으며, 검사의 지휘로 집행한다(변호사법 98의5②).

④ 징계의 청구는 징계 사유가 발생한 날부터 3년이 지나면 하지 못한다(변호사법 98의6).

15 ④ 16 ② 정 답

17 **변호사에 대한 업무정지명령과 관련된 설명 중 옳지 않은 것은?**

① 법무부장관은 변호사에 대하여 약식명령이 청구된 경우와 과실범으로 공소제기된 경우에는 업무정지에 관한 결정을 청구할 수 없다.

② 업무정지결정이 청구된 변호사는 변호사 또는 학식과 경험이 있는 자를 특별변호인으로 선임하여 업무정지명령 청구사건에 대한 보충 진술과 증거 제출을 하게 할 수 있다.

③ 대한변호사협회의 장, 검찰총장 또는 업무정지명령을 받은 변호사는 법무부 변호사징계위원회에 업무정지명령의 해제를 신청할 수 있다.

④ 업무정지명령에 불복하려는 변호사는 그 통지를 받은 날부터 90일 이내에 행정법원에 소를 제기할 수 있다.

해설 ③ 대한변호사협회의 장, 검찰총장 또는 업무정지명령을 받은 변호사는 법무부장관에게 업무정지명령의 해제를 신청할 수 있다(변호사법 105②).

① 법무부장관은 변호사가 공소제기되거나 제97조에 따라 징계 절차가 개시되어 그 재판이나 징계 결정의 결과 등록취소, 영구제명 또는 제명에 이르게 될 가능성이 매우 크고, 그대로 두면 장차 의뢰인이나 공공의 이익을 해칠 구체적인 위험성이 있는 경우에는 법무부징계위원회에 그 변호사의 업무정지에 관한 결정을 청구할 수 있다. 다만, 약식명령이 청구된 경우와 과실범으로 공소제기된 경우에는 그러하지 아니하다(변호사법 102①).

② 변호사법 제103조, 제98조의2 제4항.

④ 변호사법 제108조, 제100조 제4항.

18 **변호사 甲은 항소 기간의 도과와 불성실 변론, 의뢰인의 공탁금 횡령 및 국세체납 등의 혐의로 대한변호사협회 변호사징계위원회로부터 정직 2년의 징계를 받게 되었다. 아울러 공탁금 횡령 혐의로 기소되어 징역 1년을 선고받아 그 형이 확정되었다. 이와 관련된 설명 중 옳지 않은 것은?**

① 변호사 甲은 정직 2년의 기간이 지나면 대한변호사협회에 재등록하여 변호사 직무를 수행할 수 있다.

② 법무부장관은 변호사 甲에 대하여 대한변호사협회에 그 변호사의 등록취소를 명하여야 한다.

③ 변호사 甲은 정직 2년의 징계처분을 다투기 위하여 이의신청을 거쳐 행정소송을 제기할 수 있다.

④ 대한변호사협회의 장은 변호사 甲에 대한 정직처분 사실을 지체 없이 대한변호사협회가 운영하는 인터넷 홈페이지에 3개월 이상 게재하는 등 공개하여야 한다.

해설 ① 금고 이상의 형(刑)을 선고받고 그 집행이 끝나거나 그 집행을 받지 아니하기로 확정된 후 5년이 지나지 아니한 자는 변호사가 될 수 없다(변호사법 5(1)). 변호사 甲은 정직 2년 징계처분과 함께 징역 1년을 선고받은 바 있어 형의 집행을 종료하거나 집행을 받지 아니하기로 확정된 후 5년이 경과하여야 변호사로 재등록할 수 있다.

② 법무부장관은 변호사 명부에 등록된 자가 제4조에 따른 변호사의 자격이 없거나 제5조에 따른 결격사유에 해당한다고

인정하는 경우 대한변호사협회에 그 변호사의 등록취소를 명하여야 한다(변호사법 19).

③ 변협징계위원회의 결정에 불복하는 징계혐의자 및 징계개시 신청인은 그 통지를 받은 날부터 30일 이내에 법무부징계위원회에 이의신청을 할 수 있다(변호사법 100①). 법무부징계위원회의 결정에 불복하는 징계혐의자는 「행정소송법」으로 정하는 바에 따라 그 통지를 받은 날부터 90일 이내에 행정법원에 소(訴)를 제기할 수 있다(변호사법 100④).

④ 대한변호사협회의 장은 징계처분을 하면 이를 지체 없이 대한변호사협회가 운영하는 인터넷 홈페이지에 3개월 이상 게재하는 등 공개하여야 한다(변호사법 99의5③).

19 변호사 징계결정에 대한 불복과 관련된 설명 중 옳지 않은 것은?

① 변협징계위원회의 결정에 불복하는 징계개시 신청인은 그 통지를 받은 날부터 30일 이내에 법무부징계위원회에 이의신청을 할 수 있다.

② 법무부징계위원회는 변협징계위원회의 결정에 불복한 이의신청이 이유 있다고 인정하면 변협징계위원회의 징계 결정을 취소하고 스스로 징계 결정을 하여야 한다.

③ 법무부징계위원회의 결정에 불복하는 징계개시 청원인은 「행정소송법」으로 정하는 바에 따라 그 통지를 받은 날부터 90일 이내에 행정법원에 소(訴)를 제기할 수 있다.

④ 변협징계위원회의 결정에 불복하는 때에는 곧바로 행정소송을 제기할 수 없다.

해설 ③ **법무부징계위원회의 결정에 불복하는 징계혐의자**는 「행정소송법」으로 정하는 바에 따라 그 통지를 받은 날부터 90일 이내에 행정법원에 소(訴)를 제기할 수 있다(변호사법 100③).

① 변협징계위원회의 결정에 불복하는 징계혐의자 및 징계개시 신청인은 그 통지를 받은 날부터 30일 이내에 법무부징계위원회에 이의신청을 할 수 있다(변호사법 100①).

② 법무부징계위원회는 제1항에 따른 이의신청이 이유 있다고 인정하면 변협징계위원회의 징계 결정을 취소하고 스스로 징계 결정을 하여야 하며, 이의신청이 이유 없다고 인정하면 기각하여야 한다. 이 경우 징계심의의 절차에 관하여는 제98조의2를 준용한다(변호사법 100②).

④ 변협징계위원회의 결정에 대한 불복은 법무부징계위원회에 이의신청을 한 다음에 행정소송을 제기할 수 있다.

20 징계개시 신청인의 이의신청과 관련된 설명 중 옳지 않은 것은?

① 징계개시 신청은 법조윤리협의회 위원장, 지방검찰청 검사장, 고위공직자범죄수사처장, 지방변호사회장만이 할 수 있다.

② 징계개시 신청인은 대한변호사협회의 장이 징계개시의 신청을 기각하거나 징계개시의 신청이 접수된 날부터 3개월이 지나도 징계개시의 청구 여부를 결정하지 아니하면 변협징계위원회에 이의신청을 할 수 있다.

③ 대한변호사협회의 장은 징계개시 신청에 대한 결정을 하였을 때에는 지체 없이 그 사

17 ③ 18 ① 19 ③ 20 ④ 정답

유를 징계개시 신청인에게 통지하여야 한다.

④ 변협징계위원회는 징계개시 신청인의 이의신청이 이유 있다고 인정하면 대한변호사협회의 장에게 징계절차를 개시를 요청해야 한다.

해설 ④ 변협징계위원회는 제1항에 따른 이의신청이 이유 있다고 인정하면 징계절차를 개시하여야 하며, 이유 없다고 인정하면 이의신청을 기각하여야 한다(변호사법 97의5②).

① 법조윤리협의회의 위원장은 공직퇴임변호사에게 제91조에 따른 징계사유나 위법의 혐의가 있는 것을 발견하였을 때에는 대한변호사협회의 장이나 관할 수사기관의 장에게 그 변호사에 대한 징계개시를 신청하거나 수사를 의뢰할 수 있다(변호사법 89의4④). 지방검찰청검사장 또는 고위공직자범죄수사처장은 범죄수사 등 업무의 수행 중 변호사에게 제91조에 따른 징계 사유가 있는 것을 발견하였을 때에는 대한변호사협회의 장에게 그 변호사에 대한 징계개시를 신청하여야 한다(변호사법 97의2①). 지방변호사회의 장이 소속 변호사에게 제91조에 따른 징계 사유가 있는 것을 발견한 경우에도 제1항과 같다(변호사법 97의2②).

② 변호사법 제97조의5(이의신청) 제1항

③ 변호사법 제97조의4 제3항

21 변호사 징계결정 기간 등에 관한 설명 중 옳지 않은 것은?

① 변협징계위원회는 징계개시의 청구를 받은 날부터 6개월 이내에 징계에 관한 결정을 하여야 한다.

② 법무부징계위원회는 변협징계위원회의 결정에 대한 이의신청을 받은 날부터 3개월 이내에 징계에 관한 결정을 하여야 한다.

③ 징계개시의 청구를 받거나 징계 절차가 개시되면 위원장은 지체 없이 징계심의 기일을 정하여 징계혐의자에게 통지하여야 한다.

④ 변협징계위원회와 법무부징계위원회는 부득이한 사유가 있는 때에는 그 의결로 3개월의 범위에서 기간을 연장할 수 있다.

해설 ④ 부득이한 사유가 있을 때는 변협징계위원회는 그 의결로 6개월 범위에서, 법무부징계위원회는 그 의결로 3개월 범위에서 기간을 연장할 수 있다(변호사법 98①).

① 변협징계위원회는 징계개시의 청구를 받거나 제97조의5 제2항에 따라 징계 절차를 개시한 날부터 6개월 이내에 징계에 관한 결정을 하여야 한다. 다만, 부득이한 사유가 있을 때에는 그 의결로 6개월의 범위에서 기간을 연장할 수 있다(변호사법 98①).

② 법무부징계위원회는 변협징계위원회의 결정에 대한 이의신청을 받은 날부터 3개월 이내에 징계에 관한 결정을 하여야 한다. 다만, 부득이한 사유가 있는 때에는 그 의결로 3개월의 범위에서 기간을 연장할 수 있다.

③ 징계개시의 청구를 받거나 징계 절차가 개시되면 위원장은 지체 없이 징계심의 기일을 정하여 징계혐의자에게 통지하여야 한다.

22 법무부 변호사징계위원의 자격에 관련된 설명 중 옳지 않은 것은?

① 판사, 검사인 위원 및 예비위원: 「법원조직법」 제42조 제 1 항 각 호의 어느 하나에 해당하는 직에 10년 이상 재직한 사람

② 법학 교수인 위원 및 예비위원: 변호사 자격이 있는 법률학 조교수 이상으로 5년 이상 재직한 경력이 있는 사람

③ 경험과 덕망이 있는 자인 위원 및 예비위원: 일정한 직업을 가지고 10년 이상 사회활동을 한 경력이 있는 사람 또는 「비영리민간단체 지원법」 제 2 조에 따른 비영리민간단체에서 추천하는 사람

④ 변호사인 위원 및 예비위원: 「법원조직법」 제42조 제 1 항 각 호의 어느 하나에 해당하는 직에 10년 이상 재직한 사람으로서 변호사로 5년 이상 개업한 경력이 있는 사람

해설 ② 법무부 변호사징계위원회(이하 "법무부징계위원회"라 한다)는 위원장 1명과 위원 8명으로 구성하며, 예비위원 8명을 둔다(변호사법 94①). 위원장은 법무부장관이 되고, 위원과 예비위원은 다음 각 호의 구분에 따라 법무부장관이 임명 또는 위촉한다(변호사법 94②).

1. 법원행정처장이 추천하는 판사 중에서 각 2명
2. 법무부차관, 검사 및 법무부의 고위공무원단에 속하는 일반직공무원 중에서 각 2명
3. 대한변호사협회의 장이 추천하는 변호사 중에서 각 1명
4. **변호사가 아닌 자로서 법학 교수 또는 경험과 덕망이 있는 자 각 3명**

법학 교수인 위원 및 예비위원: 법률학 조교수 이상으로 5년 이상 재직한 경력이 있는 사람(변호사법 시행령 제21조 제 3 호)

① 변호사법 시행령 제21조 제 1 호.
③ 변호사법 시행령 제21조 제 4 호.
④ 변호사법 시행령 제21조 제 2 호.

23 변호사에 대한 징계정보 열람·등사 신청을 할 수 있는 자 및 정보제공 범위에 관련된 설명 중 옳지 않은 것은?

① 해당 변호사와 면담하였거나 사건수임 계약을 체결하는 등 변호사를 선임하였거나 선임하려는 자는 변호사에 대한 징계정보의 열람·등사를 신청할 수 있다.

② 신청권자가 징계정보의 열람·등사를 신청하는 경우에는 해당 변호사의 인적사항, 변호사 선임 대상 사건의 개요 및 징계정보의 열람·등사를 신청하는 취지를 적은 신청서를 대한변호사협회의 장에게 제출하여야 한다.

③ 열람·등사를 신청할 수 있는 징계정보의 범위는 신청일부터 기산하여 영구제명·제명은 10년, 정직은 7년, 과태료는 5년, 견책은 3년 기간 이내에 확정된 징계처분정보로

21 ④ 22 ② 23 ④ 정 답

한다.

④ 대한변호사협회의 장은 변호사에 대한 징계정보의 열람·등사를 신청이 있을 때는 이를 거부할 수는 없다.

해설 ④ 대한변호사협회의 장은 제1항의 신청이 다음 각 호(1. 신청서에 필수적 기재사항을 누락하였거나 제1항에 따른 신청권이 있음을 증명하는 서류를 제출하지 아니한 경우, 2. 정당한 이유 없이 수회에 걸쳐 반복적으로 열람·등사를 신청하거나, 징계정보의 제공신청대상 변호사가 사건에 비추어 과도하게 다수인 경우 등 열람·등사 신청의 목적이 변호사를 선임하기 위한 것이 아님이 명백한 경우)의 어느 하나에 해당하는 경우에는 그 신청에 따른 징계정보를 제공하지 아니할 수 있다(변호사법 시행령 제23조 제3항).

① 변호사법 시행령 제23조의3 제1항.

② 변호사법 시행령 제23조의3 제2항.

③ 변호사법 시행령 제23조의3 제3항.

24 변호사법상 변호사에 대한 제명, 3년 이하의 정직, 3천만 원 이하의 과태료, 견책에 해당하는 징계사유가 아닌 것은?

① 변호사법을 위반한 경우

② 소속 지방변호사회나 대한변호사협회의 회칙을 위반한 경우

③ 직무의 내외를 막론하고 변호사로서의 품위를 손상하는 행위를 한 경우

④ 변호사징계규칙에 의하여 출석, 경위서 및 소명자료제출 등의 요구를 받고도 2회 이상 불응한 경우

해설 ④ 변호사법에는 규정되어 있지 않고, 변호사징계규칙이 규정하는 징계사유이다(규칙 9⑥). 그러나 변호사법에 존재하지 않고, 변호사법의 구체적인 위임을 받지도 않고 새로운 징계사유를 대한변협이 제정하는 것은 법률유보의 원칙에 위반된다.

①,②,③은 변호사법 제90조 제2호부터 제5호(제명, 3년 이하의 정직, 3천만 원 이하의 과태료, 견책)까지의 규정에 해당하는 징계사유에 해당된다.

25 변호사 징계결정과 그에 대한 불복과 관련된 설명 중 옳은 것은?

① 변협징계위원회의 결정에 불복하는 징계개시 청원인은 그 통지를 받은 날부터 30일 이내에 법무부징계위원회에 이의신청을 할 수 있다.

② 법무부징계위원회는 변협징계위원회의 결정에 불복한 이의신청이 이유 있다고 인정하면 변협징계위원회의 징계 결정을 취소하고 스스로 징계 결정을 하여야 한다.

③ 법무부징계위원회는 징계혐의자가 위원장의 출석명령을 받고 징계심의기일에 출석하지 아니하면 서면으로 심의할 수 없다.

④ 변협징계위원회의 결정에 불복하는 때에는 이의신청을 하지 않고 행정소송을 제기할 수 있다.

해설 ② 법무부징계위원회는 제 1 항에 따른 이의신청이 이유 있다고 인정하면 변협징계위원회의 징계 결정을 취소하고 스스로 징계 결정을 하여야 하며, 이의신청이 이유 없다고 인정하면 기각하여야 한다. 이 경우 징계심의의 절차에 관하여는 제98조의2를 준용한다(변호사법 100②).

① 변협징계위원회의 결정에 불복하는 징계혐의자 및 징계개시 신청인은 그 통지를 받은 날부터 30일 이내에 법무부징계위원회에 이의신청을 할 수 있다(변호사법 100①).

③ 법무부징계위원회는 징계혐의자가 위원장의 출석명령을 받고 징계심의기일에 출석하지 아니하면 서면으로 심의할 수 있다(변호사법 100①, 98조의2⑤).

④ 변협징계위원회의 결정에 불복하는 징계혐의자 및 징계개시 신청인은 그 통지를 받은 날부터 30일 이내에 법무부징계위원회에 이의신청을 할 수 있다(변호사법 100①). 법무부징계위원회의 결정에 불복하는 징계혐의자는 「행정소송법」으로 정하는 바에 따라 그 통지를 받은 날부터 90일 이내에 행정법원에 소(訴)를 제기할 수 있다(변호사법 100④). 따라서 변협징계위원회의 결정에 불복하는 경우에 필수적으로 이의신청을 거친 다음에 행정소송을 제기하여야 한다.

26 변호사법이 규정하는 영구제명 징계사유에 해당하는 것은?

① 민사소송법과 형사소송법을 위반한 경우

② 소속 지방변호사회나 대한변호사협회의 회칙을 위반한 경우

③ 변호사의 직무와 관련하여 2회 이상 금고 이상의 형을 선고받아(집행유예를 선고받은 경우를 포함한다) 그 형이 확정된 경우(과실범의 경우는 제외한다)

④ 직무의 내외를 막론하고 변호사로서의 품위를 손상하는 행위를 한 경우

해설 ③ **변호사법 제91조(징계 사유)** ① 제90조 제 1 호(영구제명)에 해당하는 징계 사유는 다음 각 호와 같다.

1. **변호사의 직무와 관련하여 2회 이상 금고 이상의 형을 선고받아(집행유예를 선고받은 경우를 포함한다) 그 형이 확정된 경우(과실범의 경우는 제외한다)**
2. 이 법에 따라 2회 이상 정직 이상의 징계처분을 받은 후 다시 제 2 항에 따른 징계 사유가 있는 자로서 변호사의 직무를 수행하는 것이 현저히 부적당하다고 인정되는 경우

①,②,④ **변호사법 제91조(징계 사유)** ② 제90조 제 2 호부터 제 5 호(**2. 제명, 3. 3년 이하의 정직, 4. 3천만원 이하의 과태료, 5. 견책**)까지의 규정에 해당하는 징계사유는 다음 각 호와 같다.

1. 이 법을 위반한 경우
2. 소속 지방변호사회나 대한변호사협회의 회칙을 위반한 경우
3. 직무의 내외를 막론하고 변호사로서의 품위를 손상하는 행위를 한 경우

24 ④ 25 ② 26 ③ 정 답

27 징계처분의 공개 범위와 시행 방법에 관한 설명 중 옳지 않은 것은?

① 징계처분을 받은 변호사의 성명·생년월일·소속지방변호사회 및 사무실의 주소·명칭 [해당 변호사가 법무법인, 법무법인(유한), 법무조합(이하 "법무법인등"이라 한다)에 소속되어 있거나 그 구성원인 경우에는 그 법무법인등의 주소·명칭을 말한다]

② 징계처분의 내용 및 징계사유의 요지 (위반행위의 태양 등 그 사유를 구체적으로 알 수 있는 사실관계의 개요를 포함한다)

③ 징계처분의 효력발생일. 다만, 징계의 종류가 정직인 경우에는 정직개시일 및 정직기간으로 한다.

④ 대한변호사협회의 장은 변호사 징계처분정보를 징계처분의 확정일부터 2주일 이내에 인터넷 홈페이지에 징계종류에 구분 없이 1년간 게재하여야 한다.

해설 ④ 변호사법 시행령 제23조의2(징계처분의 공개 범위와 시행 방법) ① 대한변호사협회의 장은 법 제98조의5 제3항에 따라 변호사 징계처분에 관한 다음 각 호의 정보(이하 "징계처분정보"라 한다)를 **징계처분의 확정일부터 2주일 이내에 인터넷 홈페이지에 게재하고**, 해당 징계처분의 확정일 이후 최초로 발간하는 **대한변호사협회 발행 정기간행물에 게재하여야 한다.**

1. 징계처분을 받은 변호사의 성명·생년월일·소속지방변호사회 및 사무실의 주소·명칭 [해당 변호사가 법무법인, 법무법인(유한), 법무조합(이하 "법무법인등"이라 한다)에 소속되어 있거나 그 구성원인 경우에는 그 법무법인등의 주소·명칭을 말한다]
2. 징계처분의 내용 및 징계사유의 요지(위반행위의 태양 등 그 사유를 구체적으로 알 수 있는 사실관계의 개요를 포함한다)
3. 징계처분의 효력발생일. 다만, 징계의 종류가 정직인 경우에는 정직개시일 및 정직기간으로 한다.

② 제1항에 따라 징계처분정보를 인터넷 홈페이지에 게재하는 기간은 최초 게재일부터 기산하여 다음 각 호의 구분에 따른 기간으로 한다.

1. 영구제명·제명: 3년
2. 정직: 1년. 다만, 정직기간이 1년보다 장기인 경우에는 그 정직기간으로 한다.
3. 과태료: 6개월
4. 견책: 3개월

27 ④ 정 답

제15장

법관의 직업윤리

제 15 장 법관의 직업윤리

법관윤리강령 [시행 2006. 5. 25.] [대법원규칙 제2021호, 2006. 5. 25., 타법개정]

법관은 국민의 기본적 인권과 정당한 권리행사를 보장함으로써 자유·평등·정의를 실현하고, 국민으로부터 부여받은 사법권을 법과 양심에 따라 엄정하게 행사하여 민주적 기본질서와 법치주의를 확립하여야 한다.

법관은 이 같은 사명을 다하기 위하여 사법권의 독립과 법관의 명예를 굳게 지켜야 하며 국민으로부터 신뢰와 존경을 받아야 한다. 그러므로 법관은 공정하고 청렴하게 직무를 수행하며, 법관에게 요구되는 높은 수준의 직업윤리를 갖추어야 한다.

이에 우리 법관은 뜻을 모아 법관이 지녀야 할 윤리기준과 행위전범을 마련하여 법관으로서의 자세와 마음가짐을 새롭게 하고자 한다. 모름지기 모든 법관은 이 강령을 스스로의 책임과 규율 아래 잘 지켜 법관의 사명과 책무를 다하여야 할 것이다.

제 1 조(사법권 독립의 수호) 법관은 모든 외부의 영향으로부터 사법권의 독립을 지켜 나간다.

제 2 조(품위 유지) 법관은 명예를 존중하고 품위를 유지한다.

제 3 조(공정성 및 청렴성) ① 법관은 공평무사하고 청렴하여야 하며, 공정성과 청렴성을 의심받을 행동을 하지 아니한다.

② 법관은 혈연·지연·학연·성별·종교·경제적 능력 또는 사회적 지위등을 이유로 편견을 가지거나 차별을 하지 아니한다.

제 4 조(직무의 성실한 수행) ① 법관은 맡은 바 직무를 성실하게 수행하며, 직무수행 능력을 향상시키기 위하여 꾸준히 노력한다.

② 법관은 신속하고 능률적으로 재판을 진행하며, 신중하고 충실하게 심리하여 재판의 적정성이 보장되도록 한다.

③ 법관은 당사자와 대리인등 소송 관계인을 친절하고 정중하게 대한다.

④ 법관은 재판업무상 필요한 경우를 제외하고는 당사자와 대리인등 소송 관계인을 법정 이외의 장소에서 면담하거나 접촉하지 아니한다.

⑤ 법관은 교육이나 학술 또는 정확한 보도를 위한 경우를 제외하고는 구체적 사건에 관하여 공개적으로 논평하거나 의견을 표명하지 아니한다.

제 5 조(법관의 직무외 활동) ① 법관은 품위 유지와 직무 수행에 지장이 없는 경우에 한하여,

학술 활동에 참여하거나 종교·문화단체에 가입하는 등 직무외 활동을 할 수 있다.
② 법관은 타인의 법적 분쟁에 관여하지 아니하며, 다른 법관의 재판에 영향을 미치는 행동을 하지 아니한다.
③ 법관은 재판에 영향을 미치거나 공정성을 의심받을 염려가 있는 경우에는 법률적 조언을 하거나 변호사등 법조인에 대한 정보를 제공하지 아니한다.
제 6 조(경제적 행위의 제한) 법관은 재판의 공정성에 관한 의심을 초래하거나 직무수행에 지장을 줄 염려가 있는 경우에는, 금전대차등 경제적 거래행위를 하지 아니하며 증여 기타 경제적 이익을 받지 아니한다.
제 7 조(정치적 중립) ① 법관은 직무를 수행함에 있어 정치적 중립을 지킨다.
② 법관은 정치활동을 목적으로 하는 단체의 임원이나 구성원이 되지 아니하며, 선거운동등 정치적 중립성을 해치는 활동을 하지 아니한다.

01 법관은 모든 외부의 영향으로부터 사법권의 독립을 지켜나간다(법관윤리강령 제 1 조). 다음 중 법관의 독립성에 해당되지 않는 내용은?

① 법관이 판결을 할 때 행정부나 입법부의 통제를 받아서는 아니 된다.
② 법관은 소송관계인이 부자라는 이유로 우대하는 판단을 하여서는 아니 된다.
③ 법관은 시민단체의 비판이나 사건관계인의 불만에 흔들려서는 아니 된다.
④ 법관은 소속 상사의 지침에 따라 보석허가를 판단하여서는 아니 된다.

해설 ② 법관윤리강령 제 3 조 제 2 항 '법관의 공정성'에 관한 내용이다.

02 법원장인 A는 그 법원에 계류중인 정치적으로 민감한 사건의 재판을 담당하고 있는 재판장에게 전화를 하여 "그 사건은 정부와 언론의 관심이 집중되어 있으므로 신속하게 잘 처리하는 것이 좋을 것입니다"라고 하였다. A 법원장의 행위에 대하여 가장 옳은 것은?

① 법원장이 행사할 수 있는 정당한 사법행정권의 발동이다.
② 재판의 독립과 공정성을 해치는 행위로 평가될 수 있다.
③ 신속하게 재판하는 것은 재판의 이념에 해당되므로 간섭으로 보기 어렵다.
④ 재판장에게 심리적인 압력으로 소신있는 판결을 어렵게 할 정도는 아니다.

해설 ② 사법권의 독립은 법관의 재판에 대한 독립이다. 법원장이 특정 사건을 재판중에 있는 법관에게 전화를 걸어 신속하게 재판을 진행하도록 말한 것은, 재판진행을 지체하지 말고 신속하게 정부의 입장을 고려하여 처리하도록 지시한 것으로 볼 수 있어 정당한 사법행정권의 범위와 한계를 일탈하였다고 볼 수 있다. 또한 재판의 독립과 공정성을 해치는 행위로 평가될 수 있다.

03 법관 A는 대학시절 도서관에서 책을 전부 도난당한 피해를 입었기에 절도죄를 저지른 피고인에 대하여는 엄한 처벌을 하여야 한다는 소신을 가지고 있었다. 그는 같은 죄명으로 재판을 받게 된 초범의 피고인에 대하여 범죄사실이 비교적 경미하여 집행유예판결이 적당하다고 인정됨에도 징역 1년을 선고하였다. A 법관에 대한 설명 중 틀린 것은?

① 법관으로서의 양심에 따라 재판한 것이라고 볼 수 없다.
② 주관적인 소신에 따른 재판이라고 볼 수 있다.
③ 법관으로서 법과 양심에 따른 재판이다.
④ 법관의 직업윤리에 기초한 양심이 요청된다.

해설 ③ 설문은 법관이 개인적인 소신에 따른 판결로 법관으로서의 객관적 양심 내지 직업윤리에 부합하는 양심에 따른 판결이라고 볼 수 없다.

04 법관 A는 토지소유권이전등기청구 소송의 현장검증을 가게 되었는데, 현장검증 장소를 잘 모르던 A는 원고의 소송대리인 변호사 X의 차량을 타고 가게 되었다. 검증을 마친 후에는 X와 함께 근처 커피숍에 들르게 되었다. 법관 A의 행동에 대한 설명 중 틀린 것은?

① 법관의 청렴성을 의심받을 수 있다.
② 공정한 직무수행에 대한 비난이 가해질 수 있다.
③ 직무수행 후에 커피숍에 들른 것이므로 비난받을 수 없다.
④ 당사자의 차량에 동승한 것은 재판의 신뢰를 훼손시킬 수 있다.

해설 ③ 재판의 당사자인 원고의 소송대리인 변호사와 함께 커피숍에 들어간 것은 지켜보는 피고 입장에서는 그 재판의 공정성을 의심할 수 있다.
① 법관은 공평무사하고 청렴하여야 하며, 공정성과 청렴성을 의심받을 행동을 하지 아니한다(법관윤리강령 3①). 법관의 공평은 재판의 당사자 중 어느 쪽에도 치우치지 아니하는 것이다. 법관이 원고 대리인의 차에 동승하고, 커피숍에 들른 것은 재판의 공평성을 해치는 행위이다.
④ 법관은 재판업무상 필요한 경우를 제외하고는 당사자와 대리인 등 소송 관계인을 법정 이외의 장소에서 면담하거나 접촉하지 아니한다(법관윤리강령 4④).
⑤ 법관은 국가가 지급하는 급여 외의 금전적 이득이나 편리, 우선적인 대우를 추구하지 않아야 하는 청렴의무가 있다. 직무와 관련되거나 관련성을 가질 수 있는 어떤 명목의 선물이나 향응을 제공받아서도 아니 된다. 또한 청렴성을 손상시킬 수 있는 사적인 교제도 자제하여야 한다.

01 ② 02 ② 03 ③ 04 ③ 정답

05 법관 A는 그의 부친으로부터 10층 건물을 상속받아 그의 처 명의로 임대업을 위한 회사를 설립하고, 그의 처와 함께 임대업을 행하고 있다. 다음 중 틀린 설명은?

① 직무에 전념하여야 할 의무에 위반될 수 있다.
② 재산상의 이득을 목적으로 그의 처 명의로 회사를 설립할 수 있다.
③ 임대업회사 명의를 처로 하였을지라도 탈법행위에 해당되는 것은 아니다.
④ 처와 함께 임대업을 하는 것이므로 영리행위에 해당되지 않는다.

해설 ④ 법관은 금전상의 이익을 목적으로 하는 업무에 종사할 수 없다(법원조직법 49(5)). 법관은 재판의 공정성에 관한 의심을 초래하거나 직무수행에 지장을 줄 염려가 있는 경우에는, 금전대차 등 경제적 거래행위를 하지 아니하며 증여 기타 경제적 이익을 받지 아니한다(법관윤리강령 6).
① 법관은 맡은 바 직무를 성실하게 수행하며, 직무수행 능력을 항상시키기 위하여 꾸준히 노력한다(법관윤리강령 4①).
④ 법관의 청렴의무는 직무와 관련하여 금전적 이득이나 특혜나 편리를 추구하는 것이며, 설문은 공무원인 법관이 영리행위에 종사하는 것에 해당된다.

06 법관이 직무를 성실히 수행하기 위하여 지켜야 할 윤리가 아닌 것은?

① 법관은 교육이나 학술적인 목적을 위해서라도 구체적 사건에 관하여 공개적으로 논평하거나 의견을 표명하지 아니한다.
② 법관은 재판업무상 필요한 경우를 제외하고는 당사자와 대리인 등 소송 관계인을 법정 이외의 장소에서 면담하거나 접촉하지 아니한다.
③ 법관은 당사자와 대리인등 소송 관계인을 친절하고 정중하게 대한다.
④ 법관은 신속하고 능률적으로 재판을 진행하며, 신중하고 충실하게 심리하여 재판의 적정성이 보장되도록 한다.

해설 ① 법관은 품위유지와 직무수행에 지장이 없는 경우에 한하여 학술활동에 참여하거나 종교·문화단체에 가입하는 등 직무외 활동을 할 수 있다(법관윤리강령 5①).
② 설문은 법관윤리강령 제4조 제4항에 해당하는 내용이다. 그리고 법관은 재판에 영향을 미치거나 공정성을 의심받을 염려가 있는 경우에는 법률적 조언을 하거나, 변호사등 법조인에 대한 정보를 제공하지 아니한다(법관윤리강령 5③). 설문과 같이 법관이 소송 관계인을 법정 이외의 장소에서 면담하거나 접촉하는 것은 공정성을 의심받을 염려가 있는 경우에도 해당된다.

07 법관의 정치적 중립에 관한 태도로 옳지 않은 것은?

① 법관은 직무를 수행함에 있어 정치적 중립을 지켜야 한다.
② 법관도 표현의 자유가 있으므로 개인적으로 정치활동을 목적으로 하는 단체의 임원이나 구성원이 되는 것은 문제되지 않는다.

③ 법관은 선거운동 등 정치적 중립성을 해치는 활동을 해서는 안 된다.
④ 법관은 정치적 사건을 처리함에 있어서 법과 양심에 따라 판단하여야 한다.

해설 ② 법관은 정치활동을 목적으로 하는 단체의 임원이나 구성원이 되지 아니하며, 선거운동 등 정치적 중립성을 해치는 활동을 하여서는 아니 된다(법관윤리강령 7②).
①은 법관윤리강령 제 7 조 제 1 항에 해당되는 내용이다.

08 법관의 직업윤리에 관한 설명 중 틀린 것은?

① 법관은 직무 수행에 지장이 없는 경우에 한하여 학술단체에 가입하여 활동할 수 있다.
② 법관은 방송에 출연하여 개인적인 소견으로 동성간의 혼인이나 양심적인 병역기피 문제에 동의한다는 의견을 발표할 수 있다.
③ 법관은 민법상 친족에 해당하지 않으면 어떤 경우에도 사건관계인을 특정한 변호사에게 소개하여서는 아니 된다.
④ 법관은 정부기관이 주최하는 공청회, 토론회에 신고를 하지 않고 참석할 수 있다.

해설 ② 법관이 방송에 출연하여 일반인들에게 민감한 문제에 해당되는 동성간의 혼인이나 양심적 병역기피 문제나 사형제도의 존폐 여부 등에 대하여 의견을 발표하는 것은 직무의 공정성과 객관성에 반할 우려가 있다.
① 법관윤리강령 제 5 조 제 1 항에서 허용하고 있다.
③ 재판기관이나 수사기관의 소속 공무원은 대통령령으로 정하는 자기가 근무하는 기관에서 취급 중인 법률사건이나 법률사무의 수임에 관하여 당사자 또는 그 밖의 관계인을 특정한 변호사나 그 사무직원에게 소개·알선 또는 유인하여서는 아니 된다. 다만, 사건 당사자나 사무 당사자가 「민법」 제767조에 따른 친족인 경우에는 그러하지 아니하다(변호사법 36단서).
④ 법관은 대가를 받고 세미나, 공청회, 토론회, 발표회, 심포지엄, 교육과정, 회의 등에서 강의, 강연, 발표, 토론, 심사, 평가, 자문, 의결 등(이하 '외부강의·회의 등'이라 함)을 할 때에는 소속기관의 장에게 신고하여야 한다.

09 다음 중 법관윤리강령에 위배되는 행위를 모두 고른 것은? 제 2 회 기출문제

가. 법관 A는 평소 국회의원 B와 두터운 친분이 있어 매년 소액의 후원금을 국회의원 B가 소속된 정당에 기부하였다.
나. 법관 C는 현재 본인이 담당한 사건과 관계가 없는 대학동기인 변호사 D로부터 "저녁이나 하자"는 연락을 받고 이에 응하여 오랜만에 저녁식사를 같이 하였다.
다. 법관 E는 과거에 담당하였던 소유권이전등기 사건의 소송대리인 변호사 F로부터 위 사건 관련 토지 2필지를 매수하였다.
라. 법관 G는 자신이 담당한 공무원의 뇌물죄 사건에서 무죄를 선고하였는데, 기자 H가

05 ④ 06 ① 07 ② 08 ② 09 ③ 정답

정확한 보도를 위하여 무죄 이유에 대한 설명을 요청하여 이에 응하였다.
마. 법관 I는 국회의원 J에 관한 정치자금법위반죄 사건의 수사가 진행되는 상황에서 평소 알고 지내는 기자 K로부터 "이 사건이 기소된다면 법원에서 유죄로 인정되겠느냐"는 질문을 받고, "법리적인 측면에서 무죄라고 볼 수 있지 않겠느냐"는 취지로 답변해 주었다.

① 가, 마　　② 나, 다, 라
③ 가, 다, 마　　④ 나, 라, 마

해설 ③ ㉮ 법관의 정당에 대한 후원금 기부는 정치자금법상 정치자금부정수수죄에 해당된다(정치자금법 45). ㉰ 법관은 공평무사고 청렴하여야 하며, 공정성과 청렴성을 의심받을 행동을 하지 아니한다(법관윤리강령 3①). 법관은 재판의 공정성에 관한 의심을 초래하거나 직무수행에 지장을 줄 염려가 있는 경우에는, 금전대차 등 경제적 거래행위를 하지 아니하며 증여 기타 경제적 이익을 받지 아니한다(법관윤리강령 6). ㉲ 법관은 교육이나 학술 또는 정확한 보도를 위한 경우를 제외하고는 구체적 사건에 관하여 공개적으로 논평하거나 의견을 표명하지 아니한다(법관윤리강령 4⑤).

10 법관이 직무외의 활동에 관한 설명 중 옳지 않은 것은?

① 서울고등법원 법관이 법과대학에서 민사소송법을 한 학기 동안 강의하는 경우에는 서울고등법원장에게 신고하여야 한다.
② 법관은 TV에 출연하여 양심적 병역특례 문제나 사형제도의 존폐에 관한 의견을 발표하는 것은 자제하여야 한다.
③ 법관은 직무상 취급중인 사건의 당사자를 위하여 특정 변호사를 소개해 주어서는 아니 된다.
④ 법관은 품위유지와 직무수행에 지장이 없는 경우에 한하여 문화단체에 가입하여 활동할 수 있다.

해설 ① 법관은 재직중 ㉠ 대법원장의 허가 없이 보수있는 직무에 종사하는 일, ㉡ 대법원장의 허가 없이 보수의 유무를 불문하고 국가기관 외의 법인·단체 등의 고문·임원·직원 등의 직위에 취임하는 일, ㉢ 기타 대법원규칙으로 정하는 일을 할 수 없다(법원조직법 49(4)(6)(7)). 법관이 위 규정에 의하여 관여할 수 있는 직무에 종사하거나 직위에 취임하고자 할 경우에는 사전에 대법원장의 허가를 받아야 한다(법관이 관여할 수 없는 직무 등에 관한 규칙 3①). 강의기간이 2개월 이상인 계속적 강의나 동일 기관을 상대로 월 3회 또는 월 6시간 이상의 출강이라면 대법원장의 겸직허가를 받아야 한다. 따라서 소속 기관의 장에게 신고하여야 하는 것이 아니라 대법원장의 겸직허가를 받아야 한다.
② 법관이 방송에서 사회적으로 민감한 사안에 관하여 의견을 발표하게 되면 법원의 공식적인 입장을 대변한 것으로 오인될 수 있어 직무의 공정성과 객관성에 반할 우려가 있다.
③ 재판이나 수사 업무에 종사하는 공무원은 직무상 관련(재판이나 수사 업무에 종사하는 공무원이 직무상 취급하고 있거나 취급한 경우)이 있는 법률사건 또는 법률사무의 수임에 관하여 당사자 또는 그 밖의 관계인을 특정한 변호사나 그 사무직원에게 소개·알선 또는 유인하여서는 아니 된다(변호사법 37①).
④ 법관은 품위유지와 직무수행에 지장이 없는 경우에 한하여, 학술 활동에 참여하거나 종교·문화 단체에 가입하는 등 직무외 활동을 할 수 있다(법관윤리강령 5①).

11 법관은 모든 외부의 영향으로부터 사법권의 독립을 지켜 나가야 하는 사법권의 독립에 관한 설명 중 옳지 않은 것은?

① 재판의 공정성을 보장하기 위한 가장 기본적인 토대는 사법권의 독립이라고 할 수 있다.

② 사법권의 행사는 국민의 신뢰를 바탕으로 하여야 하므로 국민의 다수 의사에 따라 판결을 하여야 한다.

③ 사법권 독립의 전통적인 의미는 행정부나 입법부의 통제 또는 기타 정치권력으로부터 독립하여 공정하게 재판하여야 한다.

④ 법원장이 회의에서의 발언과 전자우편 등을 통해서 형사사건을 담당하는 소속 법관들에게 특정 사건의 보석에 신중을 기하라거나 재판 진행을 독촉하는 취지로 수차례 반복하여 언급한 행위는 재판의 독립을 해치는 행위라 할 수 있다.

해설 ② 사법권을 독립시킨 근본취지, 경우에 따라서는 국민의 다수 의사에도 구애됨이 없이 판결을 하여야 한다.
① 사법권의 독립은 법관이 그 사명을 다하기 위한 불가결한 요소이다. 재판을 비롯한 법관 직무수행의 으뜸가는 요소는 공정성이며, 공정성을 보장하기 위한 가장 기본적인 토대는 사법권의 독립이다.
③ 사법권의 독립에 관한 전통적인 개념에 해당된다.
④ 지문과 같은 행위를 한 법원장에 대하여 엄중 경고가 내려진 바 있는 사례이다(2009. 5. 13).

12 법관윤리강령의 전문에 포함된 내용이 아닌 것은

① 국민으로부터 부여받은 사법권을 법과 양심에 따라 엄정하게 행사하여야 한다.

② 사법권의 독립과 법관의 명예를 굳게 지켜야 한다.

③ 국법질서를 확립하고 국민의 인권을 보호하며 정의를 실현함을 그 사명으로 한다.

④ 공정하고 청렴하게 직무를 수행하며, 법관에게 요구되는 높은 수준의 직업윤리를 갖추어야 한다.

해설 ③ 검사윤리강령 제1조의 내용이다.
① 법관은 국민의 기본적 인권과 정당한 권리행사를 보장함으로써 자유 · 평등 · 정의를 실현하고, 국민으로부터 부여받은 사법권을 법과 양심에 따라 엄정하게 행사하여 민주적 기본질서와 법치주의를 확립하여야 한다.
② 법관은 이 같은 사명을 다하기 위하여 사법권의 독립과 법관의 명예를 굳게 지켜야 하며 국민으로부터 신뢰와 존경을 받아야 한다.
④ 법관윤리강령 전문의 내용에 해당된다.

10 ① 11 ② 12 ③ 정 답

13 법관 甲은 서울중앙지방법원에서 진행 중인 손해배상청구 사건의 원고에게 평소 잘 알고 지내던 고교 후배인 변호사 A를 소개시켜 주어 소송대리에 관한 수임계약을 체결하도록 하였다. 이 사안에 관련된 설명 중 옳지 않은 것은?

① 법관 甲이 손해배상청구 사건의 재판장으로서 직무상 취급중인 손해배상청구 사건에 관하여 변호사 A를 소개하였다면 형사처벌의 대상이 된다.

② 법관 甲은 다른 재판부에 계속 중인 손해배상청구 사건의 원고가 그의 동생인 경우에는 그 사건의 소송대리인 선임을 위하여 변호사 A를 소개하는 행위가 허용된다.

③ 법관 甲이 손해배상청구 사건의 재판장인 경우 원활한 소송 진행을 위하여 원고에게 소송대리인을 선임할 수 있도록 변호사 A에 대한 정보를 제공하는 행위는 허용된다.

④ 법관 甲이 다른 재판부에 계속 중인 손해배상청구 사건에 관하여 변론 종결한 후에 재판장에게 전화를 하여 원고가 제출한 준비서면을 잘 읽어봐 달라고 부탁하였다면, 다른 법관의 재판에 영향을 미치는 행위에 해당되어 허용되지 아니한다.

해설 ③ 법관은 재판에 영향을 미치거나 공정성을 의심받을 염려가 있는 경우에는 법률적 조언을 하거나 변호사 등 법조인에 대한 정보를 제공하지 아니한다(법관윤리강령 5③).

① 재판이나 수사 업무에 종사하는 공무원은 직무상 관련이 있는 법률사건 또는 법률사무의 수임에 관하여 당사자 또는 그 밖의 관계인을 특정한 변호사나 그 사무직원에게 소개·알선 또는 유인하여서는 아니 된다(변호사법 37①). 제1항에서 "직무상 관련"이란 다음 각 호의 어느 하나에 해당하는 경우를 말한다(변호사법 37②).

1. 재판이나 수사 업무에 종사하는 공무원이 직무상 취급하고 있거나 취급한 경우
2. 제1호의 공무원이 취급하고 있거나 취급한 사건에 관하여 그 공무원을 지휘·감독하는 경우

다음 각 호의 어느 하나에 해당하는 자는 1년 이하의 징역 또는 1천만 원 이하의 벌금에 처한다(변호사법 113).

7. 제37조 제1항(제57조, 제58조의16 또는 제58조의30에 따라 준용되는 경우를 포함한다)을 위반한 자

② 재판기관이나 수사기관의 소속 공무원은 대통령령으로 정하는 자기가 근무하는 기관에서 취급 중인 법률사건이나 법률사무의 수임에 관하여 당사자 또는 그 밖의 관계인을 특정한 변호사나 그 사무직원에게 소개·알선 또는 유인하여서는 아니 된다. 다만, 사건 당사자나 사무 당사자가 「민법」 제767조에 따른 친족인 경우에는 그러하지 아니하다(변호사법 36 단서).

④ 법관은 다른 법관의 재판에 영향을 미치는 행동을 하지 아니한다(법관윤리강령 5②).

13 ③ 정 답

제16장

검사의 직업윤리

제16장 검사의 직업윤리

검사윤리강령

[시행 2021. 1. 1.] [법무부훈령 제1336호, 2020. 12. 31., 일부개정]

제1조(사명) 검사는 공익의 대표자로서 국법질서를 확립하고 국민의 인권을 보호하며 정의를 실현함을 그 사명으로 한다.

제2조(국민에 대한 봉사) 검사는 직무상의 권한이 국민으로부터 위임된 것임을 명심하여 성실하고 겸손한 자세로 국민에게 봉사한다.

제3조(정치적 중립과 공정) ① 검사는 정치 운동에 관여하지 아니하며, 직무 수행을 할 때 정치적 중립을 지킨다.

② 검사는 피의자나 피해자, 기타 사건 관계인에 대하여 정당한 이유 없이 차별 대우를 하지 아니하며 어떠한 압력이나 유혹, 정실에도 영향을 받지 아니하고 오로지 법과 양심에 따라 엄정하고 공평하게 직무를 수행한다.

제4조(청렴과 명예) 검사는 공·사생활에서 높은 도덕성과 청렴성을 유지하고, 명예롭고 품위 있게 행동한다.

제5조(자기계발) 검사는 변화하는 사회현상을 직시하고 높은 식견과 시대가 요구하는 새로운 지식을 쌓아 직무를 수행함에 부족함이 없도록 하기 위하여 끊임없이 자기계발에 노력한다.

제6조(인권보장과 적법절차의 준수) 검사는 피의자·피고인, 피해자 기타 사건 관계인의 인권을 보장하고 헌법과 법령에 규정된 절차를 준수한다.

제7조(검찰권의 적정한 행사) 검사는 적법한 절차에 의하여 증거를 수집하고 법령의 정당한 적용을 통하여 공소권이 남용되지 않도록 한다.

제8조(검찰권의 신속한 행사) 검사는 직무를 성실하고 신속하게 수행함으로써 국가형벌권의 실현이 부당하게 지연되지 않도록 한다.

제9조(사건의 회피) ① 검사는 취급 중인 사건의 피의자, 피해자 기타 사건 관계인(당사자가 법인인 경우 대표이사 또는 지배주주)과 민법 제777조의 친족관계에 있거나 그들의 변호인으로 활동한 전력이 있을 때 또는 당해 사건과 자신의 이해가 관련되었을 때에는 그 사건을 회

피한다.

② 검사는 취급 중인 사건의 사건 관계인과 제1항 이외의 친분 관계 기타 특별한 관계가 있는 경우에도 수사의 공정성을 의심받을 우려가 있다고 판단했을 때에는 그 사건을 회피할 수 있다.

제10조(사건 관계인에 대한 자세) 검사는 인권보호수사준칙을 준수하고 피의자, 피해자 등 사건 관계인의 주장을 진지하게 경청하며 객관적이고 중립적인 입장에서 사건 관계인을 친절하게 대하도록 노력한다.

제11조(변호인에 대한 자세) 검사는 변호인의 변호권행사를 보장하되 취급 중인 사건의 변호인 또는 그 직원과 정당한 이유 없이 사적으로 접촉하지 아니한다.

제12조(검사 상호간의 자세) ① 검사는 상급자에게 예의를 갖추어 정중하게 대하며, 직무에 관한 상급자의 지휘·감독에 따라야 한다. 다만, 구체적 사건과 관련된 상급자의 지휘·감독의 적법성이나 정당성에 이견이 있을 때에는 절차에 따라서 이의를 제기할 수 있다.

② 검사는 하급자의 인격과 명예를 존중하고, 하급자에 대하여 업무와 관련 없는 지시를 하지 아니한다.

③ 상급자와 하급자는 상호 소통하며 공정한 직무수행을 위해 노력한다.

제13조(사법경찰관리에 대한 자세) ① 검사는 수사와 관련하여 사법경찰관과 협력해야 한다.

②검사는 특별사법경찰관리의 수사와 관련하여 엄정하고 합리적으로 특별사법경찰관리를 지휘하고 감독한다.

제14조(외부 인사와의 교류) 검사는 직무 수행의 공정성을 의심받을 우려가 있는 자와 교류하지 아니하며 그 처신에 유의한다.

제15조(사건 관계인 등과의 사적 접촉 제한) 검사는 자신이 취급하는 사건의 피의자, 피해자 등 사건 관계인 기타 직무와 이해관계가 있는 자(이하 '사건 관계인 등'이라 한다)와 정당한 이유 없이 사적으로 접촉하지 아니한다.

제16조(직무 등의부당 이용 금지) ① 검사는 항상 공·사를 분명히 하고 자기 또는 타인의 부당한 이익을 위하여 그 직무나 직위를 이용하지 아니한다.

② 검사는 직무와 관련하여 알게 된 사실이나 취득한 자료를 부당한 목적으로 이용하지 아니한다.

제17조(영리행위 등 금지) 검사는 금전상의 이익을 목적으로 하는 업무에 종사하거나 법무부장관의 허가 없이 보수 있는 직무에 종사하는 일을 하지 못하며, 법령에 의하여 허용된 경우를 제외하고는 다른 직무를 겸하지 아니한다.

제18조(알선·청탁 등 금지) ① 검사는 다른 검사나 다른 기관에서 취급하는 사건 또는 사무에 관하여 공정한 직무를 저해할 수 있는 알선·청탁이나 부당한 영향력을 미치는 행동을 하지 아니한다.

② 검사는 부당한 이익을 목적으로 타인의 법적 분쟁에 관여하지 아니한다.

제19조(금품수수금지) 검사는 제14조에서 규정한 직무 수행의 공정성을 의심받을 우려가 있

는 자나 제15조에서 규정한 사건관계인 등으로부터 정당한 이유 없이 금품, 금전상 이익, 향응이나 기타 경제적 편의를 제공받지 아니한다.

제20조(특정 변호사 선임 알선 금지) 검사는 직무상 관련이 있는 사건이나 자신이 근무하는 기관에서 취급 중인 사건에 관하여 피의자, 피고인 기타 사건 관계인에게 특정 변호사의 선임을 알선하거나 권유하지 아니한다.

제21조(외부 기고 및 발표에 관한 원칙) 검사는 직무와 관련된 사항에 관하여 검사의 직함을 사용하여 대외적으로 그 내용이나 의견을 기고·발표하는 등 공표할 때에는 소속 기관장에게 미리 신고를 한다. 다만, 수사사건의 공개에 관한 사항은 인권보호를 위한 수사공보준칙을 우선 적용한다.

제22조(직무상 비밀유지) 검사는 수사사항, 사건 관계인의 개인 정보 기타 직무상 파악한 사실에 대하여 비밀을 유지하여야 하며, 전화, 팩스 또는 전자우편 그리고 기타 통신수단을 이용할 때에는 직무상 비밀이 누설되지 않도록 유의한다.

제23조(검사실 직원 등의 지도·감독) 검사는 그 사무실의 검찰공무원, 사법연수생, 기타 자신의 직무에 관여된 공무원을 인격적으로 존중하며, 그들이 직무에 관하여 위법 또는 부당한 행위를 하거나 업무상 지득한 비밀을 누설하거나 부당하게 이용하지 못하도록 지도·감독 한다.

01 검사의 윤리에 대한 설명 중 틀린 것은?

① 검사는 피고인에 대하여서도 유리한 법적용을 구하게 된다.
② 검사는 객관의무를 갖기 때문에 공익과 법질서수호에 전념하게 된다.
③ 검사는 행정공무원이므로 일반 공무원에게 부과된 의무를 준수해야 한다.
④ 검사는 준사법기관으로서의 공정성을 유지해야 한다.

해설 ② 검사는 피고인에게 이익되는 사실도 조사하여 제출하고, 피고인의 이익을 위하여 집행유예판결 선고를 구형하며, 상소와 비상상고를 해야 하는 객관적인 관청의 지위에 있다. 이를 검사의 객관의무라고 하며, 검사의 공익적인 지위에서 도출되는 의무내용이다.

① 검사는 피고인의 권리옹호에도 노력하여야 한다.

③ 검사는 법무부에 소속된 행정기관이다. 단독제 행정관청으로서의 검사는 행정공무원으로서의 지위를 가지므로 국가공무원법이 규정하는 의무를 준수하여야 한다.

④ 검사는 법무부에 소속된 행정기관으로서 국가의 행정목적을 위하여 활동하게 되고, 검사는 행정기관이면서도 동시에 사법기관인 이중성격을 가진 기관이다.

01 ② 정 답

02 검사의 직업윤리에 관한 설명 중 옳지 않은 것은?

① 검사는 정치운동에 관여하지 아니한다.
② 검사는 피해자나 사건관계인에 대하여 정당한 이유가 있을 때는 차별대우를 할 수 있다.
③ 검사는 법관처럼 법과 양심에 따라서 직무를 수행하는 것은 아니다.
④ 검사에게는 공소권을 남용하여서는 아니 되는 의무가 있다.

해설 ③ 검사는 오로지 법과 양심에 따라 엄정하고 공평하게 직무를 수행한다(검사윤리강령 3②).
① 검사는 정치운동에 관여하지 아니하며, 직무 수행을 할 때 정치적 중립을 지킨다(검사윤리강령 3①).
② 검사는 피의자나 피해자, 기타 사건 관계인에 대하여 **정당한 이유 없이** 차별대우를 하지 아니하며 어떠한 압력이나 유혹, 정실에도 영향을 받지 아니하고 오로지 법과 양심에 따라 엄정하고 공평하게 직무를 수행한다(검사윤리강령 3②).
④ 검사는 적법한 절차에 의하여 증거를 수집하고 법령의 정당한 적용을 통하여 공소권이 남용되지 않도록 한다(검사윤리강령 7).

03 검사의 윤리에 대한 설명 중 옳지 않은 것은?

① 검사는 정치적인 성격을 갖는 단체에 가입하여서는 아니 된다.
② 검찰권 행사에 대한 신뢰를 훼손시키는 행위를 하여서는 아니 된다.
③ 검사는 사건 관계인에 대하여 차별대우를 하여서는 아니 된다.
④ 검사는 함정수사를 자유롭게 하여 마약사범을 체포·기소할 수 있다.

해설 ④ 검사는 적법한 절차에 의하여 증거를 수집하고 법령의 정당한 적용을 통하여 공소권이 남용되지 않도록 한다(검사윤리강령 7). 따라서 함정수사에 의한 범인의 체포는 적법한 형사절차에 반하는 것이다.
본래 범의를 가지지 아니한 자에 대하여 수사기관이 사술이나 계략 등을 써서 범의를 유발게 하여 범죄인을 검거하는 함정수사는 위법하다 할 것인바, 구체적인 사건에 있어서 위법한 함정수사에 해당하는지 여부는 해당 범죄의 종류와 성질, 유인자의 지위와 역할, 유인의 경위와 방법, 유인에 따른 피유인자의 반응, 피유인자의 처벌 전력 및 유인행위 자체의 위법성 등을 종합하여 판단하여야 한다(대법원 2007. 7. 12. 2006도2339 마약류관리에관한법률위반(향정)).
① 검사는 정치 운동에 관여하지 아니하며, 직무수행을 할 때 정치적 중립을 지킨다(검사윤리강령 3①).
② 검찰권 행사에 대한 일반인의 신뢰를 손상시키지 않도록 언동이나 태도를 삼가야 한다.
③ 검사는 피의자나 피해자, 기타 사건 관계인에 대하여 정당한 이유 없이 차별 대우를 하지 아니하며 어떠한 압력이나 유혹, 정실에도 영향을 받지 아니하고 오로지 법과 양심에 따라 엄정하고 공평하게 직무를 수행한다(검사윤리강령 3②).

04 A 검사는 지방검찰청 특수부에 근무하면서 뇌물수수 사건을 수사하게 되었는데, 그 지역의 자치단체장에게 뇌물을 전달하였던 피의자가 초등학교 동창생인 것을 알게 되었다. 이에 관하여 옳은 것은?

① 수사결과 피의자를 불기소하였더라도 공정성을 의심받을 수 없다.
② 동창생인 것을 수사 중에 비로소 알게 되었으므로 공정성과는 무관하다.

③ 검사가 동창생을 기소하였을 경우 직무의 중립성을 훼손한 것이다.
④ 상사에게 요청하여 다른 검사로 하여금 수사하도록 그 사건을 회피할 수 있다.

해설 ④ 검사는 취급 중인 사건의 피의자, 피해자 기타 사건 관계인(당사자가 법인인 경우 대표이사 또는 지배주주)과 민법 제777조의 친족관계에 있거나 그들의 변호인으로 활동한 전력이 있을 때 또는 당해 사건과 자신의 이해가 관련되었을 때에는 그 사건을 회피한다(검사윤리강령 9①). 검사는 취급 중인 사건의 사건 관계인과 제1항 이외의 친분 관계 기타 특별한 관계가 있는 경우에도 수사의 공정성을 의심받을 우려가 있다고 판단했을 때에는 그 사건을 회피할 수 있다(검사윤리강령 9②).

05 검사의 직무수행에 관한 설명 중 틀린 것은?

① 검사는 양심과 법령에 따라서 사무를 처리하는 자세를 가져야 한다.
② 검사의 사회적 지위를 보장하기 위하여 엄격한 신분보장을 하고 있다.
③ 검사는 소속 상급자의 지휘감독을 받는 지위에 있다.
④ 검사는 부적법한 감독권을 행사하는 상급자에게 이의를 제기할 수 있다.

해설 ② 검사가 검찰권 행사를 법과 양심에 따라 공정하게 처리하도록 신분보장을 하고 있다.
① 검사에게는 법관의 독립(헌법 103)과 같은 규정은 없지만, 검찰권 행사에 있어서 자기의 양심과 법령에 따라서 사무를 처리한다고 하는 자세를 가져야 하며, 그것을 뒷받침하기 위하여 신분을 보장하고 있다.
③ 검사는 검찰사무에 관하여 소속 상급자의 지휘·감독에 따른다(검찰청법 7①).
④ 검사는 구체적 사건과 관련된 제1항의 지휘·감독의 적법성 또는 정당성 여부에 대하여 이견이 있는 때에는 이의를 제기할 수 있다(검찰청법 7②).

06 검사의 직업윤리와 관련된 설명 중 틀린 것은?

① 검사는 수사과정에서 취득한 비밀을 엄수하여야 한다.
② 검사는 수사 중인 피의사실을 기자에게 공표하는 것은 허용된다.
③ 검사는 퇴직 후에도 직무상 알게 된 비밀을 누설하여서는 아니 된다.
④ 검사는 자신의 직무에 관여된 공무원을 인격적으로 존중하여야 한다.

해설 ② 검찰, 경찰 기타 범죄수사에 관한 직무를 행하는 자 또는 이를 감독하거나 보조하는 자가 그 직무를 행함에 당하여 지득한 피의사실을 공판청구 전에 공표한 때에는 3년 이하의 징역 또는 5년 이하의 자격정지에 처한다(형법 126).
① 검사·사법경찰관리와 그 밖에 직무상 수사에 관계있는 자는 피의자 또는 다른 사람의 인권을 존중하고 수사과정에서 취득한 비밀을 엄수하며 수사에 방해되는 일이 없도록 하여야 한다(형사소송법 198).
③ 공무원은 재직 중은 물론 퇴직 후에도 직무상 알게 된 비밀을 엄수하여야 한다(국가공무원법 60). 검사는 수사사항, 사건 관계인의 개인 정보 기타 직무상 파악한 사실에 대하여 비밀을 유지하여야 하며, 전화, 팩스 또는 전자우편

02 ③ 03 ④ 04 ④ 05 ② 06 ② 정답

그리고 기타 통신수단을 이용할 때에는 직무상 비밀이 누설되지 않도록 유의한다(검사윤리강령 22).

④ 검사는 그 사무실의 검찰공무원, 사법연수생, 기타 자신의 직무에 관여된 공무원을 인격적으로 존중하며, 그들이 직무에 관하여 위법 또는 부당한 행위를 하거나 업무상 지득한 비밀을 누설하거나 부당하게 이용하지 못하도록 지도·감독한다(검사윤리강령 23).

07

A 검사는 D 제과(주) 종업원이 1억 원 상당의 과자를 절취하여 온 점을 수사한 후 피해자의 진술조서를 받기 위하여 그 회사의 영업소장을 소환하였다. 그 영업소장은 검사에게 감사의 인사를 하면서 약간의 현금을 넣은 D 제과에서 생산한 과자상자를 검사실에 놓고 갔다. 이에 관하여 옳지 않은 것은?

① 감사의 인사로 전한 과자상자를 받은 것은 선량한 풍속에 해당된다.
② 검사는 영업소장으로부터 과자상자를 받아서는 아니 된다.
③ 과자상자 속에 든 현금액수는 윤리강령위반 여부에 영향을 미치지 않는다.
④ 영업소장은 절취피의사건의 사건관계인에 해당되므로 금품을 제공받을 수 없다.

해설 ① 검사는 제14조에서 규정한 직무수행의 공정성을 의심받을 우려가 있는 자나 제15조에서 규정한 사건관계인 등으로부터 정당한 이유 없이 금품, 금전상 이익, 향응이나 기타 경제적 편의를 제공받지 아니한다(검사윤리강령 19). 검사는 공·사생활에서 높은 도덕성과 청렴성을 유지하고, 명예롭고 품위 있게 행동한다(검사윤리강령 4). 현금이 든 과자상자를 받은 것은 금품수수금지 위반윤리에 반하는 것이고, 도덕성과 청렴성에 반하는 행위로 보아야 한다.

08

다음 설명 중 옳은 것은? **제 1 회 기출문제**

① 검사는 구체적인 사건 청탁이 없을 경우라면 직무 수행의 공정성을 의심받을 우려가 있는 자라 하더라도 교류할 수 있다.
② 검사는 자신이 직접 수사하여 기소한 사건의 내용에 관하여 검사의 직함을 이용하여 대외적으로 그 내용을 공표할 경우 소속 기관장의 승인을 받아야 한다.
③ 검사는 취급 중인 사건의 피의자, 피해자의 변호인으로 활동한 전력이 있을 때에는 소속 기관장의 승인을 받아 사건을 취급한다.
④ 검사는 수사 및 공판과정에서 피고인에게 유리한 증거를 발견하였더라도 법원에 이를 제출할 의무는 없다.

해설 ② 검사는 수사 등 직무와 관련된 사항에 관하여 검사의 직함을 사용하여 대외적으로 의견을 기고·발표하는 등 공표할 때에는 소속 기관장의 승인을 받는다(검사윤리강령 21).

09 A 지방검찰청 B 검사는 특정범죄가중처벌법위반(도주차량) 사건으로 수사를 받고 구속기소된 피고인의 가족등에게 고교동창이 변호사로 근무중인 법무법인에 찾아가 향후 진행될 재판에 관련된 대책 등을 상의하고 필요하면 변호인 선임을 하는 것이 좋을 것이라고 조언하였다. 다음 설명 중 옳은 것은?

① B 검사는 A 검찰청에서 자신의 인척이 동료 검사로부터 수사를 받고 있을 경우에 어떤 법무법인을 소개해 주어서는 아니 된다.

② B 검사는 A 검찰청에서 다른 검사가 수사중인 사건의 수임을 소개하면 형사처벌을 받을 수 있다.

③ B 검사는 자신이 구속기소한 사건을 변호사에게 알선하면 과태료에 처해질 수 있다.

④ B 검사는 무죄가능성이 큰 피고인의 적법한 방어권 보장을 위하여 피고인의 친구로 하여금 어떤 법무법인을 찾아가 보도록 한 것도 위법하다.

해설 ④ 재판이나 수사업무에 종사하는 공무원은 직무상 관련이 있는 법률사건 또는 법률사무의 수임에 관하여 당사자 또는 그 밖의 관계인을 특정한 변호사나 그 사무직원에게 소개·알선 또는 유인하여서는 아니 된다(변호사법 37①). B 검사가 피고인의 방어권 보장을 위한 명목이라도 법무법인을 찾아가도록 하는 것은 사건의 알선 또는 유인에 해당될 수 있다.

① 재판기관이나 수사기관의 소속 공무원은 대통령령으로 정하는 **자기가 근무하는 기관에서 취급 중인 법률사건**이나 법률사무의 수임에 관하여 당사자 또는 그 밖의 관계인을 특정한 변호사나 그 사무직원에게 소개·알선 또는 유인하여서는 아니 된다. 다만, 사건 당사자나 사무 당사자가 **민법 제767조에 따른 친족인 경우에는 그러하지 아니하다**(변호사법 36단서).

② 과태료에 처해질 수 있다(변호사법 36, 117①(1)).

③ 1년 이하의 징역 또는 1천만 원 이하의 벌금에 처한다(변호사법 37, 113(7)).

10 검사의 직무수행의 자세에 관한 설명 중 틀린 것은?

① 검사는 소속 상관의 지휘 감독에 정당한 이의사유가 있을 때에는 이의를 제기한 후에 따르지 않을 수 있다.

② 검사는 사건 관계인의 주관적인 주장이라도 경청하여 중립적인 입장에서 친절하게 대하여야 한다.

③ 취급중인 사건의 변호사 사무실 직원과 정당한 사유 없이 사적으로 접촉하지 아니한다.

④ 검사는 대외적으로 의견을 발표하는 행위를 할 때에는 소속 기관장의 승인을 받는다.

해설 ① 검사는 검찰사무에 관하여 소속 상급자의 지휘 감독에 따른다(검찰청법 7①). 검사는 구체적 사건과 관련하여 지휘

07 ① 08 ② 09 ④ 10 ① 정답

감독의 적법성 또는 정당성 여부에 대하여 이견이 있는 때에는 이의를 제기할 수 있다(검찰청법 7②). 검사윤리강령은 "구체적 사건과 관련된 상급자의 지휘·감독의 적법성이나 정당성에 이견이 있을 때에는 절차에 따라서 이의를 제기할 수 있다."(제12조 제1항)고 한다.

② 검사는 인권보호 수사준칙을 준수하고 피의자, 피해자 등 사건관계인의 주장을 진지하게 경청하며, 객관적이고 중립적인 입장에서 사건관계인을 친절하게 대하도록 노력한다(검사윤리강령 10).

③ 검사는 변호인의 변호권 행사를 보장하되 취급 중인 사건의 변호인 또는 그 직원과 정당한 이유 없이 사적으로 접촉하지 아니한다(검사윤리강령 11).

④ 검사윤리강령 제21조.

11 다음 중 검사 상호간의 자세에 관한 설명 중 옳지 않은 것은?

① 검사는 상급자에게 예의를 갖추어 정중하게 대하며, 직무에 관한 상급자의 지휘·감독에 따라야 한다.

② 검사는 하급자에 대하여 업무와 관련 여부를 묻지 않고 지시를 할 수 있다.

③ 상급자와 하급자는 공정한 직무수행을 위해 노력한다.

④ 검사는 하급자의 인격과 명예를 존중하여야 한다.

해설 ② 검사는 하급자의 인격과 명예를 존중하고, 하급자에 대하여 업무와 관련 없는 지시를 하지 아니한다(검사윤리강령 12②). 법무부는 2018. 2. 19. 검사윤리강령 제12조 제2항과 제3항을 신설하였다.

① 검사는 상급자에게 예의를 갖추어 정중하게 대하며, 직무에 관한 상급자의 지휘·감독에 따라야 한다. 다만, 구체적 사건과 관련된 상급자의 지휘·감독의 적법성이나 정당성에 이견이 있을 때에는 절차에 따라서 이의를 제기할 수 있다(검사윤리강령 12①).

③ 상급자와 하급자는 상호 소통하며 공정한 직무수행을 위해 노력한다(검사윤리강령 12③).

④ 검사는 하급자의 인격과 명예를 존중하고, 하급자에 대하여 업무와 관련 없는 지시를 하지 아니한다(검사윤리강령 12②).

12 다음 중 검사윤리강령의 내용 중 옳지 않은 것은?

① 검사는 사법경찰관리의 수사와 관련하여 엄정하고 합리적으로 사법경찰관리를 지휘하고 감독한다.

② 검사는 직무 수행의 공정성을 의심받을 우려가 있는 자와 교류하지 아니하며 그 처신에 유의한다.

③ 검사는 수사와 관련하여 사법경찰관과 협력해야 한다.

④ 검사는 수사 등 직무와 관련된 사항에 관하여 검사의 직함을 사용하여 대외적으로 의견을 기고·발표하는 등 공표할 때에는 소속 기관장의 승인을 받는다.

해설 ① 검사는 특별사법경찰관리의 수사와 관련하여 엄정하고 합리적으로 특별사법경찰관리를 지휘하고 감독한다(검사윤리강령 13②).

② 검사윤리강령 제14조.

③ 검사윤리강령 제13조 제 1 항.

④ 검사윤리강령 제21조.

부 록

법조윤리 기출문제

제 6 회 법조윤리 기출문제

01 국선변호인의 윤리에 관한 설명 중 옳은 것은?

① 변호사 甲은 법원으로부터 국선변호인으로 선정되었으나, 그가 변호할 피고인이 저지른 범죄에 대한 사회일반의 비난 정도가 매우 강하다는 이유만으로, 수임을 거절한다는 의사를 법원에 밝혔다. 변호사 甲의 위와 같은 행위는 변호사윤리에 어긋나지 않는다.

② 변호사 乙은 그가 국선변호인으로 변호하는 피고인의 접견을 위해 구치소에 갔는데 특별한 이유 없이 제대로 변호를 하지 못한다며 피고인으로부터 심한 모욕을 받고 더 이상 피고인을 변호할 수 없다고 생각되어 별도의 절차 없이 즉각 사임하였다. 변호사 乙의 사임행위는 정당하다.

③ 변호사 丙은 국선변호인으로 선정된 사건의 변호활동을 하던 중 그 성의에 감탄한 피고인의 아버지로부터 그 사건의 사선변호사로 선임하겠다는 의사표시를 받자 국선변호인을 사임하고 사선변호사로 전환하여 사건을 수임하였다. 변호사 丙이 스스로 피고인이나 피고인의 아버지 등에게 자신을 사선변호사로 선임하여 줄 것을 요청하기 위하여 부당하게 교섭한 것이 아니므로 위와 같은 사선변호사로의 전환행위 자체가 변호사윤리에 어긋나는 것은 아니다.

④ 변호사 丁은 형사사건의 국선변호인으로 선정되었는데, 알고 보니 위 형사사건의 피고인이 현재 자신이 수임하여 처리 중인 손해배상 청구사건의 상대방 당사자였다. 이와 같은 경우 국선변호인으로 선임된 사건에 있어서는 「변호사윤리장전」상 이익충돌 회피의무의 면제에 관한 특칙이 있으므로, 변호사 丁이 국선변호인으로의 선정을 받아들여 그대로 위 형사사건의 변론활동을 하는 것은 정당하다.

01 ③ 02 ② 03 ①　정 답

02 외국법자문사에 관한 설명 중 옳은 것을 모두 고른 것은?

> ㄱ. 외국변호사의 자격을 갖춘 변호사가 외국법자문사의 자격승인 신청을 하는 경우에는 변호사업을 휴업하거나 폐업하여야 한다.
> ㄴ. 국가를 불문하고 금고 이상의 형벌에 해당하는 형의 선고를 유예받고 그 유예기간이 지난 후 2년이 지나지 아니한 사람은 외국법자문사가 될 수 없다.
> ㄷ. 외국법자문사 자격승인 신청인이 외국법자문사의 자격승인을 받기 위하여는 외국변호사의 자격을 취득한 후 원자격국에서 3년 이상 법률사무를 수행한 경력이 있어야 한다.
> ㄹ. 외국법자문사 자격승인 신청인이 원자격국 외의 외국에서 원자격국의 법령에 관한 법률사무를 수행한 기간은 외국법자문사 자격승인 시에 최대 2년까지 원자격국에서의 법률 사무 수행 기간에 산입할 수 있다.

① ㄱ, ㄴ　　② ㄱ, ㄷ
③ ㄴ, ㄹ　　④ ㄷ, ㄹ

03 L법무법인의 구성원 변호사 甲은 공정거래위원회의 비상임위원을 겸직하고 있다. L법무법인은 X회사로부터 불공정거래행위에 관한 공정거래위원회의 조사사건을 수임하게 되었다. 이에 관한 설명 중 옳지 않은 것은?

① 「변호사윤리장전」상 L법무법인은 수임이 제한되는 사건을 수임하지 않도록 의뢰인, 상대방 당사자, 사건명 등 사건 수임에 관한 정보를 구성원 아닌 소속 변호사들도 공유할 수 있도록 적절한 조치를 취해야 한다.
② 「변호사윤리장전」상 L법무법인은 변호사 甲이 위 사건의 수임 및 업무수행에 관여하지 않고, 공정거래위원회의 비상임위원을 겸직하고 있는 점이 법무법인의 사건처리에 영향을 주지 아니할 것이라고 볼 수 있는 합리적 사유가 있는 때에는 그 사건을 수임할 수 있다.
③ 변호사는 「변호사법」에 따라 상시 근무가 필요 없는 공무원이 되거나 공공기관에서 위촉한 업무를 수행할 수 있으므로, L법무법인은 위 사건을 수임한다는 이유로 변호사 甲에게 공정거래위원회의 비상임위원직을 사직할 것을 요구할 수는 없다.
④ 「변호사윤리장전」상 L법무법인이 위 사건을 수임하는 경우에 당해 사건을 처리하는 변호사와 변호사 甲이 당해 사건과 관련하여 비밀을 공유하는 일이 없도록 합리적인 조치를 취해야 한다.

04 대한변호사협회가 등록심사위원회의 의결을 거쳐 변호사 등록을 거부할 수 있는 사유에 해당하지 않는 것은?

① 사석(私席)에서의 폭행 행위로 인하여 벌금형의 선고유예를 받고 그 유예기간 중에 있는 자
② 공무원 재직 중 뇌물을 수수한 행위로 인하여 기소된 자로서 변호사의 직무를 수행하는 것이 현저히 부적당하다고 인정되는 자
③ 공무원 재직 중 「변호사법」 위반 행위로 인하여 징계인 감봉 처분을 받은 자로서 변호사의 직무를 수행하는 것이 현저히 부적당하다고 인정되는 자
④ 징계처분에 의하여 면직된 후 2년이 지나지 아니한 자

05 법조윤리협의회에 관한 설명 중 옳은 것은?

① 법조윤리협의회는 대법원장, 법무부장관 및 대한변호사협회의 장이 각 3명씩 지명하거나 위촉하는 9명의 위원으로 구성한다.
② 법조윤리협의회는 법조윤리와 관련된 법령을 위반한 자에 대한 징계개시의 신청 또는 수사의뢰의 업무를 수행한다.
③ 대한변호사협회는 대통령령으로 정하는 수 이상의 사건을 수임한 변호사(특정변호사)의 성명과 사건 목록을 법조윤리협의회에 제출하여야 한다.
④ 장기복무 군법무관으로 재직하다가 퇴직하여 변호사 개업을 한 자는 퇴직일부터 1년 동안 수임한 사건에 관한 수임 자료와 처리결과를 일정 기간마다 법조윤리협의회에 제출하여야 한다.

06 변호사 甲은 법률사무소를 개설하여 운영하던 중 변호사업무와 관련하여 「변호사법」 위반혐의로 기소되어 징역 1년을 선고받았고, 2015. 3. 3. 그 형의 집행이 종료되었다. 이에 관한 설명 중 옳지 않은 것은?

① 대한변호사협회는 등록심사위원회의 의결을 거쳐 변호사 甲의 등록을 취소하여야 한다.
② 대한변호사협회는 변호사 甲이 2018. 8. 6. 변호사등록 신청을 하는 경우 등록심사위원회의 의결을 거쳐 등록을 거부할 수 있다.
③ 대한변호사협회는 위 형의 집행을 이유로 등록을 거부할 경우 1년 이상 2년 이하의

02 ② 03 ① 04 ① 05 ② 06 ③ 정 답

등록금지기간을 설정하여야 한다.

④ 대한변호사협회는 등록을 거부하는 경우 지체없이 그 사유를 명시하여 변호사 甲에게 통지하여야 한다.

07 변호사 징계에 관한 설명 중 옳지 않은 것은? (다툼이 있는 경우 판례에 의함)

① 대한변호사협회 변호사징계위원회의 징계결정은 기본적으로 공권력적 행정처분이다.

② 대한변호사협회 변호사징계위원회의 징계에 대한 결정은 징계혐의자가 그 결정을 송달받은 날부터 효력을 발생한다.

③ 대한변호사협회 변호사징계위원회의 결정에 불복하는 징계혐의자는 그 통지를 받은 날부터 30일 이내에 법무부 변호사징계위원회에 이의신청을 할 수 있다.

④ 변호사 징계로서의 과태료 결정은 「민사집행법」에 따른 집행력 있는 집행권원과 같은 효력이 있으며 검사의 지휘로 집행한다.

08 다음 중 변호사가 「변호사법」 위반으로 형사처벌을 받을 수 있는 경우는?

① 변호사 甲은 자신이 사기 피해자임을 주장하는 A로부터 사기 고소사건의 대리업무를 수임하면서 피고소인 B가 기소되거나 구속된 경우에 성공보수를 지급받기로 약정하였다.

② 변호사 乙은 법률사무소를 개설하면서 C를 사무직원으로 채용하였는데, 채용 당시 C는 폭력행위등처벌에관한법률위반(단체등의구성·활동)죄로 징역 3년을 선고받고 만기출소한 후 2년 4개월이 경과한 상황이었다.

③ 변호사 丙은 D의 소송대리인으로서 교통사고로 인한 손해배상청구소송을 제기하여 소송계속 중 종전에 D로부터 받지 못했던 소유권이전등기청구사건의 수임료 명목으로 위 손해배상청구사건의 손해배상청구권을 양수하였다.

④ 변호사 丁은 인천지방검찰청에서 검사로 4개월 근무한 후 인천광역시청에 파견되어 9개월 근무하다가 퇴직한 지 1개월만에 E로부터 자신이 직무상 취급한 바 없는 공유물분할청구사건을 수임하여 인천지방법원에 소를 제기하였다.

09 법무법인에 관한 설명 중 옳지 않은 것은?

① 법무법인의 구성원 변호사가 「변호사법」에 의하여 정직의 징계처분을 받은 경우 그 변호사는 그 법무법인에서 당연히 탈퇴한다.

② 법무법인의 구성원 변호사는 임의로 탈퇴할 수 없다.

③ 법무법인의 구성원 및 구성원 아닌 소속 변호사는 자기나 제 3 자의 계산으로 변호사의 업무를 수행할 수 없다.

④ 법무법인이 인가공증인으로서 법률행위에 관한 사실에 대한 공정증서를 작성한 경우에 그 사건에 대한 소송행위를 할 수 없다.

10 L법무법인(유한)은 A회사와 손해배상청구사건의 소송위임계약을 체결하고 구성원 변호사 甲과 구성원 아닌 소속 변호사 乙을 담당변호사로 지정하였고, 구성원 변호사 丙으로 하여금 변호사 甲과 乙을 지휘·감독하게 하였다. 그런데 담당변호사들이 상고이유서 제출기간을 간과한 과실로 상고이유서를 제출하지 않아 상고가 기각됨으로써 A회사에 막대한 손해를 발생시켰다. 이에 관한 설명 중 옳은 것은?

① 변호사 甲과 乙은 A회사에 대하여 연대하여 손해를 배상할 책임이 있지만, L법무법인(유한)은 손해를 배상할 책임이 없다.

② 변호사 甲은 구성원 변호사이므로 A회사에 대하여 L법무법인(유한)과 연대하여 손해를 배상할 책임이 있지만, 변호사 乙은 구성원이 아닌 피고용자에 불과하므로 손해를 배상할 책임이 없다.

③ 변호사 甲과 乙 모두 A회사에 대하여 L법무법인(유한)과 연대하여 손해를 배상할 책임이 있다.

④ 변호사 丙은 지휘·감독을 할 때에 주의를 게을리하지 아니하였음을 증명하지 못한 경우에는 출자금액의 한도에서 A회사에 대하여 손해를 배상할 책임이 있다.

11 변호사의 업무제한 및 겸직제한에 관한 설명 중 옳지 않은 것은?

① 변호사는 보수를 받는 공무원을 겸할 수 없다. 다만 법령이 허용하는 경우와 공공기관에서 위촉한 업무를 행하는 경우에는 그러하지 아니하다.

② 변호사는 소속 지방변호사회의 겸직허가를 받으면 상업 기타 영리를 목적으로 하는

업무를 경영하거나, 이를 경영하는 자의 사용인이 될 수 있다.

③ 변호사가 폐업한 경우에는 종전 소속 지방변호사회의 겸직허가를 받지 않더라도 주식회사의 이사가 될 수 있으나, 휴업한 경우에는 소속 지방변호사회의 겸직허가를 받아야 주식회사의 이사가 될 수 있다.

④ 변호사가 법무법인·법무법인(유한) 또는 법무조합의 구성원이 되거나 소속 변호사가 되는 경우에는 보수의 획득을 목적으로 하는 경우라도 소속 지방변호사회의 허가를 필요로 하지 않는다.

12 변호사와 의뢰인의 관계에 관한 설명 중 옳지 않은 것은? (다툼이 있는 경우 판례에 의함)

① 변호사가 의뢰인에게 의무를 부담하는 사무의 범위는 변호사와 의뢰인 사이에 체결된 위임계약의 내용에 따라 결정된다.

② 피사취수표와 관련된 본안소송을 위임받은 변호사는 사고신고담보금에 대한 권리보전 조치의 위임을 받은 바 없다면, 적극적으로 사고신고담보금에 대한 권리보전 조치를 할 의무는 없다.

③ 변호사는 의뢰인에게서 전달받은 서류의 일부가 의뢰인에 의해 변조되었고, 변조된 내용을 토대로 소장의 청구원인사실이 기재되어 있어 소송사기가 될 수 있다는 사실을 소 제기 후에 알게 된 때에는 수임계약을 해지하는 등의 방법으로 위법행위에 대한 협조를 중단해야 한다.

④ 변호사는 의뢰인과 직무와 관련한 분쟁이 발생한 경우에는 대한변호사협회의 조정에 의하여 분쟁을 해결하도록 노력한다.

13 변호사의 사건수임제한에 관한 설명 중 옳은 것은?

① L법무법인의 구성원 변호사 甲은 피고인 A의 사기사건을 담당하고 있는데, 위 사기사건에서 A를 가해자로 고소한 B로부터 A를 상대로 제기한 위 사기사건 관련 손해배상청구사건을 수임하려면, L법무법인을 탈퇴한 뒤 개인 변호사 자격으로 수임하여야 한다.

② 변호사 乙은 판사로서 X회사와 Y회사 사이의 대여금사건을 재판하던 중 사직하고 변호사로 개업하였는데, 그 후 다른 판사가 1심판결을 선고한 경우, 변호사 乙은 항소심 계속 중 Y회사가 X회사를 상대로 낸 반소청구에서 Y회사의 소송대리인이 될 수 없다.

③ 변호사 丙은 C남이 D녀의 부정행위를 이유로 제기한 이혼소송에서 D녀를 대리하고 있는데, 이혼소송계속 중 C남이 자신과 통정한 바 있는 E녀의 남편으로부터 불법행위

에 의한 손해배상청구소송을 당한 경우, 변호사 丙은 C남으로부터 그 손해배상청구사건을 수임함에 있어 아무런 제한을 받지 않는다.

④ 변호사 丁이 F가 피고로 되어 있는 소유권이전등기청구소송에서 F의 대리인으로서 소송을 진행하고 있던 중 위 사건과는 별개로 F를 피고로 하는 대여금청구소송이 제기된 경우, 대여금청구소송의 원고가 누구인지 관계없이 그로부터 사건을 수임할 수 있다.

14 변호사와 의뢰인의 관계에 관한 설명 중 옳지 않은 것은? (다툼이 있는 경우 판례에 의함)

① 의뢰인으로부터 사건을 수임한 변호사는 전문적인 법률지식과 경험에 기초하여 성실하게 의뢰인의 권리를 옹호할 의무가 있음과 아울러 의뢰인과의 신뢰관계를 깨뜨리는 행위를 하지 않아야 할 의무도 있다.

② 변호사가 그 재량적 판단에 기초하여 성실하게 수임사무를 처리한 것으로 인정될 경우에는 의뢰자의 지시에 반하거나 재량권의 범위를 일탈한 것으로 인정되지 않는 한 변호사에게 수임계약상의 채무불이행책임 또는 불법행위책임을 물을 수 없다.

③ 가압류·가처분 등 보전소송사건을 수임한 소송대리인의 소송대리권은 본안의 제소명령신청권과 제소명령결정을 송달받을 권한에까지 미친다.

④ 형사사건에 있어 변호인을 선임할 수 있는 자는 피고인, 피의자, 피고인·피의자의 법정대리인, 배우자, 직계친족, 형제자매, 피고인·피의자로부터 변호인선임권을 위임받은 자이다.

15 이익충돌회피의무에 관한 설명 중 옳은 것을 모두 고른 것은? (다툼이 있는 경우 판례에 의함)

ㄱ. 변호사는 동일 사건에서 둘 이상의 의뢰인의 이익이 서로 충돌하는 경우 관계되는 의뢰인들의 양해가 있으면 당해 사건을 수임할 수 있다.

ㄴ. 변호사는 현재 수임하고 있는 사건과 이해가 충돌하는 사건을 수임하려면 관계되는 의뢰인들이 모두 동의하고 의뢰인의 이익이 침해되지 않는다는 합리적인 사유가 있어야 한다.

ㄷ. 변호사는 양 당사자의 동의가 있어도 당사자 한쪽으로부터 상의를 받아 그 수임을 승낙한 사건의 상대방이 위임하는 동일한 사건을 수임할 수 없다.

ㄹ. 변호사가 상대방 또는 상대방 대리인과 친족관계에 있는 사건을 수임하려면 의뢰인의 양해와 의뢰인의 이익이 침해되지 않는다는 합리적인 사유가 있어야 한다.

12 ④ 13 ② 14 ④ 15 ③ 정 답

① ㄱ, ㄴ ② ㄱ, ㄷ
③ ㄴ, ㄷ ④ ㄷ, ㄹ

16 X회사 대표이사 A는 직원을 시켜 독극물이 섞인 폐수를 무단으로 강에 방류하였다. 이로 인하여 강 주변에 살던 주민 수십 명이 폐수에 오염된 지하수를 마시는 바람에 사망하였다. 언론에서 위 사건을 대대적으로 보도하자 X회사와 A는 국민들의 공분을 사게 되었다. A는 미필적 고의에 의한 살인죄로 기소되었다. 이에 X회사는 이전에 법률자문을 하였던 변호사 甲에게 A를 변호해 달라고 의뢰하였고, 변호사 甲은 고심 끝에 사건을 수임하였다. 변호사 甲에 대한 설명 중 옳은 것은?

① 사회적으로 비난받는 자로부터 사건을 수임하여 무죄를 주장한다면 변호사의 공익적 역할에 비추어 볼 때 정당하지 못하므로 수임한 것은 위법하다.
② 사회적 비난의 대상이 된 X회사의 법률자문을 그만둔 이상 위 회사에서 의뢰한 사건을 수임하는 것은 위법하다.
③ A에게 주민들의 사망에 대한 책임이 없다고 적극 변론하는 것은 변호사 직무의 공공성에 반한다.
④ 변호사로서 직업윤리에 따라 사회적 비난에도 불구하고 A에게는 살인의 고의가 없었다는 점을 적극 주장할 수 있다.

17 변호사 甲과 乙은 법학전문대학원을 졸업한 후에 함께 행운합동법률사무소를 설립하였다. 변호사 甲과 乙은 대외적으로 위 법률사무소의 공동대표로 활동하였다. 내부적으로는 위 법률사무소의 인건비, 사무실 임대료 등 운영에 소요되는 비용을 반반씩 분담하고, 수익은 변호사 甲과 乙의 수입액 비율에 따라 분배하였다. 2015. 5. 6. 변호사 甲이 사기죄로 구속된 A의 국선변호인을 맡아 그 업무를 수행하던 중, 그 사기사건의 피해자인 B가 변호사 乙에게 찾아와 A를 상대로 제기하는 편취금에 대한 민사사건을 맡을 수 있는지를 문의하였다. 변호사 乙은 B가 의뢰하는 민사사건을 수임할 수 있는가?

① 있다. 합동법률사무소는 법무법인, 법무법인(유한), 법무조합이 아니므로, 법률상 변호사 甲과 乙은 독립적으로 법률사무소를 운영하는 것으로 취급되고, 합동법률사무소를 「변호사법」에 따른 '하나의 변호사'로 볼 수 없어 수임제한규정이 적용되지 않기 때문이다.
② 있다. 변호사 甲과 乙이 합동법률사무소의 공동대표로 활동하고 그 운영 비용도 동일

비율로 분담한다 하더라도, 수익을 각자 수임사건의 수입액에 따라 분배하고 있는 이상 합동법률사무소를 「변호사법」에 따른 '하나의 변호사'로 볼 수 없어 수임제한 규정이 적용되지 않기 때문이다.

③ 없다. 합동법률사무소는 법무법인, 법무법인(유한), 법무조합은 아니지만, 변호사 甲이 국선변호인으로 활동하는 경우 당해 사건에 한정하여 합동법률사무소를 「변호사법」에 따른 '하나의 변호사'로 볼 수 있어 수임제한규정이 적용되기 때문이다.

④ 없다. 변호사 甲과 乙이 수익을 각자 수임사건의 수익에 따라 분배하고, 합동법률사무소의 공동대표로 활동하고, 그 운영 비용도 동일 비율로 분담하고 있으므로, 합동법률사무소를 「변호사법」에 따른 '하나의 변호사'로 볼 수 있어 수임제한규정이 적용되기 때문이다.

18 변호사의 비밀유지의무에 관한 설명 중 옳지 않은 것은?

① 법무법인의 소속 변호사는 해당 법무법인의 다른 변호사가 의뢰인과 관련하여 직무상 비밀유지의무를 부담하는 사항을 알게 된 경우 해당 법무법인에서 퇴직한 경우에도 이에 대한 비밀유지의무가 있다.

② 변호사는 업무수행에 필요한 경우에는 자신이 운영하는 법률사무소의 직원에게 의뢰인의 비밀을 알릴 수 있지만 그 직원으로 하여금 비밀을 유지하게 하여야 한다.

③ 변호사는 업무상 위탁을 받아 소지하는 물건으로 타인의 비밀에 관한 것은 압수를 거부할 수 있다.

④ 변호사의 직책에 있었던 사람이 민사사건의 증인으로 직무상 비밀에 속하는 사항에 대하여 신문을 받을 때에는 증언을 거부할 수 있지만, 직무상 비밀에 속하는 사항이 적혀 있는 문서의 제출까지 거부할 수는 없다.

19 '당사자 한쪽으로부터 상의를 받아 그 수임을 승낙한 사건의 상대방이 위임하는 사건'의 수임을 금지하는 「변호사법」 제31조 제 1 항 제 1 호에 관한 설명 중 옳은 것을 모두 고른 것은? (다툼이 있는 경우 판례에 의함)

ㄱ. A와 B 사이의 민사사건에서 B의 소송대리인으로서 직무를 수행한 변호사가, 위 민사사건 종결 후 그와 실질적으로 동일한 쟁점을 포함하고 있는 피고인 A의 B에 대

한 소송사기 형사사건재판에서 피고인 A의 변호인으로 선임되어 변호활동을 하는 것은 위 조항에 위반된다.
ㄴ. 피고가 피고 보조참가인을 민간투자시설사업 사업시행자로 지정처분한 것에 대해 원고가 취소를 구하는 제1심 소송에서 피고의 대리인이었던 자가 항소심에서 피고 보조참가인의 대리인이 되는 것은 위 조항에 위반된다.
ㄷ. 위 조항에 위반한 변호사의 소송행위에 대하여 상대방 당사자가 그와 같은 사실을 알았거나 알 수 있었음에도 불구하고 사실심 변론종결시까지 아무런 이의를 제기하지 아니하였다면 그 소송행위는 소송법상 완전한 효력이 생긴다.
ㄹ. 법무법인의 구성원 변호사가 형사사건의 변호인으로 선임된 법무법인의 담당변호사로 지정되어 그 직무를 수행하였음에도, 그 이후 제기된 같은 쟁점의 민사사건에서 이번에는 위 형사사건의 피해자측에 해당하는 상대방 당사자를 위한 소송대리인으로서 직무를 수행하는 것은 위 조항에 위반되지 아니한다.

① ㄱ, ㄷ ② ㄱ, ㄹ
③ ㄴ, ㄷ ④ ㄷ, ㄹ

20 변호사 甲은 A의 업무상횡령사건의 변호인으로 활동하는 과정에서 A가 과거 사기사건에서 유죄판결을 받은 사실을 알게 되었다. A는 업무상횡령사건의 공판에서 무죄판결을 받았지만 변호사 甲에게 수임료를 제대로 지급하지 않았다. 그 이후 변호사 甲은 A가 X기업의 이사로 재직한다는 소식을 듣고서, X기업의 대표이사 등에게 A가 이전에 사기사건 유죄판결을 받았기에 업무에 부적절하다는 내용을 알려 주었다. 이로 인하여 A는 X기업의 이사직에서 해임되었다. 이에 관한 설명 중 옳은 것은?

① 변호사 甲의 행위는 비밀유지의무 위반으로 징계 대상이자 「변호사법」상 형사처벌의 대상이다.
② 변호사 甲의 행위는 비밀유지의무 위반이긴 하나, 공익을 위한 것으로서 위법성이 없으므로 징계 대상이 아니다.
③ 변호사 甲의 행위는 비밀유지의무 위반으로 징계 대상이나, 「변호사법」상 형사처벌의 대상은 아니다.
④ 변호사 甲의 행위는 비밀유지의무 위반이긴 하나, 형법상 업무상비밀누설죄는 고소가 있어야 처벌할 수 있는데 아직 고소가 이루어지지 않았으므로 징계 대상이 아니다.

21 A와 B가 공동대표이사인 X회사는 오리, 동충하초, 녹용 등 여러 재료를 혼합하여 가공한 제품을 판매하는 회사이며, 변호사 甲은 지난 3년간 X회사의 영업과 관련한 법률자문을 해왔다. 그러던 중 A는 위 제품을 당뇨병에 탁월한 효능이 있는 약이라는 허위광고로 고가에 판매한 것과 관련하여 그 사술의 정도가 사회적으로 용인될 수 있는 상술의 정도를 넘은 것이라는 이유로 사기죄로 기소되었고, 변호사 甲이 변호인으로 선임되었다. 한편 검사는 변호사 甲이 A에게 보낸 허위광고임을 인정하는 내용이 기재된 법률의견서를 압수하여 위 사기죄에 대한 증거자료로 제출하였다. 이 사건에서 A는 실제로는 B가 저지른 허위광고 등 사기 범행을 자신이 저질렀다는 취지로 허위자백을 하였는데, 변호사 甲은 A와 B 사이에 부정한 거래가 진행 중이라는 점을 알았음에도 A와 B 사이에 허위자백에 대한 대가로 금전을 지급하기로 하는 합의가 성사되도록 도와 진범인 B를 은폐하는 A의 허위자백을 유지하게 하였다. 이에 관한 설명 중 옳지 않은 것은? (다툼이 있는 경우 판례에 의함)

① 변호사 甲은 비밀유지의무가 있으므로 법률의견서의 내용을 수사기관에서 진술하여서는 안 된다.

② 변호사 甲이 A에 대한 형사재판의 공판기일에 증인으로 출석하여 X회사로부터 업무상 위탁을 받은 관계로 알게 된 타인의 비밀에 관한 것임을 소명한 후 법률의견서의 진정성립에 관하여 아무런 진술을 하지 않는 것은 정당한 증언거부권의 행사이다.

③ 변호사 甲의 법률의견서는 변호인과 의뢰인 사이에서 의뢰인이 법률자문을 받을 목적으로 비밀리에 이루어진 의사교환이 포함된 문서이므로, 이른바 변호인–의뢰인 특권에 기하여 증거능력이 없다.

④ 변호사 甲이 A의 허위자백을 유지하게 한 행위는 A의 범인도피행위에 대한 결의를 강화하게 한 방조행위로 평가될 수 있으며, 변호사 甲은 범인도피방조죄로 처벌될 수 있다.

22 변호사 甲은 건강기능식품을 제조·판매하는 A회사의 사내변호사이다. 변호사 甲은 "A회사가 건강기능식품 중 가장 잘 팔리는 X제품에 허가받은 원재료가 아닌 저가의 유해원료를 사용하여 과도한 수익을 올리고 있다."라는 담당 직원의 제보를 받고 내부 조사절차를 거쳐 위 제보가 진실이라는 것을 확인하였다. 이에 관한 설명 중 타당한 것은?

① 변호사 甲은 A회사의 이익을 위해 담당 직원에게 더 이상 재론하지 못하도록 권고하고, 더 이상의 조치를 취하면 안 된다.

20 ③ 21 ③ 22 ② 정 답

② 변호사 甲은 먼저 그 행위를 저지하거나 시정할 권한이 있는 자에게 알리고 시정을 위해 노력하는 것이 바람직하다.
③ 변호사 甲은 확인 즉시 수사기관에 수사를 의뢰하거나 언론에 위 내용을 공개하여야 할 의무가 있다.
④ 변호사 甲은 A회사의 대표이사나 이사회에 조사 사실을 통보하면 되고, 이후 절차는 위법하더라도 회사 지시대로 업무를 수행하면 된다.

23 변호사와 의뢰인의 관계에 관한 설명 중 옳지 않은 것은? (다툼이 있는 경우 판례에 의함)

① 공사대금과 관련한 사기사건의 피해자로부터 형사고소사건을 수임한 변호사는 의뢰인의 공사대금채권을 확보하기 위하여 피고소인들의 재산에 대해서 보전처분을 신청할 의무가 있다.
② 변호사가 의뢰인의 위임에 따라 장기간 동안 소송사건 외에도 의뢰인이 상속받은 부동산을 매각하고 상속재산을 분할하는 사무 등을 처리하여 왔고, 그 사무에 관하여 의뢰인이 변호사를 지휘·감독하는 관계에 있으며 그 사무가 외형상 객관적으로 의뢰인의 사무로 볼 수 있다면, 그 사무에 관한 변호사의 불법행위에 대하여 의뢰인이 사용자 책임을 진다.
③ 변호사는 의뢰인의 지시에 따르는 것이 위임의 취지에 적합하지 않거나 오히려 의뢰인에게 불이익한 결과가 될 경우, 그러한 내용을 의뢰인에게 알리고 의뢰인의 진정한 의사를 확인한 후, 의뢰인에게 이익이 되도록 사무를 처리해야 할 의무가 있다.
④ 변호사가 의뢰인으로부터 소유권이전등기 신청사무를 수임할 경우, 인감증명서나 주민등록증을 제출받거나 기타 이에 준하는 방법으로 의뢰인이 소유자 본인 또는 그의 적법한 대리인인지 여부를 확인하고 수임해야 할 의무가 있다.

24 변호사 甲은 A로부터 소송대리를 위임받아(상소에 대한 특별수권을 받지 않았다) B를 상대로 교통사고를 원인으로 한 손해배상청구의 소를 제기하였으나, 제 1 심에서 일부패소하였다. 마침 변호사 甲이 출장 중이라 사무장인 C가 그 판결을 송달받았다. 그 판결은 일실수입과 호프만 수치를 잘못 계산하여 A의 청구 중 상당부분을 기각한 명백한 잘못이 있었다. 그러나 C는 변호사 甲과 상의하지 않고 이 판결을 A에게 전달하면서 항소할 경우 기각될 가능성이 높다고만 설명하였다. A는 그 말을 듣고 항소하지 아니함으로써 위 판결이 확정되었다. 변호사 甲의 책임은? (다툼이 있는 경우 판례에 의함)

① 손해배상책임이 없다. 사무장의 과실 있는 행위에 대하여 변호사에게 손해배상의무가 있지만, 상소에 대한 특별수권이 없는 경우 심급대리의 원칙에 따라 판결정본을 송달받는 때에 변호사와 의뢰인 사이의 계약관계가 종료되기 때문이다.
② 손해배상책임이 없다. 변호사의 출장 중에 사무장의 전적인 과실로 인하여 의뢰인에게 손해가 발생한 경우 변호사에게 손해배상책임이 발생하지 않기 때문이다.
③ 손해배상책임이 있다. 변호사에게 상소에 관한 특별수권이 없는 경우에도 패소판결을 검토하여 상소하는 때의 승소가능성에 대하여 조언하여야 할 의무가 있기 때문이다.
④ 손해배상책임이 있다. 변호사에게 상소에 관한 특별수권이 없으므로 상소 시 승소가능성에 관하여 조언할 의무가 있다고 할 수 없으나, 이 사건의 경우 조언을 하였고 조언을 한 이상 잘못된 조언을 한 경우에는 손해배상책임이 발생하기 때문이다.

25 의뢰인에 대한 변호사의 비밀유지의무가 해제되는 경우가 아닌 것은?

① 의뢰인의 구체적인 살인계획을 알게 되어 이를 예방하기 위한 경우
② 의뢰인과의 수임관계에서 발생한 변호사의 청구권을 확보하기 위한 경우
③ 변호사가 의뢰인을 대리하여 처리한 사건과 관련하여 징계절차에 회부되었을 때 자신의 비위혐의가 없음을 입증하기 위한 경우
④ 변호사가 타인의 민사소송에서 증인으로 선서한 경우

26 다음 설명 중 옳지 않은 것은? (다툼이 있는 경우 판례에 의함)

① 변호사에게 계쟁 사건의 처리를 위임함에 있어서 그 보수 지급 및 수액에 관하여 명시적인 약정을 하지 않은 경우에도, 무보수로 한다는 등 특별한 사정이 없는 한 응분의 보수를 지급할 묵시의 약정이 있다고 보아야 한다.
② 변호사의 소송위임사무처리에 대한 보수에 관하여 당사자 간에 그 액수의 약정이 없는 경우에는 법원은 사건수임의 경위, 사건의 경과와 난이 정도, 소송물가액, 승소로 인하여 당사자가 얻는 구체적 이익 및 의뢰인과 변호사 간의 관계 기타 변론에 나타난 제반 사정을 참작하여 결정함이 상당하다.
③ 변호사 선임 계약은 원칙적으로 위임계약의 성질을 가지므로 반드시 일정한 결과를 발생시켜야 하는 것은 아니며 선량한 관리자의 주의로 수임사무를 처리하는 것으로

23 ① 24 ③ 25 ④ 26 ④ 정 답

충분하다.

④ 민사 사건에서 위임인이 임의로 위임계약을 중도 해지한 경우를 승소로 간주하여 성공보수를 변호사에게 지급하기로 하는 개별적·구체적 약정이 있더라도 그 약정은 효력이 없다.

27 변호사 甲은 미국에 유학해서 뉴욕 주 변호사 자격을 취득하였다. 그 후 대한변호사협회에 자신의 전문분야를 국제거래, 해외투자 두 분야로 등록하고 이를 자신의 명함에 새겨서 의뢰인들이나 지인들에게 나누어 주었다. 또한 변호사 甲은 2015년 여름 휴가철 동안 외국계 기업이 다수 입주해 있는 여의도 소재 A빌딩 입구에 현수막을 설치하고 '국제거래 및 해외투자 최고의 전문가 甲변호사'라는 내용의 광고를 실시하였다. 이에 관한 설명 중 옳은 것은?

① 변호사 甲은 인수합병을 전문분야로 추가 등록할 수 있다.

② 전문분야 등록의 유효기간은 등록일로부터 5년으로서, 갱신신청할 수 있다.

③ 현수막에 적은 광고내용은 문제없지만, 현수막을 이용한 광고방법은 허용되지 않는다.

④ 소속 지방변호사회장은 광고심사위원회의 의결을 거쳐 위반행위의 중지 또는 시정을 요구할 수 있으나 경고만 할 수는 없다.

28 다음 설명 중 옳지 않은 것은? (다툼이 있는 경우 판례에 의함)

① 변호사가 자신의 사무직원에게 사건 소개비로 수임료 중 일정 비율을 급여나 상여금 명목으로 지급하는 것은 「변호사법」에 위반된다.

② 변호사가 공인노무사를 직원으로 고용하여 그 보조를 받아 산업재해 사건을 처리하고 정해진 급여를 지급하는 것은 「변호사법」에 위반되지 아니한다.

③ 변호사가 의뢰인으로부터 세무 사건을 수임하여 검토를 하던 중 세무사에게 자문을 구하고, 이에 대한 자문료를 지급하는 것은 변호사 아닌 자와 보수를 분배하는 것으로 「변호사법」에 위반된다.

④ 포털사이트에 법률상담 배너를 만들어 변호사의 웹 사이트와 링크하여 변호사가 포털사이트 운영자에게 법률상담의 대가인 상담료의 일정 비율을 운영비용 명목으로 약정하여 지급하는 것은 변호사 아닌 자와 보수를 분배하는 것으로 「변호사법」에 위반된다.

29 서울 소재 한 교회 신도 36명은 미국 서부지역 단체관광에 나섰다. 이들은 버스 두 대에 탑승하여 가다가 LA 인근 고속도로에서 다중 충돌사고를 당해 8명이 사망하고 28명이 부상을 입었다. 미국 캘리포니아 주 변호사자격도 가지고 있는 변호사 甲은 이 사건의 피해자들 및 그 가족들에게 자신을 광고하려고 한다. 다음 중 「변호사업무광고규정」상 허용되는 것은?

① 소속 지방변호사회의 허가를 받아 피해자 및 그 가족들에게 광고성 우편물을 발송한다.

② 광고 전단을 이 사건 피해자들이 다니는 교회 앞 도로상의 시설에 비치한다.

③ 미국에서 발생한 다른 항공사고 처리 전력을 언급하며 사례의 사건에 관련하여 방송에 출연한 다른 변호사보다 단체여행 사고처리 전문성이 높다고 홍보한다.

④ 국내 변호사 자격뿐만 아니라 미국 캘리포니아 주 변호사 자격을 함께 갖춘 국제변호사라고 자신을 소개한다.

30 다음 중 「변호사업무광고규정」상 허용되지 않는 것은?

① 변호사 甲 : 주간신문에 법무법인의 구성사실과 구성원들의 이력에 대한 내용을 표시한 광고를 게재하였다.

② 변호사 乙 : 무료신문에 개인회생, 소비자파산 등의 업무를 처리한다는 내용의 광고를 게재하였다.

③ 변호사 丙 : 케이블 TV에 무료법률 상담을 한다는 광고를 하였다.

④ 변호사 丁 : 자신이 졸업한 대학교 총동창회 명부를 입수하여 명부에 기재된 동창 전원에게 전화를 걸어 광고를 하였다.

31 변호사의 보수에 관한 설명 중 옳지 않은 것은? (다툼이 있는 경우 판례에 의함)

① 변호사는 정당한 사유가 있는 경우 약정한 보수에 추가하여 보수를 요구할 수 있다.

② 변호사는 사건을 수임할 경우에는 보수에 관한 명확한 약정을 하고 가급적 이를 서면으로 체결하여야 한다.

③ 원칙적으로 단체의 비용으로 지출할 수 있는 변호사 선임료는 단체 자체가 소송당사자가 된 경우에 한하므로 단체의 대표자 개인이 당사자가 된 민·형사사건의 변호사 비용은 단체의 비용으로 지출할 수 없는 것이 원칙이다.

27 ② 28 ③ 29 ① 30 ④ 31 ④ 정답

④ 법인이 형식적으로 소송당사자가 되어 있을 뿐 실질적인 당사자가 따로 있고 법인으로서는 그 소송의 결과에 있어서 별다른 이해관계가 없다고 볼 특별한 사정이 있는 경우에도, 소송의 당사자는 법인이므로 법인의 비용으로 이를 위한 변호사 선임료를 지출할 수 있다.

32 사건 수임과 관련한 변호사의 행위 중 허용되는 것은?

① 변호사 甲은 자신의 과거 의뢰인이던 회사의 담당 임·직원들을 방문하여 자신의 법률사무소 홍보물을 전달하였다.
② 변호사 乙은 사건을 유치할 목적으로 자신의 법률사무소 인근 병원에 직원을 파견하여 환자들과 접촉을 하게 하였다.
③ 변호사 丙은 친분이 없는 지역 유지인 A가 형사사건으로 기소되었다는 소식을 듣고 A에게 형사사건의 의뢰를 권유하는 내용의 우편물을 발송하였다.
④ 변호사 丁은 사건의 알선을 업으로 하는 자로부터 사건의 소개를 받았으나, 아무런 재산상 이익을 제공하지는 않았다.

33 변호사 甲은 자신과 절친한 A로부터 민사소송사건을 의뢰받았으나 현재 하고 있는 업무가 너무 많아 바쁜 관계로 사건을 수임할 수 없었다. 변호사 甲은 A의 양해를 얻어 혼자서 법률사무소를 운영하고 있는 법학전문대학원 동기생인 변호사 乙에게 A를 소개해 주었다. 변호사 甲은 추후에 A의 사건이 승소로 종결될 경우 변호사 乙로부터 그 사건에 대한 성공보수금 중 30%를 받기로 하였다. 변호사 甲의 행위는 「변호사법」에 위반되는가?

① 그렇다. 변호사 甲은 변호사 乙로부터 착수금이 아니라 성공보수를 분배받기로 한 것이므로 「변호사법」 위반에 해당한다.
② 그렇다. 변호사 甲이 변호사 乙에게 A를 소개하고 그 대가로 보수를 받기로 한 행위는 甲이 변호사인지 여부에 상관없이 「변호사법」 위반에 해당한다.
③ 아니다. 변호사 甲은 변호사인 乙에게서 보수를 분배받기로 한 것이므로 「변호사법」 위반에 해당되지 않는다.
④ 아니다. 변호사가 사건에 관한 상담을 한 후 의뢰인에게 다른 변호사를 소개시켜 주는 것도 변호사의 업무범위에 해당되므로 「변호사법」 위반에 해당되지 않는다.

34 변호사 甲은 공정거래위원회에서 2014. 5. 7.부터 1년간 근무하다가 퇴직한 후 법률사무소를 개설하였다. 2015. 8. 7. 변호사 甲은 공정거래위원회에서 조사 중인 「독점규제 및 공정거래에 관한 법률」 위반 사건을 수임하려고 한다. 이에 관한 설명 중 옳지 않은 것은?

① 변호사 甲이 변호사 乙의 명의를 빌려 사건을 처리하는 것은 「변호사법」 위반이 된다.
② 사건 당사자가 변호사 甲의 사촌 형일 때에는 수임할 수 있다.
③ 소속 지방변호사회가 무상 공익활동 수행자로 변호사 甲을 지정한 것이라면 수임할 수 있다.
④ 변호사 甲이 2014. 5. 6.까지 기획재정부에서 근무하다가 2014. 5. 7.에 육아 휴직을 하면서 공정거래위원회에 적을 두었지만 실제로 근무하지는 않았다고 하여도 수임할 수 없다.

35 변호사의 공익활동에 관한 설명 중 옳지 않은 것은?

① 공증인가합동법률사무소의 경우 그 구성원인 개인회원 전원을 대신하여 공익활동을 행할 변호사를 지정하여 그 변호사로 하여금 공익활동을 하게 할 수 있다.
② 법무법인의 소속변호사 전원을 대신하여 공익활동을 수행한 변호사는 그가 행한 공익활동시간 중 그에게 배분이 인정된 시간에 한하여 그 수행변호사 자신의 공익활동시간으로 본다.
③ 상당한 보수를 받고 법령 등에 의해 관공서로부터 위촉받은 사항에 관하여 하는 활동은 공익활동에 해당된다.
④ 지방변호사회가 설립한 공익재단에 대한 기부행위도 공익활동에 포함된다.

36 형사사건으로 고소가 되어 수사기관으로부터 피의자로 수사를 받고 있던 A는 이 사건에 대한 변호를 부탁하기 위해 변호사 甲을 찾았다. A는 변호사 甲과의 상담과정에서 자신이 피해자 B를 각목으로 폭행한 사실을 시인하면서 디만 수시기관이나 법원에 이 사실이 그대로 드러날 경우 중형을 받게 될 것을 염려하였다. 이에 관한 변호사 甲의 태도로서 타당하지 않은 것은?

① A의 폭행사실이 인정된다는 이유만으로 A의 변호를 거부하는 것은 타당하지 않고, 인정된 사실관계를 전제로 최대한 A에게 유리한 결과가 나올 수 있도록 최선의 변호를 진행한다.

32 ① 33 ② 34 ④ 35 ③ 36 ④ 정답

② 정식 기소가 되기 전이라도 A의 변호를 위해 필요하다면 수사기관에 선임계를 제출하여 적극적으로 변호를 진행할 수 있다.

③ A가 사건 수임여부를 결정할 수 있도록 A에게 이 사건의 전체적인 예상진행과정, 수임료와 비용, 기타 필요한 사항을 설명한다.

④ 폭행사실 자체를 부인할 수는 없고 그렇다고 하여 각목으로 폭행한 사실 자체를 인정하면 중형이 예상되기 때문에, 폭행사실은 인정하되 각목 등 위험한 물건으로 폭행한 것은 아니라고 적극적으로 변론하고 A에게는 각목을 없애도록 조언한다.

37 X주식회사의 전무이사인 A가 휴일에 개인적인 용무로 자신의 승용차를 운전하던 중 신호위반을 하여 B가 운전하던 화물차와 충돌하여 B에게 중상을 입혔다. B가 A를 상대로 교통사고로 인한 손해배상청구의 소를 제기하면서 X주식회사의 고문변호사인 甲을 소송대리인으로 선임하려고 한다. 변호사 甲은 B로부터 위 사건을 수임할 수 있는가?

① X주식회사의 동의를 얻는 경우에만 수임할 수 있다.

② A의 동의를 얻는 경우에만 수임할 수 있다.

③ X주식회사와 A의 동의 여부에 관계없이 수임할 수 없다.

④ X주식회사와 A의 동의 여부에 관계없이 수임할 수 있다.

38 변호사 아닌 자가 법률사무의 취급에 관여하는 것을 금지함으로써 변호사제도를 유지하고자 하는 「변호사법」 제109조 제 1 호는 '변호사가 아니면서 금품·향응 또는 그 밖의 이익을 받거나 받을 것을 약속하고 또는 제 3 자에게 이를 공여하게 하거나 공여하게 할 것을 약속하고 다음 각 목의 사건에 관하여 감정·대리·중재·화해·청탁·법률상담 또는 법률 관계 문서 작성, 그 밖의 법률사무를 취급하거나 이러한 행위를 알선한 자'를 처벌하도록 규정하고 있다. 이에 관한 설명 중 옳지 않은 것은? (다툼이 있는 경우 판례에 의함)

① 위 법조에서 말하는 '이익'은 비변호사의 법률사무 취급을 금하는 위 법의 입법취지 등에 비추어 볼 때, 실비변상을 넘는 경제적 이익에 한한다고 해석하여야 할 것이고, 단순한 실비변상을 받았음에 불과한 때에는 위 법 소정의 법률사무 취급이 있어도 범죄가 된다고 할 수 없다.

② 위 법조에서 말하는 '대리'에는 본인의 위임을 받아 대리인의 이름으로 법률사건을 처리하는 법률상의 대리뿐만 아니라 법률적 지식을 이용하는 것이 필요한 행위를 본인을 대신하여 행하는 것도 포함되나, 법률적 지식이 없거나 부족한 본인을 위하여 사실

상 사건의 처리를 주도하면서 그 외부적인 형식만 본인이 직접 행하는 것처럼 하는 등으로 대리의 형식을 취하지 않고 실질적으로 대리가 행하여지는 것과 동일한 효과를 발생시키고자 하는 경우는 포함되지 않는다.

③ 위 법조에서 말하는 '알선'이라 함은 법률사건의 당사자와 그 사건에 관하여 대리 등의 법률사무를 취급하는 상대방 사이에서 양자 간에 법률사건이나 법률사무에 관한 위임계약 등의 체결을 중개하거나 그 편의를 도모하는 행위를 말한다.

④ 위 법조에서 말하는 '알선'에 있어서는, 현실적으로 위임계약 등이 성립하지 않아도 무방하고, 그 대가로서의 보수(이익)를 알선을 의뢰하는 자뿐만 아니라 그 상대방 또는 쌍방으로부터 받거나 받을 것을 약속한 경우도 포함하며, 이러한 보수의 지급에 관한 약속은 그 방법에 아무런 제한이 없고 반드시 명시적임을 요하는 것도 아니다.

39 변호사의 사무직원 채용에 관한 설명 중 옳지 않은 것은?

① 「폭력행위 등 처벌에 관한 법률」 제3조(집단적 폭행 등)에 따라 징역형의 선고유예를 받고 그 유예기간 중에 있는 자는 사무직원으로 채용할 수 없다.

② 사기죄로 징역형의 집행유예를 선고받고 그 유예기간이 지난 후 2년이 지나지 아니한 자는 사무직원으로 채용할 수 없다.

③ 「변호사법」에 따라 유죄 판결을 받은 자로서, 징역 이상의 형을 선고받고 그 집행이 끝나거나 그 집행을 받지 아니하기로 확정된 후 3년이 지나지 아니한 자는 사무직원으로 채용할 수 없다.

④ 공무원으로서 징계처분에 의하여 파면되거나 해임된 후 3년이 지나지 아니한 자는 사무직원으로 채용할 수 없다.

40 검사와 법관의 윤리에 관한 설명 중 옳은 것을 모두 고른 것은? (다툼이 있는 경우 판례에 의함)

ㄱ. 검사는 소속기관장의 승인을 받으면 수사 등 직무상 관련된 사항에 관하여 검사의 직함을 사용하여 대외적으로 의견을 발표할 수 있다.
ㄴ. 법관은 재판이 진행 중인 경우라고 하더라도 절차를 협의하는 등 재판업무상 필요한 경우에는 당사자를 법정 이외의 장소에서 면담하거나 접촉할 수 있다.
ㄷ. 검사는 수사 및 공판과정에서 피고인에게 유리한 증거를 발견하게 되었다고 하더라

37 ④ 38 ② 39 ① 40 ① 정답

도 공소를 유지하기 위하여 이를 법원에 제출하지 않을 수 있다.
ㄹ. 법관은 품위 유지와 직무 수행에 지장이 없는 경우에도 종교·문화단체에 가입하는 등 직무외 활동을 할 수 없다.

① ㄱ, ㄴ
② ㄱ, ㄷ
③ ㄴ, ㄹ
④ ㄷ, ㄹ

제 7 회 법조윤리 기출문제

01 변호사의 윤리에 관한 설명 중 옳은 것은?

① A와 B는 건물철거소송의 원고와 피고이며, 변호사 甲은 B로부터 이 사건을 수임하였다. A는 B가 식당 영업을 하고 있는 위 철거청구 대상 건물에 찾아와 두세 차례 건물철거를 요구한 적이 있다. 변호사 甲은 A의 행위가 업무방해죄에 해당할 여지가 희박하더라도 민사사건과 형사사건은 별개이므로 고소할 것을 종용하는 것이 타당하다.

② 국선변호인이 선임된 뒤 의뢰인의 요청에 의해 국선변호인을 사선으로 전환하는 경우에는 종전에 소송위임장과 변호사선임신고서 등을 이미 제출하였다면 별도로 이를 제출할 필요는 없다.

③ 변호사는 상대방 당사자에게 법정대리인이 있는 경우에 원활한 분쟁해결을 위하여 상대방 당사자와 직접 접촉하거나 교섭하는 것이 좋다.

④ 변호사는 노약자, 장애인, 빈곤한 자, 무의탁자, 외국인, 소수자라는 이유만으로 수임을 거절하여서는 아니 된다.

02 「변호사법」상 법조윤리협의회의 업무에 관한 설명 중 옳지 않은 것은?

① 공직퇴임변호사는 퇴직일부터 3년 동안 수임한 사건에 관한 수임 자료와 처리 결과를 소속 지방변호사회에 제출하여야 하고, 지방변호사회는 제출받은 자료를 법조윤리협의회에 제출하여야 한다.

② 일정 직급 이상의 직위에 재직했던 변호사가 아닌 퇴직공직자가 법무법인에 취업한 때에는 법무법인은 매년 1월 말까지 업무활동내역 등이 포함된 전년도 업무내역서를 작성하여 법무법인의 주사무소를 관할하는 지방변호사회에 제출하고, 그 지방변호사

01 ④ 02 ① 정 답

회는 제출받은 자료를 법조윤리협의회에 제출하여야 한다.

③ 법조윤리협의회의 위원·간사·사무직원 또는 그 직에 있었던 자는 업무처리 중 알게 된 비밀을 누설하여서는 아니 된다.

④ 법조윤리협의회의 위원장은 제출받은 자료를 점검한 결과 공직퇴임변호사에게 징계 사유나 위법의 혐의가 있는 것을 발견하였을 때에는 대한변호사협회의 장에게 징계개시를 신청하거나 지방검찰청 검사장에게 수사를 의뢰할 수 있다.

03 변호사 甲은 법무법인 L의 대표변호사인 乙로부터 구성원 변호사로 참여해달라는 제안을 받았다. 甲은 서울 강남구에, 법무법인 L은 서울 서초구에 사무소를 두고 있다. 법무법인 L에는 구성원 변호사로 乙, 丙, 丁 세 사람이 있고, 소속변호사로 戊, 己 두 사람이 있다. 이에 관한 설명 중 옳지 않은 것은?

① 甲이 乙의 제안에는 응하되 기존의 자기 사무소 위치로 인한 이익을 포기하고 싶지 않다면, 기존의 사무소 위치에 법무법인 L의 분사무소를 설치할 수는 있으나, 그 분사무소에 甲, 乙, 丙, 丁 중 누구도 없이 戊나 己만 주재하는 것으로는 할 수 없다.

② 甲이 구성원 변호사가 된 후에는, 구성원 변호사가 되기 전부터 법무법인 L이 제3자에 대하여 부담하고 있던 일반 채무에 대하여도 법무법인 L의 재산으로 변제할 수 없을 때, 甲은 다른 구성원 변호사들과 연대하여 책임을 져야 한다.

③ 甲이 구성원 변호사가 된 후, 甲으로서는 선임 여부조차 알지 못했던 사건에서 담당변호사로 지정된 丁과 戊의 업무상 과오로 법무법인 L이 의뢰인에게 손해배상책임을 지게 되었다면, 甲은 丁과 戊의 재산으로 그 채무를 완제할 수 없거나 강제집행이 주효하지 않을 경우에만 다른 구성원 변호사들과 연대하여 책임을 진다.

④ 甲은 구성원 변호사가 된 후, 설령 甲의 탈퇴로 인하여 법무법인 L이 구성원의 요건을 갖추지 못하게 되고 보충조차 불가능한 상황에 빠진다고 하더라도, 어떠한 제약도 없이 임의로 탈퇴할 수 있다.

04 변호사 甲은 의뢰인으로부터 관리를 위탁받은 부동산을 임의로 처분하여 도박에 탕진하였고, 이로 인하여 횡령 혐의로 기소되어 징역 2년에 집행유예 3년의 형을 선고받아 확정되었다. 이에 관한 설명 중 옳은 것은?

① 甲은 그 집행유예 기간이 끝나면 대한변호사협회에 재등록을 신청할 수 있다.

② 甲이 다시 의뢰인으로부터 관리를 위탁받은 금원을 횡령하여 집행유예 이상의 형이

확정되면 영구제명의 대상이 된다.

③ 대한변호사협회의 등록 취소가 결정된 후, 甲은 집행유예 기간 중 사건을 수임할 수는 없으나 법무법인 구성원 지위는 유지할 수 있다.

④ 甲은 형이 확정되면 당연히 변호사의 자격을 상실하므로 대한변호사협회의 장은 등록심사위원회의 의결이 있기 전이라도 신속히 그 등록을 취소하여야 한다.

05 다음 중 변호사의 상인성을 부정하는 근거가 아닌 것은? (다툼이 있는 경우 판례에 의함)

① 성공보수금의 지급채무는 영업에 관한 채무가 아니다.

② 「변호사법」에서는 변호사의 직무에 관하여 고도의 공공성과 윤리성을 강조하고 있다.

③ 「소득세법」에서는 변호사의 직무수행으로 발생한 수익을 사업서비스업에서 발생하는 소득으로 보아 과세대상으로 삼고 있다.

④ 「변호사법」에서는 법무법인의 설립등기시 '상호'가 아닌 '명칭'을 등기하도록 하고 있다.

06 「변호사법」상 업무정지에 관한 설명 중 옳은 것은?

① 법무부장관은 변호사가 과실범으로 공소제기된 경우에도 의뢰인이나 공공의 이익을 해칠 구체적인 위험성이 있는 때에는 법무부징계위원회에 그 변호사의 업무정지에 관한 결정을 청구할 수 있다.

② 법무부장관은 변호사가 「변호사법」에 따라 징계 절차가 개시되어 그 징계 결정의 결과 영구제명에 이르게 될 가능성이 매우 크다는 이유만으로도 법무부징계위원회에 그 변호사의 업무정지에 관한 결정을 청구할 수 있다.

③ 법무부징계위원회는 법무부장관의 청구를 받은 날부터 14일 이내에 해당 변호사에 대하여 업무정지에 관한 결정을 하여야 한다.

④ 업무정지명령을 받은 변호사가 공소제기된 해당 형사사건과 같은 행위로 징계개시가 청구되어 정직결정을 받으면 업무정지 기간은 그 전부 또는 일부를 정직 기간에 산입한다.

03 ③ 04 ② 05 ③ 06 ④ 정답

07 다음 중 변호사에 대한 징계사유가 될 수 없는 것은?

① 변호사시험에 합격한 변호사가 6개월 이상 법률사무종사기관에서 법률사무에 종사하거나 대한변호사협회 연수를 마치지 아니하고 다른 변호사 명의를 빌려 사건을 수임한 경우

② 검사 출신 변호사가 퇴직 6개월 전 근무했던 검찰청에 대응하는 법원에서 진행 중인 민사사건을 퇴직 3개월 후 수임한 경우

③ 변호사가 불특정한 다수인에게 문자 메시지를 보내는 방법으로 광고를 한 경우

④ 변호사가 「변호사전문분야등록에관한규정」에 따라 금융법을 전문분야로 등록한 후 명함에 '금융법 전문변호사'라고 표시한 경우

08 甲은 미국 뉴욕주 변호사 자격을 취득한 후 뉴욕에서 'Liberty Law Firm'이라는 명칭으로 사무실을 운영하던 중 대한민국 법무부장관으로부터 자격승인을 받고 대한변호사협회에 외국법자문사로 등록하였다. 甲이 대한민국에서 '리버티 외국법자문법률사무소'를 개설·운영하려고 할 때, 이에 관한 설명 중 옳지 않은 것은?

① 甲이 외국법자문법률사무소의 대표자가 되려면 미국변호사의 자격을 취득한 후 미국에서 3년 이상의 기간을 포함하여 총 5년 이상 법률사무를 수행한 경력이 있어야 한다.

② '리버티 외국법자문법률사무소'는 미국 뉴욕의 본점사무소가 국내에 대표사무소 형태로 설립한 것이므로 甲은 국내에 그 외국법자문법률사무소의 분사무소를 둘 수 있다.

③ 외국법자문법률사무소는 국내 법무법인과 사건을 공동으로 처리하고 그로 인한 보수나 수익을 분배할 수 없으나, 「외국법자문사법」상 공동사건처리등을 위한 등록을 한 때에는 일정한 경우 수익을 분배할 수 있다.

④ 甲이 외국법자문사로서의 품위를 손상하는 행위를 한 경우, 대한변호사협회의 장이 甲에 대하여 대한변호사협회 외국법자문사징계위원회에 징계개시를 청구하여야 한다.

09 변호사와 의뢰인의 관계에 대한 설명 중 옳지 않은 것은?

① 변호사가 예상 의뢰인과 접촉하는 행위는 변호사로서의 명예와 품위에 어긋난다.

② 변호사는 의뢰인이 기대하는 결과를 얻을 가능성이 없거나 희박한 사건을 그 가능성이 높은 것처럼 설명하거나 장담하지 아니한다.

③ 변호사는 상대방 또는 상대방 대리인과 친족관계 등 특수한 관계가 있을 때에는 이를

미리 의뢰인에게 알린다.

④ 변호사는 사건처리의 방법이 현저하게 부당한 경우에는 당해 사건을 수임하지 아니한다.

10 변호사의 사건 수임 및 처리에 관한 설명 중 옳지 않은 것은?

① 변호사는 위임의 목적이 현저하게 부당한 경우에는 당해 사건을 수임하지 아니한다.

② 변호사는 사건의 내용이 사회 일반으로부터 비난을 받는다는 이유만으로 수임을 거절하지 아니한다.

③ 변호사는 의뢰인의 요청이 있으면 비록 의뢰인의 이익에 배치되더라도 반드시 이에 따라야 한다.

④ 국선변호인으로 선임된 변호사는 그 사건을 사선으로 전환하기 위하여 부당하게 교섭하지 아니한다.

11 변호사 甲은 사기사건의 피해자 A로부터 위임을 받아 변호사 乙을 소송대리인으로 선임한 가해자 B를 상대로 손해배상청구소송을 진행하고 있다. 합의에 의한 사건해결을 바라는 A는 甲에게 "乙보다는 B가 합의에 더 적극적이니 직접 B를 접촉하여 적절한 합의를 도출해 달라. 그것이 잘 안되면 나도 B를 만나 직접 협상해 보겠다."라고 한다. 甲이나 A가 乙의 동의 없이 직접 B와 접촉할 수 있는가?

① 甲이나 A가 직접 B와 접촉하는 것은 모두 허용된다. 합리적인 금액에 따른 합의는 A와 B 모두에게 이익이 되고, 乙에게도 손해가 되지 않기 때문이다.

② 甲이나 A가 직접 B와 접촉하는 것은 모두 허용되지 않는다. 당사자나 그의 소송대리인은 상대방 당사자에게 소송대리인이 있는 경우, 원칙적으로 상대방 당사자 본인과 직접 접촉하거나 교섭해서는 안 되기 때문이다.

③ 甲이 B와 접촉하는 것은 가능하지만 A가 B와 접촉하는 것은 허용되지 않는다. 당사자가 변호사에게 소송수행을 위임한 이상 직접 상대방 당사자를 접촉하는 것은 허용되지 않기 때문이다.

④ 甲이 B와 접촉하는 것은 안 되지만 A가 B와 접촉하는 것은 허용된다. 변호사는 상대방 당사자 본인과 직접 접촉하는 것이 원칙적으로 금지되어 있지만 당사자 본인에게는 그러한 제한이 없기 때문이다.

정 답　07 ④ 08 ② 09 ① 10 ③ 11 ④

12 변호사의 의뢰인에 대한 윤리에 관한 설명 중 옳지 않은 것은? (다툼이 있는 경우 판례에 의함)

① 변호사는 의뢰인의 구체적인 수권 없이 소취하, 화해, 조정 등 사건을 종결시키는 소송행위를 하여서는 아니 된다.

② 변호사는 형사사건의 피고인인 의뢰인에게 자기 사건에 대한 증거인멸행위는 범죄가 되지 않는다고 법률적인 조언을 해줄 수 있다.

③ 변호사는 그 지위를 부당하게 이용하는 것이 아닌 한 의뢰인과 금전거래를 할 수 있다.

④ 변호사는 「변호사법」이 정하는 바에 따라서 진실의무가 인정되는 것이므로, 변호사가 신체구속을 당한 사람에게 헌법상 권리인 진술거부권이 있음을 알려 주고 그 행사를 권고하는 것은 변호사로서의 진실의무에 위배되는 것이다.

13 변호사와 의뢰인의 관계에 관한 설명 중 옳은 것은? (다툼이 있는 경우 판례에 의함)

① 피고인으로부터 변호인 선임권을 위임받은 자는 피고인을 대리하여 변호인을 선임할 수 있다.

② 단순한 법률자문의 경우에도 수임할 사건의 보수를 명확히 정하여 서면으로 수임계약을 체결하여야 한다.

③ 가압류사건을 수임한 변호사의 소송대리권은 그 가압류신청사건에 관한 소송행위뿐만 아니라 본안의 제소명령을 신청하거나, 상대방의 신청으로 발하여진 제소명령결정을 송달 받을 권한에까지 미친다.

④ 변호사는 수사기관에 변호인선임서를 제출하지 아니하여도 내사 단계에 있는 사건에 대하여 변호하거나 대리할 수 있다.

14 변호사 甲은 의뢰인 A로부터 착수금을 받고 대여금청구사건을 수임하였다. 소송 진행 중 A는 대여사실 입증을 위해 허위의 증언을 할 B를 증인으로 내세울 것을 지속적으로 요구하였으나 甲은 이를 거절하고 사임하였다. 이후 A는 B를 증인으로 내세워 직접 소송을 진행하였지만 결국 패소하였다. 그러자 A는 甲에게 중도사임을 이유로 착수금의 반환을 요구하였고, 甲은 A의 귀책사유로 사임하는 경우에는 착수금을 일체 반환하지 않기로 하는 특약을 이유로 착수금의 반환을 거절하였다. 이에 A는 甲을 상대로 착수금의 반환을 구하는 소를 제기하였는데, 이 소송에서 甲은 B의 위증과 관련된 사실을 공개할 수 있는가?

① 공개할 수 있다. 이미 위임계약은 종료되었고, 과거 의뢰인이었던 자의 비밀은 지킬 의무가 없기 때문이다.

② 공개할 수 있다. 그 사실을 공개하지 않고는 A의 귀책사유에 의한 사임임을 입증할 수 없기 때문이다.
③ 공개할 수 없다. 변호사는 과거의 의뢰인이라도 보호할 의무가 있는데, 그 사실을 공개할 경우 A가 소송사기 미수와 위증교사로 처벌받을 우려가 있기 때문이다.
④ 공개하여야 한다. 변호사는 사회정의의 실현을 사명으로 하며 진실의무가 있기 때문이다.

15 변호사 甲은 의뢰인 A의 소개로 항소심 재판을 받고 있는 B의 사기사건을 수임하였다. 그런데 甲은 B의 변호인으로 활동하는 과정에서 B가 제 1 심 재판을 받음에 있어 A로부터 상당한 금전적 대가를 받기로 하고 자신이 이 사건 사기 범행을 저질렀다는 취지로 허위 자백하였음을 알게 되었다. 甲이 항소심 재판 과정에서도 적극적으로 B로 하여금 그 자백을 유지하게 하였다면, 이러한 甲의 변론활동은 정당한가? (다툼이 있는 경우 판례에 의함)

① 정당하다. 甲은 A에 대하여 성실의무를 부담하기 때문이다.
② 정당하다. 甲은 A와 B의 합의사실에 대하여 그 비밀을 유지할 의무가 있기 때문이다.
③ 정당하지 않다. 甲은 항소심 재판 과정에서 A가 진범임을 밝혀야 할 적극적인 진실의무를 부담하기 때문이다.
④ 정당하지 않다. 甲이 대변하여야 할 B의 이익은 법적으로 보호받을 가치가 있는 정당한 이익으로 제한되기 때문이다.

16 변호사 甲의 행위 중 변호사 윤리에 위반되지 않는 것은?

① 甲은 소송 수행 중에 의뢰인으로부터 받은 증거자료를 사건이 종결된 후 3년까지 보관하였는데도 의뢰인이 돌려달라는 요구를 하지 아니하자 반환청구권의 소멸시효가 완성되었다는 이유로 고물상에 팔아버렸다.
② 甲은 소송 수행 중에 의뢰인으로부터 받은 동영상 파일을 혹시 모를 분실에 대비하여 자신의 컴퓨터에 복사해 놓았는데, 사건이 종결된 후 그 사실을 잊고서 컴퓨터를 중고상에 매각하였고, 중고상은 컴퓨터에 남아 있던 동영상 파일을 보게 되었다.
③ 甲은 의뢰인의 동의를 받아 그가 맡긴 영문계약서를 외부번역사와 비밀준수약정을 체결한 후 번역을 의뢰하였다.

12 ④ 13 ③ 14 ② 15 ④ 16 ③ 정 답

④ 甲은 사건이 종결된 후 1년간 사건의 내용을 외부에 공개하지 않기로 하는 약정을 맺고서 사건을 수임하였다. 그 사건의 종결 후 어느 날 甲은 1년이 경과된 것으로 생각하고 기자에게 이 사건을 소개하였는데, 그 날은 1년에 하루가 모자란 날이었고, 기자는 다음날 그 사건을 공개하였다.

17 변호사의 비밀유지의무에 관한 설명 중 옳지 않은 것은?

① 변호사의 비밀유지의무는 변호사가 반드시 지켜야 하는 의무이나 이를 위반한 경우 「변호사법」상 형사처벌의 대상은 아니다.
② 변호사는 의뢰인과 대립되는 상대방으로부터 사건의 수임을 위해 상담하였으나 수임에 이르지 아니하였을 경우, 상대방의 이익이 침해되지 않는다고 합리적으로 여겨지는 경우라면 수임할 수 있으나, 상대방에 대한 비밀유지의무가 침해되는 경우라면 그러하지 아니하다.
③ 변호사가 의뢰인에 대한 비밀유지의무에서 벗어나려면 대한변호사협회에 폐업을 신청하여 스스로 등록을 말소하여야 한다.
④ 비밀유지의무는 기본적으로 의뢰인에 대한 의무이지만 잠재적 의뢰인에 대하여도 적용된다.

18 변호사의 수임제한에 관한 설명 중 옳지 않은 것은?

① 변호사는 위임사무가 종료된 이후에 종전 의뢰인이 양해한 경우라도 종전 사건과 기초가 된 분쟁의 실체가 동일한 사건에서 대립되는 당사자로부터 사건을 수임할 수 없다.
② 변호사는 상대방 또는 상대방 대리인과 친족관계에 있는 경우라도 의뢰인이 양해하는 경우에는 사건을 수임할 수 있다.
③ 법무법인은 그 법무법인 소속의 특정 변호사가 사건의 수임 및 업무수행에 관여하지 않고 사건처리에 영향을 주지 아니할 것이라고 볼 수 있는 합리적인 사유가 있는 때에는 당해 변호사가 겸직하고 있는 당해 정부기관의 사건을 수임할 수 있다.
④ 법무법인은 그 법무법인 소속의 특정 변호사가 사건의 수임 및 업무수행에 관여하지 않고 사건처리에 영향을 주지 아니할 것이라고 볼 수 있는 합리적인 사유가 있는 때에는 당해 변호사가 수임한 사건의 의뢰인의 양해 없이도 그 상대방이 위임하는 다른 사건을 수임할 수 있다.

19 다음 각 사례에 관한 설명 중 옳지 않은 것은? (다툼이 있는 경우 판례에 의함)

> ㅇ A는 변호사 甲에게 B를 상대로 한 토지 X에 관한 소유권이전등기말소청구소송을 의뢰하면서 승소할 경우 토지 X 소유권 중 1/4 지분을 착수금 및 성공보수금으로 주겠다고 제안하였고, 甲은 이를 승낙하였다. 甲은 이 소송을 대리하였고 승소판결이 확정되자 A에게 토지 X 소유권 중 1/4 지분을 자신의 명의로 이전해달라고 요구하였다.
> ㅇ 법무법인 L은 수년간 회사 Y로부터 여러 사건을 수임하여 처리하였는데, 수임료 및 성공보수로 3,000만 원이 넘는 돈을 지급받지 못하게 되자, 회사 Y가 개인 C에 대하여 가지고 있던 4,000만 원 상당의 대여금 채권을 양수하였다. 법무법인 L은 자신의 이름으로 C를 상대로 대여금청구의 소를 제기한 후 그 채권을 추심하여 미납수임료 등 채무의 변제에 충당하였다.

① 「변호사법」에서 계쟁권리양수를 금지하는 것은 계쟁권리를 양수함으로 인하여 당사자와 변호사 사이의 신임관계에 균열을 초래하고 당사자와 이해 상반하는 결과를 가져오는 등 변호사의 일반적 품위를 손상시킬 염려가 있기 때문이다.
② 계쟁권리라 함은 계쟁 중에 있는 권리를 말하는데 甲과 A 사이에 토지 X 소유권 중 1/4 지분에 대한 양수약정 당시 토지 X에 대한 소유권은 A와 B 사이에 계쟁 중에 있었고, 이후 소송에서도 계쟁의 목적이 되는 권리였으므로 甲과 A 사이의 위 양수약정은 계쟁권리양수에 해당한다.
③ 회사 Y의 대여금 채권은 계쟁 중에 있는 권리라고 할 수 없으므로 법무법인 L이 회사 Y로부터 대여금채권을 양수하는 것은 계쟁권리양수에 해당하지 않는다.
④ 「변호사법」은 계쟁권리양수에 대하여 형사처벌하는 규정을 두고 있으나, 계쟁권리양수의 사법적 효력까지 부인하는 것은 아니다.

20 A와 B는 특수절도죄로 구속되어 재판을 받게 되었는데, 변호사 甲은 두 사람의 가족들로부터 두 사람 모두의 변론을 요청받고 이들을 접견하였다. 그런데 접견 결과 두 사람은 수사 초기부터 현재에 이르기까지 서로 자기는 망만 보았고 상대방이 담을 넘어 들어갔으며, 절취품도 상대방이 처분하였다고 주장하고 있음을 알게 되었다. 甲은 이 사건에서 A와 B 모두로부터 사건을 수임할 수 있는가?

① A와 B가 모두 선임을 요청하면 각자의 주장을 견지하더라도 수임할 수 있다.
② A와 B가 모두 선임을 요청하더라도 각자의 주장에 변화가 없다면 수임할 수 없다.
③ A와 B가 모두 선임을 요청하고 각자의 주장에 변화가 없더라도, 두 사람 모두 자기

17 ③ 18 ④ 19 ② 20 ② 정답

주장대로 변호사의 조력을 받아가며 재판을 받아 결과에 승복하기로 약속한다면 수임할 수 있다.

④ A와 B가 아닌 그들의 가족들로부터 선임을 받으면 A와 B의 의사나 주장 내용과 상관없이 수임할 수 있다.

21 甲은 법학전문대학원을 졸업하고 변호사시험에 합격한 후 병역의무를 이행하기 위하여 3년간 군법무관으로 군사법원에서 근무하다가 제대하였다. 그 직후 甲은 검사로 임용되어 서울중앙지방검찰청에 발령받아 10개월을 근무하던 중 수사능력을 인정받아 서울고등검찰청 반부패사범 특별수사본부에 파견되어 20일을 근무하다가 경제적 사정으로 사직하고 변호사로 개업하였다. 「변호사법」상 공직퇴임변호사의 윤리에 관한 설명 중 옳지 않은 것은?

① 甲은 군사법원에서 처리하는 사건을 검사로서 퇴직한 날부터 1년이 경과하지 않더라도 수임할 수 있다.

② 검사로 재직하다가 퇴직한 날부터 1년 내라고 하더라도 서울중앙지방법원에 공소제기된 형사사건의 국선변호인으로 지정되어 활동하는 것은 허용된다.

③ 서울중앙지방검찰청에서 수사를 받고 있는 피의자가 甲의 처남인 경우 甲이 검사직에서 퇴직한 날부터 1년이 경과하지 않더라도 처남의 피의사건을 수임할 수 있다.

④ 甲은 검사직에서 퇴직한 날부터 1년 동안 서울고등검찰청 및 서울중앙지방검찰청에서 수사하는 사건을 수임할 수 없다.

22 「변호사업무광고규정」에 관한 설명 중 옳은 것은?

① 변호사는 승소율이 사실에 부합하는 경우 승소율을 광고에 표시할 수 있다.

② 변호사는 원칙적으로 법률상담 방식에 의한 광고를 할 수 있다.

③ 변호사는 소속 지방변호사회에서 입회신청이 허가되기 전에도 변호사 업무에 관한 광고를 할 수 있다.

④ 변호사는 명함을 신문 기타 다른 매체에 끼워 배포할 수 없지만 불특정한 다수인에게 제공하기 위하여 옥내나 가로상에 비치할 수 있다.

23 다음 설명 중 옳은 것을 모두 고른 것은? (다툼이 있는 경우 판례에 의함)

> ㄱ. 법무법인이 인가공증인으로서 공증한 사건이라고 하더라도 그것은 「변호사법」 제31조 제1항 제3호에서 규정한 '공무원·조정위원 또는 중재인으로서 직무상 취급하거나 취급하게 된 사건'에 해당하지 아니하므로 수임이 제한되지 아니한다.
> ㄴ. 수임제한 규정을 적용함에 있어 변호사 2명 이상이 사건의 수임·처리나 그 밖의 변호사 업무 수행 시 통일된 형태를 갖추고 수익을 분배하거나 비용을 분담하는 형태로 운영되는 법률사무소는 하나의 변호사로 본다.
> ㄷ. 중재인으로 선정된 변호사는 중재인의 공정성과 독립성의 확보를 위하여 당해 사건과 무관한 것이라 하더라도 일방 당사자나 그 대리인의 의뢰로 사건을 수임하는 것은 원칙적으로는 허용될 수 없다.
> ㄹ. 수임하고 있는 사건의 상대방으로부터 다른 사건을 수임하는 것은 당해 사건과 관련이 없으므로 당해 사건 의뢰인의 동의 여부와 관계없이 수임할 수 있다.

① ㄱ, ㄷ ② ㄴ, ㄷ
③ ㄴ, ㄹ ④ ㄷ, ㄹ

24 A에게 상해를 가한 혐의로 기소된 B는 법무법인 L을 변호인으로 선임하였고, 법무법인 L은 구성원 변호사 甲과 구성원 아닌 소속 변호사 乙을 담당변호사로 지정하였다. 그런데 실제 변호업무는 乙이 맡아 수행하였다. B에 대한 형사사건이 종료된 이후 법무법인 L은 해산되었고, 甲은 개인 법률사무소를 개설하였다. 그 후 A는 대리인으로 甲을 선임하여 B를 상대로 상해를 원인으로 한 손해배상청구의 소를 제기하였는데, B는 甲이 자신에 대한 형사사건의 담당변호사였다는 사실을 알고 있었음에도 불구하고 사실심변론종결시까지 이의를 제기하지 않았다. 甲이 A를 대리하여 진행한 손해배상청구소송에서의 소송행위는 효력이 있는가? (다툼이 있는 경우 판례에 의함)

① 있다. 형사사건에서 수임 주체는 법무법인 L이었을 뿐 아니라 甲이 실질적으로 관여한 바도 없어서 수임제한 규정을 위반한 경우가 아니기 때문이다.
② 있다. 甲이 수임제한 규정을 위반한 것은 사실이나 B가 이와 같은 사실을 알고 있었음에도 사실심변론종결시까지 아무런 이의를 제기하지 아니하였기 때문이다.
③ 없다. 법무법인 L이 해산되고 甲의 B에 대한 수임사무도 이미 종료되었다고 하더라도 甲은 법무법인 L의 구성원 변호사였으므로 수임제한 규정을 위반한 경우에 해당하기 때문이다.

21 ④ 22 ② 23 ② 24 ② 정답

④ 없다. 손해배상청구소송은 선행된 형사사건과 실질적으로 동일한 쟁점을 포함하고 있는 민사사건으로서 수임제한 규정을 위반한 경우에 해당하기 때문이다.

25 변호사 업무의 광고에 관한 설명 중 옳지 않은 것은?

① 변호사 甲은 광고에 "100% 석방을 보장합니다."라는 문구를 사용할 수 없다.
② 변호사 甲은 신문에서 A가 B를 상대로 손해배상청구의 소를 제기하였다는 기사를 접하고, B의 동의를 받아 B를 방문한 자리에서 위 소송의 의뢰를 권유하는 내용의 광고를 할 수 있다.
③ 변호사 甲은 조세사건의 수임을 위하여 서울지방국세청 앞 도로가에 자신의 업무이력을 소개하는 현수막을 설치하여 광고할 수 있다.
④ 변호사 甲은 법률사무소 개업소연을 하면서 사무직원으로 하여금 사무실 앞 인도에서 어깨띠를 메고 확성기를 사용하도록 하여 법률사무소를 광고할 수 없다.

26 다음 중 변호사의 업무형태로 허용되는 것은?

① 법률소비자가 유료전화업체에 전화를 걸어 변호사를 선택하면 해당 변호사가 유료 법률상담을 하고, 변호사가 그 법률상담료 중 일정 비율의 돈을 유료전화업체에 법률상담 연결의 대가로 지급하는 경우
② 사무직원이 변호사의 이름으로 수임하여 업무를 처리하되, 수임료는 변호사와 사무직원이 일정 비율로 나누는 경우
③ 변호사가 신축된 아파트 단지 입주민 1인으로부터 하자보수 청구소송을 의뢰받아 소제기를 준비하던 중 다른 가구에도 하자가 발생한 사실을 알고, 그 아파트 입주민들에게 하자보수청구의 소를 권유하는 내용을 인터넷 웹사이트 상에 개설된 자신의 홈페이지에 게시하는 경우
④ 변호사가 구치소에 수감 중인 의뢰인을 접견하러 가면서 다른 수감자들을 대상으로 임의로 접견 신청하여 접견을 하는 방식으로 사건을 수임하는 경우

27 변호사가 아닌 자와의 동업을 금지하는 「변호사법」 제34조에 관한 설명 중 옳은 것은? (다툼이 있는 경우 판례에 의함)

① 「변호사법」 제34조는 법조계의 투명성과 도덕성을 보장하기 위한 것이 입법취지이기는 하지만, 직업선택의 자유를 침해하는 과잉입법으로서 위헌이다.
② 변호사가 자신의 사무직원에게 사건의 수임에 관하여 알선 등의 대가로 금품 등을 제공하거나 이를 약속하는 것은 금지되지 않는다.
③ 변호사와 변호사가 아닌 자가 동업으로 법률사무소를 개설·운영하여 수임료를 분배하는 것은 금지되지 않는다.
④ 변호사가 아닌 자에게 고용되어 법률사무소의 개설·운영에 관여한 변호사의 행위가 일반적인 형법 총칙상의 공모, 교사 또는 방조에 해당된다고 하더라도 이를 처벌하는 규정이 없는 이상 변호사를 변호사가 아닌 자의 공범으로서 처벌할 수는 없다.

28 변호사 甲은 A가 B에게 매도한 토지대금 중 잔금 2억 원 청구사건에 관한 전심급의 소송대리 사무를 수임하고 착수금으로 300만 원을 지급받았으며, 성공보수금은 전부 승소시에 1,000만 원, 일부 승소시에는 1,000만 원을 기준으로 승소금액에 비례한 금액을 지급받기로 하되 A가 소제기 후 임의로 청구를 포기, 인낙, 화해를 하거나 소취하를 한 경우에는 전부 승소에 준하기로 약정하였다. 그 후 甲은 B에게 잔대금이행을 촉구하는 통고서와 협조요청 통고문을 발송하고, 관할경찰서에 A 명의의 고소장을 작성·제출하였다. 이러한 甲의 노력으로 소제기 전에 B로부터 2억 원을 지급받기로 하는 화해가 성립하였다. 이 경우 변호사의 보수에 관한 설명 중 옳은 것은? (다툼이 있는 경우 판례에 의함)

① 甲의 노력으로 토지잔금을 받게 된 것은 승소한 것과 같으므로, A는 당연히 위 약정에 따라 성공보수금을 지급하여야 한다.
② 甲과 A 사이에 소제기에 의하지 아니 한 사무처리에 관하여 보수약정을 한 바 없으므로, 甲은 그 사무처리에 들인 노력에 상당한 보수의 지급을 청구할 수 없다.
③ 甲은 위임받은 본래의 소송사건 사무를 개시하기 전에 처리한 사무의 내용과 거기에 들인 노력에 상당한 보수를 청구할 수 있다.
④ 변호사가 소송사건 위임을 받으면서 지급받은 착수금은 일반적으로 위임사무의 처리 비용조로 지급받는 것이므로 甲이 소송사건을 개시하기 전의 사무처리에 대한 보수는 위 착수금 300만 원과 별개로 산정하여야 한다.

25 ③ 26 ③ 27 ④ 28 ③ 정 답

29 甲변호사 보수에 관한 설명 중 옳은 것은? (다툼이 있는 경우 판례에 의함)

① 변호사가 사건을 수임할 경우 수임할 사건의 범위, 보수, 보수 지급방법, 보수에 포함되지 않는 비용 등을 명확히 서면으로 약정하지 않으면 효력이 없다.
② 2016년에 체결된 형사사건의 성공보수 약정은 의뢰인이 동의하더라도 효력이 없다.
③ 약정된 보수액이 부당하게 과다하면 신의성실의 원칙이나 형평의 원칙에 반하는 것으로서 보수 약정 전체가 무효로 된다.
④ 변호사는 명백하게 서면 약정을 하더라도 공탁금, 보증금, 기타 보관금 등을 보수로 전환할 수 없다.

30 다음 변호사의 행위 중 「변호사윤리장전」에 위배되는 것은?

① 변호사 甲은 민사사건의 의뢰인으로부터 사건을 수임하면서 착수금과 성공보수를 약정하였고 사건이 승소로 확정되었으나, 의뢰인이 착수금과 성공보수를 지급하지 않자 기존에 의뢰인이 법원에 공탁한 금액을 법원으로부터 회수하여 이를 착수금 및 성공보수와 상계하고 나머지는 의뢰인에게 돌려주었다.
② 변호사 乙은 민사사건의 의뢰인으로부터 사건 종료 후 성공보수를 받지 못할 것을 염려하여 승소를 하지 못하면 돌려주기로 하고 성공보수를 수령하였다.
③ 변호사 丙은 의뢰인과 보수에 대하여 사건의 난이도, 소요되는 시간, 의뢰인이 얻게 되는 경제적 이익 등을 감안하여 착수금을 약정하고, 사무처리비용으로 인지대, 송달료, 교통비, 관련 공무원과의 식사비용 등을 산정하여 약정하였다.
④ 변호사 丁은 의뢰인으로부터 약정한 착수금과 사무처리비용을 수령하였으나, 예상하지 못했던 지방 현장검증을 가야 할 상황이 발생하자 의뢰인에게 지방 출장에 따른 출장비와 보수를 추가로 요구하였다.

31 변호사 甲은 A로부터 B를 상대로 손해배상청구의 소를 제기하고 상고심까지 수행해달라는 위임을 받아 소를 제기하였으나, 이미 A와 B 사이에 손해배상에 관한 합의가 성립된 사실이 드러나 제 1 심에서 패소판결을 선고받았다. 甲은 판결문을 송달받은 후 A에게 항소심에서도 승소하기는 어렵다는 의견을 밝혔으나, A는 그래도 상고심까지 소송을 진행해달라고 부탁하였다. 甲은 이후 승소하기 어려운 사건이라 생각하고 주의를 기울이지 못하던 중 항소제기기간이 도과하도록 항소장을 제출하지 않았다. 甲의 손해배상책임에 관한 설명 중 옳은 것은? (다툼이 있는 경우 판례에 의함)

① A가 이미 B와 손해배상에 관한 합의를 하였으므로 甲이 항소장을 제출하지 않고 항소제기기간을 도과하였더라도 선량한 관리자의 주의의무를 위반한 것은 아니다.
② 甲은 A가 제 1 심에서 B를 상대로 손해배상을 청구한 금액 전액을 A에게 배상하여야 한다.
③ 법원은 적법하게 항소가 제기되었더라면 항소심에서 어느 정도의 손해배상청구가 받아들여졌을지 심리한 후 A의 손해액의 범위를 결정하여야 한다.
④ 변호사선임비용과 관련한 A의 손해액은 甲이 A로부터 지급받은 변호사보수 전액이다.

32 경기중앙지방변호사회에 개업신고를 한 변호사 甲은 수원에 위치한 특허법인 P에 고용되었다. 이에 관한 설명 중 옳은 것은?

① 특허법인 P가 甲을 고용한 것만으로도 「변호사법」 위반이다.
② 甲은 특허법인 P의 지시가 있더라도 특허법인 P의 고객을 위한 조세불복신청사건을 수행할 수 없다.
③ 甲은 특허법인 P에 고용되었으므로 직무를 수행함에 있어 직업적 양심과 전문적 판단보다는 회사의 지침이 우선된다.
④ 甲에게는 변리사자격이 주어지기 때문에 변리사회에 등록하지 않더라도 甲은 특허출원대리 등 변리사업무를 할 수 있다.

33 변호사 甲은 뇌물사건 피의자 A의 변호인이다. A는 甲에게 B로부터 돈을 받았으나 그것이 뇌물은 아니라고 말했다. 그런데 甲은 A에게 뇌물을 주었다는 B의 진술에 상당한 신빙성이 있어 보였고 A가 거짓말을 하는 것처럼 생각되었다. 다만 수사기관이 확보한 증거 중에서 B의 진술 이외의 다른 증거는 압수할 당시 압수수색영장이 없었고 사후에도 압수수색영장을 발부 받지 않았기 때문에 증거능력이 없는 것으로 판단되었다. 그리고 B의 진술 역시 영장 없이 압수한 물건에 기초한 것이었다. 이에 관한 설명 중 옳은 것은?

① 甲이 비록 개인적으로 A가 B로부터 뇌물을 받았다고 생각하더라도 위법수집증거에 대한 변론을 통하여 A의 무죄를 주장하는 것은 「변호사윤리장전」에 위배되지 아니한다.
② 甲은 A가 유죄라고 생각하기 때문에 「변호사윤리장전」에 따라 A에 대한 변론을 포기

29 ② 30 ③ 31 ③ 32 ② 33 ① 정 답

하고 즉각 사임하여야 한다.

③ 변호사는 그 직무를 행함에 있어서 진실을 왜곡하거나 허위진술을 하지 아니할 의무가 있으므로, 甲은 A에게 진실을 밝힐 것을 요구하고, A가 불응할 경우 「변호사윤리장전」에 따라 사임하여야 한다.

④ A가 수사기관이 확보한 증거가 위법수집증거라고 주장하지 않는 이상 甲이 먼저 나서서 위법수집증거라고 주장할 필요는 없다.

34 변호사 甲은 A로부터, 변호사 乙은 A의 상대방 B로부터 이혼소송을 각각 수임하였다. 이 경우 甲의 행위 중 「변호사윤리장전」에 위반되지 않는 것은?

① 甲은 乙이 B의 일방적 주장을 그대로 준비서면에 기재하고 법정에서도 같은 주장을 하자, 법정에서 乙의 변론이 잘못되었음을 지적하며 乙이 다른 사건에서도 이런 식으로 일방적 주장을 한다며 乙을 비방하였다.

② 甲은 이혼소송 수행 중 B로부터 A를 잘 설득하여 이혼소송이 원만히 종결되도록 해달라는 부탁을 받고, B에게 이혼소송이 원만히 종결되면 약간의 사례금을 지급해 달라고 요구하였다.

③ B측 증인 C에 대한 증인신문을 앞두고 甲은 A가 C를 매수하여 A에게 유리한 증언을 하게 하려는 것을 알게 되었으나, 평소 B와 乙의 행태에 비추어 그대로 두면 C가 B에게 유리한 내용으로 위증할 가능성이 높다고 생각하여 A의 행위를 묵인하였다.

④ C에 대한 증인신문이 끝난 후 화가 난 A가 법원 건물 앞에서 B와 乙에게 "이런 사기꾼 같은 놈들"이라고 욕설을 하는 것을 보고 甲은 A를 제지하였다.

35 「변호사법」상 변호사의 겸직 제한에 관한 설명 중 옳은 것은?

① 주식회사의 사외이사는 상시 근무를 필요로 하지 아니하므로 소속 지방변호사회의 허가 없이 겸직할 수 있다.

② 주식회사는 영리법인이므로 변호사가 주식회사의 감사를 겸직하기 위해서는 소속 지방변호사회의 허가를 받아야 한다.

③ 학교법인의 이사장은 상시 근무를 필요로 하는 경우에도 소속 지방변호사회의 허가 없이 겸직할 수 있다.

④ 사립대학교수는 학교법인의 사용인이 되는 것이므로 소속 지방변호사회의 허가 없이 겸직할 수 없다.

36 법률사무소의 사무직원에 관한 설명 중 옳은 것은? (다툼이 있는 경우 판례에 의함)

① 변호사가 사무직원에게 법률사무소의 업무 전체가 아니라 일정 부분의 업무에 한하여서만 실질적으로 변호사의 지휘·감독을 받지 않고 사무직원의 책임과 계산으로 변호사 명의로 취급·처리하게 하였다면 「변호사법」 위반에 해당되지 않는다.

② 사기죄로 징역 1년에 집행유예 2년을 선고 받고 그 유예기간이 지나면 언제든지 사무직원으로 채용될 수 있다.

③ 변호사는 음주운전 사고로 해임된 전직 공무원을 해임 후 3년 이내라도 사무직원으로 채용할 수 있다.

④ 누구든지 법률사건 또는 법률사무의 수임에 관하여 당사자 기타 관계인을 사무직원에게 소개한 후 그 대가로 금품·향응 기타 이익을 받아서는 아니 되는데, 이 행위에 해당하려면 소개된 사무직원이 반드시 금품 등이 수수될 때까지 사무직원으로서의 지위를 유지하고 있어야 하는 것은 아니나 소개될 당시에는 사무직원이어야 한다.

37 변호사 甲의 법률사무소에 근무하는 사무직원 A는 甲의 부재 중 사무소를 찾아온 B와 이혼문제에 관한 법률상담을 하였다. 법률상담 후 B는 이혼의 실제 당사자는 자신이 아니라 C인데 C의 요청으로 자신이 먼저 법률상담을 받고 승소가능성을 알아보러 온 것이라고 하면서 C를 소개해주면 그 대가로 수임료 20%를 줄 수 있겠느냐고 물어보았다. 바로 답변하지 않으면 다른 법률사무소를 찾아가겠다는 B의 말에 A는 나중에 甲에게 보고하기로 하고 B에게 수임료의 20%를 지급하겠다고 하였다. 이에 관한 설명 중 옳지 않은 것은? (다툼이 있는 경우 판례에 의함)

① 변호사가 아닌 사무직원 A가 약속을 하였다고 하더라도 약속한 사실만으로는 「변호사법」 위반으로 형사처벌되지 않는다.

② 나중에 A로부터 보고를 받은 甲이 이혼사건을 수임한 후 수임의 대가로 B에게 주는 것과는 별개로 A에게 수임료 중 일부를 알선료로 지급하였다면 甲과 A는 모두 「변호사법」 위반으로 형사처벌을 받을 수 있다.

③ 나중에 甲이 B에게 알선료를 지급하고 이혼사건을 수임하여 착수금과 성공보수금을 받게 된다고 하더라도 이는 범죄로 인하여 얻은 이익이라고 볼 수 없어 추징의 대상이 되지 않는다.

④ 사무직원 A가 상담과정 중에 알게 된 C의 비밀을 제 3 자에게 누설하였다면 甲은 C에 대하여 손해배상책임을 질 수 있다.

34 ④ 35 ③ 36 ④ 37 ① 정 답

38 변호사 甲은 서울중앙지방법원에서 법관으로 재직하다가 2015. 3. 2. 퇴직한 후 법무법인 L의 구성원 변호사로 활동하던 중 2016. 2. 15. A로부터 서울중앙지방법원에 계속 중인 형사사건을 맡아달라는 의뢰를 받았다. 법무법인 L의 위 사건 수임 가부에 관한 설명 중 옳은 것은?

① 甲이 서울중앙지방법원에서 퇴직한 날부터 1년이 경과하지 않았으므로 법무법인 L은 위 사건을 수임하여서는 아니 된다.

② 법무법인 L이 위 사건을 수임하더라도 甲을 담당변호사로 지정하지 않으면 수임제한 규정에 저촉되지 않는다.

③ 법무법인 L이 위 사건을 수임하더라도 사건수임계약서, 변호인의견서 등 소송관련서류에 甲을 담당변호사로 표시하지 않으면 수임제한규정에 저촉되지 않는다.

④ A가 甲과 「민법」 제767조에 따른 친족 관계에 있다면 법무법인 L이 위 사건을 수임하고 甲에게 사건의 처리를 맡겨도 된다.

39 「공익활동등에관한규정」에 따른 변호사의 공익활동에 관한 설명으로 옳지 않은 것을 모두 고른 것은?

> ㄱ. 공익적 성격을 가진 단체에 대하여 법률서비스를 제공하는 활동은 상당한 보수를 받는 경우에도 공익활동에 속한다.
> ㄴ. 지방변호사회가 설립한 공익재단에 대한 기부행위는 공익활동에 속한다.
> ㄷ. 대한변호사협회의 임원으로서의 활동은 보수 유무와 관계없이 공익활동에 속한다.
> ㄹ. 법령 등에 의해 관공서로부터 위촉받은 사항에 관한 활동은 상당한 보수를 받는 경우에도 공익활동에 속한다.

① ㄱ, ㄴ　　② ㄱ, ㄹ
③ ㄴ, ㄷ　　④ ㄴ, ㄹ

40 검사의 윤리에 관한 설명 중 옳은 것은? (다툼이 있는 경우 판례에 의함)

① 객관적으로 보아 검사가 당해 피의자에 대하여 유죄의 판결을 받을 가능성이 있다는 혐의를 가지게 된 데에 상당한 이유가 있는 때에는 후일 재판과정을 통하여 그 범죄사실의 존재를 증명함에 족한 증거가 없다는 이유로 그에 관하여 무죄의 판결이 확정되더라도, 검사의 판단이 경험칙이나 논리칙에 비추어 도저히 그 합리성을 긍정할 수 없는 정도에 이른 경우에만 불법행위의 귀책사유가 있다.

② 검사가 직무상의 의무를 위반하거나 직무를 게을리하였을 때에는 징계할 수 있지만,

검사가 직무와 상관없이 검사로서의 체면이나 위신을 손상하는 행위를 하였을 때에는 징계할 수 없다.

③ P지방검찰청 차장검사 甲은 고등학교 동창인 A로부터 부탁을 받고, 위 검찰청에서 수사 중인 A에 대한 사건의 증거 내역과 구속여부에 대한 수사검사의 의견을 알려주면서 구속을 피하기 어려워 보이니 자수하라고 조언하였다. 이 경우 甲이 A로부터 금품이나 향응 등의 이익을 받지 않았다면 甲의 행위는 검사 윤리에 위배되지 아니 한다.

④ 공판검사 乙은 공소유지업무를 수행하는 중에 피고인 B의 무죄를 입증할 수 있는 감정서를 국립과학수사연구원으로부터 제출받았으나, 위 감정서는 공소가 제기된 후 작성된 것이고, 수사검사로부터 법원에 제출해 달라는 요청을 받지도 않았다는 이유로 이를 법원에 제출하지 아니한 채 B에 대한 유죄의 구형을 하였다. 이러한 乙의 행위는 위법한 직무집행이 아니다.

38 ④ 39 ② 40 ① 정 답

제 8 회 법조윤리 기출문제

01 「변호사법」에 따른 형사처벌을 받는 경우가 아닌 것은?

① 변호사 甲은 교통사고로 인한 손해배상사건을 유상으로 유치할 목적으로 사무직원 A를 종합병원의 응급실에 주재하게 하였다.

② 변호사 乙은 재판연구원으로 근무하던 중 재판장의 지시로 사기사건에 대한 기록을 검토하였는데, 재판연구원의 임기를 마친 후 변호사로 개업하여 위 사건의 피고인 B로부터 사건을 수임하였다.

③ 변호사 丙은 친구 C의 소개로 의뢰인 D로부터 공사대금청구사건을 수임하고 수임료 500만 원 중 50만 원을 C에게 소개비로 지급하였다.

④ 변호사 丁은 수사 중인 횡령사건을 수임한 후 수임제한을 회피하기 위하여 변호인선임서를 제출하지 않고 담당 검사실을 방문하여 위 사건의 피의자 E를 변호하였다.

02 변호사 징계정보의 공개 및 제공에 관한 설명 중 옳지 않은 것은?

① 대한변호사협회의 장은 징계처분정보를 징계처분의 확정일부터 2주일 이내에 인터넷 홈페이지에 게재하고 해당 징계처분의 확정일 이후 최초로 발간하는 대한변호사협회 발행 정기간행물에 게재하여야 한다.

② 영구제명이나 제명의 경우 징계처분정보를 최초 게재일부터 5년간 인터넷 홈페이지에 게재하여야 한다.

③ 해당 변호사와 면담하였거나 사건수임계약을 체결하는 등 변호사를 선임한 자뿐 아니라 선임하려는 자도 징계정보의 열람·등사를 신청할 수 있다.

④ 대한변호사협회의 장은 징계정보의 열람·등사 신청 목적이 변호사를 선임하기 위한 것이 아님이 명백한 경우에는 징계정보를 제공하지 아니할 수 있다.

03 외국법자문사와 합작법무법인에 관한 설명 중 옳은 것은?

① 외국법자문사는 외국변호사의 자격을 취득한 후 「외국법자문사법」에 따라 법무부장관으로부터 자격을 승인받은 사람을 말한다.
② 외국법자문사는 대한민국 법령에 관한 사무가 포함되더라도 국제중재사건의 대리 사무를 처리할 수 있다.
③ 합작법무법인은 외국법사무와 「외국법자문사법」에서 규정하는 국내법사무를 수행하기 위해 「외국법자문사법」에 따라 설립된 법인을 말한다.
④ 합작법무법인은 「외국법자문사법」 및 다른 법률에 저촉되지 아니하는 범위에서 노동분야 자문 사무를 처리할 수 있다.

04 지방변호사회와 대한변호사협회에 관한 설명 중 옳지 않은 것은?

① 등록이 취소된 변호사는 소속 지방변호사회를 당연히 탈퇴한다.
② 변호사 자격등록을 하지 않은 변호사에 대해서는 징계할 수 없다.
③ 지방변호사회의 회원은 당연히 대한변호사협회의 회원이 된다.
④ 대한변호사협회는 자율권이 인정되므로 총회의 결의 내용을 법무부장관에게 보고할 의무는 없다.

05 L법률사무소의 변호사 甲은 의뢰인 A로부터 민사사건을 수임하여 담당변호사로서 소송을 수행하는 과정에서 불법행위를 저질러 의뢰인 A에게 금전적인 손해를 발생시켰다. 이에 관한 설명 중 옳은 것은?

① L법률사무소가 공동법률사무소인 경우, 변호사 甲뿐만 아니라 L법률사무소에 속한 다른 변호사들도 무한연대책임을 부담한다.
② L법률사무소가 법무법인인 경우, 법무법인의 재산으로 법무법인의 채무를 완제할 수 없는 때에는 구성원 변호사 甲을 포함한 모든 구성원 변호사들은 연대하여 변제할 책임을 부담한다.
③ L법률사무소가 법무법인(유한)인 경우, 변호사 甲이 구성원 아닌 소속 변호사라면 甲은 손해배상책임을 부담하지 않고, 甲을 지휘·감독한 구성원 변호사가 손해배상책임을 부담한다.

01 ① 02 ② 03 ③ 04 ④ 05 ② 정답

④ L법률사무소가 법무조합인 경우, 변호사 甲이 구성원 변호사라면 甲을 포함한 모든 구성원 변호사들은 조합재산의 범위 내에서 손해배상책임을 부담한다.

06 법무법인의 사무소에 관한 설명 중 옳지 않은 것은?

① 법무법인의 구성원과 구성원 아닌 소속 변호사는 법무법인 외에 따로 법률사무소를 둘 수 없다.
② 법무법인은 주사무소 이외에 분사무소를 둘 수 있으나, 주사무소에는 통산하여 5년 이상 「법원조직법」 제42조 제1항에 따른 경력을 가진 변호사를 포함하여 구성원의 3분의 1 이상이 주재하여야 한다.
③ 법무법인의 분사무소는 시·군·구(자치구) 관할구역마다 1개를 둘 수 있으나, 주사무소의 소재지인 시·군·구(자치구)에는 별개의 분사무소를 둘 수 없다.
④ 법무법인이 사무소를 개업 또는 이전하거나 분사무소를 둔 경우에는 지체 없이 주사무소 소재지의 지방변호사회와 대한변호사협회를 거쳐 법무부장관에게 신고하여야 한다.

07 변호사와 의뢰인의 관계에 관한 설명 중 옳은 것을 모두 고른 것은?

ㄱ. 지방변호사회는 변호사 선임의 편의를 도모하고 법률사건이나 법률사무 수임의 투명성을 확보하기 위하여 회원들의 정보를 의뢰인에게 제공하여야 하는데, 제공해야 하는 정보에는 회원들의 개인정보인 학력과 경력도 포함된다.
ㄴ. 공직퇴임변호사는 퇴직일부터 2년 동안 수임한 사건에 관한 자료와 처리결과를 제출할 의무가 있는데, 수임사건이 형사사건인 경우에는 인신구속 여부도 기재하여야 한다.
ㄷ. 변호사에게 「변호사법」에 따른 징계사유가 있는 경우 의뢰인이나 의뢰인의 법정대리인은 소속 지방변호사회의 장에게 그 변호사에 대한 징계개시의 신청을 청원할 수 있으나, 의뢰인의 직계친족 또는 형제자매는 징계개시의 신청을 청원할 수 없다.

① ㄴ ② ㄱ, ㄴ
③ ㄱ, ㄷ ④ ㄱ, ㄴ, ㄷ

08 「변호사윤리장전」 중 사건의 수임 및 처리에 관한 사항으로 옳지 않은 것은?

① 변호사는 해당 사건을 수사 중인 공무원과 친족관계에 있을 때는 이를 미리 의뢰인에게 알려야 한다.

② 변호사는 사무직원이 사건유치를 목적으로 변호사의 명예와 품위에 어긋나는 방법으로 예상 의뢰인과 접촉하는 행위를 하지 않도록 주의한다.

③ 변호사가 승소가능성이 낮은 사건을 수임하는 것은 위임의 목적이 현저히 부당한 사건의 수임에 해당되지 않는다.

④ 변호사는 의뢰인이 다른 변호사에게 해당 사건을 의뢰하는 것을 방해하지 아니한다.

09 「변호사법」상 변호사시험합격자의 수임제한 등에 관한 설명 중 옳지 않은 것은?

① 통산하여 6개월 이상 법률사무종사기관에서 법률사무에 종사하거나 연수를 마치지 아니하면 사건을 단독 또는 공동으로 수임할 수 없다.

② 최초로 단독 또는 공동으로 수임하는 경우에는 법률사무종사기관에서 법률사무에 종사하였다는 사실을 증명하는 확인서를 받아 지방변호사회를 거쳐 대한변호사협회에 제출하여야 한다.

③ 통산하여 6개월 이상 대한변호사협회에서 연수를 마친 경우에는 단독으로 법률사무소를 최초로 개설하거나 법무법인, 법무법인(유한) 또는 법무조합의 구성원이 되더라도 법률사무종사기관에서 법률사무에 종사한 사실을 증명하는 확인서를 제출할 필요가 없다.

④ 법률사무 종사 또는 연수 기간 중 법무법인에 취업한 자는 구성원 변호사와 함께 담당변호사로 지정될 수 있다.

10 변호사의 수임제한 등에 관한 설명 중 옳지 않은 것은? (다툼이 있는 경우 판례에 의함)

① 변호사가 민사사건에서 소송대리인으로서 소송행위를 하는 등 직무를 수행한 경우, 나중에 민사사건과 기초가 된 분쟁의 실체가 동일한 형사사건에서 위 민사사건의 상대방인 피고인을 위한 변호인으로 선임되어 변호 활동을 하는 것은 허용되지 않는다.

② 수임사건의 동일성은 소송물이 동일한지 여부나 그 절차가 같은 성질의 것인지 여부 등 객관적 원칙에 따라 일반적·추상적으로 판단되어야 한다.

06 ③ 07 ② 08 ① 09 ④ 10 ② 정 답

③ 법무법인이 인가공증인으로서 법률행위에 관한 사실에 대한 공정증서를 작성한 사건을 수임 받아 소송에 관한 행위를 하면 형사처벌을 받는다.
④ 변호사가 의뢰인과 대립되는 상대방으로부터 사건수임을 위해 상담했을지라도, 오로지 상담을 이유로 수임이 제한되는 것은 아니다.

11 변호사의 수임제한에 관한 설명 중 옳은 것은?

① 법관으로 퇴직한 공직퇴임변호사는 수임제한기간 중에도 국선변호 등 공익목적의 수임은 할 수 있다.
② 변호사는 명백한 사항들과 관련된 증언을 하는 경우라도 스스로 증인이 되어야 할 사건을 수임하지 아니한다.
③ 법무법인의 특정 변호사에게 상대방 또는 상대방 대리인과 친족관계에 해당되는 사유가 있으면 그 법무법인은 해당 사건을 수임할 수 없다.
④ 변호사는 공정을 해할 우려가 있을 때에는 법률자문을 맡고 있는 민간기업체의 사건을 수임하지 아니한다.

12 변호사와 의뢰인의 관계에 관한 설명 중 옳은 것을 모두 고른 것은?

ㄱ. 변호사는 사건을 수임할 경우에는 반드시 서면으로 수임계약을 체결하여야 한다.
ㄴ. 변호사는 사건을 수임하지 않음으로써 오히려 의뢰인에게 불리한 영향을 미치는 경우에는 스스로 증인이 되어야 할 사건을 수임할 수 있다.
ㄷ. 변호사는 사건과 관련하여 본인이 제공한 법률사무의 내용에 관해 증언을 하는 경우에는 스스로 증인이 되어야 할 사건을 수임할 수 있다.
ㄹ. 변호사는 그가 속한 법무법인 등의 다른 변호사가 증언함으로써 의뢰인의 이익이 침해되거나 침해될 우려가 있는 경우에는 당해 사건에서 변호사로서 직무를 수행하지 아니한다.

① ㄱ, ㄷ　② ㄴ, ㄹ
③ ㄷ, ㄹ　④ ㄴ, ㄷ, ㄹ

13 변호사가 사건을 수임함에 있어 관계되는 의뢰인들이 모두 동의하고 의뢰인의 이익이 침해되지 않는다는 합리적 사유가 있을 때에만 수임할 수 있는 경우에 해당되는 것은?

① 수임하고 있는 사건의 상대방이 위임하는 다른 사건
② 상대방의 대리인과 친족관계에 있는 경우
③ 현재 수임하고 있는 사건과 이해가 충돌하는 사건
④ 동일한 사건에 관하여 상대방을 대리하고 있는 경우

14 변호사 甲은 X주식회사를 대리하여 Y주식회사를 상대로 대여금청구소송을 수행하고 있다. 그러던 중 X주식회사의 대표이사인 A가 술자리에서 Y주식회사의 전무인 B를 폭행한 혐의로 공소제기되었고, B는 甲을 대리인으로 선임하여 A를 상대로 불법행위로 인한 손해배상청구소송을 제기하려고 한다. 이에 관한 설명 중 옳은 것은?

① 甲은 손해배상청구사건을 수임할 수 없으나 X주식회사의 승낙이 있으면 수임할 수 있다.
② 甲은 손해배상청구사건을 수임할 수 없으나 A의 승낙이 있으면 수임할 수 있다.
③ X주식회사와 대표이사 A는 실질적으로 동일한 주체라고 할 수 있으므로 甲은 손해배상청구사건을 수임할 수 없다.
④ X주식회사와 대표이사 A는 별개의 법적 주체이므로 甲은 손해배상청구사건을 수임할 수 있다.

15 「변호사법」상 변호사의 겸직 제한에 관한 설명 중 옳지 않은 것은?

① 변호사는 공공기관에서 위촉하는 업무를 수행할 때는 겸직허가를 받아야 한다.
② 변호사는 보수를 받으며 상시근무가 필요한 국립 경찰대학 전임교원을 겸직할 수 없다.
③ 변호사는 소속 지방변호사회의 허가 없이 법무법인의 구성원이 될 수 있다.
④ 휴업한 변호사는 소속 지방변호사회의 허가 없이 상업사용인이 될 수 있다.

11 ① 12 ④ 13 ③ 14 ④ 15 ① 정답

16 변호사의 비밀유지의무에 관한 설명 중 옳지 않은 것은?

① 폐업신고를 한 변호사라도 직무상 알게 되었던 비밀을 누설하여서는 아니 된다.
② 변호사는 직무상 알게 된 의뢰인의 비밀을 부당하게 이용하여서는 아니 된다.
③ 변호사가 외부에 공개해서는 아니 되는 의뢰인이 제공한 문서 또는 물건은 직무와 관련하여 제출받은 것이어야 한다.
④ 변호사는 업무상 위탁을 받아 보관하는 물건이 타인의 비밀에 관한 것이라면 그 타인의 승낙이 있는 경우에 한하여 압수를 거부할 수 없다.

17 甲은 2014. 2.경부터 서울중앙지방검찰청 검사로 근무하다가 2016. 1. 5. 사직하고 2016. 2.경부터 L법무법인에서 변호사로 근무하게 되었다. L법무법인은 甲과 사실혼 관계에 있는 A가 서울중앙지방법원에 공소제기된 사기사건을 2016. 9. 1. 수임하였다. 한편 L법무법인은 B로부터 소유권이전등기말소청구사건을 수임하여 C를 상대로 소송을 수행하고 있었는데, C는 L법무법인이 특허소송에서 최고라고 생각하여 L법무법인을 특허무효소송의 대리인으로 선임하고자 한다. L법무법인으로부터 이 이야기를 전해 들은 B의 처 D는 이에 대해 동의하였다. 이에 관한 설명 중 옳지 않은 것은?

① 변호사 甲이 서울중앙지방검찰청 검사로 퇴직한 날부터 1년이 경과하기 전이라도 L법무법인은 위 사기사건을 수임할 수 있다.
② 사건당사자와 변호사가 「변호사법」상 특수한 관계에 있는 경우에는 공직퇴임변호사의 수임제한규정이 적용되지 않으므로 L법무법인은 甲과 사실혼 관계에 있는 A의 사건을 수임하여 甲을 담당변호사로 지정할 수 있다.
③ 소유권이전등기말소청구소송과 특허무효소송의 담당변호사가 다르더라도 수임제한사유 유무는 L법무법인 전체를 기준으로 판단하여야 한다.
④ L법무법인은 B가 동의한 경우에는 특허무효소송을 수임할 수 있으나 B의 처 D의 동의만으로는 수임할 수 없다.

18 변호사와 의뢰인의 관계에 관한 설명 중 옳은 것을 모두 고른 것은? (다툼이 있는 경우 판례에 의함)

ㄱ. 변호사는 민법상의 임의대리인과 마찬가지로 의뢰인의 승낙이 있거나 부득이한 사유가 있는 때가 아니면 복대리인을 선임하지 못한다.
ㄴ. 민법상 위임계약은 무보수가 원칙이나 변호사와의 위임계약에서는 당사자 사이에

> 무보수로 한다는 특약이 없는 이상 응분의 보수를 지급하기로 하는 묵시적 약정이 있는 것으로 해석된다.
> ㄷ. 형사사건의 경우 피고인 또는 피의자, 피고인 또는 피의자의 법정대리인·배우자·직계친족·형제자매·고용주는 변호인을 선임할 수 있다.
> ㄹ. 본안소송을 수임한 변호사가 그 소송을 수행함에 있어 가처분 등 보전처분에 관한 소송행위를 할 수 있는 소송대리권까지 갖게 되었다면, 별도로 위임을 받은 바 없다고 하더라도 가처분 신청 등 의뢰인의 권리를 보전함에 필요한 조치를 하여야 한다.

① ㄱ, ㄴ ② ㄱ, ㄷ
③ ㄱ, ㄴ, ㄹ ④ ㄴ, ㄷ, ㄹ

19 법무법인의 책임에 관한 설명 중 옳지 않은 것은? (다툼이 있는 경우 판례에 의함)

① 법무법인의 대표변호사 甲은 업무집행 중 불법행위를 한 경우에만 법무법인과 연대하여 손해배상책임을 부담하고, 소송위임계약상의 채무불이행으로 인한 손해배상책임에 대해서는 연대책임을 부담하지 않는다.
② 법무법인의 구성원이 아닌 변호사 乙이 의뢰인에게 자기를 법무법인의 구성원이라고 오인시키는 행위를 하였을 때에는 오인으로 인하여 법무법인과 거래한 의뢰인에 대하여 법무법인의 구성원 변호사와 동일한 책임을 진다.
③ 법무법인의 구성원 변호사 丙은 탈퇴하더라도 그 등기를 하기 전에 생긴 법무법인의 채무에 대하여는 등기 후 2년 내에는 다른 구성원 변호사와 동일한 책임이 있다.
④ 법무법인의 성립 후에 가입한 구성원 변호사 丁은 가입한 이후에 발생한 법무법인의 채무에 대하여 책임을 부담할 뿐이고, 그 가입 전에 생긴 법무법인의 채무에 대해서는 연대책임을 부담하지 않는다.

20 변호사와 의뢰인의 관계에 관한 설명 중 옳은 것을 모두 고른 것은? (다툼이 있는 경우 판례에 의함)

> ㄱ. 아직 수사나 공판 등 형사절차가 개시되지 않아 피의자 또는 피고인에 해당한다고 볼 수 없는 사람이 일상적 생활관계에서 변호사와 상담한 법률자문에 대하여도 변호인의 조력을 받을 권리의 내용으로서 그 비밀의 공개를 거부할 수 있는 의뢰인의 특권을 도출할 수 있다.

16 ④ 17 ② 18 ① 19 ④ 20 ① 정 답

ㄴ. 피사취수표와 관련된 본안소송을 위임받은 변호사는 사고신고담보금에 대한 권리보전조치의 위임을 받지 않았다면 사고신고담보금에 대한 권리보전조치로서 지급은행에 소송계속중임을 증명하는 서면을 제출해야 할 의무가 없다.
ㄷ. 변호사는 의뢰인의 재산 등 권리의 옹호에 필요한 조치를 취할 의무가 있으므로, 공사대금과 관련한 사기사건의 피해자로부터 형사고소사건만을 수임한 변호사가 의뢰인의 공사대금채권을 확보하기 위하여 피고소인들의 재산 등에 대한 보전처분의 신청을 하지 않은 것은 선량한 관리자의 주의의무를 위반한 것이다.
ㄹ. 소송위임계약과 관련하여 위임사무처리 도중에 수임인의 귀책사유로 신뢰관계가 훼손되어 더 이상 소송위임사무를 처리하지 못하게 됨에 따라 계약이 종료되었다면 위임인은 계약 종료 당시까지 이행한 사무처리 부분에 대한 보수지급의무가 없다.

① ㄴ
② ㄱ, ㄴ
③ ㄱ, ㄹ
④ ㄴ, ㄷ

21 변호사 업무광고로 허용되는 것은?

① 변호사 甲은 시내버스 외부에 법률사무소 광고를 하였다.
② 변호사 乙은 유료 법률상담 전화를 이용한 상담을 하면서 운영업체에 상담료의 일정 비율을 중개료로 지급하였다.
③ 변호사 丙은 구청에서 실시하는 무료 법률상담에 참여하여 상담하는 동안 상담실 바깥 탁자에 명함을 놓아두어 민원인들이 가져갈 수 있게 하였다.
④ 변호사 丁은 과거 의뢰인이었던 회사의 법무팀 직원이 다른 회사의 법무팀장이 된 것을 알고 전화를 걸어 법률사무소 홍보를 하였다.

22 변호사의 비밀유지의무에 관한 설명 중 옳은 것을 모두 고른 것은?

ㄱ. 「변호사윤리장전」에 의하면 변호사는 공무를 수행하면서 알게 된 정부기관의 비밀을 의뢰인의 이익을 위한 경우에 한하여 최소한의 범위에서 이용할 수 있다.
ㄴ. 「형사소송법」에 의하면 의뢰인은 변호사에게 업무상 위탁을 받은 관계로 알게 된 비밀에 대하여 증언거부권을 포기하고 증언할 것을 승낙할 수 있다.
ㄷ. 「민사소송법」은 변호사의 증언 거부의 예외사유로 '비밀을 지킬 의무가 면제된 경우'를 규정하고 있을 뿐 '중대한 공익상의 이유'를 명시하고 있지 않다.
ㄹ. 「변호사윤리장전」에 의하면 의뢰인이 직무수행상 과실을 이유로 손해배상청구를

한 경우 변호사는 그 재판과정에서 자신을 방어하기 위하여 필요한 경우에는 최소한의 범위에서 의뢰인의 비밀을 공개할 수 있다.

① ㄴ, ㄹ ② ㄷ, ㄹ
③ ㄱ, ㄴ, ㄷ ④ ㄴ, ㄷ, ㄹ

23 변호사 업무광고로 허용되는 것은?

① 변호사 甲은 「변호사 전문분야 등록에 관한 규정」에 따라 형사법을 전문분야로 등록한 후 '형사법 분야의 국내 최고 전문 변호사'라고 지역신문에 광고하였다.
② 변호사 乙은 관할구청의 허가를 받아 도로 현수막 게시대에 주요 취급업무, 사무실 위치 및 전화번호 등의 내용이 적힌 현수막을 설치하였다.
③ 변호사 丙은 지역신문에 광고하면서 법관 경력을 기재하였다.
④ 변호사 丁은 미국 캘리포니아 주 변호사 자격을 취득한 후 자신을 국제변호사로 소개하는 내용의 광고를 하였다.

24 변호사 업무광고에 관한 설명 중 옳은 것을 모두 고른 것은?

ㄱ. 변호사 甲은 유료 법률상담에 관한 사항은 광고할 수 있으나, 제 3 자의 영리를 위한 사업의 일환으로 운영되는 법률상담에 참여하는 경우에는 그 법률상담에 관한 광고는 할 수 없다.
ㄴ. 변호사 乙이 '전년도 승소율 90%'라는 표현을 사용하여 광고를 한 경우, 그 광고 내용이 사실이라도 「변호사법」 위반으로 형사처벌의 대상이 된다.
ㄷ. 변호사 丙이 고객 유치 목적으로 개업연, 기타의 연회, 협찬의 방식으로 자기의 업무에 관한 정보를 제공한다면 그 광고는 변호사의 품위를 훼손할 우려가 있어 「변호사업무광고규정」에 위반된다.
ㄹ. 공직퇴임변호사인 변호사 丁의 경우 수임제한기간 1년이 지난 후에도 수임제한의 해제에 관한 광고는 할 수 없다.

① ㄱ, ㄴ ② ㄱ, ㄹ
③ ㄷ, ㄹ ④ ㄱ, ㄴ, ㄹ

21 ④ 22 ④ 23 ③ 24 ② 정 답

25 서울 서초구에 법률사무소를 둔 변호사 甲은 2016. 1. 3. 의뢰인 A로부터 서울중앙지방법원 관할의 형사사건과 민사사건을 수임하면서 형사사건에 대하여는 서면으로 착수금과 성공보수 약정을 하였다. 그리고 민사사건에 대하여는 추후 수임료를 정하기로 하고, 소송비용만 일단 甲이 먼저 지출하고 나중에 A가 이를 甲에게 지급하는 것으로 구두 약정하였다. 甲이 위 각 사건을 수임한 후 형사사건은 A에 대하여 추가로 기소된 사건과의 병합을 위해 부산지방법원으로 이송되었다. 甲은 A로부터 의뢰받은 민사사건에서 승소하여 상대방으로부터 공탁금을 수령하여 보관하고 있고, 형사사건도 무죄판결을 이끌어 내었다. 이에 관한 설명 중 옳지 않은 것은? (다툼이 있는 경우 판례에 의함)

① 변호사 甲은 위 민사사건에서 A와 수임료를 구체적으로 합의하지 않더라도 상당하다고 인정되는 보수를 A에게 청구할 수 있다.
② 변호사 甲은 A로부터 의뢰받은 형사사건에 대하여 A에게 성공보수를 청구할 수 없다.
③ 변호사 甲은 서면약정 없이는 A에게 반환할 공탁금을 자신이 A로부터 아직 지급받지 못한 소송비용 관련 채권과 상계할 수 없다.
④ 변호사 甲은 A에게 형사사건의 관할법원 변경으로 인해 추가로 발생하는 시간과 노력을 고려하여 수임료의 추가 지급을 요구할 수 있다.

26 변호사의 사건수임에 관한 설명 중 옳은 것은? (다툼이 있는 경우 판례에 의함)

① 변호사 아닌 자가 법률사건을 변호사에게 알선하고 그 대가를 지급받았다고 하더라도 변호사와 의뢰인 사이에 위임계약이 성립하지 않았다면 「변호사법」 위반이 아니다.
② 변호사가 법률사건을 다른 변호사에게 알선하고 그 대가를 지급받은 것은 「변호사법」 위반이 아니다.
③ 법률사건 또는 법률사무의 알선에 대한 대가로서의 금품 지급에 관한 약속은 그 방법에 아무런 제한이 없고, 반드시 명시적일 필요도 없다.
④ 변호사가 자신의 법률사무소 사무직원의 알선으로 사건을 소개받았다면 의뢰인으로부터 받은 수임료는 「변호사법」에서 금지하는 알선대가이므로 몰수·추징의 대상이 된다.

27 변호사 甲은 고객들에게 자신의 법률사무소 명칭이 기재된 연하장을 우편으로 보내면서 '부동산법 일반'에 관한 세미나에 참석을 부탁하는 안내문을 함께 송부하였다. 또한 甲은 위 안내문을 법률사무소 인근 아파트 단지 주민들에게 우편으로 발송하였고, 우편 발송이 어려운 아파트 단지에는 개별 방문하여 안내문을 배포하였다. 한편 甲은 현재 재건축과 관련하여 분쟁이 진행 중인 X아파트 재건축조합에 "귀하의 아파트 재건축 분쟁사건을 담당하고 있는 변호사 乙, 丙보다 제가 재건축업무를 더 잘하며, 乙, 丙이 상대방을 대리한 소송에서도 모두 승소하였습니다."라는 내용의 홍보성 우편물을 발송하였다. 이에 관한 설명 중 옳은 것은?

① 변호사 甲이 고객에게 연하장을 보낸 것은 친분에 의한 것이므로 광고에 해당하지 않는다.

② 변호사 甲이 인근 아파트 주민들에게 세미나 안내문을 우편으로 발송하는 것은 소속 지방변호사회의 허가를 받으면 허용된다.

③ 변호사 甲이 아파트 주민을 개별 방문하여 세미나 안내문을 배포하는 것은 해당 주민의 동의가 있으면 허용된다.

④ 변호사 甲이 변호사 乙, 丙과 자신을 비교하는 내용의 홍보성 우편물을 발송하는 것은 소속 지방변호사회의 허가를 받으면 허용된다.

28 변호사 보수에 관한 설명 중 옳지 않은 것은? (다툼이 있는 경우 판례에 의함)

① 수인의 공동당사자가 변호사에게 소송대리를 위임한 경우 그 보수금 지급 채무에 있어서는 특별한 약정이 없는 한 각자가 분할채무를 부담한다.

② 주식회사의 대표이사가 회사를 위한 탈세행위로 인하여 형사재판을 받을 경우 그 대표이사가 변호사 보수를 회사자금으로 지급하더라도 횡령죄에 해당되지 않는다.

③ 선정당사자가 선정자로부터 별도의 수권 없이 변호사 보수에 관한 약정을 하였다면 선정자들이 이를 추인하는 등의 특별한 사정이 없는 한 선정자에 대하여 효력이 없다.

④ 변호사의 보수를 결정할 때 변호사의 경험과 능력도 고려 대상이므로 검사로 장기간 근무한 경력이 있다면 그 점도 보수 결정에 반영될 수 있다.

25 ③ 26 ③ 27 ③ 28 ② 정답

29 변호사 甲은 의뢰인 A와 구상금청구의 항소사건만으로 수임 범위를 한정하는 소송위임계약을 체결하였고, 그 위임계약서에는 "의뢰인이 임의로 청구의 포기 또는 인낙, 화해하거나 소를 취하하는 경우 전부 승소한 것으로 본다."라는 승소간주 조항이 부동문자로 인쇄되어 있다. 또한 위 계약의 특약사항으로 "1) 착수금은 계약 당일 변호사 甲이 정한 계좌로 입금한다. 2) 착수금은 어떠한 일이 있어도 반환하지 않는다. 3) 성공보수는 상고심 결과와 관계없이 당해 항소사건의 판결선고 시에 지급한다."라는 내용이 포함되어 있다. 이에 관한 설명 중 옳은 것을 모두 고른 것은? (다툼이 있는 경우 판례에 의함)

> ㄱ. 변호사 甲의 귀책사유로 계약이 종료되었더라도 위임계약에 있는 특약사항에 따라 의뢰인 A는 착수금을 반환받을 수 없다.
> ㄴ. 부동문자로 인쇄된 승소간주 조항은 의뢰인 A에게 부당하게 불리한 약관 조항이므로 무효이다.
> ㄷ. 변호사 甲이 항소심에서 승소판결을 받았지만 대법원이 당해 항소심 판결을 파기환송하는 경우에는 항소심 재판이 다시 진행되므로 甲은 성공보수를 받을 수 없다.
> ㄹ. 의뢰인 A가 위임계약일부터 일주일이 지나도록 착수금을 지급하지 않고 있는 경우 변호사 甲은 법원에 위임장을 제출하지 않았더라도 의뢰인 A에게 착수금을 청구할 수 있다.

① ㄱ, ㄴ ② ㄱ, ㄷ
③ ㄴ, ㄹ ④ ㄷ, ㄹ

30 변호사의 직무와 그 한계에 관한 설명 중 옳지 않은 것은? (다툼이 있는 경우 판례에 의함)

① 법무법인이 직접 인터넷사이트를 개설한 후 업무담당 변호사를 지정하여 그 담당변호사로 하여금 위 인터넷사이트를 통하여 법무법인의 명의로 온라인 유료 법률상담을 하게 하는 것은 법무법인의 업무집행방법에 관한 「변호사법」 위반이다.
② 「변리사법」상 변리사 자격을 가진 변호사가 변리사로서 변리사 업무를 시작하기 위해서는 특허청장에게 등록하여야 한다.
③ 변호사의 자격이 있는 자는 세무사의 자격을 가지나, 세무사 자격시험에 합격하지 않은 변호사는 비록 세무사 자격이 있더라도 「세무사법」(2003. 12. 31. 법률 제7032호) 부칙 제2조 제1항의 적용대상에 해당하지 않는 이상 세무사등록부에 세무사로 등록할 수 없다.
④ 「세무사법」에 따라 세무사 등록을 할 수 있는 변호사가 법무법인의 구성원 또는 소속변호사로 근무하는 것은 세무사 등록 거부사유인 '영리를 목적으로 하는 법인'의 업무집행사원·임원 또는 사용인이 되어 영리 업무에 종사하는 경우에 해당하지 않는다.

31 변호사 윤리에 관한 설명 중 옳지 않은 것을 모두 고른 것은? (다툼이 있는 경우 판례에 의함)

> ㄱ. 주택인도사건을 수임한 변호사는 의뢰인의 이익을 위하여 소송지연만을 목적으로 하는 소송행위를 할 수 있다.
> ㄴ. 변호사는 의뢰인과 직무와 관련한 분쟁이 발생하였을 경우 대한변호사협회의 조정을 통하여 분쟁을 해결하도록 노력한다.
> ㄷ. 변호사는 전문적 지식과 경험을 가지고 수임한 사무를 처리하여야 하므로 의뢰인으로부터 독립하여 직무를 수행하나, 예외적으로 의뢰인의 지휘·감독을 받을 때에는 사용자와 피용자의 관계일 수도 있다.
> ㄹ. 대한변호사협회에 개업신고를 한 65세 미만의 등록 회원은 의무연수를 받아야 한다. 다만, 대한변호사협회는 의무전문연수에 한하여 그 대상을 60세 미만으로 하향 조정할 수 있다.

① ㄱ, ㄴ　　② ㄱ, ㄹ
③ ㄷ, ㄹ　　④ ㄱ, ㄴ, ㄹ

32 변호사 윤리에 관한 설명 중 옳지 않은 것은? (다툼이 있는 경우 판례에 의함)

① 변호사가 아닌 자에게 고용되어 법률사무소의 개설·운영에 관여한 변호사는 변호사가 아닌 자의 공범으로 처벌될 수 있다.
② 변호인이 신체구속을 당한 사람에게 법률적 조언을 하는 것은 그 권리이자 의무이므로 변호인이 적극적으로 피고인 또는 피의자로 하여금 허위진술을 하도록 하는 것이 아니라 단순히 헌법상 권리인 진술거부권이 있음을 알려 주고 그 행사를 권고하는 것을 변호사로서의 진실의무에 위배되는 것이라고는 할 수 없다.
③ 형사사건에서 성공보수약정은 수사·재판의 결과를 금전적인 대가와 결부시킴으로써, 기본적 인권의 옹호와 사회정의의 실현을 사명으로 하는 변호사 직무의 공공성을 저해하고, 의뢰인과 일반 국민의 사법제도에 대한 신뢰를 현저히 떨어뜨릴 위험이 있으므로, 선량한 풍속 기타 사회질서에 위배되어 무효이다.
④ 누구든지 법률사건의 수임에 관하여 당사자를 변호사 또는 그 사무직원에게 소개한 후 그 대가로 금품 기타 이익을 받아서는 아니 되는데, 이 행위에 해당하려면 소개된 사무직원이 반드시 금품 등이 수수될 때까지 사무직원으로서의 지위를 유지하고 있어야 하는 것은 아니지만 소개될 당시에는 사무직원이어야 한다.

29 ③ 30 ① 31 ① 32 ① 정 답

33 공직퇴임변호사에 관한 설명 중 옳지 않은 것은?

① 수원지방검찰청 검사로 근무하다 퇴직한 변호사 甲이 퇴직한 지 3개월 만에 수원지방법원에 계속된 민사사건 중 수원지방변호사회가 공익 목적으로 지정한 개인회생사건을 통상 수임료의 3분의 1 가격으로 수임하는 것은 수임제한 규정에 위반된다.

② 대구지방경찰청장으로 퇴직한 변호사 乙은 퇴직 직후 L법무법인의 구성원이 되었다. 그로부터 10개월 뒤 대구지방검찰청이 처리하는 사건을 L법무법인이 수임하는 것은 수임제한 규정에 위반된다.

③ 변호사 丙은 판사로 재직 시 X회사의 회생절차 중 Y회사와 체결한 하도급계약에 관한 직무를 취급하였다. 丙이 변호사 개업 2년 후 X회사의 소송대리인으로 선임되어 X회사와 별도의 하도급계약을 체결한 Z회사를 상대로 소송을 진행하더라도 수임제한 규정에 위반되지 않는다.

④ 서울고등법원 판사로 근무하다 퇴직한 변호사 丁은 퇴직 후 1년간 서울고등법원이 처리하는 사건을 수임할 수 없으나 서울중앙지방법원이 처리하는 사건은 기간제한 없이 수임할 수 있다.

34 「변호사법」상 법조윤리협의회에 관한 설명 중 옳지 않은 것은?

① 위원장은 대한변호사협회의 장이 지명하거나 위촉하는 위원 중에서 재적위원 과반수의 동의로 선출한다.

② 위원장은 특정변호사에게 위법의 혐의가 있는 것을 발견하였을 때에는 지방검찰청 검사장에게 그 변호사에 대한 수사를 의뢰할 수 있다.

③ 퇴직공직자가 법무법인에 취업한 때에는 법무법인은 취업일부터 2년 동안 취업한 퇴직공직자의 명단과 업무활동내역을 법조윤리협의회에 제출하여야 한다.

④ 공직퇴임변호사의 수임 자료와 처리 결과에 대하여 거짓 자료를 제출한 자에게는 과태료를 부과한다.

35 사내변호사에 관한 설명 중 옳은 것은?

ㄱ. 변호사가 영리를 목적으로 하는 회사에 고용되어 근무를 하는 경우에는 전문연수를 받을 의무는 면제되지만 윤리연수를 받을 의무는 여전히 부담한다.
ㄴ. 사내변호사는 「변호사법」에 따라 소속 지방변호사회의 감독을 받는다.

ㄷ. 사내변호사를 고용한 회사는 사내변호사에게 다른 회사의 소송사건을 수임하여 수행하도록 명할 수 있고, 이 경우 그 회사는 다른 회사로부터 수임료를 직접 받을 수 있다.
ㄹ. 사내변호사로서 겸직허가를 받은 이상 회사로부터 소송사건을 위임받더라도 소속 지방변호사회를 경유할 필요는 없다.

① ㄱ
② ㄴ
③ ㄴ, ㄷ
④ ㄴ, ㄹ

36 「법관윤리강령」에 위반되는 행위를 모두 고른 것은?

ㄱ. 법관 甲은 자신이 소속한 학회의 발표의뢰를 받고 최근 선고된 다른 법원 하급심 판결에 관하여 학술 목적으로 학회에서 의견을 표명하였다.
ㄴ. 법관 乙은 친구인 A의 토지소유권 관련 분쟁에 도움을 주기 위하여 분쟁상대방을 직접 만나 A를 위하여 협상하였다.
ㄷ. 법관 丙은 친구인 B가 자신이 재직하고 있는 법원에서 재판을 받게 되자 B가 유리한 판결을 받게 하려고 해당 재판부 법관들의 성향에 대한 정보를 B에게 제공하였다.
ㄹ. 법관 丁은 진행 중인 사건을 화해나 조정으로 해결하는 것이 보다 바람직하다고 판단하여 두 당사자를 법정이 아닌 판사실로 불러 면담을 하였다.

① ㄱ, ㄹ
② ㄴ, ㄷ
③ ㄷ, ㄹ
④ ㄴ, ㄷ, ㄹ

37 甲은 대전고등법원의 재판연구원으로 임용되어 위 법원 민사1부에서 근무하다가 2016. 12. 31. 퇴직하고 2017. 2. 1. L법무법인에 취업하였다. 이에 관한 설명 중 옳은 것은?

① 甲이 대전고등법원 민사1부에서 재판을 하고 판결을 선고한 사건에 재직 중 관여한 바가 없더라도 L법무법인이 그 사건의 상고대리인이 되는 것은 허용되지 않는다.
② 甲은 공직퇴임변호사에 해당되지 아니하므로 대전고등법원에 계속 중인 사건의 담당변호사로 지정될 수 있다.
③ 甲이 재판연구원에서 퇴직하고 변호사로 개업하면 수임사건 수와 관계없이 퇴직일부터 1년까지는 「변호사법」상 특정변호사에 해당한다.
④ 甲이 대전고등법원 민사1부에서 근무하는 동안 재판장의 지시로 특정사건을 검토한

33 ② 34 ③ 35 ② 36 ② 37 ② 정 답

후 보고서 작성에 그친 것이라면, 甲은 L법무법인에서 담당변호사로 그 사건을 처리할 수 있다.

38 검사의 직무윤리에 관한 설명 중 옳지 않은 것은?

① 검사는 자신이 취급하는 사건의 피의자나 피해자 등 사건 관계인 기타 직무와 이해관계가 있는 자와 정당한 이유 없이 사적으로 접촉하지 아니한다.
② 검사는 수사 등 직무와 관련된 사항에 관하여 검사의 직함을 사용하여 대외적으로 의견을 기고·발표하는 등 공표할 때에는 소속 기관장의 승인을 받는다.
③ 검사는 직무에 관한 상급자의 지휘·감독에 따라야 하지만 구체적 사건과 관련된 상급자의 지휘·감독의 적법성이나 정당성에 이견이 있을 때에는 절차에 따라서 이의를 제기할 수 있다.
④ 검사는 '취급 중인 사건의 사건 관계인과 친족관계에 있거나 그들의 변호인으로 활동한 전력이 있을 때' 이외의 친분 관계 기타 특별한 관계가 있는 경우에도 수사의 공정성을 의심받을 우려가 있다고 판단했을 때에는 그 사건을 회피하여야 한다.

39 변호사 甲은 승소가능성이 전혀 없는 조상 땅 찾기 소송에서 반드시 승소할 것처럼 의뢰인들을 기망하여 사건을 수임함으로써 변호사보수 상당의 금전을 편취하였다는 내용 등으로 사기 및 변호사법위반으로 공소제기되어 1심 및 2심에서 징역 1년에 집행유예 2년의 형을 선고받고 대법원에 상고하였다. 이에 관한 설명 중 옳은 것은?

① 대법원이 위 상고를 기각할 경우 형의 확정과 동시에 변호사 甲은 변호사 자격을 상실하고 대한변호사협회 등록심사위원회의 의결을 거쳐 등록이 취소된다.
② 변호사 甲이 위 형의 확정으로 변호사 등록이 취소된 경우 형의 확정일부터 5년이 경과하여야만 다시 변호사 등록을 할 수 있다.
③ 법무부장관은 상고심 재판 계속 중에도 등록취소의 가능성이 매우 크다는 이유만으로 변호사 甲에게 법무부징계위원회의 결정에 따라 업무정지명령을 할 수 있다.
④ 변호사 甲이 위 형의 확정으로 변호사 등록이 취소되었다가 재등록 후 직무 외 품위손상행위로 정직의 징계처분을 받고, 다시 「변호사법」을 위반하여 변호사로서의 직무를 수행하는 것이 현저히 부적당하다고 인정되는 경우에는 甲을 영구제명할 수 있다.

40 법무법인의 사건 수임 등에 관한 설명 중 옳은 것은?

① L법무법인의 구성원 아닌 변호사 甲이 국토교통부 중앙공동주택관리분쟁조정위원회의 조정위원으로서 A와 B 사이의 분쟁에 대한 조정업무를 처리하였더라도 L법무법인은 그 조정에 불복하여 제기한 소송을 수임할 수 있다.

② L법무법인의 구성원 변호사 乙은 공정거래위원회의 비상임위원을 겸직하고 있다. L법무법인은 구성원 변호사 丙을 담당변호사로 지정한다면 X회사로부터 공정거래위원회의 조사사건을 제한 없이 수임할 수 있다.

③ L법무법인의 구성원 변호사 丁은 C를 대리하여 D를 상대로 한 이혼소송 업무를 담당하고 있다. 한편 D가 E를 상대로 한 대여금반환청구 소송을 준비하면서 변호사 丁에게 수임을 부탁하는 경우 변호사 丁은 C의 동의를 받아야 수임할 수 있다.

④ L법무법인의 구성원 변호사 戊는 위 변호사 丁이 의뢰인 C와 관련하여 직무상 비밀유지의무를 부담하는 사항을 알게 된 경우, L법무법인이 해산되면 비밀유지의무로부터 벗어날 수 있다.

38 ④ 39 ① 40 ③ 정 답

제10회 법조윤리 기출문제

01 변호사의 품위유지의무에 관한 설명 중 옳은 것을 모두 고른 것은? (다툼이 있는 경우 판례에 의함)

> 가. 변호사가 수임한 형사사건의 증거물 압수조서를 임의로 필사하여 외국 대사관 직원에게 전달하고 외국환거래법도 위반한 경우 품위유지의무 위반으로서 징계사유가 된다.
> 나. 변호사로서의 품위는 기본적 인권의 옹호와 사회정의 실현을 사명으로 하는 법률전문직인 변호사로서 그 직책을 맡아 수행해 나가기에 손색이 없는 인품을 말하고, 어떠한 행위가 품위손상행위에 해당하는가는 구체적 상황에 따라 건전한 사회통념에 의하여 판단하여야 할 것이며, 이러한 기준에 따른 법관의 보충적인 해석에 의하여 그 내용이 확정될 수 있다.
> 다. 법관·의사·공인노무사에 대하여는 직무와 관련된 품위손상행위만을 징계사유로 삼고 있고, 변리사·세무사·관세사·공인중개사·건축사·기술사에 대하여는 품위유지의무위반 자체를 독립된 징계사유로 삼고 있지 않는 데 반해, 변호사법상의 품위손상조항은 변호사에 대하여 직무와 관련되지 않은 품위손상행위를 징계사유로 삼음으로써 위 전문직들에 비하여 변호사를 차별취급하여 평등원칙에 위배된다.
> 라. 징계사유와 징계종류를 결부시켜 징계조항을 규정한 다른 전문직들과 달리, 변호사법상의 징계종류조항은 개별 징계사유에 대하여 어떠한 종류의 징계처분을 할 것인지를 구체적으로 규정하지 아니 하여 징계처분에 대한 피징계자의 예측가능성을 침해하고, 징계권자의 자의적인 처분을 가능하게 하여 법률의 명확성원칙 및 평등원칙에 위배된다.

① 가, 나　　② 가, 다
③ 가, 라　　④ 나, 다

02 외국법자문법률사무소에 관한 설명 중 옳은 것은?

① 외국법자문사는 국제중재사건의 대리를 제외한 원자격국의 법령에 관한 자문만으로 그 업무범위를 엄격히 제한하는 경우 2개 이상의 외국법자문법률사무소를 설립할 수 있다.

② 외국법자문법률사무소의 설립인가를 받기 위해서는 그 본점사무소가 외국법자문법률사무소의 업무와 관련한 민사·상사상 책임에 대하여 그 이행을 보증하여야 한다.

③ 법무부장관의 설립인가를 받은 외국법자문법률사무소의 대표자는 그 고시가 있었던 날부터 3개월 이내에 법무부에 목적, 명칭 및 사무소의 소재지, 구성원의 성명 및 주소와 외국법자문법률사무소를 대표할 구성원의 주소 등을 등록 신청하여야 한다.

④ 외국법자문법률사무소는 원자격국의 법령에 관한 사무, 국제중재사건의 대리, 대한민국 법령에 관한 자문을 처리할 수 있다.

03 변호사의 공익활동에 관한 설명 중 옳지 않은 것은?

① 대한변호사협회 또는 지방변호사회가 지정하는 사회복지시설에 대한 기부행위는 공익활동으로 인정된다.

② 자선단체, 종교단체 등 공익적 성격을 가진 단체에 무료로 법률서비스를 제공한 활동으로 지방변호사회의 인정을 받은 것은 공익활동에 해당된다.

③ 법무법인은 그 구성원인 개인회원 및 소속변호사 전원을 대신하여 공익활동을 행할 변호사를 지정할 수 있다.

④ 법조경력이 2년 미만이거나 60세 이상인 회원은 공익활동의 의무가 면제된다.

04 변호사의 품위유지의무 위반에 관한 설명 중 옳지 않은 것은? (다툼이 있는 경우 판례에 의함)

① 변호사가 사건을 수임한 후 소제기를 지연시켜 손해배상청구권의 시효가 완성되어 패소판결로 의뢰인이 손해를 보게 되었고 그 손해보전을 위하여 일정 금액을 분할 지급하기로 약정하였으나 이행하지 않았다면, 이는 징계사유에 해당될 수 있다.

② 변호사가 의뢰인의 분쟁에 개입해서 의뢰인의 상대방과의 관계에서 직접 분쟁의 당사자로 발전하여 상대방으로부터 배당이의의 소를 제기 당한 경우 이는 정상적인 변호사 업무활동을 벗어난 변호사로서의 품위를 손상하는 행위로 볼 수 없다.

정 답 01 ① 02 ② 03 ① 04 ②

③ 변호사가 사무직원 채용 면접 중 여성 지원자에게 "애인이 있느냐? 만나는 남자 친구가 다른 여자와 3박 4일의 여행을 다녀왔다는 사실을 사후에 알았다면 어떻게 하겠는가?"라는 질문을 하였다면 이러한 행위는 징계사유에 해당될 수 있다.
④ 변호사가 범죄나 징계의 전력이 없는 상태에서 변호사로서의 품위를 심각하게 손상하는 행위를 한 경우라도 영구제명이 될 수 없다.

05 변호사와 의뢰인의 관계에 관한 설명 중 옳은 것은? (다툼이 있는 경우 판례에 의함)

① 변호사가 무상으로 사건을 수임한 경우에는 의뢰인의 승낙 없이도 복대리인을 선임할 수 있다.
② 피고인이 법인인 형사사건에서 그 법인의 대표이사가 변호인을 선임하는 경우에 그 선임권을 제3자에게 위임하여 그 제3자로 하여금 변호인을 선임하게 할 수 있다.
③ 소송위임은 소송대리권의 발생이라는 소송법상의 효과를 목적으로 하는 소송행위로서 그 기초관계인 의뢰인과 변호사 사이의 사법상의 위임계약과는 성격을 달리한다.
④ 사무직원의 과실로 항소기간을 도과하더라도 변호사는 사무직원에 대한 지휘·감독의무를 소홀히 하지 않았음을 증명한 이상 손해배상 책임을 부담하지 않는다.

06 변호사와 의뢰인 간의 사건위임계약 종료에 관한 설명 중 옳은 것은? (다툼이 있는 경우 판례에 의함)

① 위임사무가 소송사건의 처리인 경우 심급대리의 원칙상 당해 심급의 판결을 송달 받은 때 종료된다.
② 변호사가 파산하면 위임계약은 종료되나 의뢰인의 파산은 위임계약 종료사유가 아니다.
③ 변호사는 의뢰인에게 불리한 경우 위임계약을 해지할 수 없다.
④ 위임사무가 소송사건의 처리인 경우 변호사가 법원에 사임서를 제출한 때 그 위임계약이 종료된다.

07 「법관윤리강령」 또는 「검사윤리강령」에 위배되는 행위를 모두 고른 것은? (다툼이 있는 경우 판례에 의함)

가. 사법연수원 소속 법관 甲은 법학전문대학원에서 강의하면서 학생의 이해를 돕고자 자신이 과거에 담당했던 사건을 사례로 들면서 그 법리에 관하여 설명하였다.

> 나. 서울중앙지방법원 법관 乙은 현재 담당하고 있는 사건의 소송대리인에게 재판 절차의 진행을 위하여 전화통화를 하였다.
> 다. 서울동부지방법원 법관 丙은 재판 진행 중 고령의 당사자에게 버릇 없다는 내용의 발언을 하였다.
> 라. 서울남부지방검찰청 검사 丁은 소송 진행 중에 피고인의 무죄를 입증할 수 있는 결정적인 물증을 입수하였지만 이를 법원에 제출하지 아니 한 채 공소를 유지하였다.
> 마. 서울서부지방검찰청 차장검사 戊는 피의자 A에 대하여 수사를 진행하고 있는 소속 검사가 현재 어떤 자료를 확보하였고, 신병처리에 대하여 어떤 의견을 가지고 있는지 등 내부 수사 상황을 확인한 후 그 내용을 A에게 전달하였다.

① 가, 나, 다 ② 나, 다, 마
③ 나, 라, 마 ④ 다, 라, 마

08

변호사 甲은 「변호사 전문분야 등록에 관한 규정」에 따른 전문분야 등록을 하지 않고, '수용 및 보상 전문변호사'라고 표기된 현수막을 대로변에 설치하였다. 이에 관한 설명 중 옳은 것은?

① 변호사 甲이 전문분야 등록 없이 '전문'이라는 용어를 사용하여 광고를 했다고 하더라도 이는 징계사유에 해당되지 아니 한다.
② 변호사 甲의 현수막 설치 행위에 대해서 진정인이 직접 대한변호사협회에 고발한 경우, 협회장은 직권으로 징계위원회에 회부하여야 한다.
③ 대한변호사협회의 장은 변호사 甲에 대한 징계개시를 청구하여야 하지만, 현수막이 철거된 날부터 2년이 지나면 청구하지 못한다.
④ 변호사 甲에 대하여 과태료 200만 원의 징계처분이 확정된 경우에 대한변호사협회의 장은 이 징계처분정보를 인터넷 홈페이지에 게재하여야 한다.

09

다음 설명 중 옳지 않은 것은? (다툼이 있는 경우 판례에 의함)

① 법무법인(유한)에 근무하는 담당변호사가 수임사건에 관하여 고의나 과실로 위임인에게 손해를 발생시킨 경우 법무법인(유한)과 연대하여 그 손해를 배상할 책임이 있다.
② 변호사법은 변호사 보수의 적정성 판단기준으로 사건의 난이도, 소요되는 노력의 정도와 시간, 변호사의 경험과 능력, 소송물가액 등을 고려하도록 하는 규정을 두고 있다.
③ 변호사에게 매년 1월 말까지 전년도에 처리한 수임사건의 건수와 수임액을 소속 지방

05 ③ 06 ① 07 ④ 08 ④ 09 ② 정 답

변호사회에 보고할 의무를 부과하는 것은 변호사의 사생활의 비밀과 자유를 침해하는 것이라고 할 수 없다.

④ 법무법인의 구성원으로 등기되어 있는 변호사도 임금을 목적으로 종속적인 관계에서 근무하는 경우 근로기준법상의 근로자로 볼 수 있다.

10 변호사와 의뢰인의 관계에 관한 설명 중 옳은 것은?

① 변호사는 의뢰인이 기대하는 결과를 얻을 가능성이 없는 사건에 대하여 의뢰인이 사건위임 여부를 결정할 수 있도록 사건의 예상 진행과정을 설명하여야 한다.

② 국선변호인으로 선임되었어도 의뢰인에게 충분한 자력이 있음을 확인하면 사선으로 전환하여야 한다.

③ 변호사는 사무직원으로 하여금 예상 의뢰인과 접촉하지 않도록 하여야 한다.

④ 변호사는 어떠한 경우에도 의뢰인과 금전대여, 보증 등의 금전거래를 해서는 아니 된다.

11 변호사의 의무와 책임에 관한 설명 중 옳은 것은? (다툼이 있는 경우 판례에 의함)

① 변호사의 의뢰인에 대한 위임사무 종료단계에서 패소판결이 있었던 경우에는 의뢰인으로부터 상소에 관하여 특별한 수권을 받은 경우에 한하여 의뢰인에게 상소 시의 승소가능성에 대하여 설명할 의무가 있다.

② 변호사가 위임 받은 소송사건을 부적절하게 수행하여 패소한 경우 평균적인 변호사에 비추어 그 소송수행에 통상의 주의를 기울이지 않은 사실이 인정되고 통상의 주의를 기울였다면 승소하였을 개연성이 증명된 경우에 한하여 의뢰인이 입은 재산상 손해를 배상할 책임이 있다.

③ 본안소송을 수임한 변호사는 그 소송을 수행함에 있어 강제집행이나 보전처분에 관한 소송행위를 할 수 있는 소송대리권을 가지게 되므로 의뢰인에 대한 관계에서도 당연히 그 권한에 상응한 위임계약상의 의무를 부담한다.

④ 변호사의 선관주의의무 위반으로 인하여 패소 부분에 대한 항소권이 소멸한 후 부대항소를 제기하였으나 상대방의 항소 취하로 부대항소가 효력을 잃어 판결이 확정된 경우라면 의뢰인이 항소로 얻을 수 있었던 금원은 특별손해에 해당한다.

12 다음 사안에 관한 설명 중 옳지 않은 것은?

> 변호사 甲은 A로부터 혼인관계 중 부정행위를 이유로 한 손해배상청구소송의 위임을 받았다. 법원은 A가 배우자인 B에게 3천만 원을 지급하도록 화해권고결정을 내렸고 당사자가 이의를 제기하지 않아 위 결정은 확정되었으며, 甲과 A 사이의 위임계약은 종료하였다. 그런데 甲은 자신이 진행하는 1인 인터넷 방송에서 "간통죄 폐지에도 불구하고 불륜 시 손해배상책임을 부담할 수 있음"이라는 주제로 방송하면서 위 사건을 예로 들어 A의 이름 일부와 근무하는 회사명 및 직급을 언급하였다.
>
> 한편 A의 내연녀였던 C는 위 손해배상소송 진행 중 A로부터 강간당하였다고 주장하면서 A를 고소하였는데, A는 위 손해배상소송을 통해 확보한 사진이 자신의 혐의 없음을 증명할 수 있을 것으로 판단하여 甲에게 해당 사진을 검사에게 제출해달라고 요청하였지만 甲은 그 사진을 검사뿐만 아니라 해당 사건을 취재 중이던 기자에게도 전달하였다.
>
> 위 화해권고결정 전 A는 조정의사를 묻는 甲에게 "솔직히 B에게 5천만 원은 줘야 한다고 생각한다. 그 정도면 조정에 응할 의사가 있다."는 취지의 이메일을 회신한 적이 있다. 또한 화해권고결정에 대한 이의 여부를 묻는 甲의 문자메시지에 대하여 "해외에 나와 있으니 종전에 논의된 대로 알아서 처리하라"고 회신하였다. 이후 A는 甲이 자신의 동의 없이 함부로 화해권고결정에 동의하고 이의도 제기하지 않아 손해를 입었다며 甲을 상대로 1억 원의 손해배상청구의 소를 제기하였다.

① 甲이 1인 인터넷 방송에서 A의 인적사항과 불륜사실을 공개한 것은 비밀유지의무를 위반한 것이다.

② 甲이 사진을 공개한 것은 비밀유지의무를 위반한 것이다.

③ 甲이 위 1억 원 손해배상소송에서 위 이메일과 문자메시지를 증거로 제출한 것은 비밀유지의무를 위반한 것이 아니다.

④ 甲은 업무상비밀누설죄 외에도 변호사법위반죄로 처벌될 수 있다.

13 변호사와 의뢰인의 관계에 관한 설명 중 옳지 않은 것은? (다툼이 있는 경우 판례에 의함)

① 변호사 甲은 의뢰인으로부터 의뢰인의 이익에 배치되는 요청을 받았을 때 의뢰인에게 이유를 설명하고 요청을 거절할 수 있다.

② 변호사 甲은 의뢰인 A로부터 상대방 B에 대한 공사대금청구 소송을 수임하여 진행하다가 변호사 보수를 지급하지 못한 A의 요청으로 위 공사대금청구권 중 10%를 채권양도방식으로 양수하였다. 위 채권양수행위의 사법적 효력에는 이무 영향이 없으나 甲의 행위는 형사처벌의 대상이 된다.

10 ① 11 ② 12 ④ 13 ④ 정답

③ 변호사 甲은 의뢰인의 말만 믿고 소를 제기하였는데 상대방으로부터 의뢰인의 패소에 결정적인 증거가 법정에 제출되었다. 甲은 의뢰인의 동의 없이 소를 취하할 수 없다.
④ 변호사 甲은 법원 형사부 재판장과 대학교 동기동창으로 친한 사이라고 선전하여 이를 알고 찾아온 의뢰인으로부터 위 재판장이 진행하고 있는 의뢰인에 대한 형사사건을 수임하였다. 甲은 변호사법을 위반하였으므로 징계책임은 물론 형사책임도 진다.

14 변호사 甲은 A로부터 그의 친구 B가 운전 중 야기한 교통사고로 인한 교통사고처리특례법위반 사건의 형사변론을 의뢰받고 수임하였다. 甲은 피고인 B와의 면담과정에서 실제 교통사고를 낸 운전자는 A인데 B가 운전자라고 허위자백을 했다는 사실을 알게 되었다. 이에 관한 설명 중 옳지 않은 것은? (다툼이 있는 경우 판례에 의함)

① B가 "A 대신 처벌을 받을 테니 정상변론을 해달라"고 요구하더라도 甲은 이에 응하지 않아야 한다.
② 甲이 A, B의 의사에 반하여 실제 범인은 A라고 경찰에 신고하는 것은 비밀유지의무에 위반되는 것이다.
③ B가 재판 도중 실제 범인이 A라는 사실을 실토할 뜻을 비치자, 甲이 A로 하여금 B에게 상당한 액수의 금전을 대가로 지급하고 B가 허위자백을 유지하도록 적극적으로 권유하더라도 이는 비밀유지의무에 의하여 정당화될 수 있다.
④ 甲이 증인으로 하여금 B의 허위자백에 부합하는 거짓 증언을 하도록 교사하는 것은 비밀유지의무의 범위를 벗어나는 것으로 정당화될 수 없다.

15 법률상담 광고 중 허용되는 사례를 모두 고른 것은?

가. 소셜커머스 업체가 변호사와 일정 시간 상담할 수 있는 티켓을 유료로 판매하여 사람들이 별도로 변호사와 일정을 잡아 전화 또는 사무실 방문을 통해 법률상담을 할 수 있도록 하는 경우
나. 시민단체가 운영하는 모바일 애플리케이션을 통하여 법률문제에 대한 질의를 하는 일반인을 대상으로 변호사가 무료 법률자문 행위를 하는 경우
다. 주식회사 X가 인터넷 사이트를 개설하여 유료상담을 받는 경우에는 일반이용자와 변호사회원들로부터 모두 정액의 가입비/월회비를 받는 것을 전제로, 이용자가 사이트에서 다수의 변호사들 중 1인을 선택하여 유료로 법률상담을 받을 수 있도록 서비스를 제공하는 경우
라. 변호사가 1인 인터넷 요리 방송을 하면서 자신의 학력·경력 등의 정보를 게시하고

법률상담을 원하는 시청자에 대해 무료법률상담을 해주겠다는 홍보를 하는 경우

① 가, 나 ② 가, 다
③ 나, 라 ④ 다, 라

16 변호사 甲은 의뢰인 A가 B를 상대로 한 민사소송의 대리를 맡아 승소확정판결을 받았고 그에 따라 A로부터 성공보수까지 모두 지급받았다. 그런데 이후 B는 A를 소송사기죄로 형사고소하면서 변호사 甲 또한 공범으로 함께 고소하였다. 甲은 수사를 받는 과정에서 자신의 혐의 없음을 입증하기 위해서는 사건 수임 과정에서 알게 된 A의 비밀사항이 담긴 문건을 제시할 필요가 있다고 판단하였다. 甲이 A의 비밀사항을 공개 또는 이용할 수 있는지에 관한 설명 중 옳은 것은?

① 변호사 甲은 의뢰인의 비밀을 지킬 의무가 있기 때문에 공개 또는 이용할 수 없다.
② 변호사 甲은 A로부터 성공보수를 받았으므로 공개 또는 이용할 수 없다.
③ 변호사 甲은 진실발견에 협력하여야 하기 때문에 공개 또는 이용할 수 있다.
④ 변호사 甲은 자신의 권리를 방어하기 위하여 필요한 경우이므로 최소한의 범위에서 공개 또는 이용할 수 있다.

17 변호사의 윤리에 위반되는 것을 모두 고른 것은?

가. 변호사 甲은 직무를 수행하면서 알게 된 개발정보를 이용하여 투자수익을 얻기 위해 토지를 매입하였다. 나. 변호사 乙은 자신이 직무를 수행하면서 작성한 의견서가 압수되자 작성경위에 관한 증언을 거부하였다. 다. 변호사 丙은 수임사건의 소송 종결 후에 그 사건에 관하여 재판부로부터 수임경위 등에 관한 사실조회 요청을 받았으나 이에 대하여 회신하지 아니하였다. 라. 법무법인 소속인 변호사 丁은 유명연예인 사건을 수임하여 처리하고 있는 같은 법무법인 소속 변호사로부터 사건의 전말을 전해 듣고 이를 위 법무법인에서 퇴직한 이후 자신의 친한 친구에게 말해 주었다.

① 가, 나 ② 가, 라
③ 나, 다 ④ 다, 라

14 ③ 15 ③ 16 ④ 17 ② 정 답

18 법관과 검사의 윤리에 관한 설명 중 옳은 것은?

① 법관은 품위유지와 직무수행에 지장이 없는 경우에 한하여 종교·문화단체에 가입할 수 있으나, 학술활동에는 아무런 제한이 없다.

② 법관은 정확한 보도를 위한 경우에는 구체적 사건에 관하여 공개적으로 논평하거나 의견을 표명할 수 있으나, 단순히 교육을 위한 경우에는 그러하지 아니 하다.

③ 검사는 직무와 관련한 사항에 관하여 검사의 직함을 사용하여 대외적으로 그 내용이나 의견을 기고·발표하는 등 공표할 때에는 소속 기관장에게 미리 신고를 하여야 한다.

④ 검사는 자신이 취급하는 사건의 피의자로부터는 정당한 이유 없이 향응 등을 제공받아서는 안 되고, 피해자와는 정당한 이유가 있더라도 사적으로 접촉해서는 아니 된다.

19 변호사 甲은 법무법인 L의 구성원 변호사이며 현재 서울시 선거관리위원회 비상임위원도 겸직하고 있다. 법무법인 L에는 구성원 변호사로 甲, 乙, 丙이 있다. 그런데 서울시 선거관리위원회는 전국동시지방선거 당시 후보자의 선거비용을 조사한 후 선거관리위원회 명의로 후보자 A를 공직선거법위반으로 고발하였다. 이와 관련 피고발인 A는 위 사건을 법무법인 L에게 위임하고자 한다. 이에 관한 설명 중 옳지 않은 것은?

① 甲은 공정을 해할 우려가 있는 경우 겸직하고 있는 선거관리위원회의 사건인 A의 피고발사건을 수임하지 않아야 한다.

② 법무법인 L은 甲이 사건의 수임 및 업무수행에 관여하지 않고 그러한 사유가 법무법인 L의 사건처리에 영향을 주지 않을 것이라고 볼 수 있는 합리적 사유가 있으면 A의 사건을 수임할 수 있다.

③ 법무법인 L이 A의 사건을 수임하여 甲을 담당변호사로 지정하였으나 분사무소에 근무하는 丙이 주된 업무를 수행하는 경우라면 甲과 丙은 물리적으로 격리되어 있어 서로 영향을 줄 수 없으므로 A의 사건을 수임할 수 있다.

④ 법무법인 L이 A의 사건을 수임하여 乙을 담당변호사로 지정하는 경우 乙과 甲 사이에 A의 고발사건과 관련하여 비밀을 공유하는 일이 없도록 합리적인 조치를 취하여야 한다.

20 변호사 甲은 20년 동안 공정거래위원회에서 근무하다가 2019. 1. 1. 사직한 후 법무법인 L의 구성원 변호사로 일하고 있다. 법무법인 L에는 변호사 甲 외에도 5명의 구성원 변호사와 50명의 구성원 아닌 소속 변호사가 근무하고 있다. 2019. 6. 1. A가 변호사 甲을 찾아와 공정거래위원회의 시정명령의 취소를 구하는 행정소송을 위임할 의사를 표시하였다. 변호사 甲은 A에게 법무법인 L의 다른 구성원 변호사인 乙과 상담하여 위임계약을 체결할 것을 권하였다. 이 권고에 따라 A가 변호사 乙에게 자신의 사건에 관해 상의한 경우, 변호사 甲과 법무법인 L의 의무에 관한 설명 중 옳지 않은 것은?

① A의 사건이 공정거래위원회에서 변호사 甲이 직무상 취급한 사건이라면, 법무법인 L은 어떤 경우에도 그 사건을 수임해서는 아니 된다.
② A의 상의를 받아 법무법인 L이 사건 수임을 승낙한 경우, 법무법인 L은 변호사 甲에게 그 공헌을 고려하여 수임료 일부를 지급할 수 있다.
③ A의 상의를 받아 법무법인 L이 사건 수임을 승낙한 경우, 법무법인 L은 변호사 甲이 그 수임 업무를 실질적으로 처리하게 해서는 아니 된다.
④ A의 상의를 받아 법무법인 L이 사건 수임을 승낙한 경우, 법무법인 L은 변호사 甲을 담당변호사로 지정해서는 아니 된다.

21 甲과 乙은 퇴직 전 1년 동안 서울고등법원에서 甲은 판사로, 乙은 재판연구원으로 근무한 후 퇴직한 다음날 모두 법무법인 L의 구성원 변호사가 되었다. 이에 관한 설명 중 옳은 것은?

① 법무법인 L은 변호사 甲이 서울고등법원에 재직할 당시 취급했던 사건을 수임할 수 있으나 변호사 甲을 담당변호사로 지정할 수는 없다.
② 법무법인 L은 서울고등법원 사건을 1년 동안 수임할 수 없으나 사건 당사자가 변호사 甲의 처남인 경우는 수임할 수 있다.
③ 법무법인 L은 1년 동안 변호사 甲을 담당변호사로 지정하여 서울중앙지방법원 사건을 수임할 수 없다.
④ 법무법인 L은 변호사 乙을 담당변호사로 지정하여 서울고등검찰청 사건을 수임할 수 있다.

18 ③ 19 ③ 20 ② 21 ④ 정 답

22 다음 사안에 관한 설명 중 옳은 것은? (다툼이 있는 경우 판례에 의함)

> 실제보다 과다한 화재보험금을 청구한 이유로 사기미수 혐의로 공소가 제기된 피고인 A는 법무법인 L을 형사재판 절차에서 변호인으로 선임하였다. 법무법인 L은 변호사 甲과 변호사 乙을 담당변호사로 지정하였는데, 실제로 법정에 출석하여 변론한 변호사는 甲이고 乙은 변론에 관여하지 않았다.
>
> 그 사기미수 사건(사건 1)이 유죄로 확정되자 보험회사 X는 A를 상대로 보험금지급채무가 존재하지 않음을 확인한다는 내용의 채무부존재확인의 소(사건 2)를 제기하였고, X는 법무법인 L을 소송대리인으로 선임하였는데, 소송진행 중 법무법인 L은 해산하였고, X는 개인변호사가 된 변호사 乙을 새로운 대리인으로 선임하였다.

① 「변호사법」 제31조 제 1 항 제 1 호에서 변호사는 당사자 일방으로부터 상의를 받아 그 수임을 승낙한 사건의 상대방이 위임하는 사건에 관하여는 그 직무를 행할 수 없다고 규정하고 있지만, 사건 1이 형사사건이고 사건 2가 민사사건인 경우처럼 서로 절차를 달리하는 사건들 사이에서는 위 규정이 적용되지 않는다.

② 변호사 乙은 사건 1에서 담당변호사로 지정되기만 했을 뿐 실제 변론에 관여하지 않았으므로 사건 2에서 법무법인 L이 보험회사 X의 대리인으로 선임되는 데에 문제가 없다.

③ 법무법인 L이 사건 1에서 피고인 A를 위한 변호인으로 선임된 뒤 같은 쟁점의 사건 2에서 보험회사 X를 위한 대리인으로 선임된 것은 수임제한 규정을 위반한 것이지만, 법무법인이 해산되었으므로 이러한 위법사유는 해소되어 변호사 乙이 개인변호사의 지위에서 사건 2를 수임하는 것은 문제가 없다.

④ 「변호사법」 제31조 제 1 항 제 1 호에 위반한 소송행위에 대하여 상대방 당사자 A가 법원에 대하여 이의를 제기하는 경우 그 소송행위는 무효이지만, 만일 상대방 당사자 A가 그와 같은 사실을 알았거나 알 수 있었음에도 불구하고 사실심 변론종결 시까지 아무런 이의를 제기하지 아니 하였다면 그 소송행위는 소송법상 완전한 효력이 생긴다.

23 변호사의 이익충돌회피의무에 관한 설명 중 옳지 않은 것을 모두 고른 것은?

> 가. 변호사는 과거 공무원 등으로 직무를 수행하면서 취급한 사건에 관하여는 상대방의 양해가 있더라도 사건을 수임할 수 없다.
> 나. 변호사는 현재 수임하고 있는 사건의 상대방이 위임하는 다른 사건에 관하여는 의뢰인의 동의가 있더라도 수임할 수 없다.
> 다. 법무법인이 인가공증인으로서 공증한 사건은 어떠한 경우에도 수임이 제한된다.

> 라. 변호사는 의뢰인과 대립되는 상대방으로부터 사건의 수임을 위한 상담을 하였다면 수임에 이르지 않았다고 하더라도 의뢰인의 동의 없이는 의뢰인의 사건을 수임할 수 없다.

① 가　　② 나, 다
③ 나, 다, 라　　④ 가, 나, 다, 라

24 A는 2016. 4. 6. 1억 원을 빌려주면 매달 1%에 해당하는 100만 원의 이자를 지급하고 3년 후에는 원금을 반환해주겠다는 B의 말을 믿고 1억 원을 빌려주었다. 첫 두 달 동안은 100만 원의 이자가 지급되었으나 석 달째부터는 지급되지 않아, A는 B에게 전화를 하였으나 B는 전화를 잘 받지 않고 돈이 없다는 답변을 할 뿐이었다. A는 B를 상대로 하여 대여금반환청구의 소를 제기하기로 마음먹고 변호사 甲과 대여금반환청구사건의 위임계약을 체결하였다. A와 변호사 甲이 체결한 위임계약에는 착수금과 성공보수금 약정이 있었고 甲이 B로부터 대여금을 반환받거나 공탁금을 수령하여 보관할 수 있다는 내용이 포함되어 있었다. 이에 관한 설명 중 옳은 것은? (다툼이 있는 경우 판례에 의함)

① 변호사 甲이 대여금반환청구의 소를 제기하기 전에 사기혐의로 B를 형사고소하여 그 결과 A와 B 간에 재판외 화해가 성립되게 하였다면, 대여금반환청구의 소제기가 필요 없게 되었으므로 A는 이에 대한 보수를 지급할 의무는 없다.
② 변호사 甲이 대여금반환청구의 소를 제기한 후 B의 청구인낙으로 소송이 종결되었다면 A가 甲에게 성공보수를 지급할 의무는 없다.
③ 대여금반환청구의 소가 제기되었음에도 A가 위임계약에서 정한 착수금을 변호사 甲에게 지급하지 않은 경우 B가 대여금반환청구소송 중에 甲에게 대여금을 반환하였다면 변호사 甲은 착수금채권으로 보관금반환채권과 대등액에서 상계할 수 있다.
④ A가 B를 사기혐의로 형사고소하기 위해 변호사 甲을 고소 대리인으로 선임하는 위임계약을 체결하면서 구속기소 시 1,000만 원, 실형선고 시 2,000만 원을 甲에게 지급하는 내용으로 약정한 경우, 위 약정된 보수액이 부당하게 과다하여 신의성실의 원칙이나 형평의 원칙에 반한다고 볼 만한 특별한 사정이 있다면 상당하다고 인정되는 범위 내로 감액될 수 있다.

22 ④ 23 ③ 24 ③　정 답

25 변호사의 사건수임제한에 관한 설명 중 옳은 것은? (다툼이 있는 경우 판례에 의함)

① 변호사 甲은 A가 찾아와 甲의 사촌형 B로부터 폭행을 당했다고 하면서 B를 상대로 손해배상청구의 소를 제기해 달라는 요청을 받았을 때 A의 동의 없이 수임할 수 있다.
② 甲은 서울중앙지방검찰청 특수부 부장검사로서 X회사의 비자금사건을 수사하던 중 퇴직하여 X회사의 사내변호사로 취업한 경우 위 사건의 변호인이 될 수 있다.
③ 변호사 甲은 A가 B를 상대로 제기한 불법행위에 기한 손해배상청구의 소에서 B를 대리하여 소송을 수행하고 있는데, 위 소송계속 중 A가 C로부터 고소를 당하였다고 하면서 그 사건을 맡아 진행해 줄 것을 부탁한 경우, 甲은 A로부터 위 사건을 수임함에 있어 아무런 제한을 받지 않는다.
④ 변호사 甲은 소유권이전등기청구소송의 피고 A의 대리인으로서 소송을 진행하고 있던 중 A를 피고로 하는 대여금청구의 소가 제기된 경우, 대여금청구소송의 원고가 누구인가에 따라 그 원고로부터 해당 사건을 수임하는 데 제한을 받을 수 있다.

26 다음 설명 중 옳은 것은?

① 변호사 甲은 대한변호사협회에 재개발·재건축 전문분야 등록을 한 후 마을버스 내부에 '재개발·재건축 전문변호사'라는 광고를 부착할 수 있다.
② 변호사 乙의 사무소는 X지역에 소재하고 있는데, X지역 변호사 중 식품·의약 전문분야로 등록한 변호사는 乙뿐이다. 乙은 'X지역 내 식품·의약 최고 전문변호사'라는 광고를 할 수 있다.
③ 변호사 丙은 최근 발생한 건물 화재사고로 인해 A 소유 건물이 소실되었다는 사실을 알게 되었다. A의 동의나 요청이 없이 화재사고로 인한 손해배상사건의 수임을 권유하는 전화를 A에게 하는 것은 소속 지방변호사회의 허가를 얻더라도 허용되지 않는다.
④ 변호사 丁은 전문분야 등록 신청을 하였으나 대한변호사협회는 등록을 거부하였다. 丁은 등록거부통지를 받은 날부터 3개월 이내에 대한변호사협회에 이의신청을 할 수 있다.

27 법률사무소 사무직원으로 채용될 수 없는 사람은?

① 사문서위조죄로 징역 1년에 집행유예 2년을 선고받고 그 유예기간 중에 있는 사람
② 강간죄로 징역 3년을 선고받고 복역하다가 만기 출소 후 2년이 경과한 사람
③ 특정경제범죄가중처벌등에관한법률위반(사기)죄로 징역 5년을 선고받고 만기 출소

후 3년이 지난 사람

④ 횡령죄로 징역 6월의 선고유예를 받고 1년 2개월이 된 사람

28 변호사의 사건 수임 및 광고 방법으로 허용되는 것은?

① 변호사 甲은 교통사고로 인한 손해배상사건을 유상으로 유치할 목적으로 병원에 사무직원을 파견하였다.

② 변호사 乙은 육군헌병대에 헌병장교로 근무하는 친구로부터 그 부대의 다른 수사관이 조사하고 있는 군형법위반사건을 아무런 대가 없이 소개받았다.

③ 변호사 丙은 현재의 의뢰인에게 문자메시지를 보내 검사로서 퇴직한 지 1년이 경과하여 공직퇴임변호사의 수임제한이 해제되었다는 사실을 알렸다.

④ 변호사 丁은 소속 지방변호사회의 허가 없이 최근 강원도 X군에서 발생한 산불사고의 피해자들에게 무료법률상담을 제공한다는 내용의 우편을 발송하였다.

29 변호사 광고에 관한 설명 중 허용되는 것을 모두 고른 것은?

가. 변호사 甲은 자신의 독특한 업무방식을 광고하고자 같은 분야의 다른 변호사들의 업무방식과 비교하는 광고를 신문에 게재하였다.

나. 법무법인 L 소속 변호사 乙은 주식회사 X가 최근 공정거래법 위반으로 피소되었다는 뉴스를 보고, 주식회사 X를 찾아가 자신이 위 사건을 잘 대리할 수 있는 이유를 설명하였다.

다. 변호사 丙은 대한변호사협회에 전문변호사로 등록하지 않고, 자신이 운영하는 법률사무소 홈페이지에 약력을 기재함에 있어 '주로 취급하는 분야: 이혼, 상속'이라고 표시하였다.

라. 법무법인 M 소속 변호사 丁은 최신 금융판례 및 동향을 담은 뉴스레터를 고객 기업 경영지원팀장들에게 이메일로 전송하였다.

① 가, 나 ② 가, 다

③ 나, 라 ④ 다, 라

25 ④ 26 ① 27 ④ 28 ④ 29 ④ 정 답

30 다음 설명 중 옳은 것은?

① 변호사나 그 사무직원이 판사·검사, 그 밖에 재판·수사기관의 공무원에게 제공하거나 그 공무원과 교제한다는 명목으로 금품이나 그 밖의 이익을 받거나 받기로 하는 행위를 한 경우에는 형사처벌의 대상이 되고, 징역형과 벌금형이 병과될 수 있다.

② 변호사가 공탁금, 보증금, 기타 보관금 등을 보수로 전환하거나 의뢰인에게 반환할 공탁금 등을 미수령 채권과 상계하기 위해서는 의뢰인과의 명백한 서면 약정이 필요하다.

③ 변호사는 합리적인 이유가 있는 경우, 변호사 아닌 자와 공동의 사업으로 사건을 수임하거나 보수를 분배할 수 있다.

④ 변호사는 사건을 수임할 때 수임할 사건의 범위, 보수 지급방법, 보수에 포함되지 않는 비용 등을 명확히 약정하고, 단순한 법률자문이나 서류의 준비 등을 포함한 모든 사건에 대한 수임계약을 서면으로 체결해야 한다.

31 변호사 甲은 폭행치사 혐의로 구속된 A의 사건을 수임하여 열심히 변론하였으나 유죄로 확정되었다. 그 후 위 폭행치사의 피해자 유족인 B가 변호사 甲을 찾아와서 성실하게 변론하는 모습에 감동받았다고 하면서 A를 상대로 위 폭행치사 사건으로 인한 손해배상청구의 소를 제기하려고 하는데 이를 대리하여 달라는 의뢰를 하였다. 이 때 甲이 취할 수 있는 행위에 관한 설명 중 옳은 것을 모두 고른 것은? (다툼이 있는 경우 판례에 의함)

> 가. 종전 의뢰인인 A가 양해하는 경우에는 B의 의뢰를 수락할 수 있다.
> 나. 위 두 사건은 실질적으로 동일한 사건이라고 볼 수 있으므로 B의 의뢰를 수락할 수 없다.
> 다. 형사사건이 종결되었으므로 형사사건에서 알게 된 A에 대한 비밀을 B에게 말해 줄 수는 있다.
> 라. 수임을 위한 상담 중이라도 A에 대한 비밀을 B에게 말할 수 없다.

① 가, 다　　② 가, 라
③ 나, 다　　④ 나, 라

32 X회사의 사내변호사로 근무하고 있는 변호사 甲은 회사의 대주주이자 대표이사인 A의 지시에 따라 법률의견서를 작성하게 되었다. 법률의견의 쟁점은 회사가 A와 주식매매거래를 함에 있어 「상법」 제398조에 따라 그 내용과 절차가 공정한지에 관한 것이다. 의견서 작성과정에서

A는 甲에게 회사에도 유익한 거래이니 해당 주식매매거래의 내용과 절차가 공정하다는 취지로 의견서를 작성할 것을 지시하였다. 이에 관한 설명 중 옳은 것은?

① 사내변호사도 독립성을 가지므로 甲은 자신의 전문적 판단에 따라 의견서를 작성하여야 한다.
② A의 지시는 부당한 것이므로 甲은 이를 수사기관에 고발하여야 한다.
③ 甲은 A의 지시가 부당하다는 이유로 의견서 작성 자체를 거부할 수 있다.
④ 甲은 회사에 소속되어 있으므로 회사의 대표자인 A의 지시에 따른 의견서를 작성하여야 한다.

33 변호사 甲의 행위 중 위법한 것은?

① 법무법인 L의 구성원 변호사 甲은 법무사 A를 등기팀 직원으로 고용하여 법무법인 L의 등기업무를 맡기고 기본급 외에 성과급을 지급하였다.
② 변호사 甲은 조세소송의 전문성을 강화하고 업무영역을 넓히기 위하여 세무사 B를 고용해서 조세 관련 업무를 맡기고 업무능력에 따른 급여와 상여금을 지급하였다.
③ 특허전문변호사 甲은 대학동기인 변리사 C를 공동사업자로 등록하여 특허변리업무에 특화된 법률사무소를 운영하였다.
④ 변호사 甲은 인터넷 포털업체 X로 하여금 자신이 운영하는 인터넷 홈페이지의 링크 및 키워드 검색을 통한 소개를 의뢰하고 통상적인 광고비 명목의 금원을 지급하였다.

34 변호사 업무에 관한 설명 중 옳은 것은? (다툼이 있는 경우 판례에 의함)

① 변호사는 어떠한 명목으로도 둘 이상의 법률사무소를 둘 수 없다.
② 법무법인은 주사무소 소재지를 제외한 시·군·구(자치구를 말한다) 관할구역마다 1개 이상의 분사무소를 둘 수 있다.
③ 변호사는 수사기관에서 내사 중인 사건을 변호하는 경우 정식 수사로 전환하여 입건되는 즉시 선임신고서를 제출하여야 한다.
④ 변호사가 수임한 소유권이전등기청구소송에서 소송목적이 된 부동산의 4할을 변호사 보수로 받기로 한 경우 이는 계쟁권리양수금지의무 위반에 해당한다.

30 ① 31 ④ 32 ① 33 ③ 34 ① 정답

35 甲은 판사로 근무하던 중, 업무를 마치고 승용차를 운전하여 퇴근하던 길에 교통사고를 일으켜 마주 오던 차량 탑승자에게 중상을 입혔다. 甲은 이 사고로 수사기관의 조사를 받게 되자 사표를 제출하고 퇴직하여 변호사 등록을 하려고 한다. 이에 관한 설명 중 옳은 것은?

① 대한변호사협회가 甲의 변호사 등록신청을 거부할 경우 반드시 등록심사위원회의 의결을 거쳐야 하는 것은 아니다.

② 대한변호사협회는 甲이 교통사고를 낸 후 고의로 도주한 범죄사실로 형사소추된 경우 변호사 등록을 거부할 수 있고, 이 때에는 1년 이상 3년 이하의 등록금지기간을 정할 수 있다.

③ 대한변호사협회는 甲이 과실범인 교통사고처리특례법위반으로 형사소추되고 변호사 직무를 수행하는 것이 현저히 부적당하다고 인정되지 않는다면 변호사 등록을 거부할 수 없다.

④ 대한변호사협회가 甲의 등록신청을 받은 날로부터 3개월이 지날 때까지 변호사 등록을 하지 아니한 경우 등록이 거부된 것으로 간주된다.

36 변호사의 수임에 관한 설명 중 옳지 않은 것은?

① 재판연구원으로 재직할 때 부가세과세처분무효사건에 대한 기록을 검토한 바 있는 변호사 甲은 그 사건의 일방 당사자가 제기한 부당이득반환청구사건을 수임할 수 없다.

② 제주지방법원의 판사로 재직하다가 퇴직한 변호사 乙은 재직 시 소속 재판부로 사건이 배당되어 기일이 지정되었으나 실제로 공판에 관여하지 않은 사건은 수임할 수 있다.

③ 법무법인의 구성원 변호사나 소속 변호사가 공무원, 조정위원 또는 중재인으로 직무상 취급하거나 취급하게 된 사건은 그 법무법인이 수임할 수 없으나, 법무법인의 사무직원이 공무원 등으로 취급한 사건은 당해 법무법인이 수임할 수 있다.

④ 공증인가 법무법인의 구성원 변호사이자 공증업무 전담 변호사인 丙은 A의 요청으로 A의 유언공정증서 작성업무를 처리한 바 있으므로 A의 상속인인 B의 간절한 요청이 있더라도 A의 유언과 관련한 상속재산분할소송사건을 수임할 수 없다.

37 변호사의 행위 중 징계사유에 해당하지 않는 것은? (다툼이 있는 경우 판례에 의함)

① 변호사 甲은 긴급체포된 피의자의 처로부터 요청을 받아 피의자의 변호인으로 선임되었으나 선임계를 제출할 시간이 없어서 구두로 자신이 변호인으로 선임되었음을 경찰

에 고지한 후 피의자신문에 참여하였다.
② 변호사 乙은 상고인의 소송대리인으로서 분양상가입주권부여대상자확인소송의 상고심에서 법원으로부터 상고기록접수통지서는 수령하였으나, 상고이유서를 제출기간 만료일 다음날에 제출하였다는 이유로 상고기각판결을 받았다.
③ 변호사 丙은 법무법인의 대표변호사로서 X시에서 분사무소를 운영하면서, 사건 유치를 주된 임무로 하는 A외 10명을 법무법인의 사무직원으로 채용하고도 이를 소속 지방변호사회에 신고하지 않았다.
④ 교도소에 수감 중인 기결수 A는 교도소장의 위법한 서신발송불허행위로 통신권을 침해당하였다며 국가를 상대로 위자료청구의 소를 제기하였는데, 국가의 소송대리인인 변호사 丁은 답변서를 통하여 A의 형이 확정된 범죄사실, 교도소 내에서의 추가적인 범죄사실과 징벌 내용, A가 수용생활 중 제기한 다수의 형사고소·진정·청원 등의 내역에 관한 사실을 주장하고 이를 뒷받침하는 증거자료를 제출하였다.

38 **오염물질 대량방출로 관계당국으로부터 행정처분과 형사고발을 당할 처지에 놓인 주식회사 X의 대표이사는 사내변호사 甲에게는 사안의 법적 검토를, 임직원들에게는 대책 마련을 각각 지시하였다. 법무법인 L의 변호사 乙은 이러한 사고 소식을 접하고 즉각 같은 법무법인에 근무하는 법관 출신 변호사 丙 및 검사 출신 변호사 丁과 위 사건의 수임을 위하여 협의하였다. 변호사 甲, 乙의 행위 중 변호사 윤리에 저촉되지 않는 것은?** (다툼이 있는 경우 판례에 의함)

① 乙은 평소 안면이 있는 甲에게 전화를 걸어 뉴스를 통하여 사고 소식을 알게 되었음을 밝힌 다음 법무법인 L의 전관 변호사인 丙, 丁을 대동하고 주식회사 X를 방문하여 사안의 쟁점과 조기 대응의 방법 등에 관하여 프레젠테이션을 해 주겠다고 제의하였다.
② 甲이 법률관련 학회 모임에서 우연히 만난 乙에게 자기 회사의 사고로 인하여 골치가 아프다고 하자, 乙은 조속히 대응하는 것이 필요하고 원한다면 전문 변호사를 대동하고 주식회사 X를 방문하여 프레젠테이션을 해주겠다고 하였고, 이를 甲이 흔쾌히 수락하자, 그 다음날 乙은 丙, 丁과 함께 주식회사 X를 방문하여 프레젠테이션을 하였다.
③ 甲은 전에 같이 골프를 친 적이 있어 안면이 있는 乙에게 전화를 걸어 현재 주식회사 X의 사고와 관련하여 사건 수임을 하기 위해 여러 대형 로펌들이 주식회사 X의 임원들을 접촉하고 있는 사실을 알리고 사건 수임에 유리한 회사 내부정보를 귀띔해주었다.
④ 乙은 지인을 통해 주식회사 X의 인사담당 전무와 연결이 되자 그에게 사건 수임에 도움을 달라고 요청하는 한편, 주식회사 X에 사건수임제안서를 제출한 후 공개 프레젠

35 ① 36 ② 37 ④ 38 ② 정답

테이션을 할 때 전관 변호사인 丙, 丁이 있으므로 법무법인 L이 본 사건을 다른 누구보다 잘 처리할 수 있을 것임을 강조하였다.

39 변호사의 겸직 금지에 관한 설명 중 옳은 것을 모두 고른 것은?

> 가. 변호사는 정부기관의 비상임위원을 겸하더라도 변호사 개업이 허용된다.
> 나. 변호사는 소속 지방변호사회의 허가를 받아야 지방의회 의원을 겸할 수 있다.
> 다. 국회의원 보좌관은 별정직 공무원이므로 변호사가 겸직할 수 있는 공무원의 범위에 속하지 않는다.
> 라. 변호사는 변리사법에 의해 변리사 등록을 하고 변리사로서 업무를 수행할 수 있고, 이 경우 소속 지방변호사회의 겸직허가가 필요하다.

① 가, 나　　② 가, 다
③ 나, 다　　④ 나, 라

40 변호사 甲은 개업신고를 하지 아니 하고 반도체사업을 주력으로 하는 국내 굴지의 주식회사 X의 법무팀장으로 취업하였다가 퇴사하였다. 이후 甲은 변호사 개업신고를 하였다가 휴업을 하고 자동차사업을 주력으로 하는 주식회사 Y의 이사로 선임되었다. 甲은 그후 주식회사 Y에서 퇴사하였고 변호사 개업신고를 한 후 조선사업을 주력으로 하는 주식회사 Z의 감사로 선임되었다. 이에 관한 설명 중 옳지 않은 것은?

① 변호사 甲은 주식회사 X의 법무팀장이자 변호사의 지위에서 주식회사 X로부터 소송사건을 수임하여 소송대리업무의 수행이 가능하다.
② 변호사 甲은 주식회사 X의 법무팀장으로 취업함에 있어서 소속 지방변호사회로부터 겸직허가를 받을 필요가 없다.
③ 변호사 甲이 소속 지방변호사회의 허가 없이 주식회사 Y의 이사로 선임되었다고 하더라도 변호사법 및 변호사윤리장전의 겸직제한규정을 위반한 것이 아니다.
④ 개업신고를 한 변호사 甲이 소속 지방변호사회의 허가 없이 주식회사 Z의 감사로 선임되었다고 하더라도 변호사법 및 변호사윤리장전의 겸직제한규정을 위반한 것이 아니다.

39 ② 40 ① 정 답

제11회 법조윤리 기출문제

01 변호사의 윤리에 관한 설명 중 옳지 않은 것을 모두 고른 것은? (다툼이 있는 경우 판례에 의함)

ㄱ. 피고인이 자기 사건에서 증거를 인멸하는 것은 범죄가 되지 아니하므로 피고인에 대하여 성실의무와 비밀유지의무를 부담하는 변호인이 피고인의 증거인멸행위에 가담하더라도 변호인에게 형사책임을 물을 수 없다.
ㄴ. 변호사가 영리법인의 감사가 되기 위하여는 소속 지방변호사회의 허가를 받지 않아도 된다.
ㄷ. 변호사의 직무는 법률상 전문지식에 기하여 제공되는 소송 및 행정처분의 청구에 관한 대리행위와 기타 법적 서비스를 처리하는 것이지만, 부동산중개를 포함한 법률사건에 관한 일체의 사무를 취급하는 것을 의미하는 것은 아니다.
ㄹ. 변호사는 사익적 업무도 수행하므로 그 직무가 상법상 상인의 영업활동과 본질적 차이를 가지고 있지 않아 최대한의 영리를 추구할 수 있다.

① ㄱ, ㄴ
② ㄱ, ㄹ
③ ㄴ, ㄷ
④ ㄷ, ㄹ

02 대한변호사협회 변호사징계위원회(이하 '변협징계위원회'라 한다)에 관한 설명 중 옳지 않은 것은?

① 변협징계위원회에는 위원장 1명과 간사 1명을 두며, 위원장은 대한변호사협회의 장이 임명한다.
② 변호사의 자격을 취득한 날부터 10년이 지나지 아니한 자는 변협징계위원회의 위원장이나 판사·검사·변호사인 위원 또는 예비위원이 될 수 없다.
③ 변협징계위원회의 위원 및 예비위원의 임기는 각각 2년으로 한다.
④ 변협징계위원회의 위원 및 예비위원은 법무부 변호사징계위원회의 위원 및 예비위원

01 ② 02 ① 정답

을 겸할 수 없다.

03 변호사 甲은 대전지방검찰청 수사검사에게 변호인선임서를 제출하지 아니하고 검사실을 방문하여 수사 중인 형사사건에 대하여 수사의 적법절차위반의 점과 혐의 없음을 변호하였다. 변호사 甲의 징계에 관한 설명 중 옳지 않은 것은? (다툼이 있는 경우 판례에 의함)

① 대전지방검찰청 검사장은 변호사 甲을 「변호사법」 제29조의2(변호인선임서 등의 미제출 변호 금지) 위반의 징계혐의사실로 대한변호사협회의 장에게 징계개시를 신청하여야 한다.

② 대한변호사협회 변호사징계위원회가 과태료 300만 원의 징계결정을 하였다면, 변호사 甲은 그 통지를 송달받은 날부터 30일 이내에 법무부 변호사징계위원회에 이의신청을 할 수 있다.

③ 법무부 변호사징계위원회의 이의신청 기각결정에 불복하는 경우 변호사 甲은 법무부 변호사징계위원회를 상대로 그 통지를 받은 날부터 90일 이내에 행정법원에 소를 제기할 수 있다.

④ 변호사 甲에 대한 징계가 과태료 300만 원으로 확정되었다면 징계처분 정보를 대한변호사협회 인터넷 홈페이지에 게재하는 기간은 최초 게재일부터 기산하여 2년이다.

04 변호사의 징계에 관한 설명 중 옳은 것은?

① 「변호사법」에 따라 2회 이상 과태료 이상의 징계처분을 받은 후 다시 「변호사법」 제91조 제2항에 따른 징계사유가 있는 자로서 변호사의 직무를 수행하는 것이 현저히 부적당하다고 인정되는 경우 영구제명 사유에 해당한다.

② 징계혐의자는 변호사 아닌 학식과 경험이 있는 자를 특별변호인으로 선임할 수 있으나, 그 특별변호인은 징계혐의자를 위하여 독립하여 징계절차에서 행위를 할 수 없다.

③ 법무부장관의 업무정지명령에 따른 업무정지 기간은 6개월로 한다. 다만, 법무부장관은 해당 변호사에 대한 공판 절차 또는 징계 절차가 끝나지 아니하고 업무정지 사유가 없어지지 아니한 경우 법무부 변호사징계위원회의 의결에 따라 업무정지 기간을 갱신할 수 있다.

④ 대한변호사협회의 장, 지방검찰청 검사장 또는 업무정지명령을 받은 변호사는 법무부장관에게 업무정지명령의 해제를 신청할 수 있다.

05 A는 소유권이전등기 말소청구소송의 피고로서 항소심의 소송대리를 법무법인 L에 위임하였다. 법무법인 L의 대표변호사 甲은 A에게 위 소유권이전등기에 따른 양도소득세 납부 자금의 압류 가능성이 있으니 대신 보관하여 주겠다고 권유하여 이를 건네받아 횡령하였다. 법무법인 L의 책임에 관한 설명 중 옳지 않은 것은? (다툼이 있는 경우 판례에 의함)

① 甲이 그 업무집행으로 인하여 A에게 손해를 가한 때에는 법무법인 L은 甲과 연대하여 손해배상책임을 부담한다.

② 甲의 행위가 甲의 업무 자체에는 속하지 아니하나 그 행위의 외형으로부터 관찰하여 마치 甲의 업무 범위 안에 속하는 것으로 보이는 경우에도 업무집행으로 인한 것에 해당한다.

③ 甲의 행위가 외형상 법무법인 L 대표변호사의 업무집행이라고 인정될 수 있다고 하더라도 그것이 甲의 개인적 이익을 도모하기 위한 것이거나 법령의 규정에 위배된 것이라면 법무법인 L은 손해배상책임을 부담하지 않는다.

④ 甲의 행위가 외형상 업무집행행위에 속한다고 인정되는 경우에도 그 행위가 대표변호사의 업무 내지는 직무권한에 속하지 아니함을 A가 알았거나 중대한 과실로 알지 못한 때에는 법무법인 L은 손해배상책임을 부담하지 않는다.

06 변호사 甲은 구속 수감된 형사사건의 의뢰인인 피고인 A를 접견하였다. A는 경찰과 검찰의 수사과정에서 자백하였으나 사실은 B의 단독 범행인데 자신의 형편이 어려워서 돈을 받기로 하고 허위로 진술한 것이고, 현재 B가 약속한 돈을 주지 않으니 가족의 이름으로 적당한 사유를 만들어 소를 제기하는 방법으로 돈을 받아 주면 은혜를 잊지 않겠다고 한다. 변호사 甲은 A의 사정이 딱하여 그의 뜻대로 돕기로 하였다. 이에 관한 설명 중 옳지 않은 것은? (다툼이 있는 경우 판례에 의함)

① 변호사 甲이 A 대신 그 가족인 C를 원고로 내세워 스스로 소송대리인이 되어 B를 상대로 대여금청구소송을 제기하고, 의뢰인을 위하여 자기 직원 명의의 계좌에 돈을 이체하는 편의를 제공하는 것은 허용된다.

② 변호사는 공공성을 지닌 법률 전문직으로서 독립하여 자유롭게 직무를 수행하여야 하고, 직무를 수행하면서 진실을 은폐하거나 거짓 진술을 하여서는 아니 되지만 변호사 甲이 B의 범행을 수사기관에 알려야 하는 것은 아니다.

③ 변호사 甲이 A로 하여금 적극적으로 허위진술을 하도록 하는 것은 A의 범행결의를 강

화하는 행위로서 범인도피방조죄가 인정될 수 있다.

④ 변호사는 수임한 법률사무에 관하여 의뢰인의 요구를 성실하게 처리하지 않으면 원칙적으로 민사상 채무불이행책임을 부담하지만, A에게 사실상 이익이 있어도 정당한 변론권의 범위를 넘는 경우에는 A의 요구를 거절하더라도 변호사 甲은 손해배상책임을 지지 않는다.

07 변호사의 사건 수임에 관한 설명 중 옳지 않은 것은? (다툼이 있는 경우 판례에 의함)

> ㅇ 변호사 甲은 A가 B에게 상해를 가한 형사사건에서 A의 변호인으로 사건을 담당하고 있는데, B로부터 A를 상대로 한 민사사건을 맡아 달라는 요청을 받았다.
> ㅇ 변호사 乙은 C가 D에게 상해를 가한 형사사건에서 C의 변호인으로서 수임사무를 종료하였는데, D로부터 C를 상대로 한 손해배상청구사건을 맡아 달라는 요청을 받았다.

① B가 의뢰하는 사건의 내용과 A의 동의 여부에 따라 甲이 수임할 수 있는 사건에 해당하는지가 결정된다.

② B가 의뢰하는 사건이 A에 대한 임대차건물인도청구사건이라면 甲은 A의 동의를 받아 사건을 수임할 수 있다.

③ D가 의뢰하는 사건이 C에 대한 위 상해로 인한 손해배상청구사건인 경우 형사사건이 종결되고 C의 동의가 있으면 수임할 수 있다.

④ 乙이 D가 의뢰한 위 상해로 인한 손해배상청구사건을 수임한 경우 C가 법원에 이의를 제기하면 법원으로서는 乙의 소송관여를 더 이상 허용하여서는 아니 되고, 그때까지의 乙의 소송행위는 무효이다.

08 변호사의 비밀유지의무에 관한 설명 중 옳지 않은 것을 모두 고른 것은?

> ㄱ. 변호사는 업무상 의뢰인의 위탁을 받아 보관하고 있는 물건이 의뢰인의 비밀에 관한 것이라도 압수영장에 의한 압수를 거부할 수 없다.
> ㄴ. 변호사는 직무상 알게 된 의뢰인의 비밀에 관한 것이라도 중대한 공익상 필요가 있다면 형사소송절차에서 그 증언을 거부할 수 없다.
> ㄷ. 변호사는 의뢰인이 공개를 허용한 사항에 관하여 민사소송절차에서 증언을 거부할 수 없다.
> ㄹ. 변호사는 직무와 관련하여 의뢰인과 의사교환한 내용을 외부에 공개할 수 있는 것이 원칙이다.

① ㄱ, ㄴ ② ㄱ, ㄹ
③ ㄴ, ㄷ ④ ㄷ, ㄹ

09 A와 B는 2020. 3. 7. C를 상대로 하여 서울중앙지방법원에 소송계속 중인 상속재산 분할청구사건(이하 '이 사건'이라 한다)을 법무법인 L에 의뢰하였다. 법무법인 L의 구성원 변호사로 甲, 乙, 丙이 있고 구성원 아닌 소속 변호사로 丁이 있다. 법무법인 L은 담당변호사로 甲과 丁을 지정하였고, 乙과 丙은 이 사건 수임이나 업무수행에 관여하지 않았다. 이에 관한 설명 중 옳지 않은 것을 모두 고른 것은?

ㄱ. 乙이 2017. 9. 1.부터 2019. 8. 31.까지 서울중앙지방검찰청 검사로 근무하였다면 법무법인 L이 이 사건을 수임한 것은 수임제한 규정에 위반된다.
ㄴ. 丙은 C의 소송대리인과 친족관계에 있으나 법무법인 L이 이 사건을 수임하기 전부터 미국에 체류 중이어서 법무법인 L이 이 사건의 수임을 종료할 때까지 그 수임 사실을 알지 못하였다. A, B의 동의 없이 법무법인 L이 이 사건을 수임한 것은 수임제한 규정에 위반되지 않는다.
ㄷ. 법무법인 L이 이 사건을 수임하기 전에 진행된 이 사건 소송의 변론기일에 B는 "A가 상속개시 전 피상속인으로부터 사전증여를 받았으므로 A의 상속분에서 이를 공제하여야 한다."라고 주장하였다. 甲이 A, B와의 상담 과정에서 B 주장의 인정 여부에 따라 A의 이익이 침해된다는 것을 알게 되었더라도 A와 B 모두의 동의를 받고 수임하였다면 수임제한 규정에 위반되지 않는다.
ㄹ. 법무법인 L이 A, B로부터 이 사건을 수임한 후 C로부터 피해자가 A, B가 아닌 형사사건을 수임하는 경우 이에 대해 A, B의 동의를 받았다면 수임제한 규정에 위반되지 않는다.

① ㄱ, ㄴ ② ㄱ, ㄷ
③ ㄴ, ㄷ ④ ㄴ, ㄹ

10 甲은 X국의 법에 의해 변호사 자격을 취득한 자이다. 甲은 X국에서 변호사로 등록한 후 3년 7개월간 활동하였는데, 이를 기반으로 대한민국에서 외국법자문사로 활동하기 위하여 법무부장관에게 자격승인 신청을 하였다. 甲은 X국에 거주할 당시 교통사고를 일으켜 징역형의 집행유예를 선고받아 확정된 적이 있는데 자격승인 신청 당시 집행유예기간이 지난 후 2년 2개월이 지났다. 이에 관한 설명 중 옳지 않은 것은?

07 ③ 08 ② 09 ② 10 ③ 정 답

① 甲이 법무부장관으로부터 자격승인을 받기 위해서는 X국이 「외국법자문사법」상 자유무역협정등의 당사국이어야 한다.
② 甲은 원자격국인 X국에서 법률 사무를 수행한 경력이 3년 이상이므로 자격승인을 위한 직무경력을 충족하였다.
③ 법무부장관은 甲이 X국에서 집행유예를 선고받고 그 기간이 지난 후 3년이 지나지 않았으므로 자격승인 신청을 거절하여야 한다.
④ 甲이 X국에서 취득한 변호사 자격이 취소된 상태라면 법무부장관은 甲에 대하여 자격승인을 할 수 없다.

11 A와 B 사이의 X부동산 매매에 관하여 A의 의뢰를 받아 매매계약서를 작성하고 A를 대리하여 위 매매계약서에 서명날인한 변호사 甲은 A로부터 위 매매계약의 성립이 문제된 사건의 소송대리를 의뢰받았다. 甲은 이미 위 사건의 증인으로 채택되어 다음 변론기일에 증언할 예정이다. 이에 관한 설명 중 옳지 않은 것은?

① 甲이 증언할 내용이 위 사건에 관한 명백한 사항들과 관련된 것에 국한되는 경우 甲은 위 사건을 수임할 수 없다.
② 甲이 증언할 내용이 '甲이 A의 의뢰를 받아 매매계약서를 작성하였다'는 것에 국한되는 경우 甲은 위 사건을 수임할 수 있다.
③ 甲이 위 사건을 수임하지 않으면 오히려 A에게 불리한 영향을 미칠 것이 분명한 경우에는 甲은 위 사건을 수임할 수 있다.
④ 甲이 법무법인 L에 소속된 변호사로서 甲의 증언으로 A의 이익이 침해되거나 침해될 우려가 있을 경우에는 법무법인 L의 다른 변호사 乙은 위 사건에서 직무를 수행할 수 없다.

12 변호사의 수임제한에 관한 설명 중 옳은 것은?

① 장기복무 군법무관 직에 있다가 퇴직하여 변호사 개업을 한 자는 퇴직 전 2년부터 퇴직한 때까지 근무한 군사법원이 처리하는 사건을 퇴직한 날부터 2년 동안 수임할 수 없다.
② 변호사는 수임하고 있는 사건의 상대방이 위임하는 다른 사건에 대해서는 수임하고 있는 사건의 위임인이 동의한 경우 그 다른 사건을 수임할 수 있다.
③ 변호사시험에 합격한 변호사는 법률사무종사기관에서 연속하여 6개월 이상 법률사무

에 종사하거나 연수를 마치지 아니하면 사건을 공동으로 수임할 수 없다.

④ 변호사는 동일사건에서 둘 이상의 의뢰인의 이익이 서로 충돌하는 사건에 대해 어느 한쪽 의뢰인이 동의하는 경우 다른 한쪽 의뢰인의 이익이 침해되지 않는다는 합리적인 사유가 있을 때 그 사건을 수임할 수 있다.

13 변호사의 비밀유지의무에 관한 설명 중 옳지 않은 것은?

① 변호사는 원칙적으로 의뢰인과 사이에 이루어진 비밀인 자문내용을 수사기관에서 진술하여서는 안 된다.

② 「민사소송법」은 변호사가 업무상 알게 된 비밀에 대한 증언거부권뿐 아니라 문서제출거부권도 규정하고 있다.

③ 법무법인의 소속 변호사는 같은 법무법인의 다른 변호사가 의뢰인과 관련하여 직무상 비밀유지의무를 부담하는 사항을 알게 된 경우, 정당한 이유가 없는 한 이를 누설하거나 이용하여서는 안 된다.

④ 변호사가 의뢰인에 대한 비밀유지의무에서 벗어나려면 대한변호사협회에 폐업을 신청하여 등록을 말소하여야 한다.

14 비밀누설금지에 관한 설명으로 옳지 않은 것은?

① 법조윤리협의회의 위원·간사·사무직원 또는 그 직에 있었던 자가 업무처리 중 알게 된 비밀을 누설하면 「변호사법」상 과태료 처분의 대상이 된다.

② 비밀누설금지의무에도 불구하고 법조윤리협의회는 인사청문회나 국정조사를 위하여 국회의 요구가 있을 경우에는 「변호사법」이 정한 공직퇴임변호사의 수임 자료를 국회에 제출하여야 한다.

③ 지방변호사회의 임직원이거나 임직원이었던 자는 「변호사법」상 특정변호사의 수임 자료에 관한 업무처리 중 알게 된 비밀을 누설하여서는 안 된다.

④ 대한변호사협회 변호사징계위원회의 위원은 징계위원회의 심의나 결정에 관하여 직무상 알게 된 비밀을 엄수하여야 한다.

11 ① 12 ② 13 ④ 14 ① 정 답

15 변호사의 보수에 관한 설명 중 옳지 않은 것은? (다툼이 있는 경우 판례에 의함)

① 약정된 보수금액이 부당하게 과다하다고 판단되는 경우에도 약정금액 중 과다한 부분만 무효이고, 변호사는 상당하다고 인정되는 범위의 보수액을 청구할 수 있다.

② 의뢰인에게 반환할 공탁금 등은 미수령 채권과 상계할 수 있을 뿐만 아니라, 공탁금을 보수로 전환하는 서면 약정을 하는 것도 허용된다.

③ 민사사건의 성공보수를 미리 받고 만약 승소하지 못하는 경우 돌려주기로 하는 약정을 하는 것은 허용되지 않는다.

④ 항소심 사건의 소송대리인은 항소심 판결이 상고심에서 파기환송되는 경우 특별한 사정이 없는 한 환송 후 항소심 사건의 소송사무까지 처리하여야 위임사무의 종료에 따른 보수를 청구할 수 있다.

16 변호사의 이익충돌 회피의무에 관한 설명 중 옳지 않은 것은? (다툼이 있는 경우 판례에 의함)

① 법무법인 L의 구성원 변호사 甲은 형사사건의 변호인으로 선임된 법무법인 L의 업무담당변호사로 지정되어 그 직무를 수행하였으나 판결 선고 전에 법무법인 L에서 퇴사하고 개인 법률사무소를 열었다. 변호사 甲이 그 이후 제기된 같은 쟁점의 민사사건에서 위 형사사건의 피해자 측에 해당하는 상대방 당사자를 위한 소송대리인으로서 직무를 수행한다면 그 소송행위는 무효로 될 수 있다.

② 원고 소송복대리인으로서 변론기일에 출석하여 소송행위를 하였던 변호사가 피고 소송복대리인으로도 출석하여 변론한 경우, 당사자가 그에 대하여 아무런 이의를 제기하지 않았더라도 쌍방대리에 해당하므로 원고 소송복대리인으로서 한 소송행위는 소송법상 당연무효이다.

③ 「변호사법」에서는 변호사는 계쟁권리를 양수하여서는 아니 된다고 규정하고 있는데, 이를 위반한 경우 징계사유에 해당하지만 양수행위의 사법적 효력에는 영향이 없다.

④ 피고인의 변호인이 「변호사법」의 수임제한 규정에 위반하여 당사자 일방으로부터 상의를 받아 그 수임을 승낙한 사건의 상대방이 위임하는 피고인에 대한 변호사건을 수임한 위법이 있다 하여도, 피고인 스스로 위 변호사를 변호인으로 선임한 경우, 다른 특별한 사정이 없는 한 위와 같은 위법으로 인하여 변호인의 조력을 받을 피고인의 권리가 침해되었다고 볼 수는 없다.

17 A는 미세먼지 포집장치를 개발하여 대한민국에서 특허 등록을 받았다. B는 정부의 창업지원금과 은행 대출을 받아 A와 공동으로 회사를 설립하여 시제품을 생산하고 판로를 모색하였으나, 유사한 외국 제품이 수입되어 사업 전망이 불투명해졌다. 이에 B는 추가 대출이나 거래처 확보에 필요하다는 이유로 A로부터 인감증명서와 신분증 등을 받았고, 이를 기화로 A의 동의 없이 포집장치에 대한 특허권을 C에게 유상으로 양도하였다. 뒤늦게 이를 알게 된 A는 변호사 甲에게 특허권의 반환 및 손해배상청구를 내용으로 하는 소송을 의뢰하면서, 착수금은 100만 원으로 하고 성공보수로 특허권의 지분 20%를 이전하고 손해배상금의 20%를 지급하겠다고 하였다. 이러한 성공보수약정을 포함한 수임계약에 관한 설명 중 옳은 것은? (다툼이 있는 경우 판례에 의함)

① 성공보수약정은 무효이므로 甲은 수임계약을 체결하여서는 안 된다.
② 손해배상금의 20%를 지급받기로 하는 약정은 계쟁권리를 양수하는 것이므로 甲은 수임계약을 체결해서는 안 된다.
③ 특허권의 지분 20%를 이전받기로 하는 약정은 계쟁권리를 양수하는 것이 아니므로 甲은 수임계약을 체결할 수 있다.
④ 계쟁 중인 권리에 대한 성공보수약정은 변호사와 의뢰인 사이의 신임관계를 훼손하고 변호사의 품위를 손상할 염려가 있으므로 甲은 수임계약을 체결해서는 안 된다.

18 X회사의 단체협약에는 "회사가 근로자를 해고할 때에는 노동조합과 협의하고 노동조합은 합리적인 이유가 있을 경우 해고에 거부권을 행사할 수 있다."라는 조항이 있다. 경영진이 징계위원회를 열어 근로자 A를 해고하기로 결정하고 노동조합과 협의하였는데 노동조합은 거부권을 행사했다. 위 단체협약 조항의 유효 여부 및 해석에 관해 노사 양측의 의견이 달라, 노사 양측은 공동비용으로 노동법 전문변호사인 甲에게 의뢰하여 양측의 견해 차이를 조정하는 일을 맡기기로 했다. 변호사 甲이 이를 수임할 수 있는지에 관한 설명 중 옳은 것은?

① 수임할 수 있다. 이해관계 충돌로 인한 변호사의 수임제한 규정은 소송대리에만 적용되기 때문이다.
② 수임할 수 있다. 이해관계 충돌이 있는 당사자들 사이에서 중립자로서 조정 역할을 하고 공동으로 지급하는 보수를 받는 것은 수임제한 규정에 위반되지 않기 때문이다.
③ 수임할 수 없다. 동일사건에서 이해관계가 충돌하는 경우 양 당사자의 동의가 있더라도 사건을 맡는 것이 허용되지 않기 때문이다.
④ 수임할 수 없다. 복수당사자로부터 공동으로 사건 처리를 의뢰받기 위해서는 관련 당

15 ③ 16 ② 17 ③ 18 ② 정답

사자 전원이 동의하고 각 당사자의 이익이 침해되지 않을 것이라는 합리적인 사유가 존재해야 하는데, 그런 사유가 존재하지 않기 때문이다.

19 변호사 甲은 사채업자 A로부터 여러 건의 대여금 채권에 관해 소송 제기를 의뢰받고 승낙했다. 甲은 착수금과 인지대 등 소송비용을 받은 후 며칠에 걸쳐 수백 장에 이르는 증거서류를 정리하고 A의 직원과 세 차례 회의를 통해 소장 초안을 작성했다. 소장 제출 직전 甲은 A가 제공한 증거서류 일부에서 가필(加筆) 흔적을 발견하고 그 경위를 확인하기 위해 A에게 전화를 걸었다. A는 이에 대해 얼버무리다가 갑자기 화를 내며 의뢰인을 믿지 못하는 변호사에게는 소송을 맡길 수 없으니 위임계약을 해지한다고 하면서, 선급한 착수금과 비용 및 증거서류의 반환을 요구한 다음 전화를 끊었다. 이에 관한 설명으로 옳은 것을 모두 고른 것은?

> ㄱ. A는 일방적으로 위임계약을 해지할 수 있다.
> ㄴ. 소장이 접수되지 아니한 이상 甲은 A에게 선급받은 착수금 전액을 반환해야 한다.
> ㄷ. A의 채권에 관해 소멸시효 완성이 임박한 상황이다. 위 전화 통화 후 甲이 수차례 A와 접촉을 시도했으나 연결되지 않았다면, 甲은 시효중단을 위해 A를 대리하여 소를 제기할 수 있다.

① ㄱ, ㄴ　　② ㄱ, ㄷ
③ ㄴ, ㄷ　　④ ㄱ, ㄴ, ㄷ

20 변호사 甲은 건설회사 X와 법률자문계약을 체결한 후 X의 각종 법률문제에 관하여 법률자문을 제공하였는데, 그 과정에서 X의 비밀인 도시 개발 정보를 알게 되었다. 甲은 법률자문 업무를 보조하게 할 목적으로 도시 개발 정보를 사무직원 A에게 알려 주었다. 한편, 법률자문계약이 기간 만료로 종료된 이후 甲은 도시 개발 구역에 포함되어 있는 토지를 매입하였고, 친구 B에게 X의 도시 개발 정보를 알려 주었다. 그 후 甲은 토지를 제3자에게 매각하여 막대한 차익을 얻었다. 이에 관한 설명 중 옳지 않은 것을 모두 고른 것은?

> ㄱ. 甲이 X의 도시 개발 정보를 A에게 알려 준 것은 변호사의 직무수행에 필요한 것이므로 비밀유지의무에 위반되지 않는다.
> ㄴ. 甲이 도시 개발 구역 내의 토지를 매입 및 매각한 것은 X의 비밀을 제3자에게 누설하거나 공개한 것이 아니므로 비밀유지의무에 위반되지 않는다.
> ㄷ. 甲이 도시 개발 구역 내의 토지를 매입 및 매각한 것은 X의 이익을 해하는 것이 아니므로 비밀유지의무에 위반되지 않는다.

ㄹ. 甲이 X의 도시 개발 정보를 B에게 알려 준 것은 X와의 법률자문계약이 종료된 이후의 행위이므로 비밀유지의무에 위반되지 않는다.

① ㄱ　　② ㄴ, ㄷ
③ ㄴ, ㄷ, ㄹ　　④ ㄱ, ㄴ, ㄷ, ㄹ

21 변호사와 의뢰인 간의 관계에 관한 설명 중 옳지 않은 것은? (다툼이 있는 경우 판례에 의함)

① 변호사의 보수에 관하여 변호사와 의뢰인 사이에 약정이 있더라도 위임 사무를 완료한 변호사는 의뢰인과의 평소 관계, 사건 수임 경위, 사건처리 경과와 난이도, 노력의 정도, 소송물 가액, 의뢰인이 승소로 인하여 얻게 된 구체적 이익 등 여러 사정을 고려하여 신의성실의 원칙이나 형평의 관념에 비추어 적당하다고 인정되는 범위 내에서 보수를 청구할 수 있는 것이 원칙이다.

② 소송위임장은 소송대리인의 권한을 증명하는 전형적인 서면인데, 여기에서의 소송위임(수권행위)은 소송대리권의 발생이라는 소송법상의 효과를 목적으로 하는 단독 소송행위로서 그 기초관계인 의뢰인과 변호사 사이의 사법상 위임계약과는 성격을 달리한다.

③ 가압류사건을 수임한 변호사의 소송대리권은 본안의 제소명령을 신청하거나 상대방의 신청으로 발하여진 제소명령결정을 송달받을 권한에까지 미친다.

④ 변호사가 소송위임계약상 채무를 불이행하여 손해배상채무가 인정되는 경우, 특별한 사정이 없는 한 소송이 의뢰인에게 불리하게 확정되거나 이에 준하는 상태가 된 때에 비로소 의뢰인에게 현실적으로 손해가 발생한다고 볼 수 있고, 손해배상청구권의 소멸시효도 그때부터 진행한다.

22 변호사 업무광고로 허용되는 것은?

① 변호사 甲은 자신이 주로 가사사건을 많이 수임하여 처리하였기 때문에 대한변호사협회의 승인 없이 주로 취급하는 분야를 '가사법'이라고 광고하였다.

② 변호사 乙은 미국 뉴욕주 변호사 자격을 나타내기 위하여 자신을 '국제변호사'로 표시하여 광고하였다.

③ 변호사 丙은 건물 임대인의 허락을 받아 건물 외벽에 자신의 이름과 법률사무소 명칭이 새겨진 현수막을 걸었다.

19 ② 20 ③ 21 ① 22 ① 정답

④ 변호사 丁은 고객으로 하여금 자신의 업무 수행 결과를 쉽게 알아 볼 수 있도록 본인이 담당하였던 민사사건의 승소율과 형사사건의 영장기각률, 보석 성공률 등을 표시하여 광고하였다.

23 변호사 甲은 법학전문대학원을 졸업한 후 같은 대학원 출신 변호사 乙, 丙과 함께 공동법률사무소 L을 개설하고, 과거 H병원에 근무했던 조카 A를 사무직원으로 고용하였다. 변호사 윤리에 위반되지 않는 것은?

① 변호사 甲은 A를 H병원에 보내 사건유치 활동을 하게 하였다.
② 변호사 乙은 사건수임을 위한 업무광고를 하면서 '법무법인 L'이라는 명칭을 사용하였다.
③ 변호사 丙은 의뢰인으로부터 조세사건을 수임하여 검토를 하던 중 세무사에게 자문을 구하고 자문료를 지급하였다.
④ 변호사 甲은 변호사 乙이 전문성을 가진 사건을 변호사 乙에게 소개하고 乙이 받은 수임료 중 일부를 소개비 명목으로 받았다.

24 변호사 甲은 서울 서초동에 '변호사 甲 법률사무소'를 개업하고 있고, 서울중앙지방검찰청 소속 검사인 친구 乙이 있다. 검사 乙의 사촌동생 A는 최근 폭행사건의 피의자로 입건되어 서울중앙지방검찰청에서 수사를 받고 있는데 乙은 위 폭행사건 수사에 관여하지 않는다. 한편, 변호사 丙은 서울 역삼동에 '변호사 丙 법률사무소'를 개업하고 사무직원으로 B를 채용하였다. B의 친구 C는 B에게 임대차보증금반환청구소송을 대리할 변호사를 소개해 달라고 요청하였다. 다음 중 옳지 않은 것은?

① 변호사 甲이 강남역 인근에 위치한 불특정 다수의 기업체들을 대상으로 법률자문계약을 체결하기 위한 광고안내문을 발송하면서 안내문에 자신의 경력, 자문계약의 비용을 기재하는 것은 허용되지 않는다.
② 변호사 丙이 생활정보지에 '출장상담가능'이라는 문구의 광고를 하는 것은 허용된다.
③ 검사 乙이 위 폭행사건의 수임에 관하여 A를 무상으로 변호사 甲에게 소개하여 주는 것은 허용되지 않는다.
④ B가 친구 C를 변호사 丙에게 소개하고 변호사 丙으로부터 소개비를 받는 것은 허용되지 않으며, 변호사 甲에게 소개하고 변호사 甲으로부터 소개비를 받는 것 역시 허용되지 않는다.

25 노무법인 X는 Y기업과 600만 원의 자문료를 받기로 하는 계약을 체결하면서 변호사 甲의 도움을 받고자 한다. 노무법인 X의 행위 중 「변호사법」에 위반되지 않는 것은?

① 노무법인 X가 변호사 甲을 소개해 주는 것을 조건으로 Y기업과 자문료를 받는 자문계약을 체결하는 행위

② 노무법인 X가 Y기업과 600만 원의 자문계약을 체결하면서 노무관련 자문의 제공 없이 법률업무에 대해서 변호사 甲이 자문해 주기로 하고, 자문료 중 300만 원을 Y기업이 변호사 甲에게 직접 지급하는 행위

③ 노무법인 X가 자문료 600만 원을 전액 받고 Y기업이 변호사 甲에게 자문 등 조력을 받을 경우 노무법인 X가 변호사 甲에게 그 자문료의 일부를 지급하는 행위

④ 노무법인 X가 Y기업과 노무관련 자문계약을 체결하고, 동시에 Y기업과의 자문업무 수행에 도움을 줄 변호사 甲과 별도의 자문계약을 체결하여 변호사 甲으로부터 자문을 받고 자문료를 지급하는 행위

26 변호사 업무광고로 허용되는 것은?

① 변호사 甲은 소속 지방변호사회의 허가를 받지 않았으나 비행장 인근의 행복아파트에 사는 A로부터 비행기 소음으로 인한 손해배상청구사건을 위임받고 행복아파트 주민들에게 '귀 아파트 주민 A로부터 비행기 소음으로 인한 손해배상청구소송을 위임받았으니 소송에 참여하실 분은 연락해 달라'는 취지의 내용을 담은 우편물을 발송하였다.

② 형사법 전문 변호사들이 구성원의 대부분인 법무법인 L은 '형사전문 법무법인 L'이라고 자체 홈페이지에 게재하였다.

③ 변호사 乙은 한국도산법학회 회장, 법무부 「채무자 회생 및 파산에 관한 법률」 개정위원을 역임하였고, 지난 10여 년간 파산관련 사건을 연 100건 이상 숭점적으로 수임한 경력이 있는 변호사로 전문분야 등록을 하지 않고 자신이 개설한 인터넷 홈페이지에 '파산사건 전문변호사'라고 게재하였다.

④ 변호사 丙은 서울중앙지방검찰청 형사1부 부장검사로 퇴직하고 변호사로 등록한 후, 검사 경력을 알리기 위하여 자신이 개설한 인터넷 홈페이지에 '서울중앙지방검찰청 부장검사 출신 변호사'라고 게재하였다.

23 ③ 24 ③ 25 ④ 26 ④ 정 답

27 변호사의 보수에 관한 설명 중 옳지 않은 것은? (다툼이 있는 경우 판례에 의함)

① A, B, C가 공동당사자로서 변호사 甲에게 같은 교통사고로 인한 손해배상청구소송을 의뢰한 경우, 세 사람의 보수지급채무는 특별한 사정이 없는 한 부진정연대관계에 있다.

② 선정당사자가 선정자들로부터 별도의 수권 없이 변호사 보수에 관한 약정을 하였다면 선정자들이 이를 추인하는 등의 특별한 사정이 없는 한 그 약정은 선정자들에 대하여 효력이 없다.

③ 단체의 대표자 개인을 상대로 한 소송에서 대표자의 변호사 비용은 대표자 개인이 부담하는 것이 원칙이나, 당해 법적 분쟁이 단체와 업무적인 관련이 깊고 제반 사정에 비추어 단체의 이익을 위하여 소송을 수행하여야 할 특별한 필요성이 있는 경우라면 단체의 비용으로 변호사 선임료를 지출할 수 있다.

④ 성공보수약정이 제1심에 대한 것으로 인정되는 이상, 보수금의 지급시기에 관하여 당사자 사이에 특약이 없는 한 심급대리의 원칙에 따라 수임한 소송사무가 종료하는 시기인 제1심 판결을 송달받은 때부터 소멸시효기간이 진행된다.

28 변호사의 보수에 관한 설명 중 옳지 않은 것은? (다툼이 있는 경우 판례에 의함)

① 변호사에게 계쟁 사건의 처리를 위임함에 있어서 그 보수 지급 및 수액에 관하여 명시적인 약정을 아니하였다 하여도, 무보수로 한다는 등 특별한 사정이 없는 한 응분의 보수를 지급할 묵시의 약정이 있는 것으로 보아야 한다.

② 일부 승소 시에도 성공보수를 지급하기로 약정하였는데 원고 청구의 일부가 받아들여진 화해권고결정이 확정된 경우, 원고인 의뢰인은 변호사에게 수임약정에서 정한 일부 승소 시의 성공보수를 지급하여야 한다.

③ 소송대리를 위임하였으나 소 제기 전 채무이행 최고 및 형사 고소를 통해 재판외 화해가 성립하여 소를 제기할 필요가 없어진 경우, 사건 위임인은 특단의 사정이 없는 한 변호사에게 재판외 화해에 들인 노력에 상당한 보수를 지급할 의무가 있다.

④ 변호사가 민사사건 수임 시 착수금을 전혀 받지 않으면서 승소할 때에는 승소액의 일정 비율을 성공보수로 받고 패소할 때에는 전혀 보수를 받지 않기로 약정하는 것은 허용되지 않는다.

29 국선변호인에 관한 설명 중 옳지 않은 것은?

① 변호사는 국선변호인으로 선정된 사건이 이미 수임하고 있는 사건과 이해관계가 상반되는 경우에는 그 취지를 알리고 이를 거절한다.

② 국선변호인은 피고인 또는 피의자로부터 부정한 행위를 할 것을 종용받았을 때 법원 또는 지방법원 판사의 허가를 얻어 사임할 수 있다.

③ 법원 또는 지방법원 판사는 국선변호인이 그 직무를 성실하게 수행하지 아니하는 때에는 국선변호인의 선정을 취소할 수 있다.

④ 의뢰인의 요청에 의해 국선변호인이 사선으로 전환한 경우에는 재판부에 의해 이미 변호인으로 선정되었기 때문에 선임계약서만 제출하면 되고 별도로 소송위임장, 변호사선임신고서 등을 제출하지 아니하여도 된다.

30 변호사의 등록에 관한 설명으로 옳은 것을 모두 고른 것은?

ㄱ. 대한변호사협회는 공무원 재직 중의 고의의 위법행위로 인하여 형사소추를 받은 자가 등록하고자 할 때에는 2년 이상의 등록금지기간을 정하여야 한다.
ㄴ. 변호사가 지방변호사회의 소속을 변경하려면 새로 가입하려는 지방변호사회를 거쳐 대한변호사협회에 소속 변경등록을 신청하여야 한다.
ㄷ. 대한변호사협회는 징계처분에 의하여 면직된 후 2년이 지나지 않은 자가 변호사로 등록하고자 할 때에는 등록심사위원회의 의결을 거쳐 등록을 거부할 수 있다.
ㄹ. 대한변호사협회가 등록신청을 받은 후 3개월이 지날 때까지 등록을 하지 아니할 때에는 등록이 거부된 것으로 본다.

① ㄱ, ㄴ　　② ㄱ, ㄷ
③ ㄴ, ㄷ　　④ ㄷ, ㄹ

31 다음 중 형사처벌의 대상이 되지 않는 행위는?

① 변호사의 자격이 있는 자가 대한변호사협회에 등록을 하지 아니하고 변호사의 직무를 수행하였다.

② 「변호사법」상 공직퇴임변호사가 수임제한 기간을 위반하여 지신이 퇴직 직전 1년 이내에 근무한 국가기관이 처리하는 사건을 수임하였다.

27 ① 28 ④ 29 ④ 30 ③ 31 ②　정 답

③ 변호사가 수사기관의 공무원과 교제한다는 명목의 비용을 명시적으로 변호사 선임료에 포함시켜 받았다.
④ 변호사가 의뢰인으로부터 계쟁권리를 정당한 가격에 양수하였다.

32 「변호사법」상 공직퇴임변호사, 특정변호사, 퇴직공직자에 대한 설명으로 옳은 것을 모두 고른 것은?

> ㄱ. 공직퇴임변호사는 퇴직일부터 1년 동안 수임한 사건에 관한 수임 자료와 처리 결과를 대통령령으로 정하는 기간마다 소속 지방변호사회에 제출하여야 한다.
> ㄴ. 지방변호사회는 특정변호사의 성명과 사건 목록을 법조윤리협의회에 제출하여야 한다.
> ㄷ. 법조윤리협의회의 위원장은 공직퇴임변호사, 특정변호사에게 징계사유가 있는 것을 발견하였을 때에는 대한변호사협회의 장에게 그 변호사에 대한 징계개시를 신청할 수 있다.
> ㄹ. 퇴직공직자가 법무법인에 취업한 때에는 법무법인은 매년 1월말까지 퇴직공직자의 명단을 법무법인의 주사무소를 관할하는 지방변호사회에 제출하여야 한다.

① ㄱ, ㄴ ② ㄱ, ㄹ
③ ㄴ, ㄷ ④ ㄷ, ㄹ

33 검사 甲은 2018. 2.부터 서울고등검찰청 송무부 검사로 근무하다가 2019. 2. 퇴직한 후 변호사로 개업하여 2020. 3. 자신이 검사 재직 중 취급했던 행정사건을 수임하였다. 한편 변호사 乙은 2018. 7.부터 2018. 12.까지 공익법무관으로서 甲의 지시에 따라 소송수행자로 위 행정사건을 취급하였는데, 2020. 3. 변호사 개업 후 甲과 공동으로 그 사건을 수임하였다. 이에 관한 설명으로 옳지 않은 것은?

① 변호사 甲은 공직퇴임변호사로서 「변호사법」에 따라 위 행정사건에 관한 수임 자료와 처리 결과를 소속 지방변호사회에 제출하여야 한다.
② 변호사 甲이 퇴직한 날부터 1년이 지났음에도 불구하고 위 행정사건을 수임한 것은 수임제한 규정에 위반된다.
③ 변호사 乙은 공직퇴임변호사에 해당하지 않으므로 위 행정사건에 관한 수임 자료와 처리 결과를 소속 지방변호사회에 제출할 의무가 없다.
④ 변호사 乙은 공직퇴임변호사가 아니므로 위 행정사건을 수임한 것은 수임제한 규정에 위반되지 않는다.

34 법무법인 L은 법조경력 30년의 67세 변호사 甲, 법조경력 25년의 63세 변호사 乙, 법조경력 5년의 40세 변호사 丙으로 구성되어 있다. 이에 관한 설명으로 옳지 않은 것은?

① 甲은 공익활동의무를 면제받고 의무연수교육의 대상에서 제외된다.
② 乙은 공익활동의무를 부담하나 의무연수교육의 대상에서 제외된다.
③ 丙이 대한변호사협회가 설립한 공익재단에 기부하였다면 이는 공익활동에 해당한다.
④ 법무법인 L은 공익활동 수행 변호사로 甲을 지정할 수 있다.

35 법관 및 검사의 윤리에 관한 설명 중 옳지 않은 것은?

① 검사는 사돈인 자기 형수의 동생이 고소한 사건을 배당받는 경우, 고소인 또는 피고소인의 변호인으로 활동한 전력이 없고 자신과 이해관계가 없는 사건이라도 그 사건을 회피해야 한다.
② 법관은 대학에서 학생들을 대상으로 특강을 진행하면서 특강의 주제와 관련하여 다른 법관이 선고한 구체적 사건을 예로 들면서 공개적으로 논평할 수 있다.
③ 검사는 직무와 관련된 사항에 관하여 검사의 직함을 사용하여 대외적으로 그 의견을 기고·발표하는 경우 소속 기관장에게 미리 신고하여야 한다.
④ 법관은 품위유지와 직무수행에 지장이 없는 경우에 한하여, 학술 활동에 참여하거나 종교·문화단체에 가입하는 등 직무외 활동을 할 수 있다.

36 사내변호사에 관한 설명 중 옳지 않은 것은?

① 사내변호사는 정부, 공공기관, 비영리단체, 기업, 기타 각종의 조직 또는 단체(단, 법무법인 등은 제외한다)에서 임원 또는 직원으로 법률사무 등에 종사하는 변호사를 말한다.
② 사내변호사는 변호사윤리의 범위 안에서 그가 속한 단체 등의 이익을 위하여 성실히 업무를 수행한다.
③ 개업 변호사가 주식회사의 사용인인 사내변호사로 근무하기 위해서는 소속 지방변호사회의 겸직허가를 받아야 한다.
④ 법무법인의 구성원 변호사가 주식회사의 사내변호사로서 급여를 받으며 근무하기 위해서는 소속 지방변호사회의 겸직허가를 받아야 한다.

32 ③ 33 ④ 34 ② 35 ① 36 ④ 정답

37 변호사의 겸직제한에 관한 설명으로 옳지 않은 것은?

① 변호사는 휴업하지 아니하면 보수를 받는 공무원을 겸할 수 없으나, 공공기관에서 위촉하는 업무를 수행하는 경우에는 그러하지 아니하다.

② 변호사가 휴업한 경우에는 영리를 목적으로 하는 법인의 이사가 되기 위해 소속 지방변호사회의 허가가 필요 없다.

③ 변호사가 공인회계사 자격을 별도로 갖고 있어 영리의 목적으로 회계법인을 설립하여 그 구성원으로 회계사로서의 업무를 수행하려는 경우 소속 지방변호사회의 허가가 필요하다.

④ 변호사가 지방의회 의원을 겸직하기 위해서는 소속 지방변호사회의 허가가 필요하다.

38 변호사의 전문분야 등록에 관한 설명으로 옳은 것은?

① 전문분야 등록을 하려는 변호사는 법조경력이 5년 이상이어야 한다.

② 변호사는 자신의 전문분야를 2개까지 등록할 수 있다.

③ 전문분야 등록을 위한 '전문분야별 요구되는 사건수임 건수'를 산정함에 있어서 심급이 다른 사건은 통틀어 하나의 사건으로 인정된다.

④ 변호사는 전문분야 등록을 5년마다 갱신하여야 한다.

39 변호사가 법률사무소 사무직원으로 채용할 수 있는 사람은?

① 사기죄로 징역 6개월의 형을 선고받고 그 집행이 끝난 후 2년이 지난 A

② 공문서위조죄로 징역형의 집행유예를 선고받고 그 유예기간이 지난 후 2년이 지나지 아니한 B

③ 변호사법위반죄로 징역형의 선고유예를 받고 그 유예기간 중에 있는 C

④ 공무원으로서 징계처분에 의하여 해임된 후 3년이 지나지 아니한 D

40 변호사의 윤리에 관한 설명으로 옳지 않은 것을 모두 고른 것은?

ㄱ. 변호사는 의뢰인의 이익을 위해 필요한 경우에도 부당한 소송지연을 목적으로 하는 행위를 하여서는 안 된다.

ㄴ. 변호사는 직무와 관련하여 의뢰인으로부터 제출받은 문서 또는 물건을 자신의 권리

를 방어하기 위하여 필요한 경우에도 외부에 공개할 수 없다. ㄷ. 변호사는 경찰이 내사 중인 사건에 대해서도 변호인선임서나 위임장 등을 제출하지 아니하고는 변호하거나 대리할 수 없다. ㄹ. 변호사는 수임하고 있는 사건의 상대방에게 변호사가 있더라도 의뢰인이 요구하는 경우 상대방 당사자와 직접 접촉하거나 교섭할 수 있다.

① ㄱ, ㄴ
② ㄱ, ㄷ
③ ㄴ, ㄹ
④ ㄷ, ㄹ

37 ④ 38 ② 39 ② 40 ③ 정 답

제12회 법조윤리 기출문제

01 법무법인 L은 3명의 구성원을 포함한 변호사 5명으로 운영되고 있는데, 구성원 3명은 전문분야를 각 '손해배상', '가사법', '의료'로, 소속 변호사 2명은 전문분야를 각 '채권추심'과 '부동산'으로 대한변호사협회에 등록한 상태이고, 1명의 외국법자문사를 고용하고 있다. 법무법인 L이 다음과 같은 내용으로 신문에 광고를 게재하려고 한다. 이에 관한 설명 중 옳은 것을 모두 고른 것은?

> <광고>
>
> 저희 법무법인 L은,
>
> ○ 손해배상 관련 사건에서 강북 '최고' 수준의 법률서비스를 제공하는 사무실입니다.
>
> ○ '대한변호사협회 등록 손해배상전문 법무법인'으로서 양질의 법률서비스를 제공합니다.
>
> ○ 의료분야에서 지난해 '승소율' 80% 이상을 기록한 믿음직한 법무법인입니다.
>
> ○ 채권추심, 부동산 분야에서 풍부한 경험을 가진 변호사들이 차별화된 법률서비스를 제공합니다.
>
> ○ 더불어 미국 뉴욕주 변호사자격을 가진 '국제변호사'의 서비스도 제공합니다.

> ㄱ. 법무법인 L이 '최고'라는 용어를 사용한 것은 특정 지역에 한정한 것이므로 허용된다.
>
> ㄴ. 법무법인 L의 경우, 구성원 중 1명이 '손해배상'으로 전문분야등록을 한 상태여도 '대한변호사협회 등록 손해배상전문 법무법인'이라는 표현을 사용하여서는 안 된다.
>
> ㄷ. 법무법인 L이 정확한 통계자료에 기하여 '승소율'을 기재한 것은 허용된다.
>
> ㄹ. 법무법인 L이 미국 뉴욕주 변호사가 있음을 밝혔더라도 '국제변호사'라는 용어를 사용하여서는 안 된다.

① ㄱ, ㄴ　　② ㄱ, ㄷ

③ ㄴ, ㄹ　　④ ㄷ, ㄹ

02 변호사의 비밀유지의무에 위반되지 않는 것은?

① 변호사 甲은 의뢰인 A를 세무조사하는 국세청의 자료제출 요구를 받고 A로부터 제출받아 보관하고 있던 회계관련 서류를 임의로 제출하였다.

② 변호사 乙은 X회사의 고문변호사인바, X회사의 전 대표이사 B로부터 X회사를 상대로 하는 주주총회결의무효확인 사건을 의뢰받고 X회사와의 자문(고문)계약을 해지한 후 자문과정에서 알게 된 X회사의 비밀을 이용하여 소를 제기하였다.

③ 변호사 丙은 의뢰인 C로부터 수임한 사건을 종료한 후 이 사건과 관련된 다른 사건을 수임한 변호사 丁의 요청을 받고 C의 양해를 얻어 상대방의 비밀이 포함된 증거를 비롯한 재판기록 일체를 복사하여 주었다.

④ 변호사 戊는 종전 의뢰인 D로부터 수임사건과 관련된 손해배상청구소송을 제기 당하자, 자신의 권리를 방어하기 위하여 재판과정에서 알게 되었던 D의 비밀을 공개하였다.

03 변호사의 비밀누설금지의무에 관한 설명 중 옳지 않은 것은?

① 대한변호사협회 변호사징계위원회의 위원인 변호사 甲이 변호사징계위원회의 업무처리 중 알게 된 징계혐의자의 징계혐의 사실을 누설한 경우에는 「변호사법」 위반으로 형사처벌의 대상이 된다.

② 서울지방변호사회의 상임이사인 변호사 乙이 서울지방변호사회에 소속된 「변호사법」상 공직퇴임변호사가 제출한 수임자료와 처리결과를 누설한 경우에는 「변호사법」 위반으로 형사처벌의 대상이 된다.

③ 법조윤리협의회의 위원인 변호사 丙이 법조윤리협의회의 업무 처리 중 알게 된 「변호사법」상 특정변호사가 제출한 수임자료와 처리결과를 누설한 경우에는 「변호사법」 위반으로 형사처벌의 대상이 된다.

④ 제주지방변호사회의 감사인 변호사 丁이 제주지방변호사회에 소속된 개업변호사가 제출한 수임사건 건수와 수임액을 누설한 경우에는 「변호사법」 위반으로 형사처벌의 대상이 된다.

01 ③ 02 ④ 03 ① 정답

04 변호사의 윤리에 관한 설명 중 옳지 않은 것을 모두 고른 것은?

> ㄱ. 변호사 아닌 자가 변호사 甲을 고용하여 법률사무소를 운영하는 행위는 「변호사법」상 형사처벌의 대상이지만, 甲을 변호사 아닌 자와의 공범으로서 형사처벌할 수는 없다.
> ㄴ. 변호사 乙은 서울중앙지방법원 형사 제1단독 판사와 고등학교 동기동창이라고 홍보하여 이를 듣고 찾아온 A로부터 위 판사가 담당하는 사건을 수임하여 변호하였다. 이 경우 乙은 형사처벌 대상이 되지 않으나, 「변호사법」상 과태료 부과 대상이다.
> ㄷ. 변호사 丙은 수임하고 있는 사건의 상대방 B로부터 계쟁 중인 사건의 내용을 잘 알고 있는 C를 증인으로 신청하지 말아달라는 청탁과 함께 식사비 명목으로 10만 원을 건네 받았으나, B의 청탁을 거절하고 C를 증인으로 신청하여 증인신문까지 하였다. 이 경우 丙은 형사처벌 대상이 되지 않으나, 「변호사법」상 과태료 부과 대상이다.
> ㄹ. 변호사 丁은 검찰에서 내사를 받고 있는 의뢰인 D를 위하여 변호인선임신고서를 제출하지 아니한 채 검찰에서 구두로 변호하였다. 丁은 형사처벌의 대상이 될 수 있다.

① ㄱ, ㄴ　　② ㄴ, ㄷ
③ ㄴ, ㄹ　　④ ㄷ, ㄹ

05 변호사 보수에 관한 설명 중 옳은 것을 모두 고른 것은? (다툼이 있는 경우 판례에 의함)

> ㄱ. 변호사는 계약자유의 원칙에 따라 의뢰인과 자유롭게 보수에 관하여 정할 수 있지만 부당하게 과다한 보수를 약정하여서는 아니 된다.
> ㄴ. 변호사 甲은 의뢰인 A로부터 B에 대한 대여금청구사건에 관하여 보수로 1,000만 원을 지급받기로 하는 위임계약을 체결한 후 위 대여금청구채권을 보전하기 위하여 B의 C은행에 대한 예금채권을 가압류하는 과정에서 법원으로부터 현금 1,000만 원의 담보제공명령을 받게 되자 A로부터 송금받아 이를 공탁하였다. 그 후 위 대여금청구사건에 관하여 승소판결을 선고받았지만 A가 보수의 지급을 미루는 경우 甲은 A로부터 위임받아 법원 공탁소로부터 위 공탁금을 수령한 후 A에 대한 보수청구권과 상계할 수 있다.
> ㄷ. 민사사건의 소송대리 업무를 위임받은 변호사가 그 소제기 전에 상대방에게 채무이행을 최고하고 형사고소를 제기하는 등의 사무를 처리함으로써 의뢰인과 상대방 사이에 재판 외 화해가 성립되어 결과적으로 소를 제기할 필요가 없게 된 경우에, 의뢰인과 변호사 사이에 소제기에 의하지 아니한 사무처리에 관하여 명시적인 보수의 약정을 한 바 없다면, 의뢰인은 변호사에게 보수를 지급할 필요가 없다.
> ㄹ. 항소심 사건의 소송대리인인 변호사는 항소심판결이 송달되어 위임사무가 종료되면 그에 따른 보수를 청구할 수 있고, 그 후 항소심판결이 상고심에서 파기되어 사

건이 환송되더라도 환송 후 사건은 위임사무의 범위에 포함되지 않으므로 위 보수 청구와는 무관하다.

① ㄱ, ㄴ　　② ㄱ, ㄷ
③ ㄱ, ㄴ, ㄹ　　④ ㄴ, ㄷ, ㄹ

06 변호사의 비밀유지의무 등에 관한 설명으로 옳지 않은 것은? (다툼이 있는 경우 판례에 의함)

① 변호사가 적극적으로 피고인으로 하여금 허위진술을 하도록 하는 것이 아니라 단순히 헌법상 권리인 진술거부권이 있음을 알려 주고 그 행사를 권고하는 것은 진실의무에 위배되지 않는다.
② 변호사가 법률자문을 위하여 작성한 것으로 의뢰인의 비밀이 포함되어 있는 의견서는 변호사의 소유라 하더라도 의뢰인의 동의 없이 그 내용을 그대로 학술지에 발표할 수 없다.
③ 변호사는 의뢰인의 비밀을 지켜야 할 의무가 있고 의뢰인에게도 헌법상 변호인의 조력을 받을 권리가 보장되어 있으나, 이로부터 의뢰인이 법원이나 행정기관과 같은 제3자에 대하여 자신의 비밀 공개를 거부할 권리가 바로 도출되지는 않는다.
④ 변호사의 비밀유지의무는 잠재적 의뢰인에 대하여는 적용되지 아니한다.

07 변호사의 비밀유지의무 등에 관한 설명 중 옳지 않은 것은? (다툼이 있는 경우 판례에 의함)

① 법무법인 등의 구성원 변호사 및 소속 변호사는 퇴직하기 전까지만, 다른 변호사가 의뢰인과 관련하여 직무상 비밀유지의무를 부담하는 사항을 알게 된 경우에 이를 누설하거나 이용할 수 없다.
② 변호사는 상대방 또는 상대방 대리인과 친족관계 등 특수한 관계가 있을 때에는, 그 관계가 비록 사적이고 업무수행에 영향을 미치지 않도록 할 자신이 있다 하더라도 이를 미리 의뢰인에게 알려야 한다.
③ 변호사로서 업무를 수행하다가 알게 된 내용으로서 의뢰인에게 불리한 사항에 대하여, 민사사건의 증인으로 소환되어 위 사항에 대하여 신문을 받은 때에는 증언을 거부할 수 있고 이때 위 불리한 사항을 기재한 메모의 제출까지도 거부할 수 있다.
④ 비밀유지의무는 변호사가 업무상 알게 된 비밀을 다른 곳에 누설하지 않을 소극적 의

04 ② 05 ① 06 ④ 07 ①　정답

무를 말하는 것이므로 진범을 은폐하는 피고인의 허위자백을 적극적으로 유지하게 한 행위가 비밀유지의무에 의하여 정당화될 수 없다.

08 변호사 보수에 관한 설명 중 옳은 것을 모두 고른 것은? (다툼이 있는 경우 판례에 의함)

ㄱ. 변호사에게 계쟁사건의 처리를 위임하면서 그 보수 지급 및 액수에 관하여 명시적인 약정을 하지 않았다면 특별한 사정이 없는 한 응분의 보수를 지급할 묵시의 약정은 없는 것으로 봄이 상당하기 때문에, 변호사는 수임사건이 승소로 확정된 때와 동일시할 수 있는 결론이 난 경우에도 승소사례금을 청구할 수 없다.
ㄴ. 선정당사자가 선정자로부터 별도의 수권 없이 변호사 보수에 관한 약정을 하였다면 선정자가 이를 추인하는 등의 특별한 사정이 없는 한 선정자에 대하여 변호사 보수 약정의 효력이 없다.
ㄷ. 피고의 소송사건을 수임하면서 성공보수금을 약정한 경우에 그 사건이 일단 양쪽 당사자가 모두 출석하지 않아 취하 간주되었다 하더라도 그 후에 다시 제소가 되었다면 결국 제소자의 소권행사를 저지한 것으로 볼 수 없어 성공보수금을 지급받을 수 없다.
ㄹ. 변호사에게 사무를 위임하면서 착수금을 같은 날 지급하기로 약속하였다면, 변호사가 변호인선임신고서를 조사기관에 제출하지 않았더라도 착수금의 청구권은 위임계약과 동시에 발생한다.

① ㄱ, ㄷ　　② ㄱ, ㄹ
③ ㄴ, ㄷ　　④ ㄴ, ㄹ

09 외국법자문법률사무소에 관한 설명 중 옳은 것을 모두 고른 것은?

ㄱ. 외국법자문법률사무소는 국내에 분사무소를 둘 수 없다.
ㄴ. 외국법자문법률사무소는 합작법무법인이나 국내의 법무법인, 법무법인(유한)과 마찬가지로 등기를 하여야 설립의 효력이 있다.
ㄷ. 외국법자문법률사무소는 그 활동에 관하여 법무부장관의 감독은 받지만, 대한변호사협회의 감독을 받지는 않으므로 대한변호사협회가 이유를 명시하여 그 업무재산의 현황, 수임 회계 내역의 명세 등 감독에 필요한 자료의 제출을 요구하더라도 이에 따를 의무가 없다.
ㄹ. 외국법자문법률사무소는 사전에 대한변호사협회에 공동사건처리 등을 위한 등록을 한 경우에 국내의 법무법인, 법무법인(유한)과 국내법사무와 외국법사무가 혼재된 법률사건을 사안별 개별 계약에 따라 공동처리하고 수익을 분배받을 수 있으나, 이

> 경우에도 국내의 변호사·법무사·변리사·공인회계사·세무사 및 관세사를 고용할 수 없다.

① ㄱ, ㄴ ② ㄱ, ㄹ
③ ㄴ, ㄷ ④ ㄷ, ㄹ

10 변호사의 윤리에 관한 설명 중 옳지 않은 것은?

① 변호사나 그 사무직원은 법률사건이나 법률사무를 유상으로 유치할 목적으로 법원·수사기관·교정기관 및 병원에 출입하거나 다른 사람을 파견하거나 출입 또는 주재하게 하여서는 아니 된다.
② 변호사는 수임하고 있는 사건의 상대방 당사자에게 변호사 또는 법정대리인이 있는 경우에는, 그 변호사 또는 법정대리인의 동의나 기타 다른 합리적인 이유가 없는 한 상대방 당사자와 직접 접촉하거나 교섭하지 아니한다.
③ 변호사는 직무수행 중 의뢰인의 행위가 범죄행위, 기타 위법행위에 해당된다고 판단된 때에는 즉시 사임하여야 한다.
④ 국선변호인 등 관련 법령에 따라 국가기관에 의하여 선임된 변호사는 그 사건을 사선으로 전환하기 위하여 부당하게 교섭하지 아니한다.

11 국선변호인으로 선정된 변호사의 행위 중 변호사윤리에 위반되지 않는 것은?

① 피해자와의 합의를 위하여 지출한 택시비를 피고인의 가족으로부터 수령하였다.
② 소속 지방변호사회에 전년도에 처리한 국선변호사건의 건수와 보수를 보고하지 아니하였다.
③ 자신의 가치관에 비추어 국선변호인으로서의 직무를 수행하는 것이 어렵다는 이유로 공판기일에 출석하지 않았다.
④ 피고인이 범행을 부인하면서 무죄변론을 요청하였음에도 불구하고, 유죄라는 확신이 든다는 이유로 피고인에 대한 아무런 설명 없이 '유죄가 인정되지만 선처를 구한다'는 취지의 변론요지서를 작성·제출하였다.

08 ④ 09 ② 10 ③ 11 ② 정 답

12 변호사 징계절차에 관한 설명으로 옳지 않은 것은?

① 법무부 변호사징계위원회는 대한변호사협회 변호사징계위원회의 징계결정에 대한 이의신청 사건을 심의한다.

② 징계혐의자는 징계심의기일에 출석하여 구술 또는 서면으로 자기에게 유리한 사실을 진술하고 필요한 증거를 제출할 수 있다.

③ 징계혐의자가 징계혐의사실로 공소제기되어 있을 때에는 해당 형사사건이 확정될 때까지 심의절차를 정지하여야 하며, 징계사유에 관한 명백한 증거가 있는 경우에도 징계심의를 계속할 수 없다.

④ 대한변호사협회 변호사징계위원회의 징계결정에 대하여는 행정소송을 제기할 수 없고, 법무부 변호사징계위원회에 대한 이의신청 절차를 거친 후 그 결정에 대하여 징계혐의자가 불복하는 경우 행정법원에 소를 제기할 수 있다.

13 법관 및 검사의 윤리에 관한 설명으로 옳은 것은?

① 법관은 정당의 발기인이나 당원이 될 수 없으나 평소 친분이 있는 특정 정치인을 위한 후원회의 회원이 되어 후원금을 낼 수 있다.

② 법관은 직무관련자에게 금전을 빌리거나 빌려 주어서는 아니 되나, 직무관련자가 근무하는 금융기관으로부터 현저히 낮은 이율로 대출을 받는 것은 가능하다.

③ 검사가 직무와 관련되지 않은 사항을 검사 직함을 사용하지 않고 기고나 발표를 하는 경우에도 소속 기관장에게 미리 신고하여야 한다.

④ 검사가 직무 관련 여부에 상관없이 검사로서의 체면이나 위신을 손상하는 행위를 한 경우도 징계사유가 된다.

14 변호사 징계 및 업무정지에 관한 설명으로 옳지 않은 것을 모두 고른 것은? (다툼이 있는 경우 판례에 의함)

ㄱ. 개업신고를 하지 않았거나 휴업신고를 하여 법률사무에 종사하지 않는 변호사는 변호사협회의 회원으로서 권리와 의무가 없으므로 변호사 징계대상이 아니다.
ㄴ. 형사처벌을 받은 변호사에 대하여 동일한 사안으로 징계하는 것은 일사부재리 원칙에 위반된다.
ㄷ. 대한변호사협회의 장에게 징계개시를 신청할 수 있는 자는 지방검찰청 검사장, 고위공직자범죄수사처장, 지방변호사회의 장, 법조윤리협의회의 위원장이다.

ㄹ. 법무부장관은 변호사에 대한 징계절차가 개시되어 있는 경우 일정한 사유가 있으면 법무부 변호사징계위원회에 그 변호사의 업무정지에 관한 결정을 청구할 수 있다.

① ㄱ, ㄴ
② ㄱ, ㄹ
③ ㄴ, ㄷ
④ ㄷ, ㄹ

15 변호사의 사건수임에 관한 설명 중 옳지 않은 것은?

○ 변호사 甲은 2015. 1. 1.부터 금융위원회에서 공무원으로 근무하던 중 2021. 1. 1.부터 같은 달 15.까지 공정거래위원회에 파견되어 근무하였고, 2021. 3. 2. 퇴직 후 2021. 4. 1. 법무법인 L에 구성원 변호사로 가입하였다.
○ 변호사 乙은 병역의무를 이행하기 위하여 서울고등검찰청에서 공익법무관으로 근무하다가 2021. 2. 1. 퇴직하였고, 2021. 5. 3. 법무법인 L에 소속 변호사로 취업하였다.
○ 변호사 丙은 2016. 1. 1.부터 보통검찰부 소속 군검사로 근무하다가 2021. 4. 1. 전역한 후 법무법인 L의 구성원 변호사로 가입하였다.

① 변호사 甲은 공정거래위원회가 증권회사 X에 대하여 발령한 시정명령과 관련하여 X가 공정거래위원회를 상대로 제기한 시정명령취소소송에서 2021. 6. 1. 위 사건의 담당변호사로 지정될 수 있다.
② 변호사 甲은 금융위원회가 공인회계사 A에 대하여 부과한 징계처분과 관련하여 A가 금융위원회를 상대로 제기한 징계처분취소소송에서, A가 자신의 사촌동생인 경우 2021. 7. 1. 위 사건의 담당변호사로 지정될 수 있다.
③ 변호사 乙은 법무법인 L이 서울중앙지방검찰청에서 수사를 받고 있는 B에 대한 형사사건을 수임할 경우 2021. 8. 2. 그 형사사건의 담당변호사로 지정될 수 있다.
④ 변호사 丙은 법무법인 L이 국방부 보통군사법원에 계속 중인 피고인 C에 대한 성폭력사건을 수임할 경우 2021. 5. 3. 그 사건의 담당변호사로 지정될 수 없다.

12 ③ 13 ④ 14 ① 15 ④ 정답

16 변호사 甲은 법무법인 L에 취업한 다음 해에 구성원으로 등기되어 3년을 근무하다 퇴직하였다. 甲이 구성원으로 등기하거나 탈퇴하는 과정에서 지분을 양수하거나 양도한 것은 아니었고, 구성원 등기 전후에 근무 형태도 동일하게 유지되었다. 甲은 사건의 수임과 상관없이 매달 일정한 금액의 급여를 받았고, 직접 사건을 유치하지 않고 법무법인 L로부터 배당받은 사건만을 처리하면서 이익배당을 받거나 손실을 부담한 적도 없었다. 위 사안에 관련된 설명 중 옳지 않은 것은? (다툼이 있는 경우 판례에 의함)

① 변호사 甲은 구성원으로 등기되었으므로 근로자로 볼 수 없어 약정된 급여 이외에 퇴직금을 별도로 요구할 수 없다.

② 변호사 甲이 법무법인 L에 근무하는 동안은 자신의 계산으로 변호사의 업무를 수행할 수 없으므로 甲 개인 명의로 사건을 수임할 수는 없다.

③ 변호사 甲이 법무법인 L의 구성원 변호사로 등기된 동안에 甲을 제외한 나머지 구성원 변호사들이 다른 법무법인과의 합병에 찬성하였더라도 甲이 반대하면 다른 법무법인과 합병할 수 없다.

④ 변호사 甲이 법무법인 L에서 퇴직하기 이전에 「변호사법」에 의하여 정직의 징계처분을 받았다면 그때부터 구성원에서 당연히 탈퇴한다.

17 「변호사법」상 '계쟁권리의 양수 금지' 규정 위반에 해당하는 것은?

① 변호사 甲은 부가가치세 경정청구거부처분취소소송의 의뢰인 A로부터 착수금 없이 그 수임사무의 성공보수로 위 사건이 승소 확정되는 경우 장차 국가로부터 환급받게 되는 국세환급금 중 10% 상당액을 양도받기로 하였다.

② 변호사 乙은 수년간 의뢰인 B회사로부터 여러 소송사건을 수임하여 처리하였는데 수임료 및 성공보수로 3억 원이 넘는 돈을 지급받지 못하게 되자, B회사로부터 B회사가 C에 대하여 가지고 있는 4억 원 상당의 거래대금 채권을 양수한 뒤 乙의 이름으로 소송을 제기하여 변제에 충당하였다.

③ 변호사 丙은 의뢰인 D의 E에 대한 공사대금청구소송의 대리인으로 1심 소송 진행 중, D의 E에 대한 공사대금채권을 변호사 수임료 명목으로 자신의 사무장 명의로 양수한 후, 항소심에서 사무장으로 하여금 자신을 소송대리인으로 선임하게 하여 소송승계참가신청을 하고 E로부터 판결금 전액을 수령하였다.

④ 변호사 丁은 F회사의 주식반환청구권을 피보전권리로 한 주식처분금지가처분사건에서 채무자 G를 대리하여 가처분이의를 제기하였고, 소송 계속 중 채무자 G로부터 그의 처 H명의로 된 F회사 주식을 丁의 배우자 명의로 양도받았다.

18 외국법자문사에 관한 설명 중 옳지 않은 것은?

① 외국법자문사로서 업무를 수행하기 위해서는 법무부장관의 외국법자문사 자격승인을 받은 후 대한변호사협회에 외국법자문사로 등록하여야 한다.
② 외국법자문사의 자격승인을 받기 위해서는 자유무역협정 등의 당사국인 외국의 변호사 자격을 취득한 후 원자격국에서 3년 이상 법률사무를 수행한 경력이 있어야 한다.
③ 외국법자문사에게는 「변호사법」상의 '연고 관계 등의 선전금지', '수임제한' 및 '겸직제한' 규정 등이 준용되지만 대한변호사협회가 정하는 윤리장전을 준수할 의무는 없다.
④ 외국법자문사는 최초의 업무개시일로부터 1년에 180일 이상 대한민국에 체류하여야 한다.

19 변호사의 공익활동에 해당하는 것을 모두 고른 것은?

ㄱ. 법무법인의 소속 변호사 甲은 공익적 성격을 가진 단체에 대하여 상당한 보수를 받고 법률서비스를 제공하였다.
ㄴ. 법무법인(유한)의 구성원 변호사 乙은 법원으로부터 보수와 비용을 받고 국선변호인으로 활동하였다.
ㄷ. 법무조합의 소속 변호사 丙은 상당한 보수를 받고 법령에 의하여 관공서로부터 위촉받은 사항에 관하여 활동하였다.
ㄹ. 조합형 합동법률사무소의 변호사 丁은 대한변호사협회가 설립한 공익재단인 '법률구조재단'에 상당한 금액을 기부하였다.

① ㄱ, ㄴ
② ㄱ, ㄷ
③ ㄴ, ㄹ
④ ㄷ, ㄹ

20 「변호사법」상 형사처벌의 대상이 되는 행위에 해당하는 것은?

① 변호사 甲은 검사 퇴직일부터 2년 동안 수임한 사건에 관한 수임 자료를 작성하면서, 다른 변호사와 공동 대리로 수행했던 가사소송 15건은 자신의 공직 종사 분야와 관련이 없다고 보아 수임 자료에서 제외하여 소속 지방변호사회에 제출하였다.
② 변호사 乙은 대한변호사협회가 실시하는 연수교육 중 자신에게 필요하고 적합한 교육과정이 없다는 이유로 「변호사법」에서 정하는 일정 시간 이상의 연수교육을 받지 않

16 ① 17 ③ 18 ③ 19 ③ 20 ③ 정 답

았다.

③ 변호사 丙은 자신이 중재인으로 지정된 중재사건에서 형식적 요건 미비를 이유로 각하판정을 내린 후 해당 중재사건의 신청인에게 연락하여 해당 사건의 형식적 요건에 관하여 자문하고 실질적으로 동일한 내용의 사건을 수임하였다.

④ 법무법인 L은 구성원 변호사에 관한 법조윤리협의회의 자료 제출 요구가 정치적 목적으로 악용된 것이라 주장하면서 자료 제출을 거부하였고, 법조윤리협의회가 현장조사를 실시하려 했으나 이를 방해하였다.

21 변호사의 겸직허가에 관한 설명 중 옳은 것을 모두 고른 것은? (다툼이 있는 경우 판례에 의함)

ㄱ. 개업 변호사가 소속 지방변호사회의 겸직허가를 받아 회계법인에 고용되어 내부 법률업무를 처리하는 것은 비변호사의 변호사 고용 금지를 규정한 「변호사법」에 위반되지 않는다.
ㄴ. 법무법인의 구성원 변호사가 학교법인의 상근이사로 취임하는 경우 소속 지방변호사회의 겸직허가를 받아야 한다.
ㄷ. 개업 변호사가 겸직허가를 받으면 상장회사의 사외이사가 되는 것은 허용되지만 등기이사로 취임하는 것은 허용되지 않는다.
ㄹ. 지방변호사회로부터 겸직불허처분을 받은 변호사는 이를 행정소송으로 다툴 수 있다.

① ㄱ, ㄴ　② ㄱ, ㄹ
③ ㄴ, ㄷ　④ ㄷ, ㄹ

22 변호사 광고로 허용되는 행위를 모두 고른 것은?

ㄱ. 과거에 자신이 취급했던 형사사건을 의뢰인의 동의를 받아 광고에 표시하는 행위
ㄴ. 버스 내부에 변호사 사무실에서 수행하는 개인회생·파산업무에 관한 광고물을 게시하는 행위
ㄷ. 변호사가 고교 동창인 현직 대법관과 함께 찍은 사진을 상고심 사건에 관하여 영향력을 미칠 수 있는 것처럼 자신의 법률사무소 홈페이지에 게시하는 행위
ㄹ. 변호사가 지하철로 출퇴근하면서 자신의 명함을 시민들에게 나누어 주는 행위

① ㄱ, ㄴ　② ㄱ, ㄷ
③ ㄴ, ㄹ　④ ㄷ, ㄹ

23 「변호사법」상 공직퇴임변호사에 관한 설명 중 옳은 것을 모두 고른 것은?

> ㄱ. 서울지방경찰청에서 2년 동안 총경으로 재직하다가 퇴직한 변호사 甲이 법무법인 L에 구성원 변호사로 가입하였다면, 법무법인 L은 매년 1월 말까지 전년도 업무내역서를 작성하여 주사무소를 관할하는 지방변호사회에 제출하여야 한다.
> ㄴ. 서울중앙지방법원에서 1년 동안 판사로 재직하다가 퇴직한 변호사 乙이 법무법인 L에 소속 변호사로 취업하였다면, 법무법인 L은 변호사 乙이 퇴직한 날로부터 1년 동안 변호사 乙을 담당변호사로 지정하여 서울중앙지방검찰청의 사건을 수임할 수 없다.
> ㄷ. 서울중앙지방검찰청에서 2년 동안 검사로 재직하다가 퇴직하여 단독 개업한 변호사 丙은 퇴직한 날로부터 2년 동안 수임한 사건에 관한 수임자료와 처리결과를 소속 지방변호사회에 제출하여야 한다.

① ㄱ, ㄴ, ㄷ ② ㄱ, ㄴ
③ ㄱ, ㄷ ④ ㄴ, ㄷ

24 변호사연수에 관한 설명으로 옳지 않은 것은?

① 윤리연수란 변호사로서의 직업윤리의식 함양을 위하여 이루어지는 변호사연수를 말한다.
② 전문연수란 변호사로서의 업무수행에 필요한 법학이론, 실무지식 기타 이와 관련된 인문·사회·자연과학 지식의 습득·향상을 위하여 이루어지는 변호사연수를 말한다.
③ 특별연수는 매년 1회 이상 정기적으로 실시되어야 하며 변호사는 특별한 사유가 없는 한 이에 참가하여야 한다.
④ 의무연수는 의무전문연수와 의무윤리연수로 하며, 현장연수를 원칙으로 한다.

25 변호사의 보수 또는 이익분배와 관련하여 허용되는 행위는?

① 사건을 수임한 변호사가 의뢰인으로 하여금 관할법원 인근에 사무소를 두고 있는 변호사를 공동변호인으로 선임하게 한 후 그 의뢰인으로부터 받은 수임료의 50%를 공동변호인의 수임료로 분배하여 지급하는 행위
② 변호사 甲이 변호사 아닌 A가 운영하는 법률상담소에 취업하여 상담 과정에서 수임한 소송업무를 수행하되 수임료는 A가 받고 甲은 A로부터 매월 정액의 보수를 받는 행위

21 ② 22 ① 23 ④ 24 ③ 25 ① 정 답

③ 법무법인이 개인파산신청사건을 처리하면서 파산신청사건의 의뢰인 모집 및 신청서류 작성 등 제반 업무를 사무장에게 전담시키고 파산신청사건 수임료의 30%를 사무장의 보수로 지급하는 행위

④ 법무법인이 환경오염 피해자들을 대리하여 집단소송을 수임하면서 원고로 참여할 피해자들을 모집하는 등의 업무를 하는 손해사정인에게 수고비로 수임료의 20%를 배분하는 행위

26

A는 동업자 B의 동업자금 유용에 대하여 손해배상청구소송을 제기하고자 변호사 甲과 상담하였는데, 상담 중 A는 분쟁과 관련하여 B가 알면 패소할 가능성이 높은 불리한 사실관계를 상당 정도 털어놓았다. 변호사 甲은 수임료가 합의되지 않아 수임을 거절하였는데, 그 후 B가 甲을 찾아와 위 동업자금 유용과 관련한 소송사건을 맡아 줄 것을 요청하였다. 甲은 B의 승소가능성이 높고, 수임료를 제대로 지급할 수 있을 것으로 보고 있다. 다음 설명 중 옳은 것을 모두 고른 것은?

ㄱ. 甲은 B에게서 이 사건을 수임할 수 있다. 상대방 당사자와 먼저 상담하였다는 이유만으로 변호사의 사건 수임이 제한되지 않기 때문이다.
ㄴ. 甲은 B에게서 이 사건을 수임할 수 없다. A와의 상담 도중 A가 패소할 가능성이 높은 불리한 사실관계를 알게 되었기 때문이다.
ㄷ. A와 수임료가 합의되지 않았다는 이유로 수임을 거절한 것은 변호사윤리 위반이다.

① ㄱ　　② ㄴ
③ ㄱ, ㄷ　　④ ㄴ, ㄷ

27

사내변호사에 관한 설명 중 옳은 것은?

① 사내변호사는 소속 기업의 지시에 따라 소속 기업의 자회사 또는 소속 기업과 거래하는 고객들로부터 사건을 수임하여 처리할 수 있다.

② 개업변호사가 주식회사의 이사인 사내변호사로 근무하기 위해서는 소속 지방변호사회의 겸직허가를 받아야 한다.

③ 사내변호사는 기업의 직원으로 고용되어 있기 때문에 대한변호사협회에 변호사 등록이나 법인등기부상 지배인으로 등기가 되어 있지 않아도 회사의 소송대리 업무를 수행할 수 있다.

④ 사내변호사는 그가 속한 단체의 이익을 위하여 성실히 업무를 수행할 의무가 있으므

로 변호사로서 직업적 양심에 따를 필요는 없다.

28 변호사의 윤리에 관한 설명 중 옳지 않은 것은?

① 변호사는 의뢰인이 이미 다른 변호사를 선임한 사건을 수임할 때에는 그 다른 변호사의 양해를 구하여야 하고, 변호사들이 공동으로 직무를 수행하는 경우에는 의뢰인의 이익을 위하여 서로 협력한다.

② 변호사는 위임의 목적이나 사건처리의 방법이 현저하게 부당한 경우에 그 사건을 수임하지 아니한다.

③ 변호사는 그가 속한 법무법인 등의 다른 변호사가 증언함으로써 의뢰인의 이익이 침해되거나 침해될 우려가 있을 경우에 당해 사건에서 변호사로서의 직무를 수행하지 아니한다.

④ 변호사는 의뢰인이 기대하는 결과를 얻을 가능성이 없거나 희박한 사건을 그 가능성이 높은 것처럼 설명하거나 장담하지 아니한다.

29 사내변호사에 관한 설명 중 옳은 것을 모두 고른 것은?

ㄱ. 사내변호사는 정부, 공공기관, 비영리단체, 기업, 기타 각종의 조직 또는 단체(단, 법무법인 등은 제외한다) 등에서 임원 또는 직원으로서 법률사무 등에 종사하는 변호사를 말한다.
ㄴ. 사내변호사가 자신이 속한 회사의 지정을 받아 회사 소속 사내변호사 전원을 대신하여 공익활동을 행한 경우 그 공익활동시간을 회사 소속 사내변호사 개인에게 배분하여 사내변호사 각 개인의 공익활동시간으로 인정할 수 있다.
ㄷ. 사내변호사로서 겸직허가를 받아 회사로부터 소송사건을 위임받은 사내변호사는 그가 속한 회사에 충실의무를 지게 되더라도 여전히 소속 지방변호사회, 대한변호사협회 및 법무부장관의 감독을 받는다.
ㄹ. 사내변호사로서 겸직허가를 받은 이상 회사로부터 소송사건을 위임받더라도 소송위임장이나 변호인선임신고서 등을 사전에 소속 지방변호사회를 경유하여 제출할 필요는 없다.

① ㄱ, ㄴ ② ㄱ, ㄷ
③ ㄴ, ㄹ ④ ㄷ, ㄹ

26 ② 27 ② 28 ① 29 ② 정답

30 사내변호사가 본인이 속한 기업의 위법행위를 알게 된 경우 할 수 있는 행위로 옳은 것은?

① 사내변호사가 업무를 수행하면서 기업의 위법행위와 관련하여 작성한 메모는 개인적인 서류로서 의뢰인에 대한 비밀유지의무와는 무관하므로 외부에 공개할 수 있다.

② 사내변호사는 직무를 수행함에 있어 독립성을 유지하여야 하므로 기업의 위법행위를 발견하였다면 즉시 수사기관에 통보하거나 언론에 공개하여야 한다.

③ 사내변호사는 원칙적으로 기업의 위법행위에 협조하여서는 아니 되지만, 그 위법행위가 경미한 경우에는 소속 기업에 대한 충실의무에 따라 기업의 이익을 위하여 협조할 수 있다.

④ 사내변호사가 이사회에 위법행위를 통보하는 등 이를 시정하기 위하여 노력하였음에도 불구하고 아무런 조치가 이루어지지 않은 경우라면 사직할 수 있다.

31 변호사의 결격사유에 관한 설명 중 옳지 않은 것은?

① 징역 3년의 형을 선고받고 그 형의 집행 중 특별사면을 받은 자는 특별사면 후 5년이 지나지 아니하면 변호사가 될 수 없다.

② 징역 1년에 집행유예 2년의 형을 선고받은 자는 그 유예기간이 지난 후 2년이 지나지 아니하면 변호사가 될 수 없다.

③ 징계처분에 의하여 면직된 자는 그 후 3년이 지나지 아니하면 변호사가 될 수 없다.

④ 공무원 재직 중 정직 3월의 징계처분을 받은 자는 정직기간 중에 퇴직하더라도 그 정직기간이 끝날 때까지 변호사가 될 수 없다.

32 변호사 甲은 A가 B를 상대로 제기한 X건물의 공사대금에 관한 채무부존재확인소송에서 A를 대리하고 있다. 甲의 사건수임에 관한 설명 중 옳은 것을 모두 고른 것은?

ㄱ. B가 甲에게 현재 진행 중인 C와의 이혼소송에서 자신을 대리하여 줄 것을 요청하는 경우, A가 이에 동의하면 甲은 B로부터 위 이혼사건을 수임할 수 있다.
ㄴ. B가 이 사건에서 A를 상대로 X건물의 공사대금을 청구하는 반소를 제기하면서 甲에게 자신을 대리하여 줄 것을 요청하는 경우, A가 이에 동의하더라도 甲은 B로부터 위 반소사건을 수임할 수 없다.
ㄷ. B가 A를 상대로 X건물의 공사대금을 청구하는 본안소송을 다른 법원에 제기하면서 甲에게 자신을 대리하여 줄 것을 요청하는 경우, A가 이에 동의하면 甲은 B로부터 위 공사대금청구사건을 수임할 수 있다.

① ㄱ ② ㄷ
③ ㄱ, ㄴ ④ ㄴ, ㄷ

33 A는 B를 상대로 임차보증금반환청구소송을 제기하기 위하여, 변호사 甲을 1심 소송대리인으로 선임하면서 1심에 대한 보수 및 성공보수를 약정하였으나 그 성공보수의 지급 시기에 대하여는 따로 정하지 않았다. 이에 관한 설명으로 옳지 않은 것은? (다툼이 있는 경우 판례에 의함)

① A에게 제1심 승소판결이 선고되어 판결문이 송달된 경우, 변호사 甲의 성공보수청구권은 승소판결문을 송달받은 때부터 발생한다.
② 변호사 甲은 의뢰인 A로부터 사건 종료 후 성공보수를 받지 못할 것이 염려되는 경우 승소를 하지 못하면 반환하는 조건으로 미리 성공보수를 받을 수 있다.
③ 변호사 甲의 귀책사유로 인해 A와의 신뢰관계가 훼손되어 A가 위임계약을 해지하였다 하더라도, A는 甲이 이미 이행한 사무처리 부분과 관련된 제반사정을 참작하여 상당하다고 인정되는 보수를 甲에게 지급할 의무가 있다.
④ 만약 A가 변호사 甲에게 착수금을 지급하면서 어떠한 사유가 발생하더라도 착수금 반환을 청구할 수 없다고 약정을 하였다면, 위임사무의 처리 도중에 甲의 귀책사유로 위임계약이 종료되는 경우라도 A는 甲으로부터 착수금을 반환받을 수 없다.

34 변호사의 이익충돌 회피의무에 관한 설명 중 옳지 않은 것은? (다툼이 있는 경우 판례에 의함)

① 「변호사법」상 이익충돌 회피의무에 관하여 변호사 2명 이상이 사건의 수임·처리 등에 통일된 형태를 갖추고 수익을 분배하는 형태로 운영되는 법률사무소는 하나의 변호사로 본다.
② 공증인가합동법률사무소 명의로 공증된 사건에 관하여는 그 공정증서에 서명날인한 변호사는 물론 그에 서명날인하지 아니한 소속 변호사라 할지라도 그 직무를 수행할 수 없다.
③ 법무법인 등의 특정 변호사가 상대방 대리인과 친족관계에 있는 경우, 당해 변호사가 사건의 수임 및 업무수행에 관여하지 않고 그러한 사유가 법무법인 등의 사건처리에 영향을 주지 아니할 것이라고 볼 수 있는 합리적 사유가 있는 때에는 사건의 수임이 제한되지 아니한다.

30 ④ 31 ③ 32 ③ 33 ④ 34 ④ 정답

④ 사건의 수임 이후에 변호사가 대리하는 둘 이상의 의뢰인 사이에 이해의 대립이 발생한 경우, 변호사는 의뢰인들에게 이를 알리고 일부 의뢰인에 대하여 사임하여야 한다.

35 변호사의 윤리에 관한 설명으로 옳지 않은 것은? (다툼이 있는 경우 판례에 의함)

① 변호사가 A지방선거관리위원회의 비상임위원으로 활동하고 있을 뿐이라면 A지방선거관리위원회가 고발한 공직선거법위반사건을 수임할 수 있다.
② 변호사가 조정위원으로서 직무상 취급한 사건은 수임할 수 없다.
③ 변호사가 중재인으로서 직무상 취급한 사건을 수임하고 소송행위를 한 경우 상대방 당사자가 법원에 이의를 제기하면 그 소송행위는 무효가 된다.
④ 변호사가 형사사건에서 피고인을 위한 변호인으로 선임되어 변호활동을 하였다면, 종전 사건과 기초가 된 분쟁의 실체가 동일한 민사사건에서 위 형사사건의 피해자에 해당하는 상대방 당사자를 위한 소송대리인으로서 소송행위를 하는 것은 금지된다.

36 법무법인 L 소속 변호사 甲은 A회사에 법률자문을 하면서 A회사와 B회사 사이에 발생한 법률문제에 대하여 법무법인 L 명의로 사건의 수임과 동일시할 정도의 법률자문을 하였다. 이후 법무법인 L 소속 변호사 乙이 위 사실을 모르고 B회사로부터 동일한 법률문제에 관하여 법무법인 L 명의로 소송위임계약을 체결하고 A회사를 상대로 한 소송을 제기하였다. 이에 관한 설명으로 옳은 것을 모두 고른 것은?

ㄱ. 법무법인 L이 B회사가 A회사를 상대로 제기하는 소송사건을 수임한 것은 「변호사법」 위반에 해당한다. ㄴ. 법무법인 L은 B회사와 체결한 수임계약을 해지하고 사임할 수 있다. ㄷ. 만일 변호사 甲이 A회사에 사건의 수임과 동일시할 수 없을 정도의 단순한 법률자문을 하였다고 하더라도 B회사의 사건을 수임한 것은 「변호사법」 위반이다.

① ㄱ　　② ㄷ
③ ㄱ, ㄴ　　④ ㄴ, ㄷ

37 변호사의 직무범위에 관한 설명으로 옳지 않은 것은? (다툼이 있는 경우 판례에 의함)

① 변호사가 변리사로서 업무를 행하기 위해서는 반드시 변리사 등록을 하고 의무적으로 변리사회에 가입하여야 한다.

② 세무대리업무는 법률사무에 속하지 아니하므로 변호사에게는 세무사의 자격이 인정되지 아니한다.

③ 진행 중인 수사기관 조사의 문제점을 규명하기 위하여 관련자들을 찾아가 진술을 녹취하고 그에 대한 녹취록 작성을 맡기는 등의 사실조사행위와 자료수집행위는 「변호사법」 제109조 제1호에서 규정한 '그 밖의 법률사무'에 해당한다.

④ 부동산 중개행위는 변호사의 직무에 당연히 포함된다고 볼 수 없으므로 변호사가 부동산 중개업을 하기 위해서는 별도로 공인중개사 자격시험에 합격하여 그 자격을 취득하는 것이 필요하다.

38 변호사와 의뢰인의 관계에 관한 설명 중 옳은 것은? (다툼이 있는 경우 판례에 의함)

① 변호사는 변호사로서의 명예와 품위에 어긋나지 않는 방법이라면 예상의뢰인과 접촉할 수 있을 뿐만 아니라, 부당하지만 않다면 그로 하여금 소송을 제기하도록 권유하는 것도 허용된다.

② 변호사의 소송대리권의 범위는 상소에 관한 특별한 수권이 없는 한 당해 심급에 한정되어 당해 심급의 판결이 송달되면 소송대리권이 소멸되고 위임사무도 종료되는 것이므로, 위임사무의 종료단계에서 패소판결이 있었다 하더라도 변호사는 판결을 점검하여 의뢰인에게 그 판결의 내용과 상소하는 때의 승소가능성 등에 대하여 구체적으로 설명하고 조언하여야 할 의무는 없다.

③ 가압류·가처분사건을 위임받은 변호사의 소송대리권은 당해 사건에 관하여만 미치는 것이므로 본안의 제소명령을 신청하거나, 상대방의 신청으로 발하여진 제소명령결정을 송달받을 권한에까지 미치는 것은 아니다.

④ 변호사가 사망하거나 의뢰인이 사망하면 변호사와 의뢰인의 관계는 예외 없이 종료된다.

35 ① 36 ③ 37 ② 38 ① 정답

39 변호사와 의뢰인의 관계에 관한 설명 중 옳지 않은 것은? (다툼이 있는 경우 판례에 의함)

① 소송대리를 위임받은 변호사의 구체적인 위임사무의 범위는 변호사와 의뢰인 사이의 위임계약 내용에 의하여 정하여지고, 변호사에게 이와 같은 위임의 범위를 넘어서서 의뢰인의 재산 등 권리의 옹호에 필요한 모든 조치를 취하여야 할 일반적인 의무가 있다고 할 수는 없다.

② 변호사는 위임인의 승낙이 없어도 위임사무를 처리하기 위하여 복대리인을 선임할 수 있다.

③ 변호사는 위임사무가 종료된 경우 급박한 사정이 있으면 의뢰인 측이 그 사무를 처리할 수 있을 때까지 그 사무의 처리를 계속하여야 한다.

④ 변호사는 의뢰인의 동의 없이 언제든지 의뢰인과의 위임계약을 해지할 수 있으나 그로 인해 손해배상책임을 부담하게 되는 경우가 생길 수 있다.

40 변호사와 의뢰인의 관계에 관한 설명 중 옳지 않은 것은? (다툼이 있는 경우 판례에 의함)

① 변호사는 의뢰인의 지시에 따르는 것이 의뢰인에게 불리한 경우에 그러한 사실을 의뢰인에게 지적할 수 있을 뿐만 아니라 의뢰인이 한 지시의 변경을 요구할 수 있다.

② 원고의 소송대리인으로 소송을 진행하고 있는 변호사는 원고의 승낙을 얻지 않아도 변호사 없이 본인 소송을 진행하고 있는 피고에게 직접 전화를 걸어 화해의 의사를 확인할 수 있다.

③ 변호사는 의뢰인과 직무에 관련된 분쟁이 발생한 경우에는 소속 지방변호사회의 조정에 의하여 분쟁을 해결하도록 노력하여야 한다.

④ 상고심 사건을 수임한 변호사가 상고이유서를 제출하지 아니하여 상고이유서 제출기간 도과로 상고가 기각되었다면 변호사는 그 상고심에서의 승소 여부에 대한 입증 여부와 상관없이 상고기각에 따른 재산상 손해를 배상하여야 한다.

39 ② 40 ④ 정 답

제13회 법조윤리 기출문제

01 서울중앙지방법원에서 2년간 판사로 근무하다가 퇴직하여 개업한 변호사 甲에 관한 설명 중 옳지 않은 것은?

① 甲은 퇴직한 날부터 1년 동안 서울중앙지방검찰청이 처리하는 사건을 수임할 수 없다.

② 甲은 퇴직한 날부터 서울중앙지방법원에서 국선변호를 할 수 있다.

③ 甲은 퇴직한 날부터 2년이 지난 후에는 판사로 근무할 당시 담당했던 사건을 수임할 수 있다.

④ 甲은 퇴직일부터 2년 동안 수임한 사건에 관한 수임 자료와 처리 결과를 「변호사법」 시행령으로 정하는 기간마다 소속 지방변호사회에 제출하여야 한다.

02 변호사의 겸직에 관한 설명 중 옳지 않은 것은?

① 변호사가 공무원·조정위원 또는 중재인으로서 직무상 취급하거나 취급하게 된 사건에 관하여 직무를 수행할 경우, 징계뿐만 아니라 형사처벌도 받을 수 있다.

② 변호사는 소속 지방변호사회의 겸직 허가를 받지 않으면 중앙노동위원회의 비상임 공익위원이 될 수 없다.

③ 변호사는 소속 지방변호사회의 겸직 허가를 받지 않으면 상시 근무를 필요로 하지 않는 주식회사의 사외이사를 겸직할 수 없다.

④ 변호사는 보수를 받는 공무원을 겸할 수 없으나, 지방의회 의원이 되는 경우에는 그러하지 아니하다.

01 ③ 02 ② 정답

03 변호사 윤리에 관한 설명 중 옳지 않은 것은? (다툼이 있는 경우 판례에 의함)

① 신체구속을 당한 피고인 또는 피의자가 범하였다고 의심받는 범죄행위에 자신의 변호인이 관련되었다는 사정만으로 그 변호인과의 접견을 금지할 수 있다.

② 변호사인 변호인이 적극적으로 피고인 또는 피의자로 하여금 허위진술을 하도록 하는 것이 아니라 단순히 헌법상 권리인 진술거부권이 있음을 알려 주고 그 행사를 권고하는 것을 가리켜 변호사로서의 진실의무에 위배되는 것이라고는 할 수 없다.

③ 변호사가 타인의 형사사건과 관련하여 수사기관이나 법원에 제출하거나 현출되게 할 의도로 법률행위 당시에는 존재하지 아니하였던 처분문서를 사후에 그 작성일을 소급하여 작성하는 것은 그와 같은 법률행위가 당시에 존재하였더라도 증거위조죄의 구성요건을 충족한다.

④ 변호사가 사무직원을 통하여 의뢰인에게 항소심 판결문을 교부하고 상고할지 여부를 확인하도록 하였는데, 사무직원이 의뢰인에게 상고제기기간을 잘못 고지하여 상고제기기간이 도과되어 의뢰인이 상고를 하지 못하였다면, 변호사는 이로 인하여 의뢰인이 입은 손해를 배상할 책임이 있다.

04 법률사무소의 사무직원으로 채용될 수 없는 경우는?

① 甲은 「변호사법」을 위반하여 징역 1년의 형을 선고받고 그 집행이 끝난 후 3년이 지났다.

② 乙은 「국가공무원법」상 징계처분에 의하여 해임된 후 2년이 지나지 않았다.

③ 丙은 사문서위조죄로 징역 1년 6개월의 형을 선고받고 그 집행이 끝난 후 3년이 지나지 않았다.

④ 丁은 교통사고처리특례법위반죄로 금고 1년에 집행유예 2년을 선고받고 그 유예기간이 지난 지 2년 7개월 후 파산선고를 받았다.

05 주식회사의 직원으로 취업하려는 변호사 甲과 학교법인의 상근 이사로 취업하려는 변호사 乙에 관한 설명 중 옳지 않은 것은?

① 甲이 변호사로서 휴업을 한다면 지방변호사회의 겸직 허가를 받을 필요가 없다.

② 乙은 변호사로서 휴업을 하거나 지방변호사회의 겸직 허가를 받아야 한다.

③ 취업 후 직원인 甲과 임원인 乙은 모두 그 직무를 수행함에 있어 독립성을 유지하여야 할 변호사로서의 기본 윤리를 준수하여야 한다.

④ 취업 후 직원인 甲과 임원인 乙은 모두 변호사 윤리의 범위 안에서 그가 속한 단체의 이익을 위하여 성실히 업무를 수행하여야 한다.

06 변호사의 공익활동의무에 관한 설명 중 옳지 않은 것은?

① 대한변호사협회의 개인회원은 연간 합계 30시간 이상 공익활동을 행하여야 한다. 다만 이 시간은 특별한 사정이 있는 경우 지방변호사회가 20시간까지 하향 조정할 수 있다.
② 변호사가 공익단체에 법률서비스를 제공하면서 상당히 저렴한 비용을 받으면 그 활동은 공익활동으로 인정될 수 없다.
③ 법무법인은 법조경력이 2년 미만인 개인회원을 공익활동 수행변호사로 지정할 수 있다.
④ 개인회원은 매년 2월 말까지 그 전년도 공익활동의 결과를 소속 지방변호사회에 보고하여야 한다.

07 변호사 윤리에 관한 설명 중 옳지 않은 것은?

① 변호사는 법령에 따라 공공기관, 대한변호사협회 또는 소속 지방변호사회가 지정한 업무를 처리하여야 하고, 공익적 직무를 위촉받은 경우 이를 거절할 수 없다.
② 변호사연수는 일반연수와 특별연수로 구성되고, 일반연수는 변호사 전원을 대상으로, 특별연수는 희망하는 변호사를 대상으로 실시한다.
③ 변호사는 수임에 관한 장부를 작성하여 그 작성일로부터 3년간 법률사무소에 보관하여야 한다.
④ 변호사 전문분야의 등록을 위해서는 법조경력이 최소한 3년 이상이어야 한다.

08 사내변호사에 관한 설명 중 옳지 않은 것은?

① 법무법인에 소속된 변호사가 주식회사의 사내변호사로서 변호사 업무를 수행하기 위해서는 소속 지방변호사회로부터 겸직 허가를 받아야 한다.
② 사내변호사가 자신을 고용한 회사의 사업에 관하여 법률자문 업무를 수행하던 중 그 사업이 범죄행위에 해당된다고 판단되는 경우 즉시 그에 대한 협조를 중단하여야 한다.

03 ① 04 ② 05 ② 06 ② 07 ① 08 ① 정 답

③ 사내변호사가 다른 개업변호사에게 사건을 소개하고 소개의 대가로 '사건상담 및 법적 쟁점파악'에 대한 자문료 명목의 돈을 받은 경우 「변호사법」에 위반된다.
④ 사내변호사를 고용한 회사가 다른 회사로부터 돈을 받고 사내변호사로 하여금 다른 회사의 법률사무를 처리하게 하면 「변호사법」에 위반된다.

09 변호사 보수에 관한 설명 중 옳은 것은? (다툼이 있는 경우 판례에 의함)

① 변호사에게 계쟁 사건의 처리를 위임함에 있어서 그 보수 지급 및 수액에 관하여 명시적인 약정을 아니 하면, 특별한 사정이 없는 한 무보수로 위임사무를 처리할 묵시의 약정이 있는 것으로 봄이 상당하다.
② 약정된 보수액이 부당하게 과다하여 신의성실의 원칙이나 형평의 원칙에 반한다고 볼 만한 특별한 사정이 있는 경우에는 보수금 약정이 전부 무효가 된다.
③ 약정된 보수액이 부당하게 과다하여 신의성실의 원칙이나 형평의 원칙에 반한다고 볼 만한 특별한 사정의 존재에 대한 증명책임은 약정된 보수액이 부당하게 과다하다고 주장하는 측에 있다.
④ 형사변호사건에서 무죄판결에 대한 성공보수약정은 선량한 풍속 기타 사회질서에 위배되는 것으로 평가할 수 있지만, 형사고소대리사건에서 피고소인의 구속에 대한 성공보수약정은 유효하다.

10 변호사 윤리에 관한 설명 중 옳지 않은 것은? (다툼이 있는 경우 판례에 의함)

① 변호사 甲은 의뢰인 A를 대리하여 임대인 B를 상대로 임대차보증금반환청구소송을 제기하면서 착수금으로 위 임대차보증금반환채권의 일부를 양수하기로 약정하였다. 이 경우 甲은 「변호사법」에 따라 형사처벌되지만, 위 약정이 무효는 아니다.
② 변호사 乙은 의뢰인 C를 대리하여 임차인 D를 상대로 건물인도청구소송을 진행하던 중 D로부터 사건진행을 늦추어 주면 1,000만 원을 지급하겠다는 제안을 받아 2차에 걸쳐 변론기일을 연기하도록 협조해 주었다. 이 경우 乙은 「변호사법」에 따라 징계처분을 받을 수 있으나 형사처벌을 받지는 않는다.
③ 변호사 丙은 의뢰인 E를 대리하여 F를 상대로 구상금청구소송을 진행하던 중 제1회 변론기일에 법정 밖에서 F에게 'E가 무조건 이기는 사건이다. 내가 지급받은 수임료의 30%를 지급하겠으니 소송에서 다투지 말아 달라'고 요청하였고, 이에 따라 F가 법정에서 청구를 모두 인정하여 사건이 빠르게 종결되었다. 이 경우 丙의 행위는 「변호사

윤리장전」에 위반된다.

④ 변호사 丁은 여러 명을 잔혹한 방법으로 살해한 혐의로 재판을 받고 있는 구속피고인 G의 아버지 H로부터 수임의뢰를 받자 사건의 내용이 사회 일반으로부터 비난을 받는다는 이유만으로 수임을 거절하였다. 이 경우 丁의 행위는 「변호사윤리장전」에 위반된다.

11 변호사 甲은 A의 소개로 구속피의자 B에 대한 형사변호사건을 수임하였다. 이에 관한 설명 중 옳지 않은 것은?

① A가 변호사 甲의 친구인 경우, 甲이 A에게 소개비로 50만 원 상당의 백화점상품권을 지급하면 「변호사법」에 위반된다.

② A가 변호사 甲의 사무직원인 경우, 甲이 A에게 사건 유치의 대가로 현금 100만 원을 지급하면 「변호사법」에 위반된다.

③ A가 사건의 알선을 업으로 하는 자인 경우, 변호사 甲이 A에게 사건 소개의 대가로 어떠한 금품도 지급하지 아니하면 「변호사윤리장전」에 위반되지 않는다.

④ A가 변호사인 경우, 변호사 甲이 A에게 사건 소개의 대가로 A의 골프연습장 레슨비를 대신 지급하겠다고 약속하면 「변호사법」에 위반된다.

12 변호사의 수임사무에 관한 설명 중 옳지 않은 것은? (다툼이 있는 경우 판례에 의함)

① 소송대리를 위임받은 변호사는 그 수임사무를 수행함에 있어 전문적인 법률지식과 경험에 기초하여 성실하게 의뢰인의 권리를 옹호할 의무가 있으며, 구체적인 위임사무의 범위는 변호사와 의뢰인 사이의 위임계약에 의하여 정해진다.

② 위임사무의 종료 단계에서 패소판결이 있었던 경우에는 의뢰인으로부터 상소에 관하여 특별한 수권이 없었다 하더라도 그 판결을 점검하여 의뢰인에게 불이익한 계산상의 잘못이 있다면 그 판결의 내용과 상소하는 때의 승소 가능성 등에 관하여 구체적으로 설명하고 조언할 의무가 있다.

③ 위임종료의 경우 급박한 사정이 있는 때에는 수임인은 위임인이 위임사무를 처리할 수 있을 때까지 그 사무의 처리를 계속하여야 한다.

④ 소송위임사무 처리 도중 수임인의 귀책사유로 계약이 종료된 경우라면, 위임인은 수

임인이 계약종료 당시까지 이행한 사무처리 부분에 관하여 상당하다고 인정되는 보수 금액과 사무처리 비용을 지급할 의무가 없다.

13 변호사 징계 절차에 관한 설명 중 옳지 않은 것은?

① 지방검찰청검사장 또는 고위공직자범죄수사처장은 범죄수사 등 업무의 수행 중 변호사에게 징계사유가 있는 것을 발견하였을 때는 대한변호사협회의 장에게 그 변호사에 대한 징계개시를 신청하여야 한다.

② 대한변호사협회의 장은 변호사가 징계사유에 해당하면 대한변호사협회 변호사징계위원회에 징계개시청구를 하여야 한다.

③ 변호사에 대한 징계사건의 조사는 대한변호사협회가 담당하고 징계처분의 집행은 법무부장관이 담당한다.

④ 대한변호사협회 변호사징계위원회의 결정에 불복하는 징계개시 신청인은 그 통지를 받은 날부터 30일 이내에 법무부 변호사징계위원회에 이의신청을 할 수 있다.

14 범죄단체 소속의 A는 피해자 B를 야간에 습격하여 심각한 상해를 입혔다. A는 전과가 많기 때문에 이번에 형사처벌을 받으면 중형을 피할 수 없을 것이라고 생각하여 부하 조직원인 C로 하여금 거짓 자수를 하도록 하였고, C는 A의 지시에 따라 자신이 B에게 상해를 입힌 범인이라고 경찰에 자수하였다. 한편 A는 D가 자신의 범행을 목격하였음을 알게 되어, D를 협박하여 수사기관이나 법정에 출석하지 못하게 하고 D에게 자금을 주어 도피하게 하였다. 이후 A는 B에 대한 상해와 무관하게 범죄단체조직죄로 수사기관에 구속되었다. 이에 관한 설명 중 옳지 않은 것을 모두 고른 것은? (다툼이 있는 경우 판례에 의함)

ㄱ. C의 변호사 甲은 직무상 알게 된 의뢰인의 비밀을 누설할 수 없으므로, '진범은 A이지만 자신이 진범인 것처럼 변호해 달라'는 의뢰인 C의 요구대로 변호를 하여야 한다.
ㄴ. C의 변호사 甲은 중대한 공익상 이유가 있는 경우 직무상 알게 된 의뢰인의 비밀을 공개할 수 있으므로 언론사에 사건의 진상을 제보하여야 한다.
ㄷ. C가 최대한 관대하게 처벌받기를 원하는 경우, C의 변호사 甲은 진실을 밝히기 위해 C를 설득해 보고 C가 이를 듣지 않는 경우에는 사임하는 것이 바람직하다.
ㄹ. A의 변호사 乙은 피고인 A에게 'A가 D를 도피하게 하는 것은 A 자신의 형사처벌을 받지 않게 하기 위한 것이므로 증인도피죄로 처벌되지 않는다'고 알려 줄 수 있다.

① ㄱ, ㄴ　　② ㄱ, ㄷ
③ ㄴ, ㄹ　　④ ㄷ, ㄹ

15 변호사 징계에 관한 설명 중 옳지 않은 것은?

① 징계의 청구는 징계사유가 발생한 날부터 3년이 지나면 하지 못한다.

② 징계의 종류에는 영구제명, 제명, 3년 이하의 정직, 3천만 원 이하의 과태료, 견책의 다섯 가지가 있다.

③ 변호사가 변호사의 직무와 관련하여 2회 이상 금고 이상의 형을 선고받아 그 형이 확정된 경우(과실범은 제외한다) 영구제명의 징계처분을 받을 수 있다.

④ 「변호사법」이 규정하는 제명, 정직, 과태료, 견책에 공통되는 징계사유는 '「변호사법」 위반, 소속 지방변호사회나 대한변호사협회의 회칙 위반, 직무와 관련하여 변호사로서의 품위를 손상하는 행위'로 한정된다.

16 외국법자문사에 관한 설명 중 옳지 않은 것은?

① 외국변호사의 자격을 갖춘 변호사가 외국법자문사의 자격승인을 신청하는 경우 변호사업을 휴업하거나 폐업하지 않아도 된다.

② 외국변호사의 자격을 취득한 자가 외국법자문사의 자격승인을 받기 위해서는 원자격국에서 3년 이상 법률사무를 수행한 경력이 있어야 한다.

③ 외국변호사의 자격을 취득한 자가 원자격국 외의 외국에서 원자격국의 법령에 관한 법률사무를 수행한 기간은 3년까지 외국법자문사의 자격승인을 받기 위해서 필요한 기간에 산입할 수 있다.

④ 외국변호사의 자격을 취득한 자가 대한민국에서 원자격국의 법령에 관한 조사 등의 업무를 주된 업무로 수행한 기간은 2년까지 외국법자문사의 자격승인을 받기 위해서 필요한 기간에 산입할 수 있다.

17 A는 B를 상대로 전세계약에 기한 전세금반환청구소송을 제기하면서 소송대리인으로 법무법인 L을 선임하였고, 법무법인 L은 변호사 甲, 乙을 담당변호사로 지정하였다. 이후 B는 위 전세계약을 통해 A로부터 전세금을 편취하였다는 내용의 사기죄로 기소되었고, 이 사건은 위 민사소송과 기초가 된 분쟁의 실체가 동일하다. 이에 관한 설명 중 옳은 것은? (다툼이 있는 경우 판례에 의함)

① 전세금반환청구소송이 종료된 이후 법무법인 L이 해산하였고 그 이후 변호사 甲이 개인변호사로서 B의 사기사건 변호인으로 선임된 경우, A와 B 모두의 동의를 받았다면

13 ③ 14 ① 15 ④ 16 ① 17 ③ 정 답

甲은 수임제한규정을 위반한 것이 아니다.

② 변호사 乙이 전세금반환청구소송에서 직접적으로 변론에 관여한 바 없고 그 이후 B의 사기사건에서 국선변호인으로 선임된 경우, 乙은 사기사건에서 B를 변호할 수 있다.

③ 당사자가 직접 선임한 사선변호인이 「변호사법」 제31조 제1항 제1호를 위반하여 형사사건에서 피고인을 변호한 경우, 다른 특별한 사정이 없는 한 변호인의 조력을 받을 피고인의 권리가 침해되었다고 볼 수는 없다.

④ 국선변호인이 「변호사법」 제31조 제1항 제1호를 위반하여 형사사건에서 피고인을 변호한 경우, 그러한 형사사건에는 소송 절차에 관한 법령위반의 위법이 있지만, 이러한 위법은 판결에 영향을 미친 위법이라고는 할 수 없으므로 상고이유가 될 수 없다.

18 법무법인의 업무 및 업무집행에 관한 설명 중 옳지 않은 것은?

① 법무법인의 구성원이었거나 소속 변호사였던 자는 법무법인의 소속 기간 중 그 법인이 상의를 받아 수임을 승낙한 사건에 관하여 변호사의 업무를 수행할 수 있다.

② 법무법인이 수임한 사건의 담당변호사가 여러 명인 경우 담당변호사들 중 1인의 행위는 법무법인을 대표하는 행위로 인정된다.

③ 법무법인이 소속 변호사를 담당변호사로 지정할 때에는 구성원 변호사도 반드시 공동으로 지정하여야 하며, 법무법인이 담당변호사를 지정하지 아니한 경우에는 구성원 모두를 담당변호사로 지정한 것으로 본다.

④ 법무법인은 「변호사법」이 아닌 다른 법률에서 변호사에게 그 법률에 정한 자격을 인정하는 경우 그 구성원 변호사가 그 자격에 의한 직무를 수행할 수 있을 때에는 그 직무를 법인의 업무로 할 수 있다.

19 변호사가 수임할 수 있는 경우를 모두 고른 것은?

ㄱ. 변호사 甲이 원고 A를 대리하여 X회사를 상대로 공사대금청구소송을 수행하던 중, X회사의 전 대표이사 B로부터 X회사를 상대로 제기하려는 임금청구사건을 수임하는 경우

ㄴ. 변호사 乙이 서울중앙지방법원 조정위원으로 활동하면서 처리한 조정사건의 당사자로부터 해당 소송 사건을 수임하는 경우

ㄷ. 변호사 丙이 자신의 조카인 변호사 丁이 피고 대리인으로 선임된 사건에서, 의뢰인인 원고의 동의를 얻어 원고의 사건을 수임하는 경우

① ㄱ, ㄴ ② ㄱ, ㄷ
③ ㄴ, ㄷ ④ ㄱ, ㄴ, ㄷ

20 변호사의 비밀유지의무에 관한 설명 중 옳은 것은?

① 변호사 甲은 피고인 A의 형사사건의 변호인으로 충실히 직무를 수행하여 무죄판결을 받았다. 甲이 관련 직무를 수행하는 과정에서 작성하였던 메모를 A의 동의를 받고 신문에 기고하였다면 비밀유지의무를 위반한 것이다.
② 변호사 乙은 위임사무를 처리하는 과정에서 알게 된 의뢰인 B의 비밀을 중대한 공익상의 이유가 있다면 제한 없이 공개할 수 있다.
③ 변호사 丙은 의뢰인 C로부터 수임한 사건을 성실히 수행하였으나 C는 丙의 불성실한 변론으로 인해 패소했다는 이유로 丙에 대하여 손해배상청구의 소를 제기하였다. 丙은 패소의 경위를 입증하기 위하여 필요한 범위 내에서 직무상 알게 된 C의 비밀을 공개할 수 있다.
④ 변호사 丁이 파산선고를 받아 변호사 등록이 취소된 이후에 의뢰인이었던 D에 관한 비밀을 공개하였다면, 민사상 손해배상책임을 지는 것은 별론으로 하고 변호사의 비밀유지의무를 위반한 것은 아니다.

21 법관 윤리 및 검사 윤리에 비추어 허용되지 않는 것은?

① 법관 甲은 재판업무상 필요하여 자신이 재판하고 있는 민사사건의 대리인을 법정이 아닌 자신의 사무실에서 면담하였다.
② 법관 乙은 형사법학회에서 토론자로 구체적 사건에 관하여 공개적으로 의견을 표명하였다.
③ 검사 丙은 소속 기관장에게 신고하고 수사권 조정에 대한 자신의 의견을 언론에 기고하였다.
④ 검사 丁은 자신이 근무하는 검찰청에서 조사받고 있는 고등학교 동창에게 아무런 대가를 받지 않고 자신이 잘 아는 변호사를 소개해 주었다.

18 ① 19 ② 20 ③ 21 ④ 정답

22 변호사 甲은 A가 주도한 다단계 금융사기의 공범으로 기소되어 법원에서 징역 1년에 집행유예 2년을 선고받고 그 형이 확정되었다. 이에 관한 설명 중 옳은 것은?

① 유죄로 인정된 변호사 甲의 범죄행위에 「변호사법」 위반행위가 포함되어 있어야 대한변호사협회는 甲을 징계할 수 있다.
② 변호사 甲은 집행유예기간이 경과하면 바로 변호사 등록을 할 수 있다.
③ 변호사 甲에 대한 징계 절차가 진행되던 중 甲에 대하여 징역 1년에 집행유예 2년의 유죄판결이 확정된 경우, 대한변호사협회는 징계 절차를 중단하고 소속 지방변호사회에 甲의 변호사 등록취소를 명하여야 한다.
④ 변호사 甲에 대한 유죄판결이 확정되었음에도 甲이 변호사 명부에 등록되어 있는 경우, 법무부장관은 대한변호사협회에 甲의 변호사 등록취소를 명하여야 한다.

23 법무법인 L의 사무장으로 근무하던 A는 2021. 1. 11. 의뢰인 B의 민사합의금 3억 원을 횡령하였고, 이로 인하여 민사합의가 성립되지 않아 B에게 손해가 발생하였다. 법무법인 L에는 甲, 乙, 丙 3명의 구성원 변호사가 있다. 변호사 乙은 위 횡령사건이 발생한 후인 2022. 1. 3.에 가입한 구성원 변호사이고, 변호사 丙은 법인등기부에는 구성원 변호사로 등재되어 있으나 실제로는 법무법인 L에 고용되어 매달 급여를 받고 공증업무만 담당하였을 뿐 다른 업무에는 관여하지 않았다. 이에 관한 설명 중 옳지 않은 것은? (다툼이 있는 경우 판례에 의함)

① B는 법무법인 L을 상대로 손해배상청구를 할 수 있다.
② 법무법인 L의 재산으로 채무를 완제할 수 없을 때에는 변호사 甲은 그 채무를 변제할 책임이 있다.
③ 변호사 乙은 법무법인 L의 구성원이 되기 전에 생긴 법무법인 L의 채무에 대하여도 책임을 진다.
④ 변호사 丙은 법무법인 L의 운영에는 전혀 관여하지 않았으므로 실질적으로 법무법인 L의 구성원 변호사라고 할 수 없어 나머지 구성원들과 연대책임을 지지 않는다.

24 변호사와 의뢰인의 관계에 관한 설명 중 옳지 않은 것을 모두 고른 것은? (다툼이 있는 경우 판례에 의함)

ㄱ. 피고인이 법인인 경우에는 「형사소송법」 제27조 제1항 소정의 대표자가 피고인인 당해 법인을 대표하여 피고인을 위한 변호인을 선임하여야 한다.

ㄴ. 변호사에게는 의뢰인의 재산 등 권리의 옹호에 필요한 모든 조치를 취하여야 할 일반적인 의무가 있다.
ㄷ. 의뢰인의 지시가 의뢰인에게 불리한 경우에 변호사는 그런 사실을 의뢰인에게 알려주어야 할 의무가 있지만, 그와 같은 지시라 하더라도 의뢰인의 명시적인 지시에 대해 그 변경을 요구 또는 권고하여서는 아니 된다.
ㄹ. 변호사가 의뢰인으로부터 민사소송 사건을 수임하여 그 사건을 진행하던 중 그 의뢰인이 사망하더라도 특별한 사정이 없는 이상 변호사와 의뢰인의 관계는 종료되지 않고 존속된다.

① ㄱ, ㄴ ② ㄱ, ㄷ
③ ㄴ, ㄷ ④ ㄷ, ㄹ

25 변호사 甲은 변호사 乙과 함께 법무법인 L의 변호사로 일하고 있다. 甲은 A로부터 이혼사건의 위임을 받아 가사조사절차를 진행하던 중, A가 가사조사절차에 대하여 불안해하자 조사과정에 대한 의뢰인의 이해도를 높이기 위한 목적에서 乙이 담당하였던 B의 이혼소송 중 작성된 가사조사보고서를 乙로부터 받아 A에게 교부하였다. 이에 관한 설명 중 옳지 않은 것은?

① 변호사 乙이 B의 이혼사건을 수임하지 않고 수임을 위한 법률상담 과정에서 가사조사보고서를 수령하였을 뿐이라 하더라도 乙은 가사조사보고서에 대한 비밀유지의무를 부담한다.
② B가 자신의 비밀을 다른 변호사에게 공개하지 말라고 요구하였을 경우, 변호사 乙이 변호사 甲에게 B에 대한 가사조사보고서를 준 것은 변호사의 비밀유지의무에 위반된다.
③ 변호사 甲이 B에 대한 가사조사보고서를 A에게 준 목적이 의뢰인 A에게 가사조사절차를 안내하면서 조사과정에 대한 이해도를 높이기 위한 것이라면 의뢰인의 이익을 위한 것으로서 「변호사윤리장전」에 위반되지 않는다.
④ 법무법인 L이 해산한 후 변호사 甲이 A의 가사조사보고서를 자신의 법률사무소 홍보 블로그에 공개한 경우 비밀유지의무에 위반된다.

22 ④ 23 ④ 24 ③ 25 ③ 정 답

26 변호사의 이익충돌회피의무에 관한 설명 중 옳지 않은 것은? (다툼이 있는 경우 판례에 의함)

① 변호사는 수임하고 있는 사건의 상대방이 위임하는 다른 사건을 수임할 수 없는 것이 원칙이지만, 수임하고 있는 사건의 위임인이 동의하거나 그에게 손해가 생길 우려가 없는 경우에는 수임할 수 있다.

② 변호사는 자신의 의뢰인이 아닌 당사자들 사이의 분쟁 해결에 관여하여 중립자로서의 역할을 수행할 수 있다.

③ 원고 소송복대리인으로서 변론기일에 출석하여 소송행위를 하였던 변호사가 피고 소송복대리인으로도 출석하여 변론한 경우라도, 당사자가 그에 대하여 사실심 변론종결 시까지 아무런 이의를 제기하지 않았다면 그 소송행위는 소송법상 완전한 효력이 생긴다.

④ 변호사는 명백한 사항들과 관련된 증언을 하는 경우 스스로 증인이 되어야 할 사건을 수임할 수 있다.

27 X회사의 근로자였던 의뢰인 A는 시민단체의 지원을 받아 X회사를 상대로 퇴직금청구소송을 진행하였고, 그 소송을 변호사 甲이 수임하여 대리하였다. 이 사건은 소송 외에서 합의 후 소 취하로 마무리가 되었는데, 당시 A와 X회사는 'A는 X회사를 상대로 제기한 이 사건 소송 관련 내용을 제 3 자에게 누설하지 않겠다'는 내용의 비밀유지계약서에 서명하였다(단, 甲은 위 비밀유지계약서에 서명하지 않았다). 소 취하 2년 후 A와 동일한 처지의 B가 동일한 시민단체의 소개를 통해 변호사 甲을 찾아왔다. 이에 관한 설명 중 옳지 않은 것은?

① 변호사 甲이 B에게 A와 X회사 사이의 퇴직금청구소송의 합의 내용을 이야기하면서 사건을 유치하였다면, 「변호사법」상 비밀유지의무에 위반된다.

② B는 변호사 甲이 유사한 사건을 처리한 경험이 있음을 시민단체를 통해 알고 찾아왔으므로, 甲이 A의 사건을 처리하였다는 사실은 甲이 지켜야 할 비밀에 해당하지 않는다.

③ 변호사 甲이 B의 사건을 수임하는 것은 비밀유지의무에 위반되지 않는다.

④ 변호사 甲이 A의 사건을 대리하면서 알게 된 법률적 지식과 요령을 B에게 이야기하는 것은 「변호사법」상 비밀유지의무에 위반된다.

28 변호사 甲은 유명 연예인의 형사사건을 수임하였다. 의뢰인은 자신의 프라이버시를 위해 甲에게도 본인의 실거주지를 알리지 않았는데, 甲은 업무를 수행하는 과정에서 의뢰인의 실거주지

를 알게 되었고 이를 자신의 친구 한 명에게 알려 주었다. 이에 관한 설명 중 옳지 않은 것을 모두 고른 것은?

> ㄱ. 변호사는 비밀을 자유롭게 이용할 수는 있으나 공개하여서는 아니 되는 의무가 있으므로 변호사 甲은 비밀유지의무를 위반한 것이다.
> ㄴ. 의뢰인이 다른 사람에게 숨기고 싶고 또한 실제로 숨기고 있는 실거주지라면 이는 업무상 알게 된 비밀이다.
> ㄷ. 변호사 甲은 「형법」상 업무상비밀누설죄로 처벌되는 것은 물론, 비밀누설행위에 대하여 「변호사법」에 따른 형사처벌도 받을 수 있다.
> ㄹ. 변호사 甲은 개인정보 보호의무를 위반하였다는 사유로 「변호사법」에 따른 징계를 받을 수 있다.

① ㄱ, ㄴ ② ㄱ, ㄷ
③ ㄴ, ㄹ ④ ㄷ, ㄹ

29 A 아파트 입주자대표회의는 해당 아파트를 건축 · 분양한 건설회사를 상대로 하자보수를 청구하는 소송을 변호사 甲에게 위임하면서 다음과 같은 내용의 특약을 체결하였다. 이에 관한 설명 중 옳지 않은 것은? (다툼이 있는 경우 판례에 의함)

> ○ 변호사 甲이 위임사무를 처리하는 데 소요되는 인지대, 송달료, 법원 검증 및 감정료 등 소송 관련 비용 일체는 변호사 甲이 대납한다.
> ○ A 아파트 입주자대표회의가 임의로 위임계약을 해지하는 경우에는 A 아파트 입주자대표회의가 승소한 것으로 본다.
> ○ 하자진단은 세대전수조사로 실시하고 하자진단비용은 3,000만 원으로 하며 변호사 甲이 선지급하고 승소금액에서 정산한다.

① 변호사 甲이 소송 관련 비용을 대납하기로 한 특약은 유효하다.
② 변호사 甲은 부득이한 사유 없이 A 아파트 입주자대표회의에 불리한 시기에 사임하면 그 손해를 배상할 책임이 있다.
③ 변호사 甲이 이미 상당한 소송비용과 하자진단비를 지출했더라도 A 아파트 입주자대표회의는 언제든지 소송위임계약을 해지할 수 있다.
④ A 아파트 입주자대표회의가 임의로 위임계약을 해지한 것으로 인정되는 경우 승소간주특약이 무효이므로 변호사 甲은 승소사례금을 청구할 수 없다.

26 ① 27 ④ 28 ② 29 ④ 정 답

30 변호사의 사건수임과 경유 절차에 관한 설명 중 옳지 않은 것은?

① 변호사는 사건을 수임하였을 때에는 소송위임장이나 변호인선임신고서 등을 해당 기관에 제출한다.
② 해당 기관이 공공기관인 경우에는 사전에 소속 지방변호사회를 경유하여야 한다.
③ 사전에 경유할 수 없는 급박한 사정이 있는 경우에는 사후에 지체 없이 경유 절차를 보완하여야 한다.
④ 주사무소가 서울인 법무법인의 강릉분사무소에서 수임한 사건은 서울지방변호사회가 아니라 강원지방변호사회를 경유하여야 한다.

31 「변호사법」 위반으로 인한 형사처벌 대상이 아닌 것은?

① 주식회사 X와 주식회사 Y 사이의 중재사건에 대하여 중재인으로서 중재판정문을 작성한 변호사 甲이 종전 사건과 기초가 된 분쟁의 실체가 동일한 사건에 관하여 주식회사 X의 중재대리인으로 선임되어 활동하였다.
② 공정거래위원회에서 2020. 7. 1.부터 1년간 근무하다가 퇴직한 후 법률사무소를 개설한 변호사 乙이 2021. 12. 10. 공정거래위원회에서 조사 중인 사건을 수임하여 처리하였다.
③ 미국 뉴욕주 변호사 자격을 취득한 변호사 丁은 자신을 '국제변호사'라고 표기한 명함을 배포하였다.
④ 2021. 4.경 변호사시험에 합격하고 변호사 등록을 마친 戊가 2021. 6.경 변호사 己와 공동으로 형사사건을 수임하였다.

32 변호사의 이익충돌회피의무에 관한 설명 중 옳지 않은 것은? (다툼이 있는 경우 판례에 의함)

① 「변호사윤리장전」상 법무법인의 특정 변호사에게만 이익충돌사유가 있는 경우, 당해 변호사가 사건의 수임 및 업무수행에 관여하지 않고 그러한 사유가 법무법인의 사건처리에 영향을 주지 아니할 것이라고 볼 수 있는 합리적 사유가 있는 때에는 사건의 수임이 제한되지 아니하는 경우가 있다.
② 변호사는 그가 속한 법무법인의 다른 변호사가 증언함으로써 의뢰인의 이익이 침해되거나 침해될 우려가 있는 경우에는 당해 사건에서 변호사로서의 직무를 수행하지 아니한다.
③ 변호사는 상대방 당사자가 변호사를 선임한 경우, 상대방 변호사의 동의 없이는 의뢰인이 상대방 당사자와 직접 접촉하게 하여서는 아니 된다.

④ 당사자의 일방으로부터 상의를 받아 그 수임을 승낙한 사건의 상대방이 위임하는 사건이 동일한지의 여부는 그 기초가 된 분쟁의 실체가 동일한지의 여부에 의하여 결정되어야 하는 것이므로 상반되는 이익의 범위에 따라서 개별적으로 판단되어야 하는 것이고, 소송물이 동일한지 여부나 민사사건과 형사사건 사이와 같이 그 절차가 같은 성질의 것인지 여부는 관계가 없다.

33 법무법인 L의 구성원 변호사 甲은 A 아파트 주변 공사로 인해 발생한 소음 피해에 대한 손해배상청구소송을 A 아파트 입주민들로부터 수임하고자 한다. 변호사 甲의 광고 행위 중 허용되지 않는 것은?

① A 아파트 입주민들이 많이 보는 생활정보지에 자신의 학력과 환경 분야 전문 변호사임을 내용으로 하는 광고를 게재한다.

② A 아파트 입주민들을 대상으로 공사 소음 피해에 관한 유료법률상담서비스를 제공하겠다는 내용의 공문을 소속 지방변호사회의 허가를 받아 A 아파트 입주자대표회의에 보낸다.

③ A 아파트 앞 도로에서 자신의 명함을 배포하여 홍보한다.

④ A 아파트 입주민들에게 법무법인 L의 명칭, 연락처 및 광고책임변호사의 성명만 기재된 인쇄물을 우편으로 발송한다.

34 변호사의 광고에 관한 설명 중 옳지 않은 것은?

① 변호사가 무료 또는 부당한 염가의 수임료를 표방하는 광고를 하는 것은 「변호사법」 위반으로 형사처벌 대상이다.

② 변호사는 변호사가 아닌 사람이 변호사의 직무와 관련한 서비스를 취급하는 것으로 표시하는 행위에 협조하여서는 아니 된다.

③ 변호사는 타인의 영업이나 홍보를 위하여 변호사 광고에 타인의 성명을 표시하여서는 아니 되고, 이는 그 타인이 변호사인 경우에도 동일하다.

④ 변호사 광고에는 광고 주체인 변호사 또는 광고책임변호사의 성명을 반드시 표시하여야 하지만, 광고가 사무소 소재지에 위치하면서 사무소 명칭, 연락처만을 표시하는 경우는 제외한다.

30 ④ 31 ② 32 ③ 33 ③ 34 ① 정답

35 변호사의 광고로 허용되지 않는 행위를 모두 고른 것은?

ㄱ. 변호사시험에 합격한 甲은 대한변호사협회에서 자격등록신청이 수리되기 전에 사건의 수임을 위해 변호사 명함을 제작하여 배포하였다.
ㄴ. 변호사 乙은 자신의 사건 수임료와 인근 지역의 법률사무소 및 법무법인의 사건 수임료를 비교한 표를 자신의 법률사무소 홈페이지에 게시하였다.
ㄷ. 변호사 丙은 관할 지방법원의 형사판결문을 자세히 분석하여 범죄유형별로 형량을 예측하는 서비스를 제공한다고 홍보하였다.
ㄹ. 변호사 丁은 법률사무소 광고를 마을버스 내부에 게시하였다.

① ㄱ, ㄹ　　② ㄴ, ㄷ
③ ㄱ, ㄴ, ㄷ　　④ ㄱ, ㄴ, ㄷ, ㄹ

36 변호사의 비밀유지의무에 관한 설명 중 옳지 않은 것은?

① 변호사가 사건처리 중에 사임 또는 해임되거나 사건종결로 수임관계가 종료된 후에도 변호사는 비밀유지의무를 준수해야 한다.
② 변호사가 의뢰인의 비밀에 해당하는 사실에 대한 증인으로 채택된 경우, 증언거부권이 있으므로 그 사유를 소명하여 법정에 출석하지 않을 수 있고, 출석하더라도 증인선서를 거부할 수 있다.
③ 변호사 또는 변호사였던 자가 그 업무상 위탁을 받은 관계로 알게 된 사실로서 타인의 비밀에 관한 것은 형사소송에서 증언을 거부할 수 있다.
④ 변호사가 의뢰인에게 불리한 증거를 소지한 경우 이를 제출하지 않았다고 하여 진실의무에 반하는 것은 아니고, 오히려 의뢰인의 승낙 없이 이를 제출하면 성실의무 또는 비밀유지의무에 위반된다.

37 변호사의 광고에 관한 설명 중 옳은 것은?

① 변호사는 자신의 업무에 관하여 '최고'라는 용어를 사용하여 광고할 수 없지만 주로 취급하는 업무에 관하여 '전문'이라는 용어를 사용하여 광고할 수 있다.
② 서울중앙지방법원에서 판사로 근무하다가 퇴직한 변호사가 퇴직 후 1년이 지난 다음에 서울중앙지방법원 사건에 대한 수임 제한이 해제되었다는 광고를 하는 것은 허용된다.
③ 법률사무소 소재지 법원에 배우자가 판사로 근무하는 경우 법복을 입은 배우자와 함

께 촬영한 대형 사진을 법률사무소의 상담실 벽에 걸어 두는 것은 변호사 광고로 허용된다.

④ 변호사의 승소율에 관한 광고는 오직 객관적 사실에 부합하는 경우에 한하여 허용된다.

38 변호사 甲은 사기죄로 기소되어 수감 중인 A에게 담당 재판장과 고등학교 동문 사이임을 강조하면서 A로부터 담당 재판장과의 사적인 비공개 면담을 위한 교제비 명목으로 1,000만 원을 받기로 약속하였다. 이에 관한 설명 중 옳지 않은 것을 모두 고른 것은?

> ㄱ. 변호사 甲이 A와 선임계약을 체결하지 않은 경우, A로부터 1,000만 원을 받지 않았다면 甲의 행위는 「변호사법」 위반이 아니다.
> ㄴ. 변호사 甲이 A와 선임계약을 체결하지 않은 경우, A로부터 1,000만 원을 받았지만 실제로 담당 재판장을 사적으로 만나 A의 선처를 부탁한 사실이 없다면 甲의 행위는 「변호사법」 위반이 아니다.
> ㄷ. 변호사 甲이 A와 선임계약을 체결한 경우, 교제비 명목 1,000만 원을 변호사 선임료에 명시적으로 포함시켰다면 甲의 행위는 「변호사법」 위반이 아니다.
> ㄹ. 변호사 甲이 A와 선임계약을 체결한 경우, 법원에 변호인 선임신고서를 제출하고 실제로 A를 위한 법정변론까지 했다면 甲의 행위는 「변호사법」 위반이 아니다.

① ㄱ, ㄹ ② ㄴ, ㄷ
③ ㄱ, ㄴ, ㄹ ④ ㄱ, ㄴ, ㄷ, ㄹ

39 변호사의 비밀유지의무에 관한 설명 중 옳은 것은? (다툼이 있는 경우 판례에 의함)

① 변호사 甲은 A의 의뢰를 받아 법률의견서를 작성하여 전자우편으로 전송하였는데, 추후 A에 대한 수사과정에서 검사가 컴퓨터 등 저장매체의 압수를 통하여 법률의견서를 취득한 다음 이를 출력하여 공판과정에서 증거로 신청하였다. 피고인 A가 위 법률의견서를 증거로 함에 동의하지 아니하고, 변호사 甲도 그 법률의견서의 작성 경위에 관한 증인으로 출석하여 증언거부권을 행사한 경우 그 법률의견서는 변호인-의뢰인 특권에 의하여 증거능력이 인정되지 아니한다.

② 비밀유지의무에 있어서 변호사가 의뢰인으로부터 직접 듣거나 제3자를 통하여 알게 된 비밀은 비밀유지의무의 '비밀'에 포함되지만 변호사가 직무수행과정에서 우연한 기

회에 알게 된 비밀은 비밀유지의무의 '비밀'에 포함되지 않는다.

③ 비밀유지의무는 기본적으로 의뢰인에 대한 의무이므로 잠재적 의뢰인에 대하여는 적용되지 아니한다.

④ 변호사 乙이 업무상횡령죄로 기소된 B의 변호를 하게 된 경우 B의 처 C에게 수사기록을 복사하여 주기 위해서는 B의 동의 등 정당한 사유가 있어야 한다.

40 변호사의 민사사건 수임과 보수에 관한 설명 중 옳지 않은 것은? (다툼이 있는 경우 판례에 의함)

① 변호사는 그 직무에 관하여 사무보수, 사건보수 및 실비변상을 받을 수 있고, 사건보수는 그 사건의 종류에 따라 착수금과 성공보수로 나눌 수 있다.

② 제1심 재판에 대한 성공보수약정에 따른 변호사의 성공보수청구권은 당사자 사이에 특별한 약정이 없는 한 제1심 판결이 선고된 때로부터 3년간 행사하지 아니하면 시효로 인하여 소멸한다.

③ 변호사는 사건을 수임할 때 착수금 없이 승소액의 일정 비율을 성공보수로 받는 약정을 할 수 있다.

④ 항소심 판결이 상고심에서 파기되고 사건이 환송될 경우를 대비하여 미리 환송 후 사건을 위임사무의 범위에서 제외하기로 약정하는 것이 가능하고, 이러한 경우에 변호사는 상고심에서의 파기환송 여부와 관계없이 위임사무의 종료에 따른 보수를 청구할 수 있다.

정 답 40 ②

제14회 법조윤리 기출문제

01 변호사와 의뢰인의 관계에 관한 설명 중 옳지 않은 것은?

① 변호사는 의뢰인이 기대하는 결과를 얻을 가능성이 없거나 희박한 사건을 수임하여서는 아니 된다.

② 변호사는 국가기관으로부터 위촉받은 사건이 이미 수임하고 있는 사건과 이해관계가 상반되는 경우 그 취지를 알리고 위촉받은 사건의 수임을 거절한다.

③ 변호사는 의뢰인과 직무와 관련한 분쟁이 발생한 경우에는 소속 지방변호사회의 조정에 의하여 분쟁을 해결하도록 노력한다.

④ 변호사가 수사기관이 내사 중인 사건을 수임한 때에는 반드시 변호인선임서를 수사기관에 제출하여야 하고 이를 위반한 때에는 형사처벌의 대상이 될 수 있다.

02 변호사의 비밀유지의무에 관한 설명 중 옳지 않은 것은?

① 변호사가 그 업무상 의뢰인으로부터 위탁을 받아 보관하는 물건이 의뢰인의 비밀에 속한다면 그 의뢰인의 승낙이 있는 경우에 한하여 압수를 거부할 수 있다.

② 형사소송절차에서 의뢰인은 변호사에게 비밀로 하여 달라고 요청한 사항에 관하여 변호사가 증언거부권을 포기하고 증언하는 것을 승낙할 수 있다.

③ 법률사무소를 폐업하여 등록이 말소된 변호사라 하더라도 자신이 과거 직무수행 중 알게 된 의뢰인의 비밀에 속하는 사항에 관하여는 증언을 거부할 수 있다.

④ 변호사뿐만 아니라 변호사의 사무직원에게도 업무상 알게 된 의뢰인의 비밀을 유지하여야 할 의무가 있다.

01 ① 02 ①　　정 답

03 변호사윤리에 관한 설명 중 옳지 않은 것은? (다툼이 있는 경우 판례에 의함)

① 변호사는 수임하고 있는 사건의 상대방으로부터 이익을 받거나 이를 요구 또는 약속하여서는 아니 되고, 수임하고 있는 사건의 상대방이었던 자에게 사건과 관련한 이익을 약속해서도 아니 된다.

② 변호사는 의뢰인이 다른 변호사에게 해당 사건을 의뢰하는 것을 방해하지 아니하며, 의뢰인이 이미 다른 변호사를 선임한 사건을 수임하는 경우에도 그 변호사의 양해를 구하여야 하는 것은 아니다.

③ 변호사가 민사소송 변론과정에서 상대방의 프라이버시나 명예에 관한 사항을 주장하고 이에 관한 증거자료를 제출함으로써 상대방의 프라이버시가 침해되거나 명예가 훼손되었다 하더라도, 정당한 변론활동의 범위 내에서 주장과 입증을 한 것이라면 위법하지 않다.

④ 변호사는 수임하고 있는 사건의 상대방 당사자에게 변호사가 있는 경우 원칙적으로 상대방 당사자와 직접 접촉하거나 교섭할 수 없으나, 의뢰인이 상대방 당사자와 교섭을 진행하면서 도움을 요청하는 경우에는 가능하다.

04 변호사의 업무에 관한 설명 중 옳은 것은?

① 법무법인이 담당변호사를 지정한 경우에는 이를 지체 없이 수임사건의 위임인에게 통지하여야 하지만 반드시 서면으로 통지할 필요는 없다.

② 변호사가 교통사고 손해배상 사건을 수임함에 있어 1심, 2심, 3심을 전부 수임하고, 보수를 승소액의 일정비율로 약정하는 것은 심급대리원칙에 위반된다.

③ 변호사는 유상으로 사건을 유치할 목적으로 법원, 수사기관, 교정기관에는 출입할 수 없으나 병원에는 출입할 수 있다.

④ 변호사는 그가 속한 법무법인의 변호사가 증언함으로써 의뢰인의 이익이 침해될 우려가 있는 사건에서는 직무를 수행하지 아니한다.

05 공직퇴임변호사의 수임제한에 관한 설명 중 옳지 않은 것은?

① 공직퇴임변호사는 수임제한 기간 중 수임제한 대상사건에 관하여 법무법인, 법무법인(유한), 법무조합 또는 「외국법자문사법」상의 합작법무법인의 담당변호사로 지정되는 것이 금지된다.

② 공직퇴임변호사는 퇴직 1년 전부터 퇴직한 때까지 근무한 법원, 검찰청, 군사법원, 공

정거래위원회, 경찰관서 등 국가기관이 처리하는 사건을 변호사 개업 후 1년 동안 수임할 수 없다.

③ 파견, 직무대리, 교육훈련, 휴직, 출산휴가 또는 징계 등으로 인하여 실제로 근무하지 아니한 국가기관은 공직퇴임변호사의 수임제한 규정을 적용할 때 수임제한 대상 국가기관으로 보지 아니한다.

④ 지방자치단체는 수임제한 대상 국가기관에 해당되지 아니한다.

06 변호인선임서에 관한 설명 중 옳지 않은 것은? (다툼이 있는 경우 판례에 의함)

① 변호사는 변호인선임서를 해당 기관에 제출하지 않고는 전화, 문서, 기타 어떠한 방법으로도 변론활동을 할 수 없다.

② 변호인선임서를 제출하지 아니한 변호인이 변호인 명의로 정식재판청구서를 제출하였더라도, 정식재판청구기간 경과 후에 변호인선임서를 보완하여 제출하면 적법·유효한 정식재판청구로서의 효력이 인정된다.

③ 형사재판에서 변호인선임서는 특별한 사정이 없는 한 원본이어야 하며 사본은 인정되지 않는다.

④ 변호사가 공공기관에 변호인선임서를 제출할 때에는 사전에 소속 지방변호사회를 경유하여야 하나, 사전에 경유할 수 없는 급박한 사정이 있는 경우에는 사후에라도 경유하여 보완할 수 있다.

07 법률사무소의 사무직원에 관한 설명 중 옳지 않은 것은?

① 파산자로서 복권되지 아니한 자를 사무직원으로 채용할 수 있다.

② 공무원으로서 징계처분에 의하여 파면되거나 해임된 후 3년이 지나지 아니한 자를 사무직원으로 채용할 수 없다.

③ 사전에 금품·향응 또는 그 밖의 이익을 받거나 받기로 약속하고 당사자를 특정한 변호사의 사무직원에게 소개·알선 또는 유인하는 행위는 「변호사법」에 위반된다.

④ 법률사무소의 사무직원이 법률상담이나 그 밖의 법률사무를 취급한다는 내용을 이익을 얻을 목적으로 자신의 명함에 표시하는 것은 「변호사법」에 위반된다.

03 ④ 04 ④ 05 ② 06 ② 07 ① 정답

08 변호사 甲은 강도 혐의로 구속된 피고인 A의 국선변호인으로 선정되어 접견하였는데, A는 甲에게 자신이 범행한 것은 맞지만 꼭 석방되어야 할 사정이 있으니 사선으로 전환하여 무죄변론을 해 달라는 요청을 하였다. A는 수사기관에서부터 일관되게 범행을 부인하고 있었고, A의 유죄를 입증할 증거도 충분하지 않다. 이에 관한 설명 중 옳은 것은? (다툼이 있는 경우 판례에 의함)

① 변호사 甲은 A의 요청을 받아들여 사선변호인이 될 수 있고, 이미 변호인으로 활동하는 이상 별도로 변호인선임서를 제출할 필요는 없다.

② 변호사 甲이 A가 진범임을 알면서 A를 위하여 무죄변론을 하면 진실의무에 위반된다.

③ 변호사 甲이 A에게 진술거부권이 있음을 알려 주고 법정에서 진술거부권을 행사하도록 권고하면 진실의무에 위반된다.

④ 변호사 甲이 A로부터 범행 당시 자신의 알리바이를 허위로 진술해 줄 증인이 있으니 증인신청을 해 달라는 요청을 받았다면, 이는 위법한 일로 더 이상 A에 협조할 수 없다고 판단하여 사임할 수 있다.

09 변호사 아닌 자가 유상으로 법률사무를 취급하는 행위에 관한 설명 중 옳지 않은 것은? (다툼이 있는 경우 판례에 의함)

① 변호사 아닌 자가 금전적 대가를 받거나 받기로 약속하고 소송사건, 비송사건, 행정심판사건, 그 밖에 일반 법률사건 등을 대리하는 경우 「변호사법」 위반이다.

② 변호사 아닌 자가 법률적 지식이 없거나 부족한 본인을 위하여 사실상 사건의 처리를 주도하면서 그 외부적인 형식만 본인이 직접 행하는 것처럼 하는 경우 「변호사법」 위반이다.

③ 변호사 아닌 자가 법률적 지식을 이용하는 것이 필요한 행위를 본인을 대신하여 하는 경우 「변호사법」 위반이다.

④ 변호사 아닌 공인중개사가 경매사건을 수임하여 입찰표를 작성·제출하는 외에 매각대금 납부, 등기비용 납부, 소유권이전등기 절차 등 경매사건의 신청과 등기업무에 필요한 모든 절차를 실질적으로 대리한 경우 공인중개사의 업무범위 내에 있으므로 「변호사법」 위반이 아니다.

10 변호사와 의뢰인의 관계에 관한 설명 중 옳지 않은 것은? (다툼이 있는 경우 판례에 의함)

① 변호사는 위임사무수행과 밀접하게 관련된 법률적 문제에 대해서 의뢰인으로부터 구체적인 질의를 받을 경우에는 그것이 직접적인 수임사무가 아니더라도 형사처벌이 문제될 여지가 있다면 법률전문가로서 통상적으로 갖추고 있는 법률지식의 범위에서 성실히 답변하여야 한다.

② 피사취수표와 관련된 본안소송을 위임받은 변호사는 사고신고담보금에 대한 권리보전조치의 위임을 별도로 받은 바 없다면, 적극적으로 해당 권리보전조치를 할 의무는 없으나 위임인에게 관련된 법률적인 조언을 하여야 할 보호의무는 있다.

③ 위임사무의 종료단계에서 패소판결이 있었던 경우에는 의뢰인으로부터 상소에 관하여 특별한 수권이 없는 때에도 그 판결을 점검하여 의뢰인에게 그 판결의 내용과 상소하는 때의 승소 가능성 등에 대하여 구체적으로 설명하고 조언하여야 할 의무가 있다.

④ 변호사는 범죄혐의가 희박한 사건에 대하여 고소를 종용하여서는 아니 되지만, 의뢰받은 민사사건의 증거를 수집하기 위한 경우라면 할 수 있다.

11 법무법인 L은 업무상 재해로 숨진 근로자의 유족을 대리해 회사를 상대로 하는 손해배상청구소송을 수임하였고 변호사 甲을 담당변호사로 지정하였다. 그런데 변호사 甲은 소송을 수행하면서 재판기일에 세 차례 출석하지 않아 쌍방불출석으로 소가 취하 간주되었다. 이에 관한 설명 중 옳지 않은 것은? (다툼이 있는 경우 판례에 의함)

① 근로자의 유족은 변호사 甲과 법무법인 L을 상대로 불법행위에 따른 손해배상청구소송을 제기할 수 있는데, 이에 대해 변호사 甲과 법무법인 L은 연대책임을 진다.

② 법무법인 L은 의뢰인이 착수금 등 보수를 제때 지급하지 않았다는 사정이 있더라도 손해배상책임을 면하지 못한다.

③ 근로자의 유족은 법무법인 L이 소속된 지방변호사회의 장에게 변호사 甲에 대한 징계개시의 신청을 청원할 수 있고, 소속 지방변호사회의 장은 지체 없이 징계개시의 신청 여부를 결정하여야 한다.

④ 대한변호사협회의 변호사징계위원회는 징계개시 청구가 없더라도 직권으로 변호사 甲에 대하여 징계결정을 할 수 있다.

08 ④ 09 ④ 10 ④ 11 ④ 정 답

12 「변호사법」상 형사처벌의 대상이 아닌 것은?

① 변호사가 소속 지방변호사회에 수임사건과 수임액을 보고한 내역을 그 지방변호사회의 담당 임원이 누설한 경우

② 변호사가 아니면서 변호사나 법률사무소를 표시 또는 기재하는 경우

③ 변호사시험에 합격한 자가 법률사무종사기관에 종사한 사실을 증명하는 확인서를 거짓으로 제출한 경우

④ 법률사무종사기관으로 지정된 법무법인이 법무부장관의 시정명령을 이행하지 않은 경우

13 변호사의 비밀유지의무에 관한 설명 중 옳지 않은 것은?

① 변호사는 공무를 수행하면서 알게 된 정부기관의 비밀을 업무 처리에 이용하지 아니한다.

② 변호사는 의뢰인의 동의가 있으면 최소한의 범위에서 그 직무와 관련하여 의뢰인과 의사 교환을 한 서류의 내용을 공개할 수 있다.

③ 법무법인의 소속 변호사는 정당한 이유가 없는 한 다른 변호사가 의뢰인과 관련하여 직무상 비밀유지의무를 부담하는 사항을 알게 된 경우에 이를 누설하지 않아야 하고 이는 해당 법무법인으로부터 퇴직한 경우에도 같다.

④ 변호사가 「공익신고자 보호법」에 따른 공익신고자로서 의뢰인의 비밀에 속하는 사항을 신고한 경우 징계의 대상이 될 수 있다.

14 사내변호사에 관한 설명 중 옳지 않은 것은?

① 휴업 중인 변호사는 소속 지방변호사회의 겸직허가를 받지 않아도 주식회사의 사내변호사가 될 수 있다.

② 주식회사에 고용된 변호사는 피용자의 지위에 있으므로 회사의 지시에 따라 회사의 고객이나 자회사의 소송사건을 대리할 수 있다.

③ 재무 컨설팅 회사가 변호사를 고용하여 회사의 인터넷 홈페이지에 일반인을 대상으로 개설된 유료 법률상담 게시판에서 회사의 명의로 상담을 진행시키고 그 상담료를 회사의 수입으로 하는 경우 「변호사법」에 위반된다.

④ 소속 지방변호사회의 겸직허가를 받아 건설회사에 고용된 변호사는 소속 회사의 소송사건을 대리하는 경우에도 소송위임장을 법원에 제출하여야 한다.

15 변호사 甲은 법무법인 L에서 2년간 소속 변호사로 근무하다 공정거래위원회 공무원으로 2020. 3. 15.부터 2023. 3. 14.까지 근무한 이후 퇴직하여 2023. 4. 1. 개인법률사무소를 개설하였다. 건설회사 X의 임원 A는 대형국책사업의 공사입찰업무를 담당하였는데, 공정거래위원회는 건설회사 X가 경쟁건설회사와 입찰담합을 했다는 이유로 직권조사를 개시하였다. 임원 A는 2023. 6. 7. 현재 법률사무소에 찾아와 위 사건에 대응하고자 변호사 甲을 건설회사 X의 법률대리인으로 선임하고 싶다고 하였다. 이에 관한 설명 중 옳지 않은 것은?

① 변호사 甲이 2023. 6. 7. 현재 위 사건을 수임하여 처리하는 것은 수임제한 규정에 위반된다.

② 만일 변호사 甲이 공정거래위원회 근무 당시 위 입찰담합 사건을 조사하였다면 이를 수임할 수 없다.

③ 임원 A가 변호사 甲의 삼촌이라 하더라도 변호사 甲은 위 입찰담합 사건을 수임하여 처리할 수 없다.

④ 변호사 甲이 임원 A로 하여금 법무법인 L에 위 사건을 위임하게 하고 친분이 있는 구성원변호사 丙을 담당변호사로 지정하게 한 이후 변호사 甲이 위 사건을 실질적으로 처리하는 것은 수임제한 규정에 위반되지 않는다.

16 법무법인 L은 피고인 A의 보험사기 형사사건을 수임하여 소속 변호사 甲, 乙을 담당변호사로 지정하고 변호사 甲이 A를 변호하였다. 한편 해당 보험사기 피해자인 보험회사 X는 A를 상대로 하는 손해배상청구 사건을 법무법인 L에 위임하여 소속 변호사 乙이 그 1심 사건을 수행하였다. 이후 법무법인 L이 해산되자 변호사 乙은 개인법률사무소를 개업하고 보험회사 X의 위 손해배상소송의 항소심 사건을 수임하여 수행하였다. 이 경우 변호사의 이익충돌회피의무에 관한 설명 중 옳은 것을 모두 고른 것은? (다툼이 있는 경우 판례에 의함)

ㄱ. 법무법인 L의 소속 변호사 乙이 피고인 A의 형사사건에서 실제 변론에 관여한 바 없더라도 A를 상대로 하는 보험회사 X의 손해배상청구 사건을 법무법인 L이 수임한 것은 이익충돌회피의무에 위반된다.

ㄴ. A를 상대로 하는 손해배상소송에서 1심 변론종결시까지 A가 법원에 수임제한 위반에 대해 이의를 제기하지 않더라도 보험회사 X를 대리하는 법무법인 L의 소송행위는 무효이다.

ㄷ. 변호사 乙이 보험회사 X의 손해배상소송의 항소심 사건을 수임한 것은 법무법인 L이 해산된 이후이고 심급도 달라졌으므로 이익충돌회피의무 위반이 아니다.

12 ④ 13 ④ 14 ② 15 ④ 16 ③ 정 답

ㄹ. 변호사 乙이 A의 동의를 받아 보험회사 X의 손해배상소송의 항소심 사건을 수임하였더라도 이는 이익충돌회피의무 위반이다.

① ㄱ, ㄴ
② ㄱ, ㄷ
③ ㄱ, ㄹ
④ ㄷ, ㄹ

17 변호사의 이익충돌회피의무에 관한 설명 중 옳지 않은 것은? (다툼이 있는 경우 판례에 의함)

① 변호사가 의뢰인 A로부터 손해배상 사건을 수임하여 진행 중에 해당 사건의 피고 B로부터 A에 대한 별건의 대여금 사건을 수임해 달라는 요청을 받은 경우 A가 이에 동의하면 변호사는 B로부터 대여금 사건을 수임할 수 있다.

② 변호사가 고소대리 사건을 수임하여 수사기관에 횡령죄로 고소하였는데 사건이 원만히 해결되어 고소는 취하되었으나, 취하 이전에 피고소인이 변호사에게 고소인 측으로부터 500만 원을 받아 낼 수 있다면 그중 20%를 주겠다는 제안을 하면서 화해의 위임을 하였고, 변호사는 고소인의 동의 없이 그와 같이 화해시키고 피고소인으로부터 사례금을 받은 경우 화해는 소송대리가 아니므로 수임제한 규정 위반에 해당하지 않는다.

③ 제1심에서 피고를 대리하여 소송행위를 하였던 변호사가 항소심에서 원고 소송복대리인으로 출석하여 변론하는 경우 당사자가 그에 대하여 아무런 이의를 제기하지 아니하면 소송법상 완전한 효력이 생긴다.

④ 국토교통부장관 A는 고속도로 민간투자시설사업의 사업시행자로 회사 X를 지정하는 처분을 하였다. 이에 대하여 경쟁회사 Y는 위 처분의 취소를 구하는 행정소송을 제기하였고 회사 X는 A 측에 보조참가하였다. 1심에서 A의 대리인이었던 변호사가 항소심에서 참가인 회사 X의 대리인이 되었다고 해도 A와 회사 X는 동일한 사건의 대립당사자가 아니므로 수임제한 규정 위반에 해당하지 않는다.

18 변호사의 공익활동의무에 관한 설명 중 옳지 않은 것은?

① 개인 회원은 연간 합계 30시간 이상 공익활동을 해야 하며, 다만 특별한 사정이 있는 지방변호사회는 위 30시간을 20시간까지 하향 조정할 수 있다.

② 법조경력이 2년 미만이거나 60세 이상인 회원, 질병 등으로 정상적인 변호사 업무를 수행할 수 없는 회원과 기타 공익 활동을 수행할 수 없는 정당한 사유가 있는 회원에

게는 공익활동의무를 면제한다.

③ 지방변호사회는 공익적 성격을 가진 단체에 대하여 무료로 법률서비스를 제공하는 활동만을 공익활동으로 인정할 수 있다.

④ 대한변호사협회 또는 지방변호사회가 설립한 공익재단에 대한 기부행위는 공익활동으로 인정된다.

19 변호사의 비밀유지의무에 관한 설명 중 옳지 않은 것은?

① 여기에서의 비밀에는 변호사가 직무수행 중 알게 된 의뢰인의 비밀뿐만 아니라 제3자의 비밀도 포함된다.

② 변호사가 알게 된 비밀이 법률사건을 수임하기 전 법률상담과정에서 알게 된 것일 때에도 사건의 수임 여부를 불문하고 비밀유지의무를 부담한다.

③ 변호사가 위임받아 처리한 사건이 완결된 후 위임인이 사망하면 그때부터 비밀유지의무는 소멸된다.

④ 변호사가 업무 처리 중 알게 된 의뢰인의 비밀을 누설하면 징계처분의 대상이 될 뿐만 아니라 형사처벌의 대상도 된다.

20 변호사의 이익충돌회피의무에 관한 설명 중 옳지 않은 것을 모두 고른 것은? (다툼이 있는 경우 판례에 의함)

ㄱ. A는 B를 상대로 하는 손해배상청구 사건을 변호사 甲에게 위임하였다. 이 경우 변호사 甲의 아들인 변호사 乙은 B의 동의가 있더라도 B로부터 사건을 수임할 수 없다.

ㄴ. 변호사 丙은 과거 대구고등법원에서 재판연구원으로 근무할 당시 손해배상청구 사건에 대한 기록을 검토한 적이 있는데, 변호사 丙이 위 손해배상청구 사건의 일방당사자로부터 의뢰를 받고 상고심 사건을 수임하는 경우 이는 「변호사법」 위반으로 형사처벌 대상이다.

ㄷ. 변호사 丁은 사기죄의 공범인 공동피고인으로 재판을 받고 있는 C와 D를 상담한 결과 두 사람이 서로 상대방이 주범이라고 주장하고 있는 경우, C와 D가 모두 동의하거나 의뢰인의 이익이 침해되지 않는다는 합리적인 사유가 있으면 C와 D의 사건을 수임할 수 있다.

ㄹ. 건물인도소송에서 원고 본인 A와 피고 소송대리인들이 같은 법무법인 L에 소속된

변호사인 경우 법무법인 L이 피고를 대리하여 소송행위를 하였더라도 피고 소송대리인들의 소송행위의 효력에는 영향이 없다.

① ㄱ, ㄴ　　② ㄱ, ㄷ
③ ㄴ, ㄷ　　④ ㄷ, ㄹ

21

변호사 甲은 수년간 건설회사 X의 공사대금청구 사건을 처리하였다. 최근 회사 X의 회사 Y에 대한 공사대금청구 사건을 수행하여 승소판결을 받았지만 회사 X의 재정악화로 해당 사건의 성공보수금을 지급받지 못하고 있다. 현재 회사 X는 해당 판결의 확정에 따라 회사 Y에 대한 공사대금 채권을 가지고 있고, 직접 그 사건에 관한 소송비용확정신청을 하여 법원의 결정까지 받은 상태이다. 이에 관한 설명 중 옳지 않은 것은? (다툼이 있는 경우 판례에 의함)

① 변호사는 계쟁권리를 양수하여서는 아니 되며, 이를 위반하는 경우 형사처벌의 대상이다.
② 변호사 甲이 회사 X와 체결한 성공보수약정의 내용이 판결로 인용된 공사대금 중 상당액을 지급받는 것이라면 이는 계쟁권리의 일부를 양수하는 것이므로 금지된다.
③ 회사 X가 소송비용확정결정을 받은 이후 그 결정에 따른 회사 Y에 대한 채권을 성공보수금 지급을 위해 변호사 甲에게 양도하는 것은 허용된다.
④ 변호사가 수임사건 처리 중 의뢰인과 계쟁권리를 양수하는 약정을 체결할 경우 그 양수계약은 유효하다.

22

법관윤리상 허용되는 것을 모두 고른 것은?

ㄱ. 법관 甲은 법학전문대학원 강의 과정에서 자신이 과거에 담당한 사건을 사례로 들면서 법리를 설명하였다. ㄴ. 법관 乙은 특정 기업에 대한 수사가 진행 중인 상황에서 평소 알고 지내는 기자로부터 해당 사안에 관한 질문을 받았고 그에 대한 개인적 견해를 밝혔다. ㄷ. 법관 丙은 민사재판 과정에서 소송대리인 변호사에게 전화를 하여 기일 지정에 관해 논의하였다. ㄹ. 법관 丁은 진행 중인 민사사건을 조정으로 해결하는 것이 보다 바람직하다고 판단하고 원고와 피고를 법정이 아닌 판사실로 불러 면담을 하였다.

① ㄱ, ㄷ　　② ㄱ, ㄹ
③ ㄱ, ㄷ, ㄹ　　④ ㄴ, ㄷ, ㄹ

23 「외국법자문사법」에 관한 설명 중 옳지 않은 것은?

① 합작법무법인과 관련하여 외국 합작참여자는 100분의 49를 초과하여 합작법무법인의 지분을 보유할 수 없다.

② 외국변호사의 자격을 갖춘 변호사가 외국법자문사 자격승인 신청을 하는 경우에는 변호사업을 휴업하거나 폐업하여야 한다.

③ 신청인이 외국법자문사의 자격승인을 받기 위하여는 외국변호사의 자격을 취득한 후 원자격국에서 2년 이상 법률사무를 수행한 경력이 있어야 한다.

④ 합작법무법인은 1개 이상의 국내 합작참여자와 1개 이상의 외국 합작참여자로 구성하며, 합작참여자는 2개 이상의 합작법무법인을 설립할 수 없다.

24 변호사와 의뢰인의 관계에 관한 설명 중 옳지 않은 것은? (다툼이 있는 경우 판례에 의함)

① 민법상 위임계약은 위임인의 사망으로 그 관계가 종료되는 것이 원칙이지만 변호사와 의뢰인 간의 관계는 위임인이 사망하더라도 그 관계가 종료되지 않는 경우가 있다.

② 법무법인의 대표변호사나 담당변호사는 업무집행 중 불법행위를 하거나 소송위임계약상의 채무불이행으로 의뢰인에게 손해를 입히면 법무법인과 연대하여 손해배상책임을 지게 되므로, 담당변호사로 지정된 법무법인의 대표변호사가 상고이유서 제출기간이 지나도록 상고이유서를 제출하지 않아 상고가 기각됨으로써 의뢰인에게 손해를 입힌 경우 그 대표변호사는 법무법인과 연대하여 손해배상책임을 지게 된다.

③ 변호사와 의뢰인 간의 관계가 종료되어 변호사가 위임사무의 처리로 인하여 받은 금전이나 기타 물건 및 수취한 과실을 의뢰인에게 반환하여야 하는 경우, 그 범위는 특별한 사정이 없는 한 위임계약이 종료된 때를 기준으로 정해진다.

④ 변호사는 우선적으로 위임인인 의뢰인의 지시에 따라야 할 것이지만 이 지시에 따르는 것이 위임의 취지에 적합하지 않거나 또는 의뢰인에게 불이익한 때에는 그러한 내용을 의뢰인에게 알려 주고 그 지시의 변경을 요구 또는 권고할 수 있다.

21 ② 22 ③ 23 ③ 24 ② 정답

25 변호사의 직무범위와 관련한 설명 중 옳지 않은 것은? (다툼이 있는 경우 판례에 의함)

① 공인노무사가 의뢰인에게 노동관계법령에 관한 내용을 넘어서 수사절차에 적용되는 「형사소송법」 등에 관한 내용까지 상담을 하는 것은 노동관계법령에 관한 상담을 하는 과정에서 불가피하게 이루어졌다는 등의 특별한 사정이 없는 한 「공인노무사법」에서 정한 공인노무사의 직무범위를 벗어난 것으로 보아야 한다.

② 변호사가 변리사로서 업무를 하려는 경우에는 반드시 변리사 등록을 하여야 하고, 등록한 변리사는 변리사회에 가입하여야 한다.

③ 법무사가 단순히 서류의 작성대행 내지 제출대행을 넘어 사실상 법인회생 등 사건처리를 주도하며 의뢰인들을 위하여 그 사건의 신청과 수행에 필요한 모든 절차를 실질적으로 대리하는 것은 변호사만이 취급할 수 있는 법인회생 등 비송사건에 관한 대리행위를 하는 것으로서 법무사의 직무범위에서 벗어나는 것으로 보아야 한다.

④ 손해사정사가 금품을 받거나 보수를 받기로 하고 교통사고의 피해자 측을 대리 또는 대행하여 보험회사에 보험금을 청구하거나 피해자 측과 가해자가 가입한 자동차 보험회사 등과 사이에서 이루어질 손해배상액의 결정에 관하여 중재나 화해를 하도록 주선하는 것은 「보험업법」에서 정한 손해사정사의 직무범위에 속한다.

26 甲은 선고유예 판결의 확정으로 변호사등록이 취소되었다가 선고유예기간이 경과한 후 대한변호사협회에 변호사등록을 신청하였다. 甲이 대한변호사협회 및 협회장 乙을 상대로 변호사등록 거부사유가 없음에도 위법하게 등록심사위원회에 회부되어 변호사등록이 2개월간 지연되었음을 이유로 손해배상을 구하고 있다. 이에 관한 설명 중 옳지 않은 것은? (다툼이 있는 경우 판례에 의함)

① 변호사등록을 신청한 甲에게 법정등록거부사유가 없으면 대한변호사협회는 등록신청을 즉시 수리하여 변호사등록을 마칠 의무가 있다.

② 대한변호사협회는 공법인이고, 협회장인 乙은 국가로부터 위탁받은 공행정사무인 '변호사등록에 관한 사무'를 수행하는 범위 내에서 공무원에 해당한다.

③ 甲의 변호사등록이 위법하게 지연되었다면, 대한변호사협회는 甲이 그로 인하여 얻지 못한 수입 상당액의 손해를 배상할 의무가 있다.

④ 협회장 乙에게 甲의 변호사등록 지연과 관련하여 경과실이 인정된다면 乙은 甲에게 손해배상책임을 부담한다.

27 변호사의 징계에 관한 설명 중 옳은 것을 모두 고른 것은? (다툼이 있는 경우 판례에 의함)

ㄱ. 지방변호사회의 장이 소속 변호사에게 징계 사유가 있는 것을 발견한 경우 대한변호사협회의 장에게 그 변호사에 대한 징계개시를 신청하여야 한다.
ㄴ. 변호사에 대한 징계의 종류는 영구제명, 제명, 1년 이하의 정직, 3,000만 원 이하의 과태료, 견책이 있다.
ㄷ. 징계는 대한변호사협회의 장이 집행하는데, 징계의 일종인 과태료 결정은 민사집행법에 따른 집행력 있는 집행권원과 같은 효력이 있으며, 검사의 지휘로 집행한다.
ㄹ. 대한변호사협회 변호사징계위원회의 징계에 관한 결정은 헌법과 법률이 정한 법관에 의한 재판이라고 볼 수 없고, 행정소송의 대상이 되는 행정처분이라고 볼 수도 없다.

① ㄷ
② ㄱ, ㄴ
③ ㄱ, ㄷ
④ ㄷ, ㄹ

28 변호사연수에 관한 설명 중 옳지 않은 것은?

① 의무연수는 대한변호사협회에 개업신고를 한 65세 미만의 등록회원을 대상으로 하지만, 의무전문연수의 경우 그 대상을 60세 미만으로 할 수 있다.
② 변호사의 의무연수이수시간은 1년을 기준으로 의무전문연수의 경우 7시간, 의무윤리연수의 경우 1시간으로 한다.
③ 개업신고일로부터 연수주기 만료일까지 6개월 미만이 남은 변호사는 대한변호사협회에 의무연수의 유예를 신청할 수 있다.
④ 인정연수를 실시한 학술단체는 해당 학술대회를 마친 후 30일 이내에 인정연수실시결과보고서를 대한변호사협회에 제출하여야 한다.

29 검사윤리에 관한 설명 중 옳은 것을 모두 고른 것은?

ㄱ. 검사 甲은 자신이 근무하는 검찰청에서 조사를 받는 조카인 피의자의 부탁으로 특정 변호사를 소개하여 주었는데 변호사 소개에 대한 대가를 받지 않았다면 검사윤리에 위반되지 아니한다.
ㄴ. 검사 乙은 정당의 후원회에 후원금을 납부하였으나 해당 정당의 당원이 아니라면

검사윤리에 위반되지 아니한다.
ㄷ. 검사 丙은 피의자와 함께 온 변호사에게 정당한 사유 없이 조사가 끝날 때까지 변호인 대기실에서 기다리라고 하였다. 검사 丙의 행위는 검사윤리에 위반된다.
ㄹ. 검사 丁은 상급자인 부장검사로부터 특정 사건에 대하여 혐의없음 처분을 하라는 지휘를 받았으나 그 지휘가 정당하지 않다고 판단하여 이의를 제기하였다. 검사 丁의 행위는 검사윤리에 위반되지 아니한다.

① ㄱ, ㄴ ② ㄱ, ㄹ
③ ㄷ, ㄹ ④ ㄴ, ㄷ, ㄹ

30 검찰 인사 이동으로 변호사 甲의 개업지를 관할하는 지방검찰청에 변호사 甲과 검사임관 동기인 A가 형사1부장검사로 부임해 왔다. 변호사 甲은 사무장 B를 시켜서 '변호사 甲이 형사1부장검사 A와 각별한 사이이니 형사1부에 배당된 사건을 잘 해결하기 위해서는 변호사 甲을 선임해야 한다'고 홍보하도록 하였다. 평소 변호사 甲과 친하게 지내던 변호사 乙은 지방검찰청 형사1부에 배당된 피의사건을 상담하기 위하여 찾아온 C에게 변호사 甲을 소개하여 주었고, 변호사 甲은 C의 사건을 수임하였다. 이에 관한 설명 중 옳은 것은? (다툼이 있는 경우 판례에 의함)

① 변호사 甲의 행위는 「변호사법」상 징계처분의 대상은 되지만 형사처벌의 대상은 되지 않는다.
② 변호사 乙이 C에게 변호사 甲을 소개하고 대가를 받지 않았더라도 사건알선혐의의 변호사법위반죄로 형사처벌을 받을 수 있다.
③ C는 검찰에서 불기소처분을 받게 되자 감사의 표시로 변호사 甲을 소개해 준 변호사 乙에게 300만 원을 지급하였는데 이러한 변호사 乙의 사례금 수령행위는 사회상규에 어긋나지 아니하므로 「변호사법」상 책임을 물을 수 없다.
④ 변호사 甲이 의뢰인 C로부터 검사의 불기소처분에 대한 성공보수로 500만 원을 수령하였는데 이는 「변호사법」 위반으로 형사처벌의 대상이다.

31 대한변호사협회가 변호사등록을 거부하여야 하는 대상이 아닌 것은?

① 징역 1년의 선고유예를 받고 1년 6개월이 경과한 사람
② 「변호사법」 위반으로 벌금 1,000만 원을 선고받은 사람
③ 파산선고를 받고 복권되지 아니한 사람
④ 징계처분에 의하여 면직된 후 1년이 경과한 사람

32 다음 변호사 광고에 관한 설명 중 옳지 않은 것은?

> ○ 변호사 甲은 "엔터테인먼트·스타트업 전문 변호사"라고 광고하고 있다.
> ○ 변호사 乙은 "대한변호사협회등록 성추행 사건 전문 변호사"라고 광고하고 있다.
> ○ 변호사 丙은 "4년 연속 수임 사건 수 1위, 수백 건 무죄 성공"이라고 광고하고 있다.

① 변호사 甲이 대한변호사협회 전문분야등록을 하지 않은 채 '전문'이라는 용어로 광고하는 것은 「변호사 광고에 관한 규정」 위반이다.

② 변호사 乙이 대한변호사협회에 형사법으로 전문분야등록을 하였더라도 성추행 사건 전문 변호사라고 광고한 것은 「변호사 광고에 관한 규정」 위반이다.

③ 변호사 丙의 광고는 최고, 유일, 기타 이와 유사한 용어를 사용한 광고에 해당하여 「변호사 광고에 관한 규정」 위반이다.

④ 변호사 丙의 광고는 소비자에게 업무수행 결과에 대하여 부당한 기대를 가지도록 하는 내용의 광고에 해당하여 「변호사 광고에 관한 규정」 위반이다.

33 원고 A가 피고 B, C, D를 상대로 제기한 공동불법행위를 원인으로 한 손해배상청구 사건에서, 변호사 甲은 피고 B와 보수금을 1,600만 원으로 정한 위임계약서를 작성하였다. 이후 피고 B는 변호사 甲의 소송위임장 용지에 피고 C, D로부터 날인을 받은 다음 이를 변호사 甲에게 교부하였다. 변호사 甲은 위 소송위임장을 해당 사건 재판부에 제출하고 피고 B, C, D를 대리하여 소송사건을 수행한 결과 전부승소 판결을 선고받았다. 이에 관한 설명 중 옳지 않은 것은? (다툼이 있는 경우 판례에 의함)

① 피고 B가 피고 C, D로부터 변호사 甲과의 위임계약에 관한 대리권을 수여받은 것도 아니고, 소송대리인 선임에 관한 대리권도 수여받은 바 없다면, 변호사 甲과 피고 B 사이의 소송대리위임에 따른 보수계약의 효력은 피고 C, D에게 미치지 않는다.

② 소송위임장에 피고 C, D가 날인함으로써 소송위임에 관한 의사의 합치가 있었다고 볼 수 있다면, 무보수로 한다는 등 특별한 사정이 없는 한 변호사 甲과 피고 C, D 사이에 응분의 보수를 지급할 묵시의 약정이 있는 것으로 볼 수 있다.

③ 변호사 甲은 피고 B와의 보수약정에 따른 보수가 부당하게 과다하여 신의성실의 원칙이나 형평의 원칙에 반한다고 볼 만한 특별한 사정이 있는 경우에는 예외적으로 상당하다고 인정되는 범위 내의 보수액만 청구할 수 있다.

④ 피고 B, C, D가 공동불법행위자로 인정되어 패소할 경우 원고 A에 대하여 부진정연대

30 ① 31 ② 32 ① 33 ④ 정 답

채무를 부담하므로, 피고 B, C, D의 변호사 甲에 대한 보수금 지급채무 역시 부진정연대채무에 해당한다.

34 아래 내용과 관련하여, 다음 설명 중 옳지 않은 것은? (다툼이 있는 경우 판례에 의함)

> ○ 법무법인 L 소속 변호사 甲은 심신장애로 인하여 변호사 직무를 수행하는 것이 현저히 곤란한 자임에도 불구하고 변호사등록이 유지되고 있다.
> ○ 법무법인 L 소속 변호사 乙은 위 법무법인 인터넷 홈페이지에 자신이 과거에 수임하여 승소한 유류분사건의 판결문을 의뢰인이 특정된 채로 게재하여 홍보하였다.
> ○ 법무법인 L 소속 사무직원 A는 변호사 甲이 사무실에 출근하지 않는 상황을 이용하여 사무실을 방문한 의뢰인에게 자신이 변호사라고 하며 상담까지 진행하고 착수금을 수령한 후 이를 반환하지 않았다.

① 대한변호사협회는 변호사 甲에 대하여 등록심사위원회의 의결을 거쳐서 변호사등록을 취소할 수 있다.
② 변호사 乙은 과거에 취급하였던 사건으로 광고하였으므로 의뢰인의 동의를 받지 않더라도 변호사 乙의 행위는 「변호사 광고에 관한 규정」 위반이 아니다.
③ 사무직원 A의 행위는 변호사법위반죄와 사기죄에 해당하여 형사처벌의 대상이 될 수 있다.
④ 법무법인 L은 사무직원 A의 행위에 대하여 사용자책임을 부담할 수 있다.

35 변호사의 광고로 허용되는 경우가 아닌 것은?

① 공익 목적의 소송을 위한 무료 법률상담 방식에 의한 광고
② 소속 지방변호사회의 허가를 얻어 수임제한의 해제를 표시하는 내용의 광고
③ 시내버스 내 음성방송으로 정류장 안내와 함께 변호사 성명, 경력 등을 방송하는 방식의 광고
④ 변호사사무실을 개업한 건물의 입주자들을 방문하여 명함과 함께 개업기념품을 돌리는 방식의 광고

36 변호사의 보수에 관한 설명 중 옳지 않은 것은? (다툼이 있는 경우 판례에 의함)

① 민사사건의 소송사무를 위임받은 변호사가 소제기 전에 상대방에게 채무이행을 청구하고 형사고소를 제기하는 등의 사무를 처리함으로써 의뢰인과 상대방 사이에 재판외 화해가 성립된 경우, 소제기에 의하지 아니한 사무처리에 관하여 보수의 약정을 한 바 없어도 특별한 사정이 없는 한 변호사는 의뢰인에게 상당한 보수를 청구할 수 있다.

② 선정당사자가 선정자로부터 별도의 수권 없이 변호사인 소송대리인과 보수에 관한 약정을 하였더라도, 특별한 사정이 없는 한 변호사 보수약정의 효력은 선정자에 대하여도 미친다.

③ 변호사는 사건을 수임하면서 착수금을 정하고 지급일을 약정하였다면, 특별한 사정이 없는 한 업무개시 여부나 변호인선임서, 위임장의 제출 여부와 관계없이 약정한 지급일에 착수금의 지급을 청구할 수 있다.

④ 변호사의 보수청구권은 변호사의 직무에 관한 채권으로 3년간 행사하지 아니하면 소멸시효가 완성된다.

37 변호사와 의뢰인의 관계에 관한 설명 중 옳지 않은 것은? (다툼이 있는 경우 판례에 의함)

① 변호사는 의뢰인의 지휘·감독을 받으면서 위임사무를 처리하여야 하므로 변호사가 업무수행 과정에서 불법행위를 저지른 경우 의뢰인은 그에 대하여 민법상 사용자책임을 부담한다.

② 변호사와 의뢰인 간의 법률관계는 의사의 합치만으로 성립하는 것이므로 반드시 계약서의 작성이 필요한 것은 아니다.

③ 변호사는 변호사로서의 명예와 품위에 어긋나지 않는 방법이라면 예상 의뢰인과 접촉할 수 있고 부당하지만 않다면 그로 하여금 소송을 제기하도록 권유하는 것도 허용된다.

④ 변호사는 사건의 수임을 위하여 법원이나 수사기관에 근무하는 공무원과의 연고 등 사적인 관계를 적시하여 영향력이 있는 것으로 선전하여서는 아니 된다.

34 ② 35 ② 36 ② 37 ① 정 답

38 변호사의 보수에 관한 설명 중 옳지 않은 것은? (다툼이 있는 경우 판례에 의함)

① 변호사는 직무의 공공성과 전문성에 비추어 부당하게 과다한 보수를 약정하지 아니한다.

② 변호사는 명백한 서면 약정 없이 공탁금, 보증금, 기타 보관금 등을 보수로 전환하지 아니하나, 의뢰인에게 반환할 공탁금 등을 미수령 채권과 상계할 수 있다.

③ 형사사건, 이혼사건, 양육비사건에서의 성공보수약정은 선량한 풍속 기타 사회질서에 위배되어 무효이다.

④ 변호사는 국선변호인으로 선정되었을 때에는 이해관계인 등으로부터 부당한 보수를 받지 아니한다.

39 법관 甲은 인터넷 게시판에 최근 시행된 국회의원 보궐선거에 대한 정치적인 의견과 특정 후보자를 비방하는 내용의 글을 수차례 게시한 것을 비롯하여 여러 건의 범죄 혐의로 형사소추 되었다. 이에 관한 설명 중 옳지 않은 것은?

① 법관 甲의 행위는 정치적 중립성을 해치는 활동이다.

② 법관 甲이 변호사 개업을 한 후 법관 재직 시 기소된 위 형사사건에서 금고 이상의 유죄가 확정되어 변호사 자격을 상실한 경우라 하더라도 유죄 확정 이전에 이미 저지른 변호사 품위훼손행위에 대하여는 과태료와 같은 징계를 할 수 있다.

③ 대한변호사협회는 甲이 변호사등록을 신청한 경우 등록거부를 할 수도 있다.

④ 법조윤리협의회 위원장은 소속 지방변호사회에서 제출한 수임자료에서 변호사 개업을 한 甲의 위법혐의에 관한 단서를 발견하였을 경우 관할 수사기관의 장에게 수사를 의뢰할 수 있다.

40 변호사와 의뢰인의 관계에 관한 설명 중 옳지 않은 것은?

① 변호사가 범죄행위 피해자인 의뢰인으로부터 가해자를 구속되게 하여 달라거나 가해자로 하여금 실형을 선고받게 하여 달라는 취지의 사건을 수임하는 것은 허용된다.

② 「변호사법」이나 「변호사윤리장전」은 변호사가 유죄의 심증을 가지고 있음에도 의뢰인의 의사에 따라 무죄변론을 하여야 한다는 명시적 규정을 두고 있는 것은 아니다.

③ 변호사는 사건을 수임하지 않음으로써 오히려 의뢰인에게 불리한 영향을 미치는 경우

에는 스스로 증인이 되어야 할 사건을 수임할 수 있지만 사건과 관련하여 본인이 제공한 법률사무의 내용에 관한 증언을 하는 경우에는 스스로 증인이 되어야 할 사건을 수임할 수 없다.

④ 변호사와 의뢰인 간의 법률관계가 의뢰인의 귀책사유로 해지되어 종료되었다 하더라도 변호사는 의뢰인에 대하여 일정한 의무를 부담할 수 있다.

38 ③ 39 ② 40 ③ 정 답

제15회 법조윤리 기출문제

01 변호사의 징계에 관한 설명 중 옳은 것은?

① 수임변호사나 법무법인의 담당변호사에 대한 징계개시의 신청을 청원할 수 있는 자는 의뢰인이나 의뢰인의 법정대리인, 배우자, 직계친족 또는 형제자매이며, 동거인은 포함되지 않는다.

② 징계의 종류에는 영구제명, 제명, 3년 이하의 정직, 1천만 원 이하의 과태료, 견책이 있다.

③ 대한변호사협회 변호사징계위원회의 징계에 관한 결정은 징계혐의자가 그 결정을 송달받은 날부터 효력이 발생한다.

④ 변호사의 직무와 관련하여 2회 이상 금고 이상의 형을 선고받아 그 형이 확정된 경우는 영구제명의 사유가 되나, 집행유예를 선고받은 경우와 과실범의 경우는 제외된다.

02 「변호사법」상 징계의 대상이 되는 변호사의 사례를 모두 고른 것은?

ㄱ. 변호사 甲은 의뢰인의 금전을 반복적으로 횡령하여 영구제명 처분을 받은 후에도 변호사 업무를 수행하던 중 다시 의뢰인의 금전을 횡령하였다.
ㄴ. 변호사 乙은 변론 중 의뢰인의 무죄 증명을 위하여 증인에게 위증을 교사한 혐의로 징역 1년의 실형이 확정되어 현재 수감 중이다.
ㄷ. 변호사 丙은 자신의 직무수행과 무관하게 부적절한 사기성 금전거래로 변호사의 품위를 손상하였으나, 형사사건에서 해당 혐의에 대해 무죄판결을 확정받았다.
ㄹ. 변호사 丁은 사무직원의 과실로 상고이유서를 제출 기간 내에 제출하지 않아 의뢰인의 상고가 기각되었다.

① ㄴ, ㄷ　　② ㄷ, ㄹ
③ ㄱ, ㄴ, ㄹ　　④ ㄱ, ㄴ, ㄷ, ㄹ

03 외국법자문사에 관한 설명 중 옳은 것은?

① 「외국법자문사법」에 따라 등록하지 아니한 외국변호사도 대한민국 법령에 관한 사무를 제외한 국제중재사건의 대리 사무를 수행할 수 있다.
② 외국법자문사는 국내 변호사를 고용할 수 없지만 국내 법무법인과 포괄적 협력관계를 설정하여 사건을 공동으로 처리하고 그로 인한 보수를 분배할 수 있다.
③ 국내 법무법인과 외국 합작참여자는 절반씩 지분을 보유하는 합작법무법인을 설립할 수 있다.
④ 합작법무법인은 대한민국 국민이 당사자이고 관련 재산이 외국에 소재하고 있는 경우의 상속 관계 사무 대리를 수행할 수 있다.

04 업무정지명령에 관한 설명 중 옳지 않은 것은?

① 법무부장관은 형사재판이나 징계위원회에 회부된 변호사가 장차 의뢰인이나 공공의 이익을 해칠 구체적인 위험성이 있는 경우에 대한변호사협회 변호사징계위원회의 결정에 따라 해당 변호사에게 업무정지를 명할 수 있다.
② 업무정지 기간은 6개월이고 3개월씩 갱신할 수 있으며 갱신 기간을 합하여 2년을 초과할 수 없다.
③ 대한변호사협회의 장, 검찰총장 또는 업무정지명령을 받은 변호사는 법무부장관에게 업무정지명령의 해제를 신청할 수 있다.
④ 업무정지명령을 받은 변호사가 공소제기된 형사사건과 같은 행위로 징계개시가 청구되어 정직 결정을 받으면 업무정지 기간은 그 전부 또는 일부를 정직 기간에 산입한다.

05 「변호사법」상 형사처벌의 대상이 아닌 행위는?

① 변호사가 수임하고 있는 사건에 관하여 상대방에게 이익을 요구하는 행위
② 법률사무의 수임에 관하여 사건 당사자를 법률사무소의 사무직원에게 소개하고 그 대가로 이익을 받는 행위
③ 변호사가 조세를 포탈하기 위하여 수사기관에 변호인선임서를 제출하지 아니하고 변호하는 행위
④ 변호사가 수임하고 있는 사건의 상대방이 위임하는 다른 사건에 관하여 직무를 수행하는 행위

01 ① 02 ② 03 ① 04 ① 05 ④ 정 답

06

개업 변호사 甲은 건설 및 토목 사업을 주된 업종으로 하는 주식회사 X의 사내변호사로 근무하고 있다. 甲은 회사의 업무를 처리하던 중 주식회사 X가 「독점규제 및 공정거래에 관한 법률」을 위반하여 다른 건설회사들과 관급공사의 가격 담합을 시도하고 있다는 사실을 알게 되었다. 이에 관한 설명 중 옳은 것을 모두 고른 것은?

ㄱ. 甲은 주식회사 X의 사내변호사가 되기 위해서는 대한변호사협회의 겸직허가를 받아야 한다. ㄴ. 甲은 사내변호사로서 자신의 직업적 양심과 전문적 판단보다 주식회사 X의 이익을 위하여 업무를 수행하여야 한다. ㄷ. 甲은 직무수행 중 주식회사 X의 행위가 위법행위에 해당된다고 판단된 때에는 즉시 그에 대한 협조를 중단하여야 한다. ㄹ. 甲은 주식회사 X의 위법행위를 시정하기 위하여 의견을 개진하였음에도 아무런 조치가 없으면 사직할 수 있다.

① ㄱ, ㄴ　　② ㄱ, ㄹ
③ ㄴ, ㄷ　　④ ㄷ, ㄹ

07

법무법인, 법무법인(유한), 법무조합에 관한 설명 중 옳지 않은 것은?

① 법무법인(유한)과 법무조합은 7명 이상의 변호사가 있고 그중 2명 이상이 통산하여 10년 이상의 변호사 경력이 있다면 설립이 가능하다.
② 법무법인(유한)과 법무조합은 담당변호사가 수임사건에 관하여 고의나 과실로 그 수임사건의 위임인에게 손해를 발생시킨 경우 「변호사법」상 그 담당변호사와 연대하여 그 손해를 배상할 책임이 있다.
③ 법무법인은 구성원 전원의 동의가 있을 때 해산하지만 법무조합은 규약에 다른 정함이 없는 한 구성원 과반수의 동의가 있을 때 해산한다.
④ 법무법인, 법무법인(유한), 법무조합 모두 소송의 당사자능력이 인정된다.

08

법관과 검사의 윤리에 관한 설명 중 옳지 않은 것은?

① 법관은 재판업무상 필요한 경우를 제외하고는 당사자와 대리인 등 소송관계인을 법정 이외의 장소에서 면담하거나 접촉해서는 아니 된다.
② 법관은 교육이나 학술 또는 정확한 보도를 위한 경우를 제외하고는 구체적 사건에 관하여 공개적으로 논평을 하거나 의견을 표명해서는 아니 된다.

③ 검찰과 경찰의 수사권 조정에 따라 검사는 수사와 관련하여 사법경찰관과 협력하여야 하며, 특별사법경찰관리에 대한 검사의 지휘·감독권은 인정되지 않는다.

④ 검사는 구체적 사건과 관련하여 상급자의 지휘·감독의 적법성이나 정당성에 이견이 있을 때에는 절차에 따라서 이의를 제기할 수 있다.

09 법률사무소 사무직원으로 채용될 자격이 없는 사람을 모두 고른 것은?

ㄱ. 법원으로부터 파산선고를 받고 면책결정이나 복권결정을 받지 못한 A
ㄴ. 경찰공무원으로 재직하던 중 정직 2년의 징계처분을 받고 퇴직한 B
ㄷ. 「형법」상 뇌물수수죄로 징역 2년에 집행유예 3년을 선고받고 집행유예기간이 지난 후 2년이 지나지 않은 C
ㄹ. 변호사법위반죄로 징역 6개월의 선고유예를 받고 1년 6개월이 지난 D

① ㄱ, ㄴ ② ㄱ, ㄹ
③ ㄴ, ㄷ ④ ㄷ, ㄹ

10 변리사의 법률사무에 관한 설명 중 옳지 않은 것은? (다툼이 있는 경우 판례에 의함)

① 변리사 자격이 있는 변호사가 변리사로서 업무를 하려는 경우에는 특허청장에게 변리사 등록을 하여야 한다.

② 「변호사법」에 따른 변호사 자격을 가진 사람으로서 「변리사법 시행령」으로 정하는 실무수습을 마친 사람은 변리사의 자격이 있다.

③ 변리사의 소송대리는 특허 등 침해를 청구원인으로 하는 침해금지청구 또는 손해배상청구에 한하여 허용된다.

④ 법무법인은 변리사 자격을 가진 구성원 변호사가 있는 경우에 그 변호사를 담당변호사로 지정하여 법무법인 명의로 상표출원 등 특허대리업무를 수행할 수 있다.

11 변호사의 비밀유지의무에 관한 설명 중 옳지 않은 것은?

① 변호사 甲은 의뢰인 A로부터 사건을 수임하여 소송을 진행하는 과정에서 사건진행 및 소송전략에 관한 메모를 작성한 경우 A의 동의를 얻어 이를 외부에 공개할 수 있다.

06 ④ 07 ② 08 ③ 09 ④ 10 ③ 11 ④ 정 답

② 변호사 乙은 의뢰인 B의 민사사건을 소송대리하였는데 제3자인 C가 위 사건과 관련하여 乙을 강제집행면탈죄로 고소하였다면 乙은 자신을 방어하기 위하여 직무수행 중 알게 된 B의 비밀을 최소한의 범위에서 공개할 수 있다.

③ 변호사 丙이 의뢰인 D에게 법률의견서를 작성해 주었고 D가 관련 사건으로 기소되어 丙이 증인으로 출석한 경우 丙은 법률의견서가 D의 비밀을 포함하고 있다는 것을 소명하면 법률의견서에 관한 증언을 거부할 수 있다.

④ 법무법인 L 소속 변호사 丁은 같은 법무법인 소속의 다른 변호사가 의뢰인과 관련하여 직무상 비밀유지의무를 부담하는 사항을 알게 된 경우에 위 법무법인을 퇴직한 후에는 이를 이용할 수 있다.

12 변호사 甲은 사기 혐의로 구속되어 수감 중인 A의 형사사건을 수임하였다. 이에 관한 설명 중 옳은 것은?

① 甲이 직무수행 중 A의 요구가 범죄행위에 해당된다고 판단하여 협조를 중단하고 사임하는 경우 A의 비밀에 대한 비밀유지의무가 해제된다.

② 甲이 A로부터 업무상 위탁을 받아 보관하는 물건으로 A의 비밀에 관한 것은 중대한 공익상 필요가 있는 경우에도 압수를 거부할 수 있다.

③ 甲이 직무상 알게 된 A의 비밀과 관련하여 증인으로 소환되는 경우 법정에 출석하지 않을 수 있고, 출석하더라도 증인 선서를 거부할 수 있다.

④ 甲이 직무상 알게 된 사실이 A의 비밀에 해당되는 경우 甲이 「공익신고자 보호법」상 공익신고자에 해당한다면 비밀을 신고하더라도 비밀유지의무를 위반하지 아니한 것으로 본다.

13 법무법인 L은 A로부터 A의 법률상 배우자 B와 상간한 C를 상대로 한 위자료청구 사건을 수임하여 소송을 진행하고 있다. 법무법인 L 소속 구성원 변호사 甲은 D와 이혼 관련 법률상담을 하는 과정에서 C가 D의 법률상 배우자라는 사실을 알게 되었다. 이에 甲은 D에게 위 위자료청구의 소 제기 사실 등 직무상 알게 된 C의 비밀을 알려 주면서 이혼 사건의 의뢰를 권유하였다. 이에 관한 설명 중 옳은 것을 모두 고른 것은?

ㄱ. 甲이 D에게 C의 비밀을 알려 준 것은 자기 의뢰인의 비밀이 아니므로 「변호사법」에 따른 비밀유지의무 위반에 해당되지 않는다.
ㄴ. 법무법인 L이 D로부터 이혼 사건을 수임하지 않더라도 甲이 A에게 C의 배우자가

이혼소송을 준비 중이라는 사실을 알려 주는 것은 비밀유지의무 위반에 해당된다.
ㄷ. 법무법인 L이 D로부터 이혼 사건을 수임하는 것은 현재 수임하고 있는 위자료청구 사건과 이해가 충돌되지 않으므로 허용된다.
ㄹ. 甲이 법무법인 L을 탈퇴한 이후에 D로부터 이혼 사건을 수임하는 것은 법무법인 L의 소속 기간 중 법률상담한 사건을 수임하는 것이므로 허용되지 않는다.

① ㄱ, ㄴ　　② ㄱ, ㄹ
③ ㄴ, ㄷ　　④ ㄷ, ㄹ

14 변호사의 사건수임에 관한 설명 중 옳지 않은 것은?

① 변호사는 법률사건이나 법률사무에 관한 변호인선임서 또는 위임장 등을 공공기관에 제출할 때에는 사전에 소속 지방변호사회를 경유하여야 한다.
② 내사(內査) 중인 형사사건의 피의자를 변호하는 경우 변호사는 수사기관에 변호인선임서를 제출할 필요가 없다.
③ 변호사는 수임에 관한 장부를 작성하고 보관하여야 한다.
④ 변호사는 매년 1월 말까지 전년도에 처리한 수임사건의 건수와 수임액을 소속 지방변호사회에 보고하여야 한다.

15 변호사의 공익활동에 관한 설명 중 옳지 않은 것은?

① 지방변호사회나 대한변호사협회의 위원회에서 위원으로서의 활동은 공익활동으로 인정받을 수 있다.
② 지방변호사회는 법조 경력이 2년 미만이거나 질병 등으로 정상적인 변호사 업무를 수행할 수 없는 변호사의 공익활동 의무를 연간 20시간까지 하향 조정할 수 있다.
③ 변호사는 매년 2월 말까지 그 전년도 공익활동 결과를 소속 지방변호사회에 보고하여야 한다.
④ 법무법인·법무법인(유한)·법무조합의 공익활동 수행 변호사에 대하여 그가 행한 공익활동 시간 중 그에게 배분이 인정된 시간에 한하여 그 수행 변호사 자신의 공익활동 시간으로 본다.

12 ④ 13 ③ 14 ② 15 ②　정답

16 변호사 甲의 광고 행위 중 「변호사법」상 형사처벌의 대상이 되는 것은?

① 甲은 업무에 관하여 거짓된 내용을 표시하는 광고를 하였다.
② 甲은 객관적 사실을 과장하여 소비자를 오도하거나 업무수행 결과에 대하여 부당한 기대를 가지게 하는 광고를 하였다.
③ 甲은 경쟁 변호사인 다른 변호사를 비방하거나 자신의 입장에서 비교하는 광고를 하였다.
④ 甲은 부정한 방법을 제시하는 등 변호사의 품위를 훼손할 우려가 있는 광고를 하였다.

17 변호사 甲은 A로부터 B를 상대로 한 1억 원의 부당이득반환청구 사건을 수임하면서 착수금 및 제1심에 대한 성공보수를 약정하였다. 甲과 A가 체결한 위임계약에는 甲은 B로부터 부당이득금을 반환받거나 공탁금을 수령하여 보관할 수 있고, A는 일부 승소 시에도 성공보수를 지급하기로 하는 내용이 포함되어 있다. 甲은 위임계약에 따라 B에 대하여 부당이득반환청구의 소를 제기하였다. 이에 관한 설명 중 옳지 않은 것은? (다툼이 있는 경우 판례에 의함)

① 甲은 패소 시 반환을 조건으로 A로부터 미리 성공보수를 수령할 수 있다.
② A가 甲에게 착수금을 지급하지 않은 경우, 甲은 B가 반환하여 보관하고 있던 부당이득금을 착수금 채권과 대등액에서 상계할 수 있다.
③ A가 제1심에서 전부 승소한 경우, 甲의 A에 대한 성공보수청구권은 제1심 판결을 송달받은 때로부터 3년의 소멸시효 기간이 진행한다.
④ 위 소송이 승소 판결이 아닌 화해권고결정이 확정되어 종료된 경우, 甲은 A에게 약정의 일부 승소에 해당하는 성공보수금을 청구할 수 없다.

18 변호사 甲은 A로부터 주식회사 X를 상대로 한 제조물 책임 소송을 의뢰받았다. 甲은 A에게 사건의 승소 확률이 높지 않으니 소송비용을 甲이 부담하고 착수금을 받지 않는 대신에 승소로 확정된 판결 금액의 50%를 성공보수로 약정하자고 제안하였고, A도 이에 동의하여 위임계약이 체결되었다. 이에 관한 설명 중 옳지 않은 것은? (다툼이 있는 경우 판례에 의함)

① 甲은 정당한 사유 없이 약정된 성공보수 외에 추가보수를 요구할 수 없다.
② 변호사 보수로 착수금을 진혀 받지 아니하고 승소 판결 금액의 반을 수령하기로 하는 약정은 무효이다.
③ 약정된 보수액이 부당하게 과다하여 신의성실의 원칙이나 형평의 원칙에 반한다고 볼 만한 특별한 사정이 있는 경우, 甲은 상당하다고 인정되는 범위 내의 보수액만을 A에

게 청구할 수 있다.

④ A가 보수를 지급하지 않는 경우 甲은 A를 상대로 보수금청구의 소를 제기하거나 소속 지방변호사회에 분쟁조정을 신청할 수 있다.

19 변호사 甲은 자신의 법률사무소 인근 지역에서 신축 중이던 아파트가 건설회사의 부실 공사로 인하여 붕괴되면서 다수의 피해자가 발생하였다는 방송을 보고 사건을 수임할 의사 없이 공익 목적으로 피해자 및 유족들을 돕기 위하여 그들이 결성한 비상대책위원회의 사무실을 방문하였다. 甲은 위 사무실에 있는 사람들에게 자신의 경력을 새긴 명함을 나누어 주고 무료로 법률상담을 해 주었지만 별도로 당해 사건의 의뢰 권유는 하지 않았다. 甲의 명함에는 "2022년 ○○일보 선정 최고의 손해배상 소송 전문변호사"라는 내용이 기재되어 있었다. 이에 관한 설명 중 옳은 것을 모두 고른 것은?

> ㄱ. 甲은 2022년 ○○일보에 의해 최고의 손해배상 소송 전문변호사로 선정된 사실이 있어도 명함에 '최고'라는 표현을 기재해서는 안 된다.
> ㄴ. 甲은 손해배상 소송 경험이 많다고 하더라도 대한변호사협회에 전문분야 등록을 한 사실이 없다면 명함에 '전문'이라는 표현을 기재해서는 안 된다.
> ㄷ. 甲이 위 사무실에서 자신과 아무런 관계가 없었던 피해자 및 유족들에게 자신의 명함을 나누어 주는 행위는 허용되지 않는다.
> ㄹ. 甲은 피해자 및 유족들에게 사건의 의뢰를 권유하지 않았으므로 위 사무실을 방문하여 법률상담을 제공할 수 있다.

① ㄱ, ㄴ　　② ㄱ, ㄹ
③ ㄴ, ㄷ　　④ ㄷ, ㄹ

20 변호사의 진실의무에 관한 설명 중 옳지 않은 것은? (다툼이 있는 경우 판례에 의함)

① 변호사인 변호인에게는 「변호사법」이 정하는 바에 따라 이른바 진실의무가 인정된다.
② 「민사소송법」과 「형사소송법」은 진실의무에 관하여 명시적으로 규정하고 있다.
③ 변호인이 신체구속을 당한 피의자에게 헌법상 권리인 진술거부권 행사를 권고하는 것은 변호사로서의 진실의무에 위배되지 않는다.
④ 형사소송절차에서 변호사의 진실의무는 법원에 의한 실체적 진실발견을 적극적으로 방해해서는 안 된다는 소극적 의무이므로 변호사는 재판절차에서 피고인에게 불리한

16 ① 17 ④ 18 ② 19 ② 20 ② 정답

증거를 제출할 의무가 없다.

21 변호사의 개업·등록 등에 관한 설명 중 옳지 않은 것은?

① 변호사로서 개업을 하려면 가입하려는 지방변호사회를 거쳐 대한변호사협회에 등록을 하여야 한다.

② 지방변호사회는 등록신청을 받으면 해당 변호사의 자격 유무에 관한 의견서를 첨부할 수 있다.

③ 변호사는 지방변호사회의 소속을 변경하려면 종전 소속 지방변호사회를 거쳐 대한변호사협회에 소속 변경등록을 신청하여야 한다.

④ 변호사가 개업하거나 법률사무소를 이전한 경우에는 지체 없이 소속 지방변호사회와 대한변호사협회에 신고하여야 한다.

22 법무법인 L의 구성원 변호사 甲은 가상화폐 사기 사건으로 발생한 금전적 피해에 대해 집단소송 사건을 수임할 계획으로 피해자들을 위 사기 사건에 관한 소송의 원고로 모집하고자 한다. 이에 관한 甲의 광고 행위로 허용되는 것은?

①甲은 버스의 외부에 위 사기 사건에 관한 소송의 원고를 모집한다는 취지의 광고를 하였다.

②甲은 위 사기 사건의 피해자들이 집회하는 곳에 “법무법인 L 변호사 甲”이라고 기재된 어깨띠를 하고 찾아가 피해자들에게 인사를 하며 자신을 광고하였다.

③甲은 가상화폐 투자 관련 사이트에 가입한 불특정한 다수의 회원들에게 자신을 광고하는 SNS 메시지를 발송하였다.

④甲은 법무법인 L의 인터넷 홈페이지에 위 사기 사건의 피해자들을 모집하기 위한 광고를 하였다.

23 법무법인 L은 구성원 변호사 3명으로 설립·운영되고 있다. 법무법인 L의 구성원 변호사는 각각 건설, 교통사고, 이혼 분야 전문변호사로 대한변호사협회에 등록한 상태이다. 법무법인 L은 사건수임을 위하여 다음과 같은 내용의 광고를 하려고 한다. 이에 관한 설명 중 옳은 것을 모두 고른 것은?

<광고>

○ 본 법무법인은 대한변호사협회에 등록한 건설, 교통사고, 이혼 분야 전문법무법인입니다.
○ 본 법무법인은 교통사고 분야에서 3년 평균 90% 이상의 승소율을 기록하고 있습니다.
○ 본 법무법인은 A의 대리인으로 소송을 수행하여 이혼 사건 사상 최고액의 재산분할 및 위자료 승소 판결을 받은 바 있습니다.
○ 서울가정법원 부장판사를 역임한 본 법무법인의 대표변호사 甲은 「변호사법」에 따른 수임제한이 해제되어 2024. 7. 1.자로 서울가정법원 사건을 수임할 수 있게 되었습니다.

ㄱ. 「변호사법」에 따른 수임제한의 해제 광고는 허용되지 않는다.
ㄴ. '승소율'을 기재하는 광고는 허용되지 않는다.
ㄷ. A의 사건이 널리 일반에 알려져 있는 경우에는 A의 동의가 없는 경우에도 이를 광고에 사용하는 것이 허용된다.
ㄹ. 법무법인 L의 구성원 중 1명이 전문분야 등록을 한 상태라면 '대한변호사협회 등록 건설, 교통사고, 이혼 분야 전문법무법인'이라고 광고하는 것이 허용된다.

① ㄱ, ㄴ ② ㄷ, ㄹ
③ ㄱ, ㄴ, ㄷ ④ ㄱ, ㄴ, ㄷ, ㄹ

24 변호사의 보수 분배에 관한 설명 중 옳지 않은 것을 모두 고른 것은?

ㄱ. 변호사와 변호사가 아닌 자의 동업과 보수 분배는 「변호사법」과 변호사윤리장전에서 모두 금지하고 있다.
ㄴ. 변호사가 아닌 자가 변호사를 고용하는 것도 동업금지에 해당하며, 이러한 경우 변호사가 아닌 자와 변호사는 모두 「변호사법」 제34조 제4항 위반의 공범으로 형사처벌된다.
ㄷ. 「변호사법」상 변호사와 변호사가 아닌 자의 보수 분배 금지에 관하여는 형사처벌 조항이 없다.
ㄹ. 변호사가 아닌 자가 변호사가 아니면 할 수 없는 업무에 관하여 보수를 받기로 한 약정은 무효이다.

① ㄱ, ㄴ ② ㄱ, ㄹ
③ ㄴ, ㄷ ④ ㄷ, ㄹ

21 ③ 22 ④ 23 ③ 24 ③ 정답

25 변호사와 의뢰인의 관계에 관한 설명 중 옳지 않은 것은?

① 변호사는 의뢰인이나 사건의 내용이 사회 일반으로부터 비난을 받는다는 이유만으로, 또는 노약자, 장애인, 빈곤한 자, 무의탁자, 외국인, 소수자, 기타 사회적 약자라는 이유만으로 수임을 거절하지 아니한다.

② 변호사는 의뢰인이 기대하는 결과를 얻을 가능성이 없거나 희박한 사건을 그 가능성이 높은 것으로 설명하거나 장담하지 아니한다.

③ 변호사는 법원을 비롯한 국가기관 또는 대한변호사협회나 소속 지방변호사회로부터 국선변호인, 국선대리인, 당직변호사 등의 지정을 받거나 선임된 사건 또는 위촉받은 임무가 이미 수임하고 있는 사건과 이해관계가 상반되는 경우에도, 그 취지를 알리고 신속하고 성실하게 이를 처리한다.

④ 변호사는 의뢰인의 요청이나 요구가 변호사의 품위를 손상시키거나 의뢰인의 이익에 배치된다고 인정하는 경우에는, 그 이유를 설명하고 이에 따르지 않을 수 있다.

26 변호사의 윤리에 관한 설명 중 옳지 않은 것은? (다툼이 있는 경우 판례에 의함)

① 변호사는 사건의 알선을 업으로 하는 자로부터 사건의 소개를 받거나, 이러한 자를 이용하거나, 이러한 자에게 자기 명의를 이용하게 하는 일체의 행위를 하지 아니한다.

② 변호사는 민사소송 사건에서 당해 심급에 한하여 의뢰인을 대리하여 소송행위를 할 수 있는 것이 원칙이므로 당해 심급에서의 판결이 선고됨으로써 변호사가 수임한 소송사무는 종료한다.

③ 변호사는 상대방이 불리한 시기에 위임계약을 해지한 때에는 그 해지가 부득이한 사유에 의한 것이 아닌 한 그로 인한 손해를 배상하여야 하나, 그 배상의 범위는 위임이 해지되었다는 사실로부터 생기는 손해가 아니라 적당한 시기에 해지되었더라면 입지 않았을 손해에 한한다.

④ 변호사는 패소 판결이 있었던 경우에는 의뢰인으로부터 상소에 관하여 특별한 수권이 없는 때에도, 그 판결을 점검하여 불이익한 계산상의 잘못이 있다면 의뢰인에게 그 판결의 내용과 상소하는 때의 승소가능성에 대하여 구체적으로 설명하고 조언해야 할 의무가 있다.

27 변호사의 윤리에 관한 설명 중 옳지 않은 것은?

① 변호사는 수임사건의 처리에 있어서 위임인의 이익을 보호하는 자이므로 상대방을 대리하는 변호사와 서로 존중하고 예의를 갖추어야 하는 것은 아니다.

② 변호사는 품위를 유지하고 명예를 손상하는 행위를 하지 아니한다.

③ 변호사는 국선변호 등 공익에 관한 직무를 위촉받았을 때에는 공정하고 성실하게 직무를 수행하며, 이해관계인으로부터 부당한 보수를 받지 아니한다.

④ 변호사는 공공의 이익을 위하여 봉사하며, 법령과 제도의 민주적 개선에 노력한다.

28 변호사의 품위유지의무에 관한 설명 중 옳지 않은 것을 모두 고른 것은? (다툼이 있는 경우 판례에 의함)

> ㄱ. 아버지의 칠순 모임 후 귀가하다가 음주운전으로 적발된 변호사는 형사처벌은 별론으로 하고 품위유지의무를 위반한 것은 아니다.
> ㄴ. 고액의 세금을 장기간 체납하여 변호사가 형사고발을 당했더라도 체납이 고의적이지 않았다면 그 변호사는 품위유지의무를 위반한 것은 아니다.
> ㄷ. 사건 담당 공무원에 대한 접대 명목으로 의뢰인에게 금품을 요구한 변호사는 품위유지의무를 위반한 것이다.
> ㄹ. 품위손상 여부의 판단은 수범자인 평균적인 변호사를 기준으로 하여야 한다.

① ㄱ, ㄴ　　② ㄱ, ㄹ
③ ㄴ, ㄷ　　④ ㄷ, ㄹ

29 법조윤리협의회에 관한 설명 중 옳지 않은 것은?

① 법조윤리협의회는 징계개시의 신청을 위하여 필요한 경우 관계인 및 관계 기관에 대하여 자료 제출을 요구할 수 있다.

② 재판연구원으로 근무하다가 퇴직한 변호사는 「변호사법」에 따른 공직퇴임변호사의 수임 자료 제출 의무가 없다.

③ 「변호사법」상 특정변호사는 소속 지방변호사회가 작성한 사건 목록에 기재된 사건에 관한 수임 자료와 처리 결과를 법조윤리협의회에 제출하여야 한다.

④ 법조윤리협의회 위원장은 법무법인에 취업한 「변호사법」상 퇴직공직자의 업무내역서

25 ③ 26 ② 27 ① 28 ① 29 ③　정 답

를 검토하여 관련자들에게 징계사유가 있는 것을 발견하였을 때는 대한변호사협회의 장에게 징계개시를 신청할 수 있다.

30 수원지방검찰청에서 검사로 1년 10개월간 근무한 후 부산지방검찰청 동부지청에서 부장검사로 5개월간 근무하다가 퇴직한 변호사 甲은 퇴직과 동시에 주사무소가 서울에 있는 법무법인 L의 구성원 변호사로 근무하게 되었다. 甲은 현재 학교법인 A의 감사와 공무원으로 의제되는 진실·화해를 위한 과거사 정리위원회 비상임위원을 겸직하고 있다. 이에 관한 설명 중 옳은 것은?

① 법무법인 L은 甲이 검사를 퇴직하고 구성원으로 가입한 후 1년 동안 수원지방법원에 제기된 민사사건을 수임할 수 없다.
② 법무법인 L은 甲이 위 위원회의 의결에 참여한 사건과 관련하여 피해자 및 가족들이 대한민국을 상대로 국가배상을 청구하는 사건에 대해서도 甲이 해당 사건의 수임 및 업무수행에 관여하지 않고 사건 처리에 영향을 주지 않을 것이라고 볼 수 있는 합리적인 사유가 있는 때에는 이를 수임할 수 있다.
③ 법무법인 L은 甲이 감사로 겸직하고 있는 학교법인 A로부터 학교 식당 개축 공사와 관련하여 공사업자를 상대로 하자보수를 청구하는 사건을 수임할 수 있다.
④ 법무법인 L은 매년 1월 말까지 甲의 전년도 업무내역서를 작성하여 주사무소를 관할하는 서울지방변호사회에 제출하여야 하고, 서울지방변호사회는 법무법인 L로부터 제출받은 자료를 법조윤리협의회에 제출하여야 한다.

31 공직퇴임변호사에 관한 설명 중 옳지 않은 것은?

① 대전지방법원에서 판사로 근무하다가 퇴직한 변호사 甲은 퇴직 후 1년 동안 대전지방검찰청에서 처리하는 사건을 수임할 수 없으나 서울중앙지방법원에서 처리하는 사건은 기간의 제한 없이 수임할 수 있다.
② 부산지방경찰청에서 퇴직한 변호사 乙은 퇴직과 동시에 법무법인 L의 구성원이 되었는데, 법무법인 L이 그로부터 10개월 후 부산지방검찰청에서 처리하는 사건을 수임하더라도 수임제한 규정을 위반한 것이 아니다.
③ 광주지방검찰청에서 검사로 1년간 근무하다가 퇴직한 변호사 丙은 퇴직한 날로부터 1년이 경과되지 않았다 하더라도 광주고등법원에서 처리하는 사건을 수임할 수 있다.
④ 대구지방검찰청에서 1년간 검사로 근무하다가 퇴직한 변호사 丁은 퇴직한 지 10개월 만에 대구지방검찰청 포항지청에서 처리하는 사건을 수임할 수 없다.

32 변호사의 직무 및 법조인접직역에 관한 설명 중 옳은 것은? (다툼이 있는 경우 판례에 의함)

① 변호사 자격이 있는 자에게 더 이상 세무사 자격을 부여하지 않는 구「세무사법」제3조는 그 시행일 이후 변호사 자격을 취득한 변호사의 직업의 자유를 침해하는 것이다.

② 공인노무사가 의뢰인에게 노동관계 법령에 관한 내용을 넘어서 수사절차에 적용되는 「형사소송법」등에 관한 내용까지 상담하는 것은 특별한 사정이 없는 한 위법하다.

③ 손해사정사는 보험사고 발생 시 보험계약자를 위해서 손해액 및 보험금의 산정 업무를 전문적으로 수행하는 자이므로 보수를 받기로 하고 객관적으로 산정한 손해액으로 피해자와 보험회사와의 합의를 유도할 수 있다.

④ 변호사의 직무 범위는 법률사건에 관한 일체의 법률사무이므로 변호사는 중개사무소의 개설, 등록 없이도 부동산 중개행위를 할 수 있다.

33 변호사의 윤리에 관한 설명 중 옳지 않은 것은? (다툼이 있는 경우 판례에 의함)

① 변호사가 특정 재판부의 판사와 중학교 동기 동창이라고 홍보하여 이를 듣고 찾아온 의뢰인으로부터 위 판사가 담당하는 사건을 수임하여 소송대리를 한 경우 형사처벌의 대상은 아니지만「변호사법」제117조에 의한 과태료 부과 대상이다.

② 소송대리를 위임받은 변호사의 선관주의의무 위반으로 인하여 패소 부분에 대한 항소권이 소멸하여 판결이 확정된 경우, 변호사의 선관주의의무 위반과 상당인과관계가 있는 통상 손해는 의뢰인이 항소를 통하여 얻을 수 있었던 금원 상당이다.

③ 소송위임계약과 관련하여 위임사무처리 도중에 수임인인 변호사의 귀책 사유로 계약이 종료되었다 하더라도, 위임인은 계약 종료 당시까지 이행한 사무처리 부분에 관해서는 변호사가 처리한 사무의 정도와 난이도, 사무처리를 위하여 기울인 노력의 정도, 처리된 사무에 대하여 가지는 위임인의 이익 등 제반 사정을 참작하여 상당하다고 인정되는 보수 금액과 사무처리 비용을 착수금 중에서 공제하고 그 나머지 착수금만을 변호사로부터 반환받을 수 있다.

④ 소송대리를 위임받은 변호사는 그 수임사무를 수행함에 있어 전문적인 법률 지식과 경험에 기초하여 성실하게 의뢰인의 권리를 옹호할 의무가 있으며, 그 구체적인 위임사무의 범위는 변호사와 의뢰인 사이의 위임계약 내용에 의하여 정하여진다.

30 ③ 31 ④ 32 ② 33 ① 정답

34 법무법인의 수임제한에 관한 설명 중 옳지 않은 것은?

① 법무법인은 법무법인의 구성원 변호사나 소속 변호사가 공무원, 조정위원 또는 중재인으로 직무상 취급하거나 취급하게 된 사건을 수임할 수 없다.

② 법무법인은 「상법」 제292조 및 그 준용 규정에 따라 정관을 인증한 사건의 소송대리를 할 수 없다.

③ 법무법인은 법무법인의 특정 변호사에게만 상대방 또는 상대방 대리인과 친족관계에 있는 경우 그 변호사가 사건의 수임 및 업무수행에 관여하지 않고 그러한 사유가 법무법인의 사건 처리에 영향을 주지 아니할 것이라고 볼 수 있는 합리적 사유가 있는 때에도 의뢰인이 동의하지 않으면 사건을 수임할 수 없다.

④ 법무법인은 법인의 등기 절차에 첨부되는 의사록을 인증한 사건의 소송대리를 할 수 없다.

35 국선변호인에 관한 설명 중 옳지 않은 것은? (다툼이 있는 경우 판례에 의함)

① 필요적 변호 사건에서 항소법원이 국선변호인을 선정하고 피고인과 그 변호인에게 소송기록접수통지를 한 다음, 피고인이 사선변호인을 선임함에 따라 항소법원이 국선변호인의 선정을 취소한 경우, 항소이유서 제출 기간은 국선변호인 또는 피고인이 소송기록접수통지를 받은 날로부터 계산하여야 한다.

② 구속피고인의 국선변호인으로 선정된 변호사가 피고인의 접견 중에 사선변호인으로 더욱 충실히 변론 활동을 해 달라는 피고인의 요구에 응하여 수임료를 받고 사선변호인으로 전환하는 것은 변호사 윤리에 위반되지 않는다.

③ 사임한 국선변호인이 법정기간 내에 항소이유서를 제출하지 아니하였더라도 항소이유서를 제출하지 아니한 데 대하여 피고인에게 귀책 사유가 있음이 특별히 밝혀지지 않는 한, 항소법원은 새로운 국선변호인으로 하여금 항소이유서를 제출하도록 하여야 한다.

④ 구속피고인의 국선변호인으로 선정된 변호사가 피고인으로부터 '증인이 위증을 하도록 포섭되어 있으니 이에 협조하여 달라'는 요구를 거듭 받자, 이러한 사유를 지나치게 상세하게 적어 재판부에 사임 허가신청을 한 것은 변호사의 비밀유지의무에 위반되지 않는다.

36 변호사의 수임제한에 관한 설명 중 옳지 않은 것은? (다툼이 있는 경우 판례에 의함)

① 중재인으로 선정된 변호사는 당해 중재 사건과 무관한 것인 경우에는 원칙적으로 일방 당사자나 그 대리인으로부터 사건을 수임할 수 있다.
② 합동법률사무소의 구성원 변호사는 합동법률사무소의 명의로 공증한 사건의 공정증서에 서명·날인하지 않았다고 하더라도 공증한 사건을 수임할 수 없다.
③ 회사회생사건과 관련하여 판사로서 재직 시 구체적인 계약 등 법률행위의 허가, 허가의 변경 등에 관여하였던 변호사는 그 계약에 관련된 소송대리를 할 수 없다.
④ 변호사가 공무원으로서 취급하였던 사건을 수임하는 행위는 형사처벌 대상이고 공소시효는 수임사무의 수행이 종료된 때부터가 아니라 수임행위가 종료된 때부터 진행된다.

37 변호사의 쌍방대리금지에 관한 설명 중 옳지 않은 것은? (다툼이 있는 경우 판례에 의함)

① 쌍방대리금지의무를 위반한 변호사의 소송행위에 대하여 상대방 당사자가 이의하는 경우 법원은 그러한 변호사의 소송관여를 더 이상 허용하여서는 아니 된다.
② 민사소송에서 상대방 당사자가 쌍방대리금지의무를 위반한 변호사의 소송행위를 알았거나 알 수 있었음에도 사실심 변론종결시까지 아무런 이의를 제기하지 않았다면 그 소송행위는 소송법상 완전한 효력이 생긴다.
③ 변호사가 쌍방대리금지의무를 위반한 경우 징계사유가 되고 이로 인해 의뢰인에게 손해가 발생하였다면 변호사는 손해배상책임을 질 수도 있다.
④ 피고인의 형사사건과 실질적으로 동일한 쟁점을 포함하고 있는 종전 민사사건에서 피해자의 대리인이었던 변호사를 가해자인 피고인 스스로 변호인으로 선임하였다면 이는 쌍방대리금지의무를 위반한 것이므로 변호인의 조력을 받을 권리가 침해되었다고 할 수 있다.

38 변호사의 수임에 관한 설명 중 옳지 않은 것은?

① 변호사 甲은 이혼을 생각 중인 A와 이혼 사건을 상담하였는데 A는 甲에게 소송비용과 이혼이 가능한 사유만을 물어보고는 다시 방문하지 않았다. 이후 A의 남편인 B가 甲의 사무실을 방문하여 A와의 이혼 사건을 의뢰하였다. 甲은 B의 이혼 사건을 수임할 수 있다.

34 ③ 35 ④ 36 ① 37 ④ 38 ② 정답

② C와 D는 상해죄의 공동정범으로 공소제기되었는데 C는 D의 단독 범행이라고 주장하고 있고 D 또한 피해자를 상해한 사람은 자신이 아니라 C라고 주장하고 있다. C와 D 모두 동의하면 변호사 乙은 C와 D 모두로부터 위 상해죄 사건을 수임할 수 있다.

③ 변호사 丙은 E로부터 소유권이전등기청구 사건을 의뢰받았는데 상대방의 대리인이 자신의 처남이라는 사실을 알게 되었다. E가 동의하면 丙은 위 소유권이전등기청구 사건을 수임할 수 있다.

④ 변호사 丁은 의뢰인 F로부터 G를 상대로 한 대여금반환청구 사건을 수임하였다. 제3자인 H가 F를 상대로 한 손해배상청구 사건을 丁에게 의뢰하였을 때 F가 동의하고 F의 이익이 침해되지 않는다는 합리적인 이유가 있으면 丁은 위 사건을 수임할 수 있다.

39 **변호사 甲과 변호사 乙은 변호사 업무수행 시 통일된 형태를 갖추고 비용을 분담하는 공동법률사무소를 운영하고 있다. 甲이 강도상해죄로 기소된 공동피고인 A와 B의 변호인으로 선임되었을 때 이에 관한 설명 중 옳은 것은?**

① 乙이 위 강도상해 사건의 피해자 C가 공동피고인 A와 B를 상대로 하여 불법행위에 기한 손해배상을 청구하는 소송사건을 수임하면 변호사윤리장전에 위반되지 않는다.

② 위 강도상해 사건이 유죄 판결로 확정된 이후에 乙이 A의 동의 없이 위 강도상해 사건의 피해자 C가 A를 상대로 대여금 지급을 청구하는 소송사건을 수임하면 변호사윤리장전에 위반된다.

③ 공동법률사무소의 직원인 D가 검찰수사관으로 재직 시 위 강도상해 사건을 조사한 사실이 있더라도 甲이 위 형사사건을 수임한 것은 변호사윤리장전에 위반되지 않는다.

④ 乙이 검사로 재직 당시 위 강도상해 사건을 공소제기하였더라도 甲이 위 형사사건을 수임한 것은 변호사윤리장전에 위반되지 않는다.

40 **변호사의 이익충돌회피의무에 관한 설명 중 옳지 않은 것은?** (다툼이 있는 경우 판례에 의함)

① 변호사 甲은 임대차보증금반환청구 사건에서 원고 A의 소송대리를 하던 중 A로부터 임대차보증금 반환채권을 양수받았다. 甲이 A로부터 임대차보증금 반환채권을 양수받은 행위는 형사처벌 대상이다.

② 변호사 乙은 법무법인 L이 수임한 형사사건의 담당변호사로 지정되었으나 이 형사사건에서 직접 변론에 관여한 바는 없다. 법무법인 L에서 퇴직한 乙은 그 후 제기된 동일 쟁점의 민사사건에서 형사사건의 피해자인 B의 소송대리인으로 직무를 수행할 수

없다.

③ 법무법인 L은 주식양도인 C로부터 주식양수도계약서 작성과 계약체결 대리 사무를 수임한 후 C의 동의 없이 주식양수인 D로부터 주식양수도계약서 작성과 계약체결 대리 사무를 수임하였다. 이익충돌회피의무는 소송사건에 관한 것이므로 법무법인 L이 D로부터 위 사무를 수임한 것은 변호사법 위반이 아니다.

④ 변호사 丙은 E와 F 간의 동업계약서를 작성하여 주었는데 E가 동업계약을 해제하겠다며 丙에게 투자금반환청구 소송을 의뢰하였다. 丙이 본인이 제공한 법률사무의 내용에 관한 증언만 하는 경우라면 위 사건을 수임할 수 있다.

39 ③ 40 ③ 정 답

제16회 법조윤리 기출문제

01 변호사의 직무수행에 관한 설명 중 옳지 않은 것은? (다툼이 있는 경우 판례에 의함)

① 변호사는 법원이나 수사기관에 변호인선임서나 위임장 등을 제출하지 아니하고는 재판 중인 사건에 대하여 변호하거나 대리할 수 없다.

② 제1심에서만 변호인선임신고서가 제출된 상황에서 변호인이 변호인 명의로 재항고장을 제출한 경우, 그 재항고는 적법·유효하다.

③ 법원은 국선변호인이 그 임무를 해태하여 국선변호인으로서의 불성실한 사적이 현저하다고 인정할 때에는 그 사유를 대한변호사협회의 장 또는 소속 지방변호사회의 장에게 통고할 수 있다.

④ 의뢰인의 요청에 의해 국선변호인 등이 사선으로 전환한 경우에는 별도로 소송위임장, 변호사선임신고서 등을 제출한다.

02 손해배상청구소송에서 변호사 甲은 원고를, 변호사 乙은 피고를 각각 대리하였다. 甲, 乙의 행위 중 변호사윤리에 위반되는 것은?

① 변호사 甲은 원고가 제시한 증거자료 중 허위의 증거자료가 일부 있다는 사실을 알고 그 자료를 법원에 제출하지 않도록 원고를 설득하였다.

② 변호사 甲은 손해배상청구소송의 승소 판결이 확정된 후 원고로부터 피고에 대한 손해배상채권을 양수받았다.

③ 변호사 乙은 법정에서 원고가 피고를 비방하는 모습을 보고 재판장에게 원고의 행위에 대한 자제 촉구를 요청하였다.

④ 변호사 乙은 변호사 甲의 동의 없이 법정 밖에서 원고를 만나 피고와 합의하도록 설득하였다.

03 변호사연수에 관한 설명 중 옳지 않은 것은?

① 변호사 의무연수는 의무전문연수와 의무윤리연수로 나누어지고 현장연수를 원칙으로 한다.

② 변호사 의무연수는 2년을 연수주기로 하고, 의무연수이수시간은 의무전문연수의 경우 1년 7시간을 기준으로, 의무윤리연수의 경우 1년 1시간을 기준으로 각 연수주기에 맞추어 비례적으로 계산한다.

③ 대한변호사협회에 개업신고를 한 60세 미만의 등록회원은 의무연수를 받아야 하지만, 대한변호사협회는 의무전문연수에 한하여 그 대상을 55세 미만으로 하향 조정할 수 있다.

④ 변호사가 영리를 목적으로 하는 회사에 고용되어 근무를 하는 경우에는 의무전문연수를 받을 의무는 면제되지만 의무윤리연수를 받을 의무는 부담한다.

[해답]④

04 변호사의 공익활동에 관한 설명 중 옳지 않은 것은?

① 변호사가 국선변호인으로 활동하는 것은 공익활동에 해당하지만, 국선변호인의 보수를 받을 경우 공익활동시간으로 인정되지 아니한다.

② 법조경력이 2년 미만이거나 60세 이상인 변호사는 공익활동의무가 면제된다.

③ 공익활동 수행의무는 「변호사법」에 규정된 변호사의 의무이므로, 변호사가 이를 정당한 이유 없이 수행하지 아니하면 「변호사법」상 징계사유가 될 수 있다.

④ 법무법인은 법조경력이 2년 미만이거나 60세 이상인 개인회원을 공익활동 수행 변호사로 지정할 수 있다.

05 변호사의 업무수행에 관한 설명 중 옳은 것을 모두 고른 것은?

ㄱ. 변호사는 의뢰인이 다른 변호사에게 해당 사건을 의뢰하는 것을 방해하여서는 아니된다.

ㄴ. 변호사 사무원이 사건을 유상으로 유치할 목적으로 경찰서에 출입하는 것은 금지되지만, 변호사가 그러한 목적으로 경찰서에 출입하는 것은 가능하다.

ㄷ. 변호사는 명백한 서면 약정 없이 공탁금, 보증금, 기타 보관금 등을 보수로 전환하지 아니하며, 의뢰인에게 반환할 공탁금 등을 미수령 채권과 상계할 수 없다.

01 ② 02 ④ 03 ④ 04 ① 05 ② 정답

ㄹ. 변호사는 소송과 관련된 기일, 기한 등을 준수하고, 부당한 소송지연을 목적으로 하는 행위를 하지 아니한다.

① ㄱ, ㄷ ② ㄱ, ㄹ
③ ㄴ, ㄷ ④ ㄷ, ㄹ

06 소송 종료 단계에서의 변호사 윤리에 관한 설명 중 옳지 않은 것은? (다툼이 있는 경우 판례에 의함)

① 변호사는 수임한 사건의 처리가 종료되면, 의뢰인에게 그 결과를 신속히 설명한다.
② 변호사가 수임사무를 성실하게 처리하였음에도 불구하고 당해 심급의 종료 단계에서 패소판결이 있었다면, 상소에 관하여 특별한 수권이 있는 경우에만 상소하는 때의 승소가능성 등에 대하여 구체적으로 설명하고 조언하여야 할 의무가 있다.
③ 변호사는 의뢰인의 구체적인 수권 없이 소 취하, 화해, 조정 등 사건을 종결시키는 소송행위를 하여서는 아니된다.
④ 변호사는 수임한 사건이 진행되던 중 변호사의 책임이 아닌 사유로 위임관계가 종료된 경우 의뢰인에게 이미 처리한 사무의 비율에 따른 보수를 청구할 수 있다.

07 A는 B와 주식양수도계약을 체결하기 위하여 법률사무소 L에 속해 있는 변호사 甲에게 위 계약의 체결에 관한 자문사건을 위임하였다. 그 후 이러한 사실을 모르고 있던 B도 같은 법률사무소 L에 속해 있는 변호사 乙에게 위 계약의 체결에 관한 자문사건을 위임하였다. 법률사무소 L은 변호사 2명 이상이 사건의 수임·처리나 그 밖의 변호사 업무 수행 시 통일된 형태를 갖추고 수익을 분배하거나 비용을 분담하는 형태로 운영되는 법률사무소이다. 이에 관한 설명 중 옳은 것을 모두 고른 것은? (다툼이 있는 경우 판례에 의함)

ㄱ. 이익충돌회피의무는 소송사건에 관한 것이므로 변호사 乙이 B로부터 주식양수도계약 체결에 관한 자문사건을 수임한 것은 「변호사법」 위반이 아니다.
ㄴ. 법률사무소 L 소속 변호사 甲, 乙이 각각 A, B를 대리하여 위 주식양수도계약을 체결하였다면 이는 쌍방대리에 해당한다.
ㄷ. 변호사 乙이 주식양수도계약 체결에 관한 자문사건을 수임한 것이 「변호사법」상 수임제한 규정에 위반된 것이라면, 원칙적으로 허용되지 않는 무권대리행위에 해당하고 예외적으로 본인의 허락이 있는 경우에 한하여 효력이 인정될 수 있다.
ㄹ. 만약 법률사무소 L이 법무법인이라면, 변호사 甲이 사건 수임 및 업무수행에 관여하지 않고 甲의 수임이 법무법인의 사건처리에 영향을 주지 아니할 것이라고 볼 수 있

> 는 합리적인 사유가 있는 때에는 법무법인은 B로부터 위 주식양수도계약 체결에 관한 자문사건을 수임할 수 있다.

① ㄱ, ㄴ ② ㄱ, ㄷ
③ ㄴ, ㄷ ④ ㄴ, ㄹ

08 변호사와 타 직역 사이의 업무범위에 관한 설명 중 옳지 않은 것은? (다툼이 있는 경우 판례에 의함)

① 손해사정사가 교통사고 피해자를 대신하여 보험회사와 손해액 결정요인들에 관하여 절충을 하고 피해자로 하여금 보험회사와 합의를 할 수 있도록 주선한 대가로 수수료를 받는 것은 허용되지 아니한다.
② 공인노무사가 의뢰인으로부터 자신이 재직 중인 회사 대표자의 노동관계 법령 위반 사실을 신고해 달라는 요청을 받고 보수를 받은 후 위 회사 대표자에 대한 처벌을 구하는 의사표시가 기재된 고소·고발장을 작성하여 관할 노동청에 제출하는 행위는 허용되지 아니한다.
③ 변호사는 세무사등록부에 등록하지 않더라도 변호사의 직무로서 세무대리업무를 수행할 수 있다.
④ 변호사는 변리사의 자격이 있으므로 특허청장에게 등록을 하거나 변리사회에 가입하지 않더라도 변리사로서 지식재산권에 관한 업무를 수행할 수 있다.

09 다음 중 「변호사법」상 수임제한 사유에 해당하지 않는 것을 모두 고른 것은?

> ㄱ. 변호사 甲은 형사사건에서 피고인 A의 변호인으로 업무를 수행하던 중에 위 형사사건의 피해자 B로부터 A와 공범관계인 C에 대한 고소대리 사건을 수임하였다.
> ㄴ. 변호사 甲은 A로부터 A의 배우자 B와 부정행위를 저지른 C를 상대로 한 위자료청구사건을 수임하여 승소 확정판결을 받은 후, C의 배우자 D로부터 B를 상대로 같은 부정행위를 원인으로 한 위자료청구사건을 수임하였다.
> ㄷ. 변호사 甲은 A로부터 남편 B의 형사사건 변호를 의뢰받아 사건을 수임하여 종결한 사실이 있는데, 이후 A가 B를 상대로 제기한 이혼사건을 수임하였다.
> ㄹ. 변호사 甲은 A로부터 유치권 분쟁사건을, B로부터 폭행사건을 각각 수임하여 처리하였는데, 이후 A와 B 사이의 동업관계에서 분쟁이 발생하자 A로부터 그 사건을 수임하였다.

06 ② 07 ③ 08 ④ 09 ③ 정답

ㅁ. 변호사 甲은 A를 대리하여 B를 상대로 청구이의의 소를 제기하여 수행하고 있는데, 청구이의의 소와 관련이 없는 B의 A에 대한 대여금청구사건을 B로부터 수임하였다.

① ㄱ, ㄴ, ㄷ
② ㄱ, ㄹ, ㅁ
③ ㄴ, ㄷ, ㄹ
④ ㄴ, ㄷ, ㅁ

10 법무법인 L은 피고인 A의 절도사건과 피의자 B의 마약류관리에관한법률위반(향정)사건의 변호인으로 각각 선임되었고, 법무법인 L의 구성원 변호사 甲은 두 사건 모두에 대하여 담당변호사로 지정되었다. 甲은 B의 사건에 대한 검사의 피의자신문에 참여하였다가, B가 '경찰에서는 C로부터만 필로폰을 받았다고 진술했지만, 사실은 A로부터도 필로폰을 받았다'는 취지로 검사에게 진술하는 것을 듣게 되었다. 이후 법무법인 L은 B의 사건에 대하여 변호인 사임계를 제출하였다. 이에 관한 설명 중 옳은 것은?

① 변호사 甲이 검사의 피의자신문 과정에서 듣게 된 피의자 B의 진술은 법무법인 L이 B의 사건에 대하여 사임계를 제출했으므로, 「변호사법」상 비밀유지의무의 대상이 되는 비밀이 아니다.
② 변호사 甲이 검사의 피의자신문 과정에서 듣게 된 피의자 B의 진술은 B가 양형상 이익을 얻기 위해 수사에 협조한 것으로서 공지의 사실이며, 다른 의뢰인인 A에게 알려야 할 필요성이 있으므로, 「변호사법」상 비밀유지의무의 대상이 되는 비밀이 아니다.
③ 변호사 甲이 검사의 피의자신문 과정에서 듣게 된 피의자 B의 진술을 피고인 A에게 전달했다면, 이러한 甲의 행위는 비밀유지의무 위반으로 「변호사법」상 형사처벌의 대상이다.
④ 변호사 甲이 검사의 피의자신문 과정에서 듣게 된 피의자 B의 진술을 법무법인 L의 구성원 아닌 소속 변호사 乙에게 전달했다면, 乙은 법무법인 L을 퇴직한 이후에도 정당한 이유가 없는 한 이를 누설하거나 이용하여서는 아니된다.

11 변호사와 사무직원에 관한 설명 중 옳지 않은 것은?

① 변호사가 반드시 사무직원을 두어야 하는 것은 아니지만 사무직원을 채용한 때에는 이를 지체 없이 대한변호사협회와 소속 지방변호사회에 신고하여야 한다.
② 대한변호사협회가 변호사 등록신청을 받은 날부터 3개월이 지날 때까지 등록을 하지 아니하면 등록이 된 것으로 본다.
③ 변호사가 변호사로서 개업하려면 가입하고자 하는 지방변호사회를 거쳐 등록신청을

하여 대한변호사협회에 등록하여야 한다.

④ 변호사는 「형법」상 사문서위조죄로 징역 1년에 집행유예 2년을 선고받고 집행유예기간 중에 있는 사람이라도 사무직원으로 채용할 수 있다.

12 변호사 징계제도에 관한 설명 중 옳은 것은?

① 변호사가 공소제기되어 그 재판의 결과에 따라 등록취소에 이르게 될 가능성이 매우 큰 경우 업무정지명령을 받을 수 있는데, 이 경우 공소제기된 사건은 변호사의 직무수행과 관련된 범죄여야 한다.

② 법무부장관으로부터 업무정지명령을 받은 변호사에 대한 징계가 제명으로 확정된 경우 그 변호사에 대한 업무정지명령의 효력은 유지된다.

③ 변호사에 대한 징계 중 과태료의 결정은 「민사집행법」에 따른 집행력이 있는 집행권원과 같은 효력이 있으며, 검사의 지휘로 집행한다.

④ 징계혐의자는 법무부 변호사징계위원회의 징계 결정에 대하여 이의신청을 하는 방법으로 불복할 수 있다.

13 변호사 甲은 A를 사무직원으로 채용하여 법률사무소를 운영하고 있다. 이에 관한 설명 중 옳지 않은 것은? (다툼이 있는 경우 판례에 의함)

① 변호사 甲이 사무직원 A의 사촌동생으로부터 사건을 의뢰받아 수임하면서 그 대가로 수임료 중 일부를 A에게 지급하는 경우 甲의 행위는 「변호사법」에 위반된다.

② 사무직원 A가 등기 관련 유료 법률상담을 하고 변호사 甲으로부터 상담료의 절반을 매달 정산하여 성과급으로 지급받은 경우 A의 행위는 「변호사법」에 위반된다.

③ 변호사 甲이 사무직원 A로 하여금 법률사무소의 일부 업무에 관하여 甲의 지휘·감독을 받지 않고 甲의 명의를 사용하여 실질적으로 A의 책임과 계산으로 법률사무를 취급하도록 한 경우, 甲이 나머지 업무에 관하여 정상적인 활동을 하고 있었다 하더라도 甲과 A 모두에게 변호사법위반죄가 성립할 수 있다.

④ 변호사 甲이 사무직원 A의 소개로 온 지인으로부터 사건을 수임하면서 그 대가로 수임료 중 일부를 A에게 지급하기로 약정한 경우, 甲이 받은 수임료에는 사건 알선의 대가가 포함되어 있으므로 그 수임료는 추징의 대상이다.

10 ④ 11 ① 12 ③ 13 ④ 정답

14 변호사 보수 또는 비용 지급에 관한 설명 중 옳지 않은 것은? (다툼이 있는 경우 판례에 의함)

① 주식회사의 임직원이 업무 수행 중에 관계 법령을 위반함으로써 형사재판을 받게 된 것에 관하여 주식회사의 대표이사가 이사회 의결을 거친다면 회사자금으로 해당 임직원의 변호사 비용을 지급할 수 있다.

② 원칙적으로 단체의 비용으로 지출할 수 있는 변호사 선임료는 단체 자체가 소송당사자가 된 경우에 한하므로 단체의 대표자 개인이 당사자가 된 민·형사사건의 변호사 비용은 단체의 비용으로 지출할 수 없다.

③ 분쟁의 실질적인 이해관계는 단체에게 있으나 법적인 이유로 그 대표자의 지위에 있는 개인이 소송 기타 법적 절차의 당사자가 된 경우처럼 당해 분쟁이 단체와 업무적인 관련이 깊고 당시의 제반 사정에 비추어 단체의 이익을 위하여 소송을 수행할 특별한 필요가 있는 경우에 한하여 예외적으로 단체의 비용으로 변호사 선임료를 지출할 수 있다.

④ 소송에서 법인이 형식적으로 소송당사자가 되어 있을 뿐 실질적인 당사자가 따로 있고 법인으로서는 그 소송의 결과에 있어서 별다른 이해관계가 없다고 볼 특별한 사정이 있는 경우에는, 그 소송의 수행이 법인의 업무수행이라고 볼 수 없어 법인의 비용으로 이를 위한 변호사 선임료를 지출할 수 없다.

15 법무법인 L은 구성원 변호사 甲, 乙, 丙, 丁 4명으로 구성되어 있었다. 乙은 2025. 5. 30. 법무법인 L을 임의 탈퇴하였으나, 탈퇴 등기는 2025. 6. 15.에 마쳐졌다. 丙은 법무법인 L의 구성원 변호사로 등기되어 있으나, 법무법인 L에 채용되어 월급을 받고 공증업무만 담당할 뿐 법무법인 L의 운영에는 관여하지 않고 있다. 丁은 2025. 4. 1.에 추가로 법무법인 L에 가입하여 구성원 변호사로 등기되었다. 이에 관한 설명 중 옳지 않은 것은? (다툼이 있는 경우 판례에 의함)

① 변호사 甲이 담당변호사로 지정된 사건과 관련하여 법무법인 L이 의뢰인에 대하여 소송위임계약상의 채무불이행으로 인한 손해배상책임을 부담할 뿐이라면, 甲은 법무법인 L과 연대하여 손해배상책임을 부담하지 아니한다.

② 변호사 乙은 2025. 6. 10. 생긴 법무법인 L의 채무에 대하여 탈퇴 등기 후 2년 내에는 다른 구성원 변호사와 동일한 책임이 있다.

③ 법무법인 L의 사무장이 행한 불법행위에 기한 손해배상채무를 법무법인 L이 그 재산으로 완제할 수 없는 경우, 변호사 丙은 실질적으로 구성원 변호사가 아니라 근로자에 불과하므로 법무법인 L 및 다른 구성원 변호사들과 연대하여 변제할 책임이 없다.

④ 변호사 丁은 2025. 3. 31. 이전에 생긴 법무법인 L의 채무에 대하여 다른 구성원 변호

사와 동일한 책임을 진다.

16 법무조합이 담당한 사건에서 의뢰인에게 손해가 발생한 경우 구성원 및 소속 변호사의 책임분담에 관한 설명 중 옳지 않은 것은?

① 담당변호사가 수임사건에 관하여 고의나 과실로 그 수임사건의 의뢰인에게 손해를 발생시킨 경우 당해 사건을 처리하였던 담당변호사가 그 손해를 배상할 책임을 진다.
② 담당변호사가 의뢰인에 대한 손해배상책임을 지는 경우 그 담당변호사를 직접 지휘·감독한 구성원 변호사도 지휘·감독에 주의를 게을리 하지 아니하였음을 증명하지 못하는 한 그 손해를 배상할 책임이 있다.
③ 의뢰인에게 손해를 발생시킨 담당변호사가 아니고 그 담당변호사를 직접 지휘·감독한 구성원 변호사도 아닌 구성원 변호사는, 담당변호사가 의뢰인에게 부담하는 손해배상책임에 대하여 손해발생 당시의 손실분담 비율에 따라 책임을 진다.
④ 법무조합은 수임사건의 손해배상책임에 관한 사항을 사건수임계약서와 광고물에 명시하여야 한다.

17 검사의 직무 윤리에 관한 설명 중 옳은 것은? (다툼이 있는 경우 판례에 의함)

① 검사는 금전상의 이익을 목적으로 하는 업무에 종사하거나 법무부장관의 허가 없이 보수 있는 직무에 종사하는 일을 하지 못하며, 법령에 의하여 허용된 경우를 제외하고는 다른 직무를 겸하지 아니한다.
② 검사가 소송 진행 도중에 피고인의 무죄를 증명할 수 있는 결정적인 증거를 입수하고도 이를 법원에 제출하지 아니하고 이미 제기된 공소를 유지하는 것은 위법한 행위라고 볼 수 없다.
③ 검사가 직무와 관련된 사항에 관하여 검사의 직함을 사용하여 대외적으로 그 내용이나 의견을 기고·발표하는 등 공표할 때에는 소속 기관장의 승인을 얻어야 한다.
④ 검사는 정치운동에 관여할 수 없으므로 「정치자금법」에 따라 각급 선거관리위원회에 기탁금을 기탁하는 행위는 허용되지 아니한다.

14 ① 15 ③ 16 ③ 17 ① 정답

18 변호사의 겸직 제한에 관한 설명 중 옳지 않은 것은?

① 변호사는 소속 지방변호사회의 겸직허가를 받지 않더라도 상시 근무를 필요로 하지 아니하는 주식회사의 사외이사를 겸직할 수 있다.

② 변호사는 소속 지방변호사회의 겸직허가를 받지 않더라도 학교법인의 이사장을 겸직할 수 있다.

③ 변호사는 보수를 받는 공무원을 겸직할 수 없지만 소속 지방변호사회의 겸직허가를 받지 않더라도 지방의회 의원이 될 수 있다.

④ 변호사가 폐업한 경우는 물론이고 휴업한 경우에도 소속 지방변호사회의 겸직허가를 받지 않고 주점을 경영할 수 있다.

19 변호사의 비밀유지의무에 관한 설명 중 옳지 않은 것은?

① 변호사 甲은 동창생 A에게 형사사건의 대응과 관련하여 상담을 해주었으나 사건을 수임하지는 않았다. 甲이 비록 A의 형사사건을 수임하지 않았더라도 수사기관에서 형사사건과 관련하여 상담 과정에서 알게 된 A의 비밀에 속한 사항을 진술하면 비밀유지의무 위반이다.

② 변호사 乙은 피고인 B의 변호인으로서 형사사건을 변호하던 중, B가 가지고 있던 사건 관련 비밀 장부를 전달받아 보관하였다. 乙은 그 장부에 대한 수사기관의 압수를 거부할 수 없으므로 그 장부를 수사기관에 제출하더라도 비밀유지의무 위반이 아니다.

③ 변호사 丙은 의뢰인 C로부터 사건을 수임하여 진행 중인데, 같은 법무법인에 소속되어 있는 변호사 丁이 자신이 수임하고자 하는 사건과의 이해상충 등 문제를 살펴보기 위해 위 사건의 의뢰인, 상대방 당사자, 사건명 등 기본적인 정보 공유를 요청하였다. 이에 丙이 丁에게 그러한 정보를 알려준 경우, 丙의 행위는 비밀유지의무 위반이 아니다.

④ 변호사 戊는 의뢰인 D로부터 수임한 사건이 종료된 후 그 사건과 관련된 사건을 수임한 변호사 己로부터 당사자들의 비밀이 포함된 해당 사건 기록의 송부를 요청받았다. 戊가 D의 동의 없이 사건 기록 일체를 己에게 전달하면 비밀유지의무 위반이다.

20 변호사의 품위유지의무에 관한 설명 중 옳지 않은 것을 모두 고른 것은? (다툼이 있는 경우 판례에 의함)

ㄱ. 변호사로서의 품위는 기본적 인권의 옹호와 사회정의 실현을 사명으로 하는 법률 전문가로서의 직책을 맡아 수행해 나가기에 손색이 없는 인품을 말한다.
ㄴ. 변호사가 그 직무와 무관하게 부적절한 사기성 금전거래를 하였음에도 형사처벌을 받지 않았다면 품위유지의무를 위반한 것은 아니다.
ㄷ. 변호사가 수임사무를 전혀 이행하지 않아 의뢰인으로부터 해임을 당하였음에도 착수금의 반환을 거부한 것은 변호사로서의 품위유지의무를 위반한 것이다.
ㄹ. 변호사가 변호인으로 선임되지 않은 상태에서 다수의 수용자를 대상으로 대화상대가 되어 주거나 외부 사람들과의 연락 및 재산관리 등을 해 주는 목적으로 매일 짧은 시간 접견을 한 경우 수용자의 변호사조력권을 보호하기 위한 행위로서 품위유지의무를 위반한 것은 아니다.

① ㄱ, ㄴ ② ㄴ, ㄷ
③ ㄴ, ㄹ ④ ㄷ, ㄹ

21 변호사 甲은 자신이 처리한 사건들을 바탕으로 회고록을 집필, 출판하였다. 회고록에는 甲이 수임하여 처리하였던 유명 정치인 A의 민사사건이 포함되어 있는데, 여기에는 'A에게 혼외자 B가 있다'는 사실이 기술되어 있다. 「변호사법」상 비밀유지의무에서의 비밀에 관한 설명 중 옳지 않은 것을 모두 고른 것은?

ㄱ. 'A에게 혼외자 B가 있다'는 사실은 공인의 사생활에 관한 것이어서 비밀이라고 할 수 없다.
ㄴ. 甲이 민사사건의 처리를 종료한 후 비로소 'A에게 혼외자 B가 있다'는 사실을 알게 되었다면 비밀이라고 할 수 없다.
ㄷ. 甲이 'A에게 혼외자 B가 있다'는 사실을 민사사건 수행과정에서 제3자로부터 우연히 알게 되었다면 비밀이라고 할 수 없다.
ㄹ. 'A에게 혼외자 B가 있다'는 사실이 민사사건 수임 당시에는 비밀이었지만 회고록을 출판하는 시점에는 공지된 상태에 있다면 비밀이라고 할 수 없다.

① ㄱ, ㄴ ② ㄱ, ㄷ
③ ㄴ, ㄷ ④ ㄷ, ㄹ

18 ① 19 ② 20 ③ 21 ② 정답

22 변호사의 의무와 윤리에 관한 설명 중 옳은 것은?

① 변호사는 수임에 관한 장부를 작성하고 작성일로부터 5년간 법률사무소에 보관하여야 한다.

② 변호사가 계쟁권리를 양수하는 것은 금지되고 이를 위반하면 형사처벌을 받게 되지만 그 양수행위의 사법적 효력까지 부인되는 것은 아니다.

③ 변호사는 매년 2월 말까지 전년도에 처리한 수임사건의 건수와 수임액을 소속 지방변호사회에 보고하여야 한다.

④ 변호사가 일시 휴업 또는 폐업하려면 소속 지방변호사회와 대한변호사협회에 신고하여야 한다.

23 변호사의 윤리에 관한 설명 중 옳은 것은?

① 변호사는 범죄혐의가 희박한 사건에 대한 고소, 고발 또는 진정 등의 사건을 수임하여서는 아니된다.

② 변호사는 사건수임 이후에는 어떠한 경우를 막론하고 의뢰인과 금전대여, 보증, 담보제공 등의 금전거래를 하지 아니한다.

③ 변호사는 어떠한 경우를 막론하고 사건의 유인과 관련하여 소개비, 기타 이와 유사한 이익을 제공하지 아니한다.

④ 변호사는 원칙적으로 변호사가 아닌 자와 보수를 분배할 수 있지만, 변호사가 아닌 자는 변호사가 아니면 할 수 없는 업무를 통하여 보수나 그 밖의 이익을 변호사로부터 분배받아서는 아니된다.

24 X회사가 변호사 甲을 소송대리인으로 선임하여 Y회사를 상대로 손해배상청구의 소를 제기하였는데, 그 사건이 조정에 회부되어 甲과 Y회사의 소송대리인이 출석한 가운데 Y회사가 주장한 금액으로 조정이 성립되자, 이에 불만을 가진 X회사는 甲을 상대로 손해배상청구의 소를 제기하였다. 甲은 X회사의 의사를 확인하여 조정에 임하였다는 것을 증명하기 위해서는 X회사의 대표이사가 회사의 영업비밀과 조정희망금액의 범위를 적어 자신에게 준 메모를 공개할 필요가 있다고 판단하였다. 이에 관한 설명 중 옳은 것은?

① 변호사 甲은 어떠한 경우에도 직무와 관련하여 X회사로부터 제출받은 문서를 외부에 공개하지 아니할 의무가 있기 때문에 메모를 공개할 수 없다.

② 변호사 甲은 진실의무가 있기 때문에 메모를 공개할 수 있다.

③ 변호사 甲은 자신의 권리를 방어하기 위하여 필요한 경우이므로 최소한의 범위에서 메모를 공개할 수 있다.

④ 변호사 甲은 직무와 관련하여 X회사로부터 제출받은 문서에 대하여 중대한 공익상의 필요가 있거나 X회사의 동의가 있는 경우에 한하여 이를 공개할 수 있으므로 메모를 공개할 수 없다.

25 사내변호사에 관한 설명 중 옳지 않은 것은?

① 사내변호사를 고용한 회사는 일반인으로부터 사건을 수임하여 사내변호사에게 소송대리 업무를 수행하도록 하여서는 아니된다.

② 개업 중인 변호사는 주식회사의 사내변호사가 되려면 소속 지방변호사회의 허가를 받아야 한다.

③ 사내변호사는 그 직무를 수행함에 있어 독립성의 유지가 변호사로서 준수해야 하는 기본 윤리임을 명심하고, 자신의 직업적 양심과 전문적 판단에 따라 업무를 성실히 수행한다.

④ 휴업 중인 변호사는 사내변호사가 될 수 없다.

26 법무법인(유한) L은 A의 절도사건에 관한 위임계약을 체결하고 구성원 변호사 甲과 구성원 아닌 소속변호사 乙을 담당변호사로 지정하였다. 그런데 甲과 乙이 항소이유서를 제출하지 않은 과실로 항소가 기각되어 A에게 손해가 발생하였다. 변호사의 책임에 관한 설명 중 옳지 않은 것은?

① 변호사 甲과 乙은 A로부터 위임받은 업무를 수행할 때 각자 법무법인(유한) L을 대표한다.

② 변호사 甲은 A에 대하여 법무법인(유한) L과 연대하여 손해를 배상할 책임이 있다.

③ 변호사 乙은 구성원이 아닌 피용자에 불과하므로 A에 대하여 법무법인(유한) L과 연대하여 손해를 배상할 책임이 없다.

④ 담당변호사가 지정되지 않은 경우라면 법무법인(유한) L의 모든 구성원은 A에 대하여 법무법인(유한) L과 연대하여 손해를 배상할 책임이 있다.

22 ② 23 ③ 24 ③ 25 ④ 26 ③ 정답

27 A는 B에게 자기 명의의 X부동산을 매도하고 중도금까지 수령하였으나 계약을 이행하지 않고 있었다. B는 A를 상대로 위 매매계약을 원인으로 한 소유권이전등기절차이행을 구하는 소를 제기하였고, 이에 A는 변호사 甲에게 위 사건을 위임하였다. 이후 A는 甲에게 '소송 계속 중 X부동산을 제3자에게 매도하는 것이 적법한지' 문의하였는데, 甲은 아무런 문제가 없다고 답변하였고, 이를 신뢰한 A는 C에게 X부동산을 매도하고 소유권이전등기까지 마쳐주었다. 그 결과 A는 이중매매 행위에 관하여 배임죄로 유죄의 확정판결을 받았다. 이에 관한 설명 중 옳은 것을 모두 고른 것은? (다툼이 있는 경우 판례에 의함)

> ㄱ. 변호사는 의뢰인으로부터 위임사무 수행과 밀접하게 관련된 법률적 문제에 관하여 구체적인 질의를 받은 경우, 그것이 직접적인 수임사무가 아닌 때에도 법률전문가로서 통상적으로 갖추고 있는 법률지식의 범위에서 성실히 답변하여야 한다.
> ㄴ. 변호사가 의뢰인의 질의 사항에 관하여 변호사로서 본인의 법률적 의견을 성실히 설명할 의무는 있으나, 그 의견이 일반적이거나 확립된 견해와 다르다고 하여 다른 법률전문가에게도 상담을 받도록 조언하거나 이를 알릴 의무가 있는 것은 아니다.
> ㄷ. 변호사 甲이 X부동산을 제3자에게 매도하여도 문제없다고 답변한 것은 변호사가 보유하는 전문적·합목적적 재량의 범위라고 볼 수 있다.
> ㄹ. 변호사 甲은 A의 질의에 대하여 형사처벌 위험성을 고지할 주의의무를 위반하여 A로 하여금 유죄의 확정판결을 받고 정신적 고통을 겪게 하였으므로 위자료를 지급할 의무가 있다.

① ㄱ, ㄴ
② ㄱ, ㄷ
③ ㄱ, ㄹ
④ ㄴ, ㄹ

28 변호사 甲은 고객정보 해킹 사건이 발생하자 이동통신회사를 상대로 한 손해배상청구사건을 수임할 목적으로 피해자들을 모집하고자 한다. 甲의 광고 행위 중 허용되는 것은?

① 변호사 甲은 지하철역 입구에 근접한 지정된 현수막 설치장소에 소속 지방변호사회의 허가를 받아 손해배상청구소송의 원고를 모집한다는 현수막을 설치하였다.
② 변호사 甲은 개인정보유출의 피해를 우려하는 소비자들이 방문할 가능성이 높은 이동통신 대리점 앞에서 명함을 나누어 주면서 손해배상청구소송의 원고를 모집한다는 광고를 하였다.
③ 변호사 甲은 시내에서 운행되고 있는 광역버스의 외부에 손해배상청구소송의 원고를 모집한다는 광고를 하였다.
④ 변호사 甲은 법원 인근의 지하철역에 정차하는 지하철 내부에서 다수의 승객을 상대로 손해배상청구소송의 원고를 모집한다는 음성광고를 하였다.

29 「변호사법」상 공직퇴임변호사의 수임제한에 관한 설명 중 옳은 것은?

① 서울남부지방검찰청에서 검사로 근무하다가 2024. 11. 20. 퇴직하여 개업한 변호사 甲이 2025. 7. 13. 서울남부지방법원에 계속 중인 소송사건을 수임하더라도 수임제한 규정을 위반한 것은 아니다.

② 서울고등법원에서 재판연구원으로 근무하다가 퇴직하여 변호사로 개업한 乙은 공직퇴임변호사에 해당하지 않으므로, 퇴직한 날부터 1년이 경과하기 전에도 재판부에서 근무할 당시 직무상 취급한 사건을 수임할 수 있다.

③ 부산지방검찰청에서 검사로 근무하다가 2024. 10. 10. 퇴직하여 부산에서 개업한 변호사 丙은 퇴직한 지 1년이 지나지 않은 이상 부산지방검찰청에서 처리하는 사건이라면 자신의 삼촌이 피의자로 된 사건을 수임할 수 없다.

④ 광주지방법원에서 2년간 법관으로 근무하다가 퇴직하여 개업한 변호사 丁이 퇴직하기 전 1년 2개월 동안 출산휴가 및 육아휴직 때문에 실제로 근무하지 않았다면, 퇴직한 직후 광주지방법원이 처리하는 사건을 수임하더라도 수임제한 규정을 위반한 것이 아니다.

30 외국법자문사에 관한 설명 중 옳지 않은 것은?

① 외국법자문사는 원자격국의 법령에 관한 자문, 원자격국이 당사국인 조약 및 일반적으로 승인된 국제관습법에 관한 자문, 대한민국 법령에 관한 사무를 제외한 국제중재사건의 대리를 할 수 있다.

② 외국법자문사는 외국변호사의 자격을 취득한 후 원자격국에서 3년 이상 법률사무를 수행한 경력이 있어야 하고, 최초의 업무개시일부터 1년에 180일 이상 대한민국에 체류하여야 한다.

③ 외국법자문사 신청인이 둘 이상의 국가에서 외국법자문사 자격승인 요건을 모두 갖춘 경우라도 법무부장관은 그 중 하나의 국가만 원자격국으로 지정하여야 한다.

④ 외국법자문사에 대해서는 자격승인취소, 등록취소, 3년 이하의 정직, 3천만 원 이하의 과태료, 견책의 징계를 할 수 있다.

27 ③ 28 ① 29 ④ 30 ③ 정 답

31 다음 중 「변호사법」상 형사처벌의 대상이 되지 않는 행위는?

① 변호사가 사전에 경유할 수 없는 급박한 사정이 없음에도 사전에 소속 지방변호사회를 경유하지 않고 변호인선임서 또는 위임장을 법원에 제출한 경우
② 변호사가 아니면서 영업을 목적으로 '법률상담'이나 '법률사무'를 취급하는 뜻을 표시 또는 기재한 경우
③ 법무법인이 아닌 자가 법무법인 또는 이와 유사한 명칭을 사용한 경우
④ 법무법인의 소속 변호사가 다른 법무법인에게 사건을 소개하고 그 대가로 수임료의 일부를 받기로 약정한 경우

32 변호사 甲이 헌법재판소에서 공개변론할 당시 이를 인상 깊게 지켜본 방송기자는 甲의 변론장면에 대한 뉴스보도를 하였는데, 甲은 이에 대해서 사전에 전달받은 바 없었고 그 이후에도 방송기자와 접촉한 사실이 없다. 이후 甲은 유명 블로거에게 수고비용을 지급하고 홍보자료를 제공하여 이를 토대로 홍보성 게시물을 작성하게 하였다. 그리고 신문기자를 통해 게재료 명목의 비용을 부담하면서 자신의 인터뷰 기사를 신문에 게재하도록 하였다. 최근에는 유명 유튜버의 채널에 소정의 홍보비를 지급하고 유튜브 콘텐츠의 대담자로 출연하기도 하였다. 「변호사 광고에 관한 규정」상 광고에 관한 설명 중 옳은 것은?

① 변호사 甲에 관한 방송뉴스 보도는 그에 관한 경제적 이익 제공이 없었다고 해도 변호사의 광고로 볼 수 있다.
② 변호사 甲이 유명 블로거에게 온라인 게시물 작성을 위한 자료를 제공하는 행위는 변호사의 광고로 볼 수 없다.
③ 변호사 甲에 관한 인터뷰 신문게재도 변호사의 광고로 볼 수 있다.
④ 변호사 甲의 유튜브 콘텐츠 출연은 변호사의 광고로 볼 수 없다.

33 변호사의 징계에 관한 설명 중 옳은 것을 모두 고른 것은?

ㄱ. 지방검찰청검사장과 지방변호사회의 장은 징계개시 신청권자이지만 의뢰인은 징계개시 신청권자가 아니다.
ㄴ. 대한변호사협회 변호사징계위원회에 출석한 위원 7인 중 3인은 견책 의견, 2인은 과태료 의견, 2인은 정직 의견을 낸 경우 징계혐의자가 받는 징계처분은 견책이다.
ㄷ. 변호사 甲이 가정폭력 사건으로 징역 1년에 집행유예 2년을 선고받아 그 판결이 확정된 후 3년이 지나 다시 성범죄로 징역 1년의 실형을 선고받아 확정된 경우 영구

제명 사유가 된다.
ㄹ. 징계개시 청구 여부의 결정권은 1차적으로 대한변호사협회의 장에게 있고, 대한변호사협회의 장의 징계개시신청 기각결정에 대한 이의신청이 있는 경우에 대한변호사협회 변호사징계위원회가 징계절차의 개시 여부를 결정할 수 있다.

① ㄱ, ㄴ ② ㄱ, ㄷ
③ ㄱ, ㄹ ④ ㄷ, ㄹ

34 변호사와 의뢰인의 관계에 관한 설명 중 옳지 않은 것은? (다툼이 있는 경우 판례에 의함)

① 피사취수표에 관련된 본안소송사건을 위임받은 변호사는 사고신고담보금이 예치된 사실을 알게 되었더라도, 당해 수표에 관한 소송이 계속 중임을 증명하는 서면을 지급은행에 제출하고 수익의 의사표시를 하는 절차를 의뢰인에게 설명할 의무가 있는 것은 아니다.
② 변호사가 의뢰인에게 의무를 부담하는 사무의 범위는 원칙적으로 변호사와 의뢰인 사이에 체결된 위임계약의 내용에 따라 결정된다.
③ 변호사가 소유권이전등기 신청사무를 수임함에 있어서는 인감증명서나 주민등록증을 제출하게 하거나 기타 이에 준하는 방법으로 의뢰인이 소유자 또는 적법한 대리인인지 여부를 확인하고 수임하여야 한다.
④ 본안소송사건을 위임받은 소송대리인의 대리권은 본안소송에 부수되는 사후절차인 소송비용액 확정절차에도 미치므로, 본안소송의 소송대리인인 변호사는 별도의 위임 없이도 소송비용액 확정신청에 관한 대리권을 행사할 수 있다.

35 법무법인 L이 준비한 다음 4개의 광고방안이 「변호사 광고에 관한 규정」상 허용되는지에 관한 설명 중 옳지 않은 것은?

1안: 변호사 상담은 유료임을 광고에 명시하되, 상담자가 불만족할 경우 무조건 환불 가능함을 표시하는 방안
2안: 국세청에서 퇴직한 공직자를 조세 전문위원으로 홈페이지 등 매체에 게시하는 방안
3안: 대전 지역에 개소한 분사무소를 "충청송무센터"라는 명칭을 사용하여 적극적으로

31 ① 32 ③ 33 ③ 34 ① 35 ② 정 답

> 홍보하는 방안
> 4안: 수임제한을 받던 공직퇴임변호사에 대하여 제한기간이 경과한 경우 수임제한이 해제되었음을 홈페이지 알림판에 게시하는 방안

① 1안은 '환불'을 표방하는 광고로 허용되지 아니한다.
② 2안은 퇴직 공직자를 전문위원으로 매체에 게시하는 광고로 해당 퇴직 공직자를 소속 지방변호사회에 사무직원으로 신고했는지 여부와 상관 없이 허용되지 아니한다.
③ 3안은 주사무소, 분사무소 외 다른 명칭을 사용하는 광고로 허용되지 아니한다.
④ 4안은 수임제한의 해제 광고로 허용되지 아니한다.

36 변호사의 윤리에 관한 설명 중 옳지 않은 것은?

① 변호사는 자신이 수임하지 않은 사건에 개입하거나 그에 대한 경솔한 비판을 삼간다.
② 변호사와 의뢰인 간의 위임계약은 의사의 합치만으로 성립하는 것이므로 반드시 계약서의 작성이 필요한 것은 아니다.
③ 변호사는 공동으로 직무를 수행하는 다른 변호사와 의견이 맞지 아니하여 의뢰인에게 불이익을 미칠 수 있는 경우에는 지체 없이 의뢰인에게 이를 알리면 족하고 사임을 할 필요까지는 없다.
④ 변호사는 사건을 수임하는 과정에서 의뢰인이 사건의 위임 여부를 결정할 수 있도록 의뢰인으로부터 제공받은 정보를 기초로 사건의 전체적인 예상 진행과정 등을 설명하여야 하나, 의뢰인이 변호사를 변경하고자 할 때에는 업무의 인수인계가 이루어지도록 협조할 필요까지는 없다.

37 변호사 甲은 의뢰인 A로부터 토지매매대금청구사건을 수임하면서 착수금으로 500만 원을 수령하고, 성공보수금은 전부승소시에 1,000만 원, 일부승소시에는 1,000만 원을 기준으로 승소금액에 비례한 금액으로 지급받기로 하되, 청구의 포기, 인낙, 화해 또는 소 취하의 경우에는 전부승소에 준하기로 별도약정하였다. 그런데 소 제기 전에 甲이 상대방에게 채무 이행을 최고하고 형사고소를 제기하는 등 관련 사무를 처리함으로써 A와 상대방 사이에 재판외 화해가 성립되었다. 변호사 보수에 관한 설명 중 옳은 것은? (다툼이 있는 경우 판례에 의함)

① 착수금 500만 원은 소송사건 위임계약에 따른 보수이므로 소송이 제기되지 않은 이상 변호사 甲은 500만 원 전액을 반환하여야 한다.
② 변호사 甲과 의뢰인 A 간의 별도약정은 약관에 해당하고 약관은 작성자인 甲에게 불

이익하게 해석하여야 하므로 재판외 화해에 위 별도약정은 적용되지 않아 甲은 재판외 화해 성립에 관한 어떠한 보수도 청구할 수 없다.

③ 변호사 甲이 토지매매대금청구사건에 대한 착수금 명목으로 500만 원을 수령하였으므로 특별한 사정이 없는 한 소 제기 이전 업무에 대하여는 무보수로 처리하기로 하는 묵시의 약정이 있는 것으로 보아야 한다.

④ 변호사 甲과 의뢰인 A가 소송대리 이외의 사무 처리에 대한 보수의 약정을 하지 않았다고 하더라도 A는 甲이 상대방에게 채무 이행을 최고하고 형사고소를 제기하는 등 관련 사무를 수행한 것에 대한 보수를 지급할 의무가 있다.

38 법무법인의 수임제한에 관한 설명 중 옳지 않은 것은?

① 법무법인 L의 등기팀장인 법무사 A는 「건설산업기본법」에 따라 설치된 건설분쟁조정위원회의 조정위원으로서 위 위원회에서 B의 분쟁에 대한 조정업무를 수행했는데, B가 그 조정에 불복하여 제기한 소송사건을 법무법인 L이 수임할 수 있다.

② 법무법인 L의 소속 변호사 甲이 공정거래위원회의 비상임위원으로 활동 중인데, 甲이 사건의 수임 및 업무수행에 관여하지 않고 위 비상임위원 활동 사실이 법무법인의 사건처리에 영향을 주지 아니할 것이라고 볼 수 있는 합리적인 사유가 있는 때에는 공정거래위원회가 C에 대하여 조사하는 사건을 법무법인 L이 수임할 수 있다.

③ 법무법인 L의 소속 변호사 乙이 상대방의 대리인과 친족관계에 있는 경우, 乙이 사건의 수임 및 업무수행에 관여하지 않고 위 친족관계가 법무법인의 사건처리에 영향을 주지 아니할 것이라고 볼 수 있는 합리적인 사유가 있는 때에는 법무법인 L이 그 사건을 수임할 수 있다.

④ 법무법인 L이 채권자와 채무자 사이의 대여금 채권을 원인으로 발행된 약속어음을 공증하여 준 경우, 법무법인 L은 동일한 채권자가 같은 채무자를 상대로 제기하는 소유권이전등기청구사건을 수임할 수 없다.

39 변호사의 보수에 관한 설명 중 옳지 않은 것을 모두 고른 것은? (다툼이 있는 경우 판례에 의함)

ㄱ. 변호사의 보수는 사건의 난이도와 소요되는 노력의 정도와 시간, 변호사의 경험과 능력, 의뢰인이 얻게 되는 이익의 정도 등 제반 사정을 고려하여 합리적으로 결정한다.

36 ④ 37 ④ 38 ④ 39 ② 정 답

ㄴ. 선정당사자와 변호사인 소송대리인 사이에 체결하는 보수약정은 선정당사자가 그 자격에 기하여 독자적인 권한으로 행할 수 있는 소송수행에 필요한 사법상 행위라고 할 수 있다.

ㄷ. 변호사가 무자력자인 의뢰인으로부터 일체의 보수를 받지 않기로 약정하고 사건을 수임하여 소송을 진행하던 중, 해당 사건의 상대방으로부터 출장비 명목으로 금원을 지급받는 것은 허용된다.

ㄹ. 법률사건을 의뢰받은 변호사가 수사기관의 공무원과 교제한다는 명목의 비용을 성공사례금에 명시적으로 포함시킨 경우 「변호사법」상 형사처벌의 대상이다.

① ㄱ, ㄴ ② ㄴ, ㄷ

③ ㄴ, ㄹ ④ ㄷ, ㄹ

40 변호사와 의뢰인의 관계에 관한 설명 중 옳지 않은 것은?

① 변호사는 그가 속한 법무법인 등의 다른 변호사가 증언함으로써 의뢰인의 이익이 침해되거나 침해될 우려가 있을 경우에는 당해 사건에서 변호사로서의 직무를 수행하지 아니한다.

② 변호사는 의뢰인이나 사건의 내용이 사회 일반으로부터 비난을 받는다는 이유만으로 수임을 거절할 수 있다.

③ 변호사는 의뢰인의 동의 없이 언제든지 의뢰인과의 위임계약을 해지할 수 있으나 그로 인해 손해배상책임을 부담하게 되는 경우가 생길 수 있다.

④ 변호사는 의뢰인과 직무와 관련한 분쟁이 발생한 경우에는 소속 지방변호사회의 조정에 의하여 분쟁을 해결하도록 노력한다.

40 ② 정 답

[저자 약력]

정 형 근(鄭亨根)

경희대 법대·동 대학원(법학박사, 행정법)
제34회 사법시험 합격(사법연수원 24기)
변호사
경희대학교 법과대학 교수
변호사시험 출제위원(공법)
사법시험·입법고시 출제위원(행정법)
서울특별시 등 9급, 7급 공무원시험 출제위원
법조윤리시험 출제위원
중앙행정심판위원회 위원
법무부 변호사제도개선위원회 위원
서울북부지방검찰청 정보공개심의회 위원
법조윤리협의회 자문위원
국민권익위원회 청탁금지법·이해충돌방지법 자문위원
서울지방변호사회 분쟁조정위원회 위원
대한변호사협회 법학전문대학원평가위원회 특별위원
경희대학교 법학전문대학원장·법무대학원장·법과대학장
경희대학교 법학전문대학원 교수
경희대학교·연세대학교 객원교수
서강대학교, 한국외국어대학교 겸임교수
법무법인 더스마트 변호사

주요 저서

법조윤리강의, 도서출판 정독(2026, 제15판)
법조윤리강의 문제편, 도서출판 정독(2026, 제15판)
행정법, 도서출판 정독(2026, 제14판)
공법기록형 공법소송실무, 도서출판 정독(2026, 제11판)
기출 공법기록형, 도서출판 정독(2025년판)
변호사법주석, 도서출판 정독(2022, 제2판)
행정법입문, 피앤씨미디어(2019, 제3판)
이익충돌에 관한 법적 연구, 박영사(공저, 2018, 초판)
도로하자소송, 피앤씨미디어(2016, 초판)
공법선택형강의, 박영사(2013, 초판)
실전답안 행정법연습, 동방문화사(2012, 초판)

제15판
법조윤리강의 – 문제편

제10판발행 2021년 1월 10일
제11판발행 2022년 1월 10일
제12판발행 2023년 1월 5일
제13판발행 2024년 1월 5일
제14판발행 2025년 1월 5일
제15판발행 2026년 1월 5일

지은이 정형근
펴낸이 김중용

편 집 심성보 · 김인숙

펴낸곳 도서출판 정독
경기도 고양시 일산서구 하이파크로 113, 102-204
등록 제406-2014-000093호
전 화 031)924-7203 팩 스 031)935-0345
홈페이지 www.jeongdok.co.kr 이메일 admin@jeongdok.co.kr
ISBN 979-11-6858-423-5 93360

정 가 27,000원